두터운 유럽

두터운 유즈럼

권석하의
와 닿는
유럽 문화사

글 권석하

안나푸르나

　우리들의 삶은 단거리 달리기가 아닐 수도 있습니다. 마냥 꽃 길은 물론 아니고요. 달도 없는 캄캄한 그믐밤 길을 더듬으며 가다가 돌부리에 걸려 넘어지기도 하고, 한 치 앞이 안 보이는 폭풍 장대비 속을 허우적대며 가다가 낭떠러지에 떨어지기도 할지 모릅니다.

　우리들의 이 지난한 삶은 죽을힘을 다해 옆도 안 돌아보고 달려야만 하는 단거리 경주가 아닙니다. 숨도 안 쉬고 달려가야 뒤처지지 않고 겨우 따라잡는다고 하지요? 아닙니다. 가만히 생각해보면 당신의 지난 삶에서 순전히 당신 힘으로 된 일이 있기나 한 겁니까?

　우리들의 삶이란 필연이라는 바다 위에 뜬 우연 몇 개가 만들어낸 난장판입니다. 그래서 당신이 사랑하는 여우 같은 아내와 토끼 같은 아이들마저 옆으로 밀쳐낸 채 아무리 전력을 다해 달려가봐야 정상은 아득히 멀리 있습니다. 언젠가 정상에 도달해보면 어느덧 정상은 다시 저 멀리로 물러나 있습니다.

　당신의 삶은 주위의 사랑하는 사람들과 천천히 한 발 한 발 같이 가야 하는 여행입니다. 그것도 한 번 가면 돌아오지 못하는 편도 여행입니다. 외람되지만 제가 지금까지 살아온 경험에 의해서 말씀드리는 겁니다.

　삶이란 슬픔과 기쁨이 적당하게 교직과 능직으로 잘 짜여지고 그 위에 사랑이란 꽃이 수놓아지면 아주 아름다운 비단이 됩니다. 그 삶 어디선가에서 우리는 만났었을지도 모릅니다. 그렇지 않다고 해도 우리 모두는 한두 개의 인연으로 길고 짧게 연결되어 있습니다. 그 소중한 인연 때문에 당신은 저의 이웃입니다.

　저가 이 책으로, 당신이 앞으로 가야 할 인생에 조금은 도움이 되었으면 합니다. 당신의 삶이 좀 여유로웠으면 하는 바람으로요.

　그래서 저의 삶은 역마살이 아주 질게 긴 영원한 방랑자의 삶입니다. 초등학교 6년을 점촌, 청도, 안동, 영주로 네 번 전학 다니고 그러고는 영주에서 서울로, 대구로, 다시 서울로 그리고 영국 런던으로, 러시아 모스크바로 로스토브로 돌고 돌아 다시 런던으로 와서 살고 있습니다. 그래서 저의 삶은 영원한 방랑자의 삶입니다. 저 같은 사람을 일러 세상에서는 경계인이라고 한다지요? 한국인도 영국인도 아닌, 경계선상에 선 어중간한 존재고 그래서 저는 영국인이고 동시에 한국인입니다. 그 두 개의 정체성은 저에게는 축복이자 저주입니다.

만리타향 유럽에서 산다는 일은 저주받은 삶이기도 하고 축복받은 삶이기도 합니다. 고향으로 못 돌아가는 저주받은 삶을 축복으로 바꾸는 일은 저에게는 바로 여행이었습니다. 영혼의 구원이기도 했고요. 그 모든 여행의 결과가 바로 이 책입니다.

삶이라는 문장에서 여행은 쉼표이자 느낌표입니다. 저는 우리보다 앞서간 위대한 사람들의 이야기를 찾기 위해 여행을 갑니다. 제가 사는 여기 영국의 사람들처럼 어딘가 가서 마냥 죽치고 한 달을 보내고 오기에는 저는 아직 어려서 호기심이 많습니다. 그래서 저는 여러분처럼 열심히 찾아다니고 보고 사진 찍고 합니다. 그 결과를 따옴표 안에 넣어서 여러분들에게 이렇게 전해드립니다.

이미 세상에 수도 없이 많은 인문서 같기도 하고 여행서 같기도 한 이 책을 제가 내는 이유는 책을 냈다고 자랑하려는 목적이 아닙니다. 제가 사랑하는 위대한 이들의 애틋하고 애잔한 사랑과 인생 이야기를 들려드리려는 이유는 다름이 아닙니다, 바로 제가 항상 그리워 히는 모국에 있는 당신 같은 이웃들이 위대한 이들을 찾아 유럽을 다닐 때 도움을 드리려는 지의 작은 사랑의 몸짓입니다.

우리는 우리의 삶을 살아야 합니다. 그래서 이 아름다운 세상을 떠나는 날 후회하지 않을 삶을 삽시다.

저자 서문 **4**

1장 예술혼의 발자취를 따라서

1. 빅토르 위고의 진정한 집 _영불 해협 군도의 건지섬 **11**

2. 뭉크 스캔들 _노르웨이 오슬로 **50**

3. 화려한 생활력의 천재 화가, 루벤스 _벨기에 안트베르펜 **82**

4. 부다페스트보다 아름다운 프란츠 리스트 _헝가리 부다페스트 **100**

5. 행운과 불운의 경계에서 당당했던 멘델스존 _독일 라이프치히 **125**

6. 진정한 비틀즈 마니아가 되는 법 _영국 리버풀 **149**

7. 안토니오 비발디와 베네치아 _이탈리아 베네치아 **171**

8. 아를, 고흐를 위한 두 번째 순례 _프랑스 아를 **198**

9. 얀 반 아이크의 서양 미술사 대변혁 _벨기에 부르게 **252**

10. 안톤 체호프의 단편은 광활했다 _러시아 **277**

11. 어둡고 비탄으로 가득 찬 바그너 오페라 _독일 **302**

12. 짜증과 분노에 대한 변명, 도스토옙스키 _러시아 **330**

2장 역사와 종교로 읽는 유럽의 빛과 그림자

1. 종교의 역사를 뒤집다, 마틴 루터 _독일 **351**

2. 기막힌 역사와 문명의 소용돌이, 로도스섬 _그리스 **367**

3. 매혹과 매력의 아이콘, 몽펠리에 _프랑스 379

4. 진짜 베를린 이야기 _독일 389

5. 처칠, 그 평범하고 위대한 이야기 _영국 400

6. 잔 다르크를 버린 굴레를 벗지 못한 루앙 _프랑스 417

7. 바르셀로나 제대로 알고 계시죠? _스페인 432

8. 아시시 성지 순례기 _이탈리아 461

9. 비극의 역사의 현장, 이프르 _벨기에 474

10. 흥미진진한 사건들이 많은 햄턴 코트궁 _영국 494

3장 아름다운 경관에 마음을 빼앗기다

1. 수많은 에피소드의 모험, 모허 절벽 _아일랜드 505

2. 걸어야 비로소 보이는 자이언트 코즈웨이 _아일랜드 512

3. 미로 같은, 마법 같은 소렌토의 매력 _이탈리아 520

4. 알쏭달쏭 미지의 나라 _안도라 528

5. 푹 젖어 느는 휴식처, 콘월 _영국 538

6. 중세 유럽으로 떠난 시간 여행 _독일 547

7. 다채롭고 풍요로운 리옹 _프랑스 554

8. 카파도키아의 귀한 춤 _터키 564

예술혼의
발자취를 따라서

1. 빅토르 위고의 진정한 집
_영불 해협 군도의 건지섬

미래는 여러 가지 이름이 있다. 약한 자에게는 불가능이고, 겁쟁이에게 불확실이고, 용감한 자에게는 이상이다.

The future has several names. For the weak, it is impossible; for the fainthearted, it is unknown; but for the valiant, it is ideal.

울지 않는 자는 보지 못한다.

Those who do not weep, do not see.

― 빅토르 위고

내게는 섬에 대한 환상 같은 것이 있다. 어느 작은 섬에 숨어들어 완전히 새로운 삶을 살아가는 환상 말이다. 왠지 섬은 현실에서 격리된 안전하고 오붓한 피난처인 듯한 느낌 때문이다. 러시아에는 지난至難한 세상의 모든 잡다한 현실을 한순간에 팽개쳐버리고 세속의 압박에서 벗어나기 위해 탄광 노동을 자원하여 무적無籍의 인간으로 살아간다. 일정 기간이 지나면 새 신분을 만들어 세상으로 복귀할 수 있다. 그런데 거의 대부분의 사람들은 다시 밖으로 나오려 하지 않는다. 세상으로 다시 복귀하고 싶어 하지 않는다는 뜻이다. 이전 세상에서 무슨 사연이 있어 영원한 도피를 했는지 몰라도 어찌 보면 참 아득한 선택이다. 세상의 모든 사연과 절연하고 숨어들어 세상의 모든 인연을 떠난 삶이 정말 그렇게 홀가분하고 자유스러운가? 하긴 무소유, 무소속, 무연고의 노숙 생활도 제대로 빠지면 절대 못 벗어난다는데 그와 비슷한 게 아닌가 싶다.

그러나 한번 잘 살펴보자. 멋진 현실 도피가 굳이 어디로 가야만 가능한 건 아니지 않은가? 우리는 하루에도 수십 번씩 현실 도피의 순간을 맛보고 살아간다. 그런데 우리는 그걸 멋진 현실 도피라고 귀하게 여기지 않고 그냥 일상이라고 치부하여 쉽게 소비하고 허비한다. 향기로운 향기와 매캐한 맛의 커피 한 모금을 입에 넣는 순간의 환희, 너무나 재미있는 텔레비전 프로그램을 넋 잃고 쳐다보는 현실 이탈, 캄캄한 영화관에서 연인과 같이 아름다운 로맨스 코미디를 감상하는 자아 상실의 시간, 독서에 빠져 가상의 세상에 들어간 삼매경, 술에 취한 몽롱한 환각 상태! 바로 이런 일상 속 하나하나의 기쁨이 바로 현실 도피이지 않은가? 굳이 어디를 가지 않아도, 어떤 대단한 일을 하지 않아도 우리는 아주 쉽게 고단한 현실을 벗어날 수 있다. 사실 일상의 즐거움과 기쁨의 현실 도피가 없다면 우리는 생을 과연 살아갈 수 있을까? 이를 금방 구질구질한 현실로 돌아오게 하는 그냥 순간적인 도피라고 애써 폄하하진 말자. 우리 곁에 항상 머무르는 지긋지긋한 현실의 고통에 비해 비록 짧기는 해도 그래도 일상의 즐거움과 기쁨이 기특하지 않은가?

그래서 사람들은 일상의 순간이 아닌 좀 긴 현실 도피를 찾아 여행을 가고 휴가를 간다. 여행과 휴가를 위한 피난처로는 섬보다 더 좋은 곳은 사실 없다. 그것도 아주 먼 이국의 외딴 섬 같은 곳 말이다.

나는 나를 망명시켰다

영국과 프랑스 사이인 영불 해협(영국인들은 이를 잉글랜드 해협 English Channel이라고 부른다)에 위치한 군도群島 중의 하나인 건지섬Guernsey Island 이야기를 듣는 순간 내가 그리던 환상의 섬일지도 모르겠다는 생각을 했다. 더군다나 건지섬이 프랑스의 대문호 빅토르 위고Victor Hugo(1802~1885)가 망명해서 살았던 바로 그 섬이었다니 말이다. 항구 수심이 얕아 12만 톤의 거대한 크루즈에서 내려 갈아탄 접안선接岸船, tender boat이 섬에 가까워졌을 때 건지섬이 눈에 들어왔다. 나지막한 언덕 위의 하얀 집들과 포구에 늘어선 요트와 보트가 정박한 성 피터포트St. Peterport 항의 모습을 보자, '아! 여기라면 위고처럼 자폐自閉의 귀양이 가능한 곳이겠구나!' 하고 안도되었다. 위고는 나폴레옹 3세의 독재에 저항해 자의반 타의

영불 해협 군도의 건지섬

접안선에서 본 성 피터포트 전경

반 건지에서의 15년 동안 귀양살이를 하며 자신의 가장 역작이자 대표작인 《레 미제라블》을 완성했다. 위고에게 프랑스와의 격리는 울화이자 동시에 은 혜였다. 그는 '귀양은 나를 프랑스로부터 분리시켰을 뿐만 아니라 세상으로 부터도 거의 격리했다Exile has not only detached me from France, it has almost detached me from the Earth. 파리에서는 1년 걸리는 일을 여기서는 한 달 만에 할 수 있다. 그래서 나는 내게 귀양이라는 형을 내렸다A month's work here is worth a year in Paris. This is why I sentence myself to exile'라고 자위했다. 건지섬에서는 잡다한 세 상살이에 관여 안 하고 저술에만 전념하면 되니 작가로서는 아주 생산적이었 다는 뜻이다. 실제 위고는 프랑스를 떠난 지 9년, 건지섬으로의 망명 4년 만 인 1859년 나폴레옹 3세가 사면을 내렸으나 프랑스로 돌아가지 않았다. 프랑 스로 돌아가면 나폴레옹 3세의 독재를 인정하는 셈이고 그의 통치하에서는 살 수 없다는 이유 때문이었다. 그래서 사면 후 11년간의 '자발적인 망명'은 훨씬 '진지하고 치열한 저항'이었다. 이때 위고는 세속 일로부터 벗어나 자유 로워지면서 걸작chef d'oeuvre에 매달릴 수 있었다.

집을 두고 카페에서 공부를 하거나 일을 하는 사람들은 카페를 '제3의 장소 the third place'라고 한다. 집도 아니고 직장도 아닌 또 하나의 집이자 동시에 일 터다. 혼자가 아니니 외롭지 않고 공공장소라 자기 통제가 되어 일하기에 훨씬 효율적이다. 우선 집에 있으면 너무 자유로워 맘대로 쉬고 게을러져서 자신의 결심이나 의지를 어기게 된다. 또 다른 잡다한 일이나 공부를 방해하는 유혹이 너무 많다. 그래서 사람들은 조용하고 편리한 자기 집을 두고 굳이 잡음이 많은 카페에서 일을 한다. 너무나 조용한 상태보다는 소위 말하는 백색소음white noise이 적당해야 훨씬 더 집중에 도움이 더 된다는 많은 현대인이 있어 카페는 항상 혼자 일하는 사람들로 꽉 차 있다. 아마 위고에게는 건지섬이 그런 곳이 아니었나 하는 생각이다. 섬이라는 소외감이 주는 외로움과 절박감과 함께 동시에 외부로부터 완벽하게 격리되었다는 안도감은 위고에게는 부담과 동시에 선물이었을 듯하다.

원래 위고는 프랑스뿐만 아니라 유럽에서 명사였다. 유명한 작가였고 경력 있는 정치인이었다. 건지로 오기 전 파리에서 온갖 영화를 누리고 살았고 돌아가면 같은 생활이 기다렸다. 인간은 쉽게 변하지 않는다. 사회생활에 길들여진 삶을 바꾸어 살기는 쉽지 않다. 당시만 해도 거의 세상에서 가장 화려한 곳이라고 해도 과언이 아닌 파리를 버리고(자발적이니 버렸다고 해도 무방하다) 울릉도(72제곱킬로미터)보다 조금 큰 섬(78제곱킬로미터)에 거의 갇혀 있다시피 했던 위고의 울분을 누구도 이해하기 힘들 듯하다. 대개의 범인들이 세상과 자신의 삶에 무릎 꿇는 이유는 비슷하다. 밥을 먹고살아야 한다는 핑계, 가족을 보살펴야 한다는 핑계 같은 그럴듯한 이유로 세상과 타협해 불의에 눈감고 자신을 속이고 심지어 앞장서서 악을 행하거나 가담한다. 신념을 버린 게 아니고 자신은 가장으로서, 가족의 일원으로, 생활인으로서의 의무가 있다는 누구도 묻지 않은 자기 위로와 변명을 혼자 중얼거리면서 말이다. 그러나 위고는 구정물 냄새가 나는 구질구질한 일상을 지키기 위해 타협하지 않았다. 충분히 파리로 돌아가 안락하고 풍족한 삶을 누릴 이유와 명분이 있었음에도 불구하고 자신의 신념을 지키려고 자의로 귀양 생활을 해서 더욱 자신의 신념의 각을 더 날카롭게 세웠다. 위고에게서 작품 이외에 존경스러운 점을 꼽는다면 바로 이 일이 가장 먼저 거론되어야 한다.

스님들은 겨울 동안 독방에 들어가 문을 안에서 걸어 잠가 자신을 외부와 격리시키고 혼자서 완벽한 무언침묵無言沈默의 면벽수행面壁修行을 하는 동안 거冬安居를 한다. 가톨릭 사제들이 한 달 동안 말 한마디 하지 않고 행하는 대침묵大沈默 피정避靜과 비슷할 듯하다. 적막감과 절박감이 주는 자기 절제를 통해 작업하고 수행하면 평소의 일상에서보다 훨씬 더 많은 큰일을 할 수 있다. 타인과의 대화에서도 많은 걸 얻을 수 있지만 오롯이 자신과의 대화만으로 더 큰 진리를 찾아가는 방법이다. 명상보다도 훨씬 더 치열한 수행이다. 가톨릭에서 하는 1박 2일의 침묵 피정이 얼마나 귀중한 시간인지는 해보면 안다. 얼굴을 마주한 채 한마디도 하지 않고 하루 종일 있다 보면 처음에는 고통스럽지만 나중에는 편안하고 평화롭다.

이렇게 인간은 자신을 벼랑 끝으로 몰아넣어 평소에 못 하던 무언가를 이루어내기도 한다. 마르코 폴로는 베네치아 감옥에 갇혀서 《동방견문록》을 썼고 사마천도 동양 최고의 역사서인 《사기史記》를 남근男根이 잘리는 궁형宮刑을 당하고 썼다. 결국 인간은 절박하면 평소 능력보다 더 큰 결과를 만들어낸다. 궁하면 통한다는 궁즉통窮則通이다. 절치부심切齒腐心의 결과일지도 모르겠다.

위고는 건지섬을 정말 사랑했다. 건지섬 주민들도 위고에게 친절했다. 그래서 위고는 건지를 '친절과 자유의 반석rock of hospitality and freedom'이라고 칭찬했다. 위고는 주로 오전에 글을 쓰고 오후에는 섬을 쏘다녔다. 아름답기로 유명한 건지섬 해변을 걷거나 항구의 동네 골동품 상점을 뒤져 집 장식에 쓸 고물들을 사면서 소일했다. 사실 지식인에게는 지적 대화를 나눌 수 있는 동료 문화인이 반드시 필요하다. 같은 길이 아닌 전혀 다른 분야가 훨씬 더 도움될 때도 있다. 문학인에게는 화가, 영화인에게는 음악인 하는 식으로 상호 보완을 통해 서로 지적 자극을 받고 다른 예술에서 영감을 얻을 수 있어서다. 아마 위고가 가장 건지섬에서 그리워했을 것은 다름 아닌 예술가들이 모이는 파리 특유의 살롱과 카페, 대화가 통하는 상대였을 듯하다. 대화를 나눌 사람이 없는 건지섬은 어찌 보면 거의 지적인 사막이 아니었을까? 그래서 위고는 결국 혼자서 해변가를 산책했다. 건지섬 해변은 특히 아름답다. 바다로 직접 떨어지는 절벽은 정말 절경이다. 그 절벽을 돌아 펼쳐진 들판과 해변 길은 위고에게 무한한 위안을 주었다. 위고는 산책을 마치면 바닷가 마을로 돌아와 골동품 상점을 뒤져 고물들을 골라 변형시켜 집을 장식하는 일에 몰두하면서 글 안 쓰는 시간을 소비했다. 그것 말고는 이 섬에서 무슨 일을 할 수 있었겠는가.

나는 건지섬에서 강진으로 귀양 갔던 다산 정약용을 떠올렸다. 다산은 18

년간의 귀양 생활에서 500여 권의 책을 썼다. 500여 권의 책이 모두 얼마나 두꺼운지는 모르지만 어찌 되었건 18년인 6570일을 500권으로 나누면 13일에 한 권이다. 정말 놀라운 생산력이다. 속에 가득 찬 분노를 그냥 쏟아내듯이 글을 썼다. 강진의 다산 초당을 가보고 이해했다. 산 중턱에 지어진 일자一字 집이다. 지금은 집 앞 산자락에 나무가 크게 자라 전망을 가리지만, 다산이 거처할 당시는 산 아래 마을과 들판 그리고 멀리 바다가 보이는 정말 환상적인 풍경이었을 듯했다. 가족도 없고 일도 없던 다산이 뭘 할 수 있었을까? 글 쓰고 글 읽고 제자 가르치고 별로 멀지 않은 백련사에 가서 초의 선사, 혜장 선사와 녹차를 즐기는 일 말고는 뭘 했을까? 그래서 그런 놀라운 저술을 했을 듯하다. 울분과 우울과 고독을 책에 풀어내다 보니 위대한 저술을 남길 수 있지 않았을까? 다산은 그래도 위고보다는 좀 낫지 않았을까? 제자들도 찾아왔고 한국 차 역사에도 등장하는 다도 선사들과 야생차를 마시면서 다담을 나누는 즐거움도 있었으니. 이에 비해 위고가 남긴 기록이나 친지에게 쓴 편지 등 어디에도 건지섬에서의 교류 이야기가 나오지 않는 것으로 보아 위고는 정말 심정적으로나 지적으로 외로웠을 듯하다. 한편 피에르 오귀스트 르누아르Pierre Auguste Renoir의 작품 중에는 건지섬을 그린 그림이 많다. 그러나 그 작품들은 위고가 이미 파리로 돌아간 1883년에 그려졌으니 둘은 건지섬에서 만날 일은 없었을 것이다.

위고는 프랑스로 돌아가지 않고 건지에서 생을 마칠 마음의 준비를 했었다. 그러나 1870년 나폴레옹 3세가 실각하고 나서 영웅으로 20년 만에 귀국한다. 파리로 돌아간 위고는 건지섬을 그리워한다. 혼잡하고 번거롭고 화려하기만 한 파리 생활에서 위고는 건지섬의 생활을 추억하는 일만으로도 위로를 받는다고 친구에게 보내는 편지에 썼다. 그래서 위고는 1885년 영면하기 전까지 파리 생활에 지치거나 하면 건지섬의 집을 찾아 오래 머물다 갔다. 세 번이나 건지섬을 다시 찾았던 위고는 1872년과 1873년 사이에는 장기로 건지섬에 머무르면서 1874년에 출판된 자신의 마지막 혁명적 소설 《93》을 완성했다. 그리고 마지막 방문은 1878년 7월 5일부터 11월 9일까지였다. '높은 마을'이란 뜻의 오트빌 하우스Hauteville House는 위고가 유일하게 소유했던 집이다. 파리 집은 셋집이었다. 건지섬에서 돌아와서 파리에서 15년을 살다 죽었는데 그 오랜 기간 셋집에 살았다는 점도 참 특이하다. 위고는 건지의 오트빌 하우

영불 해협 군도의 건지섬

스만이 오로지 자기 집이라고 생각한 게 아닌가 싶다. 파리에 집을 사면 오트빌 하우스를 배반하거나 버리는 거라는 순정 소년 같은 생각 말이다.

건지섬은 영국 왕실 속령British Crown dependency이면서도 영국이 아닌 경계에 있는 묘한 지역이다. 공식 언어는 영어지만 거의 대부분의 주민들이 프랑스어도 사용한다. 위고가 건지섬을 최종 망명지로 선택한 이유 중에는 당시 프랑스어를 쓰는 주민이 영어 쓰는 주민보다 훨씬 더 많았던 것도 있다. 또 건지섬은 영국 항구 사우샘턴에서 217킬로미터 거리인 데 비해 프랑스 노르망디에서는 41킬로미터 거리밖에 되지 않는다. 따지고 보면 프랑스 영토라고 해야 맞다. 도버 해협을 두고 영국과 면한 프랑스 서해안 노르망디의 공작이자 영국인이 ‘정복왕 윌리엄’이라고 부르던 윌리엄 공작 소유였다. 당시 섬 주민은 물론 프랑스어를 썼을 터다. 윌리엄이 1066년에 잉글랜드를 정복해 왕이 되면서 결국 영국 왕실 소유가 되었다. 그런데 법적 지위가 참 묘하다. 영국에 속하는 땅인데도 영국이 아니고 ‘자치를 유지하는 영국 왕실령self-governing British Crown dependency’이다. 그래서 영국 조세법의 관할을 받지 않아서 조세 피난 지역이다. 즉 이 섬에 회사를 등록해놓으면 영국의 법인세나 소득세를 내지 않는다. 매년 소액의 법인 등록비만 내면 매출이 얼마이건 상관하지 않고 세금을 전혀 내지 않는다. 해서 건지섬에는 금융업이 발달되어 있다. 섬의 국내총생산GDP 중 30퍼센트가 은행, 보험, 투자 같은 금융 수입에서 나온다.

영국 영해 내에 존재하는 많은 섬 중에는 비슷한 섬이 몇 개 있다. 저지섬Jersey Island, 만섬Isle of Man도 바로 그런 섬이다. 특히 건지섬에는 40만 개의 ‘서류상 회사paper companies’가 등록되어 있다. 등록비는 연간 450달러에서 1200달러 사이다. 만일 한 회사당 1000달러만 받는다 해도 건지섬은 1년에 4억 달러를 거두어들인다는 셈이다. 건지섬 인구가 6만 3000명이니 결국 1명당 6349달러에 해당하는 금액이다. 건지섬 주민은 아무 일도 안 해도 연간 수입이 6349달러를 벌어들인다는 계산이다. 대단한 일이 아닐 수 없다. 많은 영국 회사가 여기에 본사를 등록해놓고 본토에서 영업한다. 통상적인 사고로는 이해할 수 없는 일이다. 하긴 영국에는 이해할 수 없는 일이 한두 개가 아니다. 자신들 땅에서 버젓하게 탈세인지 절세인지 모르는 일 때문에 조세 수입이 줄어들고 있는데도 영국 정부는 이 제도를 계속 허용하고 있다. 물론 영국

령에 속해 있지만 법적 지위가 역사적인 이유로 건지섬처럼 모호한 섬들이긴 하다.

2차 세계대전 중 독일군이 프랑스와 지리적으로 가깝던 건지섬과 저지섬을 점령했었다. 영국 침공의 교두보로 삼으려고 일단 먼저 가까운 섬을 점령한 것이다. 영국은 본토에서 멀리 떨어진 조그만 섬을 방어할 힘이 없었기에 독일군이 침공할 거라는 걸 알면서도 어쩔 수 없었다. 두 섬은 결국 4년간 독일군 치하에 있었다. 당시를 배경으로 한 소설이 유명해지면서 건지섬을 다시 한번 세계에 알렸다. 바로《건지섬 감자껍질 파이 북클럽The Guernsey Literary and Potato Peel Pie Society》이란 이상한 이름의 책이다. 한국에도 2010년 번역 발간되어 상당한 독자를 끌어들였고 언론에서 많이 조명되었다. 작가 매리 앤 섀퍼의 유일한 작품이자 유작(사후에 조카가 출간했다.)인 이 소설은 독일군 치하에서 건지섬 주민들이 겪는 애환을 차분한 필치로 그렸다. 2018년 영화로도 만들어져 인기를 끌었다. 전쟁이라는 최악의 상황에서 자신의 목숨을 버리면서까지 타인의 생명을 보호하려는 인간의 존엄을 지키는 이야기는 오래 남는 감동을 선사한다. 강력하게 추천하니 꼭 찾아 읽어보길 권한다.

이와 비슷한 환경을 무대로 하는 영화가 하나 더 있다. 2차 세계대전 중 독일군에 점령되는 신세를 면치 못한 건지섬 옆의 저지섬을 배경으로 하는《어나더 마더스 선Another Mother's Son》이다. 저지섬의 독일군 진지를 건설하는 데 끌려왔다가 탈출한 러시아 전쟁 포로를 저지섬 주민들이 독일군으로부터 숨겨주면서 생기는 따뜻하면서도 비극적인 이야기다. 탈출한 전쟁 포로를 숨겨주면 목숨이 위험해지는데도 주민들은 합심해서 포로를 보호해준다. 이는 점령 독일군의 만행에 대한 분노로 야기된 반항심과 숭고한 인간애에서 비롯되었다는 힌트가 영화 곳곳에 나온다. 나라면 목숨을 걸고 생면부지의 젊은이를 보살필 수 있을까 하는 의문이 영화를 보는 내내 들었다. 막상 닥치면 못할 것 같다는 게 솔직한 심정이다. 그런데 영국인은 우리와는 분명 다르다. 1, 2차 세계대전 시 영국인은 징집을 기다리지 않고 앞다투어 자원 참전을 했다. 심지어 나이가 어려서 못 가면 속여서라도 갔다. 이런 이야기는 영화에 드물지 않게 나온다. 내가 한국을 방문했던 시기에 영국 친구 중 예비역 중령이 한국을 왔었다. 친구는 군인답게 냉전의 현장인 휴전선 비무장 지대의 판문점과 부산 유엔군 묘지 내 영국군 지역을 가보고 싶어 했다. 나는 부산에 자주 갔어도 유엔군 묘지를 가볼 생각은 못 했었다. 친구는 부산의 영국군 묘비 하나하나를 살펴보다가 어느 묘비 앞에서 눈물을 보였다. 묘비를 보니 16세 사병의 묘지였다. 당시 영국군 징집 연령은 17세였다. 결국 나이를 속여서 참전했다가 만리 이국땅에서 전사해 묻혀 있었다. 유엔군 묘지 내 미국 지역에는 유해가 없다. 미국이 모두 본국으로 이송해 가서. 그러나 영국은 사자의 평화를 깨는 이장은 거의 하지 않고 특히 전사자는 전사지에 그냥 두는 전통이 있다. 영국과 조선이 첫 조우를 했던 1885년 거문도 사건 때 사고나 병사한 영국 해군의 무덤도 아직 거문도에 있다. 매년 영국 대사관이 조화를 보내면서 무덤을 보살피는 걸 보면 영국인과 우리의 전쟁에 대한 개념이 다름을 알 수 있다.

그리고 보면 확실히 영국인은 우리와 생사관이 다르거나 철학이 다르다. 어찌 되었건 배경은 좀 달라도 거의 설정이 비슷한 두 영화에는 영국인 특유의 심성과 정취가 철철 넘쳐흐른다. 두 섬에는 전쟁의 상흔이 아직도 곳곳에 남아 있다. 히틀러는 절대 영국이 채널 제도를 되찾아가지 못하게 하겠다는 결심의 증거로 곳곳에 참호와 진지를 남겨두었다. 히틀러는 영국을 너무나도 점령하고 싶어 했으나 결국 실패하고 말았고, 대신에 이 두 섬은 꼭 지키려고 공을 많이 들였다. 그래서 영국은 자신들 영토가 히틀러에 조금이라도 점령된 데에 대해 상당히 자존심 상해하고 건지와 저지 섬 주민들은 지금도 영국을 원망한다.

위고가 건지섬에 간 이유

위고는 결국 1870년 보불전쟁의 패배로 나폴레옹 3세가 몰락하지 파리 시민의 열렬한 환영 속에 영웅으로 금의환향했다. 위고는 83년간의 삶에서 20년을 조국을 떠나 타향에서 살았다. 그 긴 타향 생활 동안 위고는 자신의 삶을 치열하게 소비해서 부당한 권력에 처절한 저항을 희대의 걸작 《레 미제라블》에 녹여 넣었다. 위대한 작품을 통해, 정신적인 저항과 자발적인 귀양을 통해 삶을 건 투쟁을 동시에 했기에 위고는 더욱 위대하다. 말과 글만이 아닌 실제 삶으로 자신의 기준과 가치에 어긋나는 부당한 권력에 치열하게 반항을 했으니 말이다. 위고는 '나폴레옹 3세가 권좌에 있는 한 프랑스 땅에 한 발도 들이지 않고 죽을 각오를 다졌다. 나는 망명과 자유를 끝까지 같이하려고 한다'고 했다. 나폴레옹 3세에 대한 비판의 붓을 꺾지 않겠다는 의지의 표현이었다.

위고는 언론 탄압과 사형제, 사회 부조리 등에 대해서도 비판을 멈추지 않았다. 사형제는 논란의 여지가 많은 제도다. 한국은 사형제가 존재하긴 하지만 1997년 이후 처형을 하지 않았다. 한반도를 감싼 중국, 일본과 미국에는 사형제는 물론 처형까지 존재한다. 러시아는 1996년부터 처형은 중지했으나 제도 자체는 살려놓았다. 그런데 지금으로부터 150년도 전에 위고는 사형제가 비인도적이고 크리스천 정신에 어긋난다는 이유로 폐지를 주장해서 대부분의 시민으로부터 외면당했다. 우리는 위고 같은 이들을 일러 선각자先覺者, pioneer라 한다. 허나 위고를 그냥 먼저 깨달았다는 뜻의 선각자 혹은 선구자先驅者, forerunner라고 부르기에는 부족하다. 선각자는 하루하루를 아무런 생각 없이 살아가면서 보지 못하고 느끼지 못하고 듣지 못하는 우리 같은 장삼이사張三李四와는 다르다. 그들은 새로운 세상이 필요로 하는 새로운 사상을 보다 먼저 보아 일찍 알고 앞서 행한다. 위고는 먼저 깨달은 정도가 아니다. 위고는 펜을 들어 행동했다. 위고는 먹고살기 위해 혹은 문학을 위해 문학을 한 작가가 아니다. 믿는 바를 현실에 이루기 위해 펜을 칼 삼아 혁명했다. 그의 작품 《레 미제라블》은 단순한 문학 작품이 아니고 혁명 선언이다. 구절구절에 사회와 국가를 보는 위고의 철학이 들어 있어 우리를 통렬하게 꾸짖는다.

위고의 삶에서 건지섬은 가장 중요한 자리를 차지한다. 원래 위고는 처음부터 건지섬으로 갔던 건 아니었다. 위고는 프랑스의 영웅 보나파르트 나폴레옹 황제의 조카 나폴레옹 3세(당시는 루이 나폴레옹)로부터 위협을 받자 1851년 벨기에로 몸을 일단 피했다. 루이는 민주 선거를 통해 대통령이 되었다. 이때 국회의원이던 위고는 나폴레옹 3세를 지지했다. 그러나 얼마 안 있어 루이는 선거를 조작하고 언론을 탄압하는 등 독재를 하더니 쿠데타를 일으켜 나폴레옹 3세 황제를 자칭한다. 이때 위고는 격렬하게 반대 운동을 한다. 위고는 자신의 지지를 배신한 나폴레옹 3세에게 어찌나 격분했는지 거의 기절할 정도였다고 친구에게 보낸 편지에 털어놓았다. 심지어는 총과 칼을 들고 폭력 투쟁을 하자고 주장했다. 그러다 프랑스의 압력에 벨기에 당국이 위고를 불편해하자 영국령 저지섬으로 건너간다. 저지섬에서도 프랑스를 방문해 나폴레옹 3세를 만난 영국 빅토리아 여왕을 비판한 《저지 신문》을 위고가 지지한 탓에 거의 추방당하다시피 한다. 결국 1955년 인근 건지섬으로 식솔을 거느리고 건너가 15년을 살게 된다. 당시 위고의 나이는 49세였다. 가장 완숙한 활동을 해야 할 시기에 위고는 1870년 68세 노인이 되어 파리로 돌아갈 때까지 건지섬을 비롯한 해외에서 지내게 된다.

1859년 나폴레옹 3세는 사면해주었으나 위고는 프랑스로 돌아가지 않았다. 프랑스로 돌아가면 자신의 양심상 나폴레옹 3세를 비판을 할 수밖에 없었기 때문이다. 그러면 다시 프랑스 정부와 불편한 관계가 시작될 테니 돌아가지 않겠다고 했다. 수많은 친구가 위고에게 돌아오기를 권했다. 특히 시인이자 친구인 샤를 보들레르Charles Baudelaire는 반항하지도 말고 충성하지도 말고 그냥 조용하게 작품 활동만 하고 살면 되지 않느냐고 했다. 사실 자기네들도 그렇게 살고 있는데 왜 유독 별나게 그러느냐는 비아냥이기도 했다. 하지만 위고의 결심은 확실했다. 모르면 몰라도 자기 코앞에서 벌어지는 민주주의를 파괴한 부당한 독재에 눈을 감고 입을 닫고 살 수 없으니 건지가 더 편하다면서 고집을 꺾지 않았다.

보들레르가 위고에게 편지로 '사람들이 자네가 파도와 바람이 울부짖어도 잘도 지내고 있다는데?'라고 빈정대자, 위고는 '나는 이 거대한 바다의 꿈속에 살며 점점 더 이 바다에 사로잡혀 몽유병 환자가 되고 있다네. 숨이 탁탁 막힐 정도로 멋진 경치와 생동하는 이 거대한 바다 앞에서 나는 그저 신의 증인이 될 뿐이네'라고 응대했다. 위고는 건지섬을 '지독하고 그러나 부드러운 아름다움severe yet gentle beauty'이라고 표현했다. 위고는 정말 건지섬을 즐겼다. 오전에는 글을 쓰고 오후에는 섬을 헤집고 다녔다. 특히 건지섬 해변을 좋아했다. 그리고 건지섬 생활을 닮은 글을 많이 썼다. 그중 하나가 《바다의 노동자 Toilers of The Sea》라는 작품이다. 위고는 이 작품에서 건지섬 주민의 삶을 찬찬히 묘사했다. 바다를 삶의 밭으로 삼아 살아가는 섬사람들의 애환을 담았다. 건지섬 주민은 위고가 쓴 자신들의 자서전이라고 좋아한다.

위고는 건지섬에 도착해 오트빌 하우스를 구입했다. 건지섬에 오기 바로 한 달 전에 출간하자마자 매진된 《명상 시집》의 수입으로 샀다. 그러고는 6년간 미친 듯이 집을 수리하고 꾸몄다. 거의 집착에 가까웠다. 세상으로부터 쫓겨난 울분을 한풀이할 곳을 찾은 셈이다. 부인 아델 푸세는 집수리에 관심

오트빌 하우스

이 전혀 없었다. 아델은 건지섬에 임시로 와서 산다고 생각했을지 모르나 위고는 생전에 자신은 거의 돌아갈 수 없으리라고 여겼다. 그런 이유로 오트빌 하우스를 거의 광적으로 치장했다. 결국 화려한 파리 사교계 생활을 그리던 아델은 단순하고 무료한 섬 생활을 못 견디고 건지섬을 떠나 파리로 돌아가고 만다. 아델은 사면이 되었음에도 안 돌아가고 고집을 부리는 위고를 도저히 이해하지 못했다. 아델이 파리로 돌아간 데는 위고가 건지섬에 애인 쥘리에트 드루에를 데려다놓고 만나고 있음을 알았던 것도 있다. 위고와 드루에의 관계는 죽을 때까지 계속되었다.

위고와 부인 아델의 결혼 이야기는 로맨틱하다. 당시는 거의 모든 상류층 자녀가 끼리끼리 정략결혼을 했다. 위고는 나폴레옹 황제 군대 장군의 아들이었다. 당연히 위고의 부모는 상류층 처녀와 결혼하기를 원했다. 하지만 위고는 평범한 이웃 처녀인 아델을 사랑했기에 두 사람을 반대하는 어머니가 돌아가시고 나서 결혼했다. 문제는 위고의 형인 유진도 아델을 좋아했다는 것이다. 해서 유진은 위고가 아델과 결혼한다는 소식에 충격을 받아 드러누워 오랫동안 못 일어났다. 말솜씨가 좋은 위고가 아델을 먼저 낚아챘다. 위고가 아델과 연애할 때 쓴 200여 편의 편지는 유명하다. 한때 프랑스 젊은이들이 연애편지를 쓸 때 교본으로 삼았을 정도로 문학적이고 로맨틱하여 전기 작가들은 위고의 여성을 녹이는 언변이 이때부터 시작되었다고 말한다.

다음은 1820년 위고가 18세에 쓴 편지다.

나의 사랑하는 아델! 당신으로부터 온 편지가 내 마음 상태를 다시 한번 바꾸어버렸답니다. 예! 당신은 내게 어떤 일이든지 할 수 있답니다. 내가 내일 죽는다 해도 달콤한 당신의 목소리, 부드러운 당신 입술의 감촉이 나는 다시 살아나게 할 겁니다.

A few words from you, my beloved Adèle, have again changed my state of mind. Yes,

영불 해협 군도의 건지섬

you can do anything with me; and to-morrow, were I even dead, the sweet tones of
your voice, the tender pressure of your lips, would call me back to life again.

1822년 결혼하던 해에 쓴 편지다.

오! 당신은 이제 내 것입니다. 드디어 내 것이 되었습니다. 멀지 않은 몇 달 후 나의
천사는 내 팔 안에서 잠이 들 겁니다. 그리고 내 팔에서 잠이 깹니다. 그리고 거기
서 살게 될 겁니다. 언제나 당신 모든 생각과 모든 순간과 모든 시선이 나를 향할
겁니다. 그리고 나의 모든 생각과 모든 순간과 모든 시선도 당신을 향합니다. 나의
아델!
Oh, now you are mine! At last you are mine! Soon — in a few months, perhaps, my
angel will sleep in my arms, will awaken in my arms, will live there. All your thoughts
at all moments, all your looks will be for me; all my thoughts, all my moments, all my
looks, will be for you! My Adele!

원래 남자는 눈에 약하고 여인은 귀에 약하다. 남자는 미인을 보면 단번에
반한다. 반면에 여인은 자신에게 달콤한 말을 귀에 들려주는 남자를 좋아한
다. 아름다운 미인이 가수에 약하다는 말도 있다. 대작가인 위고는 편지로 여
인들을 녹였다. 편지 문장들이 그걸 증명한다. 이런 예는 유럽 문인들에게서
수없이 본다. 그 대표적인 예가 러시아의 알렉산드르 푸시킨Aleksandr Pushkin
이다. 푸시킨은 외증조부가 아프리카 노예 출신이다. 피터 대제에 의해 해방
되어 나중에 귀족으로까지 올라간다. 푸시킨은 흑인인 외증조부를 닮아 키가
작고 피부가 검고 머리칼은 심하게 곱슬머리여서 결코 미남이라고 할 수 없
다. 그러나 푸시킨은 대문호답게 말을 너무 잘했다. 게다가 시인이라 시도 잘
썼다. 러시아 여인들은 푸시킨의 매력에 빠져 헤어나지 못했다. 푸시킨의 여
인이 113명이라는 통계도 있다. 이때는 편지로 연애를 했다. 프레데리크 쇼
팽Frédéric Chopin과 조르주 상드George Sand 사이의 연애편지도 유명하다. 영국
의 천재 시인 조지 고든 바이런George Gordon Byron도 비슷했다. 파티에 바이런
이 나타나면 바이런을 사랑한 수많은 여인이 기절하곤 했다. 바이런은 신비
스러울 정도로 미남이긴 했지만 소아마비로 다리를 절었다. 그러나 바이런의

말솜씨와 달콤한 시는 핸디캡을 넘어섰다. 여인은 잘생긴 미남보다는 말 잘하는 남자에게 끌리기 마련이다. 그래서 위고도 누구 못지않게 수많은 연문으로 여성을 감동시켰다.

위고의 여성 편력은 거의 파블로 피카소Pablo Picasso에 견줄 만하다. 수많은 여인과 염문을 뿌렸다. 심지어 유부녀였던 레오니 비아르드를 만나다가 현장에서 들통 나서 둘 다 나체로 경찰서에 잡혀 가는 소동까지 있었다. 비아르드는 감옥살이를 했지만 위고는 귀족이라 경찰서에서 바로 풀려났다. 이 소식을 듣고 위고 부인 아델은 너무 기뻐했다. 왜냐하면 자신을 평생 괴롭힌 위고의 애인 드루에에게 드디어 연적이 나타났다는 이유에서였다. 앨리스 오지라는 여인에 대한 사연은 정말 경천동지할 이야기다. 위고의 아들 샤를은 애인 오지가 자신을 속이고 바람을 핀다고 생각했다. 그래서 아버지께 조언을 구했다. 위고는 그때부터 오지에게 편지 쓰고 만나고 하면서 결국 아들의 애인 오지를 뺏어버리는 천륜을 어기는 짓을 저질렀다. 그러나 아들은 이 소문을 듣고는 '나는 충분히 이해한다. 아버지의 매력에 안 넘어갈 여자가 파리에 있겠는가'라면서 포기했다.

위고는 한때 파리 호텔을 얻어 기거했는데 2년 동안 200여 명의 여인을 섭렵했다. 하루에 다섯 명의 여인과 잠자리를 했다는 기록까지 있다. 위고는 83세로 죽었는데, 장례 기간 동안 개선문 아래에 안치되어 조문객을 받았다. 장례식은 국장이었다. 장례식 당일, 파리 시내 상점이 철시하고 개선문에서 팡테옹 묘지까지 가는 길에 당시 파리 시민 350만 명 중 200만 명이 연도에 늘어서서 거인의 마지막을 전송했다. 프랑스 역사상 가장 성대한 장례식이었다. 샹젤리제 거리에는 하루 영업을 중단하고 나온 수백 명의 창녀들이 까만 상복을 입고 자신들에게 친절한 신사였던 위고를 기렸다. 위고는 여인에게 빠지는 일이 바로 '상류사회 위선으로부터의 해소책'이라고 했다. 그리고 자신을 '다시 불러일으키는 원동력'이라고 했다. 위고는 평생 2000여 명의 여인을 경험했다고 자랑했다. 이렇게 모든 남자는 여인을 끝도 없이 탐하는 개구쟁이 소년이다. 그래서 나는 모든 남자 안에는 몇 명의 소년이 있고 모든 여자 안에는 몇 명의 공주가 있다고 한다.

그런 중에도 드루에와의 관계는 달랐다. 드루에의 위고를 향한 조건 없는 무한한 사랑 때문이었다. 드루에의 위고를 향한 사랑은 눈물겨웠다. 둘은 위고가 31세, 드루에가 27세 때 만났다. 당시 드루에는 파리에서 유명한 연극 배우였다. 인기가 높아 애인도 많았다. 제임스 프라디에르라는 건축가도 그 중 하나인데 그녀를 너무 사랑한 나머지 자신이 짓던 파리 콩코드 광장의 스트라스부르그라는 조그만 건축물 지붕에 그녀의 조각을 세웠다. 지금도 그 조각을 볼 수 있다. 사실 위고가 드루에를 만난 이유에는 위고의 부인 아델의 잘못이 크다. 당시 아델은 위고의 친구이자 동료 작가와 먼저 애정 행각을 벌였다. 엄청난 충격을 받은 위고는 한참 회복을 못 하고 있다가 드루에를 만났다. 이때부터 위고는 성적으로 완전히 다른 사람이 되고 말았다. 그러나 아델과의 결혼 생활은 계속 유지했다. 아델은 자신의 과오도 있기에 드루에의 존재를 알면서 묵인할 수밖에 없었다.

위고를 만난 드루에는 완전히 위고에 빠져 연극도 그만두고 이후 50년을 뒷바라지를 하면서 위고의 그림자 아래서 살았다. 애인 겸 무급 비서로 원고를 정리하면서 위고가 여행을 갈 때면 언제나 어디나 따라다녔다. 물론 건지 섬에도 따라가서 오트빌 하우스가 있는 언덕 바로 밑 바닷가에 집을 얻어 살았다. 그렇게 애틋하게 정성을 바쳐 사랑했으나 위고는 자주 이 여인 저 여인 사이를 방황했다. 드루에는 언제나 망부석처럼 기다리고 있다가 위고가 돌아오면 다시 받아주었다. 드루에는 위고를 만나기 전 파리 사교계를 주름잡던 당시 최고의 미인이자 지식인이며 유명한 파티 걸이었다. 그런 드루에가 위고를 만나고는 위고와 함께가 아니면 문밖에 안 나가는 은둔 생활을 해 당시 파리 사교계를 경악시켰다.

프랑스인은 불륜의 사랑에 관대하긴 하지만 그래도 드루에에 대해서는 더욱 특별나다. 50년의 맹종의 기간 동안 드루에는 위고에게 1000여 통의 편지를 썼다. 그리고 매년 2월 16일이 되면 자기가 위고를 만나 첫 밤을 지낸 것을 위고와 같이 혹은 위고가 어디 가고 없거나 다른 여인을 쫓아다닐 때는 혼자서라도 기념한 걸로 유명하다. 이날을 위고는 자신의 소설 《레 미세라블》에 마리우스와 코제트의 결혼일로 했다. 위고는 작품에 자신에게 특별한 숫자를 쓰기 좋아했다. 예를 들면 장발장의 수인 번호는 24601이다. 이 번호는 바로 자신이 어머니 배에서 잉태된 날이라고 위고가 믿는 1801년 6월 24일에서 유래한다. 위고의 아버지 레오폴드는 위고에게 쓴 편지에서 자신들이 알자스 지방 아주 높은 산 위에서 1801년 6월 24일 위고를 임신했노라고 가르쳐주었다. 그 편지에 레오폴드는 '그런 고상한 태생이 영향을 끼쳐 너의 수호신이 계속해서 너를 보살핀다'라고 썼다. 그런데 재미있는 건 2012년에 나온 《레 미제라블》 뮤지컬 영화에서 장발장인 휴 잭맨이 시장일 때 입고 나온 권위로 가득 찬 코트 색깔인 초록색의 컬러 코드가 바로 24601이다. 톰 후퍼도 위고 못지않게 세심하게 신경 썼다.

이런 여인이 위고가 죽기 2년 전인 1883년에 죽었는데, 위고는 장례식에 참석하지 않았다. 당시 위고는 프랑스 상원 의원이었다. 주위에서 사회적인 눈이 있으니 참석하지 말라고 했다고 전해진다. 27세부터 77세로 죽을 때까지 50년을 자신의 그림자로만 살아온 애달픈 여인의 마지막 길을 전송 안 한 죄로 프랑스의 영웅 위고는 두고두고 욕을 먹었다. 황제에게도 눈 깜짝 하지 않고 치열하게 저항했던 위고다. 그런데 이미 프랑스 내의 알 만한 사람은 모두 위고와 드루에의 사이를 다 알았는데 도대체 누구 눈이 무서워 그렇게 비겁한 처신을 했는지 정말 이해하기가 힘들다. 그러나 둘의 일은 누구도 모른다. 소문대로 위고가 세상눈이 무서워 장례에 '안 갔는지', 아니면 자신의 그늘에서 그림자로만 50년을 살다 간 불쌍하고 애잔한 드루에의 마지막 길을 차마 볼 수가 없어서 '못 갔는지' 말이다. 만일 드루에의 장례 시간에 위고가 무얼 했는지를 알 수 있다면 진실에 더욱 가까이 갈 수 있겠지만 유감스럽게도 밝혀지지 않았다. 그러나 나는 위고가 차마 못 갔다고 감히 단정한다. 서로 사랑이 끝나서 헤어진 사이도 아니고 나쁜 감정이 있는 사이도 아니었다. 너무나도 오랫동안 자신을 무조건 사랑한 여인의 마지막 길이니 일부러 애써 불참하지 않았을까. 위고가 슬픔을 억누르고 도저히 위엄 있게 장례식을 볼 수 없으리라는 판단하에 불참했다고 생각하고 싶다. 요즘도 그렇지만 유럽인 특히 유럽의 사회 지도층은 공적인 자리에서 희로애락을 표현하는 걸 대단한 금기로 여긴다. 만일 위고가 드루에의 장례식에 참석해 가눌 수 없는 슬픔에 통곡을 했다면 그건 위고로서는 사회 지도층으로서 치명적인 결격 사유가 될 수 있었다. 대통령이 애인을 두어도 정치적으로 치명상이 되기는커녕 로맨틱하다고 훨씬 인기가 오르는 프랑스에서는 당시에도 사회 지도층이 애인을 가지는 일은 별 문제도 아니었다. 차라리 없으면 뭔가 감정에 결함이 있는 게 아닌가 하는 의심할 사회였다.

같으면서도 다른 예는 쇼팽의 운명의 여인 상드가 온 파리가 애도하는 쇼팽의 장례식에 '안 간' 일이다. 장례식 당일 상드는 새로 사귄 애인과 파리 근교에서 피크닉을 하고 있었다. 왜 그랬을까? 상드에게는 둘 사이의 사랑은 끝난 지 오래되었다. 오래된 사랑의 연인의 장례식에 상복을 입고 마음에 없는 조의를 표하러 갈 만큼 상드는 가식적이지 않았고 세상의 예의에 신경 쓰지 않았다. 장례식에는 둘 사이의 이별에 가장 큰 요인이었던 상드의 딸 솔랑주는 참석했다. 서양의 장례식은 우리처럼 2박 3일로 '해치우는 것'이 아니다. 장례 절차를 충분한 시간을 두고 준비해서 제대로 한다. 특히 쇼팽의 장례식은 유언대로 모차르트의 〈진혼곡〉을 연주해서 치렀다. 그런데 〈진혼곡〉에 여자 소프라노가 들어가야 하는데 마들레느 교회에서 관례가 없다고 허락을 하지 않아 2주가 연기되었다. 이 사실을 통해 상드가 사전에 일정이 있어 장례식에 참석하지 않은 건 분명 아님을 알 수 있다. 일정이 있었더라도 쇼팽의 장례식에 참석해야 한다고 했다면 상대가 누구든 이해를 했을 테니 일부러 참석 안 했음이 분명하다. 이미 쇼팽에 대한 사랑이 아주 멀리 떠나버렸기에 마음에 내키지 않는 가식적인 표정을 하고 장례식장에 참석할 가치가 없다고 상드는 결정했다고 유추해본다.

과연 그렇다면 쇼팽은 널리 알려져 있듯 상드를 과연 오로지 오매불망 사랑했나 하는 아주 해괴망측한 의심도 해본다. 그 근거로 상드에게 헌정한 곡이 하나도 없다는 점을 하나 들어보자. 매일 새로운 곡을 작곡한 쇼팽이 사랑하는 사람에게 곡을 헌정하지 않는다는 게 말이 되는가 하는 의심이다. 무슨 이유가 있는지는 몰라도 당시로는 정말 이례적이다. 사랑하는 여인에게 매일 곡을 헌정해도 될까 말까 할 판에 헌정자가 없는 곡이 있는 곡보다 훨씬 더 많은 쇼팽이 왜 한 곡도 헌정을 안 했을까? 이를 두고 사람들의 상상은 쇼팽의 허락 없이 별별 방향으로 날개를 펼친다. 쇼팽은 정말 상드를 사랑했을까? 독자의 상상에 맡기겠다.

상드를 일러 '사랑의 흡혈귀the love of a vampire'라고 쇼팽의 친구 커스틴 후작은 혹평했다. 커스틴 후작의 말에 따르면 상드는 눈에 뜨이는 모든 주위 남자의 사랑을 흡혈귀처럼 빨고 다녔다. 쇼팽 사후에 커스틴 후작이 한 이 말의 속뜻은 쇼팽이 상드에 당했다는 것이다. 어린애같이 감정 변화가 심하고 심약하고 병약한 쇼팽이 상드의 정성 어린 보살핌 덕분에 원래 운명보다 더 오래 살았다는 평도 있다. 하지만 그 사정의 진실은 누구도 모른다. 상드의 쇼팽에 대한 사랑에 대한 예를 하나 더 들어보자.

둘이 프랑스 중부 노앙의 상드의 시골집에 같이 살 때 상드는 자전적 소설 《루크레치아 플로리아니》를 완성해서 주위 사람들에게 직접 낭독해주었다. 그 소설에는 남자 주인공 카롤 왕자가 등장하는데 누가 봐도 그건 쇼팽이었다. 소설에서 왕자는 '질투에 부루퉁하고 둔감한sulkily jealous and obtuse' 성격이다. 반면에 상드 자신은 '너무 헤픈 사랑loving too much'으로 고통받는 연약하고 착하기만 한 '순교의 성녀 여주인공martyred heroine'으로 묘사한다. 평소에도 상드는 친구에게 편지를 써서 쇼팽을 '심술 맞고 유치하고 짜증 잘 내고 부루퉁하다petulant, childish, irritable and sulky'고 불평했다. 과연 그렇게 섬세하고 미묘하게 사람의 마음을 간지르고 어루만지는 아름다운 명곡을 쓴 천재 쇼팽이 심술 맞은 노인 같은 성격에 심약하고 병약했을까? 우리로서는 진실을 알 수 없다. 소설 낭독을 쇼팽과 같이 들은 화가 외젠 들라크루아Eugène Delacroix는 즉시 소설의 의미를 파악했다.

나는 책 읽는 것을 듣는 동안 지독한 고통을 느꼈다. 처형자와 피해자 둘 다 나를 경악하게 만들었다. 상드는 아주 편안하게 글을 낭독했고 쇼팽은 계속해서 소설을 칭찬했다. 자정이 되어 우리가 헤어질 때 쇼팽과 같이 나오는 기회를 이용해 소설에 대한 쇼팽의 진정한 인상을 물어보았다. 쇼팽이 그저 나를 가지고 놀았을까? 아니다. 진정으로 그는 전혀 이해하지 못하고 있었다. 쇼팽은 열심히 소설 찬양하기를 멈추지 않았다 .

I was in agony during the reading…. The executioner and victim astonished me in equal measure. Madame Sand seemed wholly at ease and Chopin constantly expressed his admiration for the story. At midnight we all retired . Chopin wanted to accompany me and I seized the opportunity to sound out his impressions. Was he playing a game with me? No, truly, he hadn't understood, and the musician persisted with his enthusiastic eulogy of the novel.

들라크루아는 나중에도 그 장면을 '그는 단 한 단어도 이해를 못 하는 듯했다He hadn't understood a single word'라고 회고했다.

이때가 쇼팽과 상드의 사이가 막판으로 치달아 결국 헤어진 1947년이 아닌 1946년 초였다는 사실이 많은 걸 말해준다. 이 시점에서 벌써 상드는 쇼팽

영불 해협 군도의 건지섬

에게 염증을 느끼고 있었다. 당시 이 소설은 상드의 작품을 목 빼고 기다리던 파리의 독자들에게 엄청난 충격이었다. 결혼하지 않은 둘이 세상의 통념을 거슬러 공공연하게 동거할 정도로 용감하게 사랑한 줄 알았는데 이런 식으로 쇼팽을 묘사했으니 말이다. 쇼팽의 친구이자 숭배자인 독일 시인 하인리히 하이네Heinrich Heine는 격노했다. '이 소설은 바로 상드가 쇼팽을 터무니없이 취급한다는 또 하나의 증거다It was further evidence of Sand's shabby treatment of Chopin'라며 상드를 비난했다.

사랑하다 마음과 몸 모두 헤어진 연인도 있고, 몸은 비록 헤어졌으나 마음으로 아직 서로 그리는 사이도 있고, 같이 살고 있으면서도 둘의 마음은 멀리 멀리 헤어진 사이도 있다. 어떤 사이가 더 좋을까? 서로 상처를 받고 몸과 마음도 헤어져도 결국 기억 속에 남은 사랑의 찌꺼기는 어쩔 수 없다. 그 찌꺼기를 싫어하든 소중하게 남기든 그건 어쩔 수 없는 사랑의 운명이다. 서로 절대 벗어날 수 없게 천천히 길들여지는 것이 사랑이다. 그렇게 벗어날 수 없게 길들여지는 걸 세상은 운명이라고 한다. 과연 당신의 옛사랑은 운명인가 아닌가?

위대한 오트빌 하우스

위고의 오트빌 하우스는 대단한 집이다. 밖에서 볼 때는 별로 특별한 집처럼 보이지 않는다. 그냥 주변의 집과 별다를 바가 없다. 그러나 일단 집 안에 발을 들여놓으면 입을 다물 수 없다. 입구를 지나 지정 안내인을 따라 입구를 지나면 벽과 천장 모두가 도자기 접시로 치장된 복도를 만난다. 오트빌 하우스는 지정 안내인하고 다녀야 한다. 개인적인 행동이 잠시도 허용되지 않는다. 반드시 투어는 사전 예약을 해야 하며 10명까지 30분만 방문이 허용된다. 4월 초에서 9월 밀까지 문을 열며 하루에 두이가 몇 빈 있지도 않은 데디기 그나마 수요일은 문을 닫는다. 정말 빌어서 본다고 해야 할 정도로 까다롭다. 해서 일정에 쫓기는 여행자로서는 이 하우스 투어를 예약하는 일은 상당한 수고를 필요로 한다. 그러나 그런 수고가 충분히 보상될 만큼 대단하다. 실내 장식을 비롯해 위고가 남긴 삶의 흔적을 보면 옷깃을 여미지 않을 수 없을 정도로 구석구석의 위대한 작가의 삶의 편린이 놀랍기만 하다. 가이드를 따라 들어선 하우스는 경악의 연속이다. 어지간히 여행을 해본 사람이라도 이 정도로 철저하게 잘 꾸며진 개인집을 본 적이 없으리라 장담한다. 집은 수도 없는 대칭의 연속으로 이루어져 있다. 1층은 네오고딕, 2층은 바로크 같은 스타일이다. 붉고 푸른색 대비를 비롯해 어둡고 밝은 명암의 대비, 동양과 서양의 대비 등 문외한의 눈에도 실내 장식의 의도가 금방 눈에 보인다. 심지어 황궁같이 과하게 치장한 응접실과 식당을 두고 위고는 작은 옥탑방에서 주로 거주하고 집필했다는 사실에 경악을 금하기 힘들다. 결국 위고의 극단적인 이중성을 우리는 여기서 본다.

2층에는 붉고 푸른 응접실이 두 개 있다. 특히 청색 방은 당시 유럽 실내 장식을 휩쓸던 유행 재료인 중국 실크로 벽 전체가 장식되어 있다. 위고 집에 사용된 중국 실크는 아편전쟁 때 중국 황제의 북경 여름 별궁에서 영국군 장교가 약탈해 와서 판 것이다. 2층으로 올라가는 창문 없는 계단에는 거의 빛이 안 들어와 어둡다. 그러나 올라갈수록 밝아지다가 4층 옥탑방으로 가면 더이상 밝아질 수 없을 만큼 밝아진다. 집 안 어느 한 곳 범상한 구석이 없다. 위고의 취미 중 하나가 동네 골동품 상회나 고물상을 돌아다니며 고물을 수집하는 것이었다. 고물들을 집에 가지고 와서 동네 목수들과 함께 고치고 색칠해서 원래 용도와는 다른 엉뚱한 물건을 만들었다. 예를 들면 집 대문짝을 식

붉은 응접실

영불 해협 군도의 건지섬

탁으로 만들고, 창문 철창을 가리개 병풍으로 만들고, 의자 등판을 문틀로 만들었다. 이렇게 돈을 아껴서 기상천외한 멋진 물건을 만들어냈다고 위고는 천진난만한 아이처럼 좋아했다. 거울, 카펫, 액자뿐만 아니라 벽, 목욕탕 등 각 곳에 부착된 타일마저 그렇게 모은 물건들이다. 선원들의 소지품 상자를 여러 개 쌓아 올려 장을 만들고, 조각난 의자 다리는 화려한 창문틀로 변신시켰다. 고물상에서 주운 잡동사니를 다른 용도의 물건으로 재생시키면서 위고는 아주 즐거워했다. 그래서 집 안 어디든 그냥 놔둔 구석이 없이 조각되고 치장되고 칠해졌다. 바로 이런 느낌을 주는 집이 런던 남쪽 서식스 루이스에 있는 찰스턴 하우스다. 영국의 비운의 소설가 버지니아 울프Virginia Woolf의 언니이자 화가였던 버네사 벨Vanessa Bell의 집이다. 그래도 위고 집이 훨씬 더 훌륭하다. 오트빌 하우스는 예술 감각이 넘치는 세심한 엄마가 아이들 방을 온갖 치장으로 꾸며놓은 듯한 집이라면 상상이 갈지 모르겠다. 위고의 오트빌 하우스는 입이 안 다물어진다는 말 외에는 더 이상 입 대는 게 모욕일 듯하다.

중국 황제의 북경 여름 별궁에서 영국군 장교가 약탈해 판 실크 벽지를 쓴 푸른 응접실

1. 빅토르 위고의 진정한 집

인생은 귀양이다

오트빌 하우스에는 온통 H 자가 새겨져 있다. 위고의 H이기도 하고 오트빌 하우스의 H이기도 하며, 또한 위고의 관심사인 남자homme, 영웅héros, 인간애humanité를 뜻한다고 가이드가 설명했다. 위고는 집을 자신의 작품으로 여겨서 여기저기에 사인을 했다. 심지어 주 침실 벽장 안, 2층으로 올라가는 천장 귀퉁이 등에도 그랬다. 가이드는 이 집은 '하나의 시'에 해당한다는 말로 극찬했다. 그리고 위고는 집 곳곳에 의미심장한 말들을 새겨놓았다. 식당 문에는 '삶은 귀양이요, 귀양은 삶이다Life is an exile, exile is life', 식당 의자에는 '희망이 내 힘이다Hope is my strength', 벽 의자에는 '병사의 종말, 사제의 종말, 신의 종말The end of the soldier, The end of the priest, The end of the lord', 침대 머리에는 '밤Nox 죽음Mors 빛Lux'이라는 단어들이 새겨져 있다. 위고는 자신의 작품 《노트르담의 꼽추》에서 '건축물은 돌에 새긴 생각이다Archtecture is thought written in stone'라고 했으니 결국 이 모든 문구가 위고의 생각일 듯하다. 무슨 의미인지는 그냥 유추할 뿐이다. 밤과 낮, 죽음과 삶, 선과 악, 빛과 어둠, 일과 꿈, 아름다움과 추함 같은 삶의 대비를 직접 집 안에 메시지로 심은 위고는 벽난로의 형상을 성당처럼 만들었다. 파리에서 하던 잡다한 일에 쏟아붓던 에너지를 위고는 단지 두 가지 일에만 집중시켰다. 작품과 집 말이다.

위고의 또 다른 걸작인 오트빌 하우스에는 위고의 깊은 철학과 예술적인 심미안이 반영되어 있다. 위고의 아들 샤를도 이 집을 '일종의 무대다', '3층짜리 육필肉筆 원고며 여러 방에 걸친 시다'라고 했다. 집을 짓고 나서 위고는 '나는 직업을 잘못 선택했다. 나는 실내 장식가를 했어야 했다'라고 자화자찬에 가득 찬 자만의 탄식을 했다. 어찌 되었건 위고를 연구하거나 이해하려는 사람은 반드시 이 집을 보아야 한다. 이 집을 보지 않고는 도저히 위고를 이해할 수 없다고 나는 감히 말한다. 예를 들면 위고의 숨겨진 사생활도 알게 된다. 위고는 여인에 따라 같이하는 방이 달랐다. 부인인 아델과는 2층의 정식 침실에서만 잤고 애인인 드루에와는 오트빌 하우스 언덕 아래의 드루에의 집에서 잤다. 그리고 다락방에서는 오트빌 하우스에서 만난 건지 여인 하녀와 잤다.

이 집의 하이라이트는 4층 옥탑방이다. 위고의 안과 밖을 모두 이해하기

아름다운 3층의 나선형 계단

1. 빅토르 위고의 진정한 집

전망대 겸 거실

원한다면 다른 층은 건너뛰더라도 이 방만큼은 반드시 살펴보아야 한다. 위고의 수도사 같은 삶과 프랑스를 사랑하는 애국심과 외로움을 우리는 알게 된다. 그곳은 옥탑방이라는 말이 정확히 들어맞는 옥상에 지어진 가건물로 위고가 지붕에 따로 올려 지었다. 위고가 옥탑방을 지은 뜻은 딱 하나다. 프랑스가 바라보인다는 이유 때문이다. 41킬로미터밖에 안 떨어져 있어 날씨가 흐리지 않으면 멀게라도 프랑스 땅이 보인다. 그래서 위고는 으리으리한 아래층을 두고 옥탑방에서 주로 살았다. 자발적인 망명이기는 했지만 고향을 그리는 마음이 옥탑방에 들어서는 순간 확 느껴져 가슴이 아려왔다. 고향을 떠나 이국에서 이방인으로 살아가는 동병상련의 동질감을 느껴서다. 옥탑방이라 해도 있을 건 다 있다. 작지만 침실을 비롯해 복도 서재와 하인 방까지 있다. 위고는 여기를 '나의 수정궁crystal palace'이라며 애지중지했다. 집필실, 전망대, 거실 겸 친지(정말 가깝고 친한 친지)들을 만나는 응접실을 겸하는 온실 같은 방도 갖추어져 있다. 전면과 측면 그리고 천장까지 유리로 지어졌으니 당연히 겨울에는 아주 추워서 냉장고 같았고 여름에는 찜질방같이 너무나 더웠다.

위고는 여름에 더우면 물 한 바가지를 뒤집어쓰고 다시 작업을 했다. 위고는 이 방을 '거대한 파도 거품 위에 지어진 갈매기 둥지'로 부르면서 좋아했다. 이곳에서 위고는 작품의 영감을 얻었다. 그러고는 '나는 조그만 벽난로와 작은 책상이 있고 하늘과 바다가 풍미를 더해주는 이 방이 좋다'고 했다. 특히 유리 창문과 창문 사이와 반대편에도 거울을 걸어 빛과 함께 바깥 풍경이 반사되도록 했다. 물론 빛이 최대한 반사되어 밝게 하려는 이유도 있다. 방 어디를 둘러보아도 바다가 보인다. 반사된 바깥 풍경이 최면의 환각 효과를 일으킬 정도여서 위고는 방을 떠나고 싶지 않다고 했다. 위고가 이 방을 수정궁이라고 부른 데는 이유가 있었다. 바로 1851년 런던 켄싱턴 공원에서 열렸던 세계 최초의 만국 박람회The Great Exhibition의 전시장 건물 이름이 바로 수

영불 해협 군도의 건지섬

정궁이다. 영국은 절정에 이른 대영제국의 위세를 세계만방에 자랑하려고 국력을 총동원해 전시회를 개최했다. 빅토리아 여왕의 남편인 앨버트 공의 진두지휘로 당시 영국의 모든 문화 예술, 과학 기술의 정수를 순전히 유리와 철골로만 지어진 대형 온실 같은 전시장에 집어넣어 전시했다. 유리와 철골이란 당시로는 기상천외한 건축 자재와 대영제국의 기술을 총동원해서 만든 수정궁은 전시품들과 함께 세계를 경악에 빠뜨렸다. 어느 누구도 생각을 못 했던 것을 영국이 해냈다. 그전까지 건물은 흙, 나무, 돌, 벽돌, 시멘트로 만들었다. 그러니 어떻게 수만 명이 들어갈 전시장을 철골과 그 약한 유리로만 만들었을까 하는 궁금증이 사람들을 끌어들였고 박람회는 대성공을 거두었다. 물론 전시품도 대단했지만 사람들은 전시장 건물만 보러 가기도 했다. 한편 박람회를 마친 뒤 수정궁은 나중에 런던 남쪽으로 옮겨졌다가 화재로 소실되고 지금은 지역 이름으로만 남았다. 이청용 선수가 한때 뛰던 축구 클럽이 바로 이 지역에 연고를 둔 까닭에 이름이 '크리스털 팰리스 클럽'이다.

천국 위에 세워진 옥탑방

이 옥탑방을 위고는 죄인이 쫓겨 가는 피난처refuge, 보호 구역sanctuary 혹은 귀양지exile로 여긴 듯하다. 그래서 아래층들은 화려의 극치인 천국으로 만들고, 위층인 옥탑방은 일부러 과도하게 조악하고 열악하게 꾸며 수도원처럼 만들어 대조를 이루게 했다. 그렇지 않고는 자신이 주로 거주한 장소를 일부러 불편하게 꾸밀 이유가 없었다. 돈이 없는 것도 아니고 말이다. 위고는 옥탑방으로 자신을 대단하게 드라마틱한 운명의 주인공으로 만들어버렸다. 타의 반 자의 반의 귀양인데도 불구하고 흡사 조국인 프랑스로부터 버림받고 여기에 살아가는 수인 혹은 귀양인으로. 원래 피난처나 귀양시는 열악해야 하고 또 열악할 수밖에 없다. 특히 위고의 침실을 보면 누구나 내 추론에 동의할 듯하다. 아래층의 엄청나게 화려한 침실과 달리 옥탑방 침실은 믿기지 않을 정도로 열악하다. 오죽했으면 내가 안내인에게 이게 진짜 위고의 침실이고 침대인지 다시 한번 확인했을까? 침실은 두 평에 불과했다. 집 크기에 비해 놀라울 만큼 작았는데 우리가 아는 모양의 침대조차 없었다. 그냥 다 닳아

다 낡아 떨어진 위고의 침대

버리고 실밥마저 터진 벨벳 천으로 된 딱딱한 2인용 소파가 하나 놓여 있었다. 소파라면 안락하게 앉을 수 있게 부드럽게 만들어져야 하고 등받이가 뒤로 약간 젖혀져 편하게 몸을 누일 수 있어야 마땅하다. 그런데 위고의 침대라고 하는 소파는 그냥 직각으로 등받이가 서 있고 앉는 부분도 전혀 쿠션 없이 딱딱했다. 하도 사용해서 벨벳 천조차 닳아빠졌다.

이게 바로 대문호 위고의 침대였다. 그 소파에서 책을 보다가 잠이 오면 바로 몸을 눕혀 잠을 잤다. 소파는 160센티미터 정도니 당시 사람으로서는 대단히 키가 컸던 178센티미터의 위고가 소파에 몸을 누이면 다리를 펼 수 없는 크기다. 누우면 발을 편하게 펼 수가 없어 결국 발을 굽히고 쪽잠을 잤을 것이다. 위고는 왜 좁은 방의 딱딱한 작은 소파에서 불편한 수도사 같은 생활을 했을까? 문득 나폴레옹 3세가 런던 근교의 윈저성에 방문했을 때 썼던 화려하기 그지없던 침대가 생각났다. 위고는 나폴레옹 3세 독재에서 신음하는 프랑스를 생각해서 다리 쭉 펴고 잔다는 일이 죄스러워서 그랬을 수도 있겠다.

한국동란 때 북괴군에 납북된 아들이 혹여 돌아올까 싶어 평생 이사도 안 가고 대문을 열어놓고 불 안 땐 냉골에서만 잤다는 노모가 떠올랐다. 그 뒤로 위고의 좁은 침대 생각만 하면 짠하다. 위고의 옥탑방 폭은 그 2인용 소파에 맞먹었고, 천장 높이도 사람이 서면 거의 머리가 천장에 닿을 정도였다. '좁아 터지고 후진 다락방'이라는 표현 말고는 다른 묘사를 할 수가 없다. 이 옥탑방 침실은 '외진 골방enclave alcove'이라고도 불린다. 더 이상 적합한 말이 없을 듯하다. 그러나 그 방에서 바라보는 전망은 환상이었다. 위고는 '여기서는 프랑스와 시시각각 변하는 해와 바다가 보인다'면서 무척이나 행복해했다.

이 과도하게 열악한 침실에 비해 아래층 위고의 주 침실은 정신이 시끄러워 잠이 올까 싶을 정도로 엄청나게 화려하게 장식되어 있다. 중간에 있는 큰 침대는 조각이 복잡하다. 이 침대에서 위고는 딱 한 번 잤다. 이 침대에서 《몬테크리스토 백작》,《삼총사》로 유명한 문학가 알렉상드르 뒤마Alexandre Dumas가 자고 갔다. 정말 알 수 없는 위고의 극단성이다.

영불 해협 군도의 건지섬

《몬테크리스토 백작》,《삼총사》로 유명한 알렉상드르 뒤마가 자고 간 침실

　　이제 위고의 집필실을 볼 차례다. 삼면이 유리로 지어져 위고의 온실 같은 거실 겸 집필실 구석에는 조그만 탁자가 보인다. 책상이라기보다는 연설대라고 해야 할 정도의 높이와 크기다. 허리 아픈 사람이 허리에 무리를 주지 않기 위해 서서 일하려고 일부러 높게 만든 간이 책상 같다. 위고는 바로 여기에 서서《레 미제라블》을 썼다. 편안하게 앉아 글을 쓰지 않고 수도사 같은 자세로 썼다니 일종의 결벽증이 있었나 싶기도 하다. 혹은 위고가 프랑스를 향해 사자후를 토하듯 연설을 하는 혁명 선언문으로서《레 미제라블》을 썼을 것이다. 조국에 대한 향수와 분노, 조국을 위해 아무것도 못 하고 글이나 쓸 수밖에 없는 자신의 처지에 대한 울화가 담겨 있었다면 너무 드라마틱할까? 거기서 프랑스가 가장 잘 보인다는 위고의 말마따나 멀리 프랑스가 아련히 보였다. 멀리 프랑스를 그리며 그 탁자 앞에 서서 프랑스 대혁명 이야기《레 미제라블》을 쓸 때 위고의 심성이 어땠는지를 짐작해보니 또 한 번 콧마루가 찡했다. 작가로서의 마음가짐을 생각할 때 나는 가끔 떠올린다. 최소한 작가라면 그 정도의 결기는 있어야 하지 않나 하는.

　　위고는 프랑스인에게는 작가임과 동시에 사상가, 철학자, 정치인, 사회 개혁가 그리고 혁명가였다. 위고는《레 미제라블》의 등장인물들 입을 빌려 혁명 선언문에나 나올 법한 발언을 많이 했다. '독재가 현실일 때 혁명은 권리가 된다' 등등. 프랑스 대혁명이 일어났지만 위고는 '해방은 결코 구원이 아니다'라고도 했다. 해방으로 모든 것이 이루어졌다고 환호하고 착각하지 말라는 뜻이다. 맞는 말이다. 그다음이 더 혹독할 수 있다는 경고다. 해방은 시작에 불과할 뿐이다. 악마를 봉인되었던 상자에서 끄집어낸 일이다. 우리도 해방 뒤에 끔찍한 동족상잔의 거대한 비극이 있지 않았는가? 《레 미제라블》의 줄거리도 그렇지만 실제 프랑스 대혁명 때도 그랬다. 위고는 이런 말도 남겼다. '하류층에는 상류층의 인간애보다 항상 더 많은 비참함이 있다.' '세상의 모든 군대를 합친 것보다 더 센 힘이 있다. 그것은 시간이 되어 닥쳐오는 사상이다.' 세상이 바뀌면 자연스럽게 나타나는 세상의 변화는 그 누구도 막을 수 없다는 경고다. '만일 영혼이 암흑에 쌓여 있으면 죄악은 저질러진다. 죄는 저지르는 자에게 있지 않고 암흑을 만든 자에게 있다'라고도 했다. 위고는 위대한 작가이자 삶으로 보여준 혁명가였다. 위고의 손녀가 1927년 오트빌 하우스를 파리시에 기증하면서 영국 영토에 있는 위고의 조국 프랑스 재산이 되었다.

위고의 작품은 '중세적이고 낭만적이고 동시에 극적medieval, romantic and dramatic'이라고 평가받는다. 그러나 위고는 중세적인 인간이 아니다. 지금으로부터 거의 200년 전 집필했지만 위고의 작품 속 주인공의 생각과 철학은 거의 현대적이다. 당시는 빵 하나 훔친 죄를 5년형에 처할 정도로 워낙 범죄를 중하게 다루어 범죄가 드물었다. 《레 미제라블》에서 볼 수 있듯 형기를 다 마친 전과자에 대해서도 당시 사회는 너무나 가혹했다. 형을 산 사람은 죗값을 다 치렀다고 뻔뻔히 고개를 들고 다닐 수 있는 사회가 아니었고 여전히 전과자로 범죄자 취급을 받았다. 그 시절의 유럽은 죄인이 용서를 구하면 용서해주어야 한다는 기독교 사상이 통하지 않았다. 그래서 위고는 《레 미제라블》에서 사회를 예리하게 힐난한다. 그런 말을 하고 글로 쓴다는 자체가 대단한 용기를 필요로 했을 텐데 위고는 전혀 두려워하지 않았다.

위고가 35년을 머리와 마음에 품고 있다가 17년 걸려 완성한 《레 미제라블》은 전 5권 약 2600여 쪽에 달해서 막상 읽으려고 하면 숨이 탁 막힌다. 그러나 명성에 비해서 책장은 참 잘 넘어간다. 중학교 시절에 처음 읽을 때도 어렵다거나 난해하다고 느끼지 못하고 읽은 기억이 난다. 오트빌 하우스를 다녀와서 다시 읽은 《레 미제라블》은 과연 이토록 꼭 길게 써야만 했을까 하는 의문이 들 정도로 내용이 장황하다. 하긴 이 시대는 원고료를 글의 길이로 쳐

서 주었기에 글이 길었다. 동시대의
대가들인 표도르 도스토옙스키Fyodor
Dostoevskii나 레프 톨스토이Lev Tolstoy
작품들도 모두 길다.

《레 미제라블》은 당시로는 거의 혁
명적인 사상과 주장을 담고 있다. 물
론 유럽을 충격으로 몰아넣고 그 이후
유럽을 완벽하게 다른 유럽으로 만든

3층 전망대와 침실 사이의 책장

프랑스 대혁명의 뒤끝이긴 했다. 그래도 이런 전위적인 사고와 사상이 담긴
글을 그때 벌써 쓸 수 있었다면 과연 인류는 위고 이후 200년간 무엇을 했는
가 싶을 만큼 위고의 작품은 당대적이다.

소설에서 남편이 만든 위조지폐를 사용하다가 체포된 부인이 자백을 안
해 남편을 못 잡아들이게 되었다. 그러자 검사가 남편의 편지를 위조해 남편
에게 정부가 있는 것처럼 꾸며 부인의 질투심을 불러일으켜서 자백을 받아냈
다. 검사가 묘수를 부려 정의를 세운 일을 두고 사람들이 감탄하는 소리를 들
은 미리엘 신부는 "부인은 어디서 재판을 받나요?"라고 물었고 사람들은 "중
죄 재판소입니다"라고 한다. 미리엘 신부는 다시 묻는다. "그렇다면 검사는
어디서 재판을 받나요?" 이 서술로 위고는 일찌감치 함정수사를 하면 안 된다
는 주장을 한 셈이다.

그런데 하나 짚고 넘어갈 문제가 있다. 《레 미제라블》 번역판에 등장하
는 미리엘 주교의 '주교'라는 호칭은 사실 틀린 번역이다. 소설에는 분명 주교
bishop가 아니고 몬시뇰monsignor이라고 표기되어 있다. 몬시뇰은 주교가 안 되
었으나 나이가 들어 덕망 있는 노신부를 부르는 존칭이다. 주교는 자신의 교
구가 있어 휘하에 수많은 성당과 신부가 있어 지휘를 해야 하는 공식 지위다.
하지만 소설 속 미리엘 신부에게는 선혀 그런 책임이 있어 보이지 않는다. 한
영 대역된 명작을 읽다 보면 '아니 아직도 우리 한국의 번역이 이 정도 수준밖
에 안 돼?'라는 비명이 나올 정도로 엉터리가 많다. 오역은 물론 중간에 문장
전체를 빼먹어버린다든지, 주인공이 겪는 각종의 고난을 작가가 멋진 예를
들어 거의 반쪽에 걸쳐 늘어놓았는데 그걸 그냥 '온갖 고난을 겪고'라는 한마
디로 축약해버리는 횡포를 부린다든지 해서 말이다. 참고로 이 책에서 예로

드는 번역은 모두 내가 다시 번역한 것임을 밝혀둔다.

앞서 언급했듯이 지금도 세상에는 인간 야만성의 극치인 사형제가 엄연히 존재한다. 살인한 인간을 살인으로 처벌한다는 발상 자체가 야만적이다. 그런데 위고는 그때 벌써 사형의 부당함을 미리엘 신부 입을 통해 주장한다. 흡사 현대의 사형 폐지 주장자들의 논지를 보는 듯하다. 신부는 혼잣말로 다음처럼 한탄하면서 자책한다.

"나는 사형이 그렇게 악마 같을 줄 몰랐다. 인간의 규범을 몰랐던 내가 신의 규범에 그 정도로 깊이 빠져 있었던 것은 잘못이다. 죽음은 오로지 주님의 것이다. 그런데 도대체 인간이 무슨 권리로 미지의 것에 손을 대는가? I did not think that it was so monstrouse. It is wrong to become absorbed in the divine law to such a degree as not to perceive human law. Death belongs to God alone. By what right do men touch that unknown thing?"

"인간의 손에 죽은 자는 주님께서 되돌려주십니다. 형제들에게서 쫓겨난 자는 주님을 다시 만나게 됩니다. 주님께 기도를 올리고 주님을 믿음으로 생명 속으로 들어가십시오. 주님께서는 거기에 계십니다. God raises from the dead him whom man slays, he whom his brothers have rejected finds his father once more. Pray, believe, enter into life: the Father is there."

그러고는 동네 귀족의 부고를 본 뒤 미리엘 신부는 한탄한다.

"죽음이 이렇게도 튼튼한 등을 가졌을 줄은 몰랐네! 그가 이토록 이상한 위훈偉勳의 짐을 기쁘게 짊어지고 있었다니! 얼마나 많은 재치를 인간은 가졌는지! 무덤조차 허영에 빠지게 하니 참 놀랍다! What a stout back Death has! What a strange burden of titles is cheerfully imposed on him, and how much wit must men have, in order thus to press the tomb into the service of vanity."

부자 상인이 나사와 능직포를 팔아서 재산을 모았는데 사제가 자선을 해야 천당을 간다고 하니 주일마다 대성당 현관 앞의 걸인들에게 동전 한 푼의 동냥을 주기 시작했다. 그러자 마리엘 신부는 다음과 같이 놀린다.

"저기를 보아라. 제보랑 씨는 1수(1프랑의 20분의 1)로 천국을 사고 있구나. There is M. Geborand purchasing paradise for a sou."

뿐만 아니라 동네 부인 신자들이 제단을 멋지게 만든다고 모금하고 헌금하는 일을 두고 미리엘 신부는 지금 봐도 아주 전위적일 만큼 진보적인 발언

영불 해협 군도의 건지섬

을 한다.

"제게 가장 훌륭한 제단은 주님께 감사의 기도를 올리고 위안받는 가난하고 불쌍한 이들의 영혼입니다. The most beautiful altars, is the soul of an unhappy creature consoled and thanking God."

《레 미제라블》의 시작 부분에서 여관과 식당에서 모두 거절당한 장발장이 찾아오자 마리엘 신부는 당시로서는 놀라운 생각을 밝힌다. 지금도 과연 우리 주위에 이토록 깨어 있는 성직자가 얼마나 있을까?

"의사의 문은 결코 닫혀 있으면 안 되고 사제의 문은 항상 열려 있어야 한다. 잠자리를 청하는 자에게 이름을 물어서는 안 된다. 몸을 의지할 곳을 찾는 자는 스스로 이름을 알리기를 창피하게 여기기 때문이다. The door of the physician should never be shut, the door of the priest should always be open. Do not inquire the name of him who ask a shelter of you. The very man who is embarrassed by his name is the one who needs shelter."

집의 문을 안 잠그는 걸 걱정하는 신부에게 마리엘 신부는 말한다.

"용기병 대장의 용기처럼 사제에게는 용기가 있다. 다만 우리의 용기란 조용해야 하는 법이다. 예수님께서는 나를 바로 이런 이리 같은 무리의 목자가 되기를 바라셨는지 모른다. 주님이 어찌 역사하는 지를 누가 알겠느냐?('이리 같은 무리'라는 말은 바로 장발장 같은 가난하고 버림받은 자들을 가리킨다.) There is a bravery of the priest as well as the bravery of a colonel of dragoons, only ours must be tranquil. It may be that it is of this very flock of wolves that Jesus has constituted me the shepherd. Who knows the ways Providence?

도둑이나 살인자를 두려워하지 마라. 그것은 아주 작은 외부로부터의 위험일 뿐이다. 우리 자신을 두려워하자. 온갖 편견, 이것이야말로 진정한 도둑이고 악덕이야말로 진짜 살인자다. 큰 위험은 우리 안에 있다. 우리의 몸이나 돈을 노리는 것들이 문제가 아니다. 우리의 영혼을 위협하는 몹쓸 것들을 경계해야 한다. Let us never fear robbers nor murderers. Those are dangers from without, petty dangers. Let us fear ourselves. Prejudices are real the real robbers: vices are real murderers. The great dangers lie within ourselves. What matters it what threatens our head or our purse! Let us think only of that which threatens our soul.

사제는 이웃을 경계해서는 안 된다. 이웃이 무엇을 하든 그것은 주님이 허락하신 일이다. 우리에게 위험이 닥치거든 주님께 기도드리자. 우리 자신을 위함이 아니라 우리의 형제가 우리 때문에 죄를 짓지 않도록 기도드리자. Never a precaution on the part of the priest, against his fellow-man. That which his fellow does, God permits. Let us confine ourselves to prayer, when we think that a danger is approaching us. Let us pray, not for ourselves, but our brother may not fall into sin on our account.

그는 잠들었네. 운명은 그에게 가혹했어도, 그는 살아냈네. 자신의 천사를 잃어버리자 그는 죽었네. 삶은 그냥 단순하게 와서 지나간다. 낮이 가면 밤이 오듯이. He sleeps. Although his fate was very strange, he lived. He died when he had no longer his angel. The thing came to pass simply, of itself, as the night comes when days is gone.

죽는 일은 별일이 아니다. 살지 못하는 일은 무서운 일이다. It is nothing to die: it is dreadful not to live.”

보통 사람은 무언가를 듣거나 봤다면 비슷하게 할 수는 있다. 그런데 천재는 한 번도 들어보지 않고 본 적 없는 걸 만들어낸다. 보통 사람은 유에서 또 다른 유를 만들어낼 수는 있다. 그런데 천재는 무에서 유를 만들어낸다. 세상에 없었던 것을 처음으로 만들어낸다. 보통 사람은 그런 걸 보고 듣고도 못 따라한다. 위고 같은 천재는 당시에 없던 생각과 의견으로 우리 눈을 환하게 하고 미래를 더 좋은 세상으로 만드는 구원의 사상과 주장을 하여 우리를 깨우친다.

사회는 이런 문제들에 주의를 특히 기울여야 한다. 사회가 이런 문제를 만들었기 때문이다. It is necessary that society should look at these things, because it is itself which creates them.

그는 자신의 양심으로 돌아보고 명상했다. 그는 스스로를 심판대 위에 세웠다. 장발장은 자신이 부당하게 징역살이를 산 결백한 사람은 아니라는 사실은 인정했다. 그는 비난받아 마땅한 중죄를 저질렀음도 인정했다. He withdrew into his own consciousness and meditated. He constituted himself the

영불 해협 군도의 건지섬

tribunal. He began by putting himself on trial. He recognized the fact that he was not an innocent man unjustly punished. He admitted that he had committed an extreme and blameworthy act.

자신과 같이 비참하고 불행하고 불쌍한 사람이 도둑질로 가난을 벗어날 수 있다고 생각하고 난폭하게 사회 전체에 반항한 일은 너무나 미친 행동이었다.
It had been an act of madness for him, a miserable, unfortunate wretch, to take society at large violently by collar, and to imagine that one can escape from misery through theft.

그의 불운한 일생은 단순히 그의 잘못으로 인한 결과인가? 우선 그 사건은 심각한 일도 아니었다. 일 잘하던 정원사가 일을 잃고 빵이 필요했을 뿐이다. 그러고는 잘못을 하고 자백했음에도 형벌은 그가 지은 죄에 비해 참혹할 정도로 너무 무거웠던 것은 아닌가?
Wheher he had been the only one in fault in his fatal history. Whether it was not a serious thng, that he, a baborer, out of work, that he, an industrious man, should have lacked bread. And whether, the fault once committed and confessed, the chastisement had not been ferocious and disproportioned.

어떤 엄중한 처벌로도 이미 벌어진 범죄를 상쇄할 수 있는 처벌은 없다. 그리고 일어난 일을 없던 일로 돌릴 수는 없다. 비행의 잘못을 잘못된 처벌로 바꾸려고 하면 결국 죄인을 희생자로 만들고 채무자를 채권자로 만들게 된다. 그러다 나중에는 법이 범인의 편이 되게 만들어 버린다.
Whether the over-weight of the penalty was not equivalent to the annihilation of the crime, and did not result In reversing the situation, of replacing the fault of the delinquent by the fault of the repression, of converting the guilty man into victim, and the debtor into creditor, and of ranging the law definitely on the side of the man who violated it.

그는 자신에게 묻고 대답했다. 그는 사회를 재판해 유죄를 선고했다. 그는 증오심에 차올라 사회를 벌했다. 그는 자신이 겪는 고통의 운명을 사회적 책임으로 돌렸다. 그리고 언젠가는 사회에게 책임을 묻는 데 망설이지 않으리라 자신에게 말했다. 자신이 사회에 끼친 손해와 자신이 입는 피해를 같은 기준으로 달 수는 없다고 자신에게 선언했다. 그러고는 그는 자신에게 가해진 처벌이 진실로 부당하다는 확신을 가지게 되었다. 또한 정말로 부당한 일이라고 확신했다.

These questions put and answered, he judged society and condemned it. He condemned it to his hatred. He made it responsible for the fate which he was suffering, and he said to himself that it might be one day he should not hesitate to call it to account. He declared to himself that there was no equilibrium between the harm which he had caused and the harm which was being done to him. He finally arrived at the conclusion that his punishment was not, in truth, unjust, but that it most assuredly was iniquitous.

끝없는 괴로움 속에서 그는 점차적으로 확신을 얻게 되었다. 인생은 전쟁이며 그 전쟁 속에서 자신은 패배자였음을. 그는 끓어오르는 적개심 외에는 가진 무기가 없었다. 그는 적개심이라는 무기를 갈아서 감옥선에서 나갈 때 갖고 가리라 결심했다.

From suffering to suffering, he had gradually arrived at the conviction that life is a war and that in this war he was the conquered. He had no other weapon than his hate. He resolved to whet it in the galleys and to bear it away with him when he departed.

딱한 말이지만, 그는 자신을 불행하게 만든 사회를 심판하고 나서, 그 같은 사회를 낳은 하늘을 심판했다. 그리고 하늘에게 유죄 판결을 내렸다.

This is a sad thing to say, after having judged society, which had caused his unhappiness, he judged Providence, which had made society, and he condemned it also.

인간의 본성이 그토록 머리부터 발끝까지 바뀌어버릴 수 있는가? 신이 착하게 만든 인간이 인간 때문에 악해질 수 있는가? 인간의 영혼이 운명에 의해 악인이 되면 결국 운명이 악마인가? 낮은 천장 아래 살다 보면 등뼈가 굽듯이 사람의 마음도 무거운 불행의 무게를 견디다 못해 불구가 되고 병이 들고 마는 건가?

영불 해협 군도의 건지섬

Does human nature thus change utterly and from top to bottom? Can the man created good by God be rendered wicked by man? Can the soul be completely made over by fate, and become evil, fate being evil? Can the heart become misshapen and contract incurable deformities and infirmities under the oppression of a disproportionate unhappiness, as the vertebral column beneath too low a vault?

감옥 생활 때문에 두 가지 악의 본성을 갖게 되었다. 첫째는 자신이 받은 악에 대한 저항으로 반성과 뉘우침 없이 빠르고, 순간적이고, 맹렬하게 완전히 본능으로 저지른 악행과 가혹한 운명으로 얻게 된 비뚤어진 생각에 따른, 양심에 거슬리기는 하지만 계획된 악행이었다.
Thanks to the manner in which the galleys had moulded him, of two sorts of evil action, firstly, of veil action which was rapid, unpremeditated, dashing, entirely instinctive, in the nature of reprisals for the evil action which was serious, grave, consciously argued out and premeditated, with the false ideas which such a misfortune can furnish.

사회와 국가는 그의 부를 크게 도둑질해 갔다. 이제 개인들이 푼돈을 훔치는 중이다. 석방은 해방이 아니었다. 감옥에서는 나왔지만 수감은 아직 끝나지 않았다.
Society, the state, by diminishing his hoard, had robbed him wholesale. Now it was the individual who was robbing him at retail. Liberation is not deliverance. One get free from the gallerys but not from the sentence.

그 은그릇이 우리 것이었나요? 내가 그 은그릇을 오랫동안 잘못 붙잡고 있었지요. 그건 가난한 사람들의 것입니다. 그 사내는 누구였나요? 분명 그는 가난한 사람이었지요.
In the first place, was that silver ours? I have for a long time detained that silver wrongfully. It belonged to the poor. Who was that man? A poor man, evidently.

잊지 마세요. 절대 잊지 마세요. 이 돈을 당신이 정직한 사람이 되는 데 쓰겠다고 약속했음을.
Do not forget, never forget, that you have promised to use this money in becoming an honest man.

1. 빅토르 위고의 진정한 집

이제 당신은 악인이 아니고 선한 사람입니다. 내가 당신의 영혼을 당신으로부터 샀습니다.
나는 당신의 지옥의 검은 생각과 영혼을 구원해서 하느님께 바칠 겁니다.
You no longer belong to evil, but to good. It is your soul that I buy from you. I
withdraw it from black thoughts and the spirit of perdition and I give it to God.

사랑의 첫 번째 징조는 젊은 남자에게서는 소심으로 나타나고 젊은 여자에게서는 대담성으로 나타난다.
First symptom of true love in a young man is timidity, in a young girl it is boldness.

나태는 어머니다. 이 어머니는 도둑질이라는 아들과 굶주림이라는 딸을 가지고 있다.
Idleness is the mother. She has a son, theft and a daughter, hunger.

이처럼 주옥같은 문구들을 위고는 작품 여기저기에 뿌려놓았다. 위고의 글을 읽다 보면 거의 성인이 쓴 글을 읽는 느낌이라 부끄럽기까지 하다. 과연 200년 전에 벌써 이런 생각을 하던 사람들이 있었는데 나를 포함한 우리는 지금 뭘 하고 있는가 하는 자책이 든다.

'1815년 10월 초 해가 지기 한 시간 전쯤 먼 길을 걸어온 한 사내가 다뉴의 작은 골목으로 들어섰다'라고 시작하는 《레 미제라블》은 결국 장발장이 자신의 손으로 벽에 걸린 십자가를 내려 안으며 '이분은 위대한 순교자야Behold the great martyr'라면서 숨진 뒤 본인의 유언대로 묘석에 이름도 없이 묻히는 걸로 끝난다. 소설은 누군가가 연필로 적어놓은 시구만 지난했던 장발장의 일생을 묘사한다며 비석을 소개한다.

그는 잠들었네.

비록 운명은 그에게 가혹했어도
그는 살아냈네.
자신의 천사를 잃어버리자 그는 죽었네.
삶은 그냥 단순하게 와서 지나간다네.
낮이 가면 밤이 찾아오듯이.

He sleeps.

Although his fate was very strange

He lived.

He died when he had no longer his angel.

The things came to pass simply, of itself.

As the night comes when day is gone.

이렇게 《레 미제라블》은 끝이 난다.

영불 해협 군도의 건지섬

의견은 바꿔도 원칙은 지켜라. 잎은 바뀌더라도 뿌리는 손상 없이 지켜라.
Change your opinions, keep to your principles; change your leaves, keep intact your roots.

모든 걸 균형 잡히게 하는 일은 좋다. 모든 걸 조화가 되게 하는 건 더 좋다.
To put everything in balance is good, to put everything in harmony is better.

아무리 어두운 밤도 끝이 있다. 그리고 해가 뜬다.
Even the darkest night will end and the sun will rise.

삶은 꽃이고 사랑은 그 안의 꿀이다.
Life is the flower for which love is the honey.

음악은 말이 하지 못하는 걸 표현해주며 음악은 침묵하게 할 수 없다.
Music expresses that which cannot be said and on which it is impossible to be silent.

지옥 같은 고통보다 더 심한 무엇이 있다. 바로 지옥 같은 권태다.
There is something more terrible than a hell of suffering, a hell of boredom.

사람들은 힘이 없는 게 아니고 의욕이 없다.
People do not lack strength; they lack will.

사랑해서 고통받는 당신은 훨씬 더 사랑하게 된다. 사랑 때문에 죽게 되면 사랑으로 살게 된다.
You who suffer because you love, love still more! To die of love, is to live by it.

학교 문을 여는 이가 감옥 문을 닫게 한다.
He who opens a school door, closes a prison.

사람들이 당신의 말을 듣지 않는다는 사실이 침묵의 이유는 될 수는 없다.
Not being heard is no reason for silence.

웃음은 햇빛이다. 그건 사람들의 얼굴에서 겨울을 쫓아내버린다.
Laughter is sunshine, it chases winter from the human face.

죽는다는 건 별게 아니다. 단지 살지 못한다는 게 두려울 뿐이다.
It is nothing to die. It is frightful not to live.

우아함이 주름과 합쳐지면 흠모할 만하다. 거기에는 말할 수 없이 행복한 노년의 동이 터 오른다.
When grace is joined with wrinkles, it is adorable. There is an unspeakable dawn in happy old age.

지식의 지옥이 무지의 낙원보다 낫다.
An intelligent hell would be better than a stupid paradise.

2. 뭉크 스캔들

_ 노르웨이 오슬로

예술 대학은 거대한 그림 공장에 지나지 않는다. 한쪽으로 인재를 집어넣으면 다른 쪽으로 아무런 생각이 없는 그림 기계가 나오게 되는 곳이다.
The Academies of Art are nothing but great painting factories - those with talent are fed in at one end, and they come out as mechanical painting machines.
— 에드바르트 뭉크

현대 예술 울렁증을 앓는 사람들은 대개 두 부류로 나누어진다. 현대 예술을 처음부터 자신의 능력으로는 도저히 이해할 수 없는 난공불락의 성이라고 정해놓고 아예 접근을 하지 않는 자기 비하파와 '이게 무슨 예술이야. 자기네끼리의 자위 행위'라며 얼굴을 찌푸리고 혐오감을 드러내는 자기 우월주의파로 말이다. 자신의 모자람을 토로하는 자기 비하파는 솔직하다고 할 수 있다. 이에 비해 자기 우월주의파의 내심을 살짝 살펴보면 좀 복잡하다. 말은 이솝 우화에 등장하는 신 포도를 못 따는 여우처럼 변명하면서도 세상 사람 모두가 숭배해 마지않는 거장의 걸작을 자신만 이해 못 하는 게 아닌가 하는 걱정과 열패감에 사로 잡혀 있어서다. 그런데 두 부류 모두가 공통으로 느끼는 울렁증의 원인은 바로 '예술은 아름다워야 한다'는 명제를 못 벗어나는 데 있다. 예술이란 아름다워야 한다고 배웠고 당연히 그래야 한다고 생각하고 살아왔건만 다들 대작이라고 칭찬하는 작품을 보니 전혀 아름답지 않아 혼란스럽고 반감이 생긴 탓이다.

　우리는 너무 오랫동안 '예술은 아름다워야 한다'는 고정관념에 잡혀 있었다. 현대 예술을 가까이 하기 위해서는 그 아주 오랜 굳은 미신에서 벗어나야 한다. 그렇지 않으면 결코 현대 예술과 절대 가까워질 수 없다.

예술은 창작이라는 본질

　현대 예술 울렁증에서 벗어나는 방법은 의외로 간단하다. '예술은 아름다워야 한다'는 만고불변의 진리 같은 고정관념을 버리면 일단 반은 치료된다. 나머지는 '예술은 창작이다'라는 특효약을 잘 복용하면 대개가 치유된다. 마지막 특효약은 현대 예술뿐만 아니라 지금까지 세상에 존재했던 동서고금을 비롯한 '모든 예술가의 모든 예술 행위를 숭상하지 말고 또 하나의 생계유지 수단으로 보는 것'이다. 이 세 가지 치료법으로 무장하고 마지막으로 현대 예술을 '임금님의 새 옷'을 보는 아이의 눈으로 본다면 당신은 완치된다. 즉 현대인이 가히 신처럼 숭배해 마지않는 모든 예술가를 당신 같은 생활인으로 여기라는 뜻이다. 사실 그렇지 않은가? 세상 누가 살아 숨 쉬기 위해 필요한 돈에서 자유로운가? 감히 어떤 예술가가 창작할 때 판매를 전혀 염두에 두지 않는다고 말할 수 있는가? 예술가도 이제는 솔직해야 한다.

　'예술은 아름다워야 한다'는 어리석은 미신부터 한번 논해보자. 아름답다는 기준은 인종, 문화, 시대, 국가, 심지어 사람마다 다르지 않은가? 어떻게 하나의 미가 세상의 모든 사람에게 통할 수 있는가? 어떻게 세상의 모든 예술이 세상의 모든 사람에게 아름다울 수 있겠느냐는 말이다. 결코 예술의 미는 세상 모든 사람에게 공통의 미가 될 수 없다. 당신은 세상의 모든 음악을 다 좋아하는가? 그렇지 않을 것이다. 그런데 어떻게 '예술은 아름다워야 한다'는 말도 안 되는 명제가 어찌 모든 사람들의 머릿속에 그렇게 오래토록 들어 있었는지 정말 의문이다. 지금은 세상 누구도 감히 입을 대지 못할 만큼 권위가 엄청난 인상파 그림도 처음 전시되었을 때는 사람들의 비난과 조롱과 비하를 받았다. 그만큼 아름다움은 절대 절대적이지 않으며 극히 자기중심적이고 개인적이어야 하는 개념이다.

　　예술은 누구에게나 다 아름다울 수도 없고 모두에게 다 아름다울 필요도 없다. 이를 설명하기 위해 우리가 듣고 철철 우는 유행가를 다른 문화의 사람은 이해할 수 없다는 사실을 굳이 예로 들지 않아도 될 것이다. 그러면 예술은 뭔가? 답은 간단하다. '예술은 아름다울 필요 없이 창작이면 된다.' 세상 사람 모두가 고개를 절레절레 흔드는 기괴한 작품을 만들어도 지금까지 한 번도 세상에 없었던 작품이라면 예술품이라고 불릴 자격이 분명 있다. 우리 한국이 가진 유일한 '자타가 공인하는 명실공히 세계적인 현대 예술가' 백남준의 고장 난 텔레비전을 모아 만든 작품은 '그전에 한 번도 누가 만들어보지 않았었기에' 아무리 우리가 이해를 못 해도 예술품이다. 태양 아래 새로운 것이 어디 있느냐는 말처럼 한 번도 있어보지 않은 새로운 작품을 만들기가 어찌 그리 쉽겠는가? 전부 헤아릴 수도 없을 만큼의 많은 예술가가 지금도 세상 어느 곳에선가 여태껏 존재하지 않은 새로운 창작품을 만들기 위해 골머리를 앓고 있다. 그래서 예술가는 고달프다. 사실 예술가가 창작 이유를 호구지책의 하나가 아니고 순수하게 예술을 위해 창작한다고만 한다면 솔직하지 못하다고 할 수 있다. 빈센트 반 고흐처럼 판매조차 되지 않을지 뻔히 알면서도 신들린 미친 열정으로 만든 경우를 제외하면 말이다. 그래서 예술가가 당시 시대 풍조나 유행이나 관념을 거슬러 팔리지 않을 작품을 만드는 행위는 정말 대단한 뱃심이나 고집이 없으면 안 된다. 자신의 생각대로 작품을 만들어도 팔리는 소수의 유명 작가라면 몰라도 대개는 결국 세상을 결코 거스르지 못한다. 그러니 시류에 타협해서 호구지책으로 예술 한다고 굳이 폄하할 필요도 자기 비하를 할 필요도 없다. 세상과 소통하지 않은 예술가는 세월이 지나면 잊히고 만다. 지금도 우리가 몰라서 그렇지 죽기 전에 자신의 작품을 어찌 할 줄 몰라 쩔쩔 매는 예술가가 주위에 얼마나 많은지 알면 모두들 놀라 자빠질 듯하다.

　　물론 세속의 흐름을 거스른 '소수의 거장'이 있긴 하다. 그들은 그전까지 아무도 보지 못했고 누구도 감히 다루지 못한 주제를 뛰어난 혜안으로 세상에 앞선 작품을 만들었다. 그들은 세상과 불화를 일으키면서도 자기가 믿는 바를 작품에 담아 우리의 눈을 밝혀주고 귀를 열어주었다. 그래서 그 작품들은 오랜 세월이 지난 지금까지도 남아 우리 곁을 지키면서 사랑을 받는다. 에드바르트 뭉크Edvard Munch(1863~1944)가 바로 그와 같은 소수의 거장 중 하나

노르웨이 오슬로

다. 뭉크만큼 '정면으로 세상을 거슬러 치열하게 싸워가면서' 작품을 한 작가가 있을까 싶다.

소수의 거장 중에는 세상과 불화를 일으키지 않고도 새로운 길을 연 예술가도 있다. 그러나 뭉크는 문자 그대로 '정면으로 세상을 거스르고 치열하게 싸워가면서' 어렵게 창작 활동을 했다. 뭉크는 당시 세상의 가치관, 고정관념, 사회 제도, 지배 계층, 이해 집단 같은 망라할 수 있는 모든 유무형의 존재를 적敵으로 간주했다. 거의 대다수의 뭉크의 작품은 좀처럼 무슨 일에 놀라지 않는 21세기 현대인의 눈으로 봐도 결코 가정집 거실에 걸어놓고 즐기거나 식사하면서 감상할 작품은 분명 아니다. 신을 잃어버린 시대에 예술이 새로 나타난 신과 같은 존재로 숭배받으며 군림하는 현대지만 뭉크의 작품에는 보통 사람들이 선뜻 좋아하기 힘들 만큼 불편한 소재들이 등장한다. 우리가 가장 잘 아는 뭉크의 대표작 〈절규〉는 뭉크 작품 중 1부 리그가 아닌 2부 리그 작품이다. 〈절규〉를 세상이 모두 뭉크의 절대 대표작으로 여기고 있다는 걸 만일 뭉크가 안다면 과연 뭐라고 할까? 뭉크가 〈절규〉를 자신이 대단한 작품이라고 여긴 증거는 없다. 사실 〈절규〉는 뭉크의 다른 작품에 비해 반사회적 메시지가 약한 작품이다.

뭉크의 다른 작품들이 보는 사람들로 하여금 불쾌하게 느끼게 하거나 사회 고발성의 강한 메시지를 담고 있는 19금급의 작품이라면 〈절규〉는 겨우 '8금'에 불과할 만큼 아주 온건하다. 만일 뭉크가 작품으로 뭔가를 사회에 전해서 자신이 추구하는 정의를 이루고자 했다면 〈절규〉는 그 목적에 속하는 작품이 아니다. 뭉크가 가장 왕성하게 창작 활동을 하던 베를린 시절(1892~1908)에 발표한 '생의 프리즈The Frieze of Life' 연작은 지금도 눈살을 찌푸릴 수밖에 없는 그림들이 거의 대다수다. 이 연작에는 〈절규〉도 포함되며, 〈마돈나〉, 〈흡혈귀〉, 〈불안〉, 〈살인녀〉, 〈격리〉, 〈질투〉, 〈유산〉 등을 비롯한 거의 모든 작품이 사회의 얼굴에 정면으로 바로 칼을 들이대는 듯한 사회 고발적인 내용을 담고 있다.

한 예술가의 작품이 색상이나 구도 같은 순수한 기술적인 수준으로 고평가를 받는 경우가 있다면 뭉크 작품은 기술적인 수준을 떠나 순전히 작품의 소재만으로도 충분히 평가의 대상이 되어야만 한다. 뭉크는 이전 누구도 다루지 않았거나 아니면 감히 다루지 못했던 화재畵材로 작품을 만들었다. 그래

절규

절망

서 뭉크는 작품의 완성도를 떠나 누가 뭐래도 타의 추종을 불허하는 자신만의 예술 세계를 만들어낸 거장으로 대접받아야 한다. 물론 작품의 기술적인 면의 완성도도 대단하지만. 뭉크는 자신의 의도를 작품을 보는 사람이 느낄 수 있게 직설적으로 표현했다. 결코 돌리거나 일부러 완곡하게 표현하고 숨기려고 하지 않았다. 그래서 뭉크의 작품을 보면 뭉크가 말하고자 하는 의도가 바로 눈에 보이고 마음으로 느껴진다. 뭉크와 우리 사이에는 아무것도 없다. 뭉크 작품 앞에 서면 뭉크가 전하고자 하는 말이 그대로 들린다. 문제는 뭉크가 말하려던 것 하나하나가 사회의 치부를 노골적으로 드러내는 논란의 대상이었다는 점이다. 뭉크는 결코 돌려서 말하지 않고 바로 들이대면서 말했기에 시대와 대단히 불화를 일으켰다. 결국 뭉크는 시대와의 불화를 계기로 유명해지고 우리에게까지 남겨지는 화가가 될 수 있었다. 이를 본인이 의도했건 안 했건 뭉크가 작품 소재를 선정한 의도는 성공한 셈이다.

스캔들로 유명해진 뭉크

1892년 베를린에서 뭉크가 29세 때 개최된 초대전은 거의 열자마자 워낙 비난이 심해서 문을 닫았을 만큼 반사회적인 작품들을 선보였다. 그러나 역설적이게도 바로 이 전시회가 강제로 중도 중단되면서 오슬로 밖에서는 무명 화가였던 뭉크는 드디어 유럽에서 유명해지기 시작했다. 뭉크의 성공은 '뭉크 스캔들'이라고 불리는 이 사건이 출발점이었다. 뭉크는 '스캔들로 유명해진succès de scandale'이라는 말을 보여주는 대표적인 경우다. 그로부터 8년 전인 1886년 뭉크가 21세의 무명 화가일 때도 이와 비슷한 일로 오슬로 화단에서 유명 인사가 되었다. 15세의 나이로 폐결핵에 걸려 죽은 연년생 누나를 그린 〈병든 아이〉라는 작품은 세상을 경악으로 몰아넣었다. 당시 예술이 이런 소재를 다루었다는 것 자체가 문자 그대로 전대미문의 대단한 충격이었다. 물론 이전에도 유난히 처절한 지옥도를 그린 히어로니무스 보쉬Hieronymus Bosch나 보는 이의 눈살을 찌푸리게 만드는 윌리엄 블레이크William Blake 같은 작품이 없는 건 아니었다. 하지만 최소한 그 작품들은 신화나 설화 같은 비현실적인 소재였기에 용서가 되었다. 뭉크처럼 현실의 주제를 다루어 세상을 자극하지는 않았다. 그러나 뭉크는 바로 우리 옆에 존재하는 현실을 다루었다. 모두들 알지만 불편하기에 애써 언급하지 않기로 세상 사람들 사이에서 묵계가 이루어진 주제들만 뭉크는 굳이 그렸다.

그때까지 예술이란 아름다워야 하고 규칙에 맞게 그려야 했는데 뭉크는 그 고정관념을 이 작품 하나로 깨버렸다. 뭉크는 '병든 아이' 주제를 계속해서 다룬다. 어릴 때 어머니와 누나를 잃고 자신마저 각종 질환으로 고통을 받은 뭉크에게 병과 병원은 익숙한 주제였다. 그래서 병과 죽음에 관련된 주제를 가장 많이 다루었다. 〈죽음의 방〉, 〈도로 위의 살인〉, 〈죽은 어머니〉, 〈죽음의 병상〉 등도 뭉크 자신의 경험과 관련 있다. 살인의 현장, 피가 철철 흐르는 장면은 물론 뭉크 그림의 주인공들은 모두 하나같이 아프고 다치고 병들고 살해당한다. 뭉크는 누구도 그려보지 않은, 남자의 목에서 피를 빨아 먹는 흡혈귀 그림까지 그렸다. 피를 흠뻑 머리칼에 바른 듯한 붉은색 긴 머리칼의 여인이 자신의 무르팍에 고개를 파묻은 남자의 목 뒷덜미에 이빨을 꽂이 넣고 피를 빼는 장면은 언제나 봐도 섬찟하다.

뭉크가 이런 주제들을 다룬 첫 번째 이유는 위선과 거짓이 판을 치는 세상을 조롱하고 진실을 말하고자 해서였다. 뭉크는 자신이 겪은 사실을 일기 쓰듯 그림에 녹여 넣어 그렸다. 그래

▲ 병든 아이(1881)
▼ 병든 아이(1885~1986)

서 자신의 그림을 뭉크는 '영혼의 일기soul's diary'라고 표현했다. 앞서 언급한 '생의 프리즈' 연작이 바로 그런 작품들이다. 뭉크는 본인에게 익숙한 주제를 익숙의 경지를 넘어 사회에 대한 도전의 주제로 이용했다. '생의 프리즈' 연작으로 세상을 뒤집어놓은 뒤 뭉크는 한 발 더 나간다. 〈병든 아이〉보다 더 나간 주제로 작품을 만들어 다시 한번 세상을 경악으로 몰아넣는다.

뭉크 스캔들이 벌어진 4년 뒤에 뭉크는 유럽 사회의 터부였던 '매독'을 다룬 〈유산Inheritance〉을 내놓으면서 세상과 또다시 정면 대결을 선언했다. 세기말의 어지러운 도덕관념 때문인지 당시 유럽 성인의 10퍼센트가 매독 보균자였다.

매독은 모두가 존재를 알지만 감히 말하려 하지 않던 공포의 주제였다. 누구도 불편한 진실을 이야기하지 않았고 터부를 깨려고 하지 않았다. 물론 당시 의학의 힘으로는 어떻게 할 수 없었으니 말을 해봐야 소용이 없기도 했다. 세상은 타조처럼 머리를 모래 속에 집어넣고 불편한 현실이 없는 듯이 애써 회피했다. 그러나 매독의 치명적인 병폐를 알고 있는 뭉크는 그냥 넘어가지 않았다. 누가 뭐래도 병을 있는 그대로 적나라하게 드러내어 작품으로 만든 용기는 뭉크 아니면 낼 수 없었다. 당시 치료가 안 되던 매독이란 성병은 사회의 아킬레스건이었다. 그렇다고 인간의 가장 치명적인 욕망인 성욕을 마냥 억제할 수만은 없는 노릇이었다. 그래서 기독교가 권위를 오래 유지할 수 있었다는 분석도 있다. 성병이 아니었으면 그때 사회는 성 문란으로 무너졌을지 모른다. 그러고 보면 지금도 마찬가지다. 매독을 비롯한 임질 같은 성병은 감기처럼 면역이 안 된다.

유산

노르웨이 오슬로

만일 성병이 면역이 된다거나 백신을 만들 수 있다면 세상은 너무나도 혼란스러울 것이다. 여기에서 우리는 어딘가에 있는 신이 어떤 세상을 유지하려는지 그 의도를 엿볼 수 있다.

뭉크가 매독을 표현하는 방법도 도전적이었다. 돌려서가 아니라 바로 선전 포고하듯 작품을 내놓았다. 또 한 번 세상을 뒤집을 의도였다. 그는 물의를 일으킬 줄 번연히 알면서도 그런 주제와 소재를 일부러 골라 그렸다. 〈유산〉은 한 어머니가 매독을 물려준 아이를 안고 병원 의자에서 앉아 있는 모자상이다. 유럽 시각 예술에서 모자상은 항상 모성애뿐만 아니라 가톨릭에서 말하는 성모자상의 상징성까지 드러낸다는 무언의 합의가 있다. 그래서 자타가 공인하는 지독한 무신론자인 영국 조각가 헨리 무어Henry Moore의 모자상 조각이 영국 최대의 성당인 세인트 폴 성당의 지성소 근처에 놓여 있어도 아무도 이상하다 여기지 않는다. 그런데 뭉크의 〈유산〉에는 성모같이 성스럽고 자애로워야 할 어머니가 사랑하는 자식에게 가장 저주스러운 매독을 물려주어 아이는 매독 꽃이 온몸에 번져 있다. 게다가 그 아이를 무릎에 안고 병원 의자에 앉아 있는 엄마는 십자가 위에서 처형된 아들 예수를 내려 무릎에 놓고 애도하는 성모의 모습이다.

이런 구도는 성모자상에 대한 모욕을 넘어 신성 모독의 수준이라 당시 사회 전체에 도전장을 던지는 셈이었다. 이렇게 아이를 안고 앉아 있는 모습을 '피에타pietà'라고 칭한다. 아들 예수가 숨을 거두어 십자가에서 내려지고 성모 마리아가 슬픔에 잠긴 모습을 수많은 화가와 조각가가 그리거나 조각했다. 비탄悲嘆을 뜻하는 영어의 pity를 이탈리아어로 번역하면 pietà다. 작품의 제목을 뭉크는 피에타라고 붙이고 싶었지만 차마 못 하지 않았을까 하는 불경한 생각을 감히 해본다. 피에타의 대표작은 이딜리아 로마 바티칸 시국 내 베드로 성당에 있는 희내의 대기 미켈란젤로Michelangelo의 〈피에타〉다. 뭉크의 〈유산〉도 같은 자세다. 이로써 뭉크가 그냥 단순한 모자상이 아닌 성모자상의 개념까지 분명 생각하고 감히 그렸음이 의심의 여지없이 분명하다. 지금으로부터 약 150년 전인 당시, 교회의 권위는 서슬이 시퍼럴 때였다. 그런 시절에 신성 모독이 얼마나 큰 죄인지 뭉크가 몰랐을 리 없다. 그런데도 이 같은 식으로 도전을 했으니 뭉크는 대단하다.

뿐만 아니다. 〈메타볼리즘Metabolism〉(1894)이라는 작품은 누가 봐도 에덴

신진대사

동산의 이브와 아담 이야기를 그렸다. 그런데 작품 제목의 의미인 '신진대사'를 염두에 두고 남자의 무르팍과 남근에 칠해진 붉은색을 자세히 보면 좀 수상하다 못해 무엇을 그렸는지가 한눈에 보인다. 다름 아닌 성경 속 아담과 이브의 선악과 이야기다. 성경에서는 이브가 뱀의 유혹에 넘어가 선악과를 따서 자신이 먼저 먹고 아담에게 권해 에덴동산에서 쫓겨나는 걸로 인간의 원초적인 죄, 즉 '원죄'를 호도한다. 사실 아담과 이브는 사과를 먹어서가 아니고 에덴동산에서 하느님이 금한 남녀로서 성

행위를 했기에 쫓겨났다. 이로써 여자는 임신과 출산의 고통, 남자는 땅을 파서 가족을 먹여 살리는 벌을 받게 된다. 뭉크는 둘의 성행위를 남자의 남근과 무릎에 낭자한 혈흔을 그려 묘사한다. 남근의 혈흔은 이브의 처녀성을 상징하는데, 들판에서 뱀이 가르쳐준 대로 사랑의 행위에 너무나 열중한 나머지 아담의 무르팍에 피가 낭자하게 된 모습을 적나라하게 그렸다. 그런데 뭉크는 그 행위를 인간의 원초적인 본능 행위라고 해서 제목을 '신진대사'라고 지었다. 마치 인간의 본능적이고 신진대사와 같은 행위에 왜 원죄라는 엄청난 굴레를 인간에게 씌우냐는 뭉크의 항의 같다.

원죄가 성행위임은 아담과 이브가 선악과를 먹은 뒤 갑자기 자신들이 나체라는 걸 처음 깨닫고 나뭇잎으로 몸을 가린다는 사실에서 유추할 수 있다. 성애 전까지 그들은 부끄러움을 모르는 아이 같았다. 성애를 나누고서야 비로소 어른이 되어 나체의 부끄러움을 알게 되었다. 인간이 나체가 부끄럽다

노르웨이 오슬로

고 느끼는 이유는 자신의 치부 때문이다. 따지고 보면 성기를 굳이 부끄러워 할 이유는 없다. 가장 인간적인 행위가 성행위이니 성기를 부끄러워해야 할 근거는 전혀 없다. 인간을 창조한 하느님은 에덴동산에서 인간이 어린아이처럼 벌거벗고 뛰어다니며 순진하게 놀고 살면, 모든 걸 결정해주고 먹고사는 걱정 없이 살아가게 하려고 했다. 자손을 이어가는 방법도 다른 동물들과는 달리 만물의 영장답게 해주려고 계획했다. 그런데 뱀이란 놈이 이브를 꼬드겨 동물의 성행위의 비밀을 알게 해 신의 모습을 딴 인간을 신의 자식으로 존재하게 하지 않고 동물의 하나로 만들어버렸다. 하느님으로서는 기가 찰 노릇이다. 만물의 영장이 덜컥 동물이 되어버리다니. 그것도 자신의 자유 의지로 말이다.

이런 이론은 가톨릭 성가에도 비밀스럽게 비친다. 예를 들면 가톨릭 성가 90번 〈구세주 빨리 오소서〉는 '원조들이 범죄한 후'라는 구절로 시작한다. 여기서 원조元祖는 인류의 조상인 아담과 이브를 말한다. 이들이 무슨 범죄를 저질렀는가? 결국 하느님이 금한 금단의 열매를 먹은 죄다. 또 있다. 가톨릭에서는 초상이 나면 신자들이 모여서 추모 연도煉禱를 한다. 이 연도문 중에 '저는 죄 중에 생겨났고 제 어머니가 죄 중에 저를 배었나이다'라는 구절이 있다. 잉태하는 순간의 성행위를 죄로 본 것이다. 인간이 생을 살다 가는 장례 절차에서 인간의 가장 중요한 죄인 원죄의 원천을 굳이 밝힌다. 아무리 어린아이라도 가톨릭 신학에 따르면 영세를 안 받고 죽으면 천당에 못 간다. 워낙 유아 사망률이 높았던 중세 때는 아이를 낳으면 출생 3일 내로 성당으로 데려가 영세를 받았다. 윌리엄 셰익스피어William Shakespeare 때는 호적이 없었다. 그래서 성당 영세 기록을 출생일 유추의 근거로 삼는다. 셰익스피어 생일을 1564년 4월 23일이라고 확신하는 이유는 그의 고향 스트라트포드 어폰 에이번 성삼위 성당의 영세 기록에 영세일이 4월 26일로 적혀 있어서 그렇다. 물론 사망일은 기록되어 정확하다. 그런데 셰익스피어는 1616년 4월 23일, 즉 52세 생일날 죽었다.

하느님은 아담과 이브가 자신의 의도와 달리 성애를 나누고는 다른 동물처럼 되어버렸으니 이제 집을 떠나 너희 힘으로 살아가라고 에덴동산에서 쫓아냈다. 그러고 나서는 못내 불쌍하게 여기고 보살피려 한다. 하느님이 인간을 만들어놓고 보기 좋아라 하셨다는 구절이 성경에 나오듯이 하느님은 인간을 무척 편애했다. 인간을 자신의 모습을 담게 만들어 자신의 손 위에 올려 놓고 아끼고 사랑하려고 했다. 그런데 덜컥 지혜의 나무에서 선악과를 따 먹고 어른이 되었으니 알아서 선악을 판단하여 행동하고 심판의 날에 대비하라고 한다. 기독교 신학에서 소위 말하는 신의 의지가 아닌 인간의 자유 의지에 대한 결과를 인간이 감내하라는 처벌이다. 원래 하느님은 인간의 자손 번식을 동물과 같은 암수의 교접 방식이 아닌 만물의 영장다운 방식으로 생각하신 듯하다. 그런데 인간이 교접의 단순한 쾌락에 눈이 멀어 하늘이 아닌 땅에 발을 딛고 동물과 이웃이 되어 살아가게 된 것 같다. 신도 아니요 동물도 아닌 중간 형태의 존재로 말이다. 지혜의 나무에 매달린 선악과는 바로 사과다. 그래서 유럽 문화에서 사과, 특히 붉은 사과는 남녀의 성애를 가리키는 상징이다. 이렇게 사제와 신학자 같은 선수나 아는 업계의 비밀을 뭉크는 일반인까지 알게 하는 '천기누설의 죄'뿐만 아니라 신성 모독의 죄까지 작품 〈메타볼리즘〉으로 감히 저질러버렸다.

충격적인 마돈나를 그리다

신성 모독의 도전은 더 있다. 〈절규〉만큼이나 유명한 〈마돈나〉도 또 다른 형태의 엄청난 신성 모독의 예다. 마돈나는 예수의 어머니 성모 마리아를 말한다. 그런데 뭉크가 그린 〈마돈나〉라는 작품의 여주인공은 성모보다 창녀의 모습을 하고 있다. 맨가슴을 다 드러낸 '나체의 마돈나'는 당시 사회에 충격 자체였다. 뭉크가 굳이 성모의 이름인 '마돈나'로 명명한 여인의 양 볼은 무슨 종류의 열락悅樂인지는 모르나 홍조를 띠고 몸은 유혹하듯이 가슴을 한껏 앞으로 내고 있다. 그런데 그 작품에 뭉크는 불경스럽게 마돈나라고 이름을 붙였다. 〈마돈나〉가 그려진 1894년으로부터 5년 뒤에 구스타브 클림트Gustav Klimt가 비엔나의 자유분방한 여인을 성경 속 여인으로 그린 〈유디트〉에서 뭉크의 〈마돈나〉 모습이 보이는 것은 우연이 아니다. 같은 맥락에 있는 신성 모독의 표현이다. 베를린에서 작품 활동을 하고 있던 뭉크의 작품에서 바로 이웃인 오스트리아 비엔나의 클림트와 그의 제자 에곤 실레Egon Schiele가 영향을 받았고, 이들은 실제로 면식도 있었다. 그러고 보면 뭉크, 클림트, 실레의

노르웨이 오슬로

마돈나

그림은 분위기도 비슷하고 등장하는 여인들도 모두 성스러운 여인이 아니라 팜 파탈인 점이 흥미롭다. 그렇다면 왜 뭉크는 다른 사람들처럼 세속에 순종해서 살지 않고 항상 세상에 도전을 하고 그로 인해 고통받았는가.

뭉크가 이런 삶을 살게 된 데는 자신이 겪은 염세적이고 비관적인 성장 과정과 함께 주위 사람들 때문이다. 특히 그중 한 명이 뭉크에게 지대한 영향을 끼쳤다. 뭉크 이야기만 좀 길게 나오면 반드시 등장하는 한스 예거Hans Jæger(1854~1910)가 그 인물이나. 뭉크보다 아홉 살이 더 많은 예거는 뭉크의 이웃이었으며 한때 국회 속기사를 했디. 작가, 철학가, 사회운동가로도 활동해서 당시 오슬로에는 추종자가 많았다. 한 인간이 자아가 형성되는 시점에 중요한 영향을 끼치는 특정한 주위 사람들은 누구에게나 있기 마련이다. 뭉크에게 예거는 단순하게 영향을 준 사람이 아니다. 뭉크에게는 가히 정신적인 스승을 넘어 영혼의 아버지라고 할 만하다. 예거는 평범한 작가가 아니었다. 세기말 어수선한 분위기의 오슬로(당시는 크리스티아니아) 문화계를 주름잡던 '크리스티아니아 보헤미안'이란 사교邪教 집단을 이끈 지도자였다. 보헤미안이란 단어에서 연상되듯 염세적이고 퇴폐적이면서 탐미주의적인 성향의 집단이었다.

그들이 금과옥조로 여기던 '9계명'을 보면 그들이 누구인지가 보인다. 보헤미안 9계명은 이랬다. 첫째, 자신의 삶을 기록하라. 둘째, 가족과의 연을 끊어라. 셋째, 아무리 부모를 함부로 대해도 절대 지나치지 않다. 넷째, 작은 돈 때문에 이웃을 내치지 마라. 다섯째, 세련되지 못한 자들을 증오하고 멸시하라. 여섯째, 유행하는 방수 옷을 입지 말라. 일곱째, 극장에서 가능하면 소동을 많이 일으켜라. 여덟째, 자신이 한 일을 절대 후회하지 말라. 아홉째, 자살하라.

크리스티아니아 보헤미안들은 허무주의, 무정부주의, 염세주의, 비관주의, 무신론, 자유연애, 비혼주의 등 사회 풍조와 완벽하게 괴리된 사상에 경도된 무리였다. 뭉크는 이 9계명에 충실하게 살았다 해도 과언이 아니다. 뭉크는 일생 동안 여러 여인에게 진한 구애를 받았다. 심지어 짝사랑에 절망한 여인이 발사한 총에 손가락이 잘리면서도 결코 결혼을 하지 않았다. 또 자신의 일생을 작품으로 기록했다. 예거는 전통적인 사회 규정에 묶여 개인의 자유와 성취가 구속받아서는 안 된다는 주장도 했다. 더 나아가 '결혼이란 제도는 폐지되어야 한다. 완전한 성의 자유와 같은 사회 계급 내의 양성 간에는 성은 완전히 자유로워야 한다'라며 당시로는 경천동지할 주장까지 설파했다. 그들의 9계명은 지금 보면 10대 반항기 아이들끼리 돌려보는 치기 어린 일종의 선언서 같다. 정말 어디에 드러내놓고 말할 수 없는 불온 문서였다. 그 시절에는 사회, 도덕, 종교관에 정면 도전하는 대단한 선언이었고 지키기가 거의 불가능한 조건이었다. 그러나 크리스티아니아 보헤미안에 소속된 이들은 아주 심각하게 받아들여 이를 신조로 삼고 멋으로 여겼다. 뭉크가 그린 초상화 속 예거는 중절모를 앞으로 내려 쓴 채 콧수염과 구레나룻을 기르고 삐딱하게 소파 귀퉁이 약간 파묻힌 듯 앉아 정면을 뚫어지게 바라보고 있다. 무정부주의자, 허무주의자, 보헤미안의 모습이 여실히 드러난다.

뭉크의 〈절규〉는 남미에서 비롯되었다?

〈절규〉뿐만 아니라 뭉크의 작품 여기저기에 나오는 타원형의 긴 얼굴은

노르웨이 오슬로

어디선가 많이 본 듯한 흥미로운 얼굴이다. 〈칼 요한 저녁 거리의 사람들〉과 〈불안〉, 〈절규〉의 인물은 모두 동일인이다. 뭉크는 이런 비정상적으로 긴 타원형의 얼굴들을 1889년 파리에서 열린 트로카데로 전시회에서 폴 고갱Paul Gauguin과 같이 본 남미 페루의 '차차포야스 미라'에서 영감을 얻어서 그렸다. 절규하듯이 입을 벌리고 두 손을 양 볼에 댄 미라의 모습은 뭉크의 〈절규〉에 나오는 그대로다. 뭉크는 현세의 인간을 걸어 다니는 영혼 없는 미라라고 생각해서 미라에서 인간의 얼굴을 찾았다. 세기말 유럽의 예술가는 새로운 뭔가를 찾고자 하는 갈망에 가득 차 있었다. 생명을 다해 막다른 골목에 달한 유럽 예술의 전통적인 화재와 기법에서 탈출하려는 몸부림이었다.

뭉크가 베를린 시절에 영향을 주었다는 '다리파Brücke' 에른스트 루트비히 키르히너Ernst Ludwig Kirchner의 〈모리츠부르크의 목욕하는 사람들〉, 〈나무 아래 누드들〉 같은 작품에는 뭉크의 작품 속 낯익은 얼굴이 보인다. 다리파 화가들은 작품의 영감을 원시 예술에서 모색했다. 그래서 작품에 등장하는 인물의 얼굴을 아프리카 나무 가면에서 찾아 그렸다. 그런데 뭉크는 남미에서 찾고, 다리파는 아프리카에서 찾았음에도 불구하고 양측이 그린 인물이 상당히 비슷하다. 같은 시기에 클로드 모네Claude Monet, 폴 세잔Paul Cezanne, 빈센트 반 고흐Vincent van Gogh 같은 인상파 계열의 화가들은 마침 유럽을 휩쓸던 자포니즘과 함께 도자기 포장지로 들어온 우키요에에서 탈출구를 찾았다. 특히 고흐는 우키요에를 만나고부터 그때까지 숭배해 마지않던 장 프랑수와 밀레Jean François Millet로부터 벗어나 그림이 밝아졌다. 그들은 전혀 새로운 모습의 예술을 접하고 예술의 지평을 단번에 늘이는 계기로 삼았다. 모네, 세잔, 고흐 같은 화가들의 그림 배경에 우키요에가 등장하는 건 우연이 아니다.

이제 뭉크의 작품은 피카소보다 더 비싸게 팔리는 작가가 되었다. 파스텔로 그린 〈절규〉는 세상에 존재하는 어떤 유화 그림보다도 더 비싸게 팔렸다. 그런데 뭉크의 작품가를 논할 때는 항상 어느 시기의 그림인지를 먼저 언급한다. 뭉크가 베를린에서 돌아와 8개월 동안 정신 요양소에 입원 치료를 받고 퇴원한 1909년 이후에는 작품이 훨씬 밝아지고 색상도 다양해졌다. 전에는 전혀 그리지 않던 풍경화까지 많이 그렸다. 소위 말하는 평범한 소재를 '정상적인 기법'으로 그림을 그리기 시작했다. 그런데 세상은 이때부터의 작품에서 사회 부조리에 대한 뭉크의 칼날이 무디어져서 예전 작품과 같은 번득임이 없어졌다고 혹평한다. 실제 경매장에서의 작품가도 그 이전과 이후로 확연하게 갈린다. 누구도 자신의 거실에 걸어놓고 싶지 않을 정신 병원 입원 이전의 작품들이 더 비싼 이유는 무엇일까? 역시 예술가는 비범해야 하고 비정상적이어야 하고 범인과 다른 사람이어야 하기에 평범한 작품은 그냥 정상적인 가격밖에 못 받는 셈이다.

뭉크의 숨겨진 보석 〈키스〉

한 화가에게 온전히 헌정된 미술관을 가면 반드시 놀라게 된다. 미술관에 전시된 화가의 작품 중에는 그동안 내가 알지 못했던 작품이 너무 많아서다. 여기에는 '내가 이런 훌륭한 작품을 모르고 있었단 말이야?'라는 약간은 자책이 섞인 분노와 함께, 나름대로 화가를 잘 안다고 했던 자만에 대한 부끄러움도 있다. 세상 사람 모두가 인정하는 대가의 경우는 특히 더 하다. 뭉크도 그렇다.

대가는 다작多作한다는 말이 전혀 어긋나지 않게 대가는 작품이 많다. 다작을 했기에 대가가 된 게 아닌가 싶다. 대가 작품 중에도 물론 태작駄作도 있긴 하지만 내가 아는 한 대가의 작품 중에 태작은 없다. 거의 감히 입을 댈 수 없을 정도로 훌륭한 작품들이다. 그래서 허명부전虛名不傳이 괜히 나온 말이 아니라는 세상의 이치를 또 한 번 깨닫게 된다. 세상이 알아주는 대가란 결코 내가 겨우 아는 잘 그린 한두 작품으로 되지 않았다는 말이다. 세상에 이름을 알린 명작 한두 점 말고도 그들의 작품 세계는 넓고 깊고 높다.

아주 오래전 처음으로 암스테르담에 있는 빈센트 반 고흐 미술관을 가보고 내가 그때까지 한 번도 본 적이 없던 기가 막힌 수많은 작품에 놀랐다. 암스테르담 근교에 위치한 크뢸러 뮐러 미술관의 고흐 방에서도 또 한 번 놀랐다. 바르셀로나의 파블로 피카소 미술관에도 내가 아는 피카소의 전형적인 작품 말고도 전통적인 방식의 작품이 많았는데 그 수준에 역시 아무나 대가가 아니라는 감탄을 금할 수 없었다. 같은 경험을 노르웨이 오슬로의 뭉크 미술관과 국립 미술관에서 뭉크의 작품을 대하고 하게 되었다. 대가는 대개 다작을 하고 그들의 작품 세계는 작품 숫자와 비례해서 깊고 넓고 높다.

노르웨이 오슬로

결혼도 하지 않고 자식도 없던 뭉크는 1944년 죽으면서 소장했던 작품 전부를 오슬로시에 기증했다. 뭉크는 작품을 자신의 분신으로 여겨서 팔기를 굉장히 싫어했기에 많은 작품이 뭉크 손에 남아 있었다. 후세로서는 너무 고맙다. 개인 소장품으로 숨겨져 있지 않고 공공 미술관에 전시되어 있어서 말이다. 고흐도 비슷한 사례다. 고흐는 그림이 워낙 안 팔렸고 고흐의 제수가 작품을 소장하고 있다가 고흐의 조카 즉 테오의 아들이 암스테르담시에 기증했다. 이로써 고흐 박물관은 크뢸러 뮐러 미술관 소장품 이외에 고흐 그림의 거의 대부분을 소장하게 되었다. 오슬로시는 이를 토대로 1963년 뭉크 미술관을 열었다. 현재 뭉크 미술관은 뭉크의 유화 1100편, 스케치 4500편, 판화 1만 8000장을 소장하고 있다. 대단한 창작욕이고 창작력이다. 뭉크의 작품을 보려면 다른 곳을 굳이 찾아갈 필요 없이 오슬로의 뭉크 박물관과 국립 미술관만 가면 된다.

나는 뭉크 박물관에 들렀다가 과문한 탓으로 전혀 존재를 몰랐던 뭉크의 작품 중에 놀라운 보석을 하나 알게 되었다. 사실 이 말을 하고자 앞의 긴 말을 늘어놓았다. 바로 〈키스〉(1897)라는 작품이다. 인류의 가장 큰 업보이자 환희가 사랑이라면 그 사랑의 제일 첫 행위는 키스여야 한다. 눈 마주치기가 사랑의 첫 단계라면 손을 잡는 건 다음 단계다. 그러나 사랑의 정말 내밀하고 진정한 행위는 키스로부터 시작된다. 인간이 서로의 몸을 섞는 두 가지 방법 중 하나가 키스다. 그래서 수많은 화가가 인간의 가장 내밀한 소통인 키스를 그렸다. 그중에서도 오스트리아 화가 구스타프 클림트의 〈키스〉가 가장 알려진 작품이라는 데는 누구도 말꼬리를 잡을 수 없을 듯하다.

가만히 주위를 돌아보면 우리 주위에는 키스를 소재로 한 수많은 아름다운 걸작이 목을 빼고 '저요! 저요!' 하고 불러주기를 기다리고 있다. 예를 들면 19세기 중반의 이탈리안 화가 프란체스코 하예즈Francesco Hayez(1791~1882)의 〈키스〉가 있다. 이 작품만큼 키스를 로맨틱하게 그린 작품도 잘 없다. 클림트의 〈키스〉보다 더 로맨틱하다고 감히 말할 수 있다. 이탈리아 밀라노의 브레라 미술관에 있는 하예즈의 〈키스〉는 계단 앞에서 두 연인이 키스에 몰두하는 장면을 그린 작품이다. 그래서 이 그림 앞에는 하염없이 쳐다보며 시간을 잊고 푹 빠져 있는 남녀들, 심지어 손을 꼭 잡고 넋 놓고 쳐다보는 연인들이 있기로 유명하다. 흘러가버린 과거의 황홀했던 사랑의 추억을 되살리는지 혹은 아픈 사랑의 기억을 반추하는지는 알 리 없지만 혼자서 우두커니 바라보는 사람도 많다고 한다.

클림트의 〈키스〉 이전의 〈키스〉

하예즈의 〈키스〉는 워낙 남녀의 얼굴이 숨겨져 있어서 표정을 읽을 수 없으나 서로를 움켜잡은 손에서 두 남녀의 몰입을 볼 수 있다. 특히 여인의 얼굴을 감싼 남자의 손은 여인의 얼굴이 혹시 상할까 싶어 살포시 얹어놓은 듯하다. 흡사 꽃이 혹시 으스러질까 조심하면서 잡고 있는 것 같아 경건하기까지 하다. 가히 키스를 묘사한 최고의 작품 같다. 이 그림은 1859년에 제작되었으니 클림트가 〈키스〉를 그리기 61년 전에 그려졌다. 이제 뭉크의 〈키스〉를 보자. 키스를 그린 작품 중 세 점을 들라면 앞의 두 점과 함께 뭉크의 〈키스〉가 반드시 들어가야 한다. 그런데 왜 세상은 뭉크의 〈키스〉를 모르는지 답답하

하예즈, 키스

다. 뭉크의 불세출의 걸작 〈절규〉에 밀려서 잘 안 알려져서 그렇지 한번 보면 잊을 수 없는 그림이다. 뭉크는 여러 편의 〈키스〉를 그렸는데 대개가 실내에서 하는 키스의 장면을 그렸다. 오슬로 국립 미술관에 있는 〈키스〉는 커튼이 닫혀 있다. 왼쪽 귀퉁이만 조금 열려 있어 겨우 남녀의 모습을 가늠할 수 있다. 이 작품은 남녀의 키스를 다룬 어떤 화가의 작품보다도 더 절실한 느낌이 든다. 커튼이 닫혀 있어서 화폭의 오른쪽 4분의 3은 거의 색깔이 없을 정도로

노르웨이 오슬로

어둡다. 그 부분에 있는, 밖의 시선으로부터 숨은 듯이 키스를 하는 두 남녀의 몰입 장면은 대단하다. 바깥세상과 절연한 것 같은 상황에서 남녀는 시간을 잊은 채 키스하고 그 방 안은 두 연인 이외에 아무것도 존재하지 않은 듯 캄캄하다.

남녀의 사연은 알 수 없지만 남의 눈을 꺼리는 사이가 아닐까 하는 느낌마저 왠지 든다. 게다가 다른 키스의 그림들보다 특히 이 그림에는 남녀의 절실함이 확연하게 보인다. 서로를 잠시라도 놓고 싶지 않는 듯 서로를 두 팔로 부여잡고 안고 있는 모습에서 절박함이 너무나 역력하다. 게다가 얼굴은 피아가 구분 안 될 정도로 서로에 묻혀 이목구비가 전혀 구별되지 않는다. 얼굴뿐만 아니라 몸까지 하나가 되어 있다. 사랑하는 두 사람이 완벽하게 하나가 된 모습이다. 같은 장면을 묘사한 목판화의 경우는 몇 번을 살펴봐야지 남녀의 키스라는 그림의 의미를 알 수 있을 정도다. 두 사람의 일체감과 함께 몰입도는 대단하다. 그러나 이 그림은 개인 상실을 의미한다는 해석도 있다. '남자와 여자 사이의 전투를 우리는 사랑이라고 부른다The battle between men and women that is called love'라는 뭉크의

사랑에 대한 부정적인 말을 인용해 두 사람의 합치合致는 개인의 상실을 의미한다고 초를 치는 평가 또한 있다. 진실한 사랑을 하면 서로가 상대에 소유되고 그러면 개인은 상실되고 서로만이 남는다는 사랑의 모순을 뜻한다는 것이다. 고로 사랑한다면 결국 자신을 죽이고 상대를 위해 혹은 둘의 행복을 위해 살아야 한다는 명제로도 해석할 수 있다. 누가 뭐라고 폄하해도 뭉크의 이 〈키스〉 작품은 하도

뭉크, 키스

절실해서 일단 눈을 붙이면 뗄 수가 없을 정도로 흡인력이 있다.

과연 클림트의 키스가 최고인가?

클림트의 걸작 〈키스〉가 1917년에서 1918년에 그려진 작품이라면 뭉크의 〈키스〉는 그로부터 무려 20년 전인 1897년 작품이다. 혹시 이 뭉크의 〈키스〉에서 모티브를 얻어 클림트가 걸작을 그린 것이 아닌가 하는 의심이 들 정도다. 하긴 뭉크가 베를린에 있을 때 인근 오스트리아에서 온 에곤 실레가 뭉크의 추종자가 되었고, 에곤 실레가 클림트의 수제자였으며, 클림트와 뭉크는 동년배라 개연성이 없는 건 아니다. 클림트의 〈키스〉는 환각에 빠진 상태의 여인의 표정으로 전 세계인을 매혹시켰다지만 뭉크의 그림에는 남녀의 표정은커녕 얼굴마저 구분이 안 되게 서로에게 매몰되어 있다. 완전히 두 남녀가 서로에 몰입한 듯한 표정은 클림트 여인의 환각의 표정보다 더 한 환각의 표현이 아닐까 한다. 절제가 만들어낸 극대의 효과라고나 할까. 이왕 클림트의 〈키스〉 이야기가 나온 김에 클림트의 〈키스〉를 감히 좀 폄하해보고 넘어가자. 아무도 클림트의 〈키스〉가 사랑하는 두 연인의 더 할 나위 없는 최고의 키스 장면이라고 의심치 않는다. 과연 정말 그럴까? 과연 클림트가 그런 이유로 이 키스를 그렸을까? 거기에 감히 누가 시비를 걸 수 있을까?

클림트의 〈키스〉를 기존의 선입관을 버리고 자세히 찬찬히 그리고 비판적인 시선에서 살펴보고 다른 이야기를 만들어보자. 어찌 보면 이 그림은 남자의 일방적인 키스일지 모른다. 물론 여자가 밀어내는 사이는 아닌 듯하나 결코 여자가 적극적으로 호응하는 모습은 아니다. 여자의 오른손이 남자의 목과 손을 잡고는 있다고는 하지만 열정적으로 감싸서 놓치지 않으려는 절실함이 안 보인다. 거의 할 수 없이 목에 얹혀 있다고 표현해도 될 정도로 소극적인 '손 표정'이다. 더군다나 손가락은 잔뜩 꼬부라져서 제대로 남자의 목과 접해 있지도 않다. 꼬부라져서 끝만 겨우 남자 목 피부에 닿아 있다. 왼쪽 손도 비록 자신의 얼굴을 정열적으로 감싸고 있는 남자의 한 손 위에 올려져 있기는 하나 결코 손가락을 펴 남자의 손을 움켜잡는 적극적인 형상은 아니다. 남자가 일방적으로 정열적인 키스를 하니 겨우 밀쳐내지 않고 소극적으로 대하

클림트, 키스

는 정도라고 해석해도 될 듯하다. 더군다나 남자의 입술은 여인의 입술이 아닌 뺨에 닿아 있다. 그리고 여인의 표정도 결코 황홀경에 빠진 것이 아니고 그냥 눈을 감고 마지못해 대해주고 있는 것 같다면 희대의 걸작에 대한 너무 지나친 자의적인 해석이고 악의적인 폄하인가?

어찌 되었건 다른 시각으로 보면 클림트의 〈키스〉가 결코 열정적인 남녀의 몰입된 키스가 아니라는 해석이 가능하다. 물론 여인의 눈감은 표정을 절제된 여인의 감정 표현이라고 해석할 수도 있고 꼬부라진 손가락도 흥분에 손가락이 오그라든 모습이라는 해석도 할 수 있다. 또 그런 입장에서 여인의 양 볼의 홍조나 머리 위에 얹히고 옷과 바닥에 그려진 꽃은 여인의 행복한 순간을 표현하는 장치다. 그렇다면 클림트는 가장 열정적인 순간을 완벽하게 확 터뜨리지 않고 막 개화하기 바로 직전의 꽃봉오리 모습으로 극한의 기쁨 바로 직전 환희를 절제되게 표현했으리라.

그러나 클림트의 〈키스〉를 부정적인 시선으로 한 번 더 보자. 두 남녀 뒷배경이 클림트가 당시 잘 사용하던 황금색으로 칠해져 있지만 순수한 황금색은 아니다. 클림트는 아주 진한 흑색 위에 황금색을 '입혔다'. 이 '입혔다'라는 표현은 비록 황금색이 화려하게 칠해져 있지만 그 밑에 원래 흑색이 칠해져 있음을 알 수 있게 '입혀놓았다'는 말이다. 왜 클림트는 황금색으로만 진하게 칠해서 두 연인의 환희의 순간을 만끽하게 하지 않고 굳이 흑색이 보이도록 황금색을 살짝만 칠했을까? 그 장치가 클림트가 이야기하고 싶은 염세관이 아닐까. 세상이 황금처럼 빛나고 화려해 보이지만 원래는 아무것도 보이지 않는 희망 없는 칠흑 같은 암흑이 현실이라고 해석한다면 나도 뭉크처럼 염세적인 세상관을 가지고 있는 것인가?

그와 같은 시선의 연장선상에서 또 다른 염세적인 해석이 가능하다. 두 남녀가 부둥켜 안은 작은 크기의 꽃밭 말이다. 그 꽃밭 밖은 바로 낭떠러지가 아닌가 한다. 화면 오른쪽의 여인의 맨발 끝을 보라! 만일 여인이 무릎 꿇고 있다면 발 자세가 편할 수 없다. 평면의 바닥이라면 여인의 왼발은 편하게 있을 수 없다. 그렇다면 여인의 꿇어앉은 발끝은 낭떠러지에 걸쳐 있는 것이 아닌가? 여인의 발가락 끝은 절벽 끝에 걸려 있음이 분명하다. 키스에 몰두하고 있는 가장 행복한 순간에 두 연인이 있는 곳은 세상의 어디보다도 아름다운 꽃밭인 듯해도 결국은 세상 낭떠러지라는 뜻이다. 그런데도 두 연인은 끝이 보이지 않는 세상의 끝에서 세상과 절연한 채 절박하고 처절한 비극을 앞에 두고 절망의 마지막 현실 도피의 사랑 행위에 몰입해 있다. 너무나 슬프지 않은가? 클림트의 〈키스〉를 모두가 보는 탐미적인 시선이 아닌 염세적으로 보기도 해야 하는 이유는 클림트가 보던 세상이 염세적이었기 때문이다. 당시 세상은 염세주의와 무정부주의와 허무주의가 판치고 있던 시절이었다. 클림트와 그의 제자 실레의 작품에서 극도의 염세관이 보이는 까닭이다.

하긴 염세적인 세상관 하면 뭉크를 따라갈 사람이 없다. 뭉크의 염세적이고 냉소적인 삶의 자세는 어릴 때 겪었던 불행한 가족사와 연관이 있다. 뭉크의 어머니는 1868년 뭉크가 다섯 살 되던 해에 결핵으로 죽는다. 한 살 많은 누나 소피도 뭉크가 14세 때 역시 결핵으로 죽는다. 이어서 당시 다섯 살이던 동생마저 정신병에 걸린다. 뭉크의 가족 병력을 보면 본인을 비롯해 가족이 모두 정신병과 관련 있던 고흐가 떠오른다. 뭉크는 '고질병, 정신 착란 그리고 죽음은 나를 요람에서부터 내려다보던 검은 천사다. 그 천사는 나의 일생을 따라다니고 있다'고 한탄했다. 또 '나는 인류의 가장 공포의 적인 결핵과 정신병을 둘 다 유산으로 물려받았다'라고 했다. 가족의 잇따른 사망에서 비롯된 불행, 어릴 때부터 병약한 자신의 신체로 인한 죽음에 대한 공포 등으로 뭉크는 우울증에 걸리고 신경쇠약의 증세까지 겹쳐 자학 상태의 폭음과 폭행 그리고 기행을 일삼으며 자신을 파괴했다. 뭉크는 자신이 예술을 하는 이유를 '나는 내 예술로 내 삶을 설명하고 거기서 내 삶의 의미를 찾겠다'라고 설명했다. 또 '나는 지금 보는 걸 그리지 않는다. 나는 언젠가 본 걸 그릴 뿐이다'라고 27세 때 이야기했다. 사람들은 뭉크가 일생을 자서전으로 남기지 않고 '영혼의 그림soul painting'으로 남겼다고 이른다. 뭉크의 작품이 뭉크의 '영혼의 일기'라고도 불리는 이유다. 뭉크는 대단한 상상력을 동원하는 작품을 만들기보다 본인이 겪은 일들 속에서 작품 소재를 찾아내 그렸다. 전 생애에 걸쳐 겪은 일들이 작품에 하나둘 들어 있는 셈이다. 오늘날 우리에게 명화의 즐거움을 주고 있는 뭉크의 삶을 살펴가다 보면 애달프다.

이유 있는 문화와 예술의 천국

이제 뭉크를 낳은 노르웨이를 살펴보자. 사람들은 노르웨이 하면 무엇을 먼저 떠올릴까? 내게는 역시 피오르드다. 십수 만 톤의 크루즈선이 유유하게 떠다니는 깊고 푸른 바다와 목이 아파 제대로 쳐다보기조차 힘든 아득하게 높은 산이 바로 붙어 있는 비현실적인 풍경 피오르드. 그 끝도 없는 높이의 피오르드 절벽을 타고 뱀같이 구불구불 내려와서 바다로 바로 떨어지는 폭포들. 직접 눈으로 보지 않으면 도저히 실감이 나지 않는 장관壯觀이다. 죽기 전에 반드시 보아야 할 경치 중 하니디.

그다음은 무엇일까? 수도인 오슬로가 아닐까? 세계적인 관광지의 조건을 오슬로는 모두 갖추고 있다. 세계적인 관광지가 되기 위한 조건은 무엇인가? 내가 보기에는 건물, 역사, 문화가 기본 조건이고 부수 조건이 음식, 쇼핑, 공연이다. 유럽 3대 관광 도시로 꼽히는 런던, 파리, 로마는 이런 요소를 모두 완벽하게 갖추고 있다. 그렇다면 오슬로는 어떨까? 기본 조건은 물론 부수 조건까지 런던, 파리, 로마만큼은 아니더라도 다른 스칸디나비아 국가 수도보다는 갖추고 있다. 우선 오슬로의 건물은 대단하지는 않아도 유럽 어디에 내놓아도 빠

지옥의 뭉크 자화상(왼쪽), 한밤의 유랑자 뭉크 자화상(오른쪽)

질 수준은 아니다. 강대국 사이에 끼인 애달픈 약소국의 운명으로 점철된 오슬로 역사는 비슷한 역사를 가진 우리에게는 와 닿는 점이 상당히 많다. 마지막이 문화인데 노르웨이는 스웨덴, 핀란드를 포함한 스칸디나비아 3국, 여기에 덴마크까지 일컫는 북구 4국 중에는 세계적인 유명인이 가장 많은 나라다. 덕분에 오슬로는 그들의 족적으로 혜택을 단단히 누린다.

노르웨이의 예술가 하면 제일 먼저 떠오르는 이는 역시 뭉크다. 그다음으로는 〈페르퀸트 조곡〉의 작곡가 에드바르 그리그Edvard Grieg, 문학가로는 소설《인형의 집》작가 헨릭 요한 입센Henrik Johan Ibsen이다. 이들의 발자취가 오슬로 곳곳에 묻어 있다. 그런데 스칸디나비아 다른 3국은 내가 과문해서인지는 몰라도 아무리 생각해보아도 별로 떠오르는 인물이 없다. 핀란드는 말년에 대통령을 지낸 〈핀란디아〉의 작곡가 장 시벨리우스Jean Sibelius 정도가 거우 생각날 뿐이다. 세상에 단 하나의 그룹사운드가 있다면 비틀즈지만, 둘이 있다면 당연히 그 자리를 아바가 차지하기에 스웨덴은 그나마 체면을 좀 차린다. 그렇게 애써 변명해도 스톡홀름, 헬싱키, 코펜하겐은 오슬로에 비하

노르웨이 오슬로

면 너무 심심하다. 그곳과는 다르게 노르웨이는 강국들 옆에 붙은 소국의 비애와 고난의 역사 때문인지 예술가가 많다. 흡사 강대국 영국 옆에 위치하고 예술인이 많은 아일랜드를 연상시킨다.

그래도 그런 나라들은 노르웨이가 못 가진 세계적인 유명 상품들을 '한때' 하나씩 가지고 있긴 했다. 시대의 변화를 못 따라 지금은 완전히 사세가 기울어버린 핀란드의 노키아, 한때 항공기를 만들던 회사에서 만든 제품이라고 프리미엄을 받다가 이제는 역사 속으로 사라져버린 스웨덴의 사브 자동차 말이다. 하긴 스웨덴은 그나마 이케아가 아직 기염을 토하고 있어 좀 낫다. 덴마크에는 최고급 유럽 차이나 그릇인 로열 코펜하겐이 있다. 이에 비하면 노르웨이에는 유명 상표라고는 겨우 아웃도어 의류 제품인 헬리 한센이 있을 뿐이다. 그렇다고 오슬로에 헬리 한센 가게가 특별히 많지도 않고 염가로 살 수 있지도 않다.

만일 오슬로로 가서 유감스럽게도 시간이 정말 쫓겨 뭉크 미술관이나 입센 집 말고 딱 한 군데만 더 들러야 한다면 그곳은 오슬로 시청이다. 오슬로 시청은 외관으로만 평가한다면 실망스럽다. '두 조각의 브라운 치즈 조각'이라는 악의적인 별명에서 짐작할 수 있듯이 시청 건물은 붉은 벽돌을 직사각형 상자를 쌓아놓은 모습이다. 기능주의functionalism 건축 형태의 가장 전형적인 표본이 될 만한 건물이다. 마치 제국주의 국가나 사회주의 국가 건물 같다. 더 이상 기능적일 수 없을 정도로 무미건조한 건물이다. 그러나 가까이 가면 멀리서 본 첫인상을 완전히 부술 듯 갖가지의 장식품과 조각이 건물을 감싸고 있다. 정문 입구 벽에 설치된 노르웨이 전설을 새긴 목각 부조浮彫 시리즈를 비롯해 건물 전체 외벽마저 하나의 작품이다.

그러나 선물 정문을 들어서 중앙 홀을 보기 전까지는 감탄하기에 이르다. 중앙 홀 사면 벽과 천장에 그려진 벽화를 보면 입을 다물 수 없다. 노르웨이의 지난한 역사와 전설 설화를 주제로 그려진 벽화는 압권이다. 특히 정면 벽 오른쪽 아래의 나치 점령 시절(1940년 4월~1945년 5월)은 섬뜩하다. 긴 코트 자락을 내려뜨린 악명 높은 나치 게슈타포의 모습은 등골을 서늘하게 한다. 헨릭 소렌슨Henrik Sørensen의 〈예술과 축제〉라는 유럽에서 가장 큰 작품이다. 그 아래에 차려진 연단에서 세계 평화에 기여한 인사나 단체에게 주는 노벨 평화상 시상식이 노벨상을 마련한 알프레드 노벨의 기일인 12월 10일에 열린다.

스웨덴의 각종 기구들이 각각 선정하는 다른 노벨상과는 달리 평화상만큼은 노르웨이 국회가 임명한 다섯 명의 심사위원이 수상자를 결정한다.

경탄할 만한 벽화는 단지 아래층에만 있지 않다. 2층의 방 벽화도 화려하다. 아래와 위를 다 돌아보고 나오면 시청이 아니라 흡사 미술관을 다녀온 듯하다. 이 벽화들은 '벽화 형제'라는 네 명의 노르웨이 화가들이 그렸다. 원래는 벽화 화가로 뭉크와 조각가 구스타브 비젤란드를 염두에 두고 있었으나 준공이 너무 늦어져 이 두 대가들에게 부탁할 기회를 놓쳐버렸다. 벽화에서는 프랑스 화가 앙리 마티스의 냄새가 나는 것은 우연이 아니다. 벽화 형제 네 명 중 세 명이 바로 마티스의 제자였으니 설명이 된다. 입체주의 냄새도 나고 멕시코 예술가인 디에고 리베라Diego Rivera 냄새도 난다. 1920년과 1960년 사이를 일러 프레스코 시대라고 한다. 비로소 시청의 벽화가 이해가 간다. 노르웨이 역사와 예술과 삶이 오롯이 담겨 있는 벽화들이 무미건조한 사각형 상자 같은 시청 건물을 예술 작품으로 끌어올렸다. 오슬로 시청의 벽화는 오슬로 시민, 더 나아가 노르웨이인에게는 벽화 이상의 의미다. 역사와 독립과 문화와 예술과 전통과 정체성을 상징하는 그 자체여서다. 건물 전체를 예술품이라고 부를 수 있는 건물은 사실상 많지 않다. 오슬로 시청 건물은 그 많지 않은 건물 중의 하나라고 해도 과언이 아니다. 시청 건물을 보려면 반드시 사전에 공개 여부를 인터넷으로 확인해야 한다. 시청 건물은 미술관이나 박물관이 아니라 공식 행사 일정이 있으면 일반 공개를 하지 않는다.

보물 창고 같은 뷔그도이반도

이제 발길을 돌릴 곳은 뷔그도이Bygdoy반도다. 노르웨이 국립 민속 박물관, 프람 박물관, 콘티키 박물관, 바이킹 박물관, 국립 해양 박물관이 한 군데 몰려 있는 보물 창고 같은 곳이다. 시청 바로 뒤에서 페리를 타고 건너는 방법도 있고 버스를 타고 돌아갈 수도 있다. 오슬로 패스를 사면 버스는 물론 모든 박물관 입장이 무료다. 박물관 하나하나가 모두 보물이라 찬찬히 설명서를 읽어가면서 보아야 한다. 그중에서도 입이 딱 벌어질 정도로 최고는 바다 밑바닥에서 건져 올려 복원한 바이킹 배들이다. 9세기부터 11세기까지 300여

년간 유럽을 휩쓸고 다니며 유럽인을 공포에 빠뜨리던 바이킹의 초승달 모양의 배는 현대인의 눈으로 봐도 놀랍다. 팔등신 미인의 몸을 연상하게 하는 유선형 곡선의 미는 가히 타의 추종을 불허하는 하나의 작품이다. 유럽인으로서 아메리카 대륙에 제일 먼저 발을 디뎠고 터키까지 진출하는 등 바이킹의 개척 정신을 뒷받침할 만하다.

바이킹 박물관 앞의 노르웨이인 극지 탐험 역사를 담고 있는 프람 박물관, 갈대로 만든 배 아닌 배를 타고 남태평양을 건넌 모험을 소개하는 콘티키 박물관, 노르웨이 해양 역사를 다룬 해양 박물관, 그리고 노르웨이 전통 통나무집을 소개하는 노르웨이 국립 민속 박물관도 대단하다. 이들 모두가 오슬로시를 소개하면서 곁들이기에는 너무 아깝다. 제대로 하나하나씩 소개되어야 할 곳들이다.

프람 박물관에는 남극을 제일 먼저 간 로알 아문젠Roald Amundsen의 배가 전시되어 있어 정말 흥미롭다. 그리고 콘티키 박물관은 내가 대학교 때 콘티키 탐험 수기를 읽으면서 너무나 경탄을 금치 못해 꼭 와보고 싶었던 곳이다. 자신들이 믿는 바를 증명하기 위해 목숨을 바칠 수 있는 모험을 한 다섯 젊은이들 이야기가 왜 그토록 가슴을 뛰게 만들었는지. 하긴 나는 바다에 대한 심한 동경이 있다. 내 일생의 책 한 권을 들라면 허만 멜빌의 《백경》을 들 만큼 바다 이야기라면 언제나 가슴이 뛰니 말이다. 아무리 봐도 인문 사회적 동물인 내가 수학, 생물, 화학 등 이과 과목을 해야 하는 해양 대학을 가려고 했던 걸 보면 나도 이들만큼은 아니더라도 무모하다. 결국 이과 과목 때문에 포기하고 마도로스가 아닌 무역과를 전공자로 나중에 해외로 나와 살겠다는 목적을 이루긴 했지만.

콘티키의 모험은 1947년 다섯 명의 젊은이들이 돛을 단 무동력 뗏목 배를 타고 페루를 떠나 남태평양 폴리네시아 투아모투로 8000킬로미터를 건넌 101일간의 항해 모험이다. 1500년 전 남미 인디언이 태평양을 건넜기에 지금 폴리네시아인과 페루 잉카인은 같은 종족이라는 이론을 증명하기 위한 무모한 실험이었다. 무슨 문서 기록이 있는 것도 아니었다. 그냥 남미와 폴리네시아에서 발견되는 석물들이 너무 비슷하다는 이유 단 하나 때문이었다. 그래서 젊은이들은 잉카인이 타던 뗏목 형태를 고집했다. 전 항해는 모두 흑백 필름으로 기록했으며, 1951년에 나온 1시간짜리 기록 영화를 유튜브에서 볼 수 있다. 그리고 사진과 당시 뗏목을 재현한 실물이 박물관에 있다. 내가 읽은 책은 70여 개 언어로 출판되어 5000만 권이 판매되었다. 이들의 모험은 출발 당시 세계적으로 대단한 관심을 끄는 데 성공했다. 모험에 참여했던 인류학자 토르 헤르하이달은 명성과 함께 부까지 거머쥐었다. 이 기록 필름은 1951년 아카데미상을 받았다. 2012년 영화로도 만들어져서 85회 아카데미에서 최우수 외국어 영화상과 70회 골든글로브 최우수 외국어 영화상을 동시에 받았다. 노르웨이 영화로 이 두 개의 상을 수상한 영화는 이 작품이 유일하다. 한국에서는 2020년 4월 뒤늦게 개봉을 했다.

따로 또 소개해야 할 박물관은 바로 비겔란 야외 조각 공원 박물관이다. 조각가인 구스타브 비겔란Gustav Vigeland이 직접 모두 제작한 212점의 조각품이 전시된 10만 평의 부지의 공원이다. 24시간 개방되어 연간 200만 명의 관람객이 방문한다. 전시된 작품은 모두 '인간의 삶'을 주제로 한 압권의 작품이다. 세계 어디에도 이 정도 규모로 높은 수준의 작품이, 그것도 한 작가의 작품으로만 조성된 야외 조각 공원은 없다. 얼마나 대단한 작가여서 이런 대작을 남겨놓을 수 있었을까. 212점의 작품은 화강암, 철주물, 동주물로 조각된 작품이다. 모든 작품이 인간을 조각했다. 하나하나의 작품 표정과 모습이 다 다르다. 엉켜서 하늘을 올라가는 모습은 놀랍고 경이롭다. 세상에서 단 하나의 조각 공원만을 본다면 여기를 강력 추천할 만큼 압도적이다.

유럽 국가들 사이에는 암묵적으로 규정한 국가 계급이 있다. 국력으로만 보면 당연히 독일, 프랑스, 영국, 이탈리아, 스페인 순이겠지만, 국가 신분 계급으로는 스칸디나비아 국가들이 더 높은 자리에 있다. 물론 국민 소득도 그 이유 중 하나며, 또한 소위 말하는 문명의 척도尺度로 정해진 국가의 '양반 신분' 순서다.

쉽게 말하면 인간 삶의 질의 정도로 구분하는 계급이다. 얼마나 국가별로 인간의 삶의 질이 높고 타인의 삶을 소중하게 여기는지를 따지는 지수다. 예를 들면 노르웨이는 인간 개발, 평등, 삶의 질, 정치적 권리, 여성 권리, 성차별, 국민 건강 예산 같은 각종 지수에서 세계 1위다. 더 이상 무슨 말이 필요한가. 노르웨이 국민 소득이 7만 달러로 세계 4위라는 식의 돈 자랑이 아니다. 노르웨이는 1884년에 벌써 여성 참정권을 비롯해 교육, 노동의 권리를 포함하는 양성 동등권에 대한 법 제정을 했다. 1993년 세계에서 두 번째로 동성의 결합을 인정했고, 2009년 세계에서 여섯 번째로 정식 동성 결혼을 허락했다. 1990년에는 왕위 계승권을 성별에 상관없이 첫 번째 자식이 이어간다고 법 개정을 했다. 영국은 2013년이 되어서야 성차별 왕위 계승법을 개정했다. 그것도 유럽 연합 법에 어긋난다는 지적을 받은 후에 말이다. 뿐만 아니다. 2011년 7월 오슬로 앞바다 우토야섬에 침입해 77명을 살해하고 319명에게 부상을 입힌 노르웨이인 백인 극우 자생 테러리스트가 자신을 독방에 가둔 교도소 처사에 불만 소송을 제기했는데 이에 대해 원고 승소 판결이 내려졌다. 그래서인지 인구가 열 배가 넘는 유럽 강국들도 스칸디나비아 국가들을 대할 때는 재킷의 단추를 잠그고 앞깃을 여미는 듯하고 왠지 열등감을 느끼는 모습이다. 그런 이유 때문인지 거의 하루를 멀다 하고 한국 언론에 한국의 현실에 관한 예리한 논설을 게재하는, 한국인보다 더 한국인 같은 러시아 출신의 귀화 한국인 학자이자 좌파 논객인 박노자 교수가 오슬로 대학교 교수인 것이 아주 자연스럽다.

사진이 천국이나 지옥으로 끌려가지 않는 한 카메라는 절대 붓과 팔레트를 이길 수 없다.

The camera will never compete with the brush and palette until such time as photography can be taken to Heaven or Hell.

자연이란 눈에 보이는 모든 것뿐만 아니다. 인간 영혼의 내부까지 포함되어야 한다.

Nature is not only all that is visible to the eye. It also includes the inner pictures of the soul.

어느 날 저녁 나는 길을 따라 걷고 있었다. 한 쪽은 오슬로 시내가 있고 다른 쪽은 피오르 바다가 내 발 밑에 있었다. 해는 지고 있었고 구름은 피로 물든 듯이 붉게 얼룩져 있었다. 나는 그 모습에서 자연 전체가 비명을 지른다고 느꼈다. 내가 그 비명 소리를 들을 수 있다는 듯이 말이다. 나는 그걸 그렸다. 구름을 진짜 피처럼 그렸다. 색깔이 비명을 질렀다.

I was walking along a road one evening on one side lay the city, and below me was the fjord. The sun went down the clouds were stained red, as if with blood. I felt as though the whole of nature was screaming. It seemed as though I could hear a scream. I painted that picture, painting the clouds like real blood. The colours screamed.

나의 중요한 전기轉機는 내 생애에 늦게 찾아왔다. 내 나이가 50세가 되었을 때야 시작됐다. 그때 나는 새로운 의지와 생각이 떠올릴 힘을 느꼈다.

My breakthrough came very late in life, really only starting when I was fifty years old. But at that time I felt as though I had the strength for new deeds and ideas.

저 그림은 광인이 말고는 그릴 수 없다. (뭉크가 본인 작품을 보고 한 말이다.)
Could only have been painted by a madman.

불안과 병이 없는 나는 키 없는 배와 같다.
Without anxiety and illness I should have been like a ship without a rudder.

작가로의 노력이 모두 무위로 돌아가자 비로소 그는 선글라스를 쓰고서야 예술 비평가가 되었다. (예술 비평가를 혹평하고 있다.)
After all his literary efforts had come to nought and he had to wear dark glasses, he became an art critic.

3. 화려한 생활력의 천재 화가, 루벤스
_ 벨기에 안트베르펜

나는 낡은 붓을 들고 혼자 서서 신께 영감을 간구하는 그냥 단순한 인간일 뿐이다.

I'm just a simple man standing alone with my old brushes, asking God for inspiration.

— 페테르 파울 루벤스

루벤스 하우스에 대해 당시 안트베르펜Antwerpen시의 한 고위 관리는 '루벤스 하우스는 지나는 사람이 깜짝 놀랄 정도다'라고 평했다. 1600년대의 유럽 어느 나라나 개인 집은 허술하기가 그지없었다. 그런데 벨지움 안트베르펜에 있는 루벤스 하우스는 지금의 기준으로 봐도 대저택이다. 집 위치도 범상치 않다. 루벤스 하우스에서 100걸음도 안 되는 곳에 안트베르펜의 주요 쇼핑가가 있다. 그만큼 안트베르펜의 중심이라는 말이다. 400년 전의 집이 이 정도면 도대체 페테르 파울 루벤스Peter Paul Rubens(1577~1640)의 부는 얼마나 되었을까. 정말 어마어마했음이 분명하다. 주인이 죽은 지 거의 400년이 다 되어가는 개인 집이 아직까지 남아 있다니 비현실적이다. 게다가 루벤스가 이 집을 33세에 샀다니 대단하지 않은가? 그런 뒤 자신이 직접 설계해서 증개축했다. 바로크 스타일의 이 집에서는 왠지 이탈리아 냄새가 난다. 북유럽 날씨에 별로 필요 없는 발코니를 비롯해서 로마의 어느 주택가 골목에서나 볼 법한

루벤스 하우스

모습이다. 이유가 있다. 루벤스는 23세에 당시 지식인이라면 누구나 가야 했을 '그랜드 투어grand tour'를 모든 면에서 최선진국이던 로마로 떠나 미술을 공부했다. 그리고 8년 뒤 안트베르펜으로 돌아왔을 때 루벤스는 이미 명성을 얻은 젊은 대가였다.

이 집을 지은 것은 이탈리아의 기억이 채 사라지지도 않았을 시기니 당연히 로마의 추억을 생각하면서 증개축을 했으리라. 그런데 놀라운 점은 로마에서 돌아온 지 고작 2년 만에 루벤스는 이런 대단한 집을 지을 만큼 짧은 시간 내에 유명해졌고 부를 쌓았다는 사실이다. 그리고 나서 루벤스는 가구와 함께 다른 화가들의 그림도 많이 사서 집 안을 가득 채웠다. 지금 루벤스 하우스에 있는 그림들은 모두가 루벤스의 그림은 아니다. 특히 2층으로 올라가면서 볼 수 있는 그림들은 루벤스가 사서 모은 것이다. 루벤스는 화가이자 왕명을 받들어 유럽 각국을 다닌 외교관이었던 덕분에 미술품을 수집할 수 있었다. 2층 방을 구경하다 보면 더 이상 다른 공간과 이어지지 않는 방이 나온다. 잘못하면 여기서 그냥 돌아 나올 수도 있다. 그러나 그때부터가 진짜다. 벽에 숨겨진 조그만 문을 통해 아트스튜디오 건물로 넘어가야 한다. 이상하게도 그 문은 잘 보이지 않게 되어 있다. 건물 두 채를 붙여서 이 집을 만들었다는 설명을 못 보면 비밀 통로를 만들었나 할 정도다.

그 그림은 온전히 대가의 작품일까?

그 문을 열고 아트스튜디오 건물로 넘어가면 나오는 2층 방의 검은 벽에 붙은 그림은 모두 루벤스의 작품이다. 루벤스가 그린 자화상, 첫째 부인 이사벨라 브란트 그림, 37세 나이 차이가 났던 두 번째 부인 엘렌 푸르망의 그림, 그리고 딸의 그림들이 차례로 나온다. 특히 만딸 클라라를 그린 그림은 지금 봐도 섬찟할 정도로 사실적이다. 쏘아보는 눈동자는 진짜 눈동자를 보는 것 같은 착각을 불러일으킨다. 이 작품에서 애정이 묻어나는 것으로 보아 루벤스가 분명 직접 처음부터 끝까지 그렸으리라고 장담한다. 이 방을 내려가면 바로 '루벤스 제자들과 조수들이 루벤스를 도와 루벤스의 그림'을 그렸던 아트스튜디오가 나타난다. 당시 루벤스의 인기가 너무 높아 유럽 전체에서 주문이 쇄도했고, 루벤스 혼자서는 도저히 그림을 다 그릴 수 없었다. 그래서 소위 말하는 그림 공방을 열어 제자와 조수들과 분업을 했다. 이런 체제는 그때는 물론 지금도 이상한 일이 아니다. 특히 조각이나 공예 같은 힘든 작업이 있는 작품은 작가가 스케치를 해서 외부 전문 공방이나 제자들과 같이 운영하는 자신의 작업실에 보내 일단 기초 작업을 하게 한다. 마무리 단계에 가면 물론 작가가 마감을 하지만 작품의 거의 대부분을 제자들이나 혹은 공방의 기술자들이 한다. 조각은 육체노동이 작업의 대부분을 차지한다. 대가가 손수 단순한 모든 작업을 해야 할 이유는 옛날이나 지금이나 없다. 특히 공예품은 작가가 설계만 하고 나머지 공예 작업은 전문 공방에서 한다. 그렇다고 그걸 공방 작품이라고 무식한 소리는 하지 않는다. 과연 옛날 화가들이 어떻게 그 많은 작품을 완성했겠는가? 역시 루벤스도 채색 스케치를 조그만 하게 그리면 제자들이 이를 큰 화폭에 옮겨 그렸다. 그러고 나면 루벤스는 비로소 붓을 들고 얼굴이나 중요한 부분을 마감했다. 루벤스의 그림은 대부분 이 스튜디오에서 그려졌다. 무려 1400여 점이 여기서 '생산'되었다.

현대인에게 대가가 그림을 조수 혹은 제자에게 맡겼다고 하면 무슨 말도 안 되는 소리를 하느냐고 하겠지만 당시는 전혀 문제가 되지 않았다. 그때는

벨기에 안트베르펜

회화가 예술이 아니고 수공예품의 하나였다. 그리고 화가는 일종의 기능 직업인이었지 지금처럼 존경을 받는 예술가가 아니었다. 그래서 공방에서 분업하듯 그림도 그렇게 그렸다. 제자나 조수는 모두 동물, 풍경, 정물 등 그림의 각 부분별로 전문이 있었다. 심지어는 손, 눈동자, 입술 담당으로도 나누어졌다. 대가가 주로 하는 일은 마지막 마감이거나 그도 아니면 그냥 감독하고 지시만 했다. 작품 설명을 보면 '누구누구의 스쿨school'이라는 말이 붙어 있는 대가의 그림이 있다. 이는 분명하게 대가가 전혀 손을 안 댄 그림이거나 혹은 제자 중 누군가가 그렸지만 잘 모르는 그림이다. 기록이 잘 남아 있는 경우는 대가가 직접 처음부터 끝까지 다 그린 그림, 제자들이 그리고 대가가 일부를 작업한 그림, 전혀 대가가 손을 안 대고 대가의 감독하에 완전히 제자들이 그린 그림으로 갈린다. 그러나 대가의 공방 이름으로 나오는 이 세 종류의 그림 모두를 대가의 그림으로 본다. 별로 이상하게 생각할 일이 아니다. 지금 우리가 아주 고가를 지불해서 입고 쓰고 있는 수많은 유명 디자이너 명품은 정작 그 디자이너는 그런 물건이 존재하는지조차 모르는 것이 대부분이다. 유명 셰프의 이름을 단 프랜차이즈 레스토랑의 음식은 그 셰프가 한 번이라도 보거나 손을 댄 적조차 없는 줄 누구나 다 안다. 그냥 대가의 레시피와 그로부터 훈련받은 보조 셰프들이 만든 음식이라는 사실은 모두가 다 알고 이해하고 용서하면서 왜 굳이 그림에만 엄한 잣대를 들여대는지 모르겠다. 차라리 대가의 그림은 그래도 최소한 대가의 눈길을 받아보지 않았는가? 옛날에도 그림을 주문한 사람이 대가가 그림을 직접 다 그리길 원한다면 물론 가능했지만 보통 그림 값의 수십 배를 내야 했다. 물론 엄청난 다작을 한 대가에게는 그런 경우가 거의 없다고 봐도 무방하다.

예술인이 아닌 기능직이었던 화가

루벤스는 워낙 인기가 좋아 유럽 궁정에 자주 불려 다녔다. 영국까지 초대되어 작품을 그렸다. 영국 런던의 가장 중심가에 '화이트홀 스트리트'라는 길이 있다. 이 길에는 화이트홀이란 유명한 큰 강당이 있는 건물이 있기 때문에 화이트홀 스트리트라고 불린다. 이 길 옆 골목길에는 정부 기관과 함께 영국 총리 관저가 위치한 다우닝가 10번지가 있다. 영국에서 유일하게 공화정의 역사를 만든 시민전쟁의 영웅 올리버 크롬웰Oliver Cromwell에게 사형을 당한 풍운의 영국 왕 찰스 1세가 바로 이 홀을 지었다. 그 홀 천장의 화려한 그림을 루벤스가 그렸다. 찰스 1세는 예술품 수집욕이 워낙 대단해서 국고를 탕진했다. 명분 없는 전쟁과 미술품 수집으로 텅 빈 국고를 채우려고 의회 동의 없이 증세하려다 참수를 당했을 정도로 예술 애호가였다. 한 폭의 그림도 아닌 거대한 천장화를 당시 유럽 최고 화가 루벤스에게 맡겼으니 더 할 말이 없다. 화이트홀에는 루벤스 천장화를 처다볼 때 누워서 보라고 큰 쿠션이 바닥 여기저기 놓여 있다. 루벤스는 바로 이 천장화를 그리고 찰스 1세로부터 기사 작위를 받았다. 또 루벤스는 캠브리지 대학교에서 1629년 미술 석사 학위를 받았다. 이런 연유에서인지 영국에는 유난히 루벤스 작품이 많다. 특히 내셔널 갤러리에는 루벤스가 가장 즐겨 그렸던 〈파리스의 심판〉 두 점을 비롯해 10여 점의 작품이 있다. 또 윈저성의 '왕의 거실'이라는 방은 사면 벽이 루벤스 그림으로만 차 있다. 이렇게 루벤스는 돌아다니면서 화가 일도 하고 동시에 외교관 역할도 했다. 루벤스는 평생 오로지 네 점의 자화상만 그렸다. 모델

루벤스 자화상

료가 없어서 돈이 안 드는 자신을 모델로 40점의 자화상을 남긴 렘브란트와는 달리 부유했던 루벤스는 그럴 필요가 없었을지 모른다. 루벤스의 자화상은 모두 상당한 지위에 있는 사람의 모습이다. 칼을 차서 권위 있어 보이며 표정도 아주 근엄하고 엄숙하다. 루벤스는 스페인과 영국 왕으로부터 기사 작위를 받았고, 외교관 역할을 하며 왕들과 상대했으니 그럴 만도 하다. 유럽 화가 중에서 루벤스만큼 화려하게 화가 생활을 한 화가는 얀 반 에이크 말고 드물다. 그때만 해도 화가의 사회적

벨기에 안트베르펜

지위는 엄청나게 낮았다.

당시는 미술 시장이 지금처럼 공급자인 유명 화가의 힘이 더 큰 공급자 시장이 아니었다. 전적으로 구매자 시장이었다. 그림은 주문에 따라 그려졌으며 화가가 자신이 원하는 그림을 그렸다 해도 화랑을 통해 팔 수 없었다. 그래서 그림을 주문하는 구매자는 한정되어 있었다. 소위 말하는 권력자들인 왕, 귀족, 교회 등 세 기관이 전부였다. 화가는 이들이 원하는 방식이나 기준으로 반드시 그림을 그려주어야만 했다. 그렇게 해야 그림 대금을 받을 수 있었고 성공적이어야 다음 주문이 들어왔다. 그래서 그림에는 항상 규칙이 있었다. 예를 들면 성화를 그릴 때 비둘기는 성령을 상징하고, 성모나 예수 같은 주요 인물의 옷은 푸른 물감으로 그려야 하는 등 말이다. 다른 예를 들면 여인의 발치에 개가 한 마리 배치되어 있으면 그 여인의 애완견을 그린 것일 수도 있지만, 남편에게 순종하는 아내라는 표현의 수단일 수도 있었다. 특히 성모나 예수를 푸른색으로 채색한 이유는 푸른 물감이 제일 귀한 인물에게만 사용해야 할 정도로 비싸고 귀했기 때문이다. 이 물감은 아프가니스탄에서 나온다 하여 '아프가니스탄 블루'라고 불렸다. 아프가니스탄과 유럽 사이에 무슨 전쟁이라도 벌어지면 염료 공급이 끊겼으므로 그런 시기에 그려진 그림에는 푸른색이 없다. 라피스 라줄리Lapis lazuli 광물질을 갈아서 만든 울트라마린이라는 염료가 바로 푸른 물감의 재료다.

통치 수단의 하나였던 초상화

미술의 장르를 가르는 방식은 여러 가지가 있지만 프랑스 예술원의 기준으로는 초상화가 가장 고급 장르다. 그다음이 역사적인 사실을 기록해놓는 역사화와 기록화다. 그다음이 풍경화인데 앞의 두 장르의 배경에 들어간다. 예를 들면 세상에서 하나의 그림만 고르라면 제일 먼저 나와야 할 그림이라는 레오나르도 다 빈치의 〈모나리자〉의 배경은 풍경화다. 아주 기기괴괴한 산의 원경이다. 그런데 그 산은 유럽에는 없고 중국에 있는 산 모습이다. 이유는 모르지만 그런 모습의 산 배경이 당시 유행이었다. 마지막 장르가 바로 정물화다. 가장 저급한 장르라고 구분을 한다. 인물화나 기록화의 한 귀퉁이를 장식하는 역할만 한다.

인물화가 제일 고급 장르가 된 이유는 미술의 발생 목적과 관련이 있다. 인물화는 권력자에게 가장 중요한 물건이었다. 자신의 모습을 그려서 역사에 남겨야 할 이유도 있었지만 옛사람은 그림의 신비한 힘을 믿었다. 중요한 장소에 자신의 그림을 가져다놓으면 굳이 직접 가지 않아도 그곳에 힘이 미친다고 여겼다. 예를 들면 변방을 지키는 귀족의 집 거실에 왕의 그림이 걸려 있으면 그 앞에서는 귀족이 반역을 도모하지 못하리라 생각했다. 그래서 당시 통치자는 자신의 초상화를 일종의 기록을 위해서 그리는 동시에 통치 수단으로서 전국에 보냈다. 이런 전통이 살아 있어서 요즘도 각국 관공서에 최고 통치자 사진을 걸어놓는 것이다. 성화도 마찬가지다. 성당에 걸린 예수 초상화 앞에서 기도를 하는 이유도 같다.

자신의 얼굴을 남겨놓으려 하는 인간의 욕망은 옛날이나 지금이나 같다. 요즘 셀카가 세계적으로 유행하는 것을 보면 말이다. 그래서 힘 있고 돈 있는 사람은 초상화를 가지기 원했다. 이런 이유로 회화는 초상화로부터 시작되었다. 또 종교는 그림의 신비로운 힘을 이용하기 위해 성화를 주문했다. 당시 라틴어로 된 성경을 읽을 신자가 많지도 않았고 게다가 워낙 필사본 성경이 비싸서 성경을 아무나 가질 수가 없었다. 그러다 보니 성경 이야기를 신자들에게 가르치기가 쉽지 않았다. 이때 스테인드글라스와 성화가 등장했다. 성경에 나오는 그림을 그려서 놓고 신자들에게 보여주면서 교리 교육을 했다. 하느님이나 예수님의 이야기를 그림으로 가르쳐 성경을 이해시켰다. 신자들은 지금처럼 인쇄 매체나 영상 매체를 통해 성모나 예수의 모습을 보지 못했기에 머릿속으로만 막연하게 생각했다. 그러다 어느 날 교회에 그림이 걸렸다. 예수님이 십자가에 매달려 고통을 받고 돌아가시는 모습이다. 평생 머릿속으로 상상만 했는데 눈앞에 그 광경이 펼쳐진 것이다. 신자들이 얼마나 큰 감동을 받았을지는 우리는 상상할 수 없다. 수도 없이 그런 그림을 보아 무심해져버린 현대인은 도저히 이해를 못 할 것이다.

초상화 다음이 기록화다. 역사에는 수많은 사건이 있다. 왕으로서는 자신의 화려한 대관식을 남기고 싶어 하고 자신이 어렵게 이긴 전투에 대한 자랑을 하고 싶을 터다. 그래서 기록화와 역사화가 나타났다. 그다음으로는 인물화와 기록화의 배경으로 등장했다가 18세기부터 본격적으로 하나의 장르로 독립한 풍경화고, 가장 저급한 장르가 풍경화보다 못한 정물화다.

　권력자가 좋아하는 그림을 그려야 먹고살아야 하니 화가는 권력자로부터 자유스러울 수 없었다. 주문이 있어야 그림을 그리고 그렇지 않으면 굶을 수밖에 없었으니 말이다. 아무리 실력이 좋아도 구매자의 구미나 수준에 맞지 않으면 외면당하고 주문이 끊겼다. 루벤스는 구매자의 구미에 맞는 그림을 잘도 그려 바쳤다. 그러나 동시대의 화가 렘브란트는 시민 경비대로부터 자신들의 모습을 그려달라는 주문을 받고 실력을 총동원해 새로운 방식으로 〈야경〉이라는 명작을 그렸다. 빛이 들어오고 나가는 법칙을 모두 무시한다거나 대원의 얼굴을 다 드러내지 않고 어둠에 가려지거나 일부만 나오게 한다든지 당시 유행과는 동떨어지게 그렸다. 자신의 얼굴이 단체 증명사진처럼 확실하게 보여야 좋아할 수준의 사람들에게 이상한 그림을 그려준 셈이다. 결국 렘브란트는 그림 값도 못 받고 악평이 세상에 퍼져 주문이 떨어졌다. 설상가상으로 튤립 투기에 가담해서 전 재산을 날리는 등 말년에 고생만 하다가 죽었다.

　주문자 위주의 그림 시장에서 갑과 을이 바뀌게 된 계기는 산업 혁명이다. 산업 혁명으로 부를 축적한 소상공인을 비롯해 쁘띠 부르주아라고 불리던 소자본가는 그림을 하나씩 가지고 싶어 하게 된다. 그런데 그들이 좋아하는 유행의 중심에 선 화가가 귀해지자 수요가 공급을 많이 넘어서게 되어버렸다. 슬슬 미술 시장에서 권력의 축이 구매자에서 공급자, 즉 화가 중심으로 옮겨 가기 시작했다. 결국 수요에 비해 공급이 적으면 공급자가 힘이 생기기 마련이다. 이때부터 인기 화가는 굳이 구매자의 사전 주문이 아닌 자신이 그리고 싶은 그림을 그려도 그림이 팔렸다. 또 구매자가 정해놓은 이상한 규칙을 지키지 않아도 그림을 팔 수 있었다. 뿐만 아니라 유명 화기의 그림이 워낙 귀하다 보니 화가가 좋아서 그린 그림도 판매가 잘되었다. 이로써 미술 시장의 갑과 을은 완전히 바뀐다. 물론 아직도 절대 대다수의 화가가 구매자나 영향력을 가진 화상이나 비평가들에게 매달려야만 하는 신세를 면치 못하고 있다. 하지만 이제 공급자와 수요자의 권력이 묘하게 팽팽해진 것은 사실이다. 그러고 보면 예술 지상주의가 뿌리를 내린 역사는 얼마 되지 않았다.

아는 만큼 보이는 유럽의 미술관

유럽 여행을 와서 미술관에 가면 인상파 이전의 그림들 때문에 지겹고 재미가 없다는 말을 하는 사람이 많다. 이유는 유럽 미술관을 채우고 있는 대가의 그림들이 앞에서 이야기한 초상화거나 기록화 또는 성화나 그리스 신화 그림이기 때문이다. 그 나라의 역사를 모르니 그림에 등장하는 인물이 누군지 모르고 기록화에 등장하는 역사적 사건이 무엇인지 모르는데 그림이 재미있을 리 없다. 아름다운 경치를 그려놓은 인상파는 그냥 보고만 있으면 되지만 초상화나 기록화는 주인공이나 그림의 이야기를 반드시 알아야 한다. 그렇지 않으면 지루하기가 짝이 없다. 또 미술관에 수도 없이 등장하는 성화는 성경에 정통하지 않으면 이해하기 어렵다. 성경에 나오는 이야기를 알면 무릎을 칠 정도로 재미있는데 그것을 모르니 재미없을 수밖에 없다. 뿐만 아니라 유럽 유명 미술관을 메운 그림들 4분의 1은 그리스나 로마 신화와 관련되어 있다. 해당 신화를 모르면 그림이 재미가 없다. 한국화를 보면서 신선이 무엇 하는 사람인지 모른다거나 김홍도의 그림을 보면서 기생이 무엇 하는 사람이지 모르는 경우와 같다. 그래서 나는 유럽에 여행 오는 친지들에게 여행 오기 전 반드시 성경, 그리스 신화, 유럽 통사를 반드시 읽고 오라고 권한다. 아는 만큼 보인다는 말은 단순한 논리지만 대단한 이치다.

현지 가이드를 고용하면 제일 좋지만 주머니가 한정되어 있는 경우에는 어쩔 수 없이 독학으로 감상을 할 수밖에 없는데 그 기본이 이 세 권의 책이다. 여기다가 서양화 읽는 방법을 다룬 책까지 읽으면 더 좋다. 예를 들면 화병에 꽃이 꽂혀 있는데 개화 시기가 다른 꽃들이다. 자연의 모습에서 조금의 변동도 허용치 않고 그대로 그려야 한다는 원칙과 철칙에 철저한 옛 화가들이 그걸 모를 리가 없다. 이 정물화는 상상도이자 교훈화敎訓畵다. 즉 '저렇게 아름다운 꽃도 열흘을 못 넘기는데 하물며 화병의 꽃은 생명이 얼마나 더 짧겠는가? 거기에 비하면 우리 하느님은 무한하시다!'라는 교훈을 주려는 뜻이 담겨 있다. 또 여인의 반나체 혹은 전나체 그림은 여인의 미를 찬양하기 위한 그림이 아니다. '이런 여인에 홀려 인생을 망치지 말라!'는 교훈 목적의 그림이다. 물론 귀족들이 나녀화를 침실에 걸어놓고 몰래 즐기면서 봤다는 이야기도 있어 여인화의 교훈 목적 운운은 에로화를 정당화하기 위한 핑계라는 말도 있긴 하다. 어찌 되었건 서양화 감상에 대한 책은 권유가 아니라 반드시라고 해야 할 정도로 유럽 미술관 관람의 필수다. 이걸 공부 안 하고 갔다면 반드시 가이드의 도움을 받아야 한다. 둘 다 하지 않으면 그냥 시간 낭비고 다리만 아프다. 하지만 루브르에 가서 〈모나리자〉만 훌쩍 보고 나오려면 굳이 비싼 입장료 내고 갈 필요가 있나? 본전을 뽑기 위해서는 공부를 해야 한다.

'무슨 여행을 공부하러 가느냐. 머리 식히러 가는 거다'라고 한다면 할 말이 없다. 하지만 일생의 여행이라면 제대로 보고 가야 하지 않는가? 돌아가고 나서 사진만 남는 미술관 관람보다는 낫지 않을까? 물론 그 사진마저 어디서 찍었는지 기억이 안 나는 경우가 많지만 말이다. 그렇다면 내 이야기대로 시도해보는 것도 나쁘지는 않을 터다. 야구장에 야구 규칙을 모르고 가면 얼마나 재미없겠는가? 이에 비해 축구는 특별한 규칙을 몰라도 되니 세계적으로 인기가 있다. 그래서 복잡한 많은 걸 알아야 이해가 가는 유럽 미술관의 작품은 축구가 아니고 야구다.

루벤스를 대가로 만든 자양분

루벤스의 부모는 칼뱅파여서 독일에서 신교도 박해를 피해 안트베르펜으로 옮겨 왔다. 벨지움이 네덜란드에 소속되었던 당시, 루벤스의 아버지는 네덜란드 왕이었던 윌리엄 오렌지공 1세 부인의 법무관이 된다. 루벤스는 본격적인 상류층은 아니었지만 확고한 중산층이었다. 그러다가 나중에 아버지를 따라 독일로 돌아갔으나 아버지 사후에 어머니와 함께 다시 안트베르펜으로 돌아온다. 어린 시절을 보낸 안트베르펜이 루벤스에게는 고향이었다. 그러다가 루벤스는 가톨릭으로 개종한다. 어머니가 가톨릭 신자로 키웠다는 말도 있고 화가로서 가톨릭 신자인 것이 훨씬 유리했기에 개종했다고도 한다. 루벤스의 주요 고객은 가톨릭 성당이었다. 특히 최대의 가톨릭 국가 스페인이 루벤스의 가장 큰 시장이었기도 했으니 만일 이해를 따라 개종했다면 현명한 판단을 한 셈이다. 인문학자이자 외교관, 화가로 평가받는 루벤스는 어려서부터 당시 교육 방식대로 라틴어와 고전 문학 같은 인문학 공부를 해 르네상스적인 예술가로서 기초 교육을 잘 받았다. 이때 루벤스는 자신의 그림으로

드러내야 할 그리스 로마 신화에 대한 깊은 지식을 얻는다. 14세부터는 안트베르펜의 최고의 대가 밑에서 도제 교육을 받기 시작한다. 주로 스승의 그림을 돕거나 완성품을 복사하는 일이었는데 그때로서는 당연했다. 그런 과정을 거쳐야 대가의 기술과 화법을 배울 수 있었고 이후에 자신의 세계를 만들어 갈 수 있으면 또 하나의 대가가 될 수 있었다. 그렇지 못하면 모사模寫 화가나 대가의 공방 보조로 평생 남아야 했다.

　단순한 기술자가 아닌 지식을 겸비했기에 루벤스는 유럽 귀족에게 더욱 인기가 있었다. 벨지움 왕은 외교 협상에서 성과를 많이 내려고 루벤스를 외교관으로 임명해 이용했다. 유럽 미술의 아버지라는 얀 반 에이크도 같은 경우다. 에이크도 왕으로부터 외교관으로 임명받아 외교 업무를 수행했다. 덕분에 부유했던 에이크는 명성은 높았으나 겨우 20점에 불과한 작품을 남겼다. 벨지움도 화가를 외교관으로 임명해 써먹었다. 에이크가 활동했던 브루게를 비롯해 이프레스 같은 많은 벨지움 도시 중앙 광장에는 대개 첨탑이 있는 성당이려니 생각할 수 있는 건물이 있다. 하지만 그건 성당이 아니고 벨지움의 특산 카펫 혹은 모직물을 보관하는 상업 창고다. 마을 중앙광장에 대개 성당을 크게 짓는 다른 국가들과는 달리 벨지움인은 돈을 신보다 우선할 정도로 현실적이어서 소국임에도 불구하고 강국이 되었다. 외교관을 보내도 영리하게 유능한 화가를 보냈다. 이웃 나라의 고위 귀족의 초상화를 그리는 오랜 시간 동안 말벗을 하면서 상대와 친구가 되게 했다. 향후 협상에 유리하게 작용한 것은 당연하다.

　루벤스는 21세였던 1598년

아들과 같이 있는 루벤스 자화상

벨기에 안트베르펜

드디어 스승으로부터 독립해서 자신의 화방을 연다. 그러나 능력에 한계를 느낀 끝에 2년 뒤인 1600년 당시 유럽 최고의 선진국 이탈리아로 유학을 떠난다. 당시 유럽의 명문가 자제라면 누구나 가는 그랜드 투어를 떠난 것이다. 그곳에서 루벤스는 티티안Titian, 틴토레토Tintoretto 같은 대가들의 작품을 접하고 깊은 감동을 받는다. 또 미켈란젤로, 라파엘로 산치오Raffaello Sanzio, 레오나르도 다빈치Leonardo da Vinci의 그림에서도 많이 배운다.

뿐만 아니라 새롭게 막 인정받기 시작한 대가 카라바조Caravaggio를 발견한 루벤스는 큰 영향을 받는다. 카라바조의 조명을 이용한 듯 주인공만 강조하고 주위를 검게 칠해서 모두 죽이는 암흑파暗黑派, tenebrous의 영향은 루벤스를 거쳐 루벤스의 제자 안토니 반다이크Anthony Van Dyck 그리고 카라바조의 가장 충실한 완성자인 렘브란트로까지 이어진다. 이탈리아에 있는 동안 루벤스는 이름이 알려지기 시작해서 유럽 회화계에 떠오르는 별이 된다. 안트베르펜으로 돌아온 루벤스는 본격적으로 활동을 시작해 대가의 길에 들어선다. 1603년 외교관에 임명된 루벤스는 스페인으로 떠난다. 스페인 왕 필립 3세에게 왕의 선물을 전달하는 임무를 받아서다. 간 김에 필립 3세가 집중적으로 수집한 라파엘과 티티안의 작품을 깊이 공부한다. 루벤스가 일생 동안 같이 행한 일(외교 업무)과 사업(그림 세일즈)을 겸한 여행의 시작이었다.

루벤스는 당시 최고의 국제 회화 세일즈맨이라고 불러도 될 만큼 가만히 앉아서 고객이 찾아오길 기다리지 않고 능동적으로 고객을 찾아다녔다. 외교관의 자격으로 유럽의 각국을 방문했으니 잠재 고객인 유럽 각국의 국왕들은 물론 귀족들과 공식적으로 교제할 수 있어 금상첨화였다. 안트베르펜에 세운 자신의 집에 아주 큰 공방을 열어 제자들이 자신을 대신해 그림을 그리고 있었으니 계속해서 주문을 받아야 했다. 안트베르펜의 루벤스 화방은 유럽 각국의 왕족, 귀족과 수집가들이 선호하는 풍의 그림을 대량 생산해냈다. 그래서 루벤스는 다작한 화가로도 유명하다. 루벤스는 현재까지 파악된 작품 수數가 무려 1403점이다. 루벤스의 화방에서 제자들 그린 모작模作 3000점은 제외된 숫자다.

세계적인 회화 세일즈맨에서 성공한 외교관으로

　루벤스의 그림 제작에 참여했던 제자들이 루벤스의 그림을 그대로 모사하기란 어렵지 않았다. 그래서 루벤스의 작품을 가지고는 싶으나 돈이 많이 없던 중소상공인들은 루벤스 화방에서 제자들이 모사한 작품을 구입했다. 이런 유의 그림에 대한 수요가 대단히 많아서 공방은 모사작을 대량 생산해냈다.

첫 번째 부인 이사벨라 브란트 루벤스

뿐만 아니라 그때는 제자들이 대가로부터 독립해서 자신의 화방을 차린 다음에도 스승의 화풍을 본떠 그림을 그려 생계를 유지하는 것은 부끄럽기는커녕 자랑스러운 일이었다. 자신의 세계를 확립하기 전까지 대가의 제자라는 이름은 큰 도움이 되었다. 루벤스는 외교관 임무를 성공적으로 마치고 스페인에 머무르는 동안 당시 유럽의 강자 스페인의 신임을 받아 기사 작위를 얻는다. 잉글랜드 왕 찰스 1세의 초청을 받아 런던에서 활동하면서도 기사 작위를 받았다. 나중에는 루벤스의 추천으로 수제자인 반다이크가 잉글랜드로 건너가 어전 화가가 되어 찰스 1세 가족의 그림을 남겼다. 올리버 크롬웰에 의해 영국 시민혁명 때 잉글랜드 왕으로는 유일하게 사형된 비운의 찰스 왕과 그 가족을 그린 반다이크 작품은 현재 윈저성에 전시되어 있다. 루벤스는 벨지움 왕의 어전 화가로도 발탁되고 오스트리아의 공작, 스페인의 공주의 화가로도 임명되는 등 최고의 전성기를 맞이한다.

매혹적인 <성모승천화>의 의미

　루벤스의 예술에 대한 자부심은 '나의 예술에 대한 열정은 하늘로부터 온 것이지 단순한 제작의 즐거움 때문이 아니다'라는 어떻게 보면 오만하기까지 한 언급에서도 느낄 수 있다. 신앙심이 깊었던 루벤스는 안트베르펜 상인 조합의 주문으로 네 점의 종교화를 그리게 된다. 이 그림들은 안트베르펜시 중심에 독보적인 존재로 우뚝 솟은 123미터짜리 종탑의 성모 주교좌 성당 '우리의 성모 성당The Cathedral of Our Lady'에 현재 전시되어 있다. 특히 성모 성당이 보유한 루벤스의 작품 중 <성모승천화>는 제단 한복판에 높이 위치해 눈에 들어올 수밖에 없다. 눈을 쉽게 떼기 어려운 매혹의 작품이다. 작품에는 예수의 열두 제자와 마리아 막달레나, 성모 마리아의 두 자매가 같이 등장한다. <성모승천화>가 걸린 제단 앞 양쪽에 높이 걸린 세 폭의 성화 <세워지는 십자가>와 <십자가에서 내려지는 예수>는 루벤스의 걸작 중에서도 최고라고 일컬어진다. 이 두 작품은 루벤스의 명성을 올리는 데 큰 역할을 했다. 루벤스가 대가로서의 독특한 세계를 세상에 선보였기 때문이다. 루벤스가 이탈리아에서 돌아오고 나서 바로 그린 이 작품들은 한창 젊을 때 그려서인지 힘이 넘친다. 고전화의 대가 중에 이 테마의 작품을 그리지 않은 대가는 물론 없지만 그중에서도 특히 루벤스의 이 작품을 사람들은 최고로 친다. 나는 이 테마로 그려진 구도와 색깔이 조금 다른 루벤스의 그림을 러시아의 에르미타주 미술관에서 본 적이 있다. 프랑스 릴의 보자르 미술관Palais des Beaux-Arts de Lille에도 또 하나가 있다. 이 두 점의 그림은 나폴레옹이 프랑스로 가져가서 자신의 궁에 길이놓았다가 나폴레옹 실각 후 1816년 돌아왔다.

　성모 성당은 루벤스에게는 특별한 곳이다. 어릴 때 이 성모 성당의 학교를 다녔다. 성모 성당은 루벤스의 집에서 10분도 채 안 걸리는 거리에 있어 루벤스가 매주 미사에 참석하던 본당이기에 애착이 남달랐다. 그런 곳에 길릴 그림이니 루벤스가 최고의 정성을 들여 그림을 그렸음이 틀림없다. 그래서인지 이 성모 성당에 걸린 그림은 다른 루벤스의 작품들보다 특별한 느낌이 드는데, 이는 내 개인적인 생각만은 아닐 듯하다. 이 두 작품은 특히 한국과 일본에서 유명한 동화인 위다(본명: 루이스 드라 라메인)의 《플랜더스의 개》에 등장한다. 동화의 주인공 화가 지망생 네로는 두 작품을 평생에 한 번만이라도 보기를 원했다. 유료였던 그림 관람은 입장료가 없던 네로로서는 이룰 수 없던 꿈이었다. 그러다가 네로는 아주 추운 성탄절 전날 밤 우연히 열린 성당 문 안으로 들어가 그림을 보다가 잠이 들어 애견인 파트라슈와 함께 얼어 죽는다. 안트베르펜시는 한국과 일본의 관광객이 워낙 찾아오자 나중에 동화의 존재를 알게 되었다. 그래서 관광객을 위해 네로와 파트라슈와 동상을 안트베르펜 근교 호보켄에 세웠다. 호보켄이 선정된 이유는 저자가 이 마을에 묵은 적이 있다는 이유 때문이다. 저자가 묵었다는 숙소 근처에 세워진 동상 위치를 실제 호보켄의 주민들은 잘 모른다. 먼저 정확한 주소를 반드시 찾아서 가야 한다.

루벤스의 성스러운 영혼, 안트베르펜

유럽 국가치고 한때 세계적이지 않은 나라는 없다. 영국, 독일, 프랑스, 이탈리아, 스페인, 오스트리아는 물론이고 그보다 훨씬 적은 크기의 덴마크도 바이킹으로, 포르투갈과 네덜란드 등은 해양 국가로서 상당 기간 세계를 주름잡았다. 우리 한반도의 7분의 1에 불과한 3만 제곱킬로미터의 소국, 벨지움마저 한때는 세계 무역의 중심지로 강국이었다. 하긴 베니스나 제노아처럼 조그만 지중해 도시 국가들도 아주 오랜 기간 유럽을 들었다 놓았다 했다. 그래서 강국은 반드시 영토의 크기로 따질 일이 아니다. 항구 도시들이 특별한 역할을 한 덕분에 벨지움도 강국이 되었다. 그중에도 안트베르펜은 15~16세기에 세계 무역의 40퍼센트를 담당할 만큼 전성시대를 누렸다.

벨지움은 네덜란드어, 프랑스어, 독일어를 쓰고 전통적으로 관용의 전통이 있는데, 안트베르펜에는 특히 이민족이 많이 거주했다. 무역에 능통한 이탈리아인, 스페인인, 포르투갈인이 안트베르펜에 살고 있어서 세 번의 활황 기회를 잘 잡아 크게 번성했다. 후추, 은, 섬유가 바로 안트베르펜에 세 번의 기회를 준 품목이었다. 이후 금융업과 보석 세공이 전문인 유태인 덕분에 안트베르펜은 다시 한번 발전하게 된다. 아직도 유태인이 안트베르펜을 먹여 살리는 다이아몬드 산업을 잡고 있지만 이제는 아르메니아인, 인도인도 많이 관여하고 있다. 안트베르펜은 지난 500년 동안 계속 세계 다이아몬드 산업의 중심 도시였다. 안트베르펜에서 다이아몬드 세공이 시작된 것은 유태인이 스페인과 포르투갈로부터 추방되어 벨지움에 정착한 16세기부터다. 지금도 세계 생산량 중 5분의 4에 해당하는 원석과 2분의 1에 해당하는 세공 다이아몬드가 오스트레일리아, 러시아, 캐나다, 인도, 보츠와나, 런던으로 와서 안트베르펜을 거쳐 세계로 퍼져 나간다. 이민자들 덕분에 발전한 안트베르펜은 그 전통을 따라 지금도 주민의 거의 40퍼센트가 외국 출신인 국제 도시다.

안트베르펜은 1500년대에 토사가 내륙 지방으로 밀려와 항구의 기능을 잃어버린 브루게로부터 무역항의 역할을 물려받았다. 동시에 화가를 비롯한 각종 예술가들도 돈이 있는 곳을 찾아 안트베르펜으로 옮겨 왔다. 그전까지는 브루게가 한자동맹의 주요 항구로 번성했었다. 돈이 있는 곳에 예술이 몰려드는 것은 예나 지금이나 다를 바가 없다. 해서 당시 안트베르펜에는 유럽 최고의 화가들이 화방을 두고 작품 활동을 했다. 안트베르펜이 낳은 최고의 인물은 루벤스다. 지금도 안트베르펜을 찾는 관광객의 절반이 루벤스의 팬이라는 말이 있을 정도로 루벤스는 안트베르펜의 거의 전부라 해도 과언이 아니다. 나만 해도 루벤스를 찾아 안트베르펜을 갔으니 말이다. 루벤스는 영국, 이탈리아, 스페인 등에서 오랜 세월을 보내고 수많은 해외여행을 하면서도 자신이 자라고 사랑하는 집이 있는 안트베르펜으로 항상 돌아왔다. 비록 태어난 곳은 아니지만 그에게는 안트베르펜이 가히 고향이나 다름없었다. 유럽에서 가장 풍요롭고 가장 국제적이고 문화적으로도 뛰어난 관용이 넘치는 도시 안트베르펜은 국제 예술가이자 국제 외교관인 루벤스에게 예술의 영감을 불어넣는 자양분의 역할을 해주었다.

안트베르펜의 레스토랑들은 프랑스의 영향을 받은 도시답게 요리를 잘한다. 물론 벨지움 어느 도시에서나 맛볼 수 있는 홍합탕과 감자튀김 말고도 다른 요리도 잘한다. 홍합낭이 식상하다면 스테이크와 감자튀김에 샐러드를 겸하면 된다. 도저히 전부 맛을 볼 수 없는 다양한 맥주 브랜드를 하나하나 찾아 마시는 재미도 상당하다. 후식으로 생크림이 잔뜩 위에 놓인 와플을 먹고 레스토랑 옆 가게에서 초콜릿 한 박스를 귀국 선물로 사면 안트베르펜 관광은 끝난다.

내 열정은 하늘에서 비롯되었지 세상의 사색에서 온 게 아니다.
My passion comes from the heavens, not from earthly musings.

나는 손을 뻗어 보조개 살을 만지고 싶어 여인의 크고 둥근 엉덩이를 그린다.
I paint a woman's big rounded buttocks so that I want to reach out and stroke the dimpled flesh.

젊은 처녀를 그리는 일은 아주 열중해서 흥청망청 노는 일과 비슷하다. 그건 기가 막히게 상쾌한 일이다.
Painting a young maiden is similar to cavorting with great abandon. It is the finest refreshment.

보상이 엄청 크긴 해도 나는 다시 어전 화가가 되고 싶지 않다.
The offers are very generous but I have little desire to become a courtier again.

당신의 삶의 시간은 한정되어 있다. 그러니 다른 사람의 삶을 살려고 허비하지 마라. 다른 사람의 생각의 결과로 만들어진 독단에 갇히지 마라. 다른 사람의 생각의 소음이 당신 내면 소리를 방해하지 놔두지 마라. 그리고 당신 자신의 마음과 직관을 따르는 용기가 가장 중요하다.
Your time is limited, so don't waste it living someone else's life. Don't be trapped by dogma - which is living with the results of other people's thinking. Don't let the noise of others' opinions drown out your own inner voice. And most important, have the courage to follow your heart and intuition.

당신은 당신이 맞닥뜨렸던 공포를 이겨낸 모든 경험에서 힘과 용기와 확신을 얻었다. 당신은 자신에게 '나는 이 악몽을 견뎌냈다. 그래서 나는 다음에 올 무엇도 이겨낼 수 있다'라고 이야기할 수 있다.

You gain strength, courage, and confidence by every experience in which you really stop to look fear in the face. You are able to say to yourself, 'I lived through this horro. I can take the next thing that comes along.

나는 용기가 두려움이 없는 게 아니고 그걸 이겨내는 거라고 배웠다. 용감한 자는 겁을 내지 않는 자가 아니라 두려움을 정복하는 자다.

I learned that courage was not the absence of fear, but the triumph over it. The brave man is not he who does not feel afraid, but he who conquers that fear.

나는 평화로운 천성과 성향을 가진 사람이다. 그러나 공적이든 사적이든 내게 생긴 분쟁이나 소송 혹은 싸움에는 초철저하게 대적한다.

I am by nature and inclination a peaceful man, the sworn enemy to disputes, lawsuits and quarrels both public and private.

4. 부다페스트보다 아름다운 프란츠 리스트
_ 헝가리 부다페스트

음악은 삶의 중심이다. 음악이 없이는 좋은 일이 생길 가능성도 없고 음악이 있으면 모두가 아름답다.

Music is the heart of life. Without it, there is no possible good and with it everything is beautiful.

— 프란츠 리스트

오래된 유럽 도시들 중 예사로운 곳은 하나도 없지만 그중에서도 헝가리 수도 부다페스트Budapest는 특별하다고 따로 칭찬을 해야 할 만큼 아름답다. 다뉴브강 양안兩岸에 그림처럼 부다와 페스트가 펼쳐져 있어 두 이름을 합쳐서 부르는 부다페스트는 체코 프라하, 이탈리아 플로렌스와 함께 유럽에서 가장 아름다운 3대 도시다. 특히 부다페스트의 야경은 환상적이라는 말만으로는 부족하다. 해서 부다페스트 관광은 반드시 다뉴브강 야간 크루즈로 끝을 맺어야 한다. 2019년 유람선 사고로 이제 부다페스트의 다뉴브강은 우리 한국인에게는 비극의 기억을 간직하게 되었다. 하지만 양안의 건물에 불이 들어온 다뉴브강을 따라 내려갔다 올라오는 유람선에서 보는 야경은 추종을 불허한다. 그 유명하다는 센강에서 보는 파리의 야경은 도저히 비교가 안 될 정도로 낭만적이고 이국적이다. 비 오는 날의 부다페스트는 또 어떤가? 지금으로부터 거의 40여 년 전인 1980년대 중반 나는 공산주의의 두목 격인 소련

몽환적인 부다페스트 야경

모스크바에 한국 최초의 상사 주재원으로 근무하고 있었다. 당시 동유럽은 윈스턴 처칠의 말처럼 철의 장막으로 봉쇄되어 있었고 그 위에 공산주의라는 악령이 펼쳐져 있던 때였다. 처음으로 부다페스트에 출장 갈 일이 생기자, 나는 흥분으로 출장을 준비하면서 기대에 가슴이 두근거렸었다. 헝가리는 사랑스러운 유행가 같은 클래식 음악 〈사랑의 꿈〉의 작곡가 프란츠 리스트Franz Liszt(1811~1886)의 조국이어서 충분히 낭만적이었다. 거기에 더해 그 유명한 체코슬로바키아의 '프라하의 봄'(1968)보다도 무려 13년 전인 1956년에 이미 소련의 압제에 항거해 국민이 대규모의 시위를 벌이다 큰 희생을 치른 첫 동구권 나라라는 점에서 일종의 성외까지 가지고 있었디.

헝기리는 공산낭 독재 정권을 지국적인 항거로 무너뜨린 후 민주 정부를 세웠다. 헝가리를 그대로 두면 연쇄적으로 나머지 동구 위성 국가들도 항거할 거라는 소련의 예상과 걱정은 자연스러웠다. 헝가리 사태를 시발로 자신의 앞마당이 무너지는 사태를 절대 용납하지 못한 소련은 결국 3만 2000명의 군인과 탱크 1100대를 끌고 공산주의 역사상 처음으로 헝가리를 침공했다. 동구 자존심의 지존인 헝가리 국민은 거국적인 무장 투쟁을 펼쳤다. 결국 2500여 넝의 헝가리인과 700여 명의 소련군이 사망하는 격렬한 전투 끝에 결국 헝가리 민주 항쟁은 겨우 18일 만에 실패하고 말았다. 국가와 국가 간 전쟁이 아닌 전투에서 이만한 인원이 사망한 사실에서 얼마나 양측이 맹렬한 의지를 가지고 전투를 했는지 짐작할 수 있다. 전투에서 지고 나서 소련이 위성 정부를 세우자 20만 명의 헝가리인이 자유를 찾아 해외로 망명했다. 이 항쟁은 '프라하의 봄' 훨씬 전에 일어난 더 큰 규모의 사건인데도 많이 안 알려졌다. 헝가리인은 정말 대단한 민족이다.

나는 오랜만에 답답한 모스크바를 벗어난다는 생각에 상당히 흥분했었다. 역시 부다페스트는 기대를 저버리지 않았다. 부다페스트는 '다뉴브의 다이아몬드'라고 불릴 만했다. 호텔이 부다 언덕을 올려다볼 수 있는 페스트 강변에 위치해 있었다. 저녁 만찬 일정이 끝나고도 한참 해가 남아 있었다. 유럽 비즈니스 만찬은 1차로 끝난다. 해서 호텔방으로 돌아와 다뉴브강이 보이는 창가에 앉아 책을 읽고 있었다. 유럽의 여름은 해가 늦게 진다. 드디어 다뉴브강에는 저녁노을이 지기 시작했다. 낭만이 넘치는 다뉴브강의 분위기는 더 이상 어떻게 할 수 없을 정도였다. 때맞추어 가을비까지 내리자 멜랑콜리한 무드가 만점이었다. 강 건너 부다 언덕은 안개에 덮여 그 위에 올라앉은 궁전들은 하늘에 떠 있는 듯 보였다 사라졌다 하는 몽환적인 풍광을 자아냈다. 사람이 살다 보면 별다른 이벤트 없이 그냥 단순한, 그러나 가끔 생각나는 생애의 한 장면이 있다. 가을비 내리는 석양의 다뉴브를 바라보던 저녁의 기억이 바로 그런 장면이었다. 무려 거의 30년 전 일인데도 어제 일인 듯 생생하다. 이걸로 영화속의 한 장면을 만들어낸다면 〈카사블랑카〉의 험프리 보가트Humphrey Bogart 같은 주인공이 시가를 피우며 코냑 한 잔을 들고 빌리 홀리데이Billie Holiday의 낮은 허스키 목소리의 〈글루미 선데이〉를 듣는 저녁'이었을 듯하다. 〈글루미 선데이〉는 원래 헝가리 곡이다. 1935년에 발표되어 공전의 히트를 쳤다. 곡이 '우울한 일요일'이란 제목대로 워낙 우울해서 이 곡을 듣다가 많은 사람이 자살했다는 이유로 '헝가리 자살곡Hungarian Sucide Song'이라고도 불린다.

수많은 수식어의 인기 음악가

프란츠 리스트(1811~1886)는 부다페스트의 우울한 듯하면서 멋진 분위기와

헝가리 부다페스트

잘 어울리는 작곡가이다. 음악은 물론 외모까지 멋
진 절대 평범하지 않은 이 음악가를 부다페스트 중
심에 있는 리스트 하우스 박물관과 함께 살펴보자.

남자에게 아름답다는 말이 적합한지는 모르나
리스트는 부다페스트만큼 아름답다 못해 눈이 부
시는 미남이었다. 1800년대 중반 당시 남자는 여자
못지않게 멋을 부렸다. 그중에서도 리스트는 특히
더했다. 자신의 뛰어난 외모를 더욱 빛내줄 차림새
를 하고 다녔다. 주로 연미복 길이의 검은 윗옷에
요즘 유행하는 폭이 좁은 바지의 복장과 긴 머리는

29세의 리스트 두상

유난히 큰 키를 더욱 돋보이게 했다. 리스트가 나타나면 주위에 후광이 비칠
정도였다. 해서 리스트 주위에는 항상 엄청난 여성 팬이 넘나들었다. 별명이
많은 것으로는 리스트를 따를 사람이 없었다. 그중에도 연주 기교로는 아무
도 넘어서지 못할 정도의 역사상 최고의 피아니스트라는 뜻에서 기인된 '피아
노의 왕, 피아노의 귀신, 피아노의 마술사, 피아노의 파가니니'가 가장 대표적
인 별명이다. '유럽 첫 슈퍼스타 음악가, 현대판 록스타 가수의 팬덤을 능가하
는 오빠부대의 효시, 평생 결혼하지 않고 수많은 여성을 섭렵한 카사노바도
울고 갈 만한 플레이보이, 자신을 홍보하고 포장하는 데는 천부적이고 천재
적인 소질을 가진 최초의 공연 예술가, 당시로는 본 적도 들어본 적도 없는 전
대미문의 쇼맨십을 가진 대중음악가'라고 하면 대충 짐작이 가는가? 그만큼
리스트는 전무후무한 전대미문의 인기를 누렸다.

'현재까지 기록이 존재하는 한 인류 최고의 피아
노 연주자'라는 타이틀이 붙은 리스트의 눈부시고
현란한 연주를 우리가 들어볼 수 있는 방법은 안타
깝지만 없다. 인류 최초의 소리 녹음이 리스트가
왕성하게 활동하던 1860년에 있었다고 하니 혹시
녹음이 남아 있지 않을까 하는 상상을 할 수도 있
지만 유감스럽게도 불가능한 꿈이다. 소리 녹음은
리스트가 죽고 나서도 3년 뒤에나 이루어졌다. 더
군다나 제대로 된 음악 녹음은 세기가 바뀌고도 한

60세의 리스트

참 지난 1925년경에나 가능했다. 리스트가 영면하고 거의 40년 뒤였다. 리스트의 연주가 과연 어느 정도 수준이었기에 '인류 최고'라는 말이 있는지 무척 궁금하다. 역으로 생각해보면 우리는 지금 엄청난 시대를 누리고 있다. 물론 우리는 그 특혜를 자각하지 못하고 살고 있다. 옛날 사람들은 연주 현장에 있지 않으면 도저히 들을 수 없었던 음악을 우리는 누구의 음악이라도 언제 어디서든 들을 수 있다. 책을 보다가 글에 언급되는 음악 혹은 갑자기 생각이 난 음악을 바로 그 자리에서 인터넷을 통해 얼마든지 들을 수 있지 않는가? 이렇게 된 지 겨우 20년이 좀 넘었을 뿐이다. 태어나면서부터 이 같은 문명의 혜택을 누린 세대는 자신들이 얼마나 대단한 시대에 살고 있는지 모른다.

어찌 보면 우리는 옛날 사람들이 이야기하는 거의 '신 노릇playing god'을 하고 있다. 좀 과장하면 거의 신이나 누릴 법한 삶을 살고 있다. 신의 영역은 바로 전지전능omnipotence, 무소부재omnipraesens, 순간이동teleportation, 시간이동vicis-versis, 영원불멸immortalitatis, 사후부활resurrectionem 등이다. 그런데 그중 몇 개만 빼고는 거의 이루었지 않은가? 인터넷 검색을 하면 모든 지식을 공유할 수 있고 세계 어느 도서관 자료, 아무리 오래된 도서라도 자료만 올라 있으면 바로 볼 수 있으니 '전지전능'의 단계에 와 있다. 세계 곳곳에서 일어나는 일도 실시간으로 볼 수 있으며, 자신의 의견을 인터넷에 올리는 순간 수십억의 인구에게 전달되고, 영상 통화를 통해 얼굴을 보고 사이버상에서나마 시간과 공간을 공유할 수 있으니 '무소부재'도 사실 이루어진 것과 다를 바 없다. 비록 축지법 같은 순간이동은 아직 못 한다고 하지만 현대인의 이동 속도는 100년 전 사람들이 보면 거의 축지법의 '공간이동 순간이동' 수준이다. 지금 과학자들이 연구하고 있는 성층권으로 항공기가 올라갔다 내려오는 이동 방식이 상용화되면 1시간 내로 지구 어디든 갈 수 있다. 이것이 바로 축지법이 아닌가?

과거와 미래로 여행을 다녀오는 '시간여행'은 아직 가능하지는 않으나 현재 과학의 발전 속도로 보면 멀지 않은 장래(30~40년 내)에 이룰 가능성이 있다. 이렇게 보면 여섯 가지 신의 영역 중 영원불멸과 사후부활은 '거의' 불가능하다지만 한번 도전해볼 만하기도 하다. 얼마를 영원불멸이라고 정의할 수 있을지는 모르나 인간의 평균 수명이 30세부터 시작해서 이제 100세에 가까워졌고 지금의 20대는 150세까지 살 수 있다는 예상마저 나오니 그 정도면 정말 '영원불멸'이라 불러야 하지 않을까? 나중에는 공상과학 영화에서 보듯이 두뇌 없이 공장에서 만들어진 신체에 두뇌를 이식하면 영원불멸이 가능할 것이다. 사후부활도 마찬가지다. 현재의 의학 수준으로는 못 고치는 병을 미래에는 치료할 수 있다는 희망으로 지금도 급속 극한의 냉동 수면을 하는 사람도 있으니 말이다. 또는 영화 〈매트릭스〉처럼 우리의 삶 전체가 그냥 머릿속으로만 감지하는 그런 존재일지도 모른다. 아니면 남가일몽南柯一夢과 같이 한 자락의 낮잠 속의 꿈이거나.

이렇게 현대는 과학의 발달로 편리하다 못해 현기증이 날 정도지만 리스트가 살던 시절은 반드시 현장에 가 있어야만 음악을 들을 수 있었다. 즉 음악은 모두 생음악이었다. 당시 사람들은 소위 말하는 현재의 녹음된 '통조림 음악'을 듣지 않았다. 연주자의 숨이 살아 있는 현장의 날것으로의 음악을 들었다. 어찌 보면 음악을 듣기 위해서 반드시 현장에 가야 했으니 고달팠지만 그래서 더 행운이었을 수도 있다는 것이 역설이다. 별다른 대중공연 예술이 존재하지도 않던 시절이었다. 거의 유일한 공연 예술이었던 클래식 음악의 대중적인 인기는 지금과는 비교가 안 될 정도로 높았다. 지금 클래식 음악인이 생각하면 부러워서 몸살이 날 정도라고 해도 과언이 아니다. 리스트는 그런 대중의 희망과 기대를 잘 채워준 최초의 스타였다. 여인들이 비명을 지르다 기절한 일이 엘비스 프레슬리나 비틀즈 때가 처음이 아니라 그보다 거의 200년 전인 리스트 때에 있었다.

경탄을 금치 못할 리스트의 매력

사실 따지고 보면 유럽 최초의 국제적인 대중 인기 스타는 클래식 작곡가 겸 바이올린 연주자인 안토니오 비발디Antonio Vivaldi다. '빨간 머리 신부님'이라고 놀림을 받았다는 비발디는 유럽 전체에 이름이 알려져 여기저기 불려 다니면서 바이올린 연주도 하고 자신이 작곡한 곡으로 관현악단들과 협연도 하며 전 유럽적인 명성을 누린 첫 음악가였다. 그 뒤를 이어서 전 유럽적인 인기를 얻은 음악가는 볼프강 아마데우스 모차르트Wolfgang Amadeus Mozart다. 또 바이올린의 귀재고 심지어 악마에게 영혼을 팔아 기술을 받았다는 풍문까

리스트 피아노

지 돌았던 니콜로 파가니니Niccolò Paganini도 대중의 인기를 한 몸에 누렸지만 이들 중 누구도 리스트의 대중적인 인기의 양과 깊이에는 비할 수 없었다. 리스트는 자신의 인기를 의식하고 더욱 영합하기 위해 뛰어난 쇼맨십을 발휘했다. 리스트는 워낙 특출한 미남으로 태어났다. 키도 당시의 유럽인 평균 신장이 160센티미터일 때 리스트는 엄청나게 큰 키인 185센티미터였으니 압도적인 카리스마가 더욱 빛났을 것이다. 게다가 치렁치렁 내려오는 검은 머리칼하며 서양인의 기준으로도 뛰어나게 잘생긴 얼굴, 그중에도 우아한 코와 깊숙한 눈 그리고 멋지게 각진 윤곽은 여인들이 몸살 나게끔 했다. 리스트 하우스 박물관 여기저기에 걸린, 다른 시대를 배경으로 그려진 초상화와 대리석 흉상을 보면 경탄이 안 나올 수 없다.

연주 기법마저 화려했다. 특히 타건打鍵한 뒤에는 유난히 긴 손가락을 올리고는 허공에서 정지한 뒤에 다음 음표를 타건한다든지, 연주에 열중하여 머리를 흔들어 긴 머리카락이 허공에 흩날린다든지 했을 때 여성 팬이 혼절하는 일이 자주 일어났다. 그리고 리스트가 식당에서 식사를 마치고 나면 옆 테이블에서 지켜보고 있던 여성 팬이 리스트가 마신 크리스털 잔을 손수건에 싸서 가지고 가거나 리스트가 피우다 남긴 시가 꽁초를 재떨이에서 주워 가기도 했다. 연주를 마치고 나오는 리스트에게 달려들어 셔츠를 뜯어가는 심각한 일마저 있었다. 200년 전 리스트의 여인 팬 모습은 현대 가수나 배우를 필사적으로 따라다니는 '사생팬' 모습과 전혀 다르지 않았다. 파가니니도 비슷한 인기를 누렸다고는 하나 외모가 리스트에 못 미쳐 실제 열성 팬덤은 리스트를 못 따라갔다. 결론적으로 현대 들어와 비로소 비틀즈 팬이 기절할 때까지 리스트가 유일하게 광적인 팬들을 끌고 다녔다고 할 수 있다.

리스트는 새로 처음으로 시도한 일도 많다. 그랜드 피아노 뚜껑을 열어놓고 연주해 피아노 소리가 홀을 가득 차게 한 것부터 피아노를 옆으로 돌려놓고 연주해서 청중이 자신의 연주하는 모습을 볼 수 있게 한 첫 연주자였다. 또 다른 협연자나 찬조 출연자가 전혀 없이 단독 연주회를 처음으로 연 독주자기도 하다. 리스트는 동반 연주자 없이 혼자서, 그리고 암보暗譜로 모든 연주회 프로그램을 소화한 최초의 연주자였다.

그만큼 리스트는 상업성이 있었다. 물론 연주 자체가 워낙 뛰어나 청중이 한 곡이라도 더 듣고 싶어 했으니 단독 공연이 가능했다. 리스트가 선보인 신기神技의 피아노 연주는 파가니니의 바이올린 연주를 보고 놀란 나머지 자신도 그런 수준에 달하겠다고 결심한 뒤 이를 악문 연습으로 이룬 경지다. 게다가 타고난 신체적인 우월성도 한몫했다. 보통 피아니스트로 타고난 신체 구조를 이야기할 때 손가락이 몇 개의 건반을 단번에 집을 수 있는지를 기준으로 삼는다. 피아노 작곡가이자 동시에 뛰어난 연주자들은 대개 큰 손을 가졌다. 세르게이 라흐마니노프Sergei Rachmaninoff와 리스트가 13도로 최고다. 그 뒤를 이어서 아르투르 루빈스타인Artur Rubinstein과 랑랑이 12도다. 쇼팽은 가장 짧은 겨우 9도고 가까스로 벌리면 10도였다. 쇼팽은 신체적인 불리함을 가지고 세상을 놀라게 하는 천재적인 연주 실력을 보였으니 따지고 보면 쇼팽이 가장 뛰어난 피아노 연주자였다고 할 수 있다. 결국 리스트는 피아노 실력뿐만 아니라 신체 조건마저 스타가 되기에 적합하게 태어났다. 그러나 피아노 연주 실력으로 인기를 끈 사실만 나열하다 보면 리스트의 천재적인 작곡 실력이 빛을 잃게 된다.

리스트는 연주자보다는 작곡가로 더 중요한 평가를 받아야 마땅하다. 우리로서는 그의 연주 실력을 알 수가 없지만 작품 악보는 고스란히 남아 있으니 말이다. 리스트는 생전에 거의 800곡에 가까운 곡을 만들어냈다. 350곡이

자작곡이고 나머지는 남의 곡을 편곡한 작품이다. 리스트는 피아노를 이용해서 음악의 모든 부문을 연결시켰다. 다른 작곡가의 교향곡은 물론 가곡, 협주곡을 피아노 독주곡으로 만들었다. 리스트가 특별히 존경하던 베토벤의 교향곡 아홉 곡을 피아노 독주곡으로 편곡한 작품은 내가 가장 즐겨 듣는 곡 중의 하나다. 화려하기 그지없는 교향곡을 독주곡으로 편곡한 곡이 얼마나 대단한지는 들어보지 않으면 절대 알 수 없다. 특히 '특이한' 글렌 굴드Glenn Gould의 '특이한' 연주로 말이다.

스타 연주자이자 천재적인 작곡가

솔직히 말하면 나는 교향곡을 그렇게 좋아하지 않는다. 교향곡은 사실 독점욕이 강해서 청자에게 집중하도록 강요한다. 교향곡은 독서를 하거나 글을 쓸 때 곁들여 들을 수 있는 음악이 아니다. 교향곡은 어느 정도 소리를 높이지 않으면 악기 하나하나의 소리가 들리지 않고 하나로 뭉쳐진 음으로만 들린다. 교향곡에는 100여 개의 악기 소리가 들어 있다. 그 악기들의 소리를 하나의 음으로 들으면 교향곡의 즐거움을 누릴 수 없다. 교향곡은 음향 효과가 좋은 콘서트홀에 가서 각개 악기를 연주하는 연주자와 그 악기들이 만들어 소리와 함께 현란한 지휘자의 지휘봉을 보면서 들어야 한다. 만일 그것이 어렵다면 최소한 다른 일을 하지 않고 소파에 가만히 앉아 커피 한잔을 옆에 놓고 현장을 상상하면서 소리 크기를 올려놓고 집중해서 들어야 한다. 교향곡은 큰 정원이 있는 단독 주택이라면 몰라도 이웃의 눈치를 봐야 하는 아파트에서는 밤늦게 듣기가 부담스러운 음악이다. 그래서 나는 교향곡은 부자가 듣는 음악이라고 농담한다. 그러다 보니 특별한 경우가 아니면 잘 안 듣게 되어 내가 가진 레코드나 시디 중에는 별로 교향곡이 없다. 그런데 리스트가 이 곡을 전부 피아노 독주곡으로 만들어놓았으니 얼마나 고마운가? 리스트가 친절하게 편곡해놓은 베토벤의 교향곡을 맥북의 유튜브에서 틀어놓고 블루투스 스피커에 연동시켜 바로 옆에 놓고 들으면 굳이 비싼 하이파이가 필요 없다. 바로 옆에서 나만을 위해 피아니스트가 연주하는 듯한 착각이 들 정도다. 과연 파리 상류층이 리스트를 자신들의 집 식당 귀퉁이에 불러다놓고 연주를 시켜 듣는 것과 뭐가 다른가? 그래서 시프리앙 카차리스Cyprien Katsaris의 베토벤 교향곡 피아노 독주를 들으면서 리스트에 고마워한다. 리스트는 클래식 음악에서 점하고 있는 비중에 비해서 일반적으로 대중에게 잘 알려진 작곡가는 아니다. 피아노 전공 연주자가 쇼팽과 함께 반드시 넘어가야 하는 거대한 산일 정도로 클래식 음악의 기본인데도 말이다.

보통 사람들은 피아노 독주곡을 좀 부담스러워한다. 화려하고 웅장한 교향곡이나 악기들이 어우러져 아리따운 화음을 만들어내는 협주곡과는 다르다. 피아노 독주곡은 조금은 단조로워서 여간해서는 즐길 수가 없다. 리스트 곡들은 특히 피아노 독주곡이 많지만 살펴보면 피아노 곡이 아니면서 대중적인 인기를 끌 만한 곡도 있다. 예를 들면 〈파우스트 교향곡〉이라든지 〈죽은 자의 춤〉, 〈사랑의 꿈〉, 〈메피스토 왈츠〉, 〈가곡집〉 등은 누구나 들을 만하다. 특히 1838년작 〈죽은 자의 춤Totentanz〉은 멘델스존, 슈베르트, 모차르트 같은 통상적인 고전음악들만 듣는 현대 사람이 지금 들어도 상당히 전위적이다. 당시로서는 아주 충격적인 음악이었다. 그래서 리스트는 시대를 앞서가는 음악가라는 평이 어울린다.

리스트 음악만큼 대단한 음악도 없는데 잘 안 알려져 있어서 안타깝다. 라디오 음악 프로그램에서도 리스트 곡은 잘 틀어주지 않는다. 신청을 잘 안 해서 그런지 아니면 리스트 곡은 어렵다는 선입견이 있어서 그런지는 모르겠다. 교향악 곡 중에서도 아는 곡을 틀라고 하면 물론 베토벤 곡이 압도적으로 우선순위를 차지하고 그다음이 모차르트, 요하네스 브람스Johannes Brahms 같은 통상적인 고전음악가들의 작품이 나온다. 이에 비해 리스트의 훌륭한 교향곡은 일반적으로 연주를 잘 안 한다. 교향악단으로서도 잘 알려진 곡을 연주해야 청중이 모이니 그럴 수밖에 없다. 리스트 정도는 아니지만 구스타프 말러Gustav Mahler의 교향곡도 연주를 많이 하는 곡은 아니다. 개인적인 취향인지는 모르나 내게는 말러 교향곡이 무겁다. 리스트의 교향곡은 훨씬 경쾌하면서도 날리지 않아서 좋다. 단단하나 무겁지 않고 화려하나 번잡하지 않고 단아하나 초라하지 않은 느낌이 든다. 그중에서도 〈단테 교향곡〉과 〈파우스트 교향곡〉은 백미다. 이름에서 오는 무거움이나 어두운 느낌이 전혀 나지 않는 곡이다. 음악을 듣고 멋이 있다고 말하면 너무 현학적이라고 할지 모르지만 내게는 그렇게 느껴진다. 하긴 리스트라는 음악가에서 풍기는 분위기는 처음부터 끝까지 멋있다는 말 말고는 적당한 표현이 없다.

　리스트를 나중에 회고한 측근 사람들은 모두 리스트의 인간성에 감탄을 금하지 못했다. 보통의 천재들이 가지는 이기심이나 괴팍함은 찾아보려야 찾아볼 수 없다고 했다. 우선 리스트는 수도 없는 제자들을 두었다. 천성적으로 거절을 못 하는 성격이고 워낙 명성이 높아 배움을 얻고자 찾아오는 수많은 음악도들을 다 받아주었다. 특히 아는 사람의 소개장을 들고 오면 무조건 제자로 받았다. 리스트의 교습법은 당시 누구와도 비슷하지 않았다. 우선 리스트는 기술적인 지도는 안 해주었다. 그의 철학은 '더러운 옷은 집에서 깨끗이 씻어 와라'였다. 평소에 연습을 잘해 오라는 뜻이다. 리스트는 곡을 어떻게 해석하고 이해해서 연주해야 하는지를 주로 가르쳤다. 제자들과는 은유와 일화와 재치의 대화를 했다. 일방적으로 가르치지 않고 음악적인 해석을 해주었다. 예를 들면 '스테이크 자르듯 그렇게 탁탁 치지 마라'라든지 '거 봐라! 샐러드를 또 섞듯이 했잖아'라는 식으로 부드럽게 말했다.

　특히 자신의 기법을 제자들이 그대로 답습하려는 걸 피하려고 노력했다. 제자들에게 개인의 특성을 갖추도록 권유했다. 제자를 두면 처음부터 끝까지 자기를 닮게 가르치던 당시 스승들과 달리 리스트는 시대를 앞서가는 다른 선생

소파 모양의 침대가 눈에 들어오는 리스트의 서재 겸 침실

헝가리 부다페스트

이었다. 리스트는 교습비를 전혀 받지 않았다. 독일의 다른 음악가가 수업료를 받아서 지금도 큰 금액인 100만 마르크라는 엄청난 치부를 했다는 기사를 보고는 상당히 기분 나빠했다. 그러고는 '예술가가 예술의 제단에 최소한의 희생을 바치지 않고 수백만 마르크를 긁어모아서는 안 된다'라고 한마디 했다. 누구나 피아노를 배우려면 반드시 거쳐야 하는 체르니 연습곡으로 유명한 카를 체르니Carl Czerny는 리스트가 존경해 마지않던 스승이었다. 체르니는 대단히 비싼 교습비를 받았을 뿐만 아니라 제자가 수업료를 못 내면 가차 없이 수업을 중단했다고 리스트가 자신의 전기 작가에게 말한 적이 있다. 그러나 체르니가 자신에게는 수업료를 받지 않았다고 호의적으로 이야기했다.

리스트는 또 매일 10여 통의 편지 회답을 직접 했다. 거의 1년에 2000통이 넘는 회답 편지를 썼다는 기록이 있다. 여러 지인으로부터 오는 안부 편지부터 자신의 작품을 지도해달라는 낯선 이의 편지까지 천성이 착한 리스트는 일일이 답을 했다. 이런 식으로 회답을 일일이 한 유명 인사로는 평생 5만 통의 편지에 회답을 한 헤르만 헤세Hermann Hesse와 세계 각국에서 온 5만 통의 독자로부터의 편지에 자신이 1만 통은 직접 회답을 했다는 레프 톨스토이가 있다. 뿐만 아니라 리스트는 사회적인 불행이나 재난 같은 일에 대한 기부를 위한 자선 공연도 많이 했다.

리스트는 독일 본의 베토벤 기념 동상 건립이 자금 부족으로 중단될 위기에 처했다는 소식을 듣고는 열일을 제쳐놓고 달려들었다. 당시 같이 살던 마리 다구 공작 부인의 지청구도 무릅쓰고 그 일에 매달려 모금 음악회를 개최하는 등 결국은 베토벤 동상을 지금 우리가 볼 수 있게 공헌했다. 정말 내가는 아무나 되는 것이 아니다. 특히 친절한 인간성의 대가는 이렇게 다르다. 그런데 재미있는 일이 있다. 베토벤 동상 모금을 위한 자선 공연이 1841년 4월 25일과 26일 파리 플레어럴홀과 콘저버토리홀에서 열렸다. 그런데 그 공연이 쇼팽과 리스트가 한 무대에 선 마지막 합동 공연이었다. 피아노의 두 신이 같은 시대의 인물이라는 점도 놀랍지만 두 신이

리스트의 기도대

같은 무대에서 협연을 했다는 사실이 더 놀랍다. 전설들의 무대이니 얼마나 멋진 공연이었을까. 당시 공연의 녹음이 남아 있다면 좋을 텐데 하는 부질없는 상상도 해본다.

역마살을 넘어 도화살까지?

리스트의 팔자에는 역마살驛馬煞과 함께 살 중에서 가장 무섭다는 도화살桃花煞까지 끼어 있다. 생전 그는 거의 100여 명 여인과 사연이 있었다. 평생 4000여 명과 관계가 있었다는 빅토르 위고에 비하면 새 발의 피지만 그래도 대단하다. 인기에 비해 리스트와 사연이 있는 여인이 상대적으로 적은 이유는 여인 선택 취향이 까다로웠던 탓이다. 리스트와 오래 사귄 여인은 모두 다 지적이었다. 리스트는 지적인 여인만 좋아했다는 뜻이다. 자신이 제대로 된 교육을 못 받은 데서 오는 열등감의 발로가 아닌가 하는 추측이다. 리스트는 결국 제대로 된 결혼을 못 하고 생을 마쳐 진정한 가정의 행복을 끝까지 누리지 못했다. 세 명의 자식을 두었지만 그중 아들은 20세에, 딸은 27세에 먼저 가서 가슴을 찢어놓았다.

맏딸 코지마는 음악 역사에 큰 족적을 남긴 인물이다. 우선 아버지 리스트의 절친인 24살 연상의 그 유명한 오페라의 신 리하르트 바그너Richard Wagner와 사랑에 빠졌다. 리스트의 극렬한 반대에도 불구하고 결국 둘은 결혼해서 부녀가 수년간 절연하기도 했다. 결국 부녀는 화해했다. 그녀는 그 후 93세까지 장수하면서 바그너 오페라 축제인 바이로이스 축제를 세계 최고의 음악제가 된 지금의 수준으로 올려놓는 데 지대한 공헌을 했다. 바그너는 훌륭한 오페라의 수준과는 달리 인간적으로 상당히 악평을 받는다. 자신이 어려울 때 물심양면으로 도운 리스트의 딸과 허락 없이 결혼해 리스트의 마음을 아프게 했다. 또한 자신의 야심에 방해가 되던 펠릭스 멘델스존Felix Mendelssohn을 유태인이라며 거의 매장시키려고 했던 몰염치한 인간이었다. 물론 바그너와 코지마의 사랑은 코지마가 죽자 살자 바그너를 따라다녀서 이루어진 사랑이라고 하니 바그너로서는 억울할 수도 있다.

리스트는 결국 말년에 기독교에 귀의해서 거의 수도자의 생활을 하면서 독신으로 지냈다. 어느 한곳에 정착하지 않고 떠돌아다니면서 살았다. 당시로는 아주 장수를 해서 75세까지 살았다. 음악적으로는 모든 성취를 이루었지만 결코 보통 사람처럼 행복한 생을 마쳤다고는 할 수 없다. 그러나 위인으로서는 모든 걸 이루고 즐긴 인물이었다. 리스트 하우스 박물관의 열거된 전시품 중에는 유럽 각국의 왕들로부터 받은 훈장과 서훈이 넘쳐날 정도로 헝가리뿐만 아니라 세계적인 명성을 얻고 살았다. 생전에 헝가리 왕으로부터 명령을 받아 지금의 리스트 음악원을 세우는 등 영웅으로 추앙받았다. 그러고는 지금은 부다페스트 국제공항이 그의 이름을 딴 프란츠 리스트 공항이기도 하다. 스타들의 화려한 삶 뒤에 숨은 아픔을 우리가 다 알 수는 없다. 그러나 리스트 박물관에서 보이는 객관적인 사실만으로 판단할 때 요절하고 불운했던 다른 예술가에 비해 리스트는 상당히 행복한 삶을 산 듯하다. 그런데도 과연 리스트 자신도 말년에 그렇게 생각했을까 하는 의문이 그의 집을 나오면서 든 것은 웬일일까. 아주 외로운 삶을 살아간 듯하다는 말이다.

리스트의 음악은 누구와 협연을 하거나 다른 사람의 힘을 빌려서 연주하는 곡이 아니다. 무대에서 혼자서 외롭게 자신을 이겨내면서 하는 독주곡이 많다. 무대 위에서 연주하는 순간은 어느 누구도 도와 줄 수 없다는 진리를 살펴보면 리스트의 외로운 운명은 이미 그렇게 지어져 있었다. 화려한 무대에서의 고독은 모든 연주자 토로한다. 피아노 특히 독주곡은 친해지기 쉽지 않다. 연주자가 청중을 의식하고 연주하지 않고 혼자서 심취해서 쏟아내는 듯한 음악이다. 세계적인 클래식 음악 연주자 중에는 의외로 무대 공포증을 가진 사람이 많다. 마르타 아르헤리치Martha Argerich도 그중 하나라고 그녀의 수제자인 피아니스트 임동혁 군도 말했다. 하긴 임군 자신도 무대공포증이 있다고 말하긴 하지만. 무대 위에서는 혼자고 누구도 도와줄 수 없다는 고독감이 그들에게 그런 말 못 할 고통을 느끼게 하는지 모른다.

그래서 특히 피아노 독주곡은 감히 끼어들기 어려울 정도로 접근을 용납하지 않는 듯하다. 그러나 조금 마음을 열고 가까이 하려고 노력하다 보면 그건 아니다. 처음에는 쌀쌀 맞은 새침한 여인일수록 마음을 열면 살갑기가 그지없는 것처럼. 연주자가 자신만을 위해 연주하지 않고 나만을 위해 연주하는 듯한 그런 기분이 독주곡을 들을 때면 느껴진다.

음악과 즐거운 인생

이야기하다 보니 내가 클래식만을 선호하는 것 같지만 나의 음악 성향은 잡식성이다. 음악이란 음악은 조금 더 좋아하고 덜 좋아하는 차이는 있어도 종류에 따라 차별을 해본 적은 없다. 살아오면서 내 귀에 들리는 어떤 음악도 싫다는 느낌을 받아본 적이 없다. 그래서 내가 모은 판들은 백화점을 방불케 한다. 1970~1980년대 노래들은 물론이고 나이가 들면서 젊을 때는 듣지도 않던 트로트까지 거의 가리지 않는다. 게다가 요즘의 힙합까지 편견을 가지지 않고 듣는다.

노래란 시대를 두고 변하는데 한 시대의 노래가 내 청년 시절 때의 노래라고 그 노래들만 줄곧 듣고 살 수는 없다. '10대 때 먹은 음식을 평생 먹고 20대 때 들은 음악을 평생 듣는다'지만 난 음악에는 상당히 열려 있다. 새로운 풍조의 음악도 처음에는 귀에 설어도 듣다 보면 익숙해진다. 예를 들면 힙합도 처음에는 굉장히 낯설었지만 자꾸 듣다 보니 익숙해졌다. 우리 집 아이들이 좋아하던 에미넴 노래도 옆에서 곁다리로 자주 듣다 보니 괜찮다는 느낌을 받았다. 그의 노래는 때로 아주 서정적이다가 철학적이기도 하다. 특히 통렬한 사회비판 가사를 알고 보니 더 좋아졌다. 세상이 무서운 젊은이가 자기 친구들에게 해주고 싶은 이야기를 마구 쏟아내는 듯한 가사를 이해하고 나니 보통의 마음으로 들을 수가 없었다. 길거리 부랑아처럼 후디를 덮어 쓰고 괴상한 몸짓으로 가슴속의 고통을 토해내는 듯한 가사의 노래를 들을수록 가슴이 아팠다. 왜 저렇게 아픔이 많고 두려움이 많고 목이 마른지 싶었다.

세상만사는 알고 보면 싫어할 일이 별로 없다. 영국 정보부 MI6의 최고 첩보원 지위인 대소련 방첩국장까지 한 킴 필비Kim Philby가 왜 적국인 KGB 스파이 노릇을 해서 조국 영국을 배반했냐고 하니 한 대답이 걸작이다. '나는 조국을 배반하지 않고 세계 평화를 위해 일했다. 두 나라 사이에 전쟁이 일어나는 이유는 상대방의 생각을 모르기 몰라 생긴 두려움이 원인이다. 나는 두 나라의 의중을 양쪽으로 전달해서 서로가 서로의 심중을 알아 전쟁을 막았다'라고 했다. 말장난의 자기합리의 변명이지만 일견 그럴듯하지 않은가?

자이언티의 〈양화대교〉 같은 곡도 같은 경우다. 〈양화대교〉를 재미있어서 듣다 보니 가슴이 찡해졌고 그래서 자꾸 듣다가 이제는 따라 부를 정도까지

되었다.

우리 집에는
매일 나 홀로 있었지
아버지는 택시드라이버
어디냐고 여쭤보면 항상
"양화대교"
아침이면 머리맡에 놓인
별사탕에 라면땅에
새벽마다 퇴근하신 아버지
주머니를 기다리던
어린 날의 나를 기억하네
엄마 아빠 두 누나
나는 막둥이, 귀염둥이
그날의 나를 기억하네
기억하네

행복하자
우리 행복하자
아프지 말고 아프지 말고
행복하자 행복하자
아프지 말고 그래 그래

내가 돈을 버네, 돈을 다 버네
"엄마 백 원만" 했었는데
우리 엄마 아빠, 또 강아지도
이젠 나를 바라보네
전화가 오네, 내 어머니네
뚜루루루 "아들 잘 지내니"
어디냐고 물어보는 말에

나 양화대교 "양화대교"

엄마 행복하자
아프지 말고 좀 아프지 말고
행복하자 행복하자
아프지 말고 그래 그래

그때는 나 어릴 때는
아무것도 몰랐네
그 다리 위를 건너가는 기분을
어디시냐고 어디냐고
여쭤보면 아버지는 항상
양화대교, 양화대교
이제 나는 서 있네 그 다리 위에

행복하자
우리 행복하자
아프지 말고 아프지 말고
행복하자 행복하자
아프지 말고 그래

행복하자 행복하자
아프지 말고 아프지 말고
행복하자 행복하자
아프지 말고 그래 그래

얼마나 공감이 되는 가사들인가? '행복하자. 아프지 말고'라는 가사들은 누구의 가슴이든 적시게 되어 있다. 그리고 이건 어떤가? '별사탕에 라면땅.' '새벽마다 퇴근하신 아버지 주머니를 기다리던.' 너무나 공감 가지 않는가? 젊은 음악이라고 외면할 일이 아니다. 누가 요즘 젊은 세대를 가슴이 없고 머리가

헝가리 부다페스트

없다고 하는가?

　지금은 고인이 된 마왕이라고까지 불리던 신해철의 NEXT 곡 하나를 아주 오래전에 듣고 '뻑간 적'이 있다. 돌아가신 부모님이 그립고 내가 내 자식들에게 제대로 하고 있는지를 돌아보는 때면 가끔 찾아 듣는 바로 〈아버지와 나〉라는 곡이다. 다 큰 아들이 바라보는 아버지의 모습이 가사에 담겨 있어 가슴에 너무 와 닿아 들을 때마다 뭉클하다.

아주 오래전 내가 올려다본 그의 어깨는 까마득한 산처럼 높았다.
그는 젊고 정열이 있었고 야심에 불타고 있었다.
나에게 그는 세상에서 가장 강한 사람이었다.

내 키가 그보다 커진 것을 발견한 어느 날
나는 나 자신에 대해 생각하기 시작했다.
그리고 서서히 그가 나처럼 생각하지 않는다는 걸 알았다.
이 험한 세상에서 내가 살아 나갈 길은 강자가 되는 것뿐이라고 그는 얘기했다.

난, 창공을 날으는 새처럼 살 거라고 생각했다.
내 두 발로 대지를 박차고 날아올라
내 날개 밑으로 스치는 바람 사이로 세상을 보리라 맹세했다.
내 남자로서의 생의 시작은 내 턱 밑의 수염이 나면서가 아니라
내 야망이, 내 자유가 꿈틀거림을 느끼면서 이미 시작되었다고 믿기 때문이다.
그러나 그는 대답하지 않았다.

저기 걸어가는 사람을 보라 나의 아버지, 혹은 당신의 아버지인가?
가족에게 소외받고, 돈벌어 오는 자의 비애와
거대한 짐승의 시체처럼 껍질만 남은 권위의 이름을 짊어지고 비틀거린다.
집안 어느 곳에서도 지금 그가 앉아 쉴 자리는 없다.

이제 더 이상 그를 두려워하지 않는 아내와 다 커버린 자식을 앞에서
무너져가는 모습을 보이지 않기 위한 남은 방법이란 침묵뿐이다.

우리의 아버지들은 아직 수줍다.
그들은 다정하게 뺨을 부비며
말하는 법을 배운 적이 없었다.
그를 흉보던 그 모든 일들을 이제 내가 하고 있다.

스폰지에 잉크가 스며들 듯 그의 모습을 닮아 가는 나를 보며,
이미 내가 어른들의 나이가 되었음을 느낀다.
그러나 처음 둥지를 떠나는 어린 새처럼
나는 아직도 모든것이 두렵다.

언젠가 내가 가장이 된다는 것.
내 아이들의 아버지가 된다는 것이 무섭다.
이제야 그 의미를 알기 시작했기 때문이다.
그리고 그 누구에게도 그 두려움을 말해선 안된다는 것이 가장 무섭다.

이제 당신이 자유롭지 못했던 이유가 바로 나였음을 알 것 같다.
이제, 나는 당신을 이해할 수 있다고 생각하지 않는다.

그것은 오랜 후에, 당신이 간 뒤에, 내 아들을 바라보게 될 쯤에야 이루어
질까
오늘밤 나는 몇 년 만에 골목을 따라 당신을 마중 나갈 것이다.
할 말은 길어진 그림자 뒤로 묻어둔 채 우리 두 사람은
세월 속으로 같이 걸어갈 것이다.

이 가사에는 깊은 인생철학이 담겨 있지 않은가? 대중가요 가사에서 무슨
철학을 찾느냐 하지만 이 정도의 인생을 관조하고 꿰뚫는 철학보다 더 대단
한 철학이 어디에 또 있는가? 대중음악이 노벨 문학상을 받는 시대다. 1992년

에 발표된 이 곡은 신해철이 24세에 만든 곡이다. 그토록 젊은 청년의 머리가 이렇게 가슴으로 전해지는 인생을 관통하는 진정한 의미를 찾아낼 수 있는지 놀라울 뿐이다.

허름한 박물관에 남아 있는 리스트의 영혼

구 사회주의 국가의 박물관을 가보면 중요한 물건과 자료와 함께 아주 소소한 물건들까지 꼼꼼하게 모으고 잘 정리해놓아 경이롭다. 이름 없는 학예사들이 아주 오랜 세월을 두고 천직처럼 묵묵히 매일매일 정성 들여 정리한 모습이 역력하다. 이 정도 수준의 수집과 정리는 당장은 빛이 안 나는데도 불구하고 자신의 일의 가치에 전혀 의문을 품지 않고 오랜 기간을 투자해야 가능하다. 능률이니 실적이니 효율이니를 따지는 자본주의 사회에서라면 과연 저런 게 가능했을까 하는 생각이 든다. 하긴 그들의 사회에서는 국가가 정해주면 전혀 의심을 품지 않고 아니 품을 여지도 없다. 그러고는 그냥 누가 뭐라든 세월아 네월아 하면서 저 정도로 해내었을 터다. 어찌 되었건 그들의 자료 정리 노력은 놀랍다.

러시아 야스나야 폴라냐에 있는 톨스토이 하우스 박물관과 상트페테르부르크의 도스토옙스키 박물관 수집품에서는 경악을 금치 못했다. 과거 동독이었던 라이프치히의 멘델스존 하우스 박물관에서도 멘델스존이 유태인이라서 히틀러 치하에서 박해받은 걸 감안하며 후대들이 정성 들여 모은 수집품의 수준에 감동받았다. 그리고 리스트 하우스 박물관에서 다시 한번 놀랐다. 부다페스트 시내 한복판 거리(Vörösmarty Street 35)에 리스트 자신이 거의 설립하다시피 한 왕립 헝가리 국가 음악원(지금은 그냥 통칭 리스트 음악원이라 부른다)과 같은 건물에 위치한 리스트 하우스 박물관은 건물로 보면 특징이 하나도 없는 평범한 전형적인 사회주의식 아파트다. 그러나 같은 지붕 밑에 자신의 이름을 딴 음악원에서 젊은이들이 음악 공부에 열중하고 있다는 사실 하나만으로도 리스트는 보람을 느낄 듯하다.

리스트 하우스 박물관은 과거를 회상하기만 하는 박제된 박물관이 아니다. 오늘도 살아 움직일 뿐만 아니라 미래를 만들어가는 박물관이라는 점에서 다른 박물관을 방문할 때보다도 더 감동적이었다. 낮에는 관람객을 받아도 저녁이 되면 어둠 속에서 유령들만 돌아다닐 듯한 여느 박물관과는 차별화된 것이다. 라이프치히의 멘델스존 박물관도 주말이건 주중이건 저녁이면 작은 하우스 음악회를 끊임없이 개최한다. 영국 작가 토마스 하디Thomas Hardy의 딸이 영국의 공익 재단 내셔널 트러스트에 하디 집 소유권을 넘기면서 반드시 사람이 살아야 한다는 조건을 달았다. 그래서 지금도 그 기념관에는 관리인들이 살고 있다. 건물이란 반드시 사람이 살아서 인간의 숨결이 있어야 건물이 퇴락하지 않는다는 깊은 생각에서 그랬던 것이다. 정말 공감이 간다. 그래서 리스트 하우스 박물관은 참 행운인 듯했다. 더군다나 이 집을 드나드는 사람들은 피가 펄펄 끓는 젊은 학도들이라 사람의 냄새가 더욱 강할 터이니.

리스트는 이 집에서 오래 살지는 않았다. 음악원이 설립되고 자신이 초대 원장으로 취임한 후 지금의 박물관인 음악원 건물 한 층에 집을 마련해서 1881년에서 1886년까지 5년간 살았다. 그러나 리스트로서는 오래 머문 집이기는 하다. 리스트의 그 유명한 '삼중생활threefold life'을 했다. 바이마르, 로마, 부다페스트를 끊임없이 오가면서 살아 1년에 거의 고행하듯 항공기도 없던 시절 기차와 마차로만 6000킬로미터를 여행했다. 지금도 그 정도면 대단한 거리인데 당시로는 엄청나게 쏘다닌 바쁜 삶이었다. 날짜로 따져보니 리스트가 이 집에서 산 날은 5년 중에 1년 남짓이다. 역마살 낀 리스트의 일생이 지난하기만 하다.

3국을 돌면서 살았기에 리스트를 최초의 국제인이라고 하지만, 다른 이유도 있다. 리스트는 헝가리인이면서 헝가리어를 못 했다. 독일어가 모국어고 프랑스어, 이탈리아어도 모국어 수준으로 능란하게 했으나 헝가리어는 결국 못 했다. 한때 모국어인 헝가리어를 배워보려고 노력했지만 포기하고 말았다. 그가 태어난 고향이 당시는 독일 땅이었으니 그럴 만도 하다. 그래도 본인은 헝가리인이라고 자부했다. 해서 헝가리의 민요 등으로 헝가리 냄새가 나는 음악을 만들어보려고 했다. 하지만 그의 음악에서는 결코 베토벤의 독일, 드뷔시의 프랑스, 엘가의 영국, 차이콥스키의 러시아 같은 헝가리가 안 보인다. 그의 음악을 프랑스 음악이라고 하는 사람이 독일 음악이라고 하는 사람보다 훨씬 많다. 비록 리스트의 대표작이자 가장 인기 있는 곡이 〈헝가리안

광시곡)이긴 하지만 이 작품에서조차 프랑스 음악의 냄새가 난다. 리스트는 어디에도 정착하지 못하고 쉴 새 없이 유럽 여기저기를 옮겨 다니면서 살아야 했던 역마살이 끼인 영원한 방랑자였다. 리스트의 고단했던 일생이 강대국 이웃의 지배하에서 지난한 역사를 보낸 리스트의 모국 헝가리 역사와 겹쳐져 더욱 애잔하고 애틋하다.

피아노는 내게 있어 항해사고, 아랍인들의 준마駿馬다. 내 젊은 최절정의 열정 시절 때 내 머리를 거칠게 흔들어대던 모든 것이 보관된 개인의 내밀한 창고였다. 거기에는 내 모든 갈망과 내 모든 꿈과 내 모든 즐거움과 그리고 내 모든 슬픔이 깔려 있다.

My piano is to me what a ship is to the sailor, what a steed is to the Arab. It is the intimate personal depository of everything that stirred wildly in my brain during the most impassioned days of my youth. It was there that all my wishes, all my dreams, all my joys, and all my sorrows lay.

기회를 잃어버림에 조심해라. 잘못하면 언젠가는 모든 걸 놓쳐버린다.

Beware of missing chances; otherwise it may be altogether too late some day.

나는 지금과 그리고 언젠가는 소리로 터져 나올 마음의 깊은 슬픔을 가지고 다닌다.

I carry a deep sadness of the heart which must now and then break out in sound.

유태인들은 돈을 독점한다. 그리고 그들은 자신들의 지갑의 끈을 당겼다가 늦추고 해서 국가의 목을 졸랐다가 풀었다가 한다. 그들은 언론 기관을 이용해 사회의 근간을 흔들어서 자신의 세력을 키운다. 그들은 모든 기업의 숨은 실력자로서의 위치를 이용해 처음에는 모든 왕권을, 다음에는 종교계를, 그 다음에는 사법계를 무너뜨린다. (이렇게 리스트는 당시 대다수의 지식인들이 그랬듯이 극심한 반유태주의자였다.)

The Jew continues to monopolize money, and he loosens or strangles the throat of the state with the loosening or strengthening of his purse strings. He has empowered himself with the engines of the press, which he uses to batter at the foundations of society. He is at the bottom of every enterprise that will demolish first of all thrones, afterwards the altar, afterwards civil law.

진정한 인간은 슬프게도 이 세상에는 없다. 세상이 정작 필요로 할 때 그들은 쓸모가 전혀 없다.
Real men are sadly lacking in this world, for when they are put to the test they prove worthless.

내 마음과 손가락은 저주받은 듯이 연주했다. 호머, 성경, 플라톤, 로크, 라마르티네, 샤토브리앙, 베토벤, 바흐. 험멜, 모차르트, 베버는 모두 내 주위에 있다. 나는 그들을 공부했다. 나는 분노로 그들을 집어 삼켜버렸다.
My mind and fingers have worked like the damned. Homer, the Bible, Plato, Locke, Lamartine, Chateaubriand, Beethoven, Bach, Hummel, Mozart, Weber are all around me. I study them. I devour them with fury.

우주의 최상의 조화는 영혼의 조화 안에서 선정된다.
The supreme harmony of the cosmos is selected in the harmony of the spirit.

연주의 거장에게 음악 작업은 자신의 열정의 비극과 감동의 구체화 외에는 다른 어떤 의미도 없다. 그들을 자신의 뜻으로 음악을 통해 말하게 하고 울게 하고 노래하게 하고 한숨짓게 한다. 그렇게 해서 자신의 생각으로 음악을 재창조한다. 그렇게 보면 작곡가들처럼, 그들도 하나의 창조자다. 그들은 그런 열정을 자신의 가슴속에 가지고 있어야 하고 그렇게 해서 음악에게 생명을 격하게 부여한다.
For the virtuoso, musical works are in fact nothing but tragic and moving materializations of his emotions; he is called upon to make them speak, weep, sing and sigh, to recreate them in accordance with his own consciousness. In this way he, like the composer, is a creator, for he must have within himself those passions that he wishes to bring so intensely to life.

위대함과 함께 애처로움도 예술가의 운명이다.
Mournful and yet grand is the destiny of the artist.

삶은 길고 쓰린 자살이다. 그리고 신앙심만이 자살을 희생으로 변화시킨다.
Life is only a long and bitter suicide, and faith alone can transform
this suicide into a sacrifice.

모든 사고의 능력을 가진 사람은 자신의 신념을 가질 수 있다. 바로 그게 상
식이다.
A person of any mental quality has ideas of his own. This is common
sense.

음악은 절대 정지해 있지 않는다. 계속되는 규범과 형식은 이상향으로 가는
길에 존재하는 텐트를 세웠다가 거두는 수많은 휴양지 같을 뿐이다.
Music is never stationary; successive forms and styles are only like so
many resting-places like tents pitched and taken down again on the
road to the Ideal.

그래서 우리 걱정하지 말자. 그리고 우리가 배운 대로 하늘의 새들처럼 들판
의 백합처럼 우리의 아버지 하느님께 대한 모든 믿음을 지키자.
So let us not worry, and look instead as it has been taught us to do,
as the birds of the air and the lilies of the field, keeping complete
faith in Our Father's goodness.

한 대의 좋은 쿠바 시가는 세상의 비천함에 문을 닫아버린다.
A good Cuban cigar closes the doors to the vulgarities of the world.

나는 풍차 같은 기능을 하는 지휘자에 의해서 연주되는 베토벤, 베를리오즈,
바그너의 작품에서는 느끼는 게 별로 없다.
I find little in the works of Beethoven, Berlioz, Wagner and others
when they are led by a conductor who functions like a windmill.

5. 행운과 불운의 경계에서 당당했던 멘델스존

_ 독일 라이프치히

삶과 예술은 다른 두 개의 존재가 아니다.
Life and art are not two different things.
— 펠릭스 멘델스존

　　펠릭스 멘델스존Felix Mendelssohn(1809~1847)은 우리가 일상에서 자주 접하는 음악가 중 하나다. 신랑과 신부가 결혼식에서 혼인 예절을 끝내고 돌아서서 예식장 복도를 통해 양쪽 하객들 축복을 받으면서 부부로서의 인생의 첫 발걸음을 같이 내딛는 순간 울리는 〈결혼 행진곡Wedding March〉이 바로 멘델스존 곡이다. 이 곡은 원래 셰익스피어 작품인 〈한여름 밤의 꿈〉 연극의 부수 음악incidental music으로 작곡되었고, 〈결혼 행진곡〉으로 사용된 것은 멘델스존이 의도한 바가 아니다. 그러나 오늘도 세계의 수많은 젊은이의 인생에서 가장 행복한 순간을 자신의 곡이 장식한다는 사실을 멘델스존이 저세상에서라도 안다면 자랑스러워할 듯하다. 그런데 신부가 친정아버지와 같이 입장할 때 울려 퍼지는 입장곡은 리하르트 바그너(1813~1883)의 오페라 〈로엔그린〉 3막에 등장하는 〈혼례의 합창Bridal Chorus〉 곡이라는 점이 공교롭다. 바그너와 멘델스존 사이 때문이다. 바그너는 멘델스존이 유태인이라고 음악마저 폄하하고 매장하려고 했었다. 멘델스존 사후에 일어난 일이라서 물론 멘델스존은 모른다. 그런 바그너와 멘델스존이 결혼식 앞뒤에서 만난다는 사실은 우연치고 공교롭지 않은가? 세상에는 이렇게 의도치 않게 적을 외나무다리에서 만나는 식의 교묘한 우연이 만들어내는 지극히 비극적이거나 희극적인 장면이 많다. 그래서 삶은 필연이라는 바다에 뜬 몇 개의 우연이 만들어내는 난장판이다.

엄청난 독서가 멘델스존에게 미친 영향

독일 라이프치히의 멘델스존 하우스 박물관은 골드슈미트스트라세 12번지에 있다. 시내 한복판 광장에서 걸어서 20분, 멘델스존이 지휘자로 근무하던 게반트하우스 오케스트라 건물이 있는 속 시원한 큰 광장으로부터는 걸어서 10분이면 도착한다. 멘델스존이 살았던 수많은 건물 중 유일하게 방문이 가능한 곳이다. 멘델스존 하우스 박물관을 다른 유명 인사들의 생가와 비슷할 거라 생각하고 가면 좀 혼란스러울 수 있다. 내가 그랬다. 주소를 찾아가 보면 지금으로부터 거의 200년 전 세워졌을 법한 건물이 없다. 대신 헝가리가 사회주의 국가 시절이던 1960~1970년대에 만들어진 듯한 현대식 4층 아파트 건물이 들어서 있다. 아니 이런 곳에 무슨 1800년대 멘델스존이 살던 집이 있을까 하는 의문이 들었다. 혹시 잘못 찾아온 건 아닌지 하고 한참 헤맸다. 멘델스존이 살던 집이라면 당연히 저택이거나 최소한 아름다운 단독 주택 정도는 되려니 하는 기대감 서린 어림짐작 때문이었다. 결국 처음에 본 긴 아파트 벽에서 '멘델스존 하우스 박물관'이란 동그란 표지판을 발견하고는 안도했다. 놀랍게도 현대식 아파트 같은 건물이 바로 200년 전에 지어진 것이었다. 골목길을 따라 길게 늘어선 아파트의 2층이 멘델스존이 36세였던 1845년부터 2년 뒤인 1847년 뇌졸중으로 세상을 뜰 때까지 산 집이다. 지금은 멘델스존의 사망 150주기를 맞아 1997년 11월 거장 지휘자인 쿠르트 마주어Kurt Masur의 주도로 수리를 하고 여기저기 흩어져 있던 멘델스존의 물건들을 모아 개관한 박물관이다. 마주어 덕분에 멘델스존 성지 순례를 할 수 있어 고마울 따름이다. 마지막 고전적 지휘자라 일컫는 마주어는 멘델스존이 오래 지휘했던 게

멘델스존 부부 초상화

반트하우스 오케스트라 지휘자를 26년간 역임해서 멘델스존의 직계 후배 지휘자이니 그럴 만도 하다.

4층 건물 중 2층은 원래 멘델스존 가족이 살던 곳이라서 멘델스존의 작업실, 거실, 응접실 등이 갖추어져 있다. 그 방들 안 전시품은 멘델스존이 쓰던 각종 가구를 비롯해 식기, 찻잔, 포크와 나이프, 머리 빗, 장갑 등 심지어 이쑤시개까지 있다. 당시 관습대로 멘델스존의 석고 데스마스크와 손이 전시되어 이를 보고 있노라니 감회가 새롭다. 멘델스존의 친필 편지와 친필 악보도 있다. 또 엄청난 독서량으로 유명한 멘델스존이 읽던 책 중 몇 권이 전시되어 있다. 셰익스피어의 작품도, 호머의 《오디세이》도 보인다. 멘델스존의 아버지는 자신의 아들을 유태인이라 대생적으로 지고 살아야 할 차별의 질곡에서 어떻게든 벗어나게 해주려고 고심했다. 차별을 벗어나기 위해서는 지적으로 뛰어나야 한다고 생각하고 멘델스존이 어릴 때부터 교육에 대단한 관심을 쏟았다. 덕분에 멘델스존은 영어, 이탈리아어, 그리스어, 프랑스어, 라틴어까지 6개 국어를 모국어 수준으로 능숙하게 했다. 멘델스존은 셰익스피어 작품에 특히 심취해 영어로 작품을 읽었다.

이는 1821년 12세의 소년 멘델스존이 자신의 작곡 선생 젤타의 손에 이끌려 처음 만나 오랫동안 교류했던 당대 최고의 유럽 지성 대문호 요한 볼프강 폰 괴테Johann Wolfgang von Goethe의 영향이다. 72세의 괴테가 결혼을 일찍 하던 당시로는 거의 증손자뻘의 신동 멘델스존을 얼마나 소중하게 여겼는지는 잘 알려져 있다. 멘델스존도 이를 굉장한 영광으로 여겨 평생 지대한 영향을 받았다. 셰익스피어 작품에 심취해 영어 원문으로 읽던 괴테는 멘델스존에게 음악가로서 편향된 시각을 벗어나려면 셰익스피어는 물론 각종 고전 문학을 읽으라고 권했다. 괴테는 그 후 멘델스존이 20세에 다시 만났는데 수학과 과학에도 관심을 가지라고 권했다. 이때 멘델스존이 어릴 때와 달리 그런 과목에 관심이 없다고 솔직하게 말하자 괴테는 벌컥 화를 내고 방을 나갔다가 멘델스존이 괴테를 달래기 위해 피아노 연주를 하자 다시 들어왔다는 일화도 있다. 괴테는 멘델스존에게 좋은 교훈을 주려고 노력했다. 멘델스존은 괴테의 충고를 깊이 받아들여 평생을 독서에 심취했다. 괴테도 어릴 때 피아노와 첼로를 배워서 음악에 관심이 많았다.

멘델스존의 연주를 듣고 괴테가 모차르트와 비교한 연주 평은 유명하다. 14세의 괴테가 들었던 7세의 모차르트 연주가 '아이의 종알거림the prattle of a child'이라면 72세에 들은 14세의 멘델스존의 연주는 '성인 어른의 완벽한 연설 the perfect speech of a grown man'이라며 극찬했다. 72세의 노인 괴테가 들은 14세의 연주와 괴테가 14세 때 들었던 7세 모차르트의 연주를 딱 60년 뒤에 비교한다는 자체가 모차르트에게는 아주 불공평한 일이다. 세기의 두 신동의 연주를 모두 생전에 들을 수 있었던 대문호 괴테의 이야기라 세간에 많이 회자된다.

그때 모차르트는 신동 피아니스트라고 유럽에 명성이 자자했다. 괴테는 모차르트의 프랑크푸르트 공연을 보았다. 모차르트는 아버지 손에 끌려 누나와 같이 유럽 순회 공연 중이었다. 4년 동안 오스트리아 잘츠부르크에서 출발해서 독일, 네덜란드, 벨지움, 영국, 프랑스, 스위스로 돌아 잘츠부르크로 돌아가는 대정정이었다. 연주 공연 중 들른 런던에서 모차르트가 교향곡 1번을 작곡했던 집이 런던 첼시에 아직도 있다. 모차르트는 아버지가 편도선이 감염되자 공기가 나빴던 런던 시내를 벗어나 당시는 교외였던 첼시로 나와 휴식을 취하는 중이었다. 8세의 소년이 독주곡도 아닌 교향곡을 작곡하다니 역시 범상치 않은 천재였다. 당시 교향곡은 지금의 100여 명이 넘는

독일 라이프치히

교향악단용이라기보다는 연주자 10인의 실내악단용의 소형 곡이었다. 모차르트 교향곡 1번의 악기 구성은 오보에 2, 호른 2, 하프시코드, 그리고 바이올린 1·2, 비올라, 첼로, 호른으로 구성되어 있었다. 지금의 교향악보다는 훨씬 단순하긴 했지만 그래도 보통의 어린 소년이 작곡할 수 있는 곡은 아니었다. 다시 말하건대 그런 모차르트의 비범함을 14세의 괴테의 귀로, 게다가 60년 전의 기억으로 단순 비교함은 심히 부당하다. 멘델스존도 10세 때부터 작곡을 시작했다. 그러고는 한두 해 내로 작품 수준이 20세 무렵의 모차르트에 다다를 만큼 올랐다. 하지만 모차르트의 잘 알려진 대단한 천재성에 비해 멘델스존의 천재성은 잘 안 알려져 있다. 이를 안타까워하는 멘델스존 애호가들이 굳이 둘을 비교한 괴테의 평을 찾아내 세상에 알리는 듯한 감이 없지 않다.

멘델스존이 눈엣가시였던 바그너의 질투

박물관의 전시품 중에는 멘델스존이 그린 수채화가 몇 점 있었다. 기념품 상점에서 판매하는 멘델스존의 작품집에는 수채화뿐만 아니라 스케치 심지

멘델스존이 그린 수채화(1847)

어는 유화 작품까지 실려 있다. 멘델스존의 회화 실력은 취미로 그리는 아마추어를 넘어선 전업 작가 수준이다. 화가였어도 성공할 만한 실력이다. 주로 풍경화인데 연주하면서 다닌 곳을 그렸다. 연주와 작곡의 압박감을 수채화로 푼 듯하다. 자신의 전공이 아닌데도 회화에서 뛰어난 재능을 보인 유럽 유명인으로는 《데미안》을 쓴 독일 작가 헤르만 헤세Hermann Hesse와 영국 총리를 두 번 역임한 윈스턴 처칠Winston Churchill이 있다. 두 사람의 회화 실력도 취미 수준이 아니다. 둘은 모두 노벨상을 받았다. 물론 헤세는 문학상이다. 처칠이라 하면 사람들은 당연히 평화상이리라 추정하지만 아니다. 《영어를 쓰는 민족의 역사》와 《2차 세계대전사》를 써서 문학상을 받았다. 그리고 보면 영국의 명문 사립 해로우 스쿨을 다닐 때 수차례 낙제를 하고 육군 사관 학교도 3수를 해서 들어간 처칠은 늦게 핀 천재다.

멘델스존 가족이 살던 2층에는 좌석이 약 50석 되는 홀이 있다. 멘델스존의 가족이 친지를 불러 하우스 연주회를 열던 방이다. 여기서 여자이기에 공개적으로 연주를 못 하던 천재적인 작곡가이자 연주자였던 멘델스존의 누나 파니가 개인 연주회를 열기도 했다. 지금도 매주 일요일 점심때면 마티니 음악회가 열린다. 멘델스존 박물관은 멘델스존의 추억만 기리는 박제품의 기념

하우스 연주회를 여는 홀

독일 라이프치히

관이 아니라 아직도 살아서 움직인다. 저녁에는 하우스 연주회도 열린다. 1층에는 멘델스존의 음악을 들을 수 있는 최신의 스피커가 여러 개 설치된 현대식 리스닝 룸과 함께 기념품 가게가 있어 멘델스존이 그린 회화 작품 프린트를 살 수 있다. 3층에는 라이프치히 대학교 음악 연구소가 위치한다.

멘델스존의 유품이 이렇게라도 남아 있을 수 있는 것도 거의 기적에 가깝다. 멘델스존 사후 바그너를 비롯한 독일 음악가들이 시작한 멘델스존 음악과 개인에 대한 악의적이고 의도적인 폄하를 고려하면 완벽하게 사라져버렸어야 마땅하다. 더군다나 히틀러 나치 시기에도 핍박을 받았으니 말이다.

멘델스존은 요한 제바스티안 바흐Johann Sebastian Bach 이후 라이프치히가 처음으로 배출한 제대로 된 음악인이었다. 멘델스존 덕분에 라이프치히는 당시 독일 음악의 중심지가 되었다. 더군다나 지금도 아우구스트 광장에 위용을 자랑하며 서 있는 게반트하우스 음악홀의 명성을 멘델스존이 다시 세우다시피 했다. 멘델스존 이전에도 게반트하우스는 나름대로 독일 음악에 큰 역할을 해냈다. 모차르트가 33세의 나이로 죽기 2년 전에 게반트하우스에서 공연을 할 만큼 게반트하우스는 나름대로의 명성이 이미 있었다. 그 시절 라이프치히는 독일에서 최고의 음악 도시였다. 라이프치히가 명성을 얻게 된 제일 큰 이유는 바흐다. 바흐는 바로 라이프치히 시내의 제일 중심에 있는 성 토마스 교회에서 27년간 음악 감독이자 교향악단과 합창단 지휘자인 카펠마이스터kapellmeister로 일하면서 불후의 명작을 작곡했다. 바흐가 100여 년 전에 닦아놓은 길을 26세 약관의 멘델스존이 라이프치히 최고의 음악 성지 게반트하우스의 카펠마이스터로 취임하면서 이었다. 게반트하우스 오케스트라의 지휘자인 동시에 음악 감독conductor and music director of the Gewandhausorchester이 된 것이다. 나이로 보나 경류으로 보나 전대미문의 경이적인 임명이었다. 멘델스존의 천재성도 대단하지만 천재를 알아본 라이프치히 사람들도 대단하다. 바흐, 멘델스존, 바그너를 탄생시킨 세계 최고의 음악 도시답다.

멘델스존은 12년 동안 게반트하우스에서 서양 음악사에 길이 남을 역사적인 일을 많이 해낸다. 멘델스존의 지휘자로서의 활동으로 게반트하우스는 유럽 최고의 뮤직홀로 자리매김을 한다. 멘델스존을 잇는 후배 지휘자들의 명성을 보면 얼마나 게반트하우스가 대단한지 알 수 있다. 우선 1895년부터 27년간을 일하며 '20세기 초 최고의 지휘자'로 불린 아르투르 니키쉬Arthur

멘델스존 데드 마스크

Nikisch의 뒤를 바로 이은 빌헬름 푸르트벵글러Wilhelm Furtwangler(역임 기간: 1922~1928), 브루노 발터Bruno Walter(역임 기간: 1929~1933) 등은 더 이상 설명이 필요 없는 전설의 지휘자들이다. 멘델스존은 라이프치히에 음악 학교를 세운다. 1840년 프레드릭 빌헬름 황제가 프러시아의 권좌에 오르고 나서 베를린을 문화의 도시로 바꾸려는 계획하에 31세의 멘델스존을 베를린으로 불러올리고 임무를 맡겼다. 황제는 독일에서 그 일을 할 사람은 멘델스존밖에 없다고 여겼는데, 특히 베를린의 교회 음악을 바꾸고 음악 학교를 세우고 싶어 했다. 게반트하우스에 지휘자로 취임한 지 5년이 되어 자리를 잡았던 멘델스존은 라이프치히를 떠나고 싶지 않았으나 왕명을 거역할 수 없었다. 하지만 황제의 의도와는 달리 학교를 세우는 예산도 제대로 확보가 안 되자 라이프치히로 돌아왔다. 그러고는 1843년 베를린에서 못 이룬 꿈인 음악 학교를 라이프치히에 세운다. 일명 멘델스존 음악 학교로 불리는 라이프치히 컨저버토리 음악 학교가 바로 그곳이다. 동독 시절부터 통독 이후까지 1970년부터 26년간 지휘를 하여 게반트하우스를 독일 현대음악 성지로 끌어올린 쿠르트 마주어가 이 학교 출신이다.

독일 음악계에서 독보적인 위치를 차지하던 멘델스존은 1847년 겨우 38세에 뇌졸중으로 안타깝게 요절한다. 멘델스존의 뇌졸중은 유전병이다. 할아버지, 부모, 누나 파니까지 모두 사인이 뇌졸중이었다. 특히 네 살이 더 많은 누나 파니와는 특별나게 가까웠다. 파니가 죽고 나서 6개월도 안 된 11월 4일 멘델스존은 라이프치히의 현재 멘델스존 하우스 박물관이 위치한 골드슈미트스트라세 아파트에서 영면한다. 멘델스존의 장례식은 게반트하우스가 위치한 아구스트 광장의 파울리네르 성당에서 거행되고 유해는 베를린으로 옮겨져 성삼위 성당Dreifaltigkeitsfriedhof에 안장된다.

정통 교조주의 기독교에 심취해 있던 바그너는 멘델스존의 생전에는 감히 도전을 못 하고 가만히 있었다. 그런데 멘델스존이 죽은 지 3년 되던 해인 1850년 그는 〈음악에서의 유대 정신〉이란 논문을 발표했다. 독일 음악에 유태 음악인이 끼친 악영향에 대한 선동의 깃발을 드는 논문이었다. 바그너는 평생에 걸쳐 반유태주의를 지향해왔다. 여기에 바로 멘델스존이 걸렸다. 멘델스존보다 네 살이 적은 바그너는 베토벤, 슈베르트로 이어져 내려오는 순수한 독일 음악 전통을 유태인인 멘델스존이 오염시켰다고 주장했다. 요즘 말로 유태인이면서도 금수저를 물고 태어난 멘델스존과는 달리 독일인이면서도 평생에 걸쳐 불우하게 음악가 생활을 한 바그너로서는 멘델스존에게 질투를 느낄 수밖에 없었다. 더군다나 함부르크 태생의 외지인인 멘델스존이 자신의 고향인 라이프치히에서 음악가로서 승승장구한 데 비해 바그너는 라이프치히에서 전혀 존재감이 없었다. 멘델스존은 황제의 총애를 받았으나 반체제 사상에 물들어 왕정 체제에 반기를 든 바그너는 황제의 미움을 받았다. 그래서 체포를 피해 오랜 세월 유럽 여기저기를 떠돌았다. 바그너가 멘델스존에게 반감을 가지게 된 계기도 있다. 바그너의 작품을 멘델스존이 채택해 자신의 지휘로 연주한 일이 있다. 그런데 교향곡 악보를 멘델스존이 잃어버려 바그너를 격분시켰다.

독일에서 거의 추방당하다시피 해서 유럽 여기저기를 떠돌이로 돌아다닐 때 바그너는 헝가리에 머물면서 프란츠 리스트에게 의탁해 생활한 적이 있다. 그때 자신을 돌보아주고 작품 연주도 해주면서 보살펴준 은인 리스트의 딸 코시마와 리스트의 허락 없이 비밀 결혼을 해버렸다. 이에 리스트가 상처를 받아 한때 절연하기도 했다. 코시마는 나중에 바그너와 공동으로 지금도 성황리에 공연되고 있는 바이로이스 바그너 음악제를 창설하고 바그너 사후에도 오랫동안 유지 발전시켰다. 바그너는 본의 아니게 유럽을 떠돌며 여러 음악가들과 폭넓게 친교를 맺었다. 반체제 자유주의 사상을 가지는 등 당시로서는 앞선 사상과 독특한 성격 때문에 고생도 했고 은원의 인간관계도 많이 맺었다.

바그너로부터 시작된 멘델스존의 폄하는 나치 정부 시절 절정에 달한다. 히틀러는 바그너를 거의 신격화해서 자신의 체제 유지에 이용했다. 동시에 유태인인 멘델스존을 말살하려 했다. 결국 히틀러는 라이프치히 성 요한 성당과 게반트하우스 앞에 설치되어 있던 멘델스존의 동상을 철거하게 했다. 그리고 유품과 악보를 비롯한 많은 자료를 압수해 국가 문서 보관소에 집어넣었다. 유감스럽게도 이 귀중한 자료들은 2차 세계대전의 와중에 공습으로 사라져버렸다.

히틀러와 바그너의 멘델스존 죽이기

멘델스존이 살아 있던 시절 유럽에서는 유태인이라는 누명은 쉽게 벗어날 수 없었고 공직을 맡을 수도 없었다. 하지만 멘델스존은 아버지의 돈으로 다른 유태인과는 달리 활발한 활동을 할 수 있었다. 라이프치히가 속한 프러시아 법은 혈통으로 유태인을 따지지 않고 종교로 따졌다. 유태인도 기독교도로 개종만 하면 모든 권리를 독일인과 동등하게 누릴 수 있었기에 멘델스존에게는 다행이었다. 멘델스존 시절의 프러시아는 종교가 현대보다도 더 인기가 없었다. 무종교가 유행이던 시절이었다. 이렇게 해서 프러시아의 유태인은 자신들이 속한 국가에 대단히 애국적이었고 황제에 대해서 충성심이 대단했다. 멘델스존은 자유롭고 자신을 반기는 영국을 좋아했다. 특히 빅토리아 여왕 부부가 멘델스존의 열렬한 팬이었다. 그래도 영국에 눌러 앉아 영국인으로 귀화해 영국인으로 죽은 헨델과는 달리 멘델스존은 영국을 열 번이나 방문했지만 언제나 프러시아로 돌아갔다.

멘델스존의 아버지 아브라함은 아이가 태어나면 바로 영세를 받게 하던 당시 풍조를 따르지 않았다. 유태인이라면 누구나 하는 할례도 멘델스존에게 시키지 않았다. 멘델스존이 일곱 살이 되어서야 베를린에서 신교인 루터란 교회의 영세를 받게 하여 기독교 신자로 만들었다. 그 시대 독일 유태인 사이에서 만연했던 '혈통으로는 유태인. 종교로는 기독교인, 문화로는 독일인'이라는 유행을 따른 셈이다. 이에 유태교 율법학자인 랍비이자 칸트와 헤겔과 동급으로 인정받는 대단한 철학자인 할아버지 모세 멘델스존은 노발대발했다. 그러나 멘델스존의 부모로서는 자식을 차별받지 않게 하려는 최선의 현실적인 선택이었다. 그럼에도 불구하고 나중에 멘델스존은 바그너와 히틀러에게 거의 부관참시를 당하고 만다.

인류 최고의 음악 〈마태수난곡〉 재발견하다

멘델스존은 자신의 음악 말고도 음악을 위해 여러 가지 공을 세웠다. 그중 가장 큰 공로 하나가 인류가 만든 최고의 음악이라는 극찬을 받는 바흐의 〈마태수난곡〉을 재발견하여 새로 대중에게 알린 것이다. 바흐는 멘델스존, 바그너와 함께 라이프치히를 독일 음악의 성지로 만든 3대 음악가다. 후배 멘델스존이 〈마태수난곡〉을 재조명하면서 거의 잊혔던 바흐를 다시 세상에 불러낸 공은 아무리 칭찬해도 모자란다. 만일 바흐 음악이 없었다면 세상은 얼마나 삭막했을까. 〈마태수난곡〉을 멘델스존이 우연히 푸줏간에서 고기를 싸는 종이에서 발견해서 살려냈다는 드라마틱한 에피소드가 시중에 떠돌지만 사실이 아니다. 1829년 20세의 멘델스존이 〈마태수난곡〉 초연을 지휘하기 4년 전 엄청난 부자였던 할머니 벨라 살로먼이 바흐의 악보를 어디서 구해 멘델스존에게 넘겨주었다. 이를 가지고 멘델스존은 집안의 영향력과 후원을 이용해 베를린 상가데미 악단과 합창단을 지휘해서 세상에 선보였다. 멘델스존이 직접 발견하지는 않았다 하더라도 결국 그의 손으로 대중에게 소개했으니 발견자라고 해도 과언이 아니다. 이는 1890년 당시 13세의 파블로 카잘스Pablo Casals가 바르셀로나 헌책방에서 바흐의 〈무반주 첼로 조곡〉 악보를 발견한 일과 비교된다. 카잘스는 악보를 발견한 뒤 13년간 연습해 26세 때 처음으로 세상에 바흐의 걸작을 세상에 소개했다. 지금 대중에게 가장 사랑받는 바흐의 〈무반주 첼로 조곡〉과 〈마태수난곡〉이 우연히 발견되어 다시 각광받게 된 사연은 흥미롭다. 마태수난곡은 내가 만일 무인도로 가면서 단 한 곡만 가야만 한다면 선택할 곡이다.

멘델스존의 행운은 이로 그치지 않는다. 헨델의 오라토리오 〈이집트의 유태인〉을 런던에서 발견해 자신의 손으로 직접 무대에 올렸다. 그리고 슈베르트의 마지막 교향곡 〈그레이트〉를 로베르트 슈만Robert Schumann이 슈베르트 형 페르디난트 집에서 발견하여 멘델스존에게 보낸다. 이 교향곡은 1839년 3월 31일 게반트하우스에서 멘델스존이 초연한다. 멘델스존은 다른 사람이라면 일생 한 번도 만나기 힘든 행운이 계속 이어지는 행운아였다. 멘델스존은 슈베르트와 슈만의 곡도 자신의 지휘로 게반트하우스 오케스트라가 연주하게 해 대중의 관심을 불러일으켰다. 그러고 보면 우리가 지금 즐기는 바흐, 슈베르트, 슈만의 곡들이 세월에 묻히지 않고 후대에 이어져 현재까지 전해지게 된 데는 멘델스존의 공이 누구보다 더 크다. 멘델스존이 현대 음악의 발전에 미친 영향은 또 있다. 지휘봉을 처음 쓴 사람이 바로 멘델스존이다. 멘델스존은 지휘자가 오케스트라의 연주 박자만이 아니라 곡 해석을 시도해서 연주의 질을 높인 최초의 지휘자기도 하다.

멘델스존 이전의 교향악단은 지금과 같은 대형 악단이 아니었다. 교향악단이 100명 안팎으로 커진 역사는 얼마 되지 않았다. 교향악단이라는 이름을 붙일 수 있는 악단의 시작은 1600년대로 대개 본다. 그러다가 1700년대 들어와서 본격적으로 발달한다. 오페라 때문이었다. 공연 예술의 극치라는 오페라는 기존의 다른 형태의 공연을 총망라한 종합 공연이었다. 오페라 이전의 공연 예술은 오페라와는 달리 뭔가가 하나씩 빠져 있다. 음악은 소리만 있을 뿐 율동이나 무용 같은 동작이 없다. 그냥 악기 소리나 사람 목소리만 줄곧 들어야 했다. 대신 연극은 스토리와 대사와 조금의 동작은 있지만 음악이 없다. 발레는 음악과 스토리와 율동은 있지만 대사가 없어 답답하다. 결국 오페라만이 이 모든 결여를 해결해줄 수 있는 형태다. 오페라에는 스토리, 음악, 대사, 춤까지 들어 있어 완벽한 형태의 공연 예술이다.

18세기와 19세기 청중은 오페라에 열광했다. 그래서 모든 작곡가가 오페라를 작곡했다. 그런데 오페라는 지금까지 어떤 형태의 공연 예술보다 큰돈이 들었다. 무대에서 공연하는 출연자도 여럿이고 연습도 오래해야 하고 무대 장치에도 비용이 많이 필요할 수밖에 없었다. 오페라가 인기가 워낙 좋다 보니 너도 나도 오페라를 제작해서 무대에 올리게 되어 경쟁이 심해졌다. 경쟁에서 살아남으려면 오페라는 점점 더 화려해지고 대형화되어야 했다. 기존 공연장 객석수로는 수지가 맞지 않게 되자 극장을 키울 수밖에 없었다. 그런데 대형 극장을 채울 음악은 대형 악단만이 만들어낼 수밖에 없게 되어 결국 악단이 커졌다. 이렇게 해서 대형 교향악단이 생겨나 현재까지 이어지고 있다. 문화 예술은 시장 수요에 의해 변해야만 살아남는다는 점을 보여주는 역사의 실례다.

멘델스존의 게반트하우스 악단도 원래 58명의 주자가 연주를 하다가 나중에 72명의 대형 악단으로 커졌다. 그전의 소형 악단은 귀족의 응접실이나 식당에서 손님들이 식사할 때의 배경 음악이나 댄스파티에서 무용곡을 연주하는 정도여서 굳이 지휘자가 필요 없었다. 지휘자가 있다 해도 박자 맞추는 단순한 역할을 맡았다. 지휘자가 없는 악단은 수석 단원인 바이올린 제1 주자가 자신의 활로 악보대를 두드리거나 눈짓으로 시작을 표시했다. 그래서 지휘자 conductor보다는 콘서트마스터concert master라고 불렀다. 요즘도 소형 밴드는 지휘자가 따로 없고 선임자를 밴드마스터band master라고 부른다. 그러다가 오페라 때문에 악단의 숫자가 40~50명으로 커지는 1700년대에 지휘자의 역할이 커지기 시작했다.

그래도 1700년대에는 지휘자에 따라 음악이 변한다거나 지휘자가 연주자들에게 군림하는 정도는 아니었다. 관중의 눈에는 지휘자가 잘 보이지 않았다. 교향악단이라기보다는 반주악단 정도였다. 오페라에서는 악단은 피트pit 즉 무대 앞에 관객 눈에 보이지 않게 쑥 들어간 자리에서 연주한다. 그나마 일반 오페라 극장에서는 지휘자의 상반신이 보인다. 그러나 바이로이스 바그너 오페라 하우스에서는 지휘자는 완전히 보이지 않는다. 이 때문에 바그너 오페라 하우스 오케스트라 음악은 관객석으로 바로 오지 않고 천장으로 올라가 반사되어 아래로 내려오면서 관객석으로 퍼진다. 소리가 천장에서 내려와 홀 전체에 퍼지니 관객은 어디서 울려오는지 모르는 음악이 더욱 신비롭게 들릴 수밖에 없다.

교향악단의 숫자는 시대를 지나면서 커지기 시작했다. 초기인 1600년대 20~30명, 1782년 52명, 1800년대 61명으로 늘어나다가 1900년대 들어오면서 거의 100명에 육박하게 된다. 이때부터 실내악단chamber orchestra으로 불린다. 1750년대 만하임 궁전 합주단은 플루트 2명, 오보에 2명, 바순 2명, 호른 2명, 트럼펫 2명, 드럼 등 11명으로 이루어졌다. 이렇게 원래는 관악기로 시작되었으나 나중에 현악기가 추가되면서 다양한 악기군이 악단을 이루게 되었다. 1차 세계대진 직후에는 경제적인 어려움 때문에 교향악단 단원 숫자가 줄어들었다. 2차 세계대전 이후 차츰 다시 늘기 시작해서 20세기 들어오면서부터는 세계적인 이름 있는 교향악단이라면 단원이 100명을 넘나든다. 100명의 단원은 대개 바이올린 16~18명, 제2 바이올린 16명, 비올라 12명, 첼로 12명, 더블베이스 8명, 클루트 4명(피콜로 1명 포함), 오보에 4명(잉글리시 호른이 1명 포함), 클라리넷 4명(베이스 클라리넷 1명, 하이 클라리넷 1명이 포함), 바순 4명(더블 바순 1명 포함), 호른 5~8명, 트럼펫 4명, 트럼본 4명(베이스 트럼본 포함), 튜바 1명,

캐틀드럼 1명, 타악기 3~4명, 하프 1~2명, 건반 악기 1명 등으로 이루어진다. 때에 따라 기타, 베이스 오보에, 색소폰, 트라이앵글, 나무 실로폰, 팀파니, 실로폰 등이 추가된다.

그러다 구스타프 말러에 와서는 유명한 8번 교향곡, 일명 〈천인교향곡〉에 120명의 악단 연주자와 64명의 합창단이 요구되었다. 아놀드 쇤베르크Arnold Schoenberg의 〈구레의 노래〉는 한술 더 떠서 악단만 144명이 있어야 하는 초대형의 교향악단 구성을 필요로 했다. 이 정도는 아니더라도 악단이 40~50명 이상 되면서부터 지휘자의 역할이 커졌다. 순수한 상임 지휘자가 있어야 했다. 지휘자는 단순히 박자만 맞추는 게 아니라 연주자 선정에서부터 연주곡 결정, 협연자 결정뿐만 아니라 곡 해석, 연주 기술까지 간섭하고 개입했다. 악단 내에서는 거의 무소부재의 전지전능한 신이 되어 단원들의 생사 여탈권까지 쥐었다. 결국 유능한 지휘자가 유명 악단을 만드니 지휘자는 엄청난 힘을 행사하게 되었다. 베를린 필하모니를 35년간 지휘해서 세계 최고의 악단으로 키운 헤르베르트 폰 카라얀Herbert von Karajan은 바로 그런 최고로 유능한 독재자 지휘자다.

지휘자에 따라 달라지는 음악

지휘자의 곡 해석 차이에 따른 음악의 차이는 일반 대중의 귀에는 잘 안 들릴 수 있다. 그러나 시간을 가지고 같은 음악을 다른 지휘자의 연주로 번갈아 들어보면 차츰 차이를 이해할 수 있다. 그렇게 하면 지휘자와 연주자에 따라 바뀌는 음악의 차이를 느끼게 되어 점차 선호하는 연주자나 지휘자의 음악이 생기고 음악을 골라 듣게 되는 귀의 힘이 생긴다. 연주 기법의 세세한 기술 차이는 직접 연주를 해보지 않은 일반인은 찾아내기 힘들다. 하지만 지휘자와 연주에 따른 음향의 차이는 조금만 신경을 쓰면 분명 찾아낼 수 있다.

우선 가장 쉽게 구분이 쉽게 가는 연주의 길이로만 차이를 한번 보자. 예를 들면 베토벤의 교향곡 5번 〈운명 교향곡〉의 연주 길이를 비교해보면 지휘자에 따라 얼마나 큰 차이가 나는지 알 수 있다. 비교하면서 들어보면 제대로 느낄 수 있지만 수치로도 확연한 차이가 난다. 다음은 〈운명 교향곡〉 시디 여섯 개를 골라 길이를 살펴본 결과다.

1. 지휘: 칼로스 클라이버, 도이치 그라마폰 발매, 비엔나 필 연주
   1악장: 7분 22초,2악장: 10분, 3악장: 5분, 4악장: 10분50초, 총: 33분 12초

2. 지휘: 헤르베르트 폰 카라얀, 도이치 그라마폰 발매(1963. 10. 01 녹음), 베를린 필 연주
   1악장: 7분 13초, 2악장: 10분 1초, 3악장: 4분 54초, 4악장: 8분 56초, 총: 31분4초

3. 지휘: 헤르베르트 폰 카라얀, 워너 뮤직 발매(1999. 10. 11 녹음), 비엔나 필 연주
   1악장: 7분 22초, 2악장: 10분, 3악장: 5분, 4악장: 10분 50초, 총: 33분 12초

4. 지휘: 헤르베르트 폰 카라얀(1908년 녹음), 베를린 필 연주
   1악장: 7분 7초, 2악장: 9분 27초, 3악장: 4분 37초, 4악장: 8분 37초, 총: 29분 48초

5. 지휘: 사이먼 래틀, 워너 뮤직 발매, 비엔나 필 연주
   1악장: 7분 28초, 2악장: 9분 6초, 3악장: 4분 47초, 4악장: 10분 34초, 총: 31분 55초

6. 지휘: 조지 스젤, 소니 발매, 클리블랜드 오케스트라 연주
   1악장: 7분 39초, 2악장: 10분 3초, 3악장: 5분 31초, 4악장: 8분 31초, 총: 31분4초

가장 길이가 긴 연주는 33분 12초고, 가장 짧은 연주는 29분 48초다. 3분 24초 차이가 난다. 거의 10퍼센트가 차이 난다. 유행가 한 곡이 보통 3분이니 이 정도는 대단한 차이이다. 혹시 이 차이가 별 대수냐는 의문을 가진다면 좀 더 간단한 예를 들어보자. 이 〈운명 교향곡〉 1악장 도입부의 '유명이 문을 두드리는 소리다Das ist das Geräusch des Schicksals, das an die Tür klopft', '운명은 이렇게 문을 두드린다'라는 단순하고 강렬한 연속음은 어떤 클래식 음악보다도 더 유명하고 인상적인 음절일 것이다. 1악장에서 계속 반복되는 이 첫 도입부의 음절은 푸르트벵글러가 지휘한 베를린 필하모니의 1954년 연주 경우에 54초 걸렸다. 그런데 같은 베를린 필이라도 카라얀이 지휘한 것은 48초다. 1악장 전체를 놓고 보면 푸르트벵글러는 8분 32초, 카라얀은 7분 24초 걸렸다.

차이가 무려 1분 8초가 난다. 카라얀의 7분 24초의 기준으로 1분 8초는 무려 15퍼센트에 해당한다. 비율로만 봐도 엄청난 차이다. 실제 두 연주를 바로 듣고 비교해보면 확실히 알 수 있다. 푸르트벵글러 지휘는 역시 부드럽고 점잖고 느리고 크게 감정을 강요하지 않아 차분하게 청중을 여유를 주고 끌고 간다. 그에 비해 카라얀은 강하고 빠르고 화려하고 장중하다. 역시 카라얀의 스타일답게 청중을 자기 손아귀에 쥐고 '너희가 이렇게 해도 감동을 안 해?'라며 마음대로 요리하는 듯하다.

누구 지휘 연주가 더 좋은지는 세상의 미인 중 누구 제일 이쁘냐는 질문처럼 어리석다. 본인이 들어서 좋으면 그만이다. 이 정도 세계 최고의 대가라면 수준의 차이는 전혀 없다고 해야 한다. 신이 감동할 만한 정말 지상에는 존재하지 않는 완벽한 연주를 100으로 본다면, 적어도 녹음되어 판매용으로 만들어진 시디에 수록된 연주는 최소한 95라고 보아야 한다. 겨우 5의 차이는 사람의 귀로 구별해낼 수 없다. 뭔가 다르다고 느낀다면 그건 실력의 차이보다는 개인의 기호 차이로 보아야 한다. 무엇이 더 잘하는 연주라는 기준은 분명 없다. 세계 콩쿠르에서 같은 연주자의 연주를 듣고 유명 음악인으로 구성된 전문 심사위원들의 평가가 천차만별인 까닭도 여기에 있다. 물론 그 차이를 음모 차원에서도 해석할 수 있지만 음악을 듣는 귀와 입맛의 차이라고도 말할 수 있다. 조성진이 우승한 당시 콩쿠르가 전형적인 예다. 나는 분명 좀 더 밋밋하나 더 깊이가 있는 듯한 푸르트벵글러 지휘가 화려한 카라얀 지휘보다 더 좋지만 이 글을 쓴 시점에서의 이야기다. 나중에는 바뀔 수 있으리라고 예상한다. 비유가 적절한지 모르나 어느 비 오는 날은 장윤정의 〈사랑! 참!〉이 가슴을 후벼 파다가 안개 낀 어느 날에는 권인하의 〈못난 이 사랑〉이 아주 오랜 회한을 불러내기도 하니 말이다.

오페라 작곡 안 한 멘델스존의 미스터리

멘델스존을 놓고 사람들은 신비의 작곡가라고 한다. 이유는 미스터리한 면이 너무 많아서다. 우선 멘델스존은 당시 독일 작곡가라면 누구나 작곡하던 가곡을 하나도 남기지 않았다. 독일 사람들이 너무나 좋아하고 사랑하는 가곡을 단 한 곡도 작곡하지 않다니 대단한 고집이다. 가사로 사람을 울리는 가곡 대신에 가사 없이도 사람을 감동시키는 '무언가song without words'를 정성 들여 작곡했다. 그래서인지 멘델스존의 작품 750곡 중에서 가장 대중의 입에 많이 오르내리는 곡은 역시 〈무언가Lieder ohne worte〉다. 나도 멘델스존의 그 어떤 곡보다 이 곡을 좋아한다. 모두에게 사랑받는 멘델스존의 음악 중에는 줄 세우기 좋아하는 이들이 베토벤, 브람스 것과 함께 3대 바이올린 협주곡이라 일컫는 멘델스존의 〈바이올린 협주곡 E 단조 Op. 64〉도 있다. 심지어는 현악 협주곡 중 가장 멜랑콜리하다는 작품 번호 Op. 13 No. 2의 〈현악 4중주 A 단조곡〉도 있다. 그래도 멘델스존의 작품 중 가장 사랑을 받는 곡은 역시 〈무언가〉임은 더 말할 필요가 없다. 이를 또 사람들은 슈베르트의 〈무언가〉, 슈만의 〈무언가〉, 브람스의 〈무언가〉와 함께 '4대 무언가'라고 한다. 이 곡은 피아노곡으로 각 여덟 곡씩 6집과 첼로와 피아노로 연주한 한 곡으로 도합 49곡으로 이루어졌다. 각 곡은 매우 짧아서 불과 5분 정도밖에 걸리지 않는 소품들로 거의 3부로 되어 있다. 거의 클래식 음악의 유행가같이 큰 사랑을 받는다. 압도하는 음악이 아니라서 조용한 시간에 혼자서 연주하고 혼자서 감상하면 좋은 음악이다. 사랑하는 연인이 말없이 조용히 왔다가 말없이 가는 것 같다. 아름다운 노래를 부르듯 연주자가 청중은 아예 없는 듯 요즘 말로 하는 '혼주'하는 음악이다.

절친 슈만과는 달리 멘델스존은 가곡을 단 한 곡도 남기지 않았다. 하지만 '가사 없는 가곡'을 16년이란 세월에 걸쳐 심혈을 기울여 작곡했다. 이를 두고 사람들은 어릴 때 만난 괴테의 영향이라고 본다. 괴테는 '음악은 절대 문학의 적수가 될 수 없고 되어서도 안 된다'고 주장했다. 한편 멘델스존은 '참으로 뛰어난 음악은 말보다 더 많은 걸 말해준다'라고 했다, 또 '음악이 말을 표현하기에는 너무 부정확하기보다 차라리 반대로 너무 정확하다'라고 언급했다. 음악은 굳이 가사로 구차하게 설명하지 않아도 뜻이 통한다는 말이다. 자신은 음악을 가사로 설명하지 않고 그냥 순수한 음악으로만 표현하겠다는 고집인 듯도 하다.

멘델스존의 또 하나의 미스터리는 음악계 최고의 미스터리이기도 하다. 바로 멘델스존이 오페라를 작곡하지 않은 사실이다. 오페라 작곡은 당시 작곡가라면 누구나 반드시, 당연히 하는 일이었다. 돈이 가장 되는 오페라를 왜

한 곡도 안 만들었을까 하는 의문은 음악사학자들의 오래 풀지 못한 숙제다. 세익스피어 작품을 영어로 읽을 정도로 심취했으면서도 〈한여름 밤의 꿈〉을 왜 서곡만 만들고 그만두고 말았을까? 오페라를 작곡할 만한 충분한 능력도 있었고 만일 그가 만든 작품이라면 당연히 인기가 있었을 터인데. 예를 들면 세익스피어의 《템페스트》를 오페라로 만들 기회가 1831년, 1844년 최종적으로 1847년 등 세 번이나 있었지만 그때마다 멘델스존은 고개를 흔들었다. 오페라를 만들자는 권유를 받으면 언제나 핑곗거리를 찾았다. 누나인 파니가 나중에 바그너가 희대의 걸작으로 만든 독일 전설 '니벨룽겐의 반지'로 오페라를 만들자고 하자 '너무 많은 사람이 끝에 가서 죽어야 하기 때문에 싫다'는 이유를 대고 거절한다. 불가사의한 일이자 오페라 팬의 한 사람이자 멘델스존의 음악 애호가의 한 명으로서 심히 유감이다. 만일 멘델스존이 〈니벨룽겐의 반지〉를 만들어 바그너의 작품과 비교해보면 얼마나 멋졌을까 하는 생각도 한다. 쇼팽도 멘델스존처럼 오페라를 만들지 않은 작곡가 중 하나다. 그러나 쇼팽은 오페라뿐만 아니라 대형 인원이 들어가는 교향악도 거의 작곡하지 않았으니 미스터리라고까지는 말하지 않는다.

멘델스존의 연애편지를 공개하지 않는 이유?

멘델스존을 보통 유복한 유태인 '엄친아'이자 평생을 행복하게 산 행운아라고 하지만 멘델스존도 이루지 못한 것이 있다. 바로 사랑이다. 멘델스존은 한때 스웨덴 출신 소프라노 제니 린드Jenny Lind에게 푹 빠져서 물불을 가리지 않았다. 아내도 있고 자식도 있던 유부남 멘델스존은 편지를 수도 없이 보내고 심지어는 자신의 사랑을 받아주지 않으면 자살하겠다고 협박까지 했다. 그래서 멘델스존이 요절한 것이 누나인 파니의 죽음에 대한 충격이 아니라 실연으로 상심했기 때문이라는 설도 있다. 또 멘델스존의 걸작 중의 하나라는 〈현악 4중주 A 단조 Op. 13 No. 2〉도 누나를 기리는 곡이 아니라 실연의 상심을 표현한 곡이라는 말이 있다. 그러나 최근에 나오는 할 일 없는 학자들의 연구에 따르면 멘델스존과 누나 파니의 관계가 심상치 않았다고도 한다. 예전부터 그런 설이 있긴 했는데 더더욱 굳어졌다는 뜻이다.

멘델스존의 미스터리는 또 있다. 멘델스존의 유족으로부터 기증받은 당시 연애편지를 멘델스존 재단이 소장하고 있다. 그런데 재단은 각종 압력에도 불구하고 지금까지 공개를 하지 않고 있어 세상 사람들의 호기심을 자아내고 있다. 공개를 안 하는 이유가 편지 내용이 밝혀지면 세상을 뒤집을 멘델스존의 치부가 드러나기 때문일 것이라고 사람들은 추측한다. 과거 같으면 3대를 멸할 사건도 용서가 되는 세상에 공개 못 할 일이 무엇이 있을까. 멘델스존 재단의 과잉보호도 웃기지만 그래서 더욱 궁금해진다. 가장 유복하고 행복했던 음악가로 알려진 멘델스존도 어두운 면이 있다는, 우리가 알던 다른 모습의 멘델스존을 볼 수 있는 좋은 기회인데도 말이다. 만일 멘델스존 재단이 그의 편지를 공개한다면 세기의 뉴스가 될 터다.

멘델스존의 발자취는 최근까지 우리 발치에 살아 있었다. 멘델스존의 차남인 화학자 파울 멘델스존이 설립한 아그파Agfa는 필름을 비롯해 사진기까지 만들던 세계적인 기업이었다. 시대의 변화를 잘 타지 못해 결국 2010년부터는 겨우 후지필름을 통해 필름 상표로만 남았다. 아버지 아브라함이 경영했던 멘델스존 은행도 1900년대 초까지 왕성한 활동을 해왔고 1차 세계대전을 겪으면서도 살아남았으나 유태인 은행이라고 히틀러가 문을 닫게 했다.

멘델스존 하면 뭔가 따뜻하고 부드럽고 아기자기한 느낌이 드는 건 나만일까? 멘델스존의 음악은 아름답고 단아하다. 그래서 멘델스존은 행복한 삶을 오래 살았을 것 같은데 '요절한 천재 음악가' 중의 한 명이다. 38세에 세상을 뜬 멘델스존 말고 요절한 천재 음악가는 다름 아닌 모차르트, 쇼팽이다. 각각 35세, 39세에 사망했다. 당시로 봐서는 물론 엄청난 요절은 아니다. 하지만 교회 음악을 매주 억지로 작곡해야 했던 교회 전속 작곡가 비발디(63세 사망), 헨델(74세 사망), 바흐(65세 사망) 등 바로크 삼총사에 비하면 요절이 분명하다. 당시 기준으로 따신다면 요절 천재 3인은 현재의 60세 환갑까지, 종교 음악 3인은 거의 120세까지 산 셈이다.

세 명의 요절 천재들의 또 다른 공통점은 모두가 특별히 피아노 연주 대가였다는 점이다. 피아노가 무슨 나쁜 기운이 있어 연주자 특히 천재 연주자를 일찍 가게 하나 하는 생각이 들 정도다. 그러다가 문득 75세까지 산 피아노의 천재 리스트가 떠올라 주장을 철회하긴 하지만. 만일 이 세 명의 천재가 오랫동안 살아 있었다면 오늘의 인류는 얼마나 더 아름다운 곡을 누릴 수 있었을까 하는 상상해본다. 애절하게도 요절 천재는 더 있다. 31세를 겨우 넘긴 프란츠 슈베르트다. 천재는 40세를 넘기기가 힘든 모양이다.

멘델스존의 요절을 떠올리면 멘델스존의 〈바이올린 협주곡 마단조(Op 64)〉가 문득 듣고 싶어진다. 멘델스존 음악 중에서 가장 세상 사람들의 사랑을 받는 곡은 멘델스존의 유일한 바이올린 협주곡이다. 이 곡은 간절하게 울고 싶을 때 들으면 딱 맞다. 시작부터 가슴을 후벼 파기 시작해서 나중에는 펑펑 울게까지 만드는 명곡이다. 작품으로 타인을 울게 만들 수 있는 작가나 음악가는 축복받은 사람들이다. 그러고 보면 문화 예술 중에서 가장 신이 만든 작품에 가까이 가는 문화 예술이 음악인 듯하다. 다음이 문학이다. 사람들은 소설을 읽으면서 혹은 자서전을 읽으면서 울기도 한다. 이에 비해 미술은 그런 면이 좀 약하다. 물론 감동을 받을 수는 있어도 울게 하거나 웃게 할 수는 있을 수 있으나 그렇게까지 인간의 감정을 격하게 하는 미술 작품은 잘 없다. 그러나 미술이 돈이 되긴 한다고 하면 너무 속물인가? 눈 밝게 투자해놓으면 3대가 아니라 10대까지 살 돈이 나올 수도 있으니 하는 소리다. 물론 연극과 영화도 사람을 울리고 웃기지만 음악이나 문학에 비하면 약한 듯하다. 그래서 인간의 오감 중에서 청각이 가장 원초적이 아닌가 한다.

〈바이올린 협주곡 마단조(Op 64)〉로 다시 돌아가보자. 이 협주곡은 통상적으로 모든 협주곡이 오케스트라가 일단 곡 소개를 하듯이 먼저 연주를 어느 정도 한 다음 협연자가 연주를 하는 식이 아니라, 오케스트라 연주와 협연자가 곡 제일 첫 음절부터 연주를 같이 시작하여 끝까지 같이 몰고 간다. 더군다나 이 곡은 멘델스존의 연주 지시 노트대로 시작 순간부터 '아주 빠르고 열정적allegro molto appacionato'인 연주를 한다. 동시에 '쉬지 않고 바로 넘어가기 attacca' 형식답게 악장을 넘어가는 순간에도 쉬지 않는다. 거의 30분간을 잠시도 흐느낌을 멈추게도, 숨을 들이쉬게도, 내쉬게도 해주지도 않는다. 사람을 절벽으로 막 몰아넣는 듯하다. 이 곡은 멘델스존이 29세에 게반트하우스 오케스트라 수석 주자인 친구를 위해 만들었다. 1악장은 금방 만들어놓고 나머지 두 악장을 마치지 못하고 6년을 더 끌었다. 결국 35세에 완성을 할 정도로 작곡에 심혈을 기울였거나 성공을 확신 못 해 주저했을 수 있다.

이 바이올린 협주곡이 멘델스존이 작곡한 유일한 바이올린 협주곡이라고 알려져 있으나 실제는 바이올린 협주곡이 하나 더 있다. 1823년에 작곡한 작품 번호(Op)도 없는 〈바이올린, 피아노와 현악합주단을 위한 라단조 협주곡 Concerto for Violin, Piano and Strings in D minor〉이다. 1951년 아마추어 바이올린 주자이자 희귀 서적상이 바이올린 대가 예후딘 메뉴인Yehudi Menuhin에게 소개해 다시 세상 빛을 본 곡이다. 그런데 이 곡은 놀랍게도 멘델스존이 14세에 작곡한 곡이다. 14세 소년이 독주곡도 아니고 협주곡을 작곡한 걸 보면 확실히 멘델스존은 천재가 맞다. 한창 장난 치고 다닐 나이를 겨우 지나 이제 사춘기로 막 접어 들 나이에 태연하게 십수 명이 연주할 협주곡을 만들다니 예사롭지 않다. 그런데 결코 이런 정보 없이 사람들에게 들려주며 명곡이라고 주장을 하면 대부분이 고개를 끄덕일 정도로 아름다운 곡이다. 어떻게 하면 어린 소년이 이토록 천연덕스럽게 사람의 감정을 들었다 놓았다 하는 곡을 작곡할 수 있는지 참 경이롭다. 바이올린의 거장 기돈 크레머Gidon Kremer와 피아노의 여제 마르타 아르헤르치Martha Argerich가 오르페우스 실내 관현악단과 연주한 도이치 그라마폰 발매 1997년 시디는 정말 걸작이다. 두 거장의 연주가 잘 어우러지는 58분은 무엇과도 바꿀 수 없는 행복한 시간이다. 왜 이 곡을 연주자들이 더 공연하지 않는지 알 수 없다.

내가 생각하는 예술과 예술에게 내가 요구하는 바는 다음과 같다. 예술은 모두를 끌어들여 한 사람에게 다른 사람의 내밀한 생각과 감정을 보여주어 영혼의 창을 열어주는 일이다.

This is what I think art is and what I demand of it: that it pull everyone in, that it show one person another's most intimate thoughts and feelings, that it throw open the window of the soul.

아름다움의 요점은 다양함 속에서의 일치다.

The essence of beauty is unity in variety.

트롬본은 자주 쓰기에는 너무 성스러운 존재다.

The trombone is too sacred for frequent use.

사람들은 보통 음악은 너무 모호하다고 불평한다. 그리고 말은 사람들에게 정확하게 이해되는 데 비해 음악은 너무 분명하지 않다고 여겨버린다. 그러나 나는 그 반대라고 주장한다. 내가 사랑하는 음악은 나에게 말로 하기에는 부정확하다고 하기보다는 차라리 너무 정확하다.

People usually complain that music is so ambiguous, and what they are supposed to think when they hear it is so unclear, while words are understood by everyone. But for me it is exactly the opposite⋯ what the music I love expresses to me are thoughts not to indefinite for words, but rather too definite.

나는 어느 음악가라도 하늘이 그들을 만들어준 바와는 다른 생각과 재능을 가질 수 없음을 너무나 잘 안다. 그러나 나는 또한 하늘이 그들에게 좋은 걸 주었다면 그들은 그걸 제대로 발전시켜야 한다고 생각한다.

I know perfectly well that no musician can make his thoughts or his talents different to what Heaven has made them; but I also know that if Heaven had given him good ones, he must also be able to develop them properly.

내가 인간의 심성과 재능에서 흠을 찾아내는 일보다 더 싫어하는 일은 없다. 그런 일은 오로지 우울하게 하고 걱정하게 만들어 좋은 일이 아니다. 인간은 타인의 업적에 티끌 하나도 더 할 수 없다. 모든 노력과 수고가 거기에는 아무런 쓸모가 없다. 그래서 모든 책임은 하늘에 맡기고 우리는 입을 다물어야 한다.

I dislike nothing more than finding fault with a man's nature or talent; it only depresses and worries and does no good; one cannot add a cubit to one's stature, all striving and struggling are useless there, so one has to be silent about it, and let the responsibility.

내가 작곡을 시작한 이후 지금까지 내 처음 신조를 진정으로 지켜왔다. 단한 페이지도 대중이나 아름다운 소녀가 이러쿵저러쿵 원한다고 해서 작곡하지 않았다. 오로지 내가 최고라고 생각하는 대로 작곡했다. 내게 작곡이 주는 즐거움에 따라서.

Ever since I began to compose, I have remained true to my starting principle: not to write a page because no matter what public, or what pretty girl wanted it to be thus or thus; but to write solely as I myself thought best, and as it gave me pleasure.

그리고 당신은 내 말에 동의하지 않는가? 한 예술가의 첫 번째 조건은 위대함을 존경하고 그것에 경의를 표하고 인정하며 자신의 초라한 촛불 빛이 더 빛나게 하기 위해 위대한 불꽃을 끄려고 않아야 한다는 사실 말이다.

And do you agree with me, that the first condition of an artist should be to bear respect toward what is great, and to bow to it and acknowledge it and not attempt to extinguish great flames for the sake of making his own rushlight burn more brightly?

하늘이 내려 천직이 예술이다! 모든 사물이 낡고 끔찍하게 공허할 때 우리 깊은 가슴속 예술의 아주 작은 노력이 하느님의 진정한 은총처럼 우리를 마을과 나라와 땅으로부터 끌고 간다.

Such a divine profession is art! When everything else looks so stale and disgustingly vacuous, even the littlest real effort of art our innermost and carries us from town, from country, from earth, as that it must be truely a blessing of the Gods.

어느 누구도 내가 거장들이 우리에게 남겨준 즐거운 작품을 연주하는 걸 막을 수는 없다. 무엇보다도 연주는 나로 하여금 모든 걸 재발견하게 하고 미발견을 이해하게 해준다. 우리는 노력해서 연주해야지 그냥 있던 대로 연주해서는 안 된다. 모든 천재는 진정으로 말하면 각자의 자리가 있다. 비록 늦은 나이여도 말이다.

No one can bar me from joyfully proceeding on what the great masters have left us; after all, to rediscover everything again, should be understood to be unfounded. But one should however proceed on merit, and not simply repeat wat was. All genius, sincere, deserves his place, even though maybe later in life.

독일 라이프치히

6. 진정한 비틀즈 마니아가 되는 법
_ 영국 리버풀

우리가 처음 시작할 때 나는 무대 위에서 실수를 할까 죽을 만큼 겁이 났다. 그러나 나는 사람들이 별로 상관하지 않는다는 걸 알게 되었다. 실은 그들은 그걸 좋아했다.
When we first started out, I was terrified of doing anything wrong onstage. I got to learn, though, that people don't mind. In fact, they kind of like it.
— 폴 매카트니

비틀즈는 주옥같은 곡을 모두 직접 작사, 작곡하고 그 곡 전부를 비틀즈 사운드라는 좀 거창하게 이야기하면 우리 인류가 그전에 한 번도 들어보지 못한 화음으로 노래한 전대미문의 천부적인 음악가들이다. 하지만 이들 천재 네 명 전원은 제대로 된 음악 교육을 받아본 적이 없어서 악보를 읽을 줄 몰랐다. 그래서 비틀즈는 새로운 아상이 떠오르면 바로 악기를 들고 연주를 해 데모 테이프에 녹음했다. 그런 다음 이를 들어보고 다시 가다듬은 뒤 또 녹음하는 식으로 작곡을 했다. 악보는 이들 사전에 존재하지 않았다. 예전만 해도 이렇게 절대 음감을 타고난 천재 음악가들이 요새보다 훨씬 더 많았다. 기본적인 음악 교육을 하루도 안 받았으나 비틀즈는 역사에서 길이길이 남을 음악들을 작곡했다. 비틀즈가 서양 대중음악, 특히 브릿팝이 세계로 퍼져가게 한 공헌은 아무리 강조해도 지나침이 없다. 그래서 서양 대중음악을 비틀즈 이전과 비틀즈 이후로 가른다는 말에 누구도 시비를 걸 수 없다. 절대적으로 맞는 말이다. 서양 대중음악의 거인 세 명을 엘비스 프레슬리와 비틀즈 그리고 마이클 잭슨이라고 꼽는 데 이의를 달 사람도 많지 않을 듯하다.

특히 비틀즈는 다른 두 아티스트와 무게가 다르다. 우선 비틀즈는 자신들이 작곡한 곡만으로 정상을 차지했다. 극성 엘비스 팬이나 잭슨 팬이 들으면 안 좋아하겠지만 다른 사람이 가사를 만들고 작곡해서 완성한 곡을 단순히 노래만 부른 둘과 비틀즈는 다르다. 비틀즈는 음악 세계를 자신들의 손으로 처음부터 끝까지 만들었다. 더군다나 네 명이서 합심해서 한 일이니 더 대단하다. 아티스트들이란 원래 괴팍하고 까다롭기 마련이다. 이유는 그들이 천재들이어서다. 뿐만 아니라 비틀즈는 전원 이름으로 손수 애플 레코드 회사를 만들어 작사, 작곡, 연주, 노래, 녹음, 판매까지 완벽하게 했으니 이도 전무후무한 일이다. 자신들을 리버풀 클럽의 무명 밴드에서 유사 이래 최고의 대중음악가로 만들어준 매니저 브라이언 엡스타인Brian Epstein의 갑작스런 32세 요절 이후에 할 수 없는 선택이긴 했지만 말이다.

인류 역사를 바꾼 여섯 개의 사과

말 만들기 좋아하는 호사가의 흉내를 한번 내보겠다. 인류 역사를 바꾼 네 개의 사과를 말해보자. 인류 역사에 제일 먼저 등장하는 사과가 아담과 이브의 사과다. 뱀의 꼬드김에 넘어간 이브의 유혹으로 선악과인 사과를 따 먹어서 지상천국인 낙원의 동산에서 쫓겨난 후 남자는 평생 땅을 파 농사를 지어 가족을 먹여 살리는 중노동 형에 처해지고 여자는 해산의 고통을 겪게 되었다는 '유혹의 사과'가 그 첫 번째다. 최고의 미인을 잘못 골라 트로이 전쟁을 일으키는 그리스 신화의 '권력의 사과'가 두 번째다. 그리고 빌헬름 텔 설화 속의 스위스 자유를 위한 '자유의 사과'가 세 번째, 인류 과학의 시작이라는 아이작 뉴턴의 만유인력의 '과학의 사과'가 인류의 역사를 바꾼 네 번째 사과다. 이것이 보통 인문학 책에 나오는 네 개의 사과다. 그런데 두 개의 사과가 더 있다. 인류의 대중음악을 바꾼 비틀즈의 애플 레코드가 다섯 번째 사과고, 컴퓨터와 스마트폰으로 인간의 생활 형태를 완전히 바꾼 스티브 잡스의 애플이 여섯 번째 사과다. 이 두 사과는 인류를 바꾼 사과 중에 반드시 들어가야 한다.

비틀즈 멤버는 모두 합류할 때부터 음악인으로서 거의 완성된 수준이었다. 연주는 물론 최상의 실력이었다. 비록 음악 교육을 받지 못했음에도 비틀즈 멤버 네 명이 각각 작곡을 했다. 이런 천재들이 리버풀하고도 이웃에 살아 인연이 되었다는 사실도 전 세계인들에게는 기막힌 행운이 아닐 수 없다.

비틀즈가 작곡한 곡 숫자는 주장하는 사람마다 다를 만큼 정확하지 않다. 아직도 살아 있는 멤버가 두 명이나 있는데도 숫자가 왔다 갔다 하니 나중에는 어떻게 될지 모르겠다. 237곡이 비틀즈가 작곡한 곡이라는 기록이 가장 많다. 비틀즈가 해체하기 전에 녹음한 305곡 중 비틀즈가 작곡한 237곡을 빼면 나머지 68곡은 다른 작곡가의 곡을 불러 녹음했다는 뜻이다. 237곡 중 레논은 66곡을, 매카트니는 60곡을, 해리슨은 27곡, 스타는 세 곡을 작곡했다. 레논과 매카트니 공동 작곡이 32곡, 그리고 나머지는 해리슨과 레논, 매카트니와 해리슨 등이 공동으로 작곡했다.

이건 인터넷에 나오는 무책임한 숫자다. 그러나 나는 근거를 가지고 비틀즈의 곡은 282곡이라고 감히 말한다. 그 근거는 이름하여 《Across The Universe: 비틀즈 전곡 해설집》이라는 책이다. 내 책 세 권을 출판했고 본서도 출판하는 안나푸르나의 김영훈 사장은 비틀즈 마니아다. 이 출판사에서 비틀즈에 관한 한 기네스 레코드에 올라야 할 금자탑 같은 이 책을 냈다. 김영훈 사장보다 더 미친 비틀즈 마니아 한경식 씨가 냈다. 이 책은 소위 말하는 '목침 책'이다. 말이 1112쪽이지 대단하다. 이 세상에 수억 명의 비틀즈 팬이 있지만 단체나 회사도 아니고 개인 혼자서 282곡의 비틀즈 전곡을 악보 가사는 물론 일화 등을 자세하게 해설하고 수록하는 일은 미치지 않고는 할 수 없는 일이다. 정상적인 사람도 뭔가에 제대로 미치면 눈에 보이는 게 없다. 이 작가가 바로 그런 분 같다. 내가 과문해서 모르긴 하지만 아마도 세상에 이런 식의 비틀즈 전곡 해설집을 낸 일은 없는 듯하다. 아마 이 책이 유일한 책이 아닌가 한다. 비틀즈의 고향 영국도 아니고 세상에서 돈이 제일 많고 영어가 모국어인 미국도 아니며, 이런 일에 목숨을 거는 오타쿠의 나라 일본도 아닌, 한국에서 감히 이런 책을 냈다. 그래서 한국인은 아카데미상도 받고 BTS도 만들고 한다. 하긴 쓴 사람이나 이런 책을 팔겠다고 돈 들여 만든 사람이나 모두 분명 미친 사람들이다. 인간은 역시 미쳐야 된다. 뭔가를 이루려면. 그런데 그 뭔가가 인류의 장래에 도움이 되거나 현세의 세계 평화에 이바지하는지는 차치하고라도 말이다. 지 돈 들여 지가 좋으면 뭔들 못 하나….

비틀즈 전곡 숫자를 말하려다가 옆으로 샜다. 이 책에 따르면 비틀즈 전곡은 알려져 있듯 237곡이나 211곡이 아니다. 282곡이다.

레논과 매카트니는 밴드 시작부터 둘이서 협약을 맺었다. 두 사람이 같이 작곡을 했든 혼자서 했든 항상 같이한 걸로 하기로 했다. 그러나 하나둘씩 진짜 작곡자가 밝혀졌다. 지난 세월 오랫동안 〈In my life〉의 작곡가가 밝혀지지 않아 논란이 되었다. 레논과 매카트니 두 사람의 기억이 오락가락해서였다. 레논이 살아 있을 때도 자신이 했다고 하다가 매카트니가 했다고 하다가 하니 헷갈릴 수밖에 없었다. 그러나 결국 수학자들이 밝혀냈다. 2018년 8월 영국 언론 기사에 수학자들이 둘의 곡에서 나타나는 특이한 반복의 정형을 수립해 레논이 작곡한 걸로 결론을 냈다고 보도되었다. 세상에는 밥 먹고 쓸데없는 일에 자기 돈 들여 힘쓰는 사람들이 많아 고맙다.

운명적인 비틀즈의 탄생

비틀즈 멤버 중 링고 스타만큼은 아니지만 조지 해리슨은 사실 레논이나 매카트니에 비해 조명받지 못했던 멤버다. 워낙 레논과 매카트니의 빛에 가려지긴 했으나 조지 해리슨이 없었으면 비틀즈가 없었을 수도 있다고 할 정도로 중간 역할을 잘했다. 해리슨은 기타를 11세 때 처음 해보겠다고 마음먹었다. 해리슨은 공부도 잘해서 리버풀 문법 학교grammar school 학생이었다. 신장 감염으로 병원에 입원해 있던 중 운명처럼 기타를 배우고 싶다고 생각한 해리슨은 아버지에게 기타를 사달라고 청했다. 아버지의 배가 미국에 들렀을 때 사 온 레코드로 미국 로큰롤을 접한 해리슨은 음악에 대한 열정이 대단했다. 해리슨은 지미 로저스Jimmie Rodgers의 〈Waiting for a train〉이 자신의 음악에 대한 도화선이 되었다고 기억했다. 선원 시절부터 기타를 쳤던 해리슨의 아버지는 아들의 희망을 적극 후원했다. 해리슨은 어머니로부터 3파운드를 받아 친구가 쓰던 기타를 샀다. 네덜란드산 에그몬트란 브랜드였는데 초보자에게는 적당한 저렴한 기타였다. 가장자리를 둘러 붉은빛이 도는 이 기타는 지금 리버풀 부두의 비틀즈 스토리 박물관이 소장 전시하고 있다.

이 기타 때문에 해리슨은 가슴이 철렁한 사건이 있었다. 기타 몸통과 목 사이에 틈이 벌어져 있는 걸 해리슨이 고치려 하다가 목이 몸통에서 떨어져버렸다. 엄청나게 낙담한 나머지 해리슨은 아무에게도 말하지 않고 기타를 벽장 안에 숨긴 뒤 끙끙 앓기 시작했다. 결국 형이 찾아내 수리를 해주어 다시 기타 연습을 했다. 해리슨은 나중에 이보다 더 자신이 낙담한 일은 없었다고 했다. 어린 해리슨에게는 엄청난 사건이었을 터였다. 해리슨은 그때로부터 5년 뒤인 1959년 리버풀의 다른 10대에게 에그몬트 기타를 팔 때까지 거의 항상 기타를 안고 살았다. '그 기타가 없었다면 내 일생은 시작하지도 못했을 것이다'라고 회고했을 정도로 첫 기타는 해리슨의 일생에서 중요한 물건이었다. 해리슨과 매카트니는 같은 학교에 다닌 동창이었다. 통학 버스를 타고 다니다 친해졌다. 매카트니는 해리슨보다 8개월 위였는데 음악에 대한 관심 때문에 가까운 사이가 되었다.

해리슨은 '매카트니는 트럼펫을, 나는 기타를 가진 걸 서로 알게 되어 친해졌다'고 기억했다. 둘은 매카트니가 이사를 해 다른 통학 버스를 타고 다니게 된 뒤에도 가깝게 지냈다. 매카트니의 친구 중에 매카트니와 생년월일(1942년 6월 18일)이 하루도 틀리지 않고 똑같은 이반 본이란 친구가 있었다. 본이 자신의 친구 중에 '더 쿼리맨'이라는 밴드를 하는 존 레논이라는 친구가 있다고 자랑했다. 그러다 본이 중간에 나서 레논과 매카트니의 운명적인 만남을 주선했다. 레논이 연주 중 휴식을 취하고 있을 때 매카트니에게 연주를 좀 보자고 했다. 매카트니는 레논의 기타를 들고 에릭 멕크란의 〈Twenty Flight Rock〉을 연주했다. 연주를 들은 후 레논은 깊은 고민에 빠졌다. 매카트니의 연주는 당장 밴드에 합류해도 될 정도로 훌륭했는데도 말이다. 당시에 아주 좁은 이기심 때문에 그랬다고 레논은 나중에 고백했다. 그때까지 밴드의 왕이었던 자신과 비등한 실력의 매카트니가 들어오면 자신은 어떻게 될 것인가 하고 염려했던 것이다. 결국 레논은 걱정을 떨쳐버리고 매카트니를 밴드의 일원으로 불러들였다.

1958년 레논은 기타 멤버 한 명을 더 늘리자고 했다. 매카트니는 자신의 친구 해리슨을 강력하게 추천했다. 매카트니가 데리고 나타난 해리슨을 본 레논은 의자에서 떨어질 만큼 놀랐다. 해리슨이 나이보다 무려 10세쯤은 더 어려 보여서였다. 곧 레논은 해리슨의 연주에 반해 합류를 결정하고 말았다. 레논은 당시를 기억하면서 '해리슨의 연주는 흡사 레코드에서 들려오는 소리 같았다'라고 극찬했다. 해리슨은 두언 에디Duane Eddy의 〈Raunchy〉라는 곡을 기가 막히게 연주해 레논을 설득해버렸다. 이렇게 비틀즈는 결성 즉시 완성된 천재들의 집합체가 될 수밖에 없는 운명이었다.

비틀즈를 세상에 소개한 인물이 있다. 비틀즈의 활동 10년 중 초창기부터 전반기 5년을 책임지면서 본인이 호언장담했듯 비틀즈를 '엘비스 프레슬리보다 더 큰 밴드'로 만든 매니저인 브라이언 엡스타인이다. 비틀즈와의 운명적인 만남은 1961년 11월 9일 엡스타인이 리버풀의 케이번 클럽Cavern Club을 방문함으로써 시작되었다.

엡스타인이 비틀즈를 보러 온 이유는 1961년 10월 18일 토요일 리버풀 교외의 휴이톤에서 온 레이몬드 존스라는 소년 때문이었다. 당시 엡스타인은 NEMS라고 하는 음악 전문점을 운영하고 있었다. 영국에서 알려진 온갖 음악과 밴드를 다 안다고 생각하던 엡스타인에게 그 소년은 '비틀즈'라는 이상한 이름의 모르는 밴드가 부른 〈My Bonnie〉라는 싱글을 달라고 했다. 자존심이 확 상한 엡스타인은 노래 제목과 비틀즈 이름 그리고 소년의 이름과 주소를 적어놓고 가면 레코드를 구해서 우송해주겠다고 약속했다. 그러고는 수차례 다른 소년들에게서 같은 요구를 듣게 된다. 결국 엡스타인은 수소문해서 비틀즈가 연주하는 클럽을 찾아내게 되는데 정말 넘어지면 코 닿을 가까운 곳이었다. 매튜 스트리트Mathew Street 10번지에 위치한 케이번 클럽을 조수와 함께 직접 찾아간 엡스타인 덕분에 비틀즈가 세상에 알려지게 되었다. 이때 비틀즈는 자신들을 알아준 인생의 최초 조력자를 만난다.

케이번 클럽은 큰 길 뒤의 좁은 골목길 안 그것도 지하 1층에 있었다. 단정한 양복에 넥타이까지 맨 전형적인 사업가 차림의 엡스타인을, 클럽 안을 메우고 있던 10대거나 20대 초반이던 클럽 젊은이들은 의심에 찬 눈초리로 볼 수밖에 없었다. 그러나 엡스타인은 비틀즈의 이상한 매력에 이끌려 튀어 나가지 않고 끝까지 음악을 듣고 나서는 비틀즈에게 자신의 상점 NEMS로 오라고 초청한다. 당시 NEMS는 리버풀에서는 최고의 음악 전문점이었다. 레코드는 물론 악보, 악기, 음악 서적을 팔았다. 음악을 좀 한다는 리버풀 젊은이들에게는 성지 같은 곳이었다. 그런 성지의 주인이 초청하자 비틀즈는 뛰어서

영국 리버풀

갔다. 엡스타인은 비틀즈에게 자기가 매니저를 해주겠다고 제안한다. 여러 번에 걸친 만남 뒤 드디어 비틀즈는 엡스타인의 제안을 받아들였다. 그러나 엡스타인의 조건은 비틀즈는 쉽게 받아들일 수가 없는 것들이었다. 무대 매너를 완전히 바꾸라는 주문이었기 때문이다.

험난했던 비틀즈의 데뷔

엡스타인은 밴드들에게서 유행하던 반항적인 이미지를 버리라고 권했다. 엡스타인은 노동자 부모를 둔 비틀즈를 출신 성분과는 달리 중산층 집안 아이들 같은 미소년 형으로 바꾸어놓는다. 봉두난발의 머리를 단정하게 하고 복장도 양복으로 깔끔하게 갈아입힌다. 그러고는 무대에서 절대 먹거나 마시거나 담배를 피우지 말고 공손한 태도로 노래만 하라고 요구했다. 비틀즈는 자신들의 음악에 대해서만큼은 간섭 안 한다는 약속을 받고 엡스타인의 요구를 해체될 때까지 지켰다. 이는 천재적인 음악성 외에 비틀즈가 성공한 가장 큰 요인으로 꼽힌다. 이와 반대로 당시 브릿팝을 양분하던 비틀즈의 라이벌 롤링스톤스는 중산층 출신인데도 머리를 길게 기르고 가죽옷을 입고 쇠줄을 거는 등의 야성의 이미지로 성공했다.

이후 엡스타인은 레코드 회사들에 비틀즈를 소개해서 레코드 취입을 성사시켜야 하는 임무를 시작했다. 처음에는 자신이 영국 북부에서 레코드를 가장 많이 파는 상점 주인이기에 레코드 회사를 설득해 비틀즈 레코드를 만드는 일은 결코 어렵지 않을 것이라 여겼다. 그러나 막상 닥친 현실은 만만치 않았다. 데모 테이프에 담긴 비틀즈 노래를 듣기만 하면 레코드 회사도 자기처럼 반해서 금방이라도 계약을 하리라고 확신했건만 정작 어렵게 만난 담당자의 반응은 전혀 반대였다. 엡스타인의 착각이었다. 매일 비슷한 수준 밴드들의 데모 테이프를 들어야 하는 레코드 회사 담당자들은 심드렁할 뿐이었다. 자신의 판단이 의심스럽기도 하고 자존심도 상한 엡스타인은 곧 자신의 가게는 팽개치고 런던에서 거의 한 달을 살았다. 한 달을 뛰어다닌 결과 겨우 데카 레코드의 담당자 마이크 스미스를 1961년 12월 15일 당시 기차로 여섯 시간 걸리는 혹한의 리버풀까지 올라오게 했다. 다행히 케이번 클럽에서 비틀즈 노래를 현장에서 들은 스미스는 매력을 느껴 비틀즈를 런던 스튜디오에서 정식으로 오디션을 보자고 초청했다.

비틀즈는 1962년 1월 1일 오디션을 위해 12월 31일 10시간을 달려 밤 10시, 런던에 도착했다. 비틀즈는 자신들의 초기 작품 세 곡을 비롯해 15곡을 연주했다. 스튜디오에서 연주해본 경험이 없었던 비틀즈는 자신들의 연주에 만족하지 못했다. 결국 데카는 그날 오디션을 같이 한 그룹들 중에서 비틀즈가 아닌 다른 그룹인 브라이언 풀과 트레믈로스Brian Poole and the Tremeloes를 선택했다. 이 일은 '현대 음악 산업 역사상 가장 큰 실수the biggest mistakes in music industry modern history'라고 일컬어진다. 영국 작가 조앤 롤링의 '해리 포터'를 12개의 출판사에서도 거절했던 일도 비슷한 경우다. 당시 데카는 다른 그룹이 런던을 기반으로 하고 있어 여행 경비가 적게 든다는 기가 막힌 자잘한 경제적인 이유를 판단 근거로 삼았다. 그리고 비틀즈에게는 "기타 그룹은 진작 유행이 지나 비틀즈는 음악인으로서는 장래가 없다"는 말도 안 되는 이유를 말해주었다. 데카의 결정에 너무나 놀란 엡스타인은 "비틀즈는 분명 멀지 않은 장래에 엘비스보다 더 크게 된다"고 장담하고 데카 사무실을 나왔다. 엡스타인의 무모한 자신감은 그로부터 딱 2년 만에 증명된다. 1962년 10월 발표된 첫 싱글 〈Love Me Do〉의 영국 차트 17위를 시작으로 1963년 12월 〈I Want To Hold Your Hand〉로 정상에 오르게 된다. 1964년 2월 7일 미국 공연을 가는 비틀즈를 히드로 공항에서는 4000여 명이, 뉴욕 케네디 공항에서는 3000여 명의 팬들이 비명과 울음으로 환송, 환영하면서 세상을 뒤집는 전대미문의 소동이 벌어졌고 전설적인 비틀즈 시대가 시작되었다.

그런데 1962년 1월 1일 데카 스튜디오에서 녹음된 테이프가 나중에 발견되었다. 그러고는 비틀즈 해체 25년 뒤인 1995년 11월 20일 비틀즈 소유의 애플 레코드에 의해 《앤솔로지 1》로 발매되어 첫날 45만 장이 판매되었다. 비틀즈 팬은 물론이고 세상이 발칵 뒤집어졌다. 10년간 이어진 비틀즈 폭풍은 1970년 4월 9일 공식 해체로 마감되었다. 이로부터 딱 한 달 뒤인 5월 8일 비틀즈의 마지막 앨범이 나왔다. 에비 로드 스튜디오 건널목을 네 명의 비틀즈가 다리를 한껏 벌리고 건너가는 사진으로 유명한 앨범 《Let It Be》다. 그 마지막 앨범 이후 딱 사반세기 만에 정식으로 발표된 새로운 앨범이었다. 25년 전에 죽었던 비틀즈가 다시 환생해서 만든 앨범을 보는 감격의 기적이었다.

비틀즈 열성 팬이 아니었던 나도 그 45만 명에 포함되어 판을 샀으니 얼마나 대단한 센세이션이었는지 당시의 상황을 모르면 이해가 가지 않을 듯하다.

비틀즈 광팬, 비틀마니아

1963년 11월 5일 런던 프린스 오브 웨일즈 극장에서 일어난 사건 때문에 영어에 '비틀마니아Beatlemania'라는 신조어가 생겨났다. 비틀즈마니아Beatlesmania가 아니다. 두 단어는 Beatls와 mania 사이에 s자가 들어가고 안 들어가는 차이가 있다. 왜 s가 빠진 단어가 비틀즈 광팬을 이르는 단어가 되었는지는 근거를 찾을 수 없다. 그때 극장 안팎의 팬들 때문에 비틀즈 공연은 소리가 거의 들리지 않을 정도의 소란이 일어났다. 이 광경에 언론은 비틀마니아라는 단어를 만들어냈다. 비틀마니아는 환호성 이상의 비명을 지르며 울다가 기절해 들것에 실려 가고 자신의 머리칼을 쥐어뜯었다. 해괴망측한 상황이 벌어지니 영국 언론은 비판 일색이었다. 소녀들의 광적인 행동은 기성세대의 큰 우려를 자아냈다. 심지어 일부 언론은 비틀즈의 노래 속에 마녀들의 숨겨진 주문이 들어 있다면서 관중을 환각에 몰아가기 때문에 팬들이 열광한다고 기사를 썼다. 사실 이 같은 기현상은 유럽에서 처음 있는 일이 아니었다. 아주 오래전이지만 딱 100년 전 헝가리 피아니스트 프란츠 리스트가 공연을 할 때도 비슷한 현상이 일어났다. 당시도 리스트마니아라고 불리던 상류층 여인들은 비틀마니아처럼 반응했다. 당시는 리스트의 피아노 연주를 들으러 오는 청중은 모두 상류층이었다. 그런데도 그들은 비명을 지르고 광분한 나머지 기절도 했다. 1960년대의 소녀들과 1860년대 여인들은 전혀 다를 바가 없었다.

비틀즈의 산실, 케이번 클럽

리버풀 한복판 매튜 스트리트 10번지에 아직도 존재하는 케이번 클럽은 비틀즈의 산실이다. 여기서 비틀즈는 거의 3년간 무명의 밴드로 활약하면서

케이번 클럽 입구(위 왼쪽), 케이번 클럽 무대(위 오른쪽), 케이번 클럽 정문(아래)

영국 리버풀

연주와 작곡 실력을 쌓았다. 그래서 비틀즈는 리버풀의 젊은이들에게 이미 전설의 밴드로 소문이 나 있었다. 비틀즈의 첫 싱글 〈Love Me Do〉가 나왔을 때 리버풀 팬들은 일부러 판을 사지 않고 버텼다. 이들이 유명해지면 리버풀을 떠날 거라는 걱정 때문이었다. 결국 리버풀 팬들의 걱정은 현실이 되어버렸다. 비틀즈를 낳은 케이번 클럽은 1973년 문을 닫고 지하철 공사로 메워졌다가 1984년 재개장했다. 예전 모습과 가깝게 하려고 원래 건물에 사용되었던 벽돌 1만 5000여 개를 재사용하여 지어졌으며 지금은 세계에서 오는 팬들을 맞고 있다. 새로운 클럽은 원 장소에서 좀 옮겨서 지어졌으나 실내는 원형을 재현하려고 엄청난 노력을 했다. 그런 노력 덕분에 원래의 케이번 클럽을 기억하는 올드 팬들은 거의 구별을 할 수 없을 정도로 완벽하게 재현했다고 칭찬한다. 단지 그때의 케이번 클럽은 동네 클럽이어서 따뜻한 분위기였다면 이제는 뜨내기들이 많아서 분위기가 약간 생경하다는 불평이 나온다. 세상은 모든 게 변하기 마련이다. 그나마 케이번 클럽은 이렇게라도 남아 있어 비틀즈 향수를 달래주고 있다. 비틀즈의 청년 때를 기억하는 올드팬들이야 섭섭하겠지만 바뀌는 세월을 어떻게 하겠는가?

클럽이 원래보다 더 깊어지고 무대 방향이 조금 달라졌다고 당시를 아는 팬들은 기억한다. 하지만 엡스타인이 처음 찾아갔을 때 ‘습하고 냄새나고 어두침침humid, smelly, dark’하던 분위기는 그대로다. 일부러 살렸는지는 몰라도 지금도 그때와 거의 비슷하다고 올드팬은 증언한다. 박물관이나 기념관이 아닌 클럽이라는 이름에 걸맞게 입장료를 제대로 받지 않고 있어 정말 놀랍다. 수도 없는 비틀즈 팬들이 클럽에 들어와 무대에서 공연하는 비틀즈 헌정 밴드나 다른 록 가수들의 열정적인 공연만 보고 사진을 열심히 찍는다고 법석이다. 하지만 실제 클럽의 수익이 되는 음료수 하나 사지 않아 바는 항상 한산하다. 재건된 이후 5년을 버티다가 분을 1년 반 닫았었다. 1991년 지금 소유주가 인수한 이후 여태까지 오전에는 무료 입장 정책을 유지하고 복요일부터 주말 오후에는 소액의 입장료를 받고 있다.

비틀즈는 이제 원년 멤버가 둘이나 고인이 되어버려 완전체 공연은 절대 볼 수 없는 상황이다. 하지만 실망할 필요는 없다. 케이번 클럽에 오면 살아 있는 완전체의 비틀즈 공연을 볼 수 있다. 비틀즈 헌정 밴드tribute band는 정말 놀랍다. 그들을 보고 있노라면 흡사 타임머신을 타고 60년 전 비틀즈 공연 현장에 와 있는 듯한 착각에 빠진다. 눈을 감고 들으면 진위를 구분할 수 없다. 눈을 뜨고 들어도 그들의 복장이나 헤어스타일 그리고 노래 실력마저 비틀즈에게 지지 않는다. 무대에 비틀즈 이름이 쓰인 드럼과 기타를 보고 있노라면 흡사 방금 공연을 마친 비틀즈가 잠깐 쉬러 나간 듯한 현장감이 느껴진다. 이래서 역사적인 현장은 반드시 직접 가보아야지 다른 방법이 있을 수 없음을 다시 한번 깨닫는다.

진짜 비틀즈 스토리가 담긴 '비틀즈 스토리'

리버풀에는 비틀즈와 아무런 연관이 직접 없으나 사실은 한곳에서 비틀즈의 존재를 진하게 느낄 수 있다. 바로 리버풀 항구 알버트 도크에 위치한 '비틀즈 스토리'다. 누가 뭐래도 여기만큼 비틀즈 관련 물건들을 제대로 모아놓은 곳은 세상 어디에도 없다. 워낙 비틀즈 인기가 세계적으로 광범위해서 비틀즈 관련 물품은 가격이 너무 비싸다. 비틀즈와 관련된 물품은 아주 사소하더라도 가격이 천정부지라 어지간한 물품은 수집을 엄두도 못 내게 되었다. 비틀즈 전원이 사인한 레코드나 공연 팸플릿은 3000만 원을 훌쩍 넘는다. 사인지는 800만 원쯤 한다. 비틀즈 콘서트 포스터나 입장권도 수백만 원이라니 기가 막힌다.

그런데 비틀즈 스토리에는 비틀즈 광팬이라면 숨이 순간 막힐 소위 말하는 오리지널 품목이 정말 많다. 해리슨의 음악 인생이 시작되었다고 앞에서 소개한 바로 그 전설의 에그몬트 기타도 입구 가까이에 놓여 있다. 그러고는

레논이 저렇게 눈이 나빴나 하는 동정이 들 정도로 두꺼운 노란색 렌즈의 철사 안경, 비틀즈의 유니폼 같았던 칼라가 없는 크리스티앙 디오르 디자인의 모헤어 복지 재킷, 비틀즈가 〈Oh Darling〉을 부를 때 쓴 밀짚모자, 레논이 공전의 히트곡 〈Imagine〉을 작곡하고 직접 연주하면서 사용한 백색

존 레논 안경

영국 리버풀

스타인웨이 피아노와 기타가 차례차례 전시되어 있다. 특히 이 백색 피아노는 2016년 성탄절에 영면한 영국 인기 가수 조지 마이클이 2000년 경매에서 216만 파운드에 사서 소장하다 비틀즈 스토리에 기증했다. 이는 사후에 밝혀진 마이클의 수많은 선행 중 하나다. 지하 1층 비틀즈 스토리에 들어가 시간을 들여 전시품을 찬찬히 보고 나와 지상의 햇빛을 보면 방금 1960년대 비틀즈 콘서트를 보고 나온 듯한 느낌을 받는다. 갑자기 60년 뒤의 현실로 돌아온 터라 어지럽다. 그만큼 비틀즈 스토리의 소장품은 알차서 시간을 잊을 정도다.

결국 성공한 전시라는 뜻이다. 그래서 비틀즈 성지 중에서 가장 먼저 꼽히는 곳은 케이번 클럽이 아니고 비틀즈 스토리라는 말이 나온다. 그다음이 케이번 클럽이고 마지막이 런던 에비 로드의 에비 스튜디오다. 그러고는 비틀즈가 해체되기 한 해 전 런던을 충격으로 몰아넣은 즉흥 연주 장소다. 1969년 1월 30일 전대미문의 지붕 공연rooftop concert이 열린 공연 장소는 세빌로 3번지에 있다. 당시 애플 레코드 본사 건물이다. 이 건물 지붕 옥상에서 비틀즈는 확성기를 틀어놓고 번개 공연을 해서 런던을 흥분의 도가니로 빠뜨렸다. 세빌로 거리는 런던 한복판 쇼핑가 리젠트 스트리트와 열을 같이 하는 골목길이다. 세빌로 거리는 고급 맞춤 양복 상점 거리다. 영화 〈킹스맨〉에서 본부로 등장하는 양복점이 바로 11번지니 네 번째 이웃이다. 이렇게 영국 내의 네 군데 비틀즈 성지를 돌고 나면 누구든 비틀즈 마니아가 될 듯하다.

질문자: 긴 머리로 어떻게 자나요? How do you sleep with long hair?

폴 매카트니: 짧은 머리로는 어떻게 자나요? How do you sleep with short hair?

조지 해리슨: 팔과 다리를 붙인 채로 어떻게 자나요? How do you sleep with your arms and legs still attached?

● 폴 매카트니 어록

삶은 정말 신비하고 아주 기적적이다. 내가 매번 노래를 작곡을 하려고 하면 언제나 이 작은 마술이 일어난다. '우, 우, 또 이런 일이 생기네.' 내가 피아노 앞에 앉아 시작하면 '오 하느님 난 뭘 할지 몰라요'라고 했는데 갑자기 거기 노래가 있다.

Life is quite mysterious and quite miraculous. Every time I come to write a song, there's this magic little thing where I go, 'Ooh, ooh, it's happening again.' I just sit down at the piano and go, 'Oh my God, I don't know this one,' and suddenly there's a song.

비평은 우리를 중단시키지 못한다. 비평은 누구도 중단시켜서는 안 된다. 왜냐하면 비평가는 자신들이 레코드 계약을 못 따낸 유일한 사람들이다.

Criticism didn't really stop us and it shouldn't ever stop anyone, because critics are only the people who can't get a record deal themselves.

상상력은 연습으로 늘어난다. 그리고 사람들의 통념과는 달리 젊을 때보다 성숙해지면 더 강력해진다.

Imagination grows by exercise, and contrary to common belief, is more powerful in the mature than in the young.

영국 리버풀

나는 평범하려고 일하지 않는다.
I don't work at being ordinary.

작가가 뒤를 돌아보는 일은 이상한 일이 아니다. 왜냐하면 그게 바로 너의
자원의 샘이어서다.
It's also not unusual for writers to look backward. Because that's your pool
of resources.

나는 전에는 이상한 짓을 하는 사람이 이상하다고 생각했다. 나는 갑자기 이
상한 짓을 하는 사람이 전혀 이상하지 않다는 점을 갑자기 깨닫게 되었다.
그 사람들이 이상하다고 하는 사람들이 진짜 이상한 사람들이다.
I used to think that anyone doing anything weird was weird. I suddenly
realized that anyone doing anything weird wasn't weird at all and it was the
people saying they were weird that were weird.

나는 언제나 더 좋은 음악을 하기 위해 노력하고 있다. 나는 지금까지 내가
최상의 노래를 작곡했는지 모르겠다. 이것이 가장 큰 의문이다. 바로 그게
나를 중단하지 않고 노력하게 한다.
I'm always trying to do better music. I don't know if I've written my best
song yet. That's the big question. It doesn't stop you trying.

나는 영원한 낙관주의자다. 아무리 험한 일이 닥쳐와도 어딘가에는 빛이 있
기 마련이다. 나머지 하늘에 모두 구름이 끼어도 그러나 어딘가에는 반드시
나를 끌어들이는 푸른 하늘이 남아 있다.
I am the eternal optimist. No matter how rough it gets, there's always light
somewhere. The rest of the sky may be cloudy, but that little bit of blue
draws me on.

나는 합창 듣기를 사랑한다. 나는 하나의 음악에 혼신을 다하는 진짜 사람들
을 사랑한다. 나는 공동 작업을 좋아한다. 나는 그들이 그렇게 협동하는 걸
보면 인류의 미래에 낙관적이 된다.
I love to hear a choir. I love the humanity to see the faces of real people
devoting themselves to a piece of music. I like the teamwork. It makes me
feel optimistic about the human race when I see them cooperating like that.

나도 나의 성취와 노력을 볼 수 있다. '됐어! 폴, 그만하면 충분해!' 그러나 거기에는 아직도 작은 목소리가 들린다. 그 목소리는 '아니야, 아니야, 아니야. 넌 더 잘해낼 수 있어. 여기 있는 이 사람은 너보다 더 잘해내고 있어. 더 노력해!'이다.
I should be able to look at my accolades and go, 'Come on, Paul. That's enough.' But there's still this little voice… that goes, 'No, no, no. You could do better. This person over here is excelling. Try harder!'

자신의 성취를 믿기 시작할 때면 위험하다. 그래서 나는 퇴보하지 않았다.
It gets dangerous when you start believing your own legacy. That's why I've not gone back.

만약 당신이 당신의 삶을 사랑하면 모두가 당신을 역시 사랑한다.
If you love your life, everybody will love you too.

명상은 평생을 가는 선물이다. 명상 그것은 어디서든 불러올 수 있다.
Meditation is a lifelong gift. It's something you can call on at any time.

● 존 레논 어록

삶이란 당신이 다른 일을 계획하는 일로 바쁠 때 일어난다.
Life is what happens to you while you're busy making other plans.

우리는 평화에도 기회를 주자고 하는 부탁이 전부다.
All we are saying is give peace a chance.

혼자서 꾸는 하나의 꿈은 그냥 꿈일 뿐이다. 여러 명이 같이 꾸는 하나의 꿈이 현실이다.
A dream you dream alone is only a dream. A dream you dream together is reality.

영국 리버풀

나는 내가 틀렸음이 밝혀질 때까지 모든 걸 믿는다. 나는 그래서 나는 요정, 전설, 용을 믿는다. 비록 당신 마음속에서만이라도 이 모두가 존재한다. 과연 누가 꿈과 악몽이 바로 여기와 지금에 존재하지 않는다고 말하는가?
I believe in everything until it's disproved. So I believe in fairies, the myths, dragons. It all exists, even if it's in your mind. Who's to say that dreams and nightmares aren't as real as the here and now?

당신이 즐기려고 허비하는 시간은 허비하는 일이 아니다.
Time you enjoy wasting was not wasted.

당신이 누구고 무엇인지 말해주는 사람은 필요하지 않다. 당신은 바로 당신 자신이다.
You don't need anybody to tell you who you are or what you are. You are what you are!

나는 내가 사물을 보는 방법과 내가 무언가를 확인하기 위해 느끼는 방법을 바꾸지 않을 거다. 나는 언제나 괴짜였다. 그래서 괴짜로 평생 살아왔다. 그렇게 나는 살아야만 한다. 나는 그런 사람 중 하나다.
I'm not going to change the way I look or the way I feel to conform to anything. I've always been a freak. So I've been a freak all my life and I have to live with that. I'm one of those people.

현실은 상상에 많은 걸 남겨둔다.
Reality leaves a lot to the imagination.

뭔가 아름다운 일을 할 때는 아무도 알아주지 않더라도 슬퍼하지 마라. 해가 떠서 매일 아침이 기막히게 아름다운 광경이 펼쳐져도 대다수의 청중은 아직도 자고 있어도 해는 슬퍼하지 않는다.
When you do something beautiful and nobody noticed, do not be sad. For the sun, every morning is a beautiful spectacle and yet most of the audience still sleeps.

사랑은 당신이 자라게 놔둬야만 하는 꽃이다.
Love is the flower you've got to let grow.

동기 부여를 하는 기본 힘 두 개는 바로 공포와 사랑이다. 우리가 두려울 때 우리는 삶의 뒤로 숨는다. 우리가 사랑을 할 때 삶이 주는 열정, 흥분 그리고 인정을 우리는 받아들인다.

There are two basic motivating forces: fear and love. When we are afraid, we pull back from life. When we are in love, we open to all that life has to offer with passion, excitement, and acceptance.

평화는 당신이 바란다고 얻어지지 않는 것이다. 평화는 당신이 만들어내야 하는 것이고, 당신이 행해야 하는 일이고, 당신 자신이고 그리고 당신이 나누어주어야 하는 그 무엇이다.

Peace is not something you wish for; It's something you make, something you do, something you are, and something you give away.

정직은 당신에게 많은 친구를 만들어주지 않을 수도 있다. 그러니 그건 언제나 진정한 친구를 얻게 해준다.

Being honest may not get you a lot of friends, but it'll always get you the right ones.

모든 사람들이 평화의 삶을 산다고 생각해보라. 당신은 나를 몽상가라고 하겠지만 그러나 몽상가는 오직 나만이 아니다. 나는 언젠가 당신이 우리와 하나가 되길 바란다. 그러고 나면 세상은 하나가 되겠지.

Imagine all the people living life in peace. You may say I'm a dreamer, but I'm not the only one. I hope someday you'll join us, and the world will be as one.

마음을 끄고, 긴장을 풀고, 흘러내리는 물결에 몸을 맡겨라.
Turn off your mind, relax, and float downstream.

● 링고 스타 어록

비틀즈는 그냥 서로를 사랑하는 네 명의 남자였다. 그렇게 그들은 언제나 그럴 뿐이다.

영국 리버풀

The Beatles were just four guys that loved each other. That's all they'll ever be.

내가 들어갔던 밴드는 처음 만들었을 때부터 제대로 만든 밴드라는 걸 우리는 알았다. 왜냐하면 느낌이 좋아서였다. 그건 골프 같다. 골프공을 제대로 때렸을 때 알 수 있다. 느낄 수 있다. 두 개 사이의 연결을 느낄 수 있다. 연결은 좋은 일이다.
In the band I was in, we knew when we'd done the take, because it just feels good. It's like golf. When you hit that ball right, you know. You feel it you feel the connection. And connecting is good.

물론 나는 야망이 있다. 그게 뭐 잘못되었나? 그렇지 않으면 하루 종일 잠을 잘 건데?
Of course I'm ambitious. What's wrong with that? Otherwise you sleep all day.

미국: 영국과 같다. 단지 버튼이 몇 개 있다.
America: It's like Britain, only with buttons.

나는 새 멤버였다. 그건 마치 나 말고는 모두가 서로 아는 학교에 전학 오는 것과 같았다.
I was the new boy. It was like joining a new class at school where everybody knows everybody else but me.

나는 베토벤을 좋아하고 특히 시를 좋아한다.
I like Beethoven, especially the poems.

나는 끝에 가서 잊히지 않은 존재였으면 좋겠다.
I'd like to end up sort of unforgettable.

블루스를 부르기 위해서는 노력을 해야 한다. 그건 쉽게 오지 않는다는 걸 알아야 한다.
You got to pay your dues if you want to sing the blues. And you know it don't come easy.

나는 말하거나 웃는 걸 꺼리지 않는다. 단지 나는 자주 하지 않을 뿐이다. 나
는 웃는 인상이 아니고 말 잘하는 편도 아니다.
I don't mind talking or smiling, it's just I don't do it very much. I haven't got a
smiling face or a talking mouth.

모든 사람이 비틀즈 노래를 분석하려고 하던 때를 기억하는가? 그들이 도대
체 뭘 하려고 했는지 나는 그들이 뭘 하려고 했는지 이해할 수가 없었다.
Do you remember when everyone began analyzing Beatles songs, I don't
think I ever understood what some of them were supposed to be about.

나는 우리가 왜 해산했는지 단 한 개의 이유도 댈 수 없다. 때가 되자 우리는
그냥 흩어졌다. 그들은 나보다 더 멀리 흩어졌다. 나는 밴드에 남아 있을 수
도 있었다.
I couldn't put my finger on one reason why we broke up. It was time,
and we were spreading out. They were spreading out more than I was. I
would've stayed with the band.

정부가 손대는 모든 건 쓰레기로 변한다.
Everything government touches turns to crap.

그래서 이게 바로 미국이다. 그들은 미친 게 틀림없다.
So this is America. They must be out of their minds.

나는 지난밤 평화의 꿈을 꿨다.
Last night I had a peace dream.

나는 비틀즈에 합류하기 전 교육받은 적이 없다. 그리고 비틀즈 이후에도 교
육받은 적이 없다, 삶이 바로 위대한 교육이다.
I had no schooling before I joined The Beatles and no schooling after The
Beatles. Life is a great education.

나는 그때를 돌이켜 생각해보면 감상적이 된다. 나에게 그 감상은 위안이다.
나는 감상적인 사람이다. 나는 대단히 민감하다. 그런데 문제는 내가 그걸
내 나이 48세가 되었을 때 알았다는 사실이다.

I do get emotional when I think back about those times. My make-up is emotional. I'm an emotional human being. I'm very sensitive and it took me till I was forty-eight to realize that was the problem!

나는 정말로 뭘 배워본 적이 없다. 나는 드럼도 배운 적이 없다. 난 밴드에 합류해서 무대에서 실수하면서 모든 걸 배웠다.
I never studied anything, really. I didn't study the drums. I joined bands and made all the mistakes onstage.

● 조지 해리슨 어록

누구든 증오하기로 마음먹으면 증오할 사람이 있다.
As long as you hate, there will be people to hate.

우리의 사랑으로 우리는 세상을 구할 수 있다.
With our love, we could save the world.

당신 안에 모든 것이 있고 누구도 당신을 변화시킬 수 없다는 사실을 당신이 자각하려고 노력해야 한다. 그리고 당신은 단지 아주 조그만 존재일 뿐이고 당신 안에 있는 삶은 당신이 없어도 흘러간다는 사실을 말이다.
Try to realize it's all within yourself no one else can make you change, and to see you're only very small and life flows on within you and without you.

험담은 악마의 라디오다.
Gossip is the Devil's radio.

나는 유명해지기보다는 성공을 원했다.
I wanted to be successful, not famous.

우리는 우리 모두 사이에 숨 쉴 공간을 두는 일을 말하고 있었다. 그러고는 환상의 벽 뒤에 자신을 숨긴다. 진실을 잠깐도 보려 하지 않는다. 그러고 나면 결국 모두들 죽어버리면 이미 너무 늦는다.

We were talking about the space between us all and the people who hide themselves behind a wall of illusion. Never glimpse the truth - then it's far too late when they pass away.

우리 없이도 비틀즈는 존재할 거다.
The Beatles will exist without us.

신문을 펼쳐 그 안에서 나를 발견 못 하면 최고로 신나는 일이다.
The nicest thing is to open the newspapers and not to find yourself in them.

비틀즈가 세상을 권태로부터 구했다.
The Beatles saved the world from boredom.

당신은 당신이 원하는 만큼의 삶을 가지고 있다. 그러고는 심지어 당신이 원하지 않은 삶까지 더 가졌다.
You've got as many lives as you like, and more, even ones you don't want.

나는 이런 종류의 미친 투어는 분명 그만두려고 한다. 모든 기준이 바로 음악이다. 아니다. 나는 절대 음악은 중단하지 않는다.
I'll give up this sort of touring madness certainly, but music-everything is based on music. No, I'll never stop my music.

내 입장으로는 존 레논이 죽어 있는 한 비틀즈의 재결합은 없다.
As far as I'm concerned, there won't be a Beatles reunion as long as John Lennon remains dead.

모든 세상은 생일 케이크다. 조각 하나를 먹어라. 그러나 너무 많이는 말고.
All the world is birthday cake, so take a piece, but not too much.

당신이 어디로 가고 있는지 모른다면 어떤 길이든지 널 데리고 갈 거다.
If you don't know where you're going, any road will take you there.

모든 실수를 통해 우리는 분명 뭔가를 배운다.
With every mistake, we must surely be learning.

영국 리버풀

7. 안토니오 비발디와 베네치아
_ 이탈리아 베네치아

거기에는 말은 없고 오로지 음악만이 있었다.
There are no words, it's only music there.
— 안토나오 비발디

베네치아Venezia를 일러 '지중해의 진주'라고 하는 말에 시비를 걸 이유는 전혀 없다. 차라리 진주라는 말로는 부족하니 베네치아의 중요성에 더 적합한 말을 찾자고 제안할 판이다. 베네치아는 인구 30만 명도 안 되는, 118개의 섬들이 약 400개의 다리로 이어진 해상 인공 도시다. 그런데 이 자그만 도시가 가장 전성기에는 3만 6000명의 선원을 태운 3300척의 상선을 보유하고 있었다. 그 상선들을 한 대당 수병 200명의 전휘 단선galley war fleet 45척이 보호해서 지중해를 자신의 앞마당으로 만들었다. 지중해에는 고래로 수많은 도시 국가가 존재했다. 우리도 잘 아는 아테네, 스파르타 같은 기원전부터 존재하던 그리스의 여러 도시 국가도 그중 하나다. 중세에는 제노아, 나폴리 같은 이탈리아 해안 항구 도시는 물론 밀라노, 플로렌스 등 거의 모든 이탈리아의 큰 도시가 도시 국가였다. 특히 지중해가 바로 해안 도시 국가들의 동방 무역과 세계 무역 중심이었다.

그중에도 베네치아는 최고 강자였다. 유럽과 중동의 최강국이었던 오토만 대제국과 일전(모리안 전쟁: 1687~1688년)을 벌일 정도였다. 모리안 전쟁 때 베네치아 군이 쏜 포탄이 아테네 아크로폴리스 언덕 위의 인류 최고의 건축물이라는 기원전 432년에 세워진 파르테논 신전을 전파全破시키는 불행이 일어나기도 했다. 부서진 파르테논 신전 잔해가 '엘진 마블'이라는 이름을 달고 런던 대영박물관 가장 중앙에 전시되어 있다. 당시 터키 주재 영국 대사였던 엘진 경이 터키 정부에 돈을 주고 사온 대리석 조각들이다.

작은 고추가 맵다는 속담은 이를 두고 하는 말이다. 하긴 그때 이탈리아는 이런 작은 도시 국가들로 이루어진 나라였다. 베네치아가 지중해 최고 강자로 군림하게 된 데는 특히 베네치아 상인의 기질이 한몫했다. 비록 윌리엄 셰익스피어의 희곡《베니스의 상인》에는 악독하고 영악한 피도 눈물도 없는 유태인 상인으로 나오지만 사실은 다르다. 베니스 상인은 합리적인 계산에 빠르고 신용을 잘 지키고 경우에 밝았다. 한국의 개성상인이 들었던 평과 비슷하다. 이런 강점을 이용해 베니스는 무역으로 강국을 만들었다. 유럽에서는 베니스 상인에 대한 평이 아주 좋았다. 만일 그렇지 않았다면 작은 섬나라가 어떻게 강국으로 존재할 수 있었겠는가?

한창 번성하던 시절에 만들어진 베니스 도시 건축물에는 각종 문명의 영향(비잔틴, 고딕, 바로크, 르네상스 양식, 중동, 아프리카)이 혼재해 있다. 그래서인지 베니스 건축물은 이국적인 분위기를 자아낸다. 완전히 다른 문화인 이슬람 문화의 중동과 기독교 문화의 유럽 중간에 위치한 것을 장점으로 받아들인 덕분이다.

지금 매년 약 2000만 명이 방문하는 베네치아는 몸살을 겪고 있다. 하루에 거의 5만 5000명이 들르니 베네치아의 좁은 골목이 미어터질 수밖에 없다. 견디다 못한 베네치아 토박이들은 도시 진입세를 받자고 한다. 또 사전 예약을 한 사람만 들어오게 해서 하루에 들어올 수 있는 숫자를 제한하자는 등 별별 묘책을 내놓고 있다. 베네치아의 치명적인 매력이 오히려 독이 되어 자해를 하는 셈이다. 세상일이란 무엇이든 넘치면 해가 되는 법이다. 지나친 사랑이 집착이 되듯이 말이다.

이탈리아 베네치아

유럽 최고의 중심 국가였던 이탈리아

　베네치아의 치명적인 매력은 동서양 문명을 비롯해 유럽 각 곳의 문화까지 각종 요소가 묘하게 섞여 있는 이국적인 분위기에서 비롯된다. 베네치아는 여행자에게 세기말적인 해방구에 온 듯한 환상에 젖게 한다. 대륙으로부터 격리된 바다 위에 떠 있는, 섬도 아니고 그렇다고 바다도 아닌, 경계선상에 위치한 묘한 도시라는 인식이 사람들을 마취시키는지도 모른다. 2차 세계대전 때의 흡사 영화 〈카사블랑카〉의 무대로 프랑스 식민지였던 북아프리카 모로코의 카사블랑카나 중동 전전戰前의 베이루트 같은 분위기였다. 베네치아는 바다 위에 떠 있는 작은 암초와 섬 118개를 연결해서 만들어진 마을이라 바다도 아니고 섬도 아니고 더욱이 육지도 아니다. 자연적으로 생겨난 도시가 아니고 필요에 따라 만들어진 인공 도시다. 육지의 권력으로부터 자유로운 도시, 중세重稅가 없는 도시, 즉 일종의 해방구를 목적으로 오랜 세월에 걸쳐 천천히 만들어지다 보니 시대 유행에 따라 다양한 건물이 생겼다. 작은 마을에 다양한 형식의 건물이 지어져 모자이크처럼, 무지개처럼 아름다운 모습을 하게 되었다.

베네치아

　　베네치아는 그 어느 것도 아니면서 모든 걸 포함한 여러 개의 얼굴을 가지고 있다. 거의 매일 아침이면 바닷물이 시내로 넘쳐 들어와 산마르코 광장은 나무다리를 통해 걸어 다녀야 했다. 뿐만 아니라 조그만 상점들이 다닥다닥 붙어 있는 골목길까지 물이 범람하기 때문에 상점들은 물 방지 턱을 문에 해 놓았다. 그래서 사람들은 베네치아가 언젠가 물속으로 사라질지 모른다는 초조감과 위기감을 느꼈는데 이것이 밤에는 환락에 젖게 했다. 그런 뒤 아침에는 성당에 가서 어젯밤의 환락을 회개하고 일상으로 돌아가는 일회성 도시였다. 베네치아는 모든 것이 여행하는 도시이기도 했다. 동양과 서양의 미추美醜와 선악과 성속聖俗이 혼재하여 모자이크를 이루어 만들어내는 아름다움으로 어지러운 도시가 바로 베네치아였다. 베네치아는 유럽에서도 가장 개방된 도시이기도 했다. 그래서 예로부터 유럽 각국에서 이루어질 수 없는 사랑을 안고 도망쳐 온 수많은 연인의 안식처가 되기도 했다. 아내와 헤어진 뒤 런던에서 온 바이런 경과 아내와 다툰 후 라이프치히에서 도피한 리하르트 바그너에게 피난처가 되어준 도시가 바로 베네치아였다.

　　권력의 좌에서 쫓겨난 수많은 유럽의 권력자의 말로를 지켜보는 망명의 도시이기도 했다. 또한 당시 유럽에서 최고의 문명국이라는 이유로 유럽 대갓집 자제가 하인들을 대동해 마차 타고 먼 길을 와서 견문을 넓히고 가는 이른바 이탈리아 그랜드 투어의 종착지였다. 이런 도련님은 귀국할 때 반드시 그랜드 카날 위에 리알토 브리지가 곁들여진 베네치아 풍경화를 사 가지고 가서-베네치아를 다녀왔다고 자랑하면서 거실에 걸어놓곤 했다. 요즘 말하는 관광 여행 증명사진의 일종이었다. 그 시절 유럽의 지식인은 이탈리아를 다녀오지 않고는 대화에 끼일 수 없을 정도였다. 이런 유의 그림 중에서 영국인이 가장 사랑하는 화가인 성도 아예 '운하canal' 인 지오바니 안토니오 카날 Giovanni Antonio Canal, 일명 카날레토Canaletto의 베네치아 풍경화가 제일 유명하다. 영국 내셔널 갤러리에는 카날레토 그림을 비롯해 베네치아 풍경화로만 가득 찬 방이 하나 있다. 뿐만 아니라 유럽 각국의 건축가는 반드시 이탈리아를 다녀와야 했다. 이탈리아의 건축에 대한 견문은 물론 대리석을 비롯한 각종 건축 석재에 대한 지식을 현장에서 보고 습득하기 위해서였다. 예를 들면 이니고 존스Inigo Jones 같은 영국 건축가가 이탈리아를 다녀와서 들여온 팔라딘 스타일 건축 양식이 런던 치스윅 공원의 치스윅 하우스에서 보이듯 영국

이탈리아 베네치아

전역에 퍼졌다. 이렇게 이탈리아는 로마 시대 이후 아주 오랫동안 유럽의 중심 국가로 여러 가지 면에서 군림했다.

화가도 반드시 이탈리아를 가서 최소한 4~5년은 머무르면서 최고 화가들의 공방에서 직접 혹은 어깨 너머로라도 배우고 와야 했다. 각종 성당이나 수도원 같은 곳에서 레오나르도 다빈치, 라파엘로, 미켈란젤로의 작품을 보면서 견문을 넓혀야 했다. 루벤스가 이런 과정을 거쳐서 이탈리아에서 먼저 이름을 얻어서 금의환향한 대표적인 경우다. 이런저런 이유 때문에 베네치아는 유럽 문화인이라면 반드시 거쳐 가야 하는 도시였다. 그래서 베네치아를 배경으로 한 여러 미술, 문학, 음악 작품이 만들어졌다. 베네치아와 관련되어 이름이 들먹여지는 유럽의 문화인은 수도 없이 많다.

우선 요한 볼프강 폰 괴테부터 보자. 37세의 괴테는 바이마르 공국의 추밀원 장관을 비롯한 모든 공직에서 물러나 안식 휴가를 이탈리아로 갔다. 베네치아의 아름다움에 흠뻑 빠져 경탄을 금하지 못했고, 바이마르로 돌아가 〈베네치아 에피그람Venetian Epigram〉이란 시를 썼다. 1786년 9월 3일 새벽 3시 괴테는 이탈리아로 거의 충동같이 홀연히 여행을 떠났다. 중년의 위기 탈출 여행처럼 하인도 없이 혼자서 필립포 몰러라는 가명을 써서 마차에 올랐다. 시대적으로 그 정도 신분의 인사라면 수행원 없이 떠나는 여행은 상상할 수 없었다. 하찮은 신분이었던 돈키호테조차 산초 판사를 하인으로 해서 처지에 맞지 않게 동행하고 여행을 떠난 걸 보면 알 수 있다. 언제부터인가 괴테 마음속에 이탈리아에 대한 동경을 간직하고 있었다. 자신의 빛나는 이탈리아 여행을 과장해서 꿈을 꾸듯 이야기하던 아버지의 추억담으로부터도 영향을 받았다. 또 스스로 간직하고 있던 이탈리아로의 갈망은 더 이상 억제할 수 없었다. 그 시대 유럽인이 그리던 이탈리아는 거의 지상낙원이었다. 태양이 항상 비추는 지중해는 침울하고 눅눅하고 매일 비가 오고 하루 종일 어두운 지역에 사는 유럽인에게는 천국처럼 여겨졌다. 더욱이 이탈리아 문명은 환상을 불러일으켰다. 당시 이탈리아 여행은 모든 유럽 상류층 인사에게는 일생에 한 번은 반드시 다녀와야 하는 것으로 마치 무슬림의 메카 성지 순례와 같았다. 그러나 괴테는 단기간 휴가를 간다고 공작에게 허락을 받은 뒤 그냥 2년을 눌러 앉아버렸다. 괴테는 특히 베네치아를 좋아해서 그 후에도 여러 번 다녀갔다. 이탈리아에서의 2년은 다시 태어났다고 할 정도로 괴테에게 큰 영향을 주었다. 이때 괴테는 베네치아를 충분히 즐기면서도 동시에 외로움에 못 이겨 독일의 친지에게 수차례 편지를 보냈다. 결국 이 편지들을 바탕으로 괴테의 유명한 《이탈리아 여행기》가 나왔다.

클로드 모네도 베네치아의 매력에 흠뻑 빠진 화가다. 단 한 번의 방문으로도 37점의 유화를 그렸다. 거의 모두가 모네 특유의 빛의 조화를 그린 작품들이다. 그중 영국 카디프 웨일즈 국립박물관 소장한 〈베네치아, 황혼의 성 지오르지오 마지오레 성당〉이 가장 걸작으로 알려져 있다. 그러고 보면 모네는 비교적 여행을 많이 한 화가다. 특히 런던의 템스강에 매혹되어 100여 점의 작품을 남겼다. 주로 안개 낀 템스강과 영국 웨스트민스터 의사당을 그렸다. 런던 내셔널 갤러리가 소장한 18점의 작품 중에도 한 점이 안개 낀 의사당 그림이다.

아내 미나와 부부싸움을 한 뒤 이탈리아로 훌쩍 탈출한 리하르트 바그너도 거의 9개월을 베네치아에서 지냈다. 지겹고 긴 독일의 겨울을 잘 피해서 지낸 셈이다. 허나 아무리 베네치아가 좋다고 해도 타향이다 보니 바그너는 유난히 외로워했다. 덕분에 오래 끌기만 하고 끝을 못 맺던 오페라 〈트리스탄과 이졸데〉를 베네치아에서 완성한다. 이렇듯 베네치아를 찬미하지 않은 유럽의 문화 예술인을 찾기가 찬미한 인사를 찾기보다 더 어려울 정도로 베네치아는 유럽인의 꿈의 도시였다.

비발디와 바흐의 베네치아

안토니오 비발디
안토니오 비발디Antonio Vivaldi(1678~1741)는 다른 뜨내기 베네치아 팬클럽의 일원이던 다른 유럽 예술 문화인과 달리 베네치아 순종이다. 베네치아에서 태어나 자라고 끝까지 활동했다. 비록 한때의 불운 때문에 고향을 떠나 비엔나로 피신했다가 타향에서 애달프게 죽기는 했으나 비발디 하면 베네치아를 떠올리고 베네치아 하면 반드시 비발디가 따라 나와야 할 정도

이탈리아 베네치아

로 토박이다. 비발디는 결코 베네치아와는 떼려야 뗄 수 없는 동전의 앞뒤와 같다. 또한 비발디를 이야기하려고 하면 바로크Baroque 음악을 말하지 않을 수 없다. 바로크는 모양이 불규칙한 진주를 가리킨다. 당시에는 복잡하고 불규칙적인 장식이 천장, 창문틀 같은 곳에 들어가서 화려함의 극치를 이루었다. 결국 바로크는 복잡하고 화려하고 장식이 많은 17~18세기 각종 예술 문화를 이르는 말이 되었다. 비발디는 그 시대의 가장 대표적인 음악가다. 유럽 3대 바로크 음악가인 비발디(1678~1741), 요한 세바스찬 바흐(1685~1750), 게오르크 프리드리히 헨델Georg Friedrich Händel(1685~1759)은 연대에서 볼 수 있듯이 동시대 인물이다. 더군다나 바흐와 헨델은 동갑이고 고향도 각각 독일 중부 지방의 아이제나흐와 할레로 서로 200여 킬로미터밖에 떨어져 있지 않다. 바흐가 34세 때 자신이 일하던 쾨헨에서 30킬로미터 거리의 할레로 말로만 듣던 헨델을 만나러 일부러 갔으나 헨델이 마침 마을에 없어서 불발로 끝났다. 둘은 비록 만나지 못했지만 서로의 존재를 알고 서로의 음악에 영향을 끼쳤다. 교회 음악가(바흐), 왕실 음악가(헨델)라는 신분 차이가 있었으나 둘의 음악은 비슷한 점이 많다. 그러나 독일을 한 번도 벗어나지 못한 바흐와는 달리 헨델은 25세에 영국에 정착해 죽을 때까지 거의 50년간을 런던에 머물며 영국 상류층 사회에 깊숙하게 들어가 살았다. 결국 영국 국적을 받아 영국 시민이 되고, 죽어서 웨스트민스터 사원의 '시인의 코너poet's corner'에 묻힌다.

붉은 머리의 비발디 신부

헨델는 지금도 영국인 사이에 회자되는 재미있는 말을 한 적이 있다. '당신들은 영국인으로 태어났지만 나, 내가 선택해서 영국인이 되었다You were born as a British but I have chosen to be a British'라는 말이다. 헨델이 거의 반세기를 영국에 살았지만 독일어 억양의 영어를 구사해서 영국인 친구들이 자주 놀렸다. 참다못한 헨델이 어느 날 점잖게 한마디 해서 다음부터는 놀리지 못하게 했다. '그냥 부모 덕에 영국인이 된 너희보다 선택해서 영국인이 된 내가 더 우월하다'는 자부심에 가득 찬 발언이어서 주위를 엄숙하게 했다고 한다.

비발디는 바흐, 헨델보다 일곱 살이 많다. 잘 알려져 있는 사실이지만 비발

디는 원래 신부였다. 머리색이 붉어 '붉은 신부il Prete Rosso'라고 평생 놀림을
받았다. 유럽인 사이에는 붉은 머리는 편견과 차별의 대상이다. 지금도 '생강
머리 바보ginger nut', '듀라셀 건전지Duracell battery(듀라셀 건전지 윗부분이 오렌지
색에 가까운 금빛인 이유로)', '홍당무 머리carrottop', '적갈색 머리auburn hair'라고
불리면서 놀림을 당하는데 당시는 얼마나 심했을까?

붉은 머리는 유태인의 상징이다. 성경에 은전 몇 푼에 스승 예수를 배반한
유다가 붉은 머리였다고 항상 묘사된다. 붉은 머리카락을 가진 사람들은 대
개 피부가 유난히 희고 눈동자도 밝은 색(회색, 청색, 녹색, 심지어 적색)이 많다.
유럽인은 머리카락이 붉은 사람은 성격이 급해서 화를 잘 내며 말을 가려 하
지 않고 특히 여인은 호색 성향이라는 편견을 가지고 있다. 윌리엄 셰익스피
어나 찰스 디킨스도 작품에서도 이런 식으로 표현한다. 셰익스피어 작품《베
니스의 상인》의 주인공 샤일록도 유태인답게 머리칼이 붉은색이다. 영국 역
사에서 가장 유명한 붉은 머리는 엘리자베스 1세이나 그녀는 성격이 전혀 그
렇지 않았다. 참을성 많고 화도 잘 내지 않고 말도 아주 신중하게 한 것으로
유명하다. 아무도 적으로 안 만들 정도로 정치적이었다고 해서 붉은 머리에
대한 편견이 잘못된 대표적인 사례로 거론된다. 엘리자베스 여왕의 성품이
그랬던 이유는 남동생 에드워드 6세의 6년, 언니 메리의 5년 치하의 백척간두
의 세월 동안 살아남기 위해 수양하며 성격을 죽여서라고 알려져 있다. 엘리
자베스의 아버지 헨리 8세나 어머니 앤 불린이 모두 성격이 급하고 다혈질로
유명하니 원래 엘리자베스 여왕도 그랬을 수 있다.

비루한 집안의 비발디, 신분 상승을 꿈꾸다

비발디 집안은 음악가 집안이다. 아버지는 베네치아 중심지인 산마르코
광장을 차지하고 있는 산마르코 대성당의 교향악단 바이올린 주자였다. 원래
비발디 아버지는 천직賤職에 속하는 이발사였다가 바이올린을 배워 어느 정
도의 신분 상승을 했다. 그래도 음악인은 장인匠人이지 중산층이 아니었다.
당시는 이발사가 외과 의사를 겸하기도 했다. 의사도 귀한 직업이 아니었으
며, 특히 이발사는 모피상, 백정과 함께 아주 낮은 지위의 신분이었다. 이발사

이탈리아 베네치아

가 왜 피를 만지는 외과 의사를 겸했는지는 의문이나 백정처럼 피를 만지는 직업이라 천직이었다. 이발소 표시등의 붉은색은 피, 흰색은 붕대, 푸른색은 정맥을 상징한다. 헨델의 아버지도 이발사이자 외과 의사였다. 헨델의 아버지는 그나마 독일 지방공국 어전 의사여서 신분이 다른 의사보다 낫긴 했지만 그래도 고귀한 신분은 아니었다. 옛날 봉건 시절 직업에서 상류 직업은 귀족이 맡은 정부 고위직, 장군, 신부 같은 직종이다. 중간 직종은 정부 중간 관리층, 변호사, 교사 등의 지식 직종 그리고 나머지는 대부분 하류 직업이었다. 화가, 음악가, 극단 배우, 희곡작가 같은 예능 직종도 모두 하류 직업이었다. 단지 바흐 아버지만 동네 악단 지휘자여서 신분이 조금 나았다. 그렇게 보면 바로크 음악가 세 명은 비슷한 점이 많다. 헨델과 비발디는 음악을 통해 상당한 신분 상승을 한 셈이다. 비발디는 베네치아 중심 광장의 중동 건축물 냄새가 물씬 나는 산마르코 대성당에서 처음 음악을 접하게 된다. 산마르코 대성당의 바이올리니스트가 된 아버지로부터 바이올린과 음악을 배운다. 비발디는 어려서부터 아버지와 같이 베네치아를 비롯해 주변 도시를 순회 연주를 하며 생계를 유지했다. 흡사 일곱 살에 아버지 손에 끌려 유럽 각 도시를 돌아다니는 고달픈 순회 공연을 한 모차르트와 같다. 순회 연주라고 해봐야 주로 귀족들의 파티나 연회장에서 배경 음악을 해주는 수준이었으나 일단 음악 수업으로는 최고였다. 그러다가 비발디는 당시 머리가 뛰어난 소년이면 누구나 꿈을 꾸는 가톨릭 사제가 되기 위한 신학 수업을 받는다. 몸이 너무 약해 신학교 기숙사에는 못 들어갔으나 통학 수업이라는 특혜를 받을 정도로 우수한 학생이었다. 약한 몸은 비발디의 운명을 여러 번 바꾸어놓는다.

엄격한 신분 사회였던 중세에 사제는 자신이 태어난 계급을 바꾸어 상류층이 될 수 있는 거의 유일한 현실적인 방법 중 하나였다. 비발디는 15세에 신부 수업을 시작해 10년이 되던 25세에 신부 서품을 받았다. 그러나 그다음 해에 천식이 도져서 도저히 미사를 집행할 수가 없게 되었다. 주교 허락으로 신부의 신분은 유지하지만 신부로서의 가장 중요한 미사 집전의 임무 책임에서는 벗어난다. 비발디가 음악을 하려고 꾀병을 부렸다고도 하지만 기록상 비발디는 태어날 때부터 약하게 태어났다. 비발디가 태어난 1678년 3월 4일 베네치아에는 거의 천재지변에 가까운 천둥, 번개, 지진이 한꺼번에 들이닥쳤다는 기록이 있다. 비발디 어머니가 지진에 넘어지면서 머리를 다쳐 기절했고 그사이에 비발디가 미숙아로 태어났다. 지금도 마찬가지지만 미숙아는 생존율이 낮거나 약하다. 그런데도 비발디는 살아남았다. 신부 임무에서 벗어나자마자 비발디는 본격적으로 음악가로서 능력을 발휘하기 시작했다. 이렇게 보면 비발디가 음악가로서 자신의 재능을 살리려고 칭병稱病을 했다는 말이 개연성이 있다.

정말 찾기 힘든 비발디 성당

산마르코 광장에서 해변가로 나가서 왼쪽 해변을 따라 400미터만 가면 '성모 마리아 비탄 교회Chiesa di Santa Maria della Pieta'라고 해석해야 하는 '베니스의 비발디 교회'가 나온다. 구글에서 이 성당을 찾으면 별별 이상한 곳으로 안내하여 성당을 찾으러 가는 길이 거의 오디세이일 만큼 애를 먹었다. 베네치아에 사는 사람들도 잘 모르고 상점 사람들은 더더욱 모른다. 그래서 현재 베네치아 내 상점의 주인들이 베네치아 토박이보다 외국인이 더 많다는 신문 기사가 이해가 갔다. 베네치아를 찾는 사람들 중 많은 사람이 비발디에 대한 향수 때문에 찾아오는데 정작 비발디 성당을 아는 베니스 사람이 없다니 참 이해부득이다. 베네치아 내의 교회 어디에든 입구 간판에는 비발디 얼굴을 그린 표지판이나 음악회 공고가 붙어 있어 모두가 비발디

성모마리아비탄교회

교회라고 착각하기 쉽다. 그러나 이는 해당 교회에서 비발디 곡을 연주하는 사설 음악회를 한다는 뜻이다. 비엔나 상당마다 그럴듯한 이름의 교향악단이 모차르트 얼굴을 붙여놓고 연주회를 한다고 광고한다. 들어가보면 관광객 상대로 낮은 수준의 음악회를 할 때가 많다.

거의 두 시간을 구글 지도를 따라 돌다가 결국 관광객을 끌고 다니는 현지 가이드의 도움을 받아 찾은 교회는 바로 두 시간 전에 지나쳤던 곳이었다. 물론 두 시간의 방황은 순전한 헛수고만은 아니었다. 그렇지 않으면 돌지 않았을 베니스 골목골목을 샅샅이 돌아보는 기회를 가졌다. 덕분에 베니스 좁은 골목길과 운하와 운하 위에 걸린 반월형 다리가 기억에 선하다. 또 베니스 안내 책자에도 안 나오는 비발디가 영세받은 '브라고라의 성 지오바니 성당San Giovanni in Bragora'을 우연히 찾는 행운도 있었다. 베네치아의 비발디 유적 중 또 하나의 중요한 곳을 의도치 않게 만난 셈이다. 결국 목적한 비발디 교회 앞에 선 순간, 허탈감과 함께 그래도 찾기는 찾았으니 다행이라는 묘한 안도감이 들었다. 바닷가에 위치해 성당 문을 나서면 바로 바다가 앞에 펼쳐졌다. 과연 이 바람 부는 바닷가를 바라보면서 거의 300년 전 비발디는 무슨 생각을 했을까 하는데 왠지 뭉클했다. 300년이란 세월이 문득 어제 같은 착각이 드는 건 무슨 조화인지 모르겠다. 사람은 가도 산천은 남아서 세상이 존재한다.

신부로서 미사를 하지 않고 성당 담임 신부도 맡지 않은 비발디를 교구는 이 교회 부속의 '비탄의 경건한 성모 병원Pio Ospedale della Pietà' 고아원의 음악 감독으로 임명한다. 당시 베니스는 환락의 도시였다. 특히 지중해 최고의 항구 도시이자 융성한 무역 항구였다. 오랜 항해에서 돌아오고 가는 선원들로 베네치아는 유럽에서도 성도덕이 문란했다. 환락에 빠졌던 여인들은 아버지를 모르는 아이를 임신해서 사생아를 낳으면 고아원이나 성당 앞에 버렸다. 그 시대 혼전 임신은 거의 살인쇠만큼 중죄였다. 더군다나 상류층 여인에게는 세상이 끝나는 듯한 치명적인 흠이 됐다. 목구멍이 포도청이어서 하루 벌어 하루 먹고사는 서민층 여인에게는 자신의 몸도 주체를 못 하는데 자식은 최악이었다. 눈물을 머금고 버리는 것이 해결책이었다. 그래서 고아들 중에는 특히 미소녀, 미소년이 많았다. 옛날이나 지금이나 미인박명의 비극과 문제의 시발점이다. 베네치아 공화국 당국에서 버려진 아이들을 거두어 비발디의 고아원에 맡겼다. 비발디는 그중 소녀들을 음악 교육을 시켜 연주단과 합창단을 만들었다. 비발디는 소녀들에게 재능을 꽃피게 해 천사로 만들었다. 비범한 비발디의 천재적인 능력으로 작곡한 엄청난 음악과 노력으로 천사 소녀 합창단이 탄생했다. 이 합창단은 유럽에서 엄청난 명성을 얻게 되었고 공연에는 청중이 구름같이 몰려들었다. 공연으로 얻은 수입은 고아원과 학교를 유지하는 데 쓰였다. 심지어는 귀족과 양가집에서도 자신들의 딸도 맡아달라고 비발디를 찾아왔다.

대가는 다작을 해야 한다?

이후 30년간 비발디는 엄청난 양의 작곡을 했다. 500여 곡의 협주곡과 64곡의 독주곡, 38곡의 칸타타, 27곡의 트리오 소나타가 알려져 있다. 바이올린이 자신의 전공인 만큼 협주곡 중 350곡이 바이올린 곡이다. 나머지는 그때까지 독주용으로 사용되지 않던 각종 악기들을 위한 곡들이다. 게다가 50곡의 오페라도 있다. 악보가 완벽하게 남아 있는 오페라는 20여 곡이다. 내가 가진 40장의 비발디 전집(데카 발매)에만 거의 100곡이 수록되어 있다. 비발디 곡은 아직도 연주가 안 된 곡이 수두룩하다. 그래서 시디로 제작 안 된 곡이 훨씬 더 많다. 연주가들이 몰라서가 아니다. 고객인 일반들이 아는 곡만 들으려 하고 시디를 사지 않는 탓이다. 사람들은 비발디 하면 〈사계〉 바이올린 협주곡만 알 뿐이지 다른 곡은 관심이 없다. 만일 1000여 석의 공연장의 관객 중 몇 명이나 순수하게 곡의 연주를 들으러 오는지 생각해보면 이해될 것이다. 대개의 사람들에게는 곡명과 연주자와 지휘자의 명성이 연주회 표 구매의 첫 번째나 두 번째 이유일 듯해서 하는 말이다.

하긴 65년을 살다 가면서 1128곡을 작곡한 바흐에 비하면 별건 아니지만, 그래도 비발디는 우리처럼 관심 쏟을 잡다한 다른 일이 없었던 것 같다. 대단하다고밖에는 더 할 말이 없다. 바흐는 37세부터 작곡을 시작해서 28년간 작곡을 했다. 1년에 40곡을 작곡했다는 계산이 나온다. 작곡가로서 일을 시작한 일생 동안 한 주도 쉬지 않고 내리 작곡을 했다는 뜻이다. 1주일에 한 곡을 작곡한 셈이니 거의 작곡 기계였다. 하긴 바흐는 당시로는 유럽의 대도시 중 하나였던 라이프치히 중심 성 토마스 성당의 음악 감독이라 매주 주일 미사

해 질 녘 베니스 풍경

를 위해 새로운 미사 성곡을 작곡해야 했다. 그러고 보면 1년에 40곡이 맞다. 내가 가진 시디 155장의 바흐 전집(브릴리언트 발매)은 사실 욕심으로 사놓고 딱 한 번 완청完聽을 했다. 그러고는 내가 좋아하는 곡만 골라 듣고 있다. 비발디 시디 40장은 완청을 하긴 했다. 그중에 형광펜으로 표시해놓은 곡만 나중에 다시 골라 듣는 편이지만 그냥 한 번 듣고 지나친 곡도 많다. 모든 대가의 작품이 다 걸작일 순 없고 걸작이라는 평을 들어도 내가 편하게 들을 수 있는 내 취향의 곡이 아닐 수도 있다. 그중 일부는 세상을 움직인 걸작이고 일부는 태작일 터다. 굳이 대작음 들추어 작가를 폄하할 이유가 없고, 그냥 걸작만으로 우린 작가를 평가해야 마땅하다.

　대가는 무조건 다작이어야 한다고 나는 믿는다. 과작寡作을 자랑으로 하는 작가도 많고 혹은 평생에 한 가지 주제로만 작품을 하면서 자신은 천착穿鑿한다고 주장하는 작가도 많다. 물방울만 평생, 보리밭만 평생 그리는 작가는 뭔가 착각에 빠져 있다고 본다. 아니면 상상력의 빈곤 혹은 창작력의 부족이거나 또는 게을러서 다른 걸 찾아낼 생각도 안 하는지도 모르겠다. 파블로 파카소는 다작의 대가다. 다작 정도가 아니라 경이롭다고밖에 말할 수 없다. 평생

피카소 투우(왼쪽), 누나 롤라(오른쪽)

5만여 점의 작품을 남겼는데 자신의 작품을 다 아는지 모르겠다. 5만 점 안에는 유화 1885점, 조각 1228점, 도자기 2880점, 드로잉 1만 2000점 그리고 이루 다 셀 수도 없이 수많은 판화, 심지어는 벽걸이 태피스트리까지 말이다. 피카소는 다른 어떤 화가보다도 먼저 작품 활동을 시작한 신동이었다. 해서 91년의 생애 중 보통 80년을 작품 활동을 한 세월이라고 친다. 5만 점 나누기 80년 하면 1년에 625점, 결국 하루에 1.7점을 제작했다는 뜻이다. 과연 인간으로서 가능했을까? 물론 피카소는 그냥의 인간이 분명 아니라고 인정하더라도 말이다. 피카소도 물론 조수들의 도움을 받았다. 피카소 작품 중 유화를 제외하고는 분명 도자기나 조각은 조수가 당연히 있었음이 통상의 예로 보아 분명하다. 물론 이루 셀 수도 없이 많은 판화가 숫자에 큰 비중을 차지 하긴 해서 숫자를 늘리긴 했지만 그래도 엄청난 숫자가 아닐 수 없다. 1만 2000점의 드로잉은 분명 자신이 그렸을 터다. 그러고 보면 음악이든 미술이든 위대한 대가는 다작한다는 말이 절대 틀리지 않다.

　난해한 추상화가로 알려진 피카소도 초기에는 우리 같은 막눈이 봐도 완벽한 구도의 정상적인 사실화를 그렸다. 바르셀로나의 피카소 미술관을 가보면 우리가 알던 피카소가 아닌 또 다른 피카소를 볼 수 있다. 탄탄한 사실화의 기본을 바탕으로 추상화를 그렸기에 피카소를 대가라고 한다. 피카소는 일생에 걸쳐 다양한 방식의 끝없는 새로운 시도를 했다. 피카소가 명성을 얻기 시작하던 시기의 그림은 사실화로도 최고 수준이었다. 잘 알려져 있는 사실이지만 피카소는 세 살 때부터 그림에 재능을 보였다. 여덟 살에 그린 유화 〈투우Picador〉는 아이 그림이라는 생각이 들지 않을 정도로 색감이나 구도가 완벽하다. 도저히 믿을 수 없을 만큼 완벽하다. 11세에 미술 학교에 들어가기 전까지 그린 세 점의 스케치도 훌륭하다. 전혀 초등학생 그림 같지 않다. 미술 학교에 들어간 해에 그린 석고상 스케치도 뭐라고 입을 델 수 없다. 12살에 그린 유화 〈시골집〉에서는 완숙된 전문 화가의 예술 작품 냄새가 물씬 풍긴다.

미술 교사였던 피카소의 아버지는 피카소의 천재성을 인정하고 본인은 한동안 절필을 할 정도로 열등감에 빠졌었다. 물론 그 이후의 아버지 그림이 남아 있긴 하지만 피카소의 천재성을 증명하는 일화다. 여기서 내가 이 이야기를 하는 이유는 피카소에 대한 오해를 조금은 풀어주고자해서다. 피카소는 우리와 같은 사람이지만 미술적인 면에서 천재다. 거기에 더해 피카소는 태어나면서부터 추상화를 그린 게 아니라는 말을 하고 싶어서다. 구상화를 충분히 거쳐 세상에 존재하지 않은 예술을 만들려다 보니 〈아비뇽의 처녀〉라는 금자탑 걸작을 그려냈다. 이 작품을 시작으로 피카소식의 현대 추상화를 만들어냈다는 걸 이해해야 한다. 그렇게 보면 우리가 아는 피카소는 다른 사람이 된다. 피카소의 추상화를 혐오하는 사람은 추상 전의 그림을 보면 되고 전설이 된 피카소를 보고 싶어 하는 사람은 추상화 시기부터만 보면 된다.

피카소가 15살에 그린 첫 대작(166×118센티미터)인 〈첫 영성체〉는 바르셀로나의 한 전시회에 출품되어 화단의 주목을 받았다. 이때의 작품들은 어느 대가의 그림이라고 해도 전혀 손색이 없

첫 영성체

다. 그리고 20세부터 우리가 알고 있는 피카소의 청색 시대를 꽃피우는 대작
이 쏟아지기 시작했다. 피카소는 20세에 이미 대가의 반열에 들어서는 작품
을 그리기 시작했다는 뜻이다. 그렇게 해서 92세로 영면할 때까지 하루도 작
품을 하지 않은 날이 없다. 15세부터 치면 결국 77년간 작품 활동을 했다는
것이다. 놀랍지 않은가?

요즘은 장기 집권을 하면 독재를 한다고 해서 문제를 삼지만 세계 역사를
보면 오래 재위한 왕의 순서로 이룬 업적이 많은 명군인 경우가 많다. 영국을
보면 헨리 8세(38년), 엘리자베스 1세(45년), 빅토리아 여왕(64년), 현 여왕 엘
리자베스 2세(1952년 이후 현재까지) 등이다. 한국은 세종대왕(33년)을 비롯해
숙종(46년), 영조(54년), 정조(23년) 등이다. 따지고 보면 한국 역사에서 공을
제일 많이 세운 왕 네 명을 들라면 이분들이 아닐까? 결국 오래 되어 국사에
익숙해지면 통달해서 현명한 판단을 내리게 되는 것 같다.

바흐 제대로 알기

바흐나 비발디의 곡을 무식하고 무자비하게 비판한 말 중에는 '비발디는
너무 과하게 평가되었다. 똑같은 음을 수도 없이 계속해서 작곡한 따분한 친
구다'라고 한 이고르 스트라빈스키Igor Stravinsky의 언급이 가장 유명하다. 비
발디의 음악을 단편적으로만 들으면 거의 천편일률적인 비슷한 음이 반복되
고 분명 처음 듣는 비발디 곡인데도 언젠가 들은 듯한 음조 비슷한 건 사실이
다. 이는 비발디의 영향을 아주 많이 받은 바흐도 비슷하다. 다작을 하다 보
면 비슷비슷한 작품을 만들 수 있다. 그렇다고 자기 복제한 작품이라고 폄훼
될 이유는 없다. 왜냐하면 이 둘에 헨델까지 합쳐 바로크 음악 3인의 작품은
종교 음악이다. 종교 음악은 성격상 될 수가 없다. 교회를 위해 작곡되고 교
회 안에서 연주되어 소비되어야 하는 태생적 한계가 있는 음악이다. 바흐는
대위법이라는 음악 원칙에 충실하다 보니 비슷한 느낌의 작품이 나올 수밖
에 없었다. 비발디나 바흐가 그걸 모르고 작곡했을 리는 없다. 당연히 알고서
도 자신의 음악을, 스트라빈스키 표현대로 'churn out(기계로 찍어내듯 한다)' 식
으로 작곡한 이유를 우리는 이해해야 한다. 당시 사람들의 취향으로 봐서는

바흐나 헨델, 비발디의 음악은 전혀 문제가 되지 않았다. 단지 변화에 익숙하고 강한 자극을 선호하는 현대인의 취향에 밋밋할 뿐이다. 무언의 불교의 선과 기독교의 기도와 같은 이들의 종교 음악을 온갖 종류의 음악에 노출되어 엔간한 새 물건에는 흥분조차 하지 않는 우리 현대인의 입맛으로 재단해서는 안 된다.

비발디와 바흐의 작곡 속도는 거의 기계라고 해도 될 정도다. 특히 비발디의 오페라 작품 중 가장 걸작이라는 〈티토 마닐로Tito Manilo〉는 길기로 유명한 리하르트 바그너 오페라 못지않은 세 시간짜리인데도 불과 5일 만에 완성되었다. 그런데도 전혀 날 것 같지 않고 아주 잘 무르익어 숙성된 작품 같다. 걸작을 만드는 데 산술적인 시간의 길이는 중요하지 않다. 결국 천재들은 우리 같은 중생은 도저히 따라갈 수 없는 수준이라 감히 우리가 입을 댈 사람들이 아니다.

《감자》라는 단편 소설 하나만으로도 우리 문학사에 길이길이 남는 김동인은 촌철살인의 간결하고도 아름다운 문장으로도 유명할 뿐만 아니라 일필휘지一筆揮之의 저술로도 유명하다. 즉 김동인은 작품을 쓰기로 마음먹고 자리에 앉으면 완성이 될 때까지 일어나지 않고 밤을 새워서라도 끝냈다. 펜을 들고서 그대로 써 내려가서는 끝맺으면 펜을 놓고 돌아보지 않았다. 추고도 당연히 없었다는 뜻이다. 그런데도 그의 작품은 단어 하나 나무랄 데가 없다. 우리와 다른 천재는 분명 있다. 글이란 집을 짓듯이 벽돌을 하나하나 쌓아가야 한다. 단어 하나에 머리를 짜내고 어미 하나를 고르기 위해 밤새는 일쯤은 당연하다. 서양화는 부분 스케치로 시작해 전체 스케치, 부문 유화 그리고 최종으로 전체 유화로 끝난다. 전체 그림을 그리면서도 부단하게 물감을 덧칠하고 다른 색과 섞는다. 거기에 비해 대부분의 진통 후배 묵화를 그리는 동양화가는 단번에 그림을 끝낸다. 바로 김동인이 소설을 쓰는 방식이었다. 바로 비발디나 바흐도 이런 식으로 작곡하지 않았을까?

미사곡을 합창하며 깨달은 것들

나는 최근 영국인 50여 명과 같이 비흐의 작품 중 내가 〈마태수난곡〉 다음으로 좋아하는 〈미사곡 나단조 BWV 232〉을 합창하는 대단한 경험을 했다. 평소 자주 듣긴 했지만 악보를 보고 음표를 하나하나 따라간 적은 없다. 그냥 맥 놓고 멍 때리면서 들었을 뿐이다. 더더욱 지휘자 지휘를 따라 음을 다르게 내는 당사자가 되어본 적도 없다. 대학생 때 클래식 음악 감상실 하이마트Heimart의 유터피Eutepe 고전음악 감상 동아리에서 하루 종일 공부를 했었다. 하이마트는 대구에 있는 거의 70년 이상 된 클래식 음악 감상실이다. 그때 지휘자들이 쓰는 스코어score 포켓판을 들고 읽으면서 음악을 들은 적이 있어서 공부가 많이 되었다. 교향악은 바이올린이나 피아노 음률 하나만을 짚어가면서 곡을 이해하려고 해본 적은 있다. 동아리 선배들이 음악 이해는 반드시 악보로부터 시작해야 한다고 누누이 강조와 강요를 동시에 해서 시도했었다. 사실 그때 나는 단 한 악기만 따라가기도 바빴다. 지휘자는 스코어 한 페이지에 나오는 각 악기의 악보를 한눈에 순간적으로 보고 모든 악기가 내는 소리를 한꺼번에 듣는다. 모든 악기 소리가 머릿속에서 합쳐지고 이를 바탕으로 지휘하는 능력에 감탄이 나온다. 우리가 그때 보던 스코어는 노란색 표지에 흑백으로 인쇄되어 있었고 실제 지휘자가 지휘할 때 쓰는 악보의 4분의 1 정도 되는 A6 크기였다. 흥미롭게도 A6 크기가 신사 정장 양복 윗도리 아래 양쪽 주머니와 똑같았다. 그래서 스코어는 반드시 양복 윗도리 주머니에 딱 들어갔다. 요즘은 스코어가 A5 크기로도 나오기도 한다.

그런데 합창을 연습하는 과정에서 작곡가를 향한 감탄이 존경심으로 바뀌었다. 합창 연습은 결국 음표 하나하나를 보면서 소리를 내고 따라가야 한다. 더군다나 라틴어로 된 가사는 도저히 다 외울 수조차 없었다. 심지어 발음도 다 내기 힘든 가사였다. 음표 하나하나 보면서 가사 읽어가면서 소리 내야 했다. 허덕허덕 따라가는 4개월간의 연습 시간마다 머릿속은 작곡가에 대한 감탄과 경악의 연속이었다. 어찌 바흐는 소프라노 1·2, 알토, 테너, 베이스의 음표들이 내는 소리가 어떻게 나올지 머리로 상상해 그려가면서 작곡할 수 있었는지 신기했다. 끝부분 '가장 높은 곳엔 호산나!Hosana in excelsis!'에 다다르면 소프라노, 알토, 테너, 베이스 성악 4부 모두를 1·2로 갈라 음표와 가사를 모두 다르게 해서 8부로 노래한다. 물론 바흐는 부분부분 각 파트마다 되돌이로 돌아오는 다른 가사까지 감안해서 서로 다른 시작과 끝을 고려해서 아름다운 소리의 화음을 맞추어 작곡했다. 소리 시작이 다르고 음도 다르고 가사도 달랐지만 어울려져서 나오는 소리는 천상에서 울려오는 천사들의 소리 같았다. 높낮이가 다른 소리는 화음을 맞출 수 있다고 해도 어찌 가사 자체가 다른데 그게 소음이 안 되고 화음이 되는지 놀라웠다. 작곡하면서 합창단이 내는 소리를 상상한다는 것이 과연 가능한지는 정말 상상이 안 간다. 그렇게 해서 종지부에 달해 전 합창단이 부르는 소리가 동시에 총주總奏, Tutti로 끝나는 순간은 정말 예술이다. 특히 음향 효과가 좋은 건축된 지 150년이 된 성당을 돌아 합창단 전원의 합창 소리와 교향악단의 총주 소리가 합쳐져서 내 귀에 들리는 잔향殘響은 정말 하늘에서 내려오는 천사들의 합창 소리같이 신비로웠다. 무려 1시간 50분의 합창을 말석이나마 차지해서 끝내고 나니 바흐가 음악의 창조자인 음악의 아버지라는 소리가 실감났다.

합창 경험 뒤 시디로 바흐의 〈미사곡 나단조〉를 듣자 다른 차원으로 들리기 시작했다. 공연이 끝나고 2012년 런던 앨버트홀에서 매년 하는 BBC 프롬 시리즈 중 바흐의 〈미사곡 나단조〉 공연을 다시 본 순간은 압권이었다. 당사자로 참여한 경험을 한 뒤여서 〈미사곡 나단조〉는 전혀 다른 차원의 감흥을 주었다. 이는 자식을 잃은 참척慘慽의 슬픔을 당사자가 아닌 그 누가 감히 이해한다고 할 수 있을까에 비교해도 될 듯하다.

간접 경험이 아닌 직접 경험 혹은 제3자 아닌 당사자로의 경험이 얼마나 다른지를 이야기해보자. 나는 7남매 중 막내라 조카들이 무려 23명이다. 그래서인지 어린아이가 귀엽다고 느껴본 적이 별로 없다. 그런데 내게 자식이 생기자 비로소 아이가 귀여워지고 그때서야 다른 집 아이들도 보이기 시작했다. 둘째 놈은 해산 현장에 있었는데 얼굴을 대면하는 순간부터 정이 듬뿍 드는 생애 첫 경험을 했다.

뿐만 아니다. 나는 동물도 별로 귀여워해본 적이 없다. 집에서 키우던 개가 두 번이나 비극적인 끝을 맞이한 것을 봐서인지 결혼 이후에는 개를 키우려고 생각해본 적도 없었다. 그런데 우리 부부가 서울을 다녀온 사이에 아들 놈이 고양이를 분양받아 들여놓았다. 우리가 없는 사이 덜컥 사고를 치고 말았다. 그런데 일단 집에 들어온 동물이고 인연을 어쩔 수 없고 해서 그냥 키우기로 했다. 그런데 놀랍게도 하루하루 지내다 보니 정이 들어 고양이가 진정으로 귀여워졌다. 그런데 점차 다른 집의 애완동물까지 눈에 들어오는 것이 아닌가? 드디어 동물과 눈을 마주치고 소통하는 방법을 배우게 되었다. 나는 말 못 하는 동물과도 마음이 통하는 대단한 경험을 했다. 흡사 아이를 키우는 기분이었다. 그러다가 1년 반 만에 교통사고로 그놈이 우리 곁을 떠나는 비극을 겪었다. 너무나 가슴이 아픈 나머지 지금도 우리 집 피아노 위에 그놈 사진을 두고 자주 이야기를 한다. 내가 당사자가 되고 나서야 비로소 동물을 마음으로 보게 되었다는 말이다.

뿐만 아니다. 어떡하다가 평창에서 하는 2013년 발달장애인 스페셜 올림픽에 영국팀 통역으로 참여했다. 그전까지는 장애자 특히 지적발달장애자에 대해 잘 몰라서 약간의 두려움이 있었다. 거의 3주에 걸친 행사를 통해 이들과 눈을 맞추고 대화하면서 손을 잡고 친구가 되는 값진 경험을 했다. 지적으로는 7~8세밖에 안 되는 30세 청년이 쳐다보기도 목이 아픈 언덕 위에서 그림처럼 부드럽게 스키를 타고 내려올 때는 감격스러워 울 뻔했다. 이렇게 직접 경험을 해봐야 이해를 하고 당사자가 되는가 보다. 봉사라고는 하지만 반대로 내가 더 많은 걸 얻게 되는 경험을 했다. 그 덕분에 영국 총리 관저에 초대받아 다우닝가 10번지 내부에 들어가본 몇 안 되는 한국인이 되었다. 이는 영국 교민 중에는 최초이자 지금까지 유일하다.

영국 언론에는 '무인도 지참물desert island music'이라는 고정란이 있다. '당신이 만일 무인도로 가는데 무슨 음악을 가지고 갈 거냐?'는 질문에 유명 인사들이 대답한다. 내가 답한다면 바흐의 〈마태수난곡 BWV244〉이 1위다. 물론 합창 전에도 수없이 들었다. 뿐만 아니라 부활절 즈음이면 런던 이곳저곳에서 공연을 하고 여러 번 현장에서도 들어서 아주 익숙한 곡이었다. 그런데 그 곡이 합창 공연에 참가한 뒤에 들으니 완연하게 다르게 들렸다. 합창단에 따라 다르게 부르는 부분도 귀에 확실하게 다르게 들렸다. '아! 저 부분을 이 합창단은 저렇게 부르는구나! 저 합창단은 저길 저렇게 베이스를 줄이고 소프라노를 더 높이는구나!' 했다. 최소한 합창곡을 분석해가면서 들을 수 있는 능력이 생겼다. 모든 것은 아는 만큼 보이고 들린다. 1주일에 한 번 네 시간씩 4개월을 연습하고 나서 그 곡을 완전히 마스터했다고는 할 순 없겠다. 하지만 A4 사이즈 240쪽 악보에는 콩나물 대가리밖에 없지만 이제 이걸 보면 내 입에서는 노래가 나오고 내 귀에는 음악이 들린다.

이탈리아 베네치아

비발디의 귀신 들린 연주

비발디의 음악을 'aggressive(공격적, 적극적)'라고 표현하는 사람도 있다. 비발디 음악이 단순한 리듬이 반복되면서 점진적으로 그러나 꾸준하게 올라가거나 내려오거나, 혹은 아주 템포가 빨라지면서 그대로 오랫동안 유지한다든지 하는 기법이 상당히 공격적이라는 뜻이다. 무슨 말인지 알 듯하다. 바흐의 〈브란덴부르크 협주곡 BWV1046-1051〉이 바로 그런 느낌의 곡이다. 계단을 꾸준하게 그것도 빠르게 오르는 듯해서 듣고 있기만 해도 숨이 가쁘다. 그러고는 넘어질 듯이 잰걸음으로 계단을 막 달려 내려오는 것 같다. 그러나 그걸 공격적이라고 표현한다면 표현이 한참 잘못되었다. 바흐와 비발디의 작품 전체에서 보이는 흡사 끝도 없이 계속되는 법당의 염불 소리처럼 일관된 단순성을 감히 누가 공격적이라고 하나? 작가의 아무런 의도가 보이지 않는 무념무상의 현대 미술의 미니멀리즘 작품과 같다고 한다면 동의를 할지도 모르겠지만 말이다. 서양인 눈으로 보면 동양화의 여백이 단순한 여백으로 보일 수 있지만 우리 눈에 여백은 그냥 남겨진 공백이 아니다. 그건 불교의 선과 같고 가톨릭의 대침묵 같은 무한한 가능성의 공간이다. 그 공간을 통해 우리는 무한한 걸 느끼고 상상의 날개를 펼치게 된다.

바흐와 비발디 음악은 현란하고 화려한 바로크 건축 양식의 음악적인 표현이다. 그런데 그걸 어찌 미니멀리즘과 동일시하느냐고 난리 칠 사람도 있겠지만 난 그렇게 느낀다. 바흐의 무한한 단순 반복의 음을 듣고 있노라면 신神과 선禪의 경지 속을 헤매는 듯하다. 계속 무한하게 들리는 비슷한 음의 반복을 넋 놓고 듣고 있다 보면 무심의 경지에 다다라 거의 무아 상태로 들어간다. 이런 선의 경지는 듣는 이의 감성을 자극해 자신의 의도대로 끌어들이기 위해 각종 기교를 넘치도록 음악에 넣는 낭만파 작품에서는 절대 느낄 수 없다. 삼라만상 속에서 혹은 망망대해 중간에 나 혼자 있는 듯한, 절대 선의 경지 말이다. 누가 계곡을 한시도 쉬지 않고 흘러내리는 물을 공격적이라고 하는가? 처마에서 일정하게 끝도 없이 떨어지는 장마 빗물의 무심한 소리를 감히 공격적이라고 하는가? 언제까지나 넋 놓고 듣고 있어도 마냥 좋은 소리 아닌가? 바로 비발디와 바흐의 음악이 그렇다.

바흐가 그랬듯이 비발디의 작품도 사후에는 오랫동안 잊혔었다. 바흐는 그나마 100년 정도만 잊혔지만 비발디는 거의 200년을 잊혔다. 그러다 1900년 초 일부 음악가와 학자들이 '발굴'하면서 다시 옛날의 인기를 되찾고 세상에 알려졌다. 당대에는 그렇게 인기 있던 비발디가 사후에 금방 잊혔다는 사실이 참 놀랍다. 그만큼 당시 음악가는 지금처럼 예술가로서 존경받는 위치가 아니라 그냥 귀족이나 상류층이 써먹고 즐기고 마는 소비의 존재에 지나지 않았다. 그래서 한 교회의 전속 작곡가가 죽고 다른 작곡가가 오면 그전 작곡가가 작곡한 곡은 연주하려고도 하지 않았다. 바흐와 비발디의 존재가 오래 잊혔던 이유다. 다행히 교회에서 기록을 워낙 잘하고 보관도 잘해서 고스란히 악보들이 남았고 우리는 오늘날 그들의 음악을 온전하게 듣는 행운을 누리게 되었다.

비발디의 바이올린 솜씨는 청중으로 하여금 소름 끼치게 만들었다고 기록은 전한다. 후세의 니콜로 파가니니에게 붙여졌던 '귀신 들린 연주자'라는 평을 벌써 100년 전에 들었다. 얼마나 대단한 연주였는지 상상조차 가지 않는다. 유럽의 청중을 들었다 놓았다 한 국제적인 인기 연주자들은 비발디로부터 시작해서 모차르트, 파가니니 그리고 프란츠 리스트로 이어진다.

다시 한번 말하지만 누가 비발디 곡이 같은 음을 수도 없이 반복하는 따분한 음악이라고 하는가? 그런 이는 남들이 하는 말을 그냥 받아들이는 귀가 얇은 사람이거나 견문이 없어 비발디 곡을 제대로 접해보지 못한 사람이다. 비발디는 아마 그 사람이 알고 있는 곡보다 100배는 더 많은 곡을 작곡했을 것이다. 물론 비발디 〈사계〉는 누가 뭐라고 폄하해도 비발디 최고의 걸작임이 틀림없다. 하도 많이 들었고 너무 많이 입에 오르내리는 유명세 때문에 어디서고 이름이 들먹여지니 싫을 수 있다. 그러나 잘 알려지지 않은 여러 비발디의 다른 명곡을 찾아 들어보면 감히 그와 같은 소리를 못 하게 된다. 그런 곡들을 발굴해서 아무도 모르게 들어보라. 예를 들면 〈바이올린과 첼로를 위한 협주곡Concerto for Violin and Cello in B-flat major, RV 547〉이나 〈바이올린과 첼로 이중협주곡Double Concerto for Violin, Cello, Strings and continuo in F major, RV 544〉 혹은 〈바이올린 이중협주곡Double Violin Concerto in A minor, RV 523〉이 바로 그런 곡들이다. 이런 아름답고 애잔한 음악을 듣지 않고는 비발디 곡을 들었다고 말하지 말자. 게다가 누가 들으면 웃겠지만 내가 숨겨 두다시피 혼자만 듣는 〈플루트 협주곡Flute Concerto in F major, RV 434〉, 〈바이올린 협주곡 12번 다

이탈리아 베네치아

장조 작품 번호 8Violin Concerto No. 12 In C Major Op. 8 RV. 178〉, 〈두 개의 첼로 합주곡Concerto for two cellos in G minor, RV 531〉을 들어보라고 권한다. 예를 든 곡들은 유튜브에서 들을 수 있다. 책을 잠깐 내려놓고 검색해서 들어보라. 내 말에 동의를 하리라 장담한다.

모차르트의 비극과 궤를 같이하다

비발디의 일생은 모차르트와 많이 닮았다. 어릴 때부터 신동으로 불리고 아버지 손에 이끌려 생계를 책임지기 위해 부자 집 구걸 같은 연주를 끝없이 다닌 일이 우선 그렇다. 다음은 인기 절정을 누리다가 어느 순간 인기와 함께 돈까지 다 떨어져 장례식도 변변치 않게 지내는 바람에 무덤이 어디 있는지도 모르는 점이다. 둘 다 비엔나에서 세상을 뜬 점까지 보면 거의 인생의 여정이 같다. 인기란 자고로 하늘을 찌르듯 하다가 어느 순간 무대에서 밀려서 내려오고 나면 그다음은 단순한 평지가 아니라 바로 지옥이다. 모차르트는 그나마 자기 집에서 아내와 여동생의 간호를 받다가 숨을 거두었지만 비발디는 외지로 후원자를 찾아갔다가 객사했다. 자신의 활동 주 무대인 베네치아에서 사람들의 비난과 가난을 견디다 못한 비발디는 자신의 유일한 후원자인 카를 6세를 찾아 비엔나로 갔다. 하지만 가자마자 카를 6세가 곧바로 사망해 도움도 못 받고 결국 그곳에서 고향인 베네치아로도 못 돌아오고 외롭게 혼자 죽는다.

당시는 돈이 없으면 성당에 제대로 묘를 못 썼다. 곤궁했던 모차르트나 비발디는 평민의 공동묘지에 어딘가에 묻혔다. 이런 공동묘지는 10년이 지나면 파서 없애고 다시 새 무덤을 만든다. 그런 일을 막기 위해서는 유족이 다시 돈을 내고 연장을 해야 하는데 둘 다 그럴 유족이 주위에 없었다. 있었다고 해도 돈도 없었을 터다. 해서 이 두 거장의 무덤은 없어지고 유골도 어디론가 사라져버리고 말았다. 물론 묘비도 제대로 세울 수 없었다. 더군다나 매장 기록도 있었을 리가 없다. 바흐의 경우도 마찬가지다. 현재 바흐의 무덤이라고 알려진 라이프치히의 성 토마스 성당 제대 앞의 바닥에 안치된 바흐의 유골이 과연 진짜인지에 대한 검증은 이루어지지 않다. 매장 기록도 묘비도 없었던 탓이다. 그만큼 당시의 음악가는 사회에서 위상이 너무 낮았고, 죽고 나면 그냥 하인 정도로 취급당해서 공동묘지 어딘가에 묻히고 말았다. 그러고는 얼마 지나지 않아 그들의 음악과 함께 묘지도 잊혔다.

두 대가가 어디엔가 묻혀 있었을 비엔나 공동묘지 자리에는 지금 비엔나 기술대학이 세워져 있다. 비발디에게 하나의 위안이라면 장례식에서 당시 공동묘지 교회 성가대에 어린 프란츠 요제프 하이든Franz Joseph Haydn이 있어 장례 미사에서 성가를 불러주었다는 사실이다. 어린 하이든이야 당시는 누구를 위해 자신이 노래를 부르는지 몰랐겠지만 위대한 선배 장례식에 노래 부른 사실에 나중에 알았다면 흐뭇했을 듯하다. 그래도 35세에 영면한 모차르트에 비해 비발디는 거의 두 배에 가까운 63세까지 살았다. 당시로는 거의 천수天壽를 산 셈이라 위안이 좀 된다. 모차르트의 장례식에는 라이벌이어서 모차르트를 살해했다는 이야기마저 듣는 안토니오 살리에리Antonio Salieri를 비롯해 겨우 네다섯 명의 음악가가 참석했다. 사망 후 곧 음악이 잊힌 바흐나 비발디와는 달리 모차르트는 사후에 추모예배와 음악회 등이 성황리에 열렸다. 명성도 지금까지 생전에 못지않게 이어져왔다.

베네치아에는 이탈리아인 주인이 없다

다시 베네치아의 치명적인 매력으로 돌아가보자. 베네치아는 여러 가지 매력을 품은 도시다. 사람 두 명이 겨우 스치고 지나가는 좁은 골목길과 세 명도 못 들어서는 작은 상점들은 베네치아의 매력 중 하나다. 세계 어디에도 여기처럼 차가 아예 못 다니는 골목길만 있는 도시는 없다. 그래서 베네치아 여기저기를 다니려면 운동화 끈을 바짝 동여매고 발바닥이 닳도록 줄기차게 걷든지 아니면 보트를 이용해야 한다.

마지막으로 베네치아 여행의 지혜를 하나 나눈다. 돈이 너무 많아서 쓸 데가 없는 사람이 아니라면 굳이 베네치아섬에 머물 이유는 없다. 물론 베네치아의 오랜 맛을 보려면 당연히 베네치아 본섬에 머물러야 하지만 얄팍한 주머니의 여행자라면 베네치아 밖의 마을들에 머물러도 전혀 문제가 없다. 메스트레, 마그헤라 같은 인근 마을 호텔은 훨씬 싸고 깨끗하고 현대식이다. 버스나 전차로 10~30분 내로 다 연결되고 버스가 워낙 많이 다녀서 오고 가는

이탈리아 베네치아

것이 별 문제가 안 된다. 게다가 호텔 근처의 이탈리아인들이 가는 마을 카페 같은 식당에서는 둘이 먹다가 하나 죽어도 모를 스파게티와 피자가 있다. 입에 넣자마자 자기도 모르게 비명이 나올 만큼 본토 스파게티 맛은 정말 맛있기에 아무리 비싸도 먹어야 한다. 유감스럽게도 베네치아 내 식당에는 이런 피자나 스파게티가 없다고 장담한다. 오히려 주변 도시에서는 제대로 된 맛을 볼 수 있다. 그것도 베네치아의 반값에. 이런 식당과 카페는 주인도, 고객도 모두 이탈리아인이라서 그렇다.

베네치아 내 식당은 대부분 외국인이 주인이고 외국 관광객을 위해 만들어지는 관광객 음식을 내놓는다. 다만 산마르코 광장에 의자와 탁자를 놓고 나비넥타이를 맨 신사들이 서빙하는 야외 카페는 커피와 샌드위치가 상당히 훌륭하다. 단지 웨이터들의 경고대로 갈매기가 눈 깜짝할 새에 채가면서 사람 손을 다치게 하곤 한다. 조심할 일이다.

베네치아의 거의 모든 상점의 주인이 이탈리아인이 아니라는 사실을 기억하자. 베네치아에는 이탈리아인 주인이 없다는 소리가 있다. 하긴 '메이드 인 이탈리아' 명품이 사실은 '메이드 인 이탈리아 바이 차이니즈Made in Italy by Chinese'라는 말도 있다. 즉 이탈리아 제품이라고 산 수많은 명품이 공장 위치 때문에 '메이드 인 이탈리아' 상표가 붙을 뿐 제조 공장 주인은 중국인이라는 것이다. 중국에서 재단까지 된 거의 완제품에 가까운 재료를 공수해 와서 중국에서 온 중국인 단순 봉제공들이 마지막 봉제만 한다는 사실은 더 이상 비밀이 아니다. 이탈리아에는 중국 주인의 공장이 넘쳐난다. 특히 나폴리에 가보면 아예 중국인이 하는 상점도 많다. 2020년 초 세계를 휩쓴 코로나 바이러스가 이탈리아를 유럽에서 제일 먼저 타격한 이유도 바로 이탈리아에 소재한 중국인 공장 노동자들이 춘절을 맞아 중국을 다녀와서 바이러스를 옮긴 탓이다. '그래서 어쩌라는 말인데'라고 하면 할 말이 없지만 그래도 알고 사는 것과 모르고 사는 것은 다르지 않을까? 하긴 잉글리시 본차이나도 중국이나 인도네시아에서 만들고 잉글리시 프리미어 리그의 클럽 축구도 사실 외국인 선수가 반 이상이다. 이란인 주인의 이탈리아 식당, 터키인 주인의 중국 식당, 네팔인이 하는 한국 식당까지 유럽 곳곳에 생기는 판에 '이제 어디에 오리지널이 있어?' 하면 절대 반박하기 힘들어진 세상이다.

나는 언제나 집 안에서만 있었다. 밖으로 나갈 때면 곤돌라나 들것에 실려 나갔다. 내 심장의 고통과 협심증으로 인해 나는 걸을 수가 없었다.
I stay in the house almost all the time and only go out by gondola or carriage, for the pain in my chest or the narrowness of the chest prevents me from walking.

나는 미사를 25년간 주재해본 적이 없다. 그리고 나는 그걸 다시 하지도 않을 듯하다. 그건 거부당했다거나 하지 말라는 명령 때문이 아니다. 이는 추기경 예하가 확인해줄 수 있다. 내가 태어날 때부터 타고나서 심한 고통을 받은 질환 때문에 허락을 받아서다.
I have not now said mass for twenty-five years, and I shall never do so again, not because of a veto or a command, as His Eminence can confirm, but of my own accord, and this on account of an ailment I have suffered from since birth, which oppresses me greatly.

인간의 감정은 예측하기가 어렵다.
Human feelings are difficult to predict.

그 정도로 고르고 고른 후원자가 불쌍한 사람들을 도와주지 않는다면 그들은 정말 좌절할 거다.
If the most select benefactors do not assist poor wretches the latter must fall into despair.

만일 신이 우리를 끝까지 축복해준다면, 우리는 이익을 좀 볼 터다. 아마도 상당한 이익을 볼 수 있을 거다.
If God blesses us till the end, we will make a profit and perhaps a considerable one at that.

그렇게 수많은 연습과 엄청난 고통에도 불구하고 오페라는 지금 망쳐버렸
다.
After so many maneuvers and a great many toils the opera is now
ruined.

나는 비겁한 인간이다. 나는 질투에 굴복했다. 이제는 질투가 내 심장마저
삼켜버렸다.
I'm a coward. I succumbed to jealousy and now it eats my heart.

8. 아를, 고흐를 위한 두 번째 순례
_ 프랑스 아를

나는 내 마음과 영혼을 일에 바친 나머지, 그 과정에서 나는 미쳐버렸다.
I put my heart and my soul into my work, and have lost my mind in the process.
— 빈센트 반 고흐

거장이란 말만으로는 부족한 비운의 천재 화가 빈센트 반 고흐Vincent van
Gogh(1853~1890)의 일생은 알면 알수록 슬프다. 처연하고 애잔한 예술가가 고
흐만이겠는가? 하지만 고흐의 일생은 유독 슬프다. 그래서 그의 발자취를 따
라가는 일도 애달프다. 어떻게 하다 보니 나의 고흐 순례는 역순이 되어버렸
다. 고흐의 마지막을 증언하는 파리 근교의 오베르 쉬르 우아즈가 나의 첫 고
흐 순례지였으니 말이다. 거기에 가면 고흐와 관련된 가장 가슴 아픈 두 곳이
있다. 고흐가 세상에서 마지막 숨을 내쉰 누수로 얼룩진 벽의 라부 여인숙 다
락방과 사랑하는 여인보다도 더 서로 애틋해하던 형제가 나란히 누운 담쟁이
로 뒤덮인 무덤이다.

라부 여인숙 다락방에 들어서면 우선 곰팡이 냄새가 코에 확 끼쳐 섬뜩해
진다. 자살한 사람이 죽은 방은 아무리 낡아도 수리를 안 한다는 프랑스의 오
래된 풍습 탓이다. 그렇다면 무려 100년 이상을 수리를 안 했다는 건데 믿기

아를의 골목길과 주택

어려운 풍습이다. 다락방을 보고 나면 마을을 등지고 언덕을 걸어 올라가야 한다. 고흐의 무덤으로 향하는 언덕길에는 고흐의 또 하나의 걸작 〈오베르의 성당〉(작품 번호: F789)의 실물 성당이 존재한다. 그러고는 평생 자신을 보살 핀 동생과 나란히 공동묘지 한구석에 누운 고흐를 찾아봐야 한다. 무덤 옆에 는 고흐의 마지막 작품이라는 〈까마귀 날으는 밀밭〉(F779) 속 밀밭처럼 들판 이 끝도 없이 펼쳐져 있다. 이렇게 첫 번째 순례지는 고흐의 마지막 숨결과 발 길이 머문 곳이다. 참고로 고흐 그림을 보거나 이 글을 읽으면서 F와 숫자 붙 은 고흐 작품 번호를 참고하면 편리하다. 구글에서 이 글에서 나오는 F의 작 품 번호를 검색하면 바로 그림을 볼 수 있다.

이제 나의 고흐 순례지는 두 곳이 남아 있다. 고흐가 오베르 쉬르 우아즈로 가기 전 1888년 2월에서 1889년 5월까지 15개월을 산 남프랑스의 아를이 그 중 하나고, 다른 하나는 암스테르담 시내의 고흐 미술관에 버금갈 만큼 고흐 의 작품을 다수 소장한 암스테르담 근교의 크뢸러 뮐러 미술관이다.

남프랑스의 아를은 원래는 일정상 도저히 밀어 넣을 수 없는 목적지였다. 하지만 무리를 하지 않으면 아무것도 할 수 없다는 평소의 내 신념대로 억지 를 부려서 가능하게 만들었다. 근처에 업무차 갔던 길이지만 이렇게라도 보 지 않고는 돌아갈 수 없다는 의무감과 함께 절박감과 궁금함도 못지않았다. 그러나 워낙 늦게 도착한 탓에 아를에서 고흐와 관련해서 반드시 보아야 할 세 군데, 즉 '밤의 카페테라스'(F467), '생 레미 정신병원'(F643, F653, F731, F732), '랑글루아의 도개교'(F397, F400, F570, F571) 중 '밤의 카페테라스' 단 한 군데만 들르는 것으로 타협할 수밖에 없었다. 나머지는 언제일지 모르는 다음 기회 로 미루었다. 미련을 남겨두어야 다시 올 이유를 만들 수 있다는 평계를 떠올 렸다. 다음에는 반드시 이 평화롭고 아름다운 마을에서 하룻밤을 자야겠다고 결심도 했다.

고흐로 시작해서 고흐로 끝나는 도시

아를은 고흐로부터 시작해서 고흐로 끝난다. 적어도 내게 있어서는 그렇 다. 그렇지 않고 인구 5만 7000명의 남프랑스 아주 작은 시골 마을인 아를을 굳이 찾아올 이유가 없었다. 특히 고흐의 혼적이 남아 있는 올드 타운은 그저 시골 마을에 불과하다. 아를에 들어서면 우선 좁은 골목에 놀란다. 차 한 대가 겨우 지나갈 수 있는 골목길, 그 옆으로 늘어선 낡은 건물들, 페인트가 다 벗겨져 녹슨 쇠 손잡이가 달린 오래된 나무문, 금이 가고 빗물 자국으로 얼룩진 벽, 곧 내려앉을 것 같은 나무 창틀, 그런 골목 끝에는 포룸 광장이 있고 광장 마당에는 노천카페와 레스토랑들이 있다. 고흐가 골목을 누비고 다니던 125년 전과 다르지 않겠구나 싶을 정도다. 어느 골목 모퉁이에서 화구를 들고 '아를의 고흐의 침실'(F482)을 나와 '작업을 하러 나가는 고흐'(F448)를 만날 듯하다. 여기가 그 아를이다. 고흐가 파리의 우울한 날씨와 복잡함을 피해 작열하는 태양을 찾아 지상의 파라다이스인가 하고 찾아 내려온 바로 그 남프랑스다.

사람을 만나는 일이 가장 인간다운 것이라면, 누군가와의 만남은 시간과 공간을 같이해야 하는 일이다. 이미 죽고 없는 사람이라면 시간을 같이할 수 있는 방법은 없다. 그러나 공간은 같이할 수 있다. 그래서 그 사람이 한때 머물렀던 공간을 가보면 우리는 흡사 그의 숨결이 공기 중에 남아 있는 느낌을 받는다. 고흐를 직접 못 만나는 우리는 그가 다니던 길을 다니고, 그가 앉았던 그 자리에 앉아보고, 그가 그림을 그린 바로 자리에 서보며, 공간뿐만 아니라 그림을 그리던 고흐의 마음까지 감히 헤아린다. 시공을 같이해도 마음이 같이 있지 않으면 차라리 만나지 않음만 못하다. 시간과 공간에 겸해 인간까지 더하면 세상을 이루는 '삼간三間'이란 말을 만들 수 있다. 삼간을 동시에 같이 못 해도 마음을 같이하면 된다.

그래서 우리는 누군가의 발자취를 쫓아 이렇게 순례를 다닌다. 아를의 묘사는 '그'라는 대명사가 반드시 붙어야 제대로 느낌이 전달될 듯하다. 그만큼 아를에 존재하는 모든 사물은 세상에 단 하나밖에 없는 특수한 존재인 것 같다. 아를의 '그 모든 길'은 〈밤의 카페테라스〉의 포룸 광장으로 통한다. 고흐의 작품 그 어느 것 하나 유명하지 않은 것이 있겠는가마는 그중에도 유명한 그림이 〈밤의 카페테라스〉(F467)다. 원제목은 〈아를 포룸 광장의 밤의 카페테라스La Terrasse du Café de la Place du Forum, Arles, la nuit〉다. 고흐는 여동생 빌레미엥에게 쓴 편지에서 이 작품을 그리던 심정을 '밤의 정경을 그리면서 검은색이라고 일체 안 쓰고 오로지 아름다운 푸른색, 보라색, 초록색만으로 그렸다. 가로등에 비치는 광장은 오렌지색과 그린 톤의 담황색으로 빛난다. 그 자리에서 바로 그리는 일은 정말 나를 기쁘게 한다. 보통 낮에 그냥 대충 스케치해서 집에서 채색을 했는데 말이다. 이렇게 바로 칠을 할 수 있어 아주 만족스럽다'라고 했다.

아직도 고흐가 그림을 그린 자리에서 보면 당시 모습 그대로의 카페가 성업 중이다. 정말 그림에서 보는 그 모습이다. 고흐가 그림을 그린 자리에는 그림을 담은 안내판이 서 있다. 내가 카페에 들렀을 때는 관광 시즌보다 일러서 마침 예약을 안 해도 자리가 있었다. 그 노천카페에 앉아 고흐가 그린 3월만큼은 아니더라도 푸른 밤하늘과 달빛에 비친 광장을 바라보면서 늦은 저녁을 먹었다. 카페 메뉴에는 이름하여 '고흐의 샐러드'라는 요리가 있었다. 오면서 차 안에서 이것저것 군것질을 해서 샐러드만 시켰는데 아주 훌륭한 선택이었다. 나중에 보니 이 유명한 카페를 다녀간 사람들이 인터넷에 올린 후기에는 불친절하고 음식 맛도 엉망이라는 악평이 써 있었다. 사실 인터넷 평보다 더 불친절해서 기분이 상했으나 다행히 고흐 샐러드는 훌륭했다. 음식 값이 워낙 비싼 런던과 비교할 때 가격도 착했다. 그래서 종업원의 불친절과 시키지도 않은 요리를 가져와서는 안 시켰다고 하자 그냥 먹으라던 유럽 어디

〈밤의 카페 테라스〉 작품에 등장했던 카페

프랑스 아를

서든 보기 힘든 무례함마저 용서하기로 했다. 주인들은 언뜻 보기에 마피아 같았다. 워낙 장사가 잘되어 조직 폭력배가 인수해서 운영할 수도 있겠다고 생각하니 고흐가 모욕을 당하는 것 같아 슬퍼졌다. 다시 한번 말하지만 그나마 고흐의 샐러드는 맛있었다. 역시 프랑스 요리였다. 그러나 고흐가 즐겨 마시던 압생트absinthe는 더 이상 팔지 않아 마셔볼 수가 없었다. 고흐의 몸을 갉아 먹은 깊은 녹색의 압생트. 그의 마음을 헤아리기 위해서는 고흐의 처절한 고독의 동반자, 압생트를 이해해야 한다. 고독에 시름하던 고흐가 빈속에 자주 마셨고 결국 고흐를 요절한 천재로 만들고 말았던 그 압생트를 맛볼 수 없다니….

절친 고갱의 배신이 낳은 고흐의 작품들

아를은 1년에 300일 이상 태양이 빛난다는 남프랑스의 도시다. 어두운 네덜란드와 파리를 벗어나 빛의 회화를 추구하려는 고흐에게는 거의 이상향과 같은 곳이었다. 당시 일본 도자기가 유럽으로 쏟아져 들어왔는데 바로 일본 목판화 우키요에 목판화 종이가 도자기의 포장지였다. 우키요에 목판화의 듣도 보도 못하던 새로운 기법과 이국적인 풍물에 고흐는 흠뻑 빠져버렸다. 그래서 고흐는 햇빛이 너무 좋다는 일본을 가는 대신 남프랑스 아를로 내려온다. 아를에 오면서부터 고흐의 그림에는 고갱과 살던 집을 그린 〈노란 집〉(F464)에서 사용한 노란색이 넘쳐나기 시작한다. 노란색의 과도한 사용은 불길한 징조였다고 정신 분석가들은 말한다. 노란색은 광기와 연관이 있어 정신적으로 문제가 있을 때 많이 쓴다는 이유에서다. 그래서인지 유럽인은 노란색을 그리 선호하지 않는다. 노란색을 질투의 색이라고 피하는 사람도 많다. 그런데 고흐의 그림에는 지나치다고 할 만큼 노란색이 많이 나와서 좀 섬뜩하다. 단순히 개나리의 노란색이나 병아리 색

그림 안내판

아를의 붉은 포도밭

이 아닌 뭔가 도를 넘은 듯한 고흐 특유의 노란색이다. 특히 고흐가 자주 그린 해바라기는 그냥 단순한 꽃 그림이 아니라 고흐가 마음속의 뭔가를 말하려고 하는 느낌을 준다. 하지만 고흐가 가슴속에 묻어두었을 뿐 이에 대해서는 말하지 않았기에 누군가에게 전하려고 했던 무슨 내용의 메시지인지 알 방법이 없어서 안타깝다.

아를에서 고흐는 마음껏 그림을 그렸다. 15개월 동안 정확히 187점의 그림을 그렸다. 거의 2.5일에 한 점씩을 그린 셈이다. 이 시기의 작품 중에 고흐의 대표작이 많다. 〈고흐의 의자〉(F498), 보통 〈노란색 방〉이라 불리는 〈아를의 고흐 침실〉(F482), 〈밤의 카페테라스〉, 〈별밤의 론강〉(F474), 〈열두 송이의 해바라기〉(F456), 〈아를의 붉은 포도밭〉(F495) 그리고 카페 실내를 그린 〈밤의 카페〉(F463) 같은 것들이다. 동생 테오에게 쓴 편지에서는 〈밤의 카페〉를 '범죄를 저지르고, 미쳐버리고, 자신의 운명을 망쳐버리는 카페를 묘사하고자 노력해봤다'라고 설명했다. 당시 프랑스 사회에 유행하던 카페의 퇴폐스러운 분위기를 그대로 묘사했다. 이 시기에 비할 수 있는 기간은 바로 고흐의 마지막 정착지였던 오베르 쉬르 우아즈에서의 최후 70일이다. 고흐는 이때 77점의 유화를 그렸다. 평균 하루에 한 점 이상을 그렸다. 아를에서 자기 발로 걸어 들어간 생 레미 정신병원에서는 1년간 150점을 그렸고 이는 2일에 한 점 꼴이다. 우아즈에서의 70일 동안 완성한 77점은 정말 목숨을 걸고 마지막 불꽃으로 자신의 몸을 불살라 태워가면서 그렸다고 할 수 있다. 막다른 골목에 다다른 고흐가 어떻게든 그림으로 탈출구를 찾아보려고 한 마지막 몸부림이 아니었을까.

그러나 고갱도 다녀가던 아를 시기와 혼자서 골방에 틀어박혀 오로지 그림만 그리던 오베르 쉬르 우아즈 시기는 전혀 다른 차원이라 비교 대상이 아니다. 유화란 원래 금방 제작이 가능하지 않다. 칠하고 나면 마르길 기다렸다가 칠해야 하기 때문이다. 그나마 얀 반 에이크가 달걀노른자의 물감을 식물성 기름에 염료를 섞어 그릴 수 있게 하면서 그림 제작이 빨라졌다. 고흐 시대에는 튜브에 넣은 물감 등이 있어서 더 빨라지긴 했다. 그래도 하루에 한 점을 그리는 일은 보통 화가로는 힘들고 신들린 듯한 고흐나 가능하다. 하긴 고흐는 초인이 분명하니 뭐는 못 했겠는가. 그래서 라부 여인숙의 골방 벽에는 유화를 걸어 말리기 위해 박았던 못 자국이 많이 보인다. 고흐가 망치를 들고 못을 박은 그 자국 하나하나가 모두 고흐를 예술이라는 십자가에 못 박은 자국 같아서 마음이 아팠다.

아를에서 고흐는 총 다섯 점의 자화상을 그린다. 그 유명한 〈귀 자른 자화상〉 두 점도 그린다. 두 자화상의 정식 명칭은 하나는 〈붕대 감긴 귀의 자화상Self-portrait with bandaged ear〉(F529)이고 다른 하나는 〈붕대 감긴 귀와 이젤과 그리고 일본화 판화Self-portrait with Bandaged Ear, Easel and Japanese Print〉(F527)다. 현재 F529는 개인 소장이라 특별전 말고는 볼 수 있는 방법이 없다. F527은 영국 런던 코톨드 갤러리에 전시되어 있어 다행이다. 고흐의 이 자화상 때문에 코톨드 갤러리를 들르는 관광객도 많다. 코톨드 갤러리는 그림을 좋아하는 런던 방문객이라면 빠뜨리지 말아야 할 작은 숨은 보석 같은 미술관이다. 특히 인상파 그림을 좋아한다면 반드시 들러야 한다. 르누아르, 모네, 마네, 드가, 세잔, 고흐, 고갱, 모딜리아니, 휘슬러를 비롯해 우리가 잘 모르는 인상파 대가들 작품이 알차게 수집되어 있다. 코톨드 갤러리를 방문해야 하

런던 코톨드 갤러리 소장 〈귀 자른 자화상〉

는 또 하나의 이유는 에두아르 마네Edouard Manet의 〈폴리 베르제르 바A Bar at the Folies-Bergère〉와 피에르 오귀스트 르누아르의 〈관람석La Loge: The Theatre Box〉을 보아야 하기 때문이기도 하다. 두 작품은 미술사에서 빠뜨릴 수 없는 두 거장의 대표작이다. 마네의 〈폴리 베르제르 바〉는 한때 한국의 미술 교과서에 실리기도 해서 한국에서도 잘 알려진 명화다.

〈귀 자른 자화상〉(F527)은 고흐 자살 뒤에 고흐의 〈탕귀 초상화〉(F363, F364) 주인공이자 파리 몽마르트르 언덕의 화상으로 유화 물감 공급자였던 줄리앙 탕귀가 소장하고 있었다. 탕귀는 몽마르트르에 몰려 사는 가난한 화가들로부터 물감 값 대신에 그림을 받았다. 탕귀 부인은 남편이 물감 값을 받지 않고 그림을 받는다고 바가지를 긁었다. 탕귀가 죽고 나서 화가들이 과부를 위해 그림을 팔아주려 경매를 했었다. 결국 이 그림은 고흐 그림이 유명해지면서 코톨드 가문이 사들여 지금 코톨드 갤러리에서 전시하고 있다. 한때 이 그림은 모작이라는 설도 많았다. 그러나 조사한 바로는 물감이나 모든 재료가 당시 것들이었다.

고흐는 생전에 36점의 자화상을 그렸다. 1887년 파리에서 11점, 1889년

프랑스 아를

17점, 아를에서 다섯 점, 생 레미 정신병원에서 세 점을 그렸다. 영면을 한 오베르 쉬르 우아즈에서는 70일 동안 75점의 유화를 몰아서 그렸는데 자화상은 한 점도 없다. 하지만 이때 유명한 가세 박사(F753, F754), 자신의 숙소이자 마지막 숨을 거둔 다락방이 있던 라부 여인숙의 주인 딸인 소녀 등 13점의 초상화를 그렸다. 자신을 마주할 용기가 없어졌다는 뜻인 듯도 하다. 자화상을 많이 그린 화가들은 자의식이 강했을 것 같다. 거울에 자신을 비추어가면서 그리려면 자신이 보통 있어서는 힘들 듯하다. 내가 사진을 많이 찍으면서도 내 사진은 찍기를 싫어하는 이유는 사진으로 보는 내가 낯설어서다. 사진이 아닌 자화상을 그린 화가들은 다 그려놓고 나면 무슨 생각이 들까? 하긴 자신의 집에 자기 큰 사진이나 초상화를 걸어놓는 사람들의 심사를 이해하기도 힘들지만…. 그래서 고흐가 생 레미 정신병원에서 영육이 건강해져서 퇴원했다는 말은 정확하지 않다. 몸은 건강해졌을지 모르나 정신은 결코 아닌 듯하다. 결국 생 레미에서 병든 정신을 제대로 못 추스르고 나와서 우아즈로 찾아든 셈이다.

　잘 알다시피 귀를 자른 사건은 폴 고갱과의 논쟁 때문이다. 고흐는 고갱에게 태양이 작열하는 아를에서 같이 살면서 그림을 그리자고 강압에 가까운 권유를 한다. 고흐의 억지 같은 설득에 감복해 내려온 고갱은 지금은 없어진 길모퉁이 '노란 집'(F464)에서 고흐와 같이 살면서 매일 싸운다. 나중에 생 레미에서 고흐는 이때의 '침실'(F482, F483)을 기억을 되살려 그린다. 아를에서의 생활이 그래도 좋았고 그리워서였다. 노란색의 침실은 밝은 분위기지만 왠지 슬픈 기운이 서려 있다. 거만하고 독선적인 고갱은 고흐와는 원래 한집에 살면서 인간적인 유대 관계를 유지할 수 없는 유형의 인물이었다. 하긴 부모 자식 간에도 성인이 되고 나서 같이 살면 원수가 된다는 말도 있다. 그토록 좋아하고 친한 동생 테오와도 파리에서 한집에 같이 지낼 때는 매일 다툼을 했던 고흐였다. 1888년 12월 23일 고갱과 성탄절 전날 심하게 싸우던 중 고흐는 면도칼로 고갱을 위협하다가 분에 못 이겨 결국 자기 귀를 자르고 만다. 심하게 상심한 고흐는 피를 흘리면서 '창녀 집'(F478)으로 간다. 고흐에게는 성적인 이유보다는 인간과 교류하는 하나의 방법이었다. 외로움에 지친 고흐가 자기 말에 귀 기울이는 대화 상대를 돈을 주고서라도 찾았다는 사실이 너무 슬프다. 고흐는 잘린 귀를 라셀이라는 창녀에게 신문지에 싸서 주면서 잘 보관하라고 했다. 자신의 말을 들어준 사람에게 몸의 한 조각을 선물한 것은 정말이지 고흐답다. 고흐의 귀에서 피가 워낙 심하게 나자 라셀은 경찰에 신고할 수밖에 없었다.

당시는 자살마저 큰 범죄 행위였던 시절이었다. 상처 지혈이 안 된 고흐는 결국 병원에 입원해야만 했다. 입원해 있으면서 고흐는 고갱을 보기를 간절히 원했으나 고갱은 얼굴도 안 내밀고 파리로 돌아가버렸다. 이후 둘은 영원히 다시 만나지 못한다. 결국 고흐는 믿었던 친구 고갱으로부터 배신을 당했다고 여겼다. 이 사건은 고흐의 정신 상태에 아주 큰 악영향을 미친다. 4개월 뒤인 1888년 5월 고흐는 자진해서 아를의 생 레미 정신병원으로 입원한다. 파라다이스이려니 하고 큰 희망을 품고 내려온 아를도 고흐를 구원해주지 않았다. 정신병원에서 꽉 채운 1년을 있는 동안에 고흐는 142편의 작품을 그린다. 2.5일마다 작품 하나씩을 그린 셈이다. 문자 그대로 생명을 건 필사적인 작품 활동이었다. 그리지 않으면 견딜 수 없는 강박관념에 시달린 것 같다.

몸과 정신이 어느 정도 회복되었다고 생각한 고흐는 1889년 5월 생애 마지막 행선지가 될 파리 근교 오베르 쉬르 우아즈로 옮겨간다. 물론 회복되었다고 여겨진 정신 상태는 우아즈에서 마지막을 자살로 마감할 만큼 막바지로 치닫게 된다. 고흐는 라부 여인숙에 묵으면서 숙박객이나 주민 누구와도 전혀 교류하지 않고 지냈다. 절대 고독 속으로 자신을 더욱 밀어 넣고 말았다. 고흐의 자살은 우아즈가 아니고 아를에서 이미 예고되었다고 해도 무리가 없다. 한편에서는 고흐를 자살로 몰아간 원인이 독주 압생트 중독 때문이라고도 한다. 그러나 고흐 그림 F768, F769의 주인공이기도 한 라부 여인숙의 딸 아들린에 따르면 고흐는 압생트를 마신 적이 없고 하숙비도 꼬박꼬박 잘 냈다. 그녀는 고흐는 아주 조용하고 공손한 손님이었다고 증언했다. 이 라부 여인숙에서 70일간 75점의 작품을 그릴 때 고흐는 자신의 몸을 갈아 넣었을 것이다. 그래서인지 런던 국립 미술관에서 처음 고흐의 〈해바라기〉를 보는 순간 나는 온몸에 고압 전류가 관통하는 듯한 신비한 전율을 느꼈다.

그의 불운으로 누리는 후대의 호사?

우리 후세들이 고흐의 주옥같은 작품을 누린 이유가 고흐의 지극한 불행 때문이라면 너무 심한 말장난인가? 그런 전제로 고흐의 인생을 한번 살펴보자. 고흐는 37년의 삶 동안 제대로 된 여인과의 사랑을 해본 적이 없다. 20세 청년 고흐는 파리 구필 화랑의 주재원으로 런던에 건너갔다가 첫 하숙집의 딸 유지니 로이어를 짝사랑한다. 구혼을 하지만 거절당하면서 고흐는 마음에 잊을 수 없는 상처를 입는다. 이후 세 번 더 가슴 아픈 사랑이 있었으나 한 번도 제대로 된 사랑이나 가정을 이루지 못한다. 28세 때는 일곱 살 연상의 미망인이었던 이종사촌 케이에게 경제력도 없고 장래성도 보이지 않는다는 이유로 거절당한다. 실연의 상처를 안은 고흐는 다섯 살짜리 딸이 있는 창녀 시엔에게 빠진다. 시엔은 고흐에게 성병을 옮기기까지 한다. 그럼에도 고흐는 시엔과 정상적인 가정을 꾸려보려는 노력을 했는데 경제적인 곤궁으로 실패하고 만다. 다시 수년 뒤에 열 살 연상의 마르고트와 결혼을 시도하지만 양가 집안의 반대로 이루어지지 못한다. 마르고트는 진정으로 고흐를 사랑했고 '이룰 수 없는 사랑'에 절망한 나머지 음독 자살 소동까지 벌였으나 끝내 헤어져야 했다. 동생 테오에게 보낸 편지에 고흐는 심정을 구구절절이 토로한다.

그러고는 마지막으로 친구 고갱에게마저 버림받아 고흐는 회복할 수 없는 상처를 입는다. 처절한 외로움이 고흐를 결국 작품에 더 몰입하게 한 것이 아닐까? 만일 고흐가 네 명의 여인 중 누구라도 인연이 닿아 안정적인 가정생활을 했다면 우리가 고흐의 천재적인 그림을 볼 수 있을까? 분명 내 대답은 '아니오'다. 격정적인 고흐는 아마 아내 된 여인도 격정적으로 사랑했을 듯하다. 둘 사이에 나온 자식도 사랑했을 터이니 분명 그림을 중단하고 가정을 꾸려 생계형 직업을 택했으리라. 그러다 보면 천재의 그림은 만들어지지 않았을 거라는 유추를 해본다. 고흐의 불운한 실연으로 인해 더욱 처절한 작품이 나왔을 것 같다. 외로움을 달래려 필사적으로 그림에 매달린, 불안한 비극적인 심리 상태가 더욱 작품의 천재적인 미적 성취에 도움을 주었지 않았을까? 아주 잔인한 분석인가? 만일 이 분석이 맞는다면 고흐는 자신의 피와 살을 그림에 갈아 넣었음이 분명하다. 그래서 그의 작품은 다른 누구의 그림보다도 사람의 혼을 뺏어 가는 신비한 힘이 있는 듯싶다. 에밀레종은 신라에만 있는 게 아니다. 그리고 에밀레종만이 굳이 사람의 몸을 필요로 한 건 아니라는 생각도 해본다.

고흐가 생전에 단 한 점의 작품밖에 못 팔았다는 고흐의 불운은 후세에게는 또 하나의 행운이다. 고흐는 살아생전 세상의 인정을 전혀 받지 못했다. 만일 고흐가 인기 있는 작가였다면 고흐의 그림들은 모두가 흩어져 개인 소장이 되었을 테고 지금처럼 공공 박물관에서 보기 힘들었을 것이 틀림없다. 고흐가 생전에 선물했거나 집세 등으로 준 그림들은 가치를 모르는 사람들에게 헐값으로 넘겨져 네덜란드의 한 고물상에서 먼지에 쌓여 있었다. 1900년 초 네덜란드에서 고흐의 이름이 서서히 알려지기 시작하면서 네덜란드 정부와 개인들은 고흐의 작품을 모으기 시작했다. 당시 눈 밝은 사람들의 컬렉션을 바탕으로 박물관들이 세워졌다. 세계에서 고흐의 작품을 가장 많이 보유한 암스테르담 고흐 박물관과 크뢸러 뮐러 미술관 등 두 네덜란드 박물관이 바로 그곳이다. 그중 고흐 작품 하면 암스테르담 고흐 박물관이다. 고흐 박물관은 고흐 작품 유화 864점 중 유화 200점, 드로잉 1340점 중 400점과 함께 편지 700점을 소장하고 있다. 고흐 박물관이라는 이름에 걸맞게 거의 독보적인 소장품을 자랑한다.

암스테르담 외곽의 호헤 벨루어Hoge Veluwe 공원 안에 있는 크뢸러 뮐러 미술관의 고흐 작품도 만만치 않다. 크뢸러 뮐러 미술관은 고흐의 작품만 유화 73점 드로잉 96점을 소장하고 있다. 그중에도 유명한 〈감자 먹는 가족〉(F78), 〈별밤의 사이프러스 길〉(F683), 〈씨 뿌리는 사람들〉(F422, F689)을 비롯해, 〈밤의 카페테라스〉가 크뢸러 뮐러 미술관이 자랑하는 고흐 작품이다. 이 작품 때문에 크뢸러 뮐러 미술관을 가야 한다. 크뢸러 뮐러 미술관이 소장한 〈감자 먹는 가족〉은 암스테르담 반 고흐 박물관의 동명의 작품(F82)과 거의 같은 그림이지만 크기가 약간 작다. 크뢸러 뮐러 미술관의 고흐의 드로잉은 특히 주옥같다. 우리가 모르는 고흐 예술의 다른 면을 보여준다. 팔리지 않은 작품은 고흐 사후에 동생 테오가 물려받으나 6개월 뒤 테오도 정신착란으로 죽는다. 형 고흐의 자살 충격을 이겨내지 못한 탓이다. 테오의 유해는 파리에서 옮겨져서 둘은 우아즈 공동묘지 벽 앞에 나란히 묻힌다. 그 무덤에 덮인 담쟁이가 참 인상적이다.

둘의 공동묘지 인근은 고흐가 그린 마지막 작품이라 잘못 알려진 〈까마귀 나는 밀밭Wheatfield with Crows〉(F779)의 배경과 유사하다. 테오에게 보낸 편지에 따르면 〈까마귀 나는 밀밭〉은 1890년 7월 10일에, 〈오베르 시청〉(F790)이 7월 14일에 완성되었다. 그리고 〈밀 짚단이 있는 밀밭〉(F771) 등을 비롯한 일

고흐와 테오 형제의 무덤

곱 점은 분명 〈까마귀 나는 밀밭〉 다음에 그려졌다. 해서 대개 〈밀 짚단이 있는 밀밭〉이 마지막 작품이라고는 하나 누구도 확신하지 못한다. 밀밭에 불길한 까마귀가 여러 마리 나는 그림이라 고흐의 마지막 작품이라고 해석할 만하다. 작품도 대단히 완성도가 높아서 그럴듯하다. 그러나 유럽에서는 까마귀가 길조고 대신 까치가 흉조다. 그래서 정복왕 윌리엄의 왕궁이었고, 영국 역사에 가장 중요한 현장인 런던탑Tower of London에는 날개 잘린 까마귀가 일곱 마리가 상주하고 있다. 까마귀가 날아가버리면 대영제국이 무너진다는 전설 때문에 전통을 지키려고 키운다. 영국 관광의 명소인 런던탑을 가보면 날개 끝이 잘린 까마귀가 우리를 벗어나 마당에 돌아다닐 때도 있다.

고흐 뒤에 남은 명작들

고흐가 자살을 행한 장소는 바로 무덤 옆 밀밭이다. 〈까마귀 나는 밀밭〉에 등장하는 밀밭이다. 고흐의 무덤을 갈 때면 무덤 바깥의 넓은 들판 어딘가에서 총소리가 들리는 느낌이 든다. 고흐는 이 밀밭에서 총으로 자신을 쏜 후

고흐가 총으로 자살을 시도한 들판

거의 기다시피 언덕을 내려와 라부 여인숙 지붕 골방에서 숨을 거둔다. 이 언덕길을 내려오는 중간에 유명한 그림 〈오베르 교회〉(F789)가 있다. 고흐가 언덕을 내려와 라부 여인숙으로 들어오는 장면을 여인숙 집 딸 아들린이 본다. 아들린은 고흐가 배를 움켜잡고 흡사 꼽추처럼 등을 구부린 채 뭔가 중얼거리면서 2층으로 올라가는 걸 보았고, 그 이야기를 듣고 아들린의 아버지가 올라가보니 고흐가 침대에 쓰러져 신음하고 있었다. 소식을 듣고 급히 온 동생 테오에게 고흐는 '나는 자살마저 제대로 못 한다'라고 한탄했다. 그러다 테오와 하숙집 이웃들이 지켜보는 가운데 우리의 전설은 세상을 떠났다.

고흐의 작품들은 테오를 거쳐 고흐의 제수 요한나가 물려받고 다시 고흐의 조카 빈센트에게 넘겨진다. 형을 너무도 사랑한 동생 테오는 빈센트라는 형의 이름을 아들에게 주었다. 고흐의 조카 빈센트는 삼촌의 작품들을 암스테르담시에 기증한다. 덕분에 고흐의 작품들은 고스란히 네덜란드 국민의 소유가 되어 오늘날 세계 최고의 고흐 박물관이 만들어졌으며 누구나 언제든 고흐의 작품을 볼 수 있게 되었다.

또 하나 고흐의 편지 874편이 고스란히 남아 있다는 점도 다행이다. 이 편지들로 고흐가 어떤 그림을 언제 어떤 생각으로 그렸는지를 알 수 있다. 뿐만 아니라 고흐는 자세하게 그림을 그릴 때는 무슨 의도로 언제 그렸는지, 또한 무엇이 어려웠는지를 상세하게 기록해서 우리는 고흐 그림에 대해 쉽게 이해할 수 있다. 동시에 고흐가 특정 그림을 그리던 시점에 그의 인생이 어떤 상황이었는지도 소상히 알 수 있다. 편지는 한 사람의 마음의 창이라고 했다. 우리는 그 창을 통해 빈센트 반 고흐라는 희대의 천재의 작품뿐만 아니라 깊은 마음속을 들여다볼 수 있다. 그래서 고흐가 더욱 가깝게 느껴진다. 고흐의 편지를 읽다 보면 흡사 그 편지의 수신인이 된 듯하다. 그런데 이것도 고흐의 불운에서 비롯되었다.

만일 고흐가 정상적으로 인간관계를 맺었거나 가정을 이루어서 외로움을 못 느꼈다면 굳이 멀리 있는 동생들에게 편지를 매일 썼겠는가? 얼마나 대화 상대가 없어 외로웠으면 심지어 한날 두 통의 편지를 썼겠는가? 고흐의 편지에는 대화 상대가 없는 그 처절한 외로움이 절절이 묻어 나온다. 다행히도 동생들은 고흐의 편지를 잘 보관해서 후세에 전해주었다. 정말 고맙다. 동생 테오의 부인 요한나는 고흐와 남편 테오가 주고받은 편지를 영어로 번역했다. 요한나가 영어 교사였기에 가능한 일이었다. 요한나가 영역한 편지는 출판되어 세상에 작품보다 먼저 고흐가 알려지게 되었다.

두 형제의 진솔한 편지를 담은 책이 베스트셀러가 되자, 주인공 고흐에 대한 관심이 커지고 사람들은 점차 고흐의 독특한 화풍에 매료되기 시작한다. 이렇게 고흐는 그림보다 편지로 세상에 먼저 알려졌다. 요한나는 동시에 전시회도 개최해서 고흐를 알리려 무던히 노력한다. 물론 과부가 된 요한나로서는 고흐의 그림을 팔아야 생계를 유지할 수 있었다. 이때 크뢸러 뮐러 미술관 측이 눈 밝게 재빨리 구입을 하여 제2의 고흐 박물관인 크뢸러 뮐러 미술관이 만들어졌다. 고흐라는 인물이 우리에게 남겨지기까지는 어려운 상황에서도 경제적으로나 정신적으로 형을 후원한 동생 테오, 형제의 편지를 영역 출판해서 고흐를 세상에 알린 제수 요한나, 그리고 모든 그림을 암스테르담시에 기증한 조카 빈센트 등의 온 가족 덕분이었다. 덕분에 오늘날 고흐의 작품을 암스테르담에서 마음 놓고 볼 수 있게 되었다.

자화상을 많이 그린 이유

고흐는 인물화를 무척 중요시했으며 이웃의 그림을 주로 그렸다. 당시 화가는 부자의 주문을 받아 돈을 받고 그림을 그렸기에 일반인의 초상화는 별로 없는 편이다. 하지만 고흐는 돈을 받고 그림을 그리지 않았고 주변의 일반인을 그렸다. 초상화를 그려주고도 돈을 받을 수 없는 이들이기에 고흐가 애초 돈을 고려하지 않고 그렸음이 분명하다. 고흐는 자신이 그리고 싶은 그림을 세상의 유행과 관련 없이 그렸다. 그래서 고흐의 그림은 독특하고 누구의 화풍을 따르는 식이 아니어서 더욱 가치가 있다. 소위 말하는 세상의 원칙을 따르지 않고 자신만의 세계를 만들어갔기에 고흐의 작품은 세상 누구의 작품과도 다르다.

　그렇다면 그는 왜 팔리지 않는 그림을 그렸는가? 더군다나 경제적으로 동생에게서 그림 재료비를 받아 쓰는 입장에서 팔리지도 않는 그림을 왜 필사적으로 그렸을까? 그에 대한 대답은 그가 동생에게 쓴 편지에 나온다. '그리지 않고는 도저히 견딜 수 없다는 외로움' 때문이었다. 그런데 그것만으로 팔리지 않을 작품을 쏟아낸 이유가 해석이 되는가? 쉽지 않은 대답이다. 심지어는 고향 누에넨에 있는 어머니의 초상화도 그렸다. 보통의 인물화가 모델을 앞에 놓고 그린다면 이 그림은 상상화다. 얼마나 그리웠으면 상상으로 어머니의 〈초상화〉(F477)를 그렸을까? 고흐는 10년 남짓한 기간에 작품 활동으로 유화 864점과 드로잉 1340점을 남겼다. 정말 다양한 소재를 여러 기법으로 그렸다. 이 모든 작품들이 한 사람이 그렸을까 하는 의문이 들 정도다.

고흐의 처절한 삶이 녹아 있는 아를

　아를에는 로마 유적이 많이 남아 있다. 당시 갈리아로 불리던 프랑스 총독 시저는 아를을 갈리아의 수도로 만들고자 했었다. 프로방스 지방의 거의 모든 도시들에 로마 유적이 있지만 아를에 특히 많다. 원형 경기장, 야외극장, 목욕탕, 성 트로피무스 성당 등 유네스코가 세계문화유산으로 지정한 유적만 여덟 개다. 특히 원형 경기장은 거의 원상태로 보존이 잘되어 있다. 관람객 2만 명의 수용 능력이 있고 출입문만 60개인, 로마 시대로서는 어마어마하게 큰 경기장이었다. 관람석 2만의 경기장은 작은 경기장이 아니다. 인구 1000만이 넘는 서울 잠실 경기장이 2만 5000석이다. 그런데 2000년 전의 경기장이 2만 명이라면 당시에는 얼마나 큰 경기장이었겠는가? 요즘도 원형 경기장에서 음악회를 비롯해 투우 등의 각종 공연이 열린다. 아를을 포함한 프랑스 남부 해안 지방이 한때 스페인 지배를 받아 그런지 투우가 원형 투기장에서 열린다. 투우사의 복장이나 투우 형식은 거의 비슷한데 스페인식 투우는 아니다. 남프랑스 투우는 소를 투우사가 죽이지 않는다는 점이 다르다. 소와의 묘기 대축제를 벌이는 것 같다. 원래 로마 시대 원형 경기장은 검투사들의 목숨을 건 생존의 경기를 감상하던 곳이다. 그런 데서 투우를 하는 것도 공교롭지만 아를의 투우는 소를 죽이지 않는다니 다행이다.

이야기가 나온 김에 투우를 소개하고 가자. 보통 투우 하면 화려한 복장을 한 잘생긴 젊은 투우사가 나와서 소와 묘기를 부리다가 결국 단칼에 투우의 급소를 찔러 쓰러뜨린다. 관중은 투우사의

로마 시대의 콜로세움

묘기에 환호를 지르고 경기장은 흥분의 도가니가 된다. 그런데 사실 주인공 투우사는 어찌 보면 쇼를 하는 배우에 불과하다. 왜냐하면 주인공 투우사가 나오기 전에 조연급 투우사들이 소를 이리저리 돌리고 놀리면서 창이나 칼로 찔러서 소의 힘과 혼을 다 빼놓는다. 소는 주인공 투우사가 나오기 전 이미 초죽음 상태다. 그런 상태에서 잘생기고 젊은 주인공 투우사가 나와서 소와 묘기를 좀 부려 경기장 안의 관중의 관심과 흥분을 한껏 끌어올린다. 그러고는 경기장 분위기가 무르익는 결정적인 순간이 오면 급소를 단칼에 찌른다. 이때 소가 즉시에 무릎을 꿇게 만들어야 한다. 그렇지 않으면 주인공 투우사로서는 큰 실수가 된다.

이 같은 동물 살상의 쇼는 스페인 이전에도 있었다. 아주 오래전 중동 지방에서 성행했었다. 런던 대영박물관에 가면 기원전 645년 아시리아 황제 아슈르바니팔의 '사자 사냥Lion hunt' 부조가 벽에 붙어 있는 원형을 볼 수 있다. 이는 야생에서 잡아온 사자를 군사들이 방패를 들고 만든 원형 경기장에 풀어놓으면 왕이 나와서 화살로 쏘아 쓰러뜨리는 경기다. 이때도 사자는 군사들이 칼과 창으로 찔러 힘을 다 빼놓은 상태다. 지금은 사막을 비롯해 척박한 땅으로 변해버렸지만 당시 중동은 인류 문명 4대 발상지 중의 하나답게 땅이 비옥하고 밀림이 우거져 사자가 많았다. 그래서 왕이 국민을 위해 사람을 해치는 사자를 죽이는 일이 대민 봉사 중 하나였다. 결국 인류는 비옥한 지역을 2000여 년 만에 완전히 나무도 못 자라는 사막으로 만들어버렸다. 성경에 나오는 에덴동산이 유프라테스강과 티그리스강 유역이라고 한다. 예전의 중동 지역은 그만큼 아름답고 풍요한 땅이었다. 사하라사막, 고비사막도 원래는 숲이 우거진 지역이었다. 태초에는 지구에 사막이 존재하지 않았다. 인간이

거쳐 가는 곳은 모두 이렇게 망가진다.

이런 풍습이 순화되고 변화되어 투우 경기로 남아 있는 셈이다. 아를에는 스페인과 같은 축제가 또 있다. 부활절 때는 소를 올드 타운에 풀어놓고 소와 함께 골목길을 달리면서 소를 잡는 축제를 벌인다. 세계적으로 유명한 스페인 마을인 팜플로나의 불런 카니발bullrun carnival과 같다. 그러고 보면 아를은 작렬하는 태양 말고도 스페인과 닮은 점이 너무 많다.

우리에게 《별》과 《마지막 수업》의 작가로 잘 알려진 알퐁스 도데Alphonse Daudet는 프랑스의 유명한 애국자다. 그는 프로방스 지방을 특별히 사랑했다. 그렇게 해서 나온 작품이 《별》과 《아를의 여인》이다. 이 두 작품은 프로방스와 아를을 배경으로 한다. 도데는 사실 세계적인 작가는 아니다. 그런데 한국과 일본에서는 유독 유명하다. 물론 서정적인 소녀 취향의 작품 《별》 때문이기도 하지만 《마지막 수업》이란 단편 소설이 1980년대에 한국 국민학교 교과서에 실렸던 영향이기도 하다. 《마지막 수업》은 스트라스부르의 아름다운 고장 알자스로렌을 독일군이 점령했던 사건을 다룬 소설이다. 자신이 사랑하는 프랑스어 수업을 더 이상 못 하게 된 선생님이 마지막 수업에 학생들에게 '프랑스 만세'라는 문구를 써서 프랑스 애국심을 고취하는 내용이다. 일본에 의해 한때 우리말을 못 쓴 아픈 역사를 가진 우리에게는 사연이 절절이 공감이 가서 깊은 인상을 남긴다. 그러나 소설의 배경인 알자스로렌 지역의 역사적인 배경을 모르면 딱 속아 넘어가기 좋다. 실제 역사는 소설과 정반대다. 14세기 이후 이곳은 프랑스의 지배를 받았고 독일계 주민들은 강제로 프랑스어를 쓸 수밖에 없었다. 그러다가 보불전쟁(1870~1871) 때 프랑스가 독일에 패배하자 이 지역은 독일로 다시 넘어갔고 주민들은 독일어를 되찾았다. 그 뒤 1차 세계대전에 독일이 패배하자 알자스로렌 지역은 프랑스가 되었다가 2차 세계대전 중 다시 독일 땅이 되었다. 독일이 2차 세계대전에 패배하면서 프랑스 땅이 되어 현재에 이르렀다. 국가가 700년 사이에 다섯 번이 바뀐 셈이다. 지난한 역사를 가진 땅이지만 각종 철광산과 함께 포도주로 유명하다. 유럽연합 의회도 위치한다. 도시 이름이 독일식인 스트라스부르라는 데서도 도시의 배경이 독일임을 알 수 있다. 알퐁스 도데가 자가당착의 글을 쓴 이유는 지독한 프랑스 국수주의자였기 때문이다. 한 개인이 자신의 이념을 고수하려고 왜곡한 역사가 무고한 다른 나라 국민에게 엉뚱한 역사를 심어준 사례가 바로《마지막 수업》이다. 애국심과 모국어에 대한 사랑을 강조하려고 교과서에 실은 글이 오히려 가해자 글이었던 해괴망측한 사건이 오래전 한국에서 벌어 졌던 것이다.

이 같은 난센스 이야기는 또 있다. 프러시아와의 전쟁으로 덴마크가 국 토의 3분의 1을 프러시아에 빼앗겼는데, 덴마크의 토목 기술자 엔리코 달가 스 중령(1828~1894)이 바닷가에 면한 유틀란트 황무지를 옥토로 바꾸어 침체 되어 있던 덴마크를 다시 일으켰다는 내용이다. 그때 엔리코 달가스의 슬로 건이 바로 '밖에서 잃은 것을 안에서 찾자What was outwardly lost shall be inwardly won'였다. 한국에서는 널리 알려져서 유럽에서도 유명한 이야기인 줄 알겠지 만 정작 덴마크 사람은 잘 모른다.

네덜란드의 물이 새는 제방 구멍을 소년이 손가락으로 밤새도록 막아 동 네를 구했다는 일화도 어처구니없다. 엄청난 바다 수압을 과연 어떻게 조그 만 소년의 손가락으로 막을 수 있는지 잠깐만 생각해보면 진위 여부를 알 수 있다. 그러나 관광객이 하도 찾아서 관광용 기념물을 만들어놓았다. 바로 'Fingers in the Dyke'라고 인터넷에 쳐보면 기막힌 이야기임이 확인 가능하 다. 요즘은 인터넷 헛소문이 문제지만 옛날에도 만들어진 신화가 참 많다. 윈 스턴 처칠 총리와 페니실린 발견자 알렉산더 플레밍 박사가 서로 은혜를 대 를 이어 주고받은 이야기도 만들어진 신화다.

아를과 음악 이야기

아를을 무대로 한 예술품은 음악에도 있다. 불후의 명작 〈카르멘〉의 작 곡가 조르쥬 비제Georges Bizet는 알폰스 도데의 동명의 극 막간 음악incidental music으로 작곡되었고 27곡을 모은 모음곡이다. 워낙 곡이 좋아 단독으로도, 교향악단 공연의 정식 레퍼토리로도 자주 연주된다. 2014년 10월 나살라에 스투즈맨Nathalie Stutzmann 지휘의 로열 스톡홀름 오케스트라이 연주로 듣는 〈아를의 여인L'Arlésienne〉 조곡 1, 2는 압권이다. 원래 스투즈맨은 여성 저음 contralto 가수지만 지휘자로 훨씬 성공했다. 작곡자 비제와 같은 프랑스인이 라서 그런지 스투즈맨은 비제의 조곡을 잘 살려서 더 이상 아름다울 수 없는 오케스트라 사운드를 만들어냈다. 특히 조곡 2의 세 번째 곡인 미뉴에트의 끝부분에서 플루트와 하프가 주고받는 연주는 두 연인의 사랑의 속삭임처럼 더없이 아름답다.

지휘자 스투즈맨 이야기를 하고 넘어가자. 특히 나는 다른 사람들이 다 좋아하는 소프라노와 테너를 별로 안 좋아하고 여성 저음 콘트랄토를 더 좋아한다. 남성 테너는 들을 만하지만 그래도 저음의 바리톤이나 베이스를 더 좋아한다. 인간의 목소리는 아름다운 높은 목소리가 아름답다는데 나는 인간의 깊은 내면에서 울려 나오는 저음을 더 좋아한다. 특히 잘 부르는 남성 베이스의 깊은 저음 노래를 들으면 몸이 짜릿해지면서 영혼이 흔들리는 듯하다. 물론 여성 저음 콘트랄토도 머리 아프게 일부러 짜내는 고음의 소프라노에서 받는 감동보다 훨씬 더 깊은 감동을 받는다. 특히 스투즈맨이 부르는 슈베르트의 〈겨울 나그네〉는 들을 때마다 가슴이 내려앉는 특별한 감동을 받는다. 나는 스투즈맨의 시디를 10여 장 가지고 있다. 그녀의 목소리에는 뭔가 다른 영혼이 숨겨져 있는 것 같다.

전설의 독일 바리톤 디트리히 피셔 디스카우Dietrich Fischer-Dieskau의 〈겨울 나그네〉와는 또 다른 감동이다. 남성 저음 합창단으로 유명한 영국 웨일즈 출신의 바리톤 베이스라는 브린 터펠Bryn Terfel의 가곡도 즐겨 듣는 저음 중 하나다. 그런가 하면 나는 반대로 남성이 여성 소프라노 같은 남성 고음 카운터테너를 아주 좋아한다. 눈을 감고 들으면 고음이긴 하지만 여성이 내는 찢어지는 듯한 소프라노 고음하고는 다른, 가슴을 저미게 하는 특유의 짙은 호소력이 있다. 물론 안드레아스 숄Andreas Scholl도 좋아하지만, 영국인 이스틴 데이비스Iestyn Davies는 콘서트를 쫓아다닐 정도로 특히 좋아한다. 문제는 남녀 저음 가수가 드물고 인기가 없어 시디가 잘 없다는 점이다. 모두들 여성 성악가로 마리아 칼라스Maria Callas를 입에 침이 마르도록 칭찬하지만 나는 솔직히 말해 찢어지는 듯 날카로운 칼라스의 시디를 잘 안 듣는다. 물론 가끔은 어쩔 수 없이 들어야만 하는 걸작이 있긴 하다. 내가 오페라 중에서 가장 좋아하는 빈센초 벨리니Vincenzo Bellini의 오페라 〈노르마〉는 칼라스보다 더 잘 부르는 가수가 없다. 같은 맥락으로 보면 현악기도 바이올린도 좋아하긴 하지만 그래도 첼로를 몇 배는 더 좋아한다. 첼로에서 울려 나오는 짙은 저음 현의 연주를 듣고 있노라면 과장해서 신과 대화를 나누는 듯한 절정을 느끼곤 한다.

　도데의 3막 5장의 〈아를의 여인〉 연극은 지독한 짝사랑의 이야기여서 더욱 비제의 동명의 조곡이 아름답게 들리는지도 모른다. 어릴 적 친구인 시골의 여인 비베트와 아를의 로마 시대 원형극장 투우장에서 만난 치명적인 매력의 여인 사이에서 혼란스러워하는 젊은 청년 프레데리의 비극적인 사랑을 그린 작품이다. 여인은 아를의 무대에 끝내 한 번도 등장하지 않고 호칭도 그냥 무심하게 '아를의 여인L'Arlésienne'이라고만 불려져서 더욱 극적이다. 더군다나 여인은 프레데리뿐만 아니라 다른 남자들과도 관계가 있어 프레데리는 더욱 괴로워한다. 결국 실연의 위안으로 삼으려고 결행하는 비베트와의 결혼 전날 밤, 그 아를의 여인이 자신의 결혼 축하 무도회에서 춤추는 걸 보고 곡물 창고 창문에서 뛰어내려 목숨을 끊어버린다. 장난꾸러기 큐피드가 쏜 사랑의 화살은 어디로 향할지 알 수가 없다. 결국 같은 방향으로 서로 주고받지 못하는 삼각관계 사랑의 비극은 언제나 사람을 울린다.

　고흐의 작품 중에도 〈아를의 여인〉(F488, F489, F540, F541, F542, F543)이 있다. 고흐가 죽던 해인 1890년에 완성한 작품이다. '지누 부인'이란 부제가 붙은 작품은 65×54센티미터며, 물론 부제로 보듯이 도데의 작품에서처럼 남자를 재미로 유혹해 파탄으로 빠뜨리는 팜 파탈은 아니다. 고흐의 명작 〈밤의 카페테라스〉에 등장하는 푸른 밤하늘과 노란색의 조명이 빛나는 드 라 가르 카페Café de la Gare 여주인이 바로 또 다른 아를의 여인이다. 카페 실내는 〈밤의 카페〉(F463)에도 등장한다. 고흐는 다양한 지누 부인의 그림을 여섯 점이나 그렸다. 초상화 속 지누 부인은 모두 책을 앞에 놓고 앉아 있다. 고갱도 고흐와 거의 같은 포즈를 취한 지누 부인을 스케치와 유화로 두 점을 그렸다. 이렇게 세 명의 거장 고흐, 고갱, 도데가 아를의 여인을 작품으로 남겼다.

　남유럽의 강렬한 햇빛 때문인지 아를에는 빛의 예술을 다루는 프랑스 국립 사진 학교가 있다. 그리고 1969년부터 시작한 아를 국제 사진전이 7월에서 9월까지 열리는데 세계에서 가장 오래되고 큰 사진전이다. 매년 인구 5만 7000의 도시에 7만여 명이 다녀가고 그중 1만 여 명이 외국인이다. 사진은 빛의 예술이다. 그러고 보니 세기의 호남 클린트 이스트우드와 연기력의 화신 메릴 스트립이 남녀 주인공인 맺어질 수 없는 안타까운 사랑의 이야기를 다루어 세계적인 대히트를 진 영화 〈메디슨 카운티의 다리〉의 대사가 생각난다. 프란체스카가 로버트에게 사진이 뭐냐고 묻는다. 로버트는 '사진은 빛'이라고 대답한다. 아를에는 로버트처럼 빛을 쫓아다니는 사람들이 몰려든다. 아를의 햇빛이 아닌 빛의 예술에 끌려오는 불나방들 말이다.

그러나 천국의 빛 같은 햇빛의 인력에 불나방처럼 끌려 내려온 아를에도 고흐에게는 구원이 없었다. 자신의 몸을 하나하나씩 무너뜨려 결국은 자살로 마감을 하는 순서 중 술을 먹어 자해하던 일 다음이 귀를 자르는 것이었다. 귀를 자르기 전까지 고흐의 자해는 폭력적이지 않았다. 그러나 일단 자신의 몸에 칼을 댄 후 고흐에게 다음 단계는 그리 어렵지 않았다. 귀 자해로부터 자살까지 1년 반이 걸렸다.

고흐가 아를로 내려온 까닭은 행복해지고 싶어서였다. 물론 파리보다 집값과 생활비가 적게 든다는 경제적인 이유도 있었다. 하지만 무엇보다 일본 같은 남방 기후 지역에 예술가 공동체를 만들고 싶어 했다. 당시 유럽 예술가는 일본을 탐미주의적인 이상향으로 보고 환상에 젖었다. 그때 고흐가 그린 그림들이 바로 일본 목판화 그림을 소재로 한 〈자두나무 꽃〉(F371), 〈비 오는 다리 풍경〉(F372), 〈일본 기생〉(F378) 등이다. 회화의 기본 규칙을 모두 깬 우키요에라는 새로운 형태의 예술 표현 방법에 당시 유럽 예술가는 경악하고 숭배하기까지 했다. 그들은 그동안 신봉하고 따랐던 모든 기존의 예술적인 가치가 우키요에로 인해 단숨에 해체당하는 충격을 받았고, 일본의 영향을 받는 걸 자랑스러워했다. 유럽 화가들은 너 나 할 것 없이 일본 우키요에를 그림에 포함시켰다. 심지어 일본 옷을 입고 생활하거나 일본 차를 마시고 일본 도자기로 식사하는 것이 유행했다. 이때 생겨난 일본에 대한 환상은 여태까지 유럽인 뇌리 속에 남아 있다.

고흐의 크뢸러 뮐러 미술관

두 번째 고흐 순례를 마쳤다. 이제 어디로 가야 하나? 시작부터 범상치 않았다. 크뢸러 뮐러 미술관Kröller-Müller Museum을 안고 있는 호지 벨루어 공원 숲의 나무 잎 색깔이 말이다. 대단하다고밖에는 표현이 안 되는 색이었다. 아직은 신록이라고 불러도 될 듯한 새잎 사이로 비치는 빛은 금년에 처음 대하는 찬란한 햇빛이었다. 공원 안에 들어서 있는 크뢸러 뮐러 미술관은 보통의 박물관이 아님을 그래서 알 수 있었다.

　암스테르담 반 고흐 박물관을 가본 이후 반드시 곧 가리라고 항상 생각은 하면서도 크뢸러 뮐러 미술관은 이상하게 기회가 닿지 않았다. 그래서 더욱 마음속에 남아 있었다. 그곳에만 있는 〈밤의 카페테라스〉 그림을 보기 전에 먼저 실제 아를의 카페를 가보았다. 또 암스테르담 고흐 박물관의 〈감자 먹는 가족〉을 유화로 본격적으로 그리기 위해 고흐가 그린 동명의 스케치를 특히 보고 싶었다. 고흐 신도에게는 크뢸러 뮐러 미술관은 바로 순례의 두 번째 성지다. 그런데 전략인지 몰라도 박물관은 고흐의 유화 90점, 드로잉 180점 중 40점만을 골라 돌아가면서 전시하고 있다. 어떤 그림을 볼 수 있을지 사전 조사를 꼼꼼히 하지 않고서는 운에 맡길 수밖에 없다. 그래도 가장 인기가 있는 작품들은 바뀌지 않고 전시되니 다행이긴 하다. 〈밤의 카페테라스〉, 〈우체부 조제프 룰랭〉(F439)과 부인 〈아구스틴〉(F504)과 내가 보길 그리 원했던 〈감자 먹는 가족〉(F78)을 비롯해 〈사이프러스와 별밤 길〉(F683) 등이 거기에 포함된다. 고흐는 아를 마을의 룰랭 우체부 본인은 물론 부인, 아들, 손자 등 룰랭 가족 그림을 22점이나 그렸다.

　크뢸러 뮐러 미술관으로 사람들이 몰리게 하는 고흐의 작품은 뭐니 뭐니 해도 바로 〈밤의 카페테라스〉다. 이 작품은 비록 서명이 안 되어 있지만 고흐의 편지 세 통에서 언급된다. 보통 고흐는 자신이 잘 그렸다고 여기는 작품에만 '빈센트'라고 서명했는데 별로 마음에 안 들었는지 서명이 없다. 이 그림을 그리기 위해 사전 준비로 그린 같은 구도의 스케치도 있다. 고흐는 남쪽을 보고 그림을 그렸다. 처음에 전시되었을 때의 제목은 〈밤의 커피 하우스〉였다. 별이 밤하늘에 가득 찬 첫 그림이었다. 곧이어서 같은 달에 〈론강의 별밤〉이라는 별이 가득한 밤하늘을 그렸다. 고흐는 풍경화로 유명해졌으나 사실 고흐는 초상화를 그리기를 더 좋아했다. 그림을 그리면서 모델과 인간적인 교류를 나누었다. 고흐는 아를과 오베르 쉬르 우아즈의 주위 이웃을 많이 그렸다. 특히 아를의 룰랭 가족들은 협조적이어서 많이 그렸다. 고흐는 이들이 정말 프랑스인답게 친절하다면서 모습은 흡사 러시아인같이 생겼다고 평했다. 특히 우체부였던 텁석부리 아버지 조제프를 러시아의 대문호 표도르 도스토옙스키를 연상시킨다고 했다. 수도 없이 교환한 테오의 편지를 전달하는 중간 역할을 조제프가 해서 가깝기도 했지만 고흐는 자신의 이웃이자 술친구고 그림 모델인 조제프를 인간적으로 좋아했다. 생각이 깊고 현명해서 언제까지나 대화를 나누어도 지치지 않는다고 호평했다. 고흐는 조제프 여섯 점, 아구스틴 부인 정면화 두 점과 함께 〈요람을 흔들고 있는 부인〉이라는 제목으로 화려한 꽃무늬 벽지를 배경 삼은 다섯 점, 모자를 쓴 반항적인 표정의 17세 아들 아르만드 세 점, 베레모를 쓴 장난꾸러기 표정의 11세 카미유 세 점, 태어난 지 겨우 4개월 된 마르셀 세 점, 나중에 고흐의 성모자상이라고 해석되기도 한 어머니 아구스틴과 같이 그린 두 점 등 고흐는 물랭 가족을 모두 24점 그렸다. 이 중에서 크뢸러 뮐러 미술관에는 조제프와 아구스틴의 그림이 각각 한 점씩 있다.

1962년 고흐, 세상에 알려지다

이제 고흐가 어떻게 해서 세계적으로 유명해졌는지에 대한 이야기를 자세하게 하려고 한다. 결국 고흐를 세상으로 알린 사람은 고흐의 동생 테오의 부인 요한나 반 고흐-봉어다. 그녀는 남편이 월급을 받으면 거의 반을 형에게 보낸다는 사실을 알면서도 아들의 이름을 빈센트라고 지을 정도로 시아주버니 고흐를 자랑스러워했다. 고흐가 죽고 6개월 뒤 상심한 남편 테오가 뒤따라 죽자 요한나는 그때부터 고흐를 세상에 알리기 위해 온몸을 바친다. 물론 그녀로서는 다른 선택의 여지가 없었다. 테오는 유산도 별로 없이 고흐 그림만 남기고 죽었다. 겨우 한 살인 아들을 데리고 요한나가 살아남으려면 집을 차지하고 있는 그림을 파는 방법 말고는 다른 방법이 없었다. 그래서 일단 생활비를 줄이기 위해 시골로 거처를 옮기고 네덜란드 소설을 영어와 프랑스어로 번역해서 생계를 유지했다. 그러면서 남편이 하다가 만 고흐의 전시회와 서간집 출간을 소명처럼 계속했다. 사실 고흐의 명성은 그림으로부터 비롯되지 않았다. 1872년부터 주고받은 형제 사이의 편지가 요한나의 노력으로 1914년 세 권의 서간집으로 발간되었는데, 이를 통해 비운의 천재 화가의 생애가 알려지고 이어서 그림까지 알려졌다. 처음에는 네덜란드, 그다음에는 독일, 나아가 유럽으로 명성이 번져간다. 비운의 천재는 결국 그림이 아니라 글로 먼저 세상 사람들을 만났다. 세상은 이렇게 뭔가 이상한 방법으로 만들어지

프랑스 아를

고 굴러가는 듯하다.

요한나는 고흐의 작품을 누가 큰돈을 준다고 해도 절대 한 점 한 점 나누어 팔지 말라는 남편의 유언을 지키려고 최대한 노력했다. 덕분에 지금 우리는 고흐의 대다수 작품을 암스테르담 고흐 박물관과 크뢸러 뮐러 미술관에서 볼 수 있다. 이를 두고 한 고흐 전기 작가는 요한나의 노력이 '아주 드물고, 아주 소중하고, 아주 중요하다'라고 했다. 살아생전 테오는 갖은 노력을 다했지만 고흐가 그토록 하고 싶어 했던 첫 전시회를 자신의 아파트에서 개최할 수밖에 없었다. 그러나 요한나는 1892년 2월 고흐 사후 2년 만에 제대로 된 전시회를 열었다. 자비로 대관을 했고 두 달 동안 겨우 2000명이 다녀가 별로 큰 성공은 못 거두었다. 당시 요한나를 두고 한 네덜란드의 화가는 '요한나는 작고 매력적인 여인인지는 모르나 나를 아주 짜증나게 한다. 그녀는 자신이 하고 있는 일이 무엇인지도 모르면서 단순히 센티멘털한 이유로 너무나 맹목적이고 광적으로 매달리고 있다. 그것은 여학생의 행동 이상의 아무것도 아니다. 그녀는 슬픔 때문에 빈센트를 거의 신으로 만들고 있다'고 혹평했다.

고흐의 작품이 고흐 생전에 전혀 대중에게 선보일 기회가 없었다고 알려져 있지만 몇 번의 기회가 있긴 있었다. 단지 고흐의 화풍은 당시 풍조와 맞지 않아 인기를 못 끌었을 뿐이다. 고흐가 죽기 2년 전인 1888년, 고흐는 독립예술가 협회에 가입했다. 그리고 그해 연례 전시회에 세 점의 작품을 출품했으며, 이듬해 두 점의 작품을 출품해서 세상에 자신의 작품을 선보였다. 1890년과 1891년 전시회에도 도합 10점의 작품이 전시된 바 있다. 이 전시회를 통해 당시 명성이 자자했던 모네와 점묘화의 대가 폴 시냑Paul Signac이 고흐를 눈여겨보는 성과가 있긴 했지만 대중에게는 전혀 알려지지 않았다. 이에 비해 친구 고갱은 제법 알려진 화가였다. 그런데 모네와 고갱이 고흐를 천재라고 평했는데도 고흐는 세상에 알려지지 않았다. 물론 테오는 형의 천재성을 진작 알고 있었기에 언젠가 세상이 형을 알아주리라는 믿음을 끝까지 버리지 않았다. 그래서 유언으로 절대 작품을 부분적으로는 팔지 말라고 한 것이다.

테오는 고갱과 피사로의 작품을 팔아주던 꽤나 유명하고 유능한 아트 딜러였다. 시대를 앞서 작품을 보는 혜안도 있었다. 만일 테오가 오래 살아 있었다면 고흐의 작품이 이렇게 완벽하게 남아 지금처럼 공공 박물관에서 세인을 만날 수 있었을까. 조금 더 일찍 세상에 알려지긴 했겠지만 그 과정에서 흩어져 개인 소유물이 되어버렸을 확률이 높다. 요한나의 노력으로 천천히 고흐는 세상에 알려지기 시작했다. 이때 암스테르담 시립 도서관이 재빠르게 알아채고 대여 전시를 요청했는데 이를 테오의 아들 빈센트 빌렘 반 고흐가 허락해서 전시가 이루어졌다. 그리고 네덜란드 정부가 드디어 1962년부터 고흐 박물관 설립을 목적으로 고흐의 작품을 수집하기 시작하자 그는 회화 200점, 스케치 400점, 편지 700장 전체를 국가에 기증했다.

물론 크뢸러 뮐러 미술관이 고흐 작품 소장품으로 세계적인 명성을 얻어 연간 25만 명의 관객이 오지만 소장품은 결코 고흐의 작품만 있는 것이 아니다. 피에트 몬드리안Piet Mondrian, 조르주 브라크Georges Braque, 폴 고갱, 파블로 피카소 같은 거장들의 걸작도 있다. 박물관이 설립될 수 있게 평생을 걸쳐 모은 작품을 모두 국가에 기증한 헬레나 크뢸러 뮐러는 누구보다 먼저 고흐의 천재성을 알아채고 1908년과 1929년 사이에 집중적으로 유화 91점과 스케치 185점을 수집한다. 그래서 그녀를 러시아의 캐서린 여제 이후 예술품을 본격적으로 수집하기 시작한 거의 첫 여인이라고 부른다. 그녀는 죽기 4년 전인 1935년 모든 수집품을 국가에 헌납했다. 3년 뒤 네덜란드는 나라 안에서 가장 큰 공원 안에 그녀의 이름을 따서 박물관을 설립했다. 이후 관람객의 발길을 이끄는 조각 공원이 1961년에 조성되었다.

우선 〈감자 먹는 가족〉(F82)부터 보자. 크뢸러 뮐러 미술관에 있는 스케치는 암스테르담 고흐 박물관에 있는 유화 작품 〈감자 먹는 가족〉의 사전 작업으로 그려졌다. 고흐 박물관의 작품은 고흐가 처음으로 시도한 대형 작품이다. 82×114센티미터 크기의 이 작품은 알려져 있다시피 시골 농부의 가족이 등불 하나 밑에 모여 앉아 농사일로 거칠어진 손으로 한 접시의 감자를 나누어 먹는 모습을 그렸다.

서양화가는 동양화가와는 달리 일필휘지의 솜씨로 단번에 그림을 그리지 않는다. 레오나르도 다빈치나 미켈란젤로 같은 대가들도 유화를 그리기 전 주문자에게 승인을 받거나 구도를 잡으려는 목적으로 여러 단계의 사전 작업을 한다. 일단 각 부문을 나누어 초기 단계 스케치를 그린다. 손은 손대로 머리는 머리대로 그린다. 그렇게 해서 어느 정도 그림 윤곽이 잡히면 이를 조합해 전체 스케치를 그려본다. 거기에 만족하면 다시 유화로 주요 부분을 그린다. 주요 부분이 마음에 들면 그때서야 전체 유화를 본격적으로 그리기 시작한다. 이렇게 전체 그림이 완성되기 전에 그린 완성된 부분도는 그 자체로도 예술적인 가치가 있다. 대가의 그림 중에는 전체 그림의 부분도가 더 유명한 경우도 흔하다. 〈감자 먹는 가족〉도 암스테르담 고흐 미술관에 있는 유화가 본격품이라면 크뢸러 뮐러 미술관에 있는 오일 스케치가 두 번째 단계의 그림이고 당시 유행하던 방식으로 만들어진 석판화lithograph는 세 번째 단계인데 뉴욕 현대 미술관을 비롯해 여러 곳에 소장되어 있다.

고흐의 철학이 담긴 〈감자 먹는 가족〉

크뢸러 뮐러 미술관의 〈감자 먹는 가족〉(F78, 1885)에는 고흐가 아주 좋아하던 철학이 깃들어 있다. 고흐는 농부, 광부, 어부, 직조공 같은 노동 계층의 사람들에게 요즘 말로 '필이 꽂혀' 있었다. 고흐는 세상의 외곽에 존재하는 그들이 세상의 중심이 되어야 한다고 생각했다. 그것은 당시 유럽 젊은이들을 사로잡던 혁명 사상이었다. 고흐는 구필 화랑의 런던 지점에 가 있을 때부터 사회비판 시각의 작가 찰스 디킨스Charles Dickens, 조지 엘리엇George Eliot의 책을 읽으며 영향을 많이 받았다. 시골 농부들의 삶을 그려 유명해진 장 프랑수아 밀레를 숭배하다시피 존경한 고흐는 자칭 그의 제자라고 말하기도 했다. 그래서 첫 본격적인 작품인 〈감자 먹는 가족〉에 정성을 많이 들였는데, 어찌 보면 청년의 치기가 서린 느낌이다. 미완성품 같은 어설픔과 풋풋함이 이 작품을 사랑하게 만드는 요인이다. 이 작품의 주인공은 암스테르담 반 고흐 미술관에 있는 고흐의 작품 〈오두막집〉(F83)에 살고 있던 두 가족 중 그루츠 가족이다. 또 하나의 초기 작품 〈오두막집〉(F93)은 석양의 하늘을 등진 오두막집이라서 어둡긴 하나 따뜻한 분위기다. 흡사 한국의 초가 같은 집의 모습이다. 문에는 네덜란드 민속 의상을 입고 간호사 모자 같은 휼hul이라는 전통 모자를 쓴 여인이 서 있다. 흡사 저녁을 해놓고 밭일을 하고 돌아오는 남편과 아들을 기다리는 모습이다. 아닉의 옆 창문에는 따뜻하게 피워신 화력의 불이 활활 타고 있다. 저녁 식사인 감자는 미리 만들었는지 굴뚝에서는 연기가 나지 않는다. 이렇게 '오두막집'과 '감자 먹는 가족'은 직접 연결이 된다. 그 '오두막집' 안에서 휼을 쓴 여인이 준비한 감자를 같이 나누는 모습을 그린 작품이

감자 먹는 가족

〈감자 먹는 가족〉이다.

감자 먹는 가족들 위에 비치는 작은 등불은 묘하게 가족들을 연결하는 분위기를 연출하고 있어서 이 그림은 마치 연극의 한 장면처럼 보인다. 고흐는 이 작품에 깊은 애정을 가지고 있었고 자랑스러워했다. 그러나 구필 화랑의 큐레이터로 근무했던 동생 테오는 별로 좋아하지 않았다. 전문가의 눈으로 보면 33세 작가의 완성된 작품이 아니라 예술이 뭔지 모르는 순진한 10대 소년의 습작 같았다. 원숙한 화가라면 숨겨야 하는 제작 의욕과 작가 감상이 드러나기에 풋내 나는 작품 같아 보였을 수 있다. 원래 전문가는 미술품이든 문학 작품이든 작가의 감상과 감정이 마구 작품 표면에 칠해진 작품은 싫어하기 마련이다. 친구 안톤 반 라파드Anthon van Rappard도 혹평한다. '너는 다행스럽게도 이것보다는 훨씬 더 잘할 수 있는데 너의 이 작품은 전혀 진지하지 않다. 너무 피상적으로 그림 대상을 관찰했고 쉽게 다루었다. 그런데도 너는 밀레와 쥘 브르통Jules Breton 이름을 이런 졸작에 연계해서 감히 왜 들먹이는지 모르겠다. 예술은 그렇게 가볍게 취급하기에는 너무 숭고하다'라고 미술사에 길이 남는 혹평을 한다. 사실 라파드의 혹평이 심한 것은 아니다. 5년의 독학으로 그림을 배운 뒤 나온 작품이라고는 하나 기본을 마스터하기 전의 작품이라 인물이나 손의 묘사 등이 거의 만화 수준이라는 혹평마저 있었다. 기술보다 마음이 앞섰다는 것이다.

그래도 테오는 형이 미숙하지만 장래성이 있다고 어머니에게 편지를 썼다. 그러나 이제는 많은 고흐 연구자가 〈감자 먹는 가족〉을 고흐의 진정한 예술 작품 중에서 첫 작품이라고 여긴다. 비록 기술적으로는 미숙하지만 고흐의 철학이 잘 담겨 있고 소위 말하는 작가의 숨길이 그대로 드러나 있다는 정반대의 이유 때문이다.

밀레와 정서적인 공감을 원했던 고흐

고흐는 이 작품을 아주 좋아해서 테오에게 자랑했다. '너 있잖니! 나는 정말로 이들을 그리고 싶다. 세상 사람들에게 이렇게 조그만 등불 아래서 감자를 먹는 이 농부 가족을 알려주고 싶다. 접시에 담긴 감자를 집어 먹는 바로 저 손으로 그들은 직접 땅을 파서 자신들의 식량을 정직하게 만들어냈다. 문명인인 우리와는 완전히 다른 방식의 저들의 삶을 소개하고 싶다. 나는 세상 사람들 모두가 그들이 누구인지 모르면서 이 그림을 단순히 감탄하거나 인정하는 것을 정말 원하지 않는다'라고 했다. 고흐는 자신이 거의 숭배하는 밀레가 전달하고자 했던 '진정한 농부들의 그림'을 자신도 이루어보고자 갈망했다. '그들을 통상적인 매력을 통해 전달하기보다 비천하게 그려내는 것이 장기적으로 보면 더 낫다고 나 자신은 믿는다'라고 하면서 농부들을 '동물처럼 역겹고 짐승 같고 상스럽고 추악하게' 그리려고 했다.

고흐는 〈감자 먹는 가족〉에서 농부 여인들을 아프리카 흑인 여인처럼 그렸다. 두터운 입술, 돌출한 광대뼈, 낮고 납작한 이마…. 특히 큰 손과 큰 눈은 동물적인 감각이 느껴진다. 편편한 이마와 튀어나온 귀는 괴기스럽게 희화된 모습 같다. 특히 〈농부 여인Pessant Woman〉(F140~F160)의 여인들을 바로 그린 모습으로 그렸다. 그들은 간호사가 쓰는 모자와 비슷한 모양의 네덜란드 여인의 전통 모자 휼을 쓰고 있다. 그리고 농부들의 크게 벌린 눈은 동물의 눈처럼 묘사했다. 고흐는 수많은 농촌 여인의 그림을 그렸다. 허나 어떤 작품에서도 여인의 전통적인 아름다움이 그려지지 않았다. 모두 살아가느라 지치고 풍상에 닳은 농촌 아낙들의 삶 그대로의 아름다움이 표현되어 있다. 그러나 삶에 지쳐 진 눈가의 주름과 얼굴 여기저기에 비치는 깊은 골 같은 늘어진 살을 결코 아름답지 않다고 할 수 없다. 고흐는 농부들을 특별히 헐뜯기 위해 그렇게 그린 것이 아니다. 이런 모습이 진정한 농부들의 모습이라고 고흐는 믿었다.

〈감자 먹는 가족〉과 〈최후의 만찬〉

만일 내가 〈감자 먹는 가족〉에서 레오나르도 다빈치의 〈최후의 만찬〉이 보인다고 하면 사람들은 뭐라고 할까? 하느님이 주신 땅을 파서 만들어낸 가장 원초적인 식량인 감자를 요리도 하지 않고 가족이 둘러 앉아 먹는 가난한 모습에서 나는 예수의 피와 살로 만든 걸로 재해석되는 빵과 포도주를 나누는 예수와 제자들이 최후의 만찬을 먹는 모습이 보인다. 고흐는 아를의 성당을 건물로서 그린 정도지 종교적인 성향을 보이는 작품을 그린 적이 별로 없다. 그렇다고 고흐가 기독교적이지 않다는 말을 하려는 것은 절대 아니다.

어찌 되었건 고흐는 〈감자 먹는 가족〉의 구상을 오랫동안 했다. 그래서 최종본 전의 여러 가지 작품이 존재한다. 등장인물이 다섯 명(F78: 크뢸러 뮐러)이거나 네 명(개인 소장)인 유화 작품이 바로 그것들이다. 구도가 좌우로 바뀐 석판화(F1661)도 그렸다. 최종본은 암스테르담 고흐 미술관의 작품(F82)이다. 이 그림을 통해 고흐는 화단에 얼굴을 드러내고 싶어 했다. 하지만 프랑스 최고의 구필 화랑의 초보 큐레이터에 불과했던 동생에게조차 인정받지 못했다. 그래서 고흐는 안달을 했다. 결국 혼자서 제대로 되지 않은 석판화를 화상에게 보냈지만 별 반응이 없었다. 이 점을 고흐 연구가들은 의문시한다. 왜 어설픈 스케치를 먼저 보냈는지 말이다. 무지했는지 아니면 철이 없었는지 아니면 너무 급했는지. 천재 화가 고흐도 당시 예술적인 감각이 아직 완성되지 않은 수준이었다. 사회주의 사상에 물든 정의로운 의욕에 물든 순수한 젊은 이의 운동권 그림 같았다면 너무 심한 혹평이라고 할지 몰라도 정확한 표현이다. 이때 고흐는 〈감자 먹는 가족〉을 인류의 식량을 책임지면서 정당한 대접을 못 받는 농민을 그리겠다는 신념으로 그렸다.

고흐가 세상을 놀라게 하면서 출세하고자 그렸던 〈감자 먹는 가족〉은 고흐의 의도와는 달리 별 도움이 안 되었다. 하지만 다음 해인 1886년 고흐는 평생 유지한 특유의 화풍으로 자화상들(F178r, F180)을 그린다. 이 작품들은 걸작 수준에 들어간다. 고흐가 1년 만에 화풍을 확 바꾸어 자신만의 세계를 만들어낼 수 있었던 것은 파리로의 이주했기 때문이다. 유럽 회화의 중심이었던 파리에서 고흐는 암스테르담에서는 못 보던 새로운 회화 사조와 야심 찬 젊은 화가들을 만난다. 바로 그들이 당시 아방가르드 화단을 이끌던 에밀 베르나르Emile Bernard, 앙리 드 툴루즈 로트랙Henri de Toulouse-Lautrec과 고갱이다. 특히 베르나르와는 고흐가 아를로 옮겨온 뒤에도 계속 편지를 주고받는다. 이 편지들을 보면 고흐의 화풍과 정신세계에 파리 화단의 풍조와 함께 베르나르가 얼마나 큰 영향을 끼쳤는지 알 수 있다. 유감스럽게도 이 편지들은 한국어 번역으로는 안 나와 있다. 고흐의 세계는 드디어 파리에서 꽃을 피우기 시작한다. 이때 고흐는 처음으로 몸통torso(F216)도 10점 그린다. 이어서 파리에서 200여 점의 유화를 그린 고흐는 독주 압생트와 담배에 건강이 나빠졌고 어두운 파리를 벗어나 남프랑스 아를로 이주한다.

〈감자 먹는 가족〉을 전문가들이 뭐라고 하든 수많은 고흐 애호가를 매혹한다. 어려서부터 오로지 후기의 완성된 고흐 특유의 전형적인 작품들만 보아오던 사람들은 밀레의 영향을 받은 이런 초기 작품을 접하면 깜짝 놀라고 심지어 '너무 늦게 알아서 미안해!'라는 사랑 고백을 할 정도로 감동한다. 피카소의 경우도 같다. 보통 세상 사람들이 피카소 하면 얼굴이 삐뚤어지고 해체되어 난해하기 그지없는 작품들로만 알고 있다가 초기 작품을 보면서 새로운 피카소를 발견하고 반가워한다. 피카소가 역시 우리 같은 사람이었음을 느끼게 되어 정겨워진다는 말이다. 그러나 전문가들은 일반적인 피카소 작품을 소개하려고 하지 않는다. 너무나 일반적인 피카소의 초기 사실화로는 세상을 놀라게 할 수가 없어서다.

오늘의 피카소를 있게 한 것은 과거의 회화 전통을 깬 새로운 사조의 작품이다. 그래서 세상은 피카소의 그런 작품들만 소개하고 그 때문에 사람들은 피카소 하면 으레 추상 작품들만 그리고 만든 작가로 이해한다. 피카소를 좋아하고 사랑한다는 사람들은 많이 없다. 그냥 위대한 작가이니 이해하든 못하든 통과의례처럼 본다. 피카소를 모르면 무식하다는 소리를 듣기에 본다.

그런데 과연 피카소는 왜 위대한 작가인가? 피카소가 왜 레오나르도 다 빈치, 빈센트 반 고흐와 더불어 서양 미술 역사상 최고의 화가 세 명 중 한 명으로 일컬어지는가? 과연 피카소 작품의 가치가 무엇이길래 그런 대단한 위치에 올라 있는가?

우선 나만 피카소의 작품을 이해하지 못하나 하는 걱정은 안 해도 된다. 수를 헤아릴 수 없이 많은 세상 사람이 마찬가지다. 전문 비평가나 예술 해설가들이 작품을 잘 아는 척 주절주절 비평을 늘어놓지만 가만히 들어보면 작가가 뭘 의도하고 그림을 그렸는지 물론 모른다. 화가가 설명하는 법도 없을 뿐만 아니라 솔직히 현대 미술은 화가 자신도 모른다고 말해도 된다. 추상표현주의의 대가 잭슨 폴록Jackson Pollock이 건축용 페인트를 화폭에 집어 던져 페인트가 멋대로 흘러내리는 작업을 할 때도 폴록이 대단한 철학이 있었던 건 아니다. 그냥 단순하게 누구도 시도해보지 않은 새로운 기법을 시도했다고 추정해도 된다. 잭슨 폴록은 이에 대해 완곡하게 말했다.

1950년 여름 인터뷰에서 폴록은 "당신의 작품 제작 방법을 두고 수도 없는 비평과 뒷말들이 있다. 거기에 대해 우리에게 뭔가 해줄 말이 없는가There's been a good deal of controversy and a great many comments have been made regarding your method of painting. Is there something you'd like to tell us about that?"라는 물음에 "나는 새로운 수요에는 새로운 기법이 필요하다고 본다. 현대의 예술가들은 자신의 주장을 표현할 새로운 방법과 수단을 찾아냈다. 모든 세대는 자신들만의 기법을 찾아내기 마련이다My opinion is that new needs need new techniques. And the modern artists have found new ways and new means of making their statements. Each age finds its own technique"라고 했다. 새로운 시대가 왔으니 과거와는 다른 새로운 기법이 필요한 나머지 고안해냈을 뿐이지 특별한 철학이 있어서 한 일은 아니라는 말이다.

또 "하나의 추상 회화에서 어떤 특정의 의미나 주제를 굳이 찾으려는 행위야말로 바로 당신이 누려야 하는 즐거움을 방해하는 일이라고 생각하는가?Then deliberately looking for any known meaning or object in an abstract painting would distract you immediately from ever appreciating it as you should?"라는 질문에도 폴록은 "추상화도 음악을 들어보듯이 일단 먼저 들어봐야 한다고 생각한다. 그래야지 당신이 좋아할지 싫어할지를 알 수 있어서다. 추상화에도 그럴 기회는 주어야 한다I think it should be enjoyed just as music is enjoyed after a while you may like it or you may not. I think at least give it a chance"라고 대답했다. 뭔가를 찾으려는 선입견 없이 음악을 듣듯 추상화를 보라는 뜻이다. 일단 열린 마음으로 보면 좋아하는 마음도 생긴다는 것이다. 현대 예술이 과거 예술처럼 목에 힘을 주는 예술은 아님을 완곡하고 솔직하게 말했다.

더 직설적으로 현대 예술의 속성을 말한 예술가들도 있다. 현대 예술 중 가장 대중적인 '팝아트의 제왕'이라 불리는 앤디 워홀은 바로 '15분의 명성 15minutes of fame'을 이야기했다. 그는 '미래에는 누구나 15분 안에 세계적으로 유명해질 수 있다In the future, everyone will be world-famous for 15 minutes'라는 잘 알려진 발언을 했다. 현대에 예술은 대단한 게 아니라는 뜻이다. 또 그는 자신의 작업실을 아틀리에atelier니 아트 스튜디오art studio라고 부르지 않았다. 자학의 의미로 '공장The Factory'이라고 불렀다. 특정한 이름이 붙은 공장도 아니고 그냥 '그 공장'이었다. 워홀의 작품 제작 방법은 공장에서 제품을 생산해내듯 스크린 프린트를 이용해 기계로 찍어내듯이 작품을 만들었으니 틀린 말도 아니다. 그래도 작업실을 공장이라고 격하시킨 이유에는 예술이 별게 아니라는 워홀의 깊은 뜻이 있다. '예술은 고급 사기'라는 비디오 아티스트 백남준의 말과도 상통한다. 한 명이 더 있다. 한국의 국민 화가라는 칭호가 더 이상 잘 어울릴 수 없을 만큼 한국인의 정서를 제대로 표현한 이중섭 화백도 같은 말을 했다. '오늘 또 한 놈 해치웠어'라는 그의 말에도 예술가의 자기비하가 들어 있다. 어렵게 작품 한 점을 팔아서 당시 예술가들이 모이던 명동의 주점 은성에 들어서면서 친구들에게 하던 이야기였다. 주점 은성은 국민 배우 최불암의 어머니가 하던 곳이었다. 자신의 예술이 사기인데 또 순진한 한 놈에게 속여 팔아 왔으니 술이나 같이 먹어 없애자는 거였다. 이중섭다운 말이자, 현대 예술가로서의 시각이 잘 드러난 말이었다.

현대미술 울렁증 처방전

현대 미술로 돌아가자. 현대 회화는 그림 속 모든 물건 손길 하나에도 의미를 두고 그려 그 의미와 상징을 모두 찾아 읽어야 하는 중세 화가의 그림과는 완전히 다르다. 그래서 앞에서 이미 말한 현대 미술 울렁증 극복 방법을 본격적으로 더 자세하게 말해보고자 한다. 현대 예술 특히 현대 미술 울렁증을 예방하는 제일 첫 번째 처방은 중세 화가의 작품이 '읽어서 이해하는 작품'이라면 인상파 이후 현대 화가의 그림은 이해하려 하지 말고 '그저 보고 느끼라'는 것이다. 현대 예술 작품을 보고 왜 작가가 저런 작품을 만들었는지, 뭘 관객에게 전달하려고 하는지, 작품을 보고 뭘 느껴야 하는지를 모르겠다면 픽 웃고 작품 앞을 떠나면 된다. 유명한 작품이 아무런 감흥을 안 주어도 전혀 열패감이나 열등감을 느낄 필요가 없다. 누가 물으면 그냥 내 취향이 아니라고 하면 된다. 괴기하고 해괴한 현대 작품 중에도 가끔 왠지 마음에 끌리는 작품이 있다. 그런 작품은 그냥 '아! 좋네!' 하면 된다. 그 안에서 뭔가 큰 뜻을 찾으려 하면 촌놈이 된다. 현대 미술은 이솝 우화의 벌거벗은 임금님을 보듯이 그냥 아는 척하면 된다.

현대 예술 울렁증의 두 번째 처방은 바로 '과연 예술 작품은 아름다워야 한다는 아주 오래된 미신으로부터 자신을 해방시키는 것'이다. 예술은 결코 아름다워야 하는 게 아니고 새로워야 한다. 세상에는 아름다운 작품이 너무 많다. 개인, 시대, 민족, 인종, 사상, 유행 등 이루 다 셀 수 없는 조건과 상황에 따라 미에 대한 감각과 평가는 분명 모두 다르다. 한 개인이 아름답다고 숭배하는 어떤 사물을 같은 가족이라도 추하다고 느낄 수 있다. 한 민족에게는 더할 나위 없이 아름다운 전통이 다른 민족에게는 목숨을 걸고 없애야 할 전통일 수 있다. 그런 시각으로 본다면 모두에게 통하는 일반적인 공통의 아름다움이란 절대 존재할 수 없다. 존재해서도 안 된다. 세상 모든 사람들이 같은 미를 보고 같이 좋아한다면 세상은 살 만한 가치가 없다. 모두가 각자의 기준을 가지고 살아야 하지 않겠는가?

특히 문화와 전통이 다른 세계적인 범위로 간다면 말이다. 만일 어떤 작품을 세상 사람 모두가 아름답다고 하면 그건 가짜다. 작품이 아니라 모두가 아름답다고 한다는 평가가 가짜다. 세상 사람들이 모두 아름답다고 하고 주위 사람들마저 아름답다고 하니 감히 아니라고 하지 못할 뿐이지 모든 사람이 아름답다는 미는 없다. 나는 감히 인류 최고의 미술품 걸작품이라는 다빈치의 〈모나리자〉를 아름답다고 느끼지 않는다고 이야기한다. '벌거벗은 임금님 동화의 소년 신드롬'이 있어서가 아니다. 세상이 다 좋다는데 혼자 잘난 척 빗

나가려고 한다고 야단치지 말고, 지금부터 내 설명을 긍정적인 마음으로 읽어보기 바란다.

찬찬히 다빈치의 그림을 따져보자. 일단 작품 속 모나리자의 신비한 미소는 인정한다. 금방 웃음이 확 터지기 바로 직전의 모습 같기도 하고 혹은 웃으며 슬픔을 숨기려고 가장하는 듯도 하다. 비웃음의 웃음인가 하면 아무런 감정 없이 그냥 무심하게 상대를 바라보는 표정 같기도 하다. 가만히 집중해서 응시하고 있으면 빨려 들어갈 듯한 눈초리도 분명 신비하다. 금방 분명 말을 걸 듯한 표정이기도 하고 그냥 내 눈앞에서 빨리 사라지기를 바라는 얼굴 같기도 하다. 그래서 일반적으로 꼽는 〈모나리자〉의 매력인 '보는 사람의 심정과 기분에 따라 다양하게 느껴지는 모나리자의 표정', '침묵 속에 응시하고 있으면 빨려 들어 혼미해지는 마력'은 나도 분명 인정한다.

그러나 그런 인물화가 〈모나리자〉 하나밖에 없나? 세상에 존재하는 모든 화가의 세필細筆로 그린 전통 사실화풍의 초상화나 인물화를 〈모나리자〉 보듯 존귀하게 숭배하면서 집중해서 쳐다보라. 장담하건데 〈모나리자〉만큼의 마력을 많은 작품에서 느낄 수 있다. 내가 여러 번 실제 실험하기도 했고 주위 분들에게 권해도 보았다. 〈모나리자〉의 절대 신봉자 빼고는 대부분 내 의견에 적극 동의하고 신비로워했다. 만일 못 믿겠으면 유럽 미술관에 수없이 많은 서양 초상화를 보면서 시험을 해보라. 아니면 국립중앙박물관에 소장된, 〈모나리자〉와는 완전히 다른 기법으로 그려진 우리 선조의 초상화 앞에 서서 최소한 5분 이상을 집중해서 응시한다면 내 말을 이해하리라 믿는다. 예를 들어 조선 화가 윤두서의 자화상도 마찬가지다. 엄청나게 세밀하게 그린 그림을 보고 있노라면 흡사 실물을 응시하는 듯한 착각에 빠져들게 된다. 이래서 서양이든 동양이든 초상화에는 신비한 힘이 깃들여져 있다고 모두들 믿었다.

예를 들면 마르쿠스 기어라레츠Marcus Gheeraerts가 그린 엘리자베스 1세 잉글랜드 여왕의 〈무지개 초상화〉 속 여왕 드레스 자락에는 수많은 눈과 귀가 그려져 있다. 내가 눈과 귀로 너희를 감시하고 있겠다는 뜻이다. 엘리자베스뿐만 아니라 유럽의 왕은 실제 이런 초상화를 여러 장 그려 신하들에게 하사하고 응접실이나 사무실에 걸어놓게 했다. 이 방에서 일어나는 모든 일을 내가 보고 듣겠으니 쓸데없는 일을 하지 말라는 무언의 경고다. 영국 옥스퍼드 근처 윈스턴 처칠 생가인 블레넘궁에는 건물 북쪽 현관 천장에 아주 큰 눈이 여섯 개나 그려져 있다. 들어오는 손님들을 모두 감시한다는 뜻인지 주인의 인사치고는 고약하다. 한국화의 초상화는 진영眞影이라고 해서 아주 정확하게 그린다. 풍을 맞아 입이 삐뚤어지고 입가에 점이 있어도 그대로 그린다. 제대로 초상화를 그려야 혼이 깃든다고 믿었기 때문이다. 그러니 〈모나리자〉만 신비한 힘이 있는 대작이라는 말은 하지 말자. 〈모나리자〉에 등장하는 스푸마토sfumato 기법 하나 때문에 독보적인 대작이라는 것도 어불성설이다.

모나리자보다 더 신비한 얼굴들

초상화에서 모나리자 같은 표정의 신비 정도가 아니라 아예 얼굴이 관객을 따라 움직이는 초상화 작품을 두 점 나는 알고 있다. 초상화를 왼쪽이나 오른쪽에서 바라보고 옆으로 걸어가면 얼굴이 나를 따라 180도 돌아오는 그림 말이다. '해리 포터' 시리즈의 1편 〈해리포터와 마법사의 돌〉 중 마법 학교 식당 장면에 나오는 영국 옥스퍼드 대학교 크라이스트 칼리지의 식당 그레이트

가운데의 〈미스터 스트레인지〉 그림 속 남자는 왼쪽에서 보면 왼쪽을 보고 오른쪽에서 보면 오른쪽을 본다.

프랑스 아를

홀에 가면 그런 그림이 벽에 걸려 있다. 그 그림은 왼쪽에서 보면 분명 인물의 얼굴이 왼쪽을 본다. 그런데 관객이 그림 오른쪽으로 걸어가면 얼굴이 돌면서 따라온다. 또 정면에 서면 정면으로 본다. 옆에 걸린 다른 그림들은 이 그림과는 달리 한쪽만 바라본다. 신비하지 않을 수 없다. 초상화의 주인공 이름도 '미스터 스트레인지Mr. Strange'로 번역하면 '이상한 남자'다. 정말 이상하다.

또 하나가 더 있다. 대구 범어동 성당에 걸린 권순철 재불 화가의 십자가 위 예수 얼굴이다. 이 그림의 예수 얼굴도 미스터 스트레인지 초상화처럼 관객을 향한다. 하도 신비하기도 하고 그림 속 예수의 고통스러우나 임무를 마쳤다는 안도와 깊은 평화가 깃든 표정이 너무 좋아서 어렵게 정밀 사진을 구해서 내 집 서재에 걸어놓았다. 그림이 아닌 사진에서도 같은 현상이 일어난다. 원본 그림이라면 유화로 제작 시 입체적인 기법을 사용해 그렇다고 추측할 수 있겠으나, 완벽한 평면인 사진에서도 그런 현상이 나타나는 걸 어찌 설명해야 할지 모르겠다. 인터넷으로 찾아봐도 눈속임을 뜻하는 트롬프뢰유Trompe-l'œil 기법, 착시optical illusion 현상을 이용한 기법, 런던 국립 미술관의 인기 그림 중 하나로 일정 각도나 위치에서만 해골이 제대로 보이는 한스 홀바인Hans Holbein이 그린 〈대사들〉의 사각왜상oblique anamorphosis 화법 등을 설명할 뿐이다. 그러나 그건 눈의 방향에 따라 나타나는 기법이지 이런 신비로운 현상에 대한 설명은 아니다.

내가 앞의 설명에서는 '기법, 화법'이란 말을 썼으면서도 굳이 여기서 '현상'이라는 단어를 쓴 이유를 먼저 설명한다. 우선 앞에서 설명한 회화 기법 중 착시를 이용하는 방식을 사용하지 않았기 때문이다. 실제로 화가들은 자신의 그림이 그런 현상을 일으키는 줄 모르고 있었다. 분명 의도하지도 않았던 듯하다. 세상의 어떤 일도 모두 인터넷에 올라오는 세상에 이 그림의 신비한 현상에 대해 아무도 언급하지 않는 걸 보면 말이다. 아무리 찾아봐도 영국 옥스퍼드 대학교 크라이트 처치 칼리지의 그 유명한 식당 홀에 그런 그림이 있다는 말은 한마디도 안 나온다. 이상하지 않은가? 더군다나 이상한 모자를 쓰고 홀을 관리하면서 관광객의 질문에 대답하는 안내인들마저 전혀 모르고 있다.

이 홀이 어떤 홀인가? 해리포터 이전에도 크라이스트처치 칼리지는 수학 교수였던 루이스 캐롤이 쓴 《이상한 나라의 엘리스》와 관련된 스테인드글라스 등이 있어 옥스퍼드에서 제일 관광객이 많이 찾던 곳이었다. 영화 '해리포터'를 촬영한 이후 팬들의 성지 순례 1번지가 되어 매일 미어터지는 관광지다. 여길 찾아오는 관광객 중에는 이런 신비한 현상을 알고 오는 이는 내가 알기로는 한 명도 없다. 인쇄물에서 언급하는 것도 이 책이 처음임을 자신한다. 비뚤어진 상을 본래의 바른 상으로 고치는 광학 기기인 왜상경歪像鏡이 있다는데 그 기계로 이 그림들을 한번 비추어보고 싶다. 누군가가 연구해서 좀 알려주었으면 한다.

그다음이 모나리자의 얼굴이다. 솔직히 모나리자의 얼굴에서는 여성스러운 아름다움보다는 보이시한 카리스마가 엿보인다. 만일 모나리자의 긴 머리와 파진 옷 밖으로 나오는 가슴만 없다면 중년 남자의 얼굴이 보인다. 모나리자 얼굴을 종이로 가리고 순전히 이목구비만 보면 내 말을 이해하리라 믿는다. 모나리자 얼굴에서 가장 여성미가 보이는 부분은 입과 턱 정도다. 다른 부분을 가리고 눈과 코만 보면 전혀 여성의 얼굴이라고 인정하기 힘들다. 다빈치가 모나리자가 아름다워서 그림을 그린 것이 아니라면 할 말이 없지만 어찌 되었건 전형적인 여인의 아름다움을 그린 그림은 분명 아니다. 사실 다빈치 그림에는 남녀 구분이 거의 없긴 하다.

〈최후의 만찬〉에서 중앙에 자리한 예수의 바로 옆자리의 세례자 요한의 얼굴도 남자 모습이 아니어서 해석이 분분하다. 이것은 세계적인 베스트셀러가 되어 가톨릭을 비롯한 정통 기독교계를 신성 모독 논쟁으로 끌어들인 소설 《다빈치 코드》의 작가 댄 브라운에게 빌미를 제공했다. 그림 속의 요한이 바로 예수와 결혼한 마리아 막달레나라는 빌미 말이다. 세례자 요한의 모습을 완벽한 여인의 모습 같은 미소년으로 그린 이는 다빈치가 처음이 아니다. 다빈치 전에도 피에로 디 코지모Piero di Cosimo 같은 화가가 세례자 요한을 미소년으로 그렸다. 다빈치 이후에는 〈세상의 구원자Salvator Mundi〉로 유명한 지엠피에트리노Giampietrino와 살라이Salai 등이 그린 '아름다운' 요한의 그림이 잘 알려져 있다. 그런데 광야에서 동물 가죽옷을 입고 살면서 메뚜기와 들벌들이 모아놓은 석청石淸만 먹고 험하게 산 예수의 육촌 요한을 왜 여성처럼 아름답게 그렸는지는 알 수 없다.

하긴 그리스 조각의 청년들을 보면 거의 여인이라고 불러도 좋을 정도로 아름답다. 용맹스럽게 근육질 모습을 갖추어야 할 전사 조각도 근육이 없으며 어깨는 부드럽게 흘러내리고 심지어 가슴마저 거의 여인 같다. 조각 제목을 보지 않으면 거의 여인으로 착각할 정도로 성의 구분이 없다. 당시는 동성애가 이성애보다 더 신성시되던 시절이었으니 그럴 수 있다. 장기간의 원정 전쟁으로 인해 군인 남성들은 욕구를 자체적으로 해결하는 일이 자연스러웠다. 후방에 남은 군인 부인들 사이에서도 남자가 부족하자 동성애가 성행했다. 해서 당시 청년 조각은 아름다워야 하는 것이 당연했다. 그러나 그런 전통으로 세례자 요한의 모습도 아름다워야 했다는 이론은 좀 설득력이 부족하다.

레오나르도 다빈치의 세례자 요한

광야를 다녀서 동물의 털을 옷으로 짓지도 않고 그냥 걸치고만 다녔다는 광야의 사나이 요한이 왜 다른 성인보다 더 미소년이어야 하는지가 설명이 안 된다. 이에 대한 풀이도 인터넷으로 찾을 수 없다. 〈모나리자〉의 배경에 왜 기암절벽이 등장하는지 이유가 없듯이 말이다. 산 밑의 세 개의 아치 다리로 그림 배경이 된 실제 위치까지 추적해냈으나 동양화에나 등장하는 중국 명산 같은 기암절경 산이 왜 르네상스 시절 화가 그림 배경으로 유행했는지에 대한 설명은 찾을 수 없다.

다른 이들은 어떻게 느낄지 모르지만 모나리자의 '신비의 미소'는 다빈치의 다른 그림에서도 볼 수 있다. 루브르 박물관의 〈세례자 요한〉은 신비의 미소라기보다 섬뜩한 미소라고 해야 할 정도로 이상한 느낌을 준다. 모나리자의 미소는 조금 이상하지만 섬뜩하다고 하기에는 심하다. 그러나 요한의 얼굴 표정에는 성경에서처럼 '인류 죄고의 인산The greatest man ever lived'으로서의 성스러운 모습이 전혀 안 보인다. 우선 모나리자처럼 왼쪽으로 쏠린 눈동자도 눈초리도 모나리자의 부드러운 눈매와는 다르고 심지어 정상인의 눈초리로 보기도 힘들다. 오히려 얼굴에 비해 눈매가 크고 험상궂다. 게다가 얼굴에 비치는 표정은 비웃는 듯하다. 다빈치 특유의 스푸마토 화법과 함께 세기의 악동 화가 미켈란젤로 메리시 다 카라바조Michelangelo Merisi da Caravaggio가 전문적으로 사용한 키아로스쿠로 명암법까지 사용된 듯하다. 해서 검은 공간에서 갑자기 등장해 놀랐지 하는 비웃는 것 같은 표정의 〈세례자 요한〉 그림은 요기妖氣가 서린 듯 해서 언제 봐도 섬찟하다.

'나는 그분의 신발끈을 풀어드릴 자격도 없다'는 말에 이끌려 가톨릭 영세명으로 세례자 요한을 선택한 나로서는 이 그림을 우연히 맞닥뜨릴 때마다 기분이 안 좋다. 요한의 기분 나쁜 미소와 모나리자의 미소 두 개를 나란히 놓고 비교해보면 모나리자의 미소가 나쁘지 않다는 걸 비로소 느낄 정도로 요한의 미소는 안 좋다. 왜 다빈치는 요한의 표정을 이렇게 그렸을까. 혹시 이런 표정이 당시 이탈리아인 사이에는 인자하거나 성스러운 표정이었을까 하는 추측마저 하게 된다. 동양인이 멋쩍은 경우에 짓는 미소를 구미인은 '동양인의 미소oriental smile'이라고 부르며 싫어한다. 언젠가 실수로 신호 위반을 한 뒤 경찰이 다가오자 자연스럽게 죄진 사람의 멋쩍은 웃음을 지은 적이 있다. 그때 내게 "지금 상황에서 웃음이 나오느냐"고 다그치던 경찰이 생각난다. 요한의 미소도 비웃음이 아니라 성스러운 인자한 웃음이 아닌가 하고 애써 이해해본다.

새롭지 않으면 예술이 아니다

다시 현대 미술 울렁증 치료로 돌아가자. 그래서 예술로 인정받기 위해서는 새로워야 한다. 한 번도 이 지상에 존재하지 않은 걸 내놓아야 예술로 인정받는다. 창작이라는 말이 앞에 붙어야 예술이다. 물론 공연 예술이란 용어가 있긴 하다. 작가가 만들어놓은 걸 대중에게 재현해서 보여주는 예술 말이다. 그러나 공연에 예술이란 말이 붙으려면 어느 정도의 창작이 필요하다. 공연 예술이 재창작의 예술이란 소리가 그래서 나왔다. 세익스피어의 〈햄릿〉을 공연하면서 누군가가 했던 공연을 복사해서 그대로 반복하면 그건 공연이지 예술이 아니다. 영화는 같은 것을 매번 상영해도 문제없는 이유는 영화는 원래 그런 목적으로 태어났기 때문이다. 한자리에서 많은 사람에게 보여주려는 목

프랑스 아를

적이다. 물론 영화란 이미지 창작으로 지금까지 지상에 한 번도 존재하지 않은 작품을 만들어냈다. 극장에서 상영되는 작품은 그런 용도로 만들어져 조건을 충분히 충족했기에 면책이 된다.

작가는 세상에 존재하지 않았던 작품을 매번 만들어내야 한다. 그래서 작가의 머리는 빠개질 수밖에 없다. '어! 저거 어디선가 봤는데' 하는 익숙함이나 친근감이 들면 그건 예술이 아니다. 세상에 존재하는 수없이 많은 작품과 다른 존재를 만들어내는 것이 얼마나 어려운지는 뭔가를 만들어본 사람만 안다. 그래서 현대 예술은 자꾸 충격적인 쪽으로 가고 있고 갈 수밖에 없다. 사람들은 이제 엔간한 일에는 놀라지 않는다. 백주 대낮에 영화에서도 보지 못한 상상할 수 없는 엄청난 일이 현실에서 벌어지니 말이다. 굳이 세상을 단박에 뒤집을 대단한 것이 아니더라도 아주 사소하게라도 지상에 존재하는 뭔가와는 달라야 한다. 그렇지 않으면 세상 사람들은 모방이라고 한다. 작가가 기껏 만들어낸 조그만 차이를 세상 사람들이 못 느끼면 모방으로 매도당한다. 어느 정도의 창작이 창작인지는 시대와 시류와 문화에 따라 달라진다. 결국 작가가 기존 작품에서 영감을 얻어 원작과 어느 정도 다른 작품을 만들어내야 모방이 아니라 창작으로 세상의 인정을 받을지는 누구도 단언할 수 없다. 작가는 작가적인 양심에 따라 완전히 새로운 걸 만들어냈다고 해도 세상이 그렇게 인정 안 해주면 할 수 없다.

작가가 정말 최초로 창작을 해냈다고 해도 넘어야 할 산이 또 있다. 어쩌면 창작의 고통보다 더 큰 산인지 모른다. 바로 세상이 자기 작품을 알게 하는 일이다. 작가가 아무리 대단한 역작을 만들어냈다고 자부해도 세상에 소개할 방법을 모르면 소용없다. 결국 세상에 수없이 존재하는 또 하나의 무명작가가 되고 말 뿐이다. 세상에서 알아주는 작가라고 해서 작가의 모든 작품이 세상에 다 알려지는 것도 아니다. 예를 들면 그 유명한 비발디의 작품도 세상에 알려진 곡보다는 알려지지 않은 곡이 훨씬 더 많다. 비발디 같은 대가의 음악이 요즘 같은 세상에 빛을 못 보고 악보로만 존재하고 있다니 놀랍기도 하고 안타깝기도 하다. 세상 사람들은 바쁘고 게으르다. 굳이 뭔가를 찾아서 하려고 하지 않는다. 자신들 앞에 놓인 혹은 입에 넣어주는 것만 먹으려 한다. 아마존에서 비발디를 검색해보면 7페이지에 걸쳐 결과가 나온다. 계산해보면 거의 시디 300장이 올라와 있다. 물론 같은 음악이 다른 연주자, 다른 상표로 발매되어서다. 그리고 300장 시디 중 거의 3분의 1에 해당하는 시디가 비발디 작품 중 가장 잘 알려지고 사랑받는 《사계》다. 이렇게 보면 우리가 구입해 들을 수 있는 비발디 음악은 현재 알려져 있는 비발디 작품 500곡의 4분의 1도 안 된다. 물론 아마존에 올라와 있는 비발디 시디 300장 말고도 우리가 모르는 많은 비발디 시디가 어딘가에 존재할 수도 있다. 그러나 결국 세상 사람들은 듣는 음악만 듣는다.

따라서 클래식 음악이 죽어가네 마네 하지만 아직도 할 일은 많다. 새로운 비발디 곡이 연주되고 공연된다면 고전음악을 살릴 수 있다고 본다. 시디 생산을 보면 절대 클래식 산업은 죽은 게 아니다. 차라리 현대 기술 때문에 시디 종류와 숫자는 더 늘어났다. 예를 들면 전통 있는 고전음악 월간지 《BBC Music》에 소개되는 고전음악 시디가 매달 100여 개가 넘는 걸 봐도 알 수 있다. 영국 공영 방송 BBC가 발매하는 이 잡지는 매달 영국에서 발매되는 시디 중 수준이 되는 것만 골라서 싣는다. 실제 발매되는 시디 중 사람들의 눈에 안 뜨이고 사라지는 시디는 얼마나 많겠는가? 결국 고전음악이 옛날만큼은 아닐지 몰라도 아직은 죽지 않았다는 증거다. 책도 같은 상황이다. 하루에도 수십 권의 책이 발매되지만 베스트셀러가 되는 책은 극소수다. 인터넷 서점을 가끔 섭렵하다 보면 놀랍게도 그간 알지 못했던 좋은 책이 수없이 많다. 그런데 중고 서적을 파는 서점을 들르면 더 놀란다. 전혀 이름을 듣도 보도 못한 저자가 쓴 훌륭한 책을 많이 발견할 수 있어서다. 세상에는 그냥 사라지기에는 아까운 사물이 얼마나 많은지. 안타까운 일이 어찌 시디나 책뿐이겠는가? 우리 인간도 그렇지 않은가? 주위를 돌아보면 너무 아까운 인재가 전혀 세상의 빛을 못 보고 어둠에서 헤매다가 사라지곤 한다.

어려운 현대 예술과 겨루기

현대 예술로 다시 돌아가자. 영국에는 가을이면 가장 유명한 '터너 프라이즈'라는 미술상이 발표된다. 1984년에 제정된 터너 프라이즈가 영국 현대 미술뿐만 아니라 세계의 현대 미술에 끼친 영향은 아무리 강조해도 지나치지 않다. 그런데 역대 수상작들은 상상을 초월한다. 놀랍다는 표현도 모자랄 정

프랑스 아를

도로 충격적이다. 지금 봐도 그런데 수여 당시에는 어땠을까 하고 생각하면 선정 위원의 안목이 대단하게 여겨지고, 이와 함께 그런 안목을 못 갖춘 우리가 초라해지기까지 한다. 결국 현대 예술은 보통 사람에게는 난해하고 생경해서 두렵기도 해야 하나 보다라는 한탄이 절로 나온다. 얼마나 대단한 작품이면 이토록 큰 상을 받을 수 있는가? 그런데 왜 나는 이해를 못 해서 저런 작품을 대하면 작아지는가? 열등감과 함께 반감마저 든다. 그런데 이런 생각을 입 밖으로 말하면 무식하는 소리를 들을까 싶어 감히 말하지도 못한다. 그러다 보면 현대 예술 근처에 아예 가지를 못하게 된다. 그래서 현대 예술은 대중으로부터 멀어지고 자기들만의 리그로만 존재하고 있다.

그러나 현대 예술이 분명히 우리 근처에 존재하고 갈수록 활성화되니 계속 외면할 수 없는 노릇이다. 더군다나 먹고사는 일과 관련된 것도 아니고, 내 삶에 없어도 전혀 문제가 되지 않는 고작 그까짓 예술 때문에 자괴감을 느낄 필요는 없다. 피할 수 없다면 맞장을 뜨는 수밖에 없다. 현대 예술을 완전히 이해하는 것까지는 어렵더라도 최소한 현대 예술을 접하고 열패감이나 자괴감을 느끼지는 않도록 여러 단계로 자신을 단련하는 수밖에 없다.

기괴하고 해괴한 현대 작가들의 작품을 접하면 우선 겁먹지 말아야 한다. 현대인은 신을 잃어버렸다. 아니 우리는 신을 버렸다. 대신에 유명인을 자신의 신으로 찾아서 떠받든다. 그 유명인은 사람에 따라 무척 다양하다. 배우, 가수 같은 공연 예술인, 스타 축구선수 같은 운동선수, 각종 예술가를 신처럼 떠받들고 무조건 숭배하고 절대시한다. 그런 나머지 그들의 작품을 대했을 때 이해가 안 되면 자신을 나무란다. 너희는 무조건 옳은데 너희를 이해하지 못하는 내가 잘못이라는 자격지심에 괜히 사로잡힌다.

그런데 현대 예술과 겨루려면 절대 그러면 안 된다. 현대 예술가는 기존의 예술가와 다르기 위해서 무슨 일이든 한다. 그렇게 하지 않으면 모방작밖에 만들 수 없다. 세상에 새로운 것이 어디 있는가? 성경에 나오는 다음 구절처럼 말이다. '이미 있던 것이 후에 다시 있겠고 이미 한 일을 후에 다시 할지라 태양 아래에는 새 것이 없나니 What has been will be again, what has been done will be done again; there is nothing new under the sun.' 그러니 얼마나 작가들이 어렵고 힘들겠는가? 그래도 작가들은 어떻게든 새로운 걸 만들어낸다. 그래서 그들이 대단하다는 말에는 동의한다. 그 작품이 예술사에서 무슨 의미가 있는지, 무엇을 의미하는지, 이 작품이 우리 인류에게 어떤 가치와 의미가 있는지에 대답해줄 수 있는 사람은 아무도 없다. 심사 위원들이 수상작을 발표할 때 소감을 말하지만 진짜로 뭘 알고 말하는지 알 수 있는 사람은 없다. 심지어 작가조차도 모를지 모른다. 작품 제작 순간에는 작품이 어떻게 나올지 작가도 모른다. 영화 촬영할 때 연기하는 배우도, 촬영하는 촬영 감독도, 그리고 총지휘를 하는 감독마저 최종 결과물이 어떻게 나올지 모른다. 모든 사람이 순간순간 최선을 다해 일단 만들어놓은 다음에 따질 일이다. 영화는 최종 편집을 끝내놓고 봐야 안다. 편집에 따라 완전히 다른 영화가 만들어질 수 있다. 그래서 후작업이 더 중요하다는 말이 나온다. 아이를 아버지, 어머니가 만들었다고 해도 10개월 뒤 어떤 아이가 될지, 그 아이가 컸을 때는 또 어떤 인간이 될지 모른다. 그냥 순간순간 먹이고 재우고 교육시키고 가르치는 최선을 다할 뿐이다. 현대 미술도 마찬가지다.

가장 이해하기 쉬운 예가 미니멀리즘 작가다. 시중에 파는 소변기를 그대로 가져다놓고 작품이라고 우긴 마르셀 뒤샹Marcel Duchamp의 〈샘〉(1917)이나 칼 안드레Carl Andre가 보도블록을 단순하게 늘어놓은 작품을 뭐라고 해석해야 하나? 그래도 예술 전문가들은 뒤샹의 〈샘〉을 현대 미술에 가장 영향을 끼친 작품이라고 거의 만장일치로 선정했다. 지금으로부터 100년도 넘는 시점에 단순한 소변기에 자기 서명만 한 채 전시했으니 얼마나 충격적이었을까? 예술 특히 창작이라는 평을 받으려면 이렇게 충격적이어야 하고 눈이 밝고 아이디어가 뛰어나야 한다. 모든 작가가 옛날의 다빈치나 미켈란젤로처럼 재주가 뛰어날 필요는 없다. 당시 예술계를 충격으로 몰아넣은 미니멀리즘은 과거의 소위 말하는 이코노그래피iconography, 즉 도상학圖像學이 해석해야 할 정도로 상징이 들어가 있거나 잡다한 의도를 가지고 제작할 필요가 없다는 주장이었다. 그러니 작가의 의도가 가장 적게 들어간 작품이 옳은지 그른지를 따질 필요 없이 그냥 현대 미술이 그런 거라고 일단 이해하자.

현대 미술 초기의 화가 중에서 세상을 떠난 지 반세기도 훨씬 넘었음에도 아직도 영향력이 전혀 줄어들지 않은 추상표현주의 독재자 잭슨 폴록을 떠올려본다. 그가 페인트를 화폭에 던질 때는 무슨 거창한 이론과 주장에 따라 한 일은 아니지 않은가? 그냥 정말 새로운 걸 만들어보려던 시도에 지나지 않는다. 자신이 하는 일이 뭔지도 생각 안 하고 했음이 틀림없다. 자신도 자기 작품이 뭔지 모른다는 말이다. 그래서 작가들은 작품 해석을 구하는 사람들에게 대답이 궁해서 '나는 작품으로 말할 뿐이다'라는 가장 멋지고 쿨한 대답을 할 수밖에 없다. 잘못 입을 뻥긋하면 들통나기 때문이다. 작가도 이해 못 하는 작품을 작가보다 지적 수준이나 예술적 감각이 낮은 우리 같은 일반인이 감히 이해하려는 노력 자체가 웃긴다. 흡사 천지의 창조주인 신의 일을 미천한 인간이 이해하려는 셈이다. 신의 일이 마음에 들든 안 들든 종교를 믿으려면 따지지도 말고 묻지도 말고 그냥 믿으면 되듯이 작품이 마음에 왠지 들면 이해하려 하지 말고 그냥 좋아하면 된다. 싫으면 싫다고 말하면 된다. 거기에 무식, 유식이 들어갈 이유가 없다.

요리를 먹는데 무슨 재료가 들어갔고 몇 도에 익히고 간은 뭘로 맞추고 했는지를 왜 알아야 하나? 그런 걸 아는 게 음식 맛을 보는 데 도움이 되나? 맛있으면 그냥 즐기면 되고 내가 좋아하지 않는 요리라면 다시 안 먹으면 된다. 유명 레스토랑의 주방에서 어떤 일이 벌어지는지 알면 밥맛이 더 날지, 아니면 다신 그 식당에 안 가게 될지는 알 수 없다. 그렇다면 자신이 좋아하는 음식을 만드는 식당을 안 잃는 것이 현명하다. 이처럼 현대 미술을 알려거나 이해하려 하지 말고 그냥 받아들이자. 저게 현대 미술이려니 하고. 자신의 똥 30그램을 통조림에 넣어 예술품이라고 팔아 지금은 30만 달러 가치를 인정받는 피에로 만초니Piero Manzoni, 새끼 밴 소를 반으로 잘라 그대로 방부액에 담아 유리 상자째 전시한 데미안 허스트Damien Hirst, 도자기 해바라기 씨 1억 개를 바닥에 쌓아놓은 중국 설치 작가 아이웨이웨이, 〈내 집〉이라는 제목으로 천정과 바닥에 각종 재질로 집 모양을 만들어 전시한 한국 설치 작가 서도호…. 이들의 헤괴하기 그지없는 작품을 이해하려고 들다 보면 괜히 머리만 아프다. 님들이 별일 없이 즐기는 현대 미술과 괜히 멀어지게 된다. 그래서 결론은 현대 예술을 이해하려는 당신에게 잘못이 있지, 작가는 잘못이 없다는 것이다.

예술도 먹고살기 위해 한다고?

현대 예술 울렁증을 치료하는 세 번째 처방은 '현대 예술도 당신들과 같은 사람들이 다 먹고살기 위해 만든 작품이라고 생각하자'이다. 쉽게 이야기하면 '다 먹고살자고 하는 짓'이다. 굳이 자신이 좋아서 평생 그림 한 점 겨우 팔아본 고흐가 아니라면 모든 예술가는 절대 작품의 시장성에 초연할 수 없다. 팔릴지 안 팔릴지를 전혀 고려하지 않고 작품을 제작하는 예술가는 절대 없다. 제작의 모든 단계에서 흥행 요소를 고려해서 온갖 노력을 기울이는 가요, 영화, 연극 같은 대중적인 공연 예술까지는 아니더라도 소위 말하는 순수 예술도 시장성에서 완전히 자유로울 수 없다. 시장에서 장사를 하려고 물건을 사와야 하는 구멍가게 주인부터 유권자가 소비자인 정치인에게 이르기까지 소비자 대중의 취향을 고려하지 않고 살아남을 수가 없다. 심지어는 상아탑에서 고고하게 버티던 대학 교수마저 학생들의 평가에 의연할 수 없는 세상이 되었다. 극단적인 예로 교회의 목사님이나 성당의 신부님까지 교인 위에 군림하던 시대는 지났다.

결국 세상의 모든 일이 다 입으로 들어가는 먹거리에 연연해하지 않을 수 없다. 엄숙한 장소인 화랑에 근엄한 자세로 전시되어 있는, 이해할 수 없고 기괴한 모습의 예술 작품도 또 하나의 소비 제품이다. 그러니 상점 매장에 놓인 소비 제품 대하듯 하면 된다. 예술가가 '팔아먹으려고 특이한 것 만든다고 고생했다'면서 '근데 내 취향은 아니네'라고 하면 된다. 옷 매장에서 특이한 디자인의 제품을 보고 열등감이나 열패감을 느끼고 자신의 무지를 자학하면서 숨죽여 자리를 피하는 사람은 없지 않은가? 데미안 허스트의 작품이 아무리 영국에서 최고 가는 터너상을 받았다 해도 작품을 보고 불쾌해졌다면 욕을 해도 전혀 문제가 없다. 허스트가 하다하다 안 되니까 나중에는 큰 소와 애기 소의 배를 갈라 네 개의 포르말린 액이 채워진 탱크에 넣어놓고는, 제목도 성모 마리아와 아기 예수를 이를 때 쓰는 〈어머니와 아기Mother and Child〉라고 지어서 세상의 이목을 끌려고 한 작품이니 말이다. 소의 내부가 특별나게 불쾌할 이유는 없다. 그러나 과연 그 작품이 특별한 예술적 가치가 있어 터너상을 받았는지에 대한 판단은 각자의 몫이다. 다행히 작품 제목에 정관사 the는 안 붙여 그나마 신성 모독이란 비난은 피했지만 누가 봐도 성모자상에 대한 풍자라고 볼 수밖에 없다. 굳이 성모자까지 끌어들여 논란을 불러일으켜서 주목받으려는 작가의 얄팍한 의도가 보인다. 하긴 본상은 못 받았으나 터너상 출품작으로 세간의 화제가 되고 결국 세계적인 작가가 되어 부와 명예를 걸

머진 트레이시 에민Tracey Emin의 〈내 침대My Bed〉는 거기에 비하면 좀 덜 불쾌하다. 자신이 잤던 침대를 그대로 전시한 작품으로 하품이 날 정도다. 침대 위에는 사람이 막 일어난 듯 헝클어진 이불과 혈흔이 보이는 월경대, 때 묻은 속옷, 피우다 던져진 담배꽁초, 마시다 만 보드카 병, 성애 후에 버려진 콘돔, 휴지, 피임약 등이 침대 주변에 널려 있다. 작품 출품 날 아침 자신의 침실 침대 주변을 그대로 옮겼단다. 그런 걸 작품이라고 희대의 사기꾼 같은 출품한 철면피한 배짱과 뭔지도 모르면서 특이하고 충격적이니까 대단한 호평을 한 심사위원과 비평가들은 뭔가? 개가 사람이 물면 뉴스가 안 되고 사람이 개를 물면 뉴스로 만드는 세상이다. 특이한 현상에만 목을 매는 언론이 합작으로 만들어놓은 협잡의 협상이 만들어낸 괴물 같은 작품이다. 어찌 되었건 그들의 작품들은 세상의 인정을 받았고 현대 미술의 전설이 되어 군림하고 있다. 현대는 골방에서 하는 진지한 고뇌가 필요하지 않으며 햇빛 속에서도 반짝이는 아이디어만 있으면 되는 세상이다.

〈나와 함께 잤던 모든 사람들Everyone I Have Ever Slept With〉이란 제목의 트레이시 에민의 또 다른 작품은 텐트인데 안에 실제 102명의 남녀 이름이 헝겊에 새겨져 꿰매져 있다. '잤던slept with'이란 문구가 모호해서 성애를 나눈 상대인지 아니면 단순히 침대를 같이 쓴 친구인지는 모른다. 여자 이름이라고 단순히 침대를 공유한 '여자 사람 친구'로 단정하면 안 된다. '여자 애인 친구'일 가능성도 배제하지 못한다는 교묘한 장치가 제목에 있다. 그래서 이 작품에 비하면 '내 침대'는 그나마 출품 바로 전날 밤 성애 상대가 누구였는지 실명을 안 밝혔으니 점잖은 편이다. 텐트 안에 이름이 등장한 사람들의 반응이 흥미롭고 영국답다. 작품에 이름이 등장한 누구도 개인 사생활 공개로 인한 명예 훼손을 운운하지 않았다. 어떤 이는 텐트 안에 이름이 등장해서 영광이라고 취재를 하러 온 기자에게 말했다. 심지어 이름이 등장한 사람들이 모두 모여 에민과 함께 파티를 했다나 뭐라나. 물론 같이 잤던 사람 중에는 성애를 나눈 사람들만이 아닌 가족, 친구, 자신의 자식 이름까지 들어가 있으니 힘든 자리는 아니었을 수도 있다. 어쩌면 두고두고 명작으로 역사에 남을 작품에 사신의 이름이 들어가 있다는 사실은 현대인으로서는 영광스러울지 모른다. 자신의 이름을 알리려고 연쇄 살인을 저지르고 대량 살상도 하는 세상이니.

하여튼 현대에는 예술이란 이름으로 별별 작품이 등장한다. 세상을 뒤집는 충격적인 작품이 결국 본류 예술이 되어 시대를 풍미하는 일이 역사에서도 자주 있었다. 인상파 화가들이 그랬고, 피카소가 그랬고, 앤디 워홀과 백남준이 그랬다. 폴록은 말했다. '내 말은, 바로 오늘 느끼는 기이함은 시간이 지나면서 닳아 사라진다, 이다. 그러고 나면 우리는 비로소 현대 예술의 깊은 의미를 발견하게 된다'고 나는 생각한다. I mean, the strangeness will wear off and I think we will discover the deeper meanings in modern art.' 결국 충격적인 일도 거듭되다 보면 일상이 되어버려 익숙해지고 기이함을 잃어버린다는 뜻이다. 충격적인 새로운 일이 어느덧 일상이 되고 인류의 삶은 변하고 계속된다. 따지고 보면 과거에는 상상도 못 할 일들이 이제 정상적으로 받아들여진다. 결국 터너상 수상작처럼 충격적이고 기이하고 불쾌하고 정신병자의 장난 같은 작품도 세상에 알려지고 기록되어 남으면 결국 예술로 단단하게 자리한다. 처음에는 엄청나게 불쾌했는데 언젠가부터 더 이상 이상하지 않은 것을 우리도 수없이 경험하지 않았는가? 결국 마음에 안 들어도 인정할 수밖에 없다. 현대 예술이 아무리 이상하고 기괴하고 불쾌해도 세월이 지나면 마음에 들 수도 있다는 사실 말이다.

예술이라 할 수 있는 것

그러면 어떤 작품이 어떻게 예술이라고 인정되나? 다음의 세 부류의 권력이 인정하면 예술이 된다. 우선 화랑이나 미술관 큐레이터들이 선정해서 전시하거나 소장하면 일단 예술이 된다. 분명 우리가 보기에는 얼토당토않은 작품을 큐레이터들이 인정해서 구입해서 전시를 해주면 누가 뭐래도 예술이 된다. 다음이 언론과 미디어에서 작품을 다루어주면 예술이 된다. 그 언론이 권위가 있고 없고, 해당 기자가 능력이 있고 없고를 떠나 일단 언론과 미디어가 다룬다면 수많은 세인에게 소개가 된다. 그러고 나면 누구도 부정할 수 없게 그 작품은 예술이 된다. 바로 언론과 미디어의 권력이다. 그다음이 고객이다. 누군가가 돈을 주고 작품을 사주면 그게 무엇이든 예술품이 된다. 1961년 5월 똥 30그램을 담은 통조림이 당시 금값 30그램의 가격 37달러(4만 원)에 팔렸다. 그런데 55년 뒤인 2016년 8월 그 통조림은 37만 2000달러(약 4억 원)에 팔렸다. 그런데 누가 이것이 예술이 아니라고 감히 이야기할 수 있나? 인간에게 가장 중요한 것 중에 하나가 돈이다. 돈을 주고 작품을 산다는 것은 그만큼 가치가 있다는 소리다. 자신의 귀중한 재산을 작가의 작품과 바꾼다는 건 그 작품에 신뢰를 부여하는 것이다. 종교의 시작은 다른 무엇보다도 '믿음'이다. 종교가 주장하는 신을 믿는 행위가 종교고 신앙이다. 그래서 작품을 사는 행위는 종교와 같다. 작품의 가치를 인정하고 믿으니 자신에게 가장 중요한 돈을 투자해 작품을 산다. 바로 그렇게 작품은 예술이 된다. 초라하고 어설픈 한 선지자의 주장이라도 사람들이 믿고, '자신을 믿는 자라는 의미의 신자라고 자신이 부를 때' 선지자가 주장하는 바가 종교가 되듯이.

그러면 과연 그 예술품이 역사에 남을 진정한 예술품이냐 아니냐를 인간이 정할 수 있을까. 진정한 예술품의 기준은 아주 오랫동안 수많은 사람으로부터 사랑을 받아 길이길이 남는 것이다. 여기서 '햇빛에 바래면 역사가 되고 달빛에 젖으면 전설이 된다'라는 한때 《신동아》에 연재되던 이병주 작가의 소설 《조선총독부》 서두를 소개한다. 아무리 백남준의 고장 난 텔레비전 작품이나 앤디 워홀의 실크 스크린 프린트가 대단한 힘을 지금 발휘해도 세월이 지나 사라지면 그건 예술이 아니다. 그냥 한때 지나가는 저급한 유행에 불과하다. 최소한 예술이라는 타이틀을 받으려면 100년은 흘러야 한다. 생전에 얼굴을 뵙기 어려운 증조부 때의 일이라야 직접적인 영향을 안 미칠 테고 기존 권력이라고 한 수 접고 들어갈 일이 없다. 100년 전 사람들이나 언론이 아무리 뭘 칭찬했어도 증손자들은 그걸 들을 일이 없다. 그래서 100년 동안 예술로 인정받아 남았으면 분명 예술이다. 이제 얼마 지나지 않으면 박수근, 이중섭 작품들도 100년이 넘어간다. 그러니 그들의 작품도 진정한 예술품의 반열에 올려도 될 듯하다. 한때 국선이라는 예술 권력으로 존재하던 수많은 예술 명문가의 화가 권력들의 천편일률적인 그림들은 국립 미술관 수장고에나 존재할 뿐이다. 세인의 뇌리에서는 사라진 지 오래다. 우리는 수장고에 쌓여 있고 매년 쌓일 미술 권력 대가들의 상투적인 작품을 어찌할 건지 곧 결정해야 한다.

전문가들이 뭐래도 세상 사람들은 직감으로 직접 바로 소통이 가능한 통속적인 작품을 좋아하기 마련이다. 피카소가 초기에 그린 정상적인(?) 그림들을 보고 우리는 놀라고 감동한다. 왜냐하면 감정적으로 공통분모가 있어서다.

다른 예를 들면 소월의 시다. 잘난 사람들이 아무리 소월의 시를 통속적이니 멜로드라마니 하면서 폄하해도 우리는 그의 시에 감탄한다. 소월의 시는 우리의 가슴을 아프게 하고 또한 우리를 눈물 있는 인간이 되게 한다. 한국 가곡 중 약 20퍼센트가 소월 시를 가사로 쓰고 있다는 연구를 본 적이 있다. 대중가요로 작곡된 소월 시는 현재까지 59편이다. 그중 유주용이 부른 〈부모〉, 정미조의 〈개여울〉, 최희준의 〈엄마야 누나야〉 등이 떠오른다. 원곡 가수 노래를 나중에 편곡해서 다시 부른 가수까지 치면 소월 시로 노래를 부른 가수가 300여 명에 달한다니 대단하다. 소월만큼 우리 한민족의 정서를 잘 알았던 시인은 없다.

나는 비록 자주 깊은 비참함에 빠져버리지만 그래도 내 안에는 고요와 순결
한 조화와 음악이 있다.
Though I am often in the depths of misery, there is still calmness,
pure harmony and music inside me.

무언가를 오랫동안 보고 있는 것은 너를 성숙하게 하고 네게 깊은 의미를 전
해준다.
It is looking at things for a long time that ripens you and gives you a
deeper meaning.

결국 끝에 가서는 더 할 수 없을 만큼의 냉소와 회의와 협잡을 한 뒤 결국 우
리는 좀 더 음악적으로 살게 되려고 할 것이다.
In the end we shall have had enough of cynicism, skepticism and
humbug, and we shall want to live more musically.

많은 걸 사랑하는 건 좋은 일이다. 그 안에 진정한 힘이 있고, 그리고 많은 걸
해보길 사랑하는 사람은 많은 걸 성취한다. 사랑 안에서 이루어진 일은 잘된
일이다.
It is good to love many things, for therein lies the true strength, and
whosoever loves much performs much, and can accomplish much,
and what is done in love is well done.

어부는 바다가 위험하고 폭풍이 끔찍하디는 걸 잘 안다. 그러나 어부는 그렇
다고 바다로 안 나가고 뭍에 있어야 할 합당한 이유를 찾을 수 없다.
The fishermen know that the sea is dangerous and the storm terrible,
but they have never found these dangers sufficient reason for
remaining ashore.

만일 당신 안의 목소리가 '넌 그림을 못 그려'라고 하더라도 최선을 다해 그림
을 그리면 결국 그 목소리는 사라지고 만다.

If you hear a voice within you say 'you cannot paint,' then by all means paint, and that voice will be silenced.

만일 미래에 가치 있는 인물이 될 수 있다면 나는 지금도 충분히 가치 있는 인간이다. 사람들이 비록 처음에는 잔디라고 생각하더라도 밀은 밀이다.
If I am worth anything later, I am worth something now. For wheat is wheat, even if people think it is a grass in the beginning.

누군가의 영혼 속에 엄청난 불이 있는데도 아무도 와서 자신을 따뜻하게 하려고 하지 않는다. 그리고 굴뚝 위에 작은 연기가 나는데도 행인은 알지 못하고 그냥 지나가듯이.
Someone has a great fire in his soul and nobody ever comes to warm themselves at it, and passers-by see nothing but a little smoke at the top of the chimney and then go on their way.

만일 우리가 뭔가를 시도 해볼 용기가 없다면 우리 인생은 과연 무엇이 될 것인가?
What would life be if we had no courage to attempt anything?

… 그리고, 내가 자연과 예술과 시를 가졌는데 그게 충분하지 않다면 도대체 뭐가 충분하다는 말인가?
…and then, I have nature and art and poetry, and if that is not enough, what is enough?

위대한 일은 작은 일들이 하나로 연결되어 이루어진다.
Great things are done by a series of small things brought together.

정상적임은 포장된 도로다. 그건 걷기에는 편해서 좋아도 그러나 꽃은 거기에 자라지 않는다.
Normality is a paved road: It's comfortable to walk, but no flowers grow on it.

나는 나 자신이 되기 위해 점점 더 노력한다. 다른 사람들이 인정하든 안 하든 상관없이.

프랑스 아를

I try more and more to be myself, caring relatively little whether people approve or disapprove.

나는 권태롭기보다는 열정 때문에 죽기를 원한다.
I would rather die of passion than of boredom.

내가 확실하게 아는 건 별로 없지만 별이 나를 꿈꾸게 하는 것은 확실하게 안다.
For my part I know nothing with any certainty, but the sight of the stars makes me dream.

중요한 건 강조하고 분명한 건 모호하게 남겨두어라.
Exaggerate the essential, leave the obvious vague.

사람을 사랑하는 일보다 더 진정으로 예술적인 일은 없다.
There is nothing more truly artistic than to love people.

시작보다 아마 더 어려운 무엇은 없다. 그리고 마음을 다하면 결국 잘된다.
The beginning is perhaps more difficult than anything else, but keep heart, it will turn out all right.

나는 밤이 낮보다 더 살아 있고 색감도 더 풍부하다고 생각한다.
I often think that the night is more alive and more richly colored than the day.

9. 얀 반 에이크의 서양 미술사 대변혁
_ 벨기에 부르게

서양 예술사에는 '무엇의 아버지'라는 식의 말이 많다. 예를 들면 음악에서는 영원불멸의 음악이라는 〈마태수난곡〉을 작곡한 세바스찬 바흐를 '서양 음악의 아버지'로, 게오르그 헨델을 '서양 음악의 어머니'라고 부르는 식이다. 볼프강 아마데우스 모차르트를 '음악의 신동', 프란츠 페터 슈베르트를 '가곡의 왕', 그리고 인간의 범위를 넘어 성인의 경지에 들어섰다 하여 루트비히 판 베토벤을 '서양 음악의 악성'이라고 부른다. 그러면 서양 회화에도 이런 식의 호칭이 있나? 많진 않지만 분명 한두 개는 있다. 예를 들면 클로드 모네를 '인상파의 아버지', 폴 세잔을 '현대 회화의 아버지'라고 부른다. 그리고 얀 반 에이크Jan Van Eyke(1395?~1441)를 '유화의 아버지'로 부른다. 에그 템페라 시대를 벗어나 유화로 넘어오는 첫 번째 대가라는 뜻이다.

에그 템페라 시대를 벗어나게 한 유화의 아버지

　서양 회화는 에이크 이전과 이후로 갈라진다고 해도 된다. 우리에게 잘 알려지지 않은, 지금으로부터 600년 전의 화가를 왜 유화의 아버지라는 거창한 별명으로 부르는지를 한번 살펴보자. 에이크는 명성에 비해 작품 숫자가 많지 않다. 여태까지 알려진 작품은 23점에 불과하다. 그러나 그의 영향력은 엄청나다. 수많은 후배 화가가 에이크의 화풍과 테크닉을 따라하고 연구했다. 특히 에이크가 개발한 식물성 기름을 이용한 유화 물감 제조법은 혁명적이라 후대에 큰 영향을 끼쳤다. 에이크가 유화 물감을 개발하고 나서 거의 모든 서양화가가 이 물감으로만 그림을 그렸다. 지난 600년간 별 변화 없이 사용되고 있다. 에이크 이전에는 달걀노른자에 아교(혹은 벌꿀, 무화과나무 수액도 사용되었다)를 섞고 각종 염료를 첨가해 만든 에그 템페라egg tempera 물감으로 그림을 그렸다면 에이크는 아마씨 기름linseed oil 같은 식물성 기름에 염료를 섞어 그림을 그렸다.

　템페라는 화가가 직접 현장에서 만들어 써야 했다. 해서 그림을 그릴 때 항상 템페라부터 만들었다. 화가가 되려면 그림 실력을 연마하기 전에 템페라 만드는 법을 먼저 배웠다. 동양에서 화가나 서예가가 되기 위해서는 붓을 잡기 전 스승 옆에서 꿀밤을 맞아가며 벼루에 먹 가는 방법부터 배웠던 것과 같다. 먹물은 갈아서 용기에 담아 휴대와 보관을 할 수 있었지만 템페라는 달걀이라는 생물로 만들기에 보관할 수 없었다. 대가쯤 되면 제자들이 만들어주었지만 그래도 일부 대가는 물감을 직접 만들었다. 템페라의 품질이 그림에 중요한 영향을 미쳤기 때문이다. 심지어는 달걀 성분을 따져서 특별한 농장의 달걀만 사용하기도 했다. 신선한 달걀일수록 좋았다. 흰자를 노른자와 같이 섞지 않는 이유는 흰자가 섞이면 목판에 잘 붙지 않아서였다. 그뿐만 아니라 화가나 공방에 따라 템페라 만드는 법도 다 달랐다. 당시 화가들의 머릿속에서는 더 좋은 색깔의 물감을 만드는 방법에 대한 생각이 떠나지 않았다.

　템페라는 만들기 어려웠을 뿐만 아니라 만들자마자 바로 마르고 굳기 시작해 그림을 그리기가 아주 힘들었다. 또한 마른 뒤에는 거의 표면에 금이 가거나 화면에서 떨어져서 그림을 망쳐놓곤 했다. 그래서 대개의 화가는 도료가 빨리 안 마르도록 하면서 색깔을 선명하게 내고 마른 뒤에는 금이 가지 않는 방식을 고안해내려고 무던히 노력했다. 식초, 포도주 등은 물론 납, 수은, 비소 같은 독소가 든 염료도 사용했다. 색깔을 잘 낼 수 있다면 가릴 이유가 없다고 화가들은 보았다. 제대로 된 색을 낼 염료를 구할 수 있다면 자신의 영혼을 팔겠다고까지 했다. 각각의 공방마다 안료 제조법과 염료를 광물과 식물 같은 자연에서 찾았다. 그러다가 문제를 해결할 방법을 찾아내면 자신들의 공방에서만 이를 사용하려 노력했다. 많은 대가가 아예 혼자서만 비밀리에 안료와 염료를 섞어서 비법을 찾기도 했다. 어렵게 찾아낸 비법을 제자들이 가지고 독립해 나갈 수 있는 염려 때문이었다. 화가들의 템페라 제조법은 거의 연금술사의 금 제조법만큼이나 비밀스러웠고 다양했다. 누가 제대로 된 템페라를 만드냐에 따라 대가의 공방이 성시를 이룰지 파리를 날릴지가 결정되어서였다. 그래서 당시 화가들은 기법과 화풍도 중요하게 여겼지만, 이 템페라 제조에 무엇보다 온갖 정성을 들였다.

유화 물감 개발, 서양 회화의 대변혁

자연 물질에서 염료를 찾아내는 일은 대단한 작업이었다. 광물질, 식물질 심지어 동물과 생선의 내장, 흙 등 별별 것에서도 염료를 찾아내려고 했다. 그중에서 청색은 특히 찾기가 힘들었다. 서양화에서 청색은 대단히 귀한 색으로 취급된다. 성모 마리아나 예수를 그릴 때만 사용하는 성스러운 색깔이라고도 한다. 물론 러시아 정교회 계통의 가톨릭교회에서는 성모 마리아의 옷에 청색 대신 붉은색을 쓰기도 하지만 로마 가톨릭에서는 반드시 청색을 쓴다. 청색을 내는 염료는 청금석이라 불리는 광물에서 추출하는데 아프가니스탄에서만 난다고 해서 아프가니스탄 블루 스톤 혹은 라피스 라줄Lapis Lazul이라고 한다. 청금석 자체가 워낙 생산이 많이 안 되는 비싸고 귀한 광물이라 항상 그림에서 제일 중요한 인물에게만 사용했다. 또한 주 생산지인 아프가니스탄과 서양 사이는 지정학적으로 워낙 험악한 지역이라 운송의 어려움이 많았다. 어떤 시기의 그림에는 청색이 전혀 없기도 한데, 그럴 때는 중동에 전쟁이 터져 아프가니스탄 청색이 수입이 안 된 탓이다.

서민은 사실 먹기도 어려운 계란을 그것도 노른자만 사용해서 만든 템페라는 너무 비쌌다. 그림 하나를 그리기 위해서 수도 없는 달걀이 사용되었다. 흰자는 사용하지 않았기에 조심스럽게 모아놓았다가 공방 제자들이 먹었다. 템페라가 만들기도 어렵고 잘 말라 그림을 그리는 데도 시간이 많이 걸리고 힘도 드니 완성품은 고가일 수밖에 없었다. 예전에 왕실, 귀족, 교회에서만 그림을 주문할 수밖에 없었던 가장 큰 이유가 바로 여기에 있다.

에그 템페라 염료를 사용하면 그림을 그릴 때도 냄새가 났고, 완성 후에도 상당히 오랜 기간 코를 찌르는 듯한 날카로운 냄새가 났다. 그 냄새는 상당히 불쾌했다. 이를 방지하기 위해 화가들은 특별한 향료를 염료에 혼합해서 사용하기도 했다. 그리고 템페라만으로는 제대로 광택을 낼 수 없어서 그 위에 일종의 투명한 바니스를 칠했다. 덧칠한 바니스는 세월을 두고 변색하면서 그림의 색깔을 어둡게 했다. 후세에 이를 오염이 되었거나 때가 꼈다고 생각해서 세척 작업을 하다가 원화를 망친 경우가 있다. 템페라는 캔버스에 사용할 수가 없었다. 캔버스가 조그만 충격을 받거나 하면 템페라가 금이 가고 바로 표피에서 떨어져버렸다. 해서 템페라 염료는 반드시 견고한 판에 그림을 그릴 때만 사용할 수 있었는데 대개 오크 판에 그렸다. 지금도 러시아에서 나오는 팔렉 락카 보석상자는 원래 에그 템페라로 그렸다. 성당의 성화를 그리던 방식이다.

템페라는 염료 자체가 워낙 섬세해서 아주 가는 붓으로 세심하게 취급하면서 그려야 했기에 고도의 기술이 필요했다. 아이크는 돋보기를 사용해가며 세심하게 그렸다. 유화 물감이 개발되고 난 뒤인 르네상스 후반과 바로크 시대부터 템페라는 거의 사라져버렸다. 그러나 현대에 들어와 복고 풍조가 유행되면서 템페라 물감을 다시 사용하는 화가도 있다. 캔버스 일부만 템페라로 그리기도 하고 심지이는 다른 물감과 섞어서 쓰기도 한다. 유화 물감처럼 템페라도 빙부제를 넣고 알루미늄 튜브에 담아서 팔고 있기에 사용하기 편하다. 흡사 수채화 물감 같은 형태다. 마르크 샤갈이 즐겨 사용했다.

식물성 기름을 기본으로 하는 에이크의 유화 물감이 개발되어 중복해서 칠할 수 있게 되면서 회화는 이전과는 완전히 다른 경지로 발달해간다. 그전에 템페라를 사용할 때는 얇게 칠할 수밖에 없었다. 너무 진하게 만들거나 덧칠을 하면 색깔도 제대로 안 나오고 갈라지거나 화판에서 조각이 떨어져 내리기 때문이었다. 게다가 템페라는 물감이 너무 빨리 말라 제대로 그림을 그리기 어려웠다. 그러나 그려놓은 완성품은 천천히 말라 화가와 고객의 애를 태웠다. 대개 6개월, 길면 1년 걸려야 물감이 다 말랐다. 반대로 유화 물감은 그릴 때 잘 마르지 않아 골치가 아팠다. 잘 그리려면 유화 물감의 장점을 살려 덧칠을 해야 하는데 유화 물감은 제대로 마르려면 3~4일이 걸렸다. 물감을 칠하고 마르기를 기다렸다가 다시 칠해야 하니 불편하기 그지없었다. 특히 본인을 앉혀놓고 초상화를 그릴 때 곤란했다. 계속해서 귀한 분을 불러와 잡아놓아야 했는데 현실적으로 쉽지 않았다.

그래서 나온 기법이 웨트 온 웨트wet on wet라고 물감이 마르기 전에 그 위에나 다른 부분에 물감을 칠하는 방법이다. 그러나 이도 물감끼리 섞어버리면 의도했던 색깔이 안 나오니 문제였다. 에이크는 이 기법을 사용해서 그림을 그렸다. 나중에는 상업적인 유화 물감이 나와 편해졌지만, 직접 물감을 만들어 사용해야 했던 중세 화가에게는 머리가 빠개지는 일이었다. 사실 유화 물감은 8세기 이후 돌이나 철판에 칠할 때 진작 사용되다가 15세기 들어와 에이크와 북부 르네상스 화가들에 의해 더욱 제대로 완성되었다고 볼 수 있다. 에이크가 어느 날 뚝딱 만든 것이 아니다. 템페라는 반드시 화면이 고정된 나무 판에 그려야 했지만, 유화 물감은 캔버스에 칠할 수 있어서 회화가 발달하는 데 지대한 공헌을 했다. 또한 휴대해 다니면서 그림 그리기가 쉬워지게 한 유화 물감은 유럽 미술 발달에 코페르니쿠스적인 변화를 가져온 물질이다.

서양 회화계에 최초 타이틀을 많이 보유한 에이크

에이크는 유화 물감을 만들어냄으로써 '유화의 아버지'는 물론 '서양 회화의 아버지'라고 칭해도 될 만큼 큰 공헌을 했다. 그뿐만 아니라 에이크는 최초의 시도를 많이 했다. 예를 들면 그림에 자신의 서명을 한 첫 대가다. 그림틀에 의미 있는 글을 남긴 것으로도 유명하다. 게다가 왕실의 어전 화가로 임명이 되어 당시로는 드문 독립 화가가 되었으며 경제적으로도 윤택했다. 사회 지위도 독립되었으니 굳이 화가 조합에 소속되지 않아도 되었다. 당시는 화가 조합에 소속이 안 되면 화가로서 그림을 그릴 수 없었고 아예 입문 자체가 안 되었다. 그러나 에이크는 여러 제약에서 모두 자유로워서 자기 뜻대로 그림을 그릴 수 있었던 거의 최초의 화가였고, 후배에게 선구자 역할을 했다. 현대 이전까지 화가는 주문에 따라 그림을 그렸다. 소위 말하는 주문 작가 commissioned painter여서 그림 주문자의 주문 조건에서 자유롭지 못했다.

에이크는 경제적으로나 사회 지위에서 자유로웠기에 전통 방식이 아닌 나름대로 새로운 방식으로 화면 구성을 해서 그림을 그렸다. 새로운 물감이 주는 장점을 이용해 가는 붓으로 아주 세밀한 부분까지 정성 들여 묘사했고, 에이크의 그림을 처음 본 유럽 왕실의 왕, 왕족, 귀족들은 입을 다물지 못했다. 당시 유럽 상류층의 관심사는 다른 무엇보다 그림 수집에 있었다. 그것은 자신의 부를 과시하는 자위 수단이나 통치의 방법이었다. 부는 결국 권력을 의미했고, 무언의 과시를 함으로써 자신을 보호하고 경쟁자가 감히 도전을 못하고 복종하게 했다. 게다가 예술품을 보는 자신의 심미안을 뽐내며 예술적인 허영을 만족시키는 데는 미술품 수집이 최고였다. 그래서 에이크의 그림의 인기는 높았지만, 경제적으로 곤궁하지 않았던 에이크는 유감스럽게도 많은 작품을 남기지 않았다. 후세들에게는 불운한 일이다.

복잡한 상징이 담긴 〈아르놀피니 부부의 초상〉

이제 에이크의 대표작 〈아르놀피니 부부의 초상〉(1434)을 다룰 차례다. 이 작품은 내가 아주 좋아하는 영국 화풍 라파엘 전파 화가들이 특히 관심을 두었다. 당시 영국 왕립 미술원 학생은 국립 미술관 동관에서 공부하고 있어서 근처에 전시되던 이 작품을 거의 매일 볼 수가 있었다. 이때 이들이 의기투합해 만든 그룹 이름이 바로 라파엘 전파 형제단Pre-Raphaelite Brotherhood이다. 윌리엄 홀먼 헌트William Holman Hunt, 존 에버렛 밀레이John Everett Millais, 단테 가브리엘 로세티Dante Gabriel Rossetti, 윌리엄 모리스William Morris, 에드워드 번-존스Edward Burne-Jones 등 19세기 말 영국 화단을 휩쓸고 다닌 신사조의 젊은이들이었다. 소위 말하는 영국을 세계 미술의 중심지로 나시 민든 현대 미술의 선구자인 YBAYoung British Artist의 전신이었던 셈이다. 1897년 이들 중 하나인 번-존스는 〈아르놀피니 부부의 초상〉을 보고 '세상에서 가장 멋진 그림이다'라고 평했다. 그들은 중세 후반과 르네상스 초기 작품들을 선호하여

아르놀피니 부부의 초상

라파엘 전의 화풍으로 돌아가자는 뜻으로 '라파엘 전파'라는 말을 이름에 붙였다. 그들 모두는 이 작품에 매혹당하고 말았다. 자신들이 추구하는 작품의 예술성을 구현한 에이크에게 흠모와 존경을 바치길 마지않았다.

이 작품은 거의 600년 전인 1434년에 그려진 그림인데도 보관이 잘된 덕분에 전혀 손상되지 않았고 색깔도 거의 변하지 않았다. 에이크가 39세 때 완숙의 경지에서 그린 그림이라 대가의 풍모가 여실히 보인다. 1842년 영국 국립 미술관이 세워진 지 18년밖에 되지 않았을 시기에 구매한 작품이다. 네덜란드에서 그려져서 프랑스, 스페인을 돌아 결국 영국에 정착하게 되었는데, 빅토리아 시대 관중이 이 작품을 너무나 좋아했다. 당시 네덜란드 화가 초기 작품을 영국에서 보기는 힘들었다. 현재도 영국 내에서 국립 미술관이 유일하게 에이크 작품을 소장하고 있다. 그 시대의 그림들, 특히 초상화는 대상의 얼굴을 중심으로 상체를 주로 그렸는데 아르놀피니 부부는 특이하게 전신을 그렸다. 15세기 그림으로는 흔하지 않는 예다. 초상화는 예술적인 표현이 아닌 증명사진과 같은 용도로 그린다. 본인의 모습을 후세에 물려주기 위한 작품에 굳이 전신을 그리게 할 필요가 없었다. 17세기 들어서 유럽 왕실은 권위와 위신을 과시하려고 전신 초상화를 주문하기 시작했다.

안소니 반다이크가 그린 잉글랜드 왕 찰스 1세의 그림이 바로 그런 예다. 올리버 크롬웰Oliver Cromwell이 일으킨 시민전쟁으로 참수된 찰스 왕은 자의식이 강했다. 자신이나 가족 초상화를 주문할 때 상반신만이 아닌 반드시 전신을 그리게 했다. 상반신만 그리면 그림처럼 몸이 분리되는 불운을 겪는다는 미신을 믿은 탓이라고 한다. 허나 찰스 왕은 결국 크롬웰에게 참수형을 당했으니 참 아이러니하다. 특히 찰스 왕은 키가 작아 전신을 그리더라도 반드시 말 위에 앉아 있는 그림을 그리게 했다. 자신이 처형당한 런던 중심가 화이트홀 거리를 내려다보고 있는 트래팔가 광장 앞의 찰스 왕 기마상이 그중 하나다. 반다이크가 그린 찰스 1세 가족 그림들은 지금 윈저성의 방 하나에 모두 전시되어 있다. 너무나 사실적이고 섬세해서 비단 옷이 그림에 붙어 있는 듯한 착각을 일으킬 정도다.

〈아르놀피니 부부의 초상〉만큼 그림에 숨어 있는 의미에 대한 해석이 다양한 그림도 찾기 쉽지 않다. 영국 국립 미술관이 소장한 독일 화가 한스 홀바인의 작품 〈대사들〉(1533)도 수많은 상징을 숨기고 있어 해석하는 재미가 있다. 이 작품에 등장하는 물건은 화가가 의도하는 정확한 의미가 분명하다. 그러나 〈아르놀피니 부부의 초상〉은 복잡한 숨은 상징이 있어 세월이 가면 갈수록 흥미로운 해석이 많이 세상에 나오고 있다.

결혼식의 진실은 무엇일까?

먼저 세상에서 잘 알려졌듯이 결혼식 장면이라는 분석부터 살펴보자. 그림의 장면이 결혼식으로 보이는 많은 장치가 그려져 있다. 예를 들면 그림 중간의 거울이 비추고 있는 에이크를 포함한 두 사람의 증인, 벽 위의 '내가 여기에 있었다'는 에이크 서명, 두 사람이 잡은 손, 주례자를 향해 오른손을 들고 선서하고 있는 남편, 주례자가 아닌 선서하는 남편을 바라보고 있는 부인, 부인 아래 바닥의 충성(혹은 결혼의 정결)의 상징인 개, 각각 부부 옆에 벗어놓은 신발, 붉은 침대보가 덮인 침대, 부인의 임신한 듯한 복부, 여섯 개의 날개에 오로지 촛불이 하나만 켜진 샹들리에, 성녀 마가렛 조각 등이다. 이들을 하나하나 설명해보자. 대낮인데도 샹들리에에 촛불이 켜져 있어 결혼식을 위해 켜놓은 것 같다. 그런데 여섯 개 날개의 샹들리에에 촛불이 하나만 켜져 있다. 이것은 둘이 하나가 된다는 결혼의 정결과 신은 하나라는 뜻이다. 나막신을 벗은 것은 겸손을 상징한다. 가톨릭 성화에서 성모 마리아가 맨발로 있는 건 겸손을 의미한다. 그러나 다른 해석도 있다. 이는 개와 함께 부부가 자식을 바란다는 뜻이라는 해석이다. 서양에서 서양인이 신발을 벗는 건 잠자리에 들 때뿐이고 개는 새끼를 많이 낳는다는 이유로 말이다.

당시는 맨발로 결혼식을 올렸다. 해서 두 부부의 신발이 벗겨져 바닥에 아무렇게나 구르고 있는 것은 결혼을 뜻한다는 설을 뒷받침한다. 신발을 벗은 건 구약성경에서 신이 모세에게 성스러운 땅 위에는 맨발로 서라고 명령해서다. 그래서 성스러운 의식인 결혼을 할 때는 신발을 벗었다. 아름답게 수를 놓은 부인의 새 신발과는 달리 벗어놓은 남편의 신발은 때가 묻고 닳은 헌 신발이라 결혼식이 아니거나 남편은 재혼이라는 해석도 있다. 창틀과 테이블 위의 오렌지는 부부가 낙원에서 아담과 이브가 저지른 원죄 상태 이전을 뜻하며 네덜란드에서처럼 다산을 기원하는 의미로 쓰였다는 해석도 있다. 오렌지 껍질 안에 내용물 알맹이가 많은 걸 아이들로 보았다. 남편은 정면의 주례자를 보고 있지만, 눈은 자신의 왼쪽 부인을 살짝 바라보고 있어 흡사 두 눈이 사시처럼 보인다. 부인은 정면을 바라보지 않고 약간 수줍은 듯 고개를 숙이고 남편을 바라보고 있다. 이렇게 부부간의 애정 표현을 눈동자로 섬세하게 표현했다.

그림 중간의 거울 옆 의자 윗부분 기둥에 새겨진 성인은 바로 성녀 마가렛이다. 성녀 마가렛은 임신과 해산의 수호신이다. 그래서 부인들의 수호성인이다. 결혼을 전제로 한 임신과 해산을 순조롭게 해달라는 그림 주문자의 희망이 표현되었다. 창밖에 조그맣게 보이는 나무에 달린 버찌cherry는 사랑을 의미한다. 거울은 아무런 흠 없이 깨끗한데 바로 성모 마리아의 순결을 상징한다고 해석한다. 거울에 비추어진 두 사람 중 붉은 옷을 입은 사람이 에이크다. 예나 지금이나 결혼식이 법적으로 하자가 없으려면 주례 외에 증인이 반드시 있어야 한다. 다른 한 명은 증인으로 참석한 에이크의 조수다. 벽에 새겨진 '내가 여기 있었다'라는 글은 증인의 서명이다. 그림에서 남편은 손을 들어 선서하고 있다. 부인의 옷 색깔인 녹색은 희망을 뜻한다. 임신을 희망한다는 소리다. 머리의 흰 모자는 바로 때 묻지 않은 정결을 의미한다.

그러나 〈아르놀피니 부부의 초상〉은 보통 생각하듯이 이들의 결혼식 장면이 아니라는 주장도 있다. 주장의 근거 중 하나는 여자의 머리 스타일이다. 일반적으로 결혼식의 신부는 처녀처럼 머리를 내리는데 이 부인은 머리를 올리고 있다. 그림에서 복부가 부른 부인은 임신 중이 아니라는 말도 있다. 그 시대 유행하던 치마 형태라는 전문가의 진단이다. 그리고 많은 성화에서 처녀 성녀가 이런 모습이라는 근거를 대기도 한다. 성녀는 임신할 수 없다. 그 시대에 유행하던 옷이지 결코 임신한 상태가 아니라는 것이다. 더군다나 기록에 따르면 아르놀피니 부인은 죽을 때까지 자식이 없었다.

아내 잃은 남자의 슬픈 사연

이 그림에 대해 가장 상상력이 풍부한 해석은 '상상도'라는 설명이다. 부인이 먼저 죽었는데 남편이 죽은 부인의 그림을 부탁해서 에이크가 그렸다는 것이다. 그 근거로 부부 사이의 볼록 거울 테에 그려진 예수 수난도가 남편 쪽은 예수가 살아 있을 때 장면이고, 부인 쪽은 예수 사후의 모습임이 거론된다. 또 아내 쪽의 촛불은 모두 타서 꺼진 데 비해 남편 쪽은 비록 하나이긴 하지만 아직 켜 있으므로 아내가 먼저 죽었음을 상징한다고 한다. 아르놀피니 부인은 슬하에 자식이 없이 죽었는데 그림에서는 임신한 모습이다. 그래서 자식 없이 죽었으나 생전에 가장 기뻐했을 임신한 장면을 남편이 그리게 했다는 것이다. 아르놀피니의 부인을 향한 깊은 사랑을 그린 그림이라고 생각하면 가슴이 뭉클하고 콧마루가 찡해진다. 죽은 부인을 기리느라 그림을 그리게 해서 거실에 달아놓고 보았다면 이 부부의 초상화는 두고두고 사랑의 표상으로 남아야 한다. 죽은 부인의 상상도라는 또다른 근거로 계절에 안 맞게 모피 옷을 입은 것을 든다. 옷과 계절이 안 맞는다고 생각하는 이유는 창문에 비치는 버찌 나뭇잎이 푸르러서다. 모피 옷을 입을 철이 아니다. 서양화에는 고인이 된 사람을 그림에 넣는 풍습이 있다. 단지 살아 있는 사람과 같이 있지 않고 화폭 귀퉁이에 따로 떨어져 있게 그린다.

또 다른 해석도 있다. 에이크의 그림에는 유별나게 배가 부른 여인의 모습이 많이 보인다. 당시 여인들의 유행이 임신부처럼 해서 다니는 것이었다. 그렇다면 왜 그런 유행이 있었을까. 워낙 임신을 원하던 시대였고, 임신부처럼 하고 다니면 빨리 임신이 된다는 기원과 믿음이 있어서다. 그때만 해도 유아 사망률이 50퍼센트 이상이나 되어 임신과 다산이 큰 소망이고 기도 주제였다. 그림에 임신과 관계있는 다른 장치도 보인다. 왼쪽 구석 창틀과 탁자 위에 놓인 오렌지다. 오렌지는 임신을 기원하는 과일이고 임신부가 먹으면 좋다는 이유로 선호되었다. 그래서 임신을 기원하는 의미로 그림에 넣었다고 본다. 북중부 유럽에서 오렌지는 서민이 먹기 힘든 엄청나게 비싼 과일이었다. 그림에서는 그런 오렌지가 아무렇지 않게 놓여 있다. 이 집이 그만큼 부자라는 뜻도 되고, 아르놀피니가 이탈리아인 오렌지 수입상이어서 그냥 창틀에 던져놓았다는 해석도 가능하다.

이제 그림에서 가장 많이 언급되는 볼록 거울을 살펴보자. 이 그림에서는 거울을 이용해 그림 안에 또 다른 방 전체를 표현하고 있다. 그림 내에 완벽한 공간 하나를 더 표현한 방식은 당시 그림으로는 대단한 화법이라는 회화 전문가들의 분석이다. 작품에서 거울을 이용해 에이크 자신이 그림에 등장한 기법은 이전에 한 번도 시도되지 않았다. 이 기법은 후대 화가들에게 많은 영향을 끼쳤다. 특히 라파엘 전파 형제단이 따라서 시도해보곤 했다. 이 새로운 기법은 특히 200년 뒤 스페인 화가 디에고 벨라스케스Diego Velázquez가 〈시녀들〉을 그릴 때에도 나타났다. 학자들은 에이크가 자신이 거울에 비친 그림을 통해 자신을 살펴보고 자아 표현을 했다고 해석한다. 일종의 심리적인 장치라는 것이다.

후대 화가들은 수치나 욕망 같은 내면의 심리를 거울이나 유리창에 비치는 모습으로 표현하는 식으로 에이크를 따라했다. 에이크야말로 그런 심리학적이고 철학적인 시도를 그림에 처음 한 작가라는 주장도 있다. 그림을 사물이 보이는 대로 그리거나 그림에 내용만 담는 것이 아니라, 보이지 않는 관념이나 철학을 나타내려고 시도한 첫 화가라는 말이다. 거울뿐만 아니라 볼록 렌즈와 특수한 광학 기계를 이용해 그림을 그린 후대 화가들도 있는데, 그중 제일 유명한 화가가 초상화의 대가 렘브란트다. 렘브란트는 자화상을 그릴

벨기에 부르게

때 거울을 보고 그린 것이 아니라 일종의 상상을 통해 현실에 존재하지 않는 자신을 표현했다. 현실에 있는 그대로 표현해야 하는 통칙을 깼기에 렘브란트는 위대하다. 이 같은 도전 정신은 바로 대가가 단순히 기술이 완벽해서 대가가 된 것이 아님을 증명한다.

부부가 서 있는 방은 2층으로 여겨진다. 창밖 버찌 나무의 줄기 끝이 보인다는 이유에서다. 그렇다면 보통 이런 의식은 1층 거실이나 응접실 같은 곳에서 행해지는데 왜 2층 침실에서 했느냐는 의문이 생긴다. 해서 분명 내놓고 할 수 없는 결혼식이거나 그냥 간단한 약혼식으로 추정한다. 혹은 가톨릭에서 가끔 신자를 대상으로 하는 혼인 갱신식이나 일종의 서약식이 아니었겠느냐는 추정도 있다. 또 이 방은 침대가 있다고 침실이라고 굳이 단정 짓지는 말라는 해석도 있다. 당시에는 응접실에 침대를 소파 대용으로 많이 놓아두었다. 영국 스트라트포드 어폰 에이번의 헨리가에 위치한 400년도 더 넘은 윌리엄 셰익스피어 생가에 가면 부엌 겸 식당 바로 옆의 1층 응접실에는 집에서 제일 좋은 침대가 놓여 있다. 셰익스피어가 태어난 부부 침실을 비롯해 다른 가족 방은 모두 2층에 있다. 이 방은 부엌에서 요리하기 위해 피우는 화덕의 불이 바로 열을 전달해 집에서 가장 따뜻했다. 중세에는 응접실이 손님이 자는 침실이었다. 응접실 침대는 평소에는 가족의 소파로 쓰이고, 손님이 오면 아기가 있는 안주인이 쓰거나 혹은 아기가 있는 손님이 이용했다. 또 손님이 묵고 갈 경우에는 손님방으로 썼다. 대개 거실에는 벽난로가 있는데 귀한 손님을 집에서 유일하게 벽난로가 있는 방에 모신다는 풍습이다. 이 집은 2층에도 응접실을 두었다.

그림에서 부부가 서 있는 위치는 부부의 역할을 상징한다. 침대 쪽으로 부인이 서 있다는 것은 집안일을 한다는 뜻이고 창문 쪽으로 남편이 서 있는 건 바깥일을 한다는 뜻이다. 남편은 권위 있게 명령하듯이 손을 들고 있는 반면에 부인은 손을 내리고 있다는 점으로 보아 두 사람이 동등한 입장이 아니라는 해석도 있다. 그러나 부인이 남편을 똑바로 쳐다보고 있으니 동등한 입장이고, 수하의 위치라면 바로 보지 못해야 한다는 주장도 있다.

아르놀피니의 정체 파헤치기

그림에는 부부의 부를 말해주는 장치가 아주 많이 나온다. 우선 부부의 비싼 옷이다. 시중에 나온 해설서나 인터넷의 설명을 보면 '부부의 옷의 안감이 모두 모피로 만들어져 있다'고 하거나 부인의 옷은 '모피로 지금의 밍크류인 흰 담비 털을 가에 둘렀다'고 한다. 둘 다 틀린 설명이다. 그림을 확대해서 자세히 보면 남편은 옷을 뒤집어 입었음을 알 수 있다. 보통 모피로 옷 특히 토끼 크기밖에 안 되는 밍크나 담비로 코트를 만들 때는 동물의 길이가 성인 키만큼 되지 않아 모피의 길이를 늘여야 한다. 성인 키만큼 늘이려면 '레팅-아웃letting-out'이란 특수 공법을 쓴다. 물론 모피 두 장을 단순하게 이어서 만들 수도 있다. 그러나 그렇게 되면 바깥으로 나오는 털의 색깔이 머리 부분과 몸통 부분이 달라 누가 봐도 두 마리를 이어 붙인 모습이 확연하게 드러난다. 고가의 고급 모피 옷으로는 별로 아름답지 못하다. 해서 일단 모피 안의 가죽 쪽에서 중간을 세로로 반으로 자른다. 잘린 양쪽 조각을 다시 각각 사선으로 1~1.5센티미터 넓이로 자른다. 모피 한 장이 수백 개의 조각이 나는 셈이다. 대개의 밍크 모피는 길이가 40~50센티미터, 폭이 25센티미터 정도 된다. 그 조각을 양쪽에서 중간으로 압력을 주면 모피 길이가 2~2.5배 이상 늘어난다. 그런 모피 조각을 다시 뒤에서 재봉틀로 이어 붙이면 길이가 1~1.5미터, 폭이 10센티미터 되는 모피가 생겨난다. 겉면에서 보면 모피 긴 털이 있어 전혀 잘라서 이어진 것 같지 않다. 그렇게 만들어진 긴 모피를 각각 길이로 여러 장 이어 붙여서 모피코트나 모피 재킷을 만든다. 더 많은 모피가 이어지면 코트 폭이 넓어져서 넓은 드레스처럼 옷맵시가 더 난다. 물론 모피가 많이 투입되었으니 값이 올라가기 마련이다. 겉으로는 긴 모피 여러 장이 자연스럽게 이어져 이음새가 없다. 간단하게 말해 모피를 좀 두꺼운 국수 가락같이 잘게 썰어서 다시 V자 모양으로 이어 붙인 모양이다. 집에 혹시 고급 모피 코트가 있다면 천 안감을 뒤집어 모피 가죽 쪽을 보라. 무슨 말인지 이해가 갈 것이다.

그럼 왜 남편은 소매가 없는 갑옷 위에 입는 조선의 전령관傳令管 관복tabard 같은 옷을 뒤집어 입었는지를 살펴볼 차례다. 그림을 확대해서 남편의 옷을 자세히 보면 앞에서 설명한 모피 특수 가공 공법대로 길게 위에서 아래로 길어진 한 마리 모피를 옆으로 이어 붙인 모습이다. 남편 옷 전체에서 V자가 보인다. 즉 남편은 안감을 모피로 대고 바깥을 천으로 만든 옷을 입은 것이 아니다. 안감을 대지 않은 모피 옷을 뒤집어 입었다. 남자 모피 옷은 안감을 안 대는 경우도 흔했다. 모피도 무거운데 안감을 대면 더 무거워지기 때문이다. 남자보다 키가 좀 작은 여자는 모피가 그만큼 덜 들어가니 무게가 가볍기도 하고 또 아름다운 것을 고려해 안감을 거의 댄다. 남편이 왜 우리의 조선시대 장군이 입었던 소매 없는 긴 관복 같은 옷을 뒤집어 입었는지는 알 수 없으나 뒤집어 입은 건 분명하다. 아내 옷은 아랫단에 비치는 모피의 크기로 봐서 옷 바깥쪽으로만 파이핑piping을 댄 것이 아니다. 옷 전체 안감이 모피일 가능성이 크다. 물론 안감이 초록색인 모피 옷을 뒤집어 입었을 가능성도 있지만 부인의 소매 아래에 아름다운 주름으로 만들어진 재단 형식을 보았을 때 초록색이 바깥인 듯하다. 원래 부잣집 옷은 굳이 모피를 바깥으로 안 내서 만드는 경우도 많다.

왜 부부가 모피 옷을 뒤집어 입었느냐를 장황하게 따졌는지 설명하려 한다. 부부가 모두 비싼 옷의 모피 부분을 바깥으로 자랑하듯이 안 입고 반대로 안으로 들어가게 입은 것이 특별한 이유가 있어서가 아닌가 하는 의심 때문이다. 이들의 예식이 분명 결혼식이 아닌 건 분명하다. 두 부부의 결혼식은 1447년에 행해졌고 그림이 그려진 것은 그로부터 13년 뒤다. 그래서 나는 결론적으로 이들의 예식은 분명 모피 옷을 뒤집어 입고 모피를 안으로 가리고 신발을 벗고 맨발로 설 정도로 지극히 겸손해야 할 어떤 예식이 아니었나 하고 추측한다. 사실 중세에는 지금은 존재하지 않는 엄청나게 심각하게 준비하고 맞아야 하는 잡다한 의식이 많았다. 그중 하나가 이 그림의 배경이 아닌가 싶다.

앞에서 소개한 모든 해석과 해설은 일부에 불과하다. 인터넷을 뒤지고 책과 자료들을 보면 아직도 무한한 다른 해석을 찾을 수 있다. 그림에 등장하는 부부는 과연 무엇을 하고 있으며 그림의 각종 물건은 무엇을 상징하는가에 대해서는 누구도 확실히 결론을 낼 수 없다. 앞으로도 영원히 결론이 나지 않을 것이다. 그래서 더욱 이 그림은 흥미롭고 신비롭다. 중세의 그림에는 수많은 상징과 의미가 숨어 있다. 후세의 그림이 그냥 보고 느낄 수 있는 단순한 시각의 예술품이라면 당시 그림은 보면서 생각하게 하는 지식의 예술품이었다. 그림이 내포하고 있는 각종 인문학 요소를 찾아내게 하는 일종의 숨은 그림 찾기 방식의 지식 게임이었다. 가능하면 숨은 의미를 더 많이 집어넣을 수록 걸작이라는 평을 받았다. 그러나 모든 우리의 해석이 정말 화가가 그림을 그릴 때 의도한 바인지는 알 수 없다. 괜히 후세들이 견강부회로 자기 멋대로 해석을 하는지 모른다. 무덤 속의 화가가 고소를 금치 못하고 있을 수도 있다. 정말 노바디 노우즈nobody knows다.

유럽 미술관이 소장하고 있는 중세 그림은 대개 네 종류로 갈라진다. 초상화, 역사화, 종교화 그리고 그리스 로마 신화 그림이다. 특히 종교화와 신화 그림이 그려질 당시에는 이런 지적인 게임을 상류층을 즐겼기에 숨은 의미가 그림에 있다. 따라서 그림을 감상하는 현대인은 자신의 인문 지식으로 숨은 의미를 최대한 찾아내야 한다. 중세인이 우리 현대인에게 던지는 퀴즈 게임이나 마찬가지다. 별별 시답잖은 걸 다 연구하는 일로 생계를 유지하는 도상학 학자들이 앞으로 어떤 기이한 해석을 내놓을지 지켜보는 일도 재미있을 듯하다.

그리고 내가 남편이 모피 옷을 뒤집어 입었다고 단정하고 부인도 옷의 안감이 모피라는 점을 단호하게 말할 수 있는 이유를 밝혀 미술 사학 전문가도 아니면서 과하게 아는 척한다는 오해를 피하고자 한다. 나는 한국 최고의 모피 회사에서 오래 근무한 경력이 있다. 어떤 식으로 모피 옷이 만들어지는지를 알기 때문에 내가 아는 지식으로 확실한 사실만 이야기했다.

당시는 지금보다 훨씬 더 모피가 귀해서 정말 부자들만 입었다. 둘 다 모피를 입은 아르놀피니 부부는 엄청난 부자였음을 알 수 있다. 더군다나 안주인은 금으로 만들어진 목걸이와 반지까지 착용했다. 그런데도 주인공들이 귀족이 아니고 상인인 이유는 바로 남편에게는 아무런 금 장신구가 없어서다. 보통 귀족의 초상화에는 금목걸이나 금사슬이 장신구로 쓰여 신분과 부를 나타낸다. 그 외에도 이들의 부를 보여주는 장치가 많다. 샹들리에는 그때 아주 귀하고 고가의 물건이었다. 상당히 큰 거울도 부의 상징이다. 그 시대 여인은 손거울 하나만으로도 동네 아낙들 사이에서 큰 자랑거리였을 정도니 큰 거울은 사치품이었다. 거울도 그냥 거울이 아니라 나무틀에 예수의 수난 장면이 새겨져 있는 고급품이다.

그뿐만 아니라 침대와 침대 위의 비싼 덮개, 그리고 세공이 섬세하게 된 의자와 벤치 등도 보통 사람들이 못 가지는 물건이었다. 게다가 당시 네덜란드 전통상 벽에 걸려 있어야 할 귀한 동양 카펫이 바닥에 아무렇지 않게 놓여 있다. 지금도 벨지움인과 네덜란드인은 동양 카펫은 바닥에 까는 게 아니고 벽에 걸어놓는 걸로 안다. 또 여섯 쪽의 창문도 위에 유리가 달려 있다. 당시 유리창은 대단히 비싼 물건이라 부자들만 가질 수 있었다. 유리도 그냥 유리창이 아니라 청색, 적색, 녹색의 스테인드글라스인 걸 보면 이 집은 보통 부자가 아니었다. 하긴 평생 남긴 그림이 23점에 불과하고 왕의 특사로 해외 왕들을 만나러 다니는 높은 신분의 화가에게 그림을 의뢰할 정도면 놀라운 부자였을 듯하다.

외교관 신분으로 자유를 얻다?

아이크의 생년월일과 출생지는 알려지지 않았고 보통 아이가 태어나 1주일 내로 받는 영세에 관한 교회 출생 기록도 남아 있지 않다. 그만큼 태어날 때는 전혀 중요한 인물이 아니었다는 뜻이다. 그러나 나중에는 그림으로 이름을 얻고 네덜란드의 존 3세 왕과 프랑스 버건디 공국의 필립 공작의 어전 화가로 활약하는 유명인이 되었다. 특히 필립 공작의 신임을 받아 유럽 각국에 대사로 다녔다. 당시는 화가들이 공작이나 왕의 전권 대사 역할을 맡아 외국을 방문해 왕이나 귀족들의 초상화를 그렸다. 그러다가 신임을 얻으면 어려운 외교 안건을 잘 해결하는 임무를 수행했다. 피터 폴 루벤스가 바로 그런 경우에 해당한다. 루벤스는 벨지움 왕의 특명 대사로 유럽 각국을 다니며 외교 활동을 했다. 물론 루벤스를 맞는 외국 왕이나 귀족은 어떻게든 루벤스의 마음을 사서 그림 한 점을 얻으려고 했다.

아이크는 상당히 드물게 글을 아는, 신분 높은 지식인 화가였다. 중세의 화가는 공방에 소속되어 스승 그림의 일부분을 기계적으로 그리는 단순한 기능공에 불과했다. 보통은 정해진 전통적인 구성과 기법에 따라 아무런 생각 없이 그냥 그렸고, 기능적으로 좀 더 섬세하게 그리면 최고였다. 많은 대가가 제자나 조수를 두어 그림 일부를 맡겼다. 누구는 옷 전문, 누구는 손 전문 식으로 전공이 있었다. 대개 대가는 얼굴을 그렸다. 안트베르펜의 루벤스 집은 여느 집의 서너 배 크기인데 3분의 2가 화방이다. 그 화방에서 제자들이 루벤스의 지휘하에 루벤스의 그림을 그렸다. 대가가 전체 그림 윤곽을 잡고 주요 부분을 그리면 나머지 세세한 부분은 각 전문 제자가 나누어 그렸다. 지금도 한국 만화 대가의 화방에서는 제자들이 부분부분 그리는데, 이는 잘 알려진 관행이다. 물론 조각도 조각가가 처음부터 끝까지 모두 조각하는 것이 아니다. 조각가는 전체 윤곽만 잡고 소위 말하는 설계도를 의미하는 스케치를 그리며 이에 따라 제자들이 기구를 들고 조각한다. 대가가 막노동에 해당하는 힘든 일을 한다는 것은 난센스다. 사람의 생명이 오고 가는 수술실에서 집도 의사가 배를 가르고 중요한 처치를 하고 나면 나머지 수습은 보조 의사들이 하는 것과 같다. 최종적으로 주요 부분은 스승이 직접 하거나 스승 감독하에 제자들이 마무리한다. 가구 공예는 그보다 더하다. 가구 설계도를 만들어 공방에 주면 공방 기술자들이 처음부터 끝까지 만든다. 건축 설계는 공학이 아니라 사실 창작 예술에 가깝다. 건축가는 자신의 아이디어를 스케치하고, 기술자는 역학 구조를 따져 그 아이디어로 설계도를 만들어 시공 회사에 주어 건축을 하는 것 아닌가. 물론 의상 디자이너도 마찬가지다. 디자이너들이 옷 디자인 스케치를 하면 나머지 재단이니 봉제는 기술자들 몫이다. 결국 당시의 화가가 공방을 두고 제자들에게 그림을 그리게 한 것은 상식이었다.

그래서 중세의 화가 대부분은 생각할 필요도 없었고 지식인일 필요도 없었다. 글을 알 필요가 없었다는 뜻이다. 그러나 에이크의 작품에는 글씨가 그것도 라틴어로 쓰여 있었다. 당시 화가로서는 아주 드물게 작품에 서명까지 했다. 그리고 궁중의 어전 화가이자 왕의 명을 받은 전권 대사로 외국 순방을 외국 귀족과 관리들과 친교를 나누었다. 해서 에이크는 금전적으로나 사회 신분상으로나 상당히 윤택하고 독립되어 있었다. 그런 연유로 에이크는 그 시대 화가라면 반드시 회원이 되어야 하는 부르게 화가 조합guild에 들지 않아도 되었다. 전통과 관습을 따를 필요가 없으니 행동이 자유로웠고 화법에서도 자신만의 세계를 구축할 수 있었다. 그래서 에이크는 처음으로 시도되는 상당히 새로운 기법을 그림에 시도할 수 있었다. 더군다나 여행을 많이 할 수 있는 조건도 엄청난 특혜였다. 여행을 하면 여러 가지 외국 문물을 접할 수 있었고 동시에 각국에 자신의 이름을 날릴 수도 있었다. 하지만 그 시대에 여행을 하려면 왕으로부터 허가를 받아야 했는데 허가가 쉽게 나오지 않았다.

벨기에 부르게

브루게, 숨겨진 빛나는 보석

얀 반 에이크를 이야기하면서 브루게Brugge(영어로는 Bruges)를 안 돌아볼
수 없다. 브루게가 거의 일생을 보냈고 영면해 무덤까지 있던 도시다. 뿐만
아니라 에이크의 작품 두 점이 이곳에 있다. 〈마르가레 타반 에이크의 초상〉
과 〈성모와 함께 있는 참사 요리스 판데르 파엘레〉다. 만일 부르게에 에이크
의 그림이 한 점도 없다면 그저 유럽의 수많은 아름다운 도시 중 하나에 불과
했을 듯하다. 브루게는 이것저것 보느라 여기저기를 뛰어다니지 않아도 되는
도시, 사랑하는 사람과 시간에 쫓기지 않고 아무 생각 없이 하루 종일 손잡고
보낼 수 있는 도시, 어릴 적 읽었던 동화 속 고풍스럽고 아기자기한 풍경이 살
아 있는 도시다. 세상 다른 사람들에게 알리고 싶은 곳이 있고, 가능하면 알
리지 않고 나 혼자 고이 간직하고 싶은 곳이 있다. 내게는 벨기에의 브루게가
후자다. 브루게는 벨기에서 북쪽 해안가에 위치해 주요 관광 루트에서는 좀
떨어져 있다. 그래서인지 한국 단체 관광객의 발길로부터는 먼 곳에 있다. 항
상 시간과 일정에 쫓기다 보면 벨기에 수도 브뤼셀의 오줌싸개 왕자 동상 앞

성모와 함께 있는 참사 요리스 판데르 파엘레

에서 인증 사진만 몇 장 찍고 가기 마련이다. 그러나 단언컨대 이 작은 도시는 유럽의 몇 개 안 되는 숨겨진 보석 같은 도시다. 죽기 전에 반드시 봐야 할 세계 100대 관광지에 들어가야 할 정도로 말이다.

인구 10만의 이 도시는 단체 관광객이 아닌 개인 관광객으로 1년 내내 꽉 찬다. 내가 처음 갔을 때는 크리스마스가 가까웠는데 매서운 겨울바람에도 불구하고 흡사 무슨 축제가 벌어진 것처럼 들떠 있었다. 크리스마스 마켓이 열리던 중이었다. 유럽의 유명 도시들은 대개 크리스마스쯤 되면 크리스마스 마켓을 연다. 특히 크리스마스 마켓으로는 유럽 연합의 기관들이 모여 있는 프랑스 스트라스부르그가 제일 유명하다. 브루게는 시대를 아우르는 각종 건축 양식의 작은 건물이 많아 인형극 무대처럼 보인다. 오밀조밀하게 장식된 상점 쇼윈도를 들여다보면 마치 유럽 동화 속 도시에 들어와 있는 듯하다. 구 시가는 유네스코 세계 문화 유산으로 지정된 도시답게 옛 모습이 잘 보존되어 있다. 가장 융성하던 시절인 17세기 이후 400년간의 시기로 돌아간 것처럼 말이다. 한자동맹Hanseatic League 무역항으로 유럽 최고의 항구였던 이곳은 지각변동으로 바다가 밀려나 내륙 도시가 되면서 급격하게 퇴락한다. 인구가 20만에서 5만으로 줄면서 죽은 도시가 되었다. 덕분에 아이러니하게도 개발의 그림자를 피해갈 수 있었다.

독일 남부의 로맨틱 가도가 개발에서 뒤떨어져 중세 모습을 보존하게 된 이유와 같다. 동방에서 들어온 후추를 비롯한 향료와 비단 같은 물자가 이탈리아를 거쳐 중부 유럽으로 가던 로만 로드의 운명 말이다. 유럽 서쪽 항구가 개발되면서 뒷전으로 밀리는 바람에 개발이 안 되었는데 이제는 황금을 낳는 관광지로 거듭났다. 그런데 브루게를 비롯한 유럽 서부 항구들이 번성해지면서 '로만 무역로Roman Trade Road'가 퇴락하여 '로맨틱 가도Romantic Road'가 되었다. 그러고 보면 경쟁자였던 브루게와 로맨틱 가도의 인연이 참 재미있다. 서로 퇴락을 주고받았다가 이제는 둘 다 관광의 중심지가 되었다니 세상사의 이치가 참 재미있다. 여담인데 로맨틱 가도를 일본인이 참 좋아한다. 그래서 로맨틱 가도의 제일 중심 마을 로텐부르그에는 일본인이 무척 많다. 심지어 일본인을 상대로 하는 일본인 주인의 기념품 가게가 둘이나 있다. 로맨틱 가도를 따라 운전하다 보면 길가에 한자로 낭만가도浪漫街道라는 쓴 갈색 도로 표지판이 계속 나온다. 일본인이 만들어놓은 표지판이다. 일본인답게 로맨틱을 낭만이라고 번역이 되니 그대로 사용한 듯하다. 허나 로맨틱 가도의 '로맨틱'은 '낭만'이라는 뜻이 아니다. 로마인이 로마 제국 때 만든 도로여서 로만 로드다. 당시 이탈리아가 로마라고 불렸기에 로마에서 중부 유럽으로 가는 길이라는 뜻이다. 영국에도 로마인이 영국을 점령할 때 만든 역사가 2000년 된 로만 로드가 많다. 어찌 되었건 뷔르츠부르크에서 출발해서 디즈니 영화에 나오는 '백조의 성' 노이슈반슈타인이 있는 퓌센까지 350킬로미터 거리에 있는 31개 마을은 정말 보석 같고 낭만적이다. 역사의 뒷전으로 물러나는 바람에 개발이 안 된 덕분에 지금은 황금을 낳는 관광지가 되었으니 세상일은 정말 알 수가 없다. 이게 새옹지마라고 하는 건가?

부르게 구시가 한복판의 시장 광장이 도시의 중심이다. 그 한복판에 서서 둘러보면 로코코 건축 양식의 시청 건물과 압도적인 높이의 종탑Belfry이 눈에 띈다. 브루게에서 가장 유명하고 높은 건물인 이 종탑은 13세기에 세워졌으며, 종이 48개 있어 전문적인 종악 연주가 정기적으로 시민에게 아름다운 음악을 선사한다. 종탑 건물을 교회라고 착각하면 안 된다. 벨지움 도시가 유럽 다른 나라의 도시와 다른 점은 중앙 광장에 성당 건물이 없다는 점이다. 중앙 광장은 항상 시장 광장Grote Markt이라고 부른다. 그리고 광장에는 종탑이 서 있는데 성당 건물이 아니라 직물을 보관하던 창고다. 벨지움은 원래 신교 국가다. 그래서인지 벨지움인에게는 종교가 가장 중요한 사상이 아니다. 먹고 사는 일이 더 중요했기에 가장 중심에 자신들의 생명줄인 직물 보관 창고를 만들어놓았다. 그 건물에 큰 종탑을 세우고 시계도 달아놓은 것이다.

벨지움에서는 영국에서 사 온 양모를 가공해 주로 카펫을 만들었다. 이에 비해 네덜란드는 영국 양모를 이용해 양복지를 만들었다. 해서 마틴 루터와 영국의 헨리 8세의 종교 개혁 이후 영국과 네덜란드와 벨지움 3국은 아주 가까운 우방이었다. 다른 가톨릭 국가들에 둘러싸인 외로운 신교 국가들끼리 양모를 매개로 경제 공동체 관계를 맺었다. 벨지움 수도 브뤼셀도 시장 광장이 가장 중심이고, 이프르Ypres도 시내 제일 중심 광장인 시장 광장에 가장 높은 종탑이 세워진 직물 창고가 있다. 벨지움은 신보다 돈이 앞서는 나라였다. 그래서인지 소국이면서도 한때 세계 무역의 주역으로 맹위를 떨쳤다.

브루게 첨탑 위에서 내려다보는 브루게 시내의 모습은 장관이다. 광장 주변에는 여행객에게 휴식을 제공하는 식당과 카페를 비롯해 벨기에 명물 초콜릿과 브루게의 특산품 레이스를 파는 기념품 가게들이 즐비하다. 특히 벨지움 특산 홍합탕moule과 감자튀김은 반드시 맛을 봐야 한다. 이와 함께 목을 가늘고 아주 길게 틀어 느낌표처럼 생긴 특이한 유리잔에 담긴 콱Kwak 맥주를 마셔보아야 한다. 그 유리잔은 나무 손잡이 틀에 걸쳐져 있다. 유리잔을 손으로 잡고 마시면 체온 때문에 맥주가 따뜻해져서 맛을 잃는다는 이유로 그렇게 만들었다. 아마 세계에서 가장 특이한 맥주잔일 것이다. 벨지움에는 200여 개의 맥주 공장에서 1600종류의 맥주가 생산된다. 맥주 가게에 들어가면 눈이 어지럽다. 정말 듣도 보도 못한 별별 종류의 맛과 향취를 가미한 특수 맥주가 생산된다. 벨지움 사람들이 일생에 가장 해보고 싶은 것 중 하나가 자국산 모든 종류의 맥주를 마셔보는 거란다. 그런데 그 소원을 이루기 힘들 만큼 맥주의 종류도 많고 맛도 다 다르다. 벨지움 사람은 다른 유럽인과는 달리 포도주보다 맥주를 더 좋아하는 민족이다.

이제 브루게에서 가장 유명한 구경거리를 보러 갈 차례다. 종탑의 직물 창고 뒤 쪽에 겸손하게 숨어 있듯 서 있는 성모 성당Onze Lieve Vrouwekerk은 벽돌 첨탑의 높이가 122.3미터로 이런 종류로는 유럽에서 가장 높다. 그 안에는 안소니 반다이크가 그린 〈십자가 위의 예수고상〉 유화가 있다. 그보다 더 유명한 작품도 있다. 미켈란젤로 생전에 이탈리아를 떠난 유일한 성모자 조각상이라

전해지는 대리석 조각 작품이다. 〈브루게의 성모자상〉이라는 미켈란젤로의 조각은 바라보고 있으면 가슴이 따뜻해지고 평화로워진다. 아들 예수를 향한 어머니 마리아의 사랑이 전해져 보는 이의 마음이 따뜻해진다. 어머니로부터 떠나려는 아기 예수의 오른손을 성모님은 왼손으로 놓지 않으려는 듯 잡고 있다. 브루게의 성모자 조각의 두 분은 모두 눈을 아래로 내려 깔고 묵상을 하는 모습이다. 미켈란젤로의 조각 중 가장 유명하다는 로마 베드로 성당의 십자가에서 내려진 예수의 유해를 안고 있는 〈성모자상Pietà〉의 비통한 눈 감은 모

벨기에 부르게

습과는 완전히 다른 표정이다. 〈브루게의 성모자상〉은 평화롭게 깊은 기도에 빠져 있다. 청년 미켈란젤로가 한창 최고의 기량을 발휘하던 때인 29세에 완성한 작품이다. 그래서인지 이보다 5년 전에 완성된 젊은 혈기가 마구 보이는 〈성모자상〉에서는 느껴지지 않는 완숙미마저 보인다. 자신의 실력이나 의도를 내세우려 하지 않는 무심의 경지, 평정심이 보인다.

〈브루게의 성모자상〉에는 지난한 사연이 있다. 프랑스 혁명 때 프랑스로 옮겨졌다가 나폴레옹이 패하고 난 뒤 다시 찾아온 것이 첫 번째다. 또 2차 세계대전 중 독일군이 1944년 벨지움을 점령했을 때 히틀러 친위대가 독일로 빼돌려서 전 유럽에서 빼앗은 다른 예술품과 알타우사 소금 광산에 숨겨놓은 것을 되찾아오기도 했다. 독일이 패전의 기미가 보일 무렵 예술품을 파괴하려고 했던 터라 조금만 늦었으면 영원히 사라질 뻔했다. 이때의 일화를 가지고 2014년 할리우드 영화배우 조지 클루니가 각본, 제작, 감독까지 맡아 정말 북 치고 장구 치고 해서 〈모뉴먼트 맨〉이란 영화를 만들었다. 조지 클루니가 주인공이고 조연으로 최고의 액션 명작 '본' 시리즈에 멋진 주인공으로 나오는 맷 데이먼과 함께 〈고스트버스터〉, 〈로스트 인 트랜슬레이션〉에 나온 빌 머레이도 출연했다. 명배우들에 비해서는 유치하기 짝이 없는 영화다. 영화를 보고 나면 픽 웃음이 나온다. 미국인이 초등학생 수준의 애국심을 고취하는 미국 찬양의 국뽕 영화로는 역대급이다. 얼마나 관객을 우습게 알면 창피를 모르고 저렇게 노골적으로 미국 군인을 영웅으로 만드는지 보는 내내 손이 오그라들었다.

독일 나치 도둑들로부터 자신들의 물건도 아닌 벨지움 보물을 되찾아오는 숭고한 예술 사랑과 정의감을 칭찬하려는 건 알겠다. 그러나 자신들의 안전을 생각하지도 않고 어쩌고저쩌고 하는 의도가 빤하게 보이는 삼류 애국 영화에 미켈란젤로의 〈성모자상〉이 어쩌다 엮인 게 정말 화가 났다. 흑백 영화 시절 같았으면 관객 박수가 나올 장면도 여러 번 있었다. 이런 유치한 작품이 2014년 아카데미 시상을 노리고 2013년 12월 개봉을 했다는 기사를 보고 또 한 번 웃음을 터트렸다. 영화배우가 제작하거나 감독을 하는 영화는 아주 멋지거나 아님 완전 삼류다. 불행하게도 이 영화는 후자다. 별을 준다면 한 개도 아깝고 반 개. 그나마 미켈란젤로의 명작을 소개한 공을 고려해 1개 반이다. 스코틀랜드 독립 영화 윌리엄 월레스를 그린 〈브레이브 하트〉로 공전의 히트작을 낸 멜 깁슨이 역시 북 치고 장구 치고 한 〈예수의 수난〉 영화도 유감스럽게 후자다. 흥행에서는 대단한 성공을 거두었지만 과도한 혈흔과 신앙심 강요가 너무 눈에 보여 영화를 보는 내내 불편했다.

브루게에 와서 에이크 작품을 안 보고 갈 수 없다. 그건 에이크의 도시 부르게와 에이크에 대한 모욕이다. 현재까지 존재가 확인된 에이크의 23점 작품 중 두 점이 브루게 그뢰닝게 박물관에 있다. 두 작품은 에이크의 부인을 그린 〈마르가레타 판 에이크의 초상〉과 〈성모와 함께 있는 참사 요리스 판 데르 파엘레〉다. 특히 〈마르가레타 판 에이크의 초상〉은 영국 내셔널 갤러리에 있는 붉은 터번이 인상적인 화가의 자화상과 함께 무척 인간적인 작품이다. 게다가 여러 가지 점에서 화제다. 우선 15세기에 화가가 아주 드물게 자신의 부인을 그렸다. 에이크는 이 그림을 그리고 2년 뒤에 죽었다. 그림틀 아래 위에 라틴어로 '1439년 6월 17일 남편 요한이 나이 33세에 이 그림을 완성했다'라고 적고 그 뒤에 다시 '나는 할 수 있듯이As I can'라고 썼다. 그 말은 독일어로 Als Ich Kan로 발음이 자신의 이름 에이크와 비슷하다. 이런 서명을 작품 네 개에 써 놓았다. 에이크는 작품에 서명을 한 첫 화가로도 유명하다. 그전까지 화가들은 장인에 불과해 자신의 작품이라는 의식도 자부심도 없었다. 그러나 에이크는 자신의 작품이라는 의식도 있었고 또한 자부심도 있어서 서명을 했다.

얼마든지 길을 잃어버려도 괜찮은 도시

브루게는 미로 같은 아주 작은 골목길로 연결되어 있어 자칫하면 방향을 잃고 헤매기 십상이다. 그러나 안심해도 된다. 워낙 도시가 작아 길을 잃어도 돌고 돌다 보면 결국 눈에 익은 길이 나타나고야 만다. 일행과의 약속 시간이나 돌아갈 길이 바쁘다면 시장 광장의 종탑이 고개를 들기만 해도 어디서나 눈에 보인다. 종탑을 이정표로 해서 광장으로 돌아가 다시 시작해도 된다. 움직이는 사람 모두 시장 광장으로 가거나 거기서부터 돌아 나오기 때문에 인파를 따라가다 보면 방향을 잡게 된다. 우스갯소리로 '돌아봐야 거기가 거기'라는 이야기다. 그 골목길 양쪽으로 늘어선 나지막한 집들을 돌아보거나 레이스 커튼이 드리워진 창문 안을 기웃기웃 해보는 것도 재미의 하나다. 그러다가 다리가 아프면 골목길이나 운하 옆 여기저기의 노천 카페에서 차 한잔 마시며 쉬면 된다. 시내 곳곳에서 열리는 오픈 마켓을 기웃거려도 좋고 각종 고물 비슷한 물건들을 파는 골동품 가게를 들려도 좋다. 그러다가 지치면 시청 광장에서 출발하는 4인승 마차를 타고 돌아본다. 약 30분을 반질반질하게 닳은 조약돌로 포장된 좁은 골목을 규칙적이고 경쾌한 말발굽 소리를 들으면서 도는 맛은 유별나다. 어떨 때는 골목길을 메우고 걷는 사람들과 곧 부딪

특이한 잔에 담는 콱 맥주

칠 것 같기도 하고 모퉁이를 제대로 못 돌아 마차가 벽에 스칠 것 같은데도 말은 잘 달린다.

도보로 다닐 때 보던 골목길이 마차를 타고 보면 다르게 보인다. 물론 마차를 먼저 탔더라도 꼭 시간을 내서 천천히 골목길을 돌아봐야 한다. 그러지 않고 이 도시를 그냥 떠나면 수박 겉핥기만 하고 간 것이 된다. '북쪽의 베니스' 브루게를 보는 다른 방법은 시내 몇 곳에서 작은 보트를 타고 운하를 돌면서 보는 것이다. 유럽 운하 3대 도시, 남쪽의 베니스, 북쪽의 상트페테르부르크 그리고 중부의 베니스라는 별명에 걸맞게 브루게는 운하가 도시 이곳저곳을 연결한다. 해변 항구에 토사가 쌓이고 지형이 변화되어 시를 바다로부터 밀어내 내륙 도시가 되기 전까지 브루게는 유럽에서 유명한 항구 도시였다. 브루게는 이제 운하를 통해서만 바다로 겨우 연결된다. 원래 나룻배가 다니던 운하는 모터보트로 돌 수 있다. 보트는 천천히 구석구석을 잘도 찾아다녀 도시의 또 다른 면을 보기에 안성맞춤이다. 운하 위에 걸쳐진 50여 개의 다리들을 다 지나가지는 않는다. 하지만 사람들이 걸어 다니는 작은 다리 밑을 머리가 부딪칠 것처럼 가까이 지나가기도 하고 큰 아치 다리 밑을 지나가기도 한다. 주택 밑을 지나갈 때는 사람들이 소파에 앉아 텔레비전을 보는 모습도 볼수 있다. 재수 좋으면 두 연인이 촛불을 켜고 식탁에 앉아 오붓한 식사를 하는 것을 볼지 모른다.

마차도 타고 보트도 타고 했으면 점심으로 먹은 홍합과 감자튀김이 다 소화가 되어 출출해진 배를 채울 시간이다. 생크림이 듬뿍 얹힌 와플은 또 하나의 벨지움 명물이다. 입에서 살살 녹아 역시라는 감탄이 나온다. 이제 할 일과 볼 것 다 봤으니 떠날 시간인데 한 가지를 더 하고 가야 한다. 초콜릿과 레

이스 제품을 사야 한다. 초콜릿이 왜 벨지움 명물이 되었냐고 묻지 마라. 산악 지방의 나라 스위스는 왜 초콜릿으로 유명하냐는 질문처럼 어리석다. 스위스 초콜릿과 쌍벽을 이루는 벨지움 초콜릿을 그냥 닥치고 사면 된다. 다음이 레이스다. 다른 나라 레이스에 비해 상당히 저렴한 가격이다. '설마 중국에서?'라는 의문이 들지만 어찌 되었건 디자인도 좋고 품질도 좋다. 브루게는 조약돌로 포장된 골목길을 발길 가는 대로 걷다가 초콜릿과 함께 차도 마시고 유명한 벨지움 맥주로 피로를 풀다가 다시 일어나 가까운 사람들에게 줄 소소한 기념품 쇼핑도 하고, 탐나더라도 가지고 갈 수 없는 골동품은 한숨 쉬면서 그냥 감상만 하는, 문자 그대로 천천히 즐기는 곳이다. 유유자적하더라도 누구 하나 조급해하지 않는 브루게에서는 시간에 쫓겨 지낼 필요가 없다.

브루게는 오래되고 화려한 건축물에서 알 수 있듯이 부유한 도시였다. 그런데 한자동맹의 무역에 주요한 위치를 차지하던 도시치고는 우리가 알 만한 유명 인사들이 살거나 활동하던 기록을 찾을 수 없다. 에이크가 거의 유일하다면 유일하다. 굳이 문화적인 것을 더 찾자면 콜린 패럴Colin Farrell이 주연하여 2008년 골든 글로브상 뮤지컬 코미디부문 남우주연상을 받은 영화 〈인브루지In Bruges〉가 이 도시를 처음부터 끝까지 무대로 하고 있는 정도다. 집에 돌아간 뒤 정 억울하다거나 또 소파에 앉아서 브루게 생각이 문득 나면 유튜브에서 에릭 볼프강 코른골드Erich Wolfgang Korngold의 오페라 〈죽음의 도시Die tote Stadt〉를 찾아보고 위로를 삼으면 된다. 〈죽음의 도시〉가 17세기부터 부르게가 다시 활발한 도시가된 20세기까지 인적이 끊어진 시기를 그린 오페라니 도움이 좀 될 듯하다.

10. 안톤 체호프의 단편은 광활했다
_ 러시아

작가의 임무는 문제를 푸는 데 있지 않고 문제를 정확하게 지적해주는 데 있다.
The task of a writer is not to solve the problem but to state the problem correctly.
— 안톤 체호프

　세상 인간사에서 사랑을 빼고 나면 뭐가 남나. 그런데 그 중요한 사랑을 주제로 하는 소설을 부르는 근사한 단어가 이상하게 없다는 게 너무 신기하다. 연애 소설? 뭔가 너무 가볍지 않은가? 애정 소설? 이건 좀 끈적거리는 듯하고. 로맨스 소설? 흡사 10대 소년 소녀들이나 보는 동화 비슷한 순정만화 유의 이름 같다. 오직 궁했으면 제 나라 말도 못 붙이고 외래어를 썼을까? 그러면 사랑 소설? 그도 좀 이상하다. 누구도 쓰지 않는 단어다. 이유가 뭘까? 모든 장르의 소설의 줄거리에서 사랑을 빼고 나면 남는 게 없다는 이유 때문이 아닐까? 굳이 한 소설 장르가 모든 소설이 같이 써야 할 사랑을 자신의 이름으로 독점하게 하지 않으려는 무언의 합의 음모 때문인가.

　사랑과 관련한 의문이 또 하나 더 있다. 왜 문학 작품 특히 소설에서는 사람을 울리기는커녕 두고두고 다시 보고 싶을 만큼 '심쿵'한 소설이 없는가? 내가 과문한 탓인가? 아니면 그런 소설이 왜 없겠는가마는 개인적인 취향 때문일 듯싶다. 나는 너무 복잡하게 얽히고설키는 줄거리도 싫고 너무 많은 인물의 등장도 싫고 악인이 나오는 소설도 싫고 독자를 애타게 만들려는 작가의 의도가 눈에 보이는 것도 싫다. 주인공을 비참하고 비극적으로 만드는 줄거리도 싫고 하는 식으로 차 떼고 포 떼고 하다 보니 그런가 보다 한다. 그래서 사실 나는 현대 소설 읽기를 포기한 지 오래다. 가끔 추리 소설만 읽는다. 사람들이 왜 소설을 읽는지 의문이 든다. 시간 때우려고? 재미있으니까? 특이한 삶을 남의 일 보듯이 하려고? 난 이 모든 이유가 마음에 안 든다. 시간을 들여 굳이 작가가 독자를 어디로 끌고 가려는지 의도가 빤히 보이는 줄거리의 소설을 왜 읽어? 나는 시간이 모자라서 못 쓰지 때울 시간은 없다. 재미있으니까? 누가 내게 재미있는 소설 추천 좀 해주면 좋겠다. 정신병자 비슷한 주인공이 나오는 소설, 읽다 보면 답답해서 책을 몇 번이나 던지고 싶고 결국 스트레스받고 시간 낭비다 싶어서 반도 못 읽고 던져버렸다. 자신을 망치는 결정 장애에 걸린 주인공이 나오는 소설, 왜 그토록 소설 주인공은 사회에서 선택받지 못하고 피해만 당하는 경우가 많은지? 왜 또 비극으로 삶이 끝나는 사람은 많은지? 소설에는 왜 치를 떨 만큼 지독한 악한이 많은지? 나는 영국 최고의 문학상 부커상을 받았다고 한국이 자화자찬에 흥분했던 한강 작가의 《채식주의자》유의 소설을 제일 싫어한다. 주인공의 뭔가 삐뚤어지고 뒤틀린 심리 묘사가 왜 대단한가 하는 의문을 지울 수 없다. 게다가 한강이 받은 부커상은 본상의 대상도 아니고 그냥 외국어 부문상이다. 그게 한국을 뒤집을 일인지 알 수가 없다. 〈기생충〉처럼 본상의 대상이라면 당연히 1년은 한국이 뒤집어져도 된다. 아마 나는 통속 소설이나 읽어야 할 팔자인가라며 자위를 하지만 과연 그런 심리 소설이 대단하다고 칭찬받아야 하는 이유를 모르겠다. 이에 비해 신경숙의 《엄마를 부탁해》는 재미도 있었고 전편에 흐르는 사랑이라는 주제도 마음에 들었다.

　가만히 주위를 돌아보라! 당신 주위에 악한 사람이 더 많은지 착한 사람이 더 많은지? 그런데 왜 소설 작가들은 굳이 악하고 못나고 피해 입고 우는 주인공들을 작품에 등장시키나? 마음에 안 드는 내용이 많으니 내게는 읽고 싶은 소설이 없다. 악한이 등장하지 않고, 음모도 없고, 주인공이 결정 장애도 아니고, 착하고 선한 사람들의 조그만 일화들이 얽히고설켜 잔잔한 미소와 행복을 느끼게 해주는 옛날 텔레비전 드라마 〈전원일기〉 같은 소설이 그립다. 그래도 내가 읽어 추천할 만한 사랑 소설(썩 마음에 들지는 않지만 그래도 개중 제일 나은 듯하고 내가 작명권을 주장할 수도 있을)이 몇 편 있기는 하다.

소설 《개를 데리고 다니는 여인》이 만든 '작업의 정석'

제일 먼저 들 수 있는 건 누구나 다 아는 황순원의 《소나기》다. 《소나기》는 생각할 때마다 심쿵한다. 영국에서 태어나고 영국에서 자란 우리 집 아이 둘 다 이 작품을 영상화한 것을 좋아했다. 두 아이가 일곱 살 차이니 초등학교와 중학교를 각각 갓 입학한 때였을 것이다. 당시 동네 비디오 가게에서 빌려 온 KBS 〈TV 문학관〉의 〈소나기〉를 우연히 같이 보게 되었다. 둘 다 드라마에 빠져서 숨도 안 쉬고 보고는 못내 슬퍼하는 모습에 내가 감동했다. 사랑이 뭔지도 제대로 모르는 놈들이 뭘 아냐면서 말이다. 역시 명작은 나이와 문화를 넘어서는구나 생각했다. 우리 아이들은 한 놈은 세 살 때 영국을 왔고 다른 놈은 영국에서 태어났으니 정서 자체가 거의 영국인이다. 물론 정확하게 몇 퍼센트인지 숫자로 가늠할 수는 없지만 다행히 한국인으로의 정서도 분명 짙다. 그렇다고 그것이 한국 문화를 이해하는 열쇠 역할을 하리라고는 크게 기대하지 않았다. 그런데 가장 한국적인 정서가 깃든 그 단편 영화를 보고 어린 나이에 큰 감동을 받는 걸 보고 내가 도리어 감동을 받고 뿌듯했다. 이 아이들과 한국인의 정서를 나눌 수 있겠구나 하는 안도감도 들었다. 그만큼 명작은 모든 걸 넘어 모두의 가슴속으로 뛰어든다. 어린 나이에도 인간의 가장 큰 축복인 사랑을 이해하는 걸 보고 정말 기뻤다. 사랑은 언제나 마지막에 승리하고 우리가 기대야 할 단 하나의 인간의 감정인 듯하다. 그래서 우리에게는 아직 희망이 남아 있다.

다른 하나는 수년 전 찾아낸 작품이다. 터키 작가 사바하틴 알리의 소설 《모피 코트를 입은 마돈나》(2017, 학고재 출간)이다. 1943년 처음 출간된 직후에는 각광을 못 받았다. 줄거리가 너무 통속적이고 일반적이어서 문단 비평가들에게서는 혹평을 받았다. 그러나 터키 내의 눈 밝은 일반 독자 사이에서 조용하게 인기를 얻으며 구전으로 명맥을 이어오다가 2013년 터키에 에르도안 대통령 독재 정권이 들어서면서 다시 살아났다. 젊은 독자층을 시작으로 대중적으로 큰 인기를 끌어 지금까지 터키에서만 100만 부 이상이 팔린 이상하게 역주행한 소설이다. 중노년층도 아니고 특히 젊은 세대에서 폭발적인 인기를 끌었다. 피도 눈물도 한 방울 없이 빤질빤질 닳아 자극적인 것에만 반응을 보일 현대의 20~30대가 왜 1920~1930년대 사람이나 좋아할 진부한 사랑 소설에 열광했는지? 누구도 왜 하필 이 시기에 이 옛날 소설이 갑자기 사람의 영혼을 울리는지 설명을 못 한다고 터키 언론도 궁금해했다. 앞이 안 보이고 짓눌리는 현실에서 사람들은 하늘을 보고 사랑을 찾는가 보다라는 궁한 추측이 터키 언론의 유일한 결론이었다. 에르도안 독재하의 터키 젊은이에게 너무나도 애달픔 주인공들의 운명에 얽힌 무한한 사랑의 이야기가 위로를 준 듯하다.

　작가 알리는 반체제 저술 활동으로 감시와 핍박을 받으면서도 활동을 중단하지 않았다. 때문에 반복되는 수감 생활과 당국의 탄압을 피하려고 작가는 불가리아로의 국경을 넘으려다가 정보 기관원에게 살해당했다. 터키 독자가 아마 현재의 터키에서 벌어지고 있는 일이 아주 오래전에도 있었다는 기시감과 동정심을 느끼게 된 것 같다. 에르도안 대통령의 독재가 계속되자 작가의 애달픈 생애가 터키 독자에게 와 닿았다 하더라도 이토록 갑작스런 폭발적인 인기는 충분히 설명되지 못한다. 이런 터키 내의 인기에 힘입어 결국 첫 출간된 지 70여 년 만인 2016년 펭귄북 번역으로 처음 서방에 소개되었고 영국에서도 화제가 되었다. 《뉴욕타임스》, 《가디언》, 《파이낸셜 타임스》를 비롯한 구미 주요 언론이 상당히 비중 있게 서평을 다루었다. '젊은 베르테르 슬픔의 현대판', '위대한 개츠비를 연상케 한다', '치기 어린 시절의 미몽 같은 사랑' 등 평이 눈에 띌 정도로 극찬이었다.

　나는 우연히 《가디언》의 서평을 보고 왠지 모르게 끌려서 이 책을 구해 단숨에 읽었다. 현대 소설이 갖지 못한 로맨틱한 스토리가 아닐까 하고 기대했었는데 기대 몇 배 이상의 감동을 받았다. 인간은 누구나 목숨을 바치는 지고지순至高至純의 사랑 이야기에는 감동하기 마련이다. 그런데 현대 소설은 그런 인간 본연의 욕구를 무시하고 뭔가 비틀어지고 삐뚤어진 인간의 욕망 한 편의 이야기만 부각시켜 나는 평소 항상 불만이었다. 《모피 코트를 입은 마돈나》를 읽는데 처음에는 진도가 나가지 않았다. 소설을 1인칭 형식으로 끌고 가는 주인공의 존재도 마음에 안 들었다. 이어서 진정한 주인공 라이트가 등장했지만 도저히 이해 못 할 답답한 캐릭터에 짜증이 나기 시작했다. 또 전형적인 심리 소설인가 하고 몇 번 책을 던지려고 했다. 영국 언론이 극찬을 했으면 뭔가가 있겠지 하고 인내하며 읽었다. 그러나 일단 진도가 나가기 시작하자 흠뻑 빠져들었다. 곧 흑백 영화 시절의 소설에서 찾아볼 수 있는 로맨틱한 분위기가 등장했고 나는 책을 읽는 내내 행복했다. 어디로 소설이 날 끌고 갈지 궁금할 정도라 소설을 읽으면서 오랜만에 조바심이 났다. 터키 독자와 마찬가지로 나도 저자의 애달픈 생애에도 마음이 갔다. '치기 어린 시절의 미몽 같은 사랑'이란 신문 서평 표현에 공감이 갔다. 어찌 되었건 수년간 읽은 책 중에서 이 정도로 빠졌든 글을 만난 적이 없었다. 소설이든 수필이든 수기든 어느 장르를 막론하고 말이다.

소설의 줄거리는 의외로 간단하다. 자신의 비겁한 불찰로 못 이룬 사랑의 회한 때문에 평생을 무뇌충無腦蟲 같은 삶을 살아가는 한 남자의 이야기다. 비누 공장집 아들인 주인공 라이프는 부모의 명령으로 비누 제조 신기술을 배우러 아무런 생각 없이 독일 베를린에서 살아가고 있었다. 그러다 우연히 들른 전시회에서 운명 같은 그림을 만난다. 책명과 같은 제목의 그림 속 여인의 얼굴에서 주인공은 이유를 알 수 없는 운명 같은 걷잡을 수 없는 사랑을 느낀다. 그런데 그림 속의 여인은 상상의 존재가 아니고 초상화를 그린 화가였다. 자신의 그림을 며칠째 정신없이 바라보는 라이프를 훔쳐보던 '모피코트를 입은 마돈나'는 드디어 라이프에게 말을 걸면서 소설은 정말로 시작된다. 이때부터는 도저히 중간에 책을 놓을 수 없을 정도로 전개의 밀도가 높다. 처음에는 왜 저 사람이 저렇게 아무런 생각 없이 살아가는지에 대한 의문으로 답답하고 화가 나서 책장을 넘겼다. 중반을 넘어가면서 역사의 수레바퀴에 치여 이루어지지 않은 가슴 아픈 사연을 알게 된다. 그러고 나면 충분히 그럴 수밖에 없는 주인공의 애달픈 생애에 대한 동정 때문에 가슴이 저리다 못해 아프기까지 한다. 그러다가 소설이 끝나는 순간 벼락처럼 닥치는 반전 결말의 충격은 사람으로 하여금 한참을 멍하게 만들었다. 흡사 영화관에서 영화가 끝났음에도 여운이 남아 텅 빈 스크린을 쳐다보면서 금방 일어나지 못하듯이. 아무런 이유 없이 무조건 느닷없이 시작된 운명의 사랑의 이야기는 이렇게 시대를 건너고 국경을 넘어서도 누구든 감동을 시킨다.

사실 이 소설은 나와 개인적인 연관도 있다. 읽고 난 후 너무 마음이 끌려서 이대로 나만 읽기는 안타까웠다. 글을 읽고 정말 오랜만에 한 눈이 맑아지는 듯한 경험을 한국 독자와 같이 나누면 좋겠다고 생각했다. 한국 독자가 유럽 소설이 아니면 선호하지 않는다는 걸 알기에 조심스럽게 내가 소개하고 번역한 《영국인 발견》을 출판했던 학고재에 이 책을 추천해서 한국어판 출간에 일조했다.

소설은 한국 독자의 서평처럼 상당히 신파적이기도 하고 전형적이기도 하다. 한국 독자 또한 비판적인 단어를 사용한 독후감 말미에 오랜만에 울었다고 했다. 75년 전 수만 리 밖 그것도 종교와 문화가 완전히 다른 터키 연인의 사랑의 애잔함이 한국 독자에게도 전해진 듯해서 중매자로서 뿌듯했다. 역시 인간은 자신도 어찌할 수 없는 운명이 밀고 가는 삶의 희생자다. 필연과 우연의 소용돌이가 벌이는 삶의 난장판의 제일 피해자다. 그 운명의 희생자이자 피해자인 한 인간의 이야기에 아름다운 여인과의 사랑이 얹혀 최고의 이야기가 된다. 이를 두고 사람들은 신파조니 멜로드라마니 하지만 '그래서 뭐 신파와 멜로가 어때서! 씨!'라는 욕이 절로 나오는 소설이다. 역시 인간을 울리는 가장 진솔한 노래는 누가 뭐래도 눈물 쥐어짜는 언제나 실연의 삼류 유행가여야 마땅하다.

그다음이 현대 희곡의 전형을 세워 최고의 극작가라는 칭송을 받는 러시아 작가 안톤 체호프Anton Chekhov(1860~1904)의 단편 소설 《개를 데리고 다니는 여인》(1899)이다. 한글로 번역했을 때 30쪽을 넘지 않는 초단편인데 100년 넘게 사람들의 심금을 울리고 있다. 이 작품은 유부남과 유부녀의 불륜의 이야기다. 러시아 최고의 휴양지 얄타에서의 원 나이트 스탠드가 둘의 결혼을 흔드는 깊은 운명 같은 사랑으로 변해가는 과정의 심리 묘사가 기막히다. 두 연인은 자신들이 몸을 태울 불을 찾아 날아드는 불나방인 줄 안다. 파국을 향해 가는 것이 분명하지만 어쩔 수 없이 두 연인이 끌리는 상황 전개가 설득력 있다. '역시 체호프!'라는 말이 안 나올 수 없다. 사랑은 신이 인간에게 내려준 은총이자 저주인 양날의 검이다. 내가 만들어서 잘 쓰는 말 중에 '판도라 상자 바닥에 미처 탈출 못 한 희망 아래에는 망각이 있다'가 있다. 인간이 극심한 비극에서도 살아남는 이유는 바로 다름 아닌 망각이다. 망각이 있기에 자식을 잃고 아내를 잃고 살아갈 수 있다. 죽은 자식 생각이 하루 한순간도 안 난 적이 없던 분이 어느 날 자식 생각을 안 하게 되자 진한 죄책감을 느꼈다는 이야기에서 나는 다시 한번 확신했다. 판도라 상자 밑바닥 희망 밑에는 망각이 숨어 있다고. 그런데 하나를 더 추가해야겠다. 망각 아래에는 사랑이 있다고. 우리는 이 사랑만 있으면 아무리 험한 상황에서도 살아남는다. 나중에 언급하겠지만 체호프가 쓴 《사할린섬》 보고서를 보면 러시아인에게 살아 있는 지옥 같은 사할린의 수형수들 사이에도 사랑이 있었다.

독신주의자였던 러시아 당대 최고의 인가 작가 체호프가 드디어 아내가 될 올가 크닙페르와 사랑에 푹 빠진 시기에 쓴 작품이다. 자신이 진정 사랑을 그나마 이해해서 독자의 공감을 일으키는 글을 쓸 수 있었으리라는 평이 허언이 아닌 듯하다. 역시 소설은 발표되자마자 금방 큰 반응을 일으켰다. 특히 여성 독자부터 열화와 같은 호응으로 바로 인기 절정의 소설이 되었다. 인간 누구나 불나방 같은 사랑에 대한 로망이 있다는 뜻이다. 비록 자신은 몸을 불태우는 사랑을 직접 못 해도 글이나 영화로 지켜만 봐도 좋다는 심정들이었다. 심지어 얄타 해변은 물론 러시아 각 도시 공원에는 개를 끌고 다니는 여인이 갑자기 늘었다. 어쩔 수 없는 인력引力에 끌려 빠져든 사랑은 더 이상 나갈 수 없는 상황에서 결말을 내지 않고 소설은 끝난다. 결말도 아닌 결말로 소설이 끝나자 독자는 난리가 났다. 이룰 수 없는 둘의 사랑이 이루어지게 속편을 쓰라는 요구부터 어떻게 끝을 안 맺고 소설을 끝내느냐는 항의가 출판사로 빗발쳤다. 출판사도 체호프에게 계속해서 압력을 넣었다. 하지만 체호프는 모든 압력을 뿌리치고 끝을 더 이상 늘이지 않았다. 대단한 용기고 자존심이었다. 소설 후편만 나오면 엄청난 돈이 들어올 건 분명했는데도 돈에 쪼들리던 체호프는 작품을 끝맺었다.

이 작품 때문인지 몰라도 지금도 러시아에서는 공원에서 생면부지의 개 끌고 다니는 남녀가 공원에서 서로의 개에 관한 이야기로 말문을 트는 일이 가장 자연스러운 '작업의 성식'이다. 러시아 남녀 누구나 다 아는 사실이다. 이 사정을 모르는 한국 독자는 남자 주인공 드미트리가 여주인공 안나와 말문을 트기 위해 그녀의 애완견에 관심을 보이는 척하는 작업 방식이 아주 인상적이었다고 평한다.

체호프의 안식처 멜리호보

이제 내게 인간 본연의 사랑을 돌아볼 선물을 준 체호프를 살펴보자. 32살의 체호프가 1892년부터 7년간 살았던 집, 멜리호보Melikhovo의 체호프 하우스 박물관을 찾아가보자. 박물관은 모스크바에서 60킬로미터 밖 시골 멜리호보 마을에 있다. 내가 러시아에서 10년 동안 혼자서 생활하면서 머리가 복잡하고 힘들 때면 평화와 안식을 찾던 몇 곳 있었다. 체호프의 바로 이 멜리호보 집 정원이 그중 하나고, 레프 톨스토이의 야스나야 폴랴냐 집과 모스크바의 집 정원이 두 번째와 세 번째다. 그리고 모스크바 셰레메티예보 공항에서 한 시간 거리에 있는 클린 마을의 표트르 차이콥스키 정원이 네 번째다. 이상하게 러시아 예술가의 집 정원은 사람을 안정시키는 왠지 모르는 비범한 힘이 있다. 정원 하면 잉글리시 가든이지만 러시아 가든은 훨씬 사람의 마음을 안정시키는 뭔가가 있다. 프랑스 노르망디 지베르니에 있는 인상파 화가 클로드 모네 하우스 정원도 유명하지만 거기서는 화려함만 느꼈지 가슴이 쿵하고 내려앉는 깊은 위안을 받지는 못했다.

톨스토이의 모스크바 집은 시내 한복판에 있다. 그럼에도 불구하고 정원 벤치에 앉아 있으면 세상과 절연한 들판 한가운데 있는 듯한 공허한 적막감마저 들었다. 나머지 세 정원은 모두 한적한 들판 중간에 위치한다. 모스크바 시내에서 거의 두 시간 걸리는 차이콥스키의 집은 상트페테르부르크로 가는 길의 들판 가에 있다. 모스크바에서 세 시간 거리의 톨스토이의 야스나야 폴랴냐 집은 전형적인 러시아 시골 들판에 있다. 체호프의 멜리호보 집은 모스크바에서 비록 한 시간밖에 안 걸리지만 시베리아를 연상시키는 들판 한가운데 자리 잡고 있다. 이 세 집 정원에 들어서면 너무나 호젓하고 고즈넉해서 평정심을 찾게 된다. 다시 한번 말하지만 이 집들은 모두 러시아 평원에 위치해 있기에 특별나다. 러시아 평원은 모든 걸 내려놓은 듯한 황폐함과 함께 다듬어지지 않은 원초적인 아름다움을 간직하고 있다. 어디를 가나 정원같이 손이 안 간 곳이 없이 가꾸어놓은 듯한 영국 들판 경치가 성형 미인이라면 먹고 살기 위한 삶의 흔적만이 군데군데 보이는 러시아 평원은 백치미가 곁들여진 자연 미인이다. 그리고 들판 곳곳에 빼곡히 들어찬 하늘을 가리는 듯한 나무 숲은 평원의 황폐함의 무심함과 텅 소리가 날 듯 빈 듯한 단조로움이 함께 어우러져 아름다움을 더한다. 하늘을 찌를 듯 높이 선 은자작 나무들은 러시아 여인의 나신 같은 흰 몸을 드러내고 러시아 숲을 밝힌다. 그 나무 사이의 숲을 거니노라면 몇 발자국밖에 떨어지지 않은 숲 밖의 인간사가 하찮아 보인다.

자신의 작품을 두고 하는 모스크바 비평가들의 잔소리와 의미 없는 논쟁에 지친 체호프는 모스크바의 탈출을 꿈꾼다. 대학교 때 발병하여 조금씩 폐를 갉아먹는 폐결핵이 악화되기 시작하면서 도시를 피해 맑은 시골 공기의 시골을 찾았다. '만일 내가 의사라면 병원과 환자가 필요하고, 내가 작가라면 나는 사람들 사이에서 살아야지 모스크바의 말라야 미모트로프카 거리 한 귀퉁이에 살아서는 안 된다'라고 친구에게 보낸 편지에 쓸 정도로 체호프는 귀농을 그렸다. 나중에 체호프는 멜로호보의 정원과 들판이 없었으면 자신은 글을 쓸 수가 없었으리라고 말하곤 했다. 이렇게 러시아 작가는 신분이 무엇이든 농부의 유전자가 피 속에 있는지 모두 시골을 농촌을 그리워하고 시골에 가면 편안해했다. 어쩌면 모든 러시아인은 원래 농부가 아닌가 하는 생각도 든다.

이곳 멜리호바에서 체호프는 특히 주옥같은 42편의 작품을 썼다. 그중에서도 가장 대표적인 희곡 《갈매기》, 《바냐 아저씨》가 여기서 쓰였다. 특히 《갈매기》는 붉은색의 계단과 난간이 이색적이고 뜻 모를 깃발이 2층 방문 앞 깃봉에 항상 걸려 있던 집의 정원 귀퉁이에 자리한 별채인 하얀색 나무집에서 완성되었다. 그 집의 문 옆에는 체호프가 부인 올가 크닙페르에게 쓴 편지에 등장한 '갈매기를 쓴 나의 집'이라는 문구가 적힌 표지판이 있다. 체호프가 집 안의 생활 소음을 피하고 집필에 집중할 수 있게 손수 진두지휘해서 별채를 지었다. 갈매기를 뜻하는 chayka는 구소련 시절 무시무시하게 크기만 하고 멋없던 소련 정부 지도층이 사용하던 최고급 승용차 이름이었다. 별명이 갈매기인 별채에는 방이 세 개 있어서 손님이 묵어 살 때 사용되있다. 특히 니중에 부인이 된 국민 연극배우 올가 크닙페르를 체호프가 처음 멜리호보로 초대했을 때 이 방

갈매기를 쓴 별채

에 묶게 해서 둘의 사랑이 싹튼 곳이기도 하다.

여동생의 헌신이 남긴 체호프의 흔적

체호프는 대학생 때부터 아버지의 부도로 정신없이 글을 써 생계를 책임진 가장이었다. 체호프를 따라 부모와 세 형제, 여동생의 가족 모두가 모스크바에서 멜리호보로 와서 7년 뒤 얄타로 이사 갈 때까지 같이 살았다. 특히 여동생 마리아는 끝내 결혼하지 않고 체호프를 돌보았다. 1800년대의 유럽의 노처녀는 결혼하기가 힘들었는지 마리아 같은 경우가 많다. 마리아가 유별난 사례가 아니다. 영국 경우가 특히 심했다. 윌리엄 워즈워스William Wordsworth의 여동생인 도로시, 찰스 디킨스의 처형 조지나 호가스, 그리고 브론테 자매의 큰 이모 엘리자베스 브란웰도 마찬가지다. 이들은 모두 오빠 가족(워즈워스), 여동생 가족(브론테 자매, 디킨스)을 위해 결혼하지 않고 평생을 바쳤다. 디킨스 처형 조지나는 심지어 여동생 캐서린이 이혼한 뒤에도 디킨스의 아이들을 돌보면서 평생 시집가지 않고 형부 가족과 같이 살았다. 물론 세상에는 둘

체호프의 저술 책상 위 소지품

러시아

사이를 의심하는 숙덕공론이 있었다. 디킨스가 46세에 캐서린과 이혼하고 58세에 죽을 때까지 재혼도 안 하고 살아서 그런 이야기도 나왔다. 한때 오스트레일리아에 사는 한 사람이 자신이 디킨스와 조지나 사이의 아들이라고 주장해서 한창 화제가 되었다.

체호프의 여동생 마리아는 체호프가 죽고 나서 체호프 박물관을 세우고 93세로 죽을 때까지 35년간 박물관을 지켰다. 덕분에 현재 멜리호보에 전시된 체호프의 집필 책상, 그랜드 피아노, 코안경, 탈부착형 와이셔츠 깃, 코트 같은 세세한 체호프의 유품이 보존될 수 있었다. 멜리호보에는 체호프 부부의 사진을 비롯해 가족들 그리고 방문객의 사진이 많이 전시되어 있다. 이는 체호프의 형 알렉산더의 진지한 사진 취미 덕분이다. 체호프의 책상 뒤 벽에는 체호프가 존경한 작가 톨스토이, 이반 투르게네프, 표트르 차이콥스키, 막심 고르키의 사진이 붙어 있다.

톨스토이가 특별하게 사랑한 동료 작가

당시 풍습대로 체호프도 방문객에게 멜리호보의 집을 개방했다. 덕분에 수많은 방문객이 다녀갔다. 멜리호보에서 남쪽으로 차로 두 시간 더 내려가는 야스나야 폴라냐에 영지가 있던 톨스토이는 모스크바를 다녀가는 길에 자주 들렀다. 당시 톨스토이는 백작 신분의 귀족이었고 이미 세계적인 명성을 가진 대문호였다. 해서 방문객이 끝도 없이 찾아오고 매일 수십 통의 편지를 직접 회답할 정도로 분주한 생활을 했다. 그 와중에도 톨스토이는 농노의 아들이었던 체호프를 신분과 상관 없이 특별하게 아꼈다. 체호프의 작품을 일일이 읽고 분류해서 1급, 2급으로 등급을 매겨줄 정도 아꼈다. 뿐만 아니라 막 러시아에 서비스를 시작한 스웨덴 통신사 에릭슨 전화를

본체 건물

통해 자주 통화도 했다. 32세 연하지만 자신보다 6년이나 먼저 간 체호프의 장례식에도 참석해서 깊은 애도와 진한 존경을 표시했다. 이를 두고 사람들은 톨스토이를 '소박과 겸손의 소치'라고 평했다. 체호프는 톨스토이의 사랑을 받으며 깊은 영혼의 교류를 하면서도 자신이 농노의 아들이란 걸 항상 인식했었다. 그래서 항상 대문호에게 정중한 예의를 갖추고 존경으로 대했다. 그러나 톨스토이는 개의치 않고 거의 손자뻘인 어린 체호프를 작가 동료로 대해주었다. 톨스토이는 모스크바를 왔다가 자신의 집이 있는 야스나야 폴라냐로 가는 길에 중간에 있는 멜리호프에 자주 들러서 차담을 나누곤 했다. 톨스토이가 서명해준 사진을 체호프는 자신의 서재에 걸어놓고 흠모했다.

멜리호보 방문객 중에는 클래식 음악의 통속가요라고 불릴 정도로 너무나 유명한 〈피아노 협주곡 2번〉의 작곡가이자 당대 최고의 피아니스트였던 세르게이 라흐마니노프Sergei Rachmaninoff도 있었다. 라흐마니노프의 피아노 반주에 맞추어 체호프가 노래도 불렀다. 체호프는 고향 타간로크의 성당 합창단 지휘자였던 아버지가 세운 어린이 합창단에서 배운 실력으로 노래했다. 방문객 중에는 역사상 베이스 가수 중 최고라는 전설의 표도르 샬랴핀Feodor Chaliapin도 있었다. 지금도 회자되는 피아노 연주의 대가 천재 라흐마니노프의 피아노 반주로 두 사람의 바리톤과 베이스의 합창이 얼마나 아름다웠을지 상상만 해도 가슴이 뛴다. 바로 그때 라흐마니노프가 연주했던 그랜드피아노가 전시되어 있다. 나의 최애장품 중에는 10년간의 러시아 생활에서 어렵게 구한 샬랴핀의 비닐 엘피 레코드 10장짜리 전집(멜로디아 레코드 발매)이 있다. 시디가 아닌 레코드를 통해 듣는 샬랴핀의 베이스 목소리는 언제나 신비롭다. 혼자 듣기는 아까워서 누군가 샬랴핀을 좋아하는 사람이 있으면 같이 들어도 좋겠다는 생각을 항상 한다. 멜리호보에 지금 있는 전시품은 원래 멜리호보에 있다가 중간에 집 주인이 바뀌는 바람에 얄타로 갔다가 다시 돌아와서 전시되고 있다.

아이를 키우듯 사랑한 멜리호보 정원

방문객이 없을 때는 체호프와 마리아는 정원은 물론 과수원도 가꾸고 연못도 만들고 나무도 심었다. 특히 각종 채소도 심었다. 낚시하고 숲에 들어가 산책하면서 버섯이나 야생 열매도 따고 했다. 예나 지금이나 러시아인의 여름 취미는 도시 밖 야외에 '다차'라 부르는 별장에 가서 농사를 짓고 인근 숲 속에 들어가 야생 열매와 버섯 따는 일이다. 물론 전원생활을 즐긴다는 뜻도 있지만, 채소가 모자라던 소련 시절에는 겨우살이에 필요한 채소를 준비하는 활동이었다. 그러고 보면 그 전통은 체호프 때부터 있었던 듯하다. 지금도 멜리호보 정원에서 볼 수 있는 수박, 상추, 가지는 체호프가 심었다는 채소 종류들이다.

체호프 부부는 아이가 없어서인지 정원의 풀과 꽃, 나무를 자식 돌보듯이 사랑을 가지고 가꾸었다. 체호프는 꽃을 꺾어서 화병에 꽂는 것마저 싫어했을 정도로 꽃과 풀들을 사랑했다. 특히 체호프는 모스크바 모란Moscow Peony을 좋아했다. 이런 이유로 멜리호보 정원에는 모스크바 모란이 많다. 이 꽃의 열정적인 진한 붉은 색깔과 화려하면서도 도도한 꽃 입술은 러시아 여인을 너무도 닮았다. 이 모스크바 모란 같은 얼굴에 러시아 숲을 가득 채우고 있는 늘씬한 하얀 몸매를 자랑하는 은자작나무를 합쳐놓으면 러시아 여인이 된다. 이곳 방문객이 멜리호보를 특히 사랑하는 이유는 정원에 바로 체호프가 쏟았던 따뜻한 정성이 깃들어 있음을 느껴서일 것이다. 체호프의 손길이 아직도 남아 있는 듯한 잘 만들어진 연못과 오솔길과 예쁘게 가꾸어진 정원의 꽃과 채소 사이를 걷다 보면 마음이 편안해진다.

극진한 봉사 활동가였던 체호프

모스크바에서 멜리호보에 도착한 다음 날부터 체호프의 집은 인근 마을에서 체호프의 의술을 찾아온 사람들이 끊이지 않았다. 맨발로 멀리서 걸어오는가 하면 마차에 실려 오기도 했다. 아픈 농민들을 체호프는 기쁘게 맞아 치료해주었다. 체호프가 일어나기도 전인 새벽 5~6시부터 벌써 내문 잎에는 흰 자들이 줄을 설 때도 있었다. 물론 무료 봉사였다. 그래서 결국 체호프는 약 구입에 많은 돈을 소비해야 했다. 뿐만 아니라 의료 봉사는 체호프의 글 쓸 시간을 희생하게 만들었다. 그래도 체호프는 이 봉사를 즐거이 했다. 1년 전 다녀온 사할린의 참혹한 수용소는 체호프가 인간애에 눈뜨게 했다. 그리고 봉사는 체호프에게 러시아 각계각층의 사람들과 접촉하게 만들어 작품 세계가 더 깊어지게 하는 계기가 되었다. 골방에 틀어박혀 편협하게 사고하고 제한된 사람들만 만나는 일반적인 작가들과는 달리 체호프는 인생을 보는 눈이 달라졌다. 인간에 대한 이해가 커지자 체호프의 문학 세계는 더욱 넓고 깊어졌다. 체호프는 가장 큰 수입이었던 극본에 보다 현실적인 문제를 담아낼 수 있었다. 인생은 의도치 않게 튼 방향에서 전혀 예상치 않았던 일이 전개되어 새롭게 얻는 게 많아지곤 한다. 그래서 영국인은 인생을 일러 '럭비공 같다'고 한다. '삶은 럭비공 같아서 땅에 떨어지면 어디로 튈지 모르기 때문이다Life is like a rugby ball. You never know where it bounces next.' 그리고 보면 인생은 내가 살아가는 게 아니고 마지못해 살아내거나 살아주는 여정이다.

모스크바 문인들이 잘 모르던 농노의 실상을 체호프는 농촌 현장에서 볼 수 있었다. 특히 운신 못 하는 환자를 위해 농가로 왕진을 간 체호프는 농부들의 극악한 실상에 경악했다. 이런 경험은 작품에도 등장한다. 체호프는 여름에 콜레라가 만연할 때는 인근 마을 26개와 공장 일곱 개, 수도원 한 개를 보살펴야 했다. 뿐만 아니라 학교도 세 개나 짓고 무료로 환자를 치료해주어 동네 의사 역할도 충실히 해냈다. 그의 활동은 농촌 계몽 운동 '브나로드', 즉 낙향 운동의 하나로 여겨질 정도였다. 한때 의식 있던 러시아 청년 사이에서 불었으나 일종의 체제 도전으로 치부되어 황제가 탄압하여 사라진 운동이다. 체호프의 자기희생적인 봉사는 그의 천성적인 동정심도 작용하긴 했지만 불우했던 자신의 경험과 함께 사할린 교도소를 조사했던 경험이 가장 크게 작용한 듯하다.

사할린 교도소 경험은 체호프의 인생에서 무엇보다도 가장 큰 영향을 끼쳤다. 사할린 교도소로 향한 것은 거의 현실 도피 같은 무작정의 탈출이었다. 먹고살기 위해 날품 팔 듯 기계처럼 작품을 써대던 체호프는 진지한 단편을 쓰기 시작했으나 비평가들이 가만두지 않았다. 문학성은 있을지 몰라도 사회 정의의 영혼도 없고 사회성도 없는 작품만을 쓴다고 물고 늘어졌다. 결국 이런 모스크바의 분위기에 지친 30세의 체호프는 1890년 사할린으로 훌쩍 달아난다. 소위 말하는 좀 이른 중년의 위기로부터 탈출이었다. 여기서 느낀 바가 많았던 체호프는 사할린을 다녀온 뒤 모스크바 생활을 정리하고 멜리호바로 귀농한다.

일생일대의 사할린 모험

시베리아 철도가 놓이기 전이라 체호프는 마차와 배, 증기선을 갈아타고 시베리아를 가로질러 1만 킬로미터나 떨어진 머나먼 길을 간다. 3개월이나 걸려 다른 세상의 뒤편 같은 러시아 대륙 동쪽 끝에 위치한 사할린섬으로 숨어든다. 여기서 체호프는 3개월을 보내면서 인간 세상의 막장을 목격한다. 특히 죄수 부모들과 같이 사는 아이들의 참상에 치를 떨었다. 아이들은 모두 굶주려 있었다. 자기 마누라를 살해한 죄로 수형 생활을 하는 죄수 아버지의 족쇄를 들고 따라다니는 어린아이, 10대 창녀들과 그 결과로 태어난 아버지를 모르는 아이들이 다시 자라서 엄마의 팔자를 그대로 반복하는 생지옥을 체호프는 보았다. 또한 체호프는 그 지옥 같은 사할린에도 인간 사이에 사랑이 있음을 확인했다. 남녀 수형수의 사랑을 체호프는 안쓰럽게 여겼다.

사할린의 죄수들은 수형 생활이 끝나도 그곳을 벗어날 수 없었다. 일단 사할린 수형수가 되면 형이 끝나도 사할린 밖을 못 나왔다. 신분은 수형수가 아니지만 평생 사할린에서 살아야 했다. 온갖 죄수가 몰려 사는 인간 삶의 완벽한 막장이었다. 이 조사를 토대로 체호프는 《사할린섬》이라는 방대한 책을 쓴다. 한글 번역판으로도 500쪽이 넘는다. 100년이 훨씬 넘은 1890년 작품임에도 불구하고 현대에서 쓴 어느 탐사기보다 감동 깊다. 자신의 감상이나 감정을 전혀 개입하지 않고 보고서 쓰듯 물기 하나 없이 써 내려갔다. 인간의 희노애락을 감동적으로 기술해내는 데 이골이 났을 작가가 감상과 감동을 넣지 않고 보고서 쓰듯 하기가 얼마나 힘들었을까? 체호프가 이 책에 얼마나 공들었으면 이런 금자탑 같은 책을 쓸 수 있었을지 옷깃이 여미어진다. 뿐만 아니라 영어 번역 책을 읽으려다가 혹시나 하고 찾아보니 한국어로 번역된 책이 있어서 아주 놀랐다. 정말 몇 권 팔릴지 모를 책이지만, 이 소중한 책을 번역하고 출판해준 동북아 역사 재단에 깊은 감사를 드린다.

그런데 체호프는 보고서 형식의 글만 쓰고 문학으로서 사할린은 다루지 않았다. 사할린의 경험을 소설이나 희곡으로 다루기에는 소설과 희곡의 그릇이 너무 작다고 생각했거나 흥미 위주로 다루기에는 너무 큰 소재라고도 여겼는지 모르겠다. 하여튼 체호프의 경험은 알렉산드르 솔제니친Aleksandr Solzhenitsyn의 《수용소 군도》나 도스토옙스키의 《죽음의 집의 기록》 같은 엄청난 작품이 나올 만한 것이다. 이 두 작가들은 모두 시베리아 수용소를 직접 경험하고 책을 썼다. 체호프도 충분히 능력이 되었는데 단단한 보고서 같은 책 한 권 말고는 전혀 손을 대지 않았다. 정의감에 불타던 30세 청년 체호프로서는 정서적으로 감당하기 힘든 참상이었을 수 있다. 아니면 수용소 수인들의 참상은 자신이 감히 묘사할 수 있는 범위를 넘어선 신계神界의 영역이라고 여겼을지 모른다. 체호프는 자신의 작품 어디에서고 단 한 번도 사할린을 언급하지 않는다. 사할린 사람들을 향한 깊은 마음 씀씀이를 알 수 있어 마음이 서늘하다. 체호프인들 그들의 삶을 자신의 작품을 통해 세상에 제대로 왜 알리고 싶지 않았을까? 그러나 자칫하면 흥미 위주의 호기심만 불러일으키거나 참상을 진정으로 이해하지 못하는 값싼 동정심만 불러일으킬 거라는 염려가 작용했을 듯하다. 참혹한 그들의 삶을 제대로 전달하지 못할 바에는 아예 하지 말자는 체호프만의 깊은 단호함이 느껴진다. 그러고는 화려한 모스크바 생활을 등지고 멜리호바로 내려와 농사 지으며 농민을 돌보며 나머지 삶을 살아가기로 작정한다.

《사할린섬》은 이렇게 시작한다. "도대체 자네들 시베리아는 왜 이렇게 추운 거요?"라는 체호프의 질문에 마부는 "하느님 마음이죠"라고 대답한다. 체호프는 사할린의 참상을 분노나 동정 같은 직접적인 감정 표현을 배제하고 담담하게 제3자 입장에서 기술한다. 글의 행간에서는 유형수들의 처지에 대한 동정과 제도에 대한 분노가 읽혀진다. 사할린 주총독을 맞는 행사를 마을 축제 분위기와 쓸쓸함이 배어 있게 다음처럼 표현하는데 그렇게 슬플 수가 없다.

> 노래도 아코디언도 술 취한 이도 없었다. 사람들은 그림자처럼 어슬렁거렸고 어둠처럼 침묵했다. 오색등이 비추어도 징역은 징역이다. 멀리서 들리는 음악은 더 이상 고향으로 돌아갈 수 없는 사람들에게는 오로지 죽음 같은 우수를 불러일으킬 뿐이다.

유형수는 형기가 끝나도 농민으로 격상이 될 뿐이지 사할린섬 밖을 벗어날 수 없다. 사할린은 영원히 벗어날 수 없는 유형지다. 사할린으로의 추방은 세상으로부터의 완벽하고 영원한 추방을 뜻한다. 살아 있으되 가족을 보지 못하는 살려놓은 사형과 같다. 책에는 체호프 자신이 어떻게 살았는지에 대한 이야기는 별로 없고 자신의 감상도 거의 쓰지 않았다.

별이 빛나는 고요한 밤이었다. 야경꾼의 막대 치는 소리가 들렸고, 어디선가 가까운 곳에서 시내가 졸졸거리고 있었다. 나는 오랫동안 하늘과 농가들을 바라보았다. 내가 지금, 집에서 수만 킬로미터 떨어진 이 팔레보라는 곳, 이 세상 끝에 서 있다는 사실이 기적처럼 여겨졌다. 요일을 기억하지도 않으며, 기억할 필요도 없다. 오늘이 수요일이든 목요일이든 여기선 죄다 매한가지기 때문이다.

이것이 가장 개인적인 표현일 정도다. 결코 문학 작품이라고 할 수 없는 글이지만 체호프는 독자에게 충분히 사할린 유형지의 분위기를 한마디로 전달한다. 내가 이토록 길게 언급하는 이유는 이 책에 감동해서다. 그리고 책 자체에 대한 경건한 존경 때문이다. 대문호가 쓴 글에서 《사할린섬》처럼 진솔하게, 그러나 자신이 본 현상에 대해 옳고 그른 의견을 얹지 않으면서도 독자에게 충분한 자신의 뜻을 전달하는 것을 본 적이 없다. 전혀 감정적이지 않게 별별 죄를 다 저지르고 들어온 흉악한 죄수들의 사연을 차별 없이 들어주면서 옛날이야기하듯 기술하고 있다. 굳이 하지 않아도 될 일을 하고 나서 생색내거나 잘난 척하지 않은 것이 너무 마음에 와 닿는다. 결코 잘 쓰려고 노력하지도 않았다. 그냥 담담하게 제3자의 입장에서 기술해 독자가 판단하도록 했다. 흡사 사진작가가 의도적으로 찍지 않은 사진이 더 예리하게 현장을 묘사하는 것과 같다. 제3자가 보는 듯한 객관적인 묘사가 충분히 작가가 전해주고 싶어 하는 뭔지를 알려주는 방법인 듯하다. 체호프의 《사할린섬》은 그리고 보면 흑백 사진 같다. 컬러보다 흑백이 때로는 더 아름다울 수 있다. 음영이 아주 잘 드러나 아름다움이 화면 전체에 잘 배어진 흑백 사진의 연속 같다. 체호프가 좀 이른 나이였긴 하지만 중년의 위기를 맞아 떠난 여행의 결과물치고는 대성공작이다. 체호프는 자신이 왜 철도도 제대로 안 놓이고 도로도 없는 1만 킬로미터의 사할린으로 난신의 모험을 떠났는지 밝히지 않았다. 그리고 그 모험에서 무얼 얻었는지도 전혀 기술하지 않았다. 다만 사할린에서 돌아오고 나서 얼마 되지 않아 화려한 모스크바 생활을 정리하고 멜리호바로 내려가서 농민을 돌보면서 살아간 걸 보면 확실히 이 사할린 모험은 체호프의 일생에 긴 족적을 남긴 듯하다. 특히 나는 책 중간에 언급한 시가 두고두고 기억에 남는다.

유형수였던 간호병이 묻혀 있는 곳의 십자가 위에 시가 적혀 있었다. 그대 나그네여! 이 시를 기억하라! 하늘 아래 모든 게 잠깐이니… 잘 있게, 친구여, 기뻐할 아침 오리니!

《사할린섬》은 체호프의 인생을 변화시킨 계기에 대한 유추를 해볼 수 있는 흥미로운 기록이다. 이미 그는 작가로 이름을 확실히 알린 상태였고, 1888년에는 단편 선집 《황혼》으로 28세로 러시아 최고의 상인 과학 아카데미의 푸시킨상을 받았다. 그러던 그가 갑자기 왜 주위의 만류를 모두 뿌리치고 일생을 돌아보는 긴 여정을 떠났을까. 인간에게는 한순간이 될지 혹은 오래 기간에 걸쳐서일지 모르나, 인생의 여정 한자락에서 한두 번은 살아온 인생을 부정하고 삶에서 홱 돌아서는 계기가 온다. 체호프에게는 바로 사할린 여행이 그 계기였을 것이다.

체호프는 귀향하고 나서 창작 영역까지 바꾼다. 소설에서 희곡으로 바꾸어 극작가 활동에 죽을 때까지 전념한다. 소설이 사실 묘사의 영역이 많아 가슴에 담아둔 할 말이 많으면 많을수록 표현하기에 더 좋을 터인데도 말이다. 주절주절 지껄이는 소설을 버리고 무대라는 제한된 공간에서 제한된 시간 내에 절제된 말만을 풀어내야 하는 고난의 길을 체호프는 선택한 셈이다. 작가의 뜻이 무엇인지 따로 설명할 방법이 없는 희곡은 소설을 쓰던 체호프에게는 엄청나게 부담스러운 도전이었을 듯싶다. 그러나 체호프는 굳이 그 길을 택했고 인생의 의미를 천착하는 구도의 길에서 어렵지 않게 성공했다. 때로는 적은 말이 혹은 침묵이 더 많은 걸 말해준다는 진리를 체호프의 경우에서 볼 수 있다.

사람은 너무 큰 경험을 하고 나면 절대 다시 언급하지도 않고 아예 자신의 일생에서 없었던 일인 것처럼 행동하기도 한다. 체호프 또한 마찬가지였다. 체호프의 일생에서 사할린을 다녀온 족적은 책 한 권 이외에는 어디에도 남아 있지 않다. 그냥 책 한 권만 없어지면 그의 일생에서 사할린 방문은 없었던 일처럼 사라질 듯하다. 체호프의 마음속에 담긴 사할린 체험이 어떤 것이었는지가 궁금한 한편, 체호프란 사람이 무섭기까지하다. 어찌 그리 단호하게 마음의 창 하나를 닫을 수 있는지 말이다. 내가 체호프의 사할린 경험을 길게 소개한 이유는 《사할린섬》이 알렉산드르 솔제니친이 집필한 《수용소 군도》의 19세기 판이라고 할 수 있을 것 같아서다. 게다가 나는 소설보다 《사할린섬》 같은 체험 수기를 특히 좋아한다. 그리고 책 여기저기에 체호프가 보이는 듯 보이지 않는 듯하면서 내뿜어내는 처절한 슬픔이 너무 좋다.

러시아 최악의 결혼 기피 독신주의 문학가

부인 올가와의 사랑이 비록 멜리호보에서 싹 텄지만 체호프는 결혼을 계속 미루다가 1897년 얄타로 이주를 하고도 2년 뒤인 1901년 드디어 결혼한다. 당시로는 만혼인 41세에 결혼했다. 결혼은 거의 비밀리에 거행했다. 가까운 지인에게도 안 알리고 심지어 자신의 어머니와 여자 자매 그리고 장모도 모르게 비밀 결혼을 해 모두들 심한 상처를 받았다. 이 결혼은 모스크바 사교계 대단한 가십거리가 되었다. 유명한 인기 극작가였던 체호프는 187센티미터의 훤칠한 키와 잘생긴 면모로 모스크바 사교계의 여인들을 몸살 나게 했다. 그런데도 불구하고 오랫동안 독신을 지킨 체호프는 '러시아 최악의 결혼 기피 독신주의 작가Russia's most elusive literary bachelor'라는 별명이 있을 정도로 악명이 높았다. 체호프는 완강한 독신주의가 자신의 작품 활동을 위해 필요하다고 변명했다. '내가 만일 결혼한다면 모든 환경이 지금과 완벽하게 같아야 한다. 그녀는 모스크바에 살고 나는 멜리호보에 살아야 한다. 그리고 내가 그녀를 만나러 가는 조건이다. 나는 훌륭한 남편이 될 터다. 그러나 나는 내 하늘에 해같이 매일 떠 있지는 않은 달과 같은 아내를 원한다'라고 했다. 그러니 결혼 후에도 자신의 배우 생활을 계속하겠다고 주장한 올가는 최적의 부인감이었다.

올가는 연극 비수기인 봄과 여름에는 얄타에 체호프와 같이 지내고 성수기인 가을과 겨울에는 모스크바에서 떨어져 지냈다. 연인 시절 60킬로미터밖에 떨어지지 않은 멜리호바와 모스크바는 큰 문제가 아니었지만 얄타와 모스크바 간 1200킬로미터 거리는 너무 멀었다. 결국 결혼한 이듬해 올가는 유산을 하고 그 뒤로는 다시 임신을 못 했다. 둘은 결혼 생활을 3년간 했으며, 올가는 체호프 사후에도 재혼하지 않고 체호프 작품을 연기하면서 활동하다가 54년 뒤인 1959년 90세로 세상을 뜬다. 3년의 결혼 생활이 그 오랜 혼자의 삶을 버티게 해준 셈이다. 미망인의 수절 개념이 없던 러시아에서 54년의 독신 생활은 놀랍다. 더군다나 올가는 모스크바를 떠들썩하게 하던 미녀 배우였음에도 불구하고 체호프 이후에 아무런 염문이 없었다. 단 3년을 같이 산 남편을 기리면서 체호프의 작품을 연기하며 살다니 대단하다. 체호프의 전설은 올가가 남편을 기린 54년의 세월과 멜리호바 박물관을 여동생 마리아가 35년간 지킨 세월이 뒷받침한다.

올가는 1959년에 영면했다. 아주 오래전 사람 같은 체호프의 부인이 우리와 동시대에 살았다는 사실이 신기하다. 현재 생존해 있는 대다수의 60대 후반 사람은 올가와 같은 대에 수년간 공존한 것이다. 올가와 관련된 놀라운 사실이 또 있다. 올가의 연극 공연 모습은 지금도 유튜브에서 흑백 영상으로 볼 수 있다. 거의 100년 전 사람을, 그것도 체호프의 부인을 말이다. 그래서 체호프가 훨씬 가깝게 느껴지고 옛날이야기가 아니라는 실감이 난다.

체호프의 결혼에 관한 어록을 보면 얼마나 결혼에 대해 냉소적이었는지 알 수 있다. 결혼에 대해 헛된 희망을 가지지 않는 듯했다. 그래서 최대한 결혼하지 않고 버틴 듯하다.

한 남자와 한 여자는 자신들이 자신들에게 뭘 할지 모르기 때문에 결혼한다.A man and a woman marry because both of them do not know what to do with themselves.

고독이 겁이 나면 결혼하지 말라.If you are afraid of loneliness, do not marry.

결혼한 사람들은 더 이상 호기심이 없음을 나는 눈치챘다.I've noticed that people who get married cease to be curious.

당시 유럽 남자 특히 유명 인사는 수많은 염문을 퍼뜨렸다. 빅토르 위고는 평생에 4000여 명의 여인과 관계가 있었고 프란츠 리스트는 100여 명의 애인이 있었다. 이에 비해 체호프는 거의 염문이 없었다고 알려졌다. 그 이유가 최근에 밝혀졌다. 멜리호바 체호프 박물관의 관장이 《신비한 사랑의 신비한 비밀Mysterious Secrets of Mysterious Love》이라는 책을 발간해서 모스크바가 발칵 뒤집혔다. 체호프의 편지를 조사해서 출간된 이 책에 따르면 체호프는 상당한 플레이보이였다. 소련 시절 당국이 체호프의 전설을 지키기 위해 그의 이성 관계에 대한 연구나 기사를 검열해 안 알려졌을 뿐이다.

체호프는 일기를 쓰지 않았으며 자신에 대한 이야기도 별로 하지 않았다. 그래서 짧은 단편이 그에게 더 어울린다고 말하는 사람도 있다. 그때는 단어 수로 원고료를 받았기에 톨스토이와 도스토옙스키는 길고도 긴 소설을 썼지만, 체호프는 단편만 줄기차게 써댔다. 인간이 쓴 문학 작품 중 최고의 걸작이라고 일컫는 톨스토이의 《전쟁과 평화》는 등장인물 559명이 1700여 쪽에 걸쳐 등장하는 대작이다. 명성에만 끌려 멋모르고 달려들었다가 수렁에 빠져 독서를 중단할 수도 없고 계속할 수도 없게 만드는, 독자에게 악몽 같은 소설이다. 러시아 작가들의 방대하고 다양한 줄거리의 작품과는 달리, 체호프의 작품은 단편으로 유명하다. 단선의 스토리에 아주 소수의 주인공이 등장하지만 사람들의 폐부를 찌르는 주옥같은 명작들이다. 간결함과 해학은 단편 소설에서 빠져서는 안 되는 필수 요건이다. 그렇다고 그의 소설에 간결과 해학이 주는 가벼움만 있는 건 아니다. 주로 먹고살기 위해 끝도 없이 써내야 했던 체호프는 번뜩이는 칼날을 여기저기 숨겨놓았다. 단지 아는 사람만 아는 칼날이다. 체호프의 단편을 읽을 때면 자신의 단아한 면모와는 다른 왠지 모를 슬픔을 체호프가 작품 속에만 풀어놓는다는 느낌을 항상 받는다.

세계 최고의 단편 작가인 체호프

사후 40년에 발간된 체호프의 전집에 실린 4500여 통에 달하는 편지는 바로 발가벗은 체호프를 보여주는 소중한 자료다. 체호프의 작품을 심각하고 진지하게만 보려는 세간의 평을 편지들이 통쾌하게 쳐부수었다. 체호프를 평생 따라다닌 비관적인 염세주의자라는 편견도 이로 인해 사라졌다. 경제적인 어려움과 폐결핵의 고통에도 불구하고 체호프의 성격은 대단히 낙관적이고 재기 발랄했다고 편지와 친구들은 말한다.

톨스토이를 러시아 최고의 작가라고 하는 데는 아무도 이의를 달지 않는다. 그러나 그다음은 논쟁거리다. 세상 사람들은 도스토옙스키를 그다음으로 치겠지만 러시아인 사이에서는 전혀 합의가 안 되어 있다. 세 명의 대문호가 후보감이다. 알렉산드르 푸시킨, 도스토예프스키, 체호프가 바로 그 세 명이다. 아마 러시아인끼리 이 논쟁을 하면 간단하게 밤을 샐 듯하다. 러시아인의 푸시킨 사랑은 정말 대단하다. 사랑이 아니라 거의 신앙 같기도 하다. 도스토예프스키에 대한 러시아인의 자부심도 그에 못지않다. 도스토예프스키가 세계 문학에 끼친 영향은 아무리 강조해도 넘치지 않으니 러시아인의 자부심을 나무랄 수 없다. 체호프에 대한 사랑도 대단하지만 지식인 사이에서만 사랑받는 느낌이 있다. 어찌 되었건 체호프는 위대한 작가임이 틀림없다. 심지어 캐나다의 저명한 문학 비평가는 셰익스피어 다음으로 위대한 작가라고까지 치켜올린다. 체호프를 일러 세계 연극도들은 셰익스피어 다음으로 넘어야 할 큰 산이라고 한다. '배우들은 체호프를 흡사 산처럼 올라간다. 로프로 서로 연결해서 영광을 서로 나누면서 올라간다. 비록 정상에는 도저히 오르지 못할지라도Actors climb up Chekhov like a mountain, roped together, sharing the glory if they ever make it to the summit'라는 이안 멕캘런Ian McKellen이란 배우의 유명한 말이 그 사실을 증언한다.

600여 편에 달한다는 체호프의 단편 작품은 한국에는 50여 편밖에 번역이 되어 있지 않다. 최고 극작가의 작품도 이럴진데 우리는 아직 세상에 존재하는 다양하고 풍부하길 말도 못 하는 빛나고 아름다운 문화의 껍질조차 번역이라는 장벽에 막혀 제대로 못 벗긴 게 아닌가 하는 생각마저 든다.

체호프는 '나는 기자가 화재에 관한 기사를 쓰듯이 작품을 쓴다. 기계적이고 무의식적으로. 독자나 나 자신을 전혀 상관하지 않고'라고 했다. 그러나 이건 겸손의 말이거나 자학의 변임이 틀림없다. 체호프의 작품을 자세히 보면 아주 신경을 쓴 티가 역력히 보이고 계속해서 수정을 가한 기록이 나온다는 연구가 있다. 그럼에도 불구하고 체호프 자신은 초창기 호구지책으로 쓴 작품에는 애정이 없다고 직접 이야기했다. 그러나 체호프 팬(제임스 조이스, 버지니아 울프, 조지 버나드 쇼)들은 초기 작품이 훨씬 경쾌하고 즐겁다고 평한다. 먹고살기 위해 굳이 정성을 안 들이고 그냥 막 써낼 때의 작품에는 잘 쓰려고 이곳저곳 고친 모습이 보이지 않아 순수해서 더 좋다는 말이다. 역시 문학계의 선수들은 체호프의 꾸미지 않은 천의무봉 모습의 가치를 알아주는 셈이다. 이들은 차라리 러시아인 특유의 비탄과 비관이 깃든 염세적인 유의 진지한 작품을 혹평한다. 당대 최고의 도공들이 궁궐에 납품하기 위해 최상의 예술품을 만들려고 노력한 고려청자보다는 세상에서 가장 천한 이름 없는 도공들이 먹고살기 위해 무념무상으로 만든 일상의 조선 백자가 순박하니 더 아름답다는 뜻과 같다.

체호프를 기려 매년 여름이면 멜리호보 인근의 체호프 연극 학교가 매주 토요일마다 연극 공연을 개최한다. 멜리호보 체호프 자택 현관에서 연극이 공연되면 관객은 정원 여기저기에 앉거나 서서 체호프의 작품을 빛나는 별빛 아래서 듣고 본다. 나도 어느 해 여름 저녁에 이렇게 〈갈매기〉 공연을 보았다. 세상의 걱정과 염려를 모두 뒤에 두고 별이 빛나는 밤하늘 아래서 러시아인들과 같이 계단에 털썩 앉아 연극에 빠졌던 기억은 살아가면서 두고두고 위안을 준다. 매년 10만 명의 체호프를 그리는 순례객이 시골구석 벌판의 초록색 지붕과 분홍색 벽, 다섯 개의 굴뚝이 있는 초라한 단층 판자집과 꽃, 사과나무, 자작나무가 심어진 체호프의 천국을 성지처럼 찾아온다.

1904년 5월 체호프는 결핵이 악화된다. 독일 흑림에서 쉬던 체호프는 자신의 건강이 나아지고 있다고 자신한다. 어느 날 샴페인을 요구해서 "샴페인 마시는 건 참 오랜만이네"라면서 단숨에 마신 뒤 자리에 눕더니 마지막을 맞이했다. 이후 모스크바로 유해가 옮겨져서 유명 인사의 묘가 주로 있는 모스크바의 노보제비치 수도원 묘지에 안장되었다.

의사 일은 나의 본처고 작가 일은 내 애인이다. 나는 그중 하나에 싫증나면 다른 것과 하룻밤을 지낸다.
Medicine is my lawful wife, and literature is my mistress. When I get fed up with one, I spend the night with the other.

만일 당신이 고독이 겁난다면 절대 결혼하지 마라.
If you are afraid of loneliness, don't marry.

심지어 시베리아 한복판에도 행복은 있다.
Even in Siberia there is happiness.

저기 나무가 보이나요? 그건 죽은 나무입니다. 그러나 아직도 다른 나무들과 같이 바람에 흔들린답니다. 나도 나중에 그렇게 될 것 같습니다. 내가 만일 죽는다면 어떤 식으로든 삶의 한 조각으로 어딘가에는 살아 있을 겁니다.
Do you see that tree? It is dead but it still sways in the wind with the others. I think it would be like that with me. That if I died I would still be part of life in one way or another.

오로지 사랑하는 사람만이 잘 기억할 수 있다.
Only one who loves can remember so well.

당신이 자신의 예술 작품을 만들고 싶으면 자신의 삶을 먼저 만드세요.
If you want to work on your art, work on your life.

당신이 이 세상에서 아무도 원하지 않는 가구 중의 하나보다 못하다고 느끼기는 정말 어려운 일이다.
It's very hard, feeling that you're no more than a piece of unwanted furniture in this world.

논리와 규칙으로 이룰 수 있는 것은 아무것도 없다.
Nothing can be accomplished by logic and ethics.

오로지 어려운 시절이 되어야만 사람들은 자신의 감정과 생각을 넘어서기가
얼마나 어려운지 알곤 한다.
Only during hard times do people come to understand how difficult
it is to be master of their feelings and thoughts.

진정한 삶을 살고 있지 않거나 망상 속에 살고 있어도 그래도 아무것도 아닌
삶보다는 낫다.
When one has no real life, one lives by mirages. It's still better than
nothing.

11. 어둡고 비탄으로 가득 찬 바그너 오페라
_ 독일

인간의 언어가 모자라는 곳에 음악의 왕조가 시작됨은 영원한 진리다.

It is a truth forever, that where the speech of man stops short there Music's reign begins.

— 빌헬름 리하르트 바그너

    만약 서양 클래식 음악가 중 가장 위대한 세 명을 고르라면 누구를 고를까? 바흐, 베토벤은 논란의 여지가 별로 없을 듯하다. 그다음 한 명은 모차르트, 쇼팽, 슈베르트 등등 논란이 많을 듯하다. 그러나 빌헬름 리하르트 바그너 Wilhelm Richard Wagner를 고르면 고개를 옆으로 흔들 사람과 함께 두 손을 들어 강하게 동의할 두 종류로 갈리지 않을까? 실제로 '세상에는 두 종류의 고전음악 팬이 있다. 바그너를 사랑하는 팬과 증오하는 팬, 두 종류가 있다'라는 말이 있다. 광적인 바그너 팬을 가리켜 '바그너리안Wagnerian'이라고 한다. 수많은 클래식 음악가를 좋아하는 수많은 클래식 음악팬이 있지만 바그너리안을 따라갈 만한 광팬은 없다. 세상이 끝나는 날 마지막 한 곡을 가지고 갈 수 있다면 무엇을 선택하겠느냐는 물음에 바흐의 〈마태수난곡〉을 꼽는 사람들이 무척이나 많다. 나도 그중의 한 사람인데, 그래도 이들을 가리켜 세상은 바흐리안이라고 부르지 않는다. 세상 사람들이 바그너리안의 기행을 입에 올릴 정도로 바그너에게는 광팬이 많다. 그만큼 바그너 음악은 대단하기도한데, 그 집중도, 최면성, 심리적인 요인 등이 이유로 꼽힌다. 바그너리안은 바그너의 광기에 물든 거라고 나는 확신한다. 내가 본 바그너 광팬은 정상인이 한 음악가를 좋아하는 수준을 넘어섰다. 바그너는 진작 이를 의도했고 결과도 예측한 듯하다.

작사부터 작곡, 연출까지 망라한 천재 음악가

이제 미필적 고의가 담긴 듯한 의도적인 바그너리안을 만든 빌헬름 리하르트 바그너(1813~1883)를 만나러 가보자. 바그너는 어떤 작곡가도 시도해보지 못한 오페라 작사, 작곡, 연출을 모두 자신의 손으로 했다. 작곡은 하되 작사는 직접 하지 않았던 다른 작곡가들과는 다른 능력의 천재 음악가다. 그래서 바그너만이 유일하게 오페라 제작에 처음부터 끝까지 참여해 이상적인 종합 예술의 경지를 이루었다는 평가를 받는다. 대단

바그너

하지 않은가? 거기에 더해 바그니는 기존의 오페라를 개혁하여 새로운 형태의 오페라를 만들어냈나. 일빈 오페라 음악의 개혁은 물론이고 줄거리와 가사에도 보다 연극적인 요소를 강화했다. 거의 악극이라 부를 만큼 타 오페라와는 전혀 다른 극적인 오페라를 만들었다. 바그너는 자신의 오페라 아리아 가시는 단순히 의사를 전달하기만 하는 게 아니라 하나하나기 모두 한 편의 시라고 자부했다. 오페라에서 떼어내도 하나의 시로 존재할 정도로 문학적인 가치가 있다는 말이다. 오만에 가까운 자부였다. 그 정도로 그는 자신이 있었다. 해서 바그너의 오페라는 음악적인 효과와 함께 가치 있는 문학으로도 청

중을 끌어들였다. 또 연극적인 효과로 청중을 자신의 오페라에 빠져들게 했다. 바그너의 말은 단순한 오만이 아니다. 다른 오페라가 단막극 수준이라면 바그너의 오페라는 대하드라마라고 해야 한다. 긴 공연 시간은 물론 줄거리의 복잡성과 등장인물의 다양성 측면에서도 그렇다.

그래서 바그너의 오페라를 한번 '제대로 접신接神'하면 다른 오페라가 시시해진다. 바그너의 오페라를 제대로 접신하는 것은 아무나 하지 못한다고 바그너 신도들은 주장한다. 우선 신도가 되려면 철저한 '교리 공부'부터 해야 한다고 겁을 준다. 바그너의 오페라에 대해 그만큼 '철저한 공부해야 한다'는 뜻이다. 철저한 공부도 그냥 하면 안 된다. '확실한 믿음을 가지고' 해야 한다고 한다. 종교를 믿듯이 바그너 음악에 대한 '확고부동한 신앙을 가지고 공부'해야 '비로소 접신이 되어 음악이 들린다'는 뜻이다. 정말 무슨 종교를 믿는 절차 같다. 하긴 바그너리안에게는 바그너는 신이니 종교라고 해야 한다.

바그너뿐만 아니라 다른 작곡가의 어떤 오페라든지 사전 지식 없이 공연을 쉽게 즐길 수는 없다. 클래식 오페라는 진입 장벽이 높다. 아무런 사전 준비가 없어도 즐기는 데 장애가 없는 대중 예술에 비하면 말이다. 아무리 잘 모르는 대중가요 콘서트라도 가서 음악을 듣다 보면 대개는 좋다. 클래식 기악 공연도 사전 준비 없이 그냥 가서 듣고 좋아할 수 있다. 물론 해당 곡에 대한 지식이 어느 정도 있으면 훨씬 더 즐길 수 있지만 그렇지 않더라도 나름대로 만끽할 수 있다. 그러나 성악곡은 가사를 모르고는 해당 곡의 진가를 반조차 느낄 수가 없을 만큼 진입 장벽이 있다. 슈베르트의 〈겨울 나그네〉 연가곡의 스토리와 가사를 모르고 어찌 사랑하는 연인의 집 앞에서 혼자서 이별을 고하고 추운 겨울 한밤중에 내쫓기듯 정처 없는 방랑을 떠나는 청년의 아픔을 이해하겠는가?

하물며 주인공을 비롯해 등장인물들 사이의 인과 관계나 줄거리 그리고 여러 장면에 나오는 아리아의 내용을 모르고 어떻게 오페라를 제대로 이해해서 즐길 수 있겠는가. 그나마 일반 오페라는 줄거리와 오페라 가사만 알면 즐길 수 있다. 그런데 바그너의 오페라는 두 수 정도를 더 요구한다. 우선 바그너의 오페라는 한 편이 최소한 2~3시간, 길게는 4~5시간이라 가사도 가사지만 줄거리 배경과 가사에 대한 충분한 이해가 있어야 한다. 바그너의 오페라에 나오는 독일 전설과 신화는 공부하면 할수록 흥미로우나 워낙 복잡해서 어지럽다. 그러나 이해하려면 반드시 공부를 해야 한다. 바그너의 오페라는 사전 지식이 없이 관람한다면 완전히 고문이 된다. 돈 주고 가서 손톱을 물어 뜯을 고통을 왜 받는가. 절대 해서는 안 되는 일이다. 괜히 주위 친지에게 '나, 바그너의 오페라 보고 왔어!' 하려고 비싼 돈 주고 시간 허비는 하지 말자. 잘 못하면 성질 버리고 사람까지 이상해진다. 그 오랜 시간을 캄캄한 어둠 속에서 고난을 겪다 보면 성질이 이상해질 수 있어서 하는 충고다.

오페라를 즐기려면 사전 지식이 필수

캄캄한 극장 안에 앉아 줄거리도 가사 내용도 모른 채 꼼짝 못 하고 기침마저 참고 서너 시간을 버티는 것은 사서 고생하는 일이다. 다른 작곡가들의 오페라는 그나마 줄거리가 간단하고 이미 상식적으로 대충 알고 있어 눈에 보이는 장면만으로도 어느 정도는 이해가 되니 큰 문제가 없다. 물론 가사를 잘 알면 훨씬 재미가 더 있다. 인기 오페라에는 보통 사람들도 아는 아리아가 한 두 개 정도는 반드시 있다. 그래서 모르는 아리아가 나올 때는 그냥 배우들 연기나 보고 있다가 드디어 아는 아리아가 나오면 즐기기 마련이다. 예를 들면 푸치니의 〈나비 부인〉는 줄거리를 대충만 알아도 오페라를 즐길 수 있다. 그리고 〈어떤 맑게 갠 날〉이나 〈허밍 코러스〉는 굳이 오페라 아리아라는 고정관념 없이 유행가처럼 즐길 수 있다. 그러나 가사까지 정확하게 알면 제대로 즐길 수 있다. 이탈리아어를 이해한다면 더할 나위가 없이 좋겠다. 그렇지 않을 때는 사전에 가사 공부를 하면 시간 낭비와 푯값 허비는 막을 수 있다. 사설이지만 나는 절대 오페라 〈나비 부인〉과 이를 뮤지컬로 만든 〈미스 사이공〉은 안 본다. 처음 한 번씩 보고 상당히 기분 나빴다. 동양 여성을 서양인이 가지고 놀다가 버려서 여주인공이 비극에 빠지는 터무니없는 줄거리 때문이있다.

만일 야구 경기를 갔는데 규칙을 전혀 모른다면 정말 지루할 것이다. 또 야구 규칙을 잘 안다고 해도 해당 팀과 선수들의 과거 전적을 모르면 흥미가 반감된다. 나는 요즘 한국에 가면 야구를 거의 보지 않는다. 왜냐하면 선수들을 몰라서다. 팀 간의 스토리를 모르니 별 흥미가 안 생긴다. 저 선수는 주로 좌측 유격수 뒤로 안타를 넘기는데 오늘은 어디로 칠까라든지 저 팀과 이 팀이 지난번 결승전에서 만나서 저 팀이 통한의 패배를 했는데 이번에는 설욕을 할까 하는 기대를 걸고 보면 훨씬 더 흥미롭다. 오페라도 마찬가지다. 그러니 만일 오페라를 갈 기회가 생긴다면 반드시 사전에 해당 오페라에 대한 공부를 철저하게 하라고 권하고 싶다. 인터넷에서는 줄거리를, 유튜브로는 가사를 공부할 수 있는데, 한글 자막이 있는 경우가 드물어 문제다. 인터넷을 뒤지면 엔간한 아리아나 성악곡 가사는 찾을 수 있다. 그리고 돈을 좀 들여서 디브이디를 사면 한글 자막이 나온다. 사전에 세 번 정도 가사를 숙지하고 오페라 전체를 듣고 가면 확실히 다르다. 아는 만큼 보이는 건 정말 멋진 삶의 지혜다. 그렇게 사전에 공부하고 가서 오페라를 접하면 종합 예술의 극치라는 오페라의 매력을 한껏 느낄 수 있다.

오페라가 종합 예술이라고 하는 데는 다 이유가 있다. 발레에는 음악과 율동은 나오지만, 대사가 없다. 기악은 음악만 있고 가곡은 율동이 없는 식으로 뭔가 하나가 꼭 빠진다. 허나 오페라는 음악, 율동, 대사, 스토리가 모두 어우러진다. 재미없을 거라고 지레짐작하고 포기하지 말고 시간을 내서 공부하고 가서 시도해보라. 절대 후회하지 않으리라 자신한다.

가수와 청중을 오페라에 빠져들게 만들다

바그너는 기존의 오페라가 스토리 위주로 흘러가면서 거기에 음악과 음악을 단순히 이어 붙였을 뿐이라고 보았다. 이에 비해 자신의 오페라는 음악과 음악이 동떨어지지 않고 계속해서 이어지면서 동시에 흘러간다고 주장했다. 바그너는 자신의 오페라에 빠져든 청중과 가수가 혼연일체가 되게 하려고 노력했다. 바그너의 오페라에는 두 가수가 동시에 노래를 부르는 장면이 거의 등장하지 않는다. 그리고 가수 한 명의 노래가 하나의 작품으로가 아니라 전체의 한 부분으로 취급된다. 아리아 하나가 끝나도 청중이 손뼉을 칠 수 없게 막 몰아간다. 바그너는 이를 '끝없는 음악endless music'이라고 했다. 바그너는 불이 꺼진 오페라 극장 안에서 무대에만 조명을 켜서 청중이 현실보다 더 아련하게 보이는 무대에서 노래하는 가수들을 주목하게 했다. 귀로 관현악단의 음악을 들으며 다른 아무 생각도 할 겨를도 없이 몰아치는 오페라에 빠져

들라는 뜻이었다. 정말로 길게는 1시간 30분씩 가는 오페라 한 막을 정신없이 보다 보면 어느새 끝난다. 그리고 휴식 뒤 다시 2막, 3막을 또 정신없이 보게 된다.

바그너는 이런 시청각 효과로 청중을 거의 최면 상태에 빠지게 했다. 청중이 조명과 음향과 음악으로 자신의 오페라에만 완벽하게 집중하도록 만들었다. 바그너 이전의 기존 오페라는 공연 중 극장 내의 불을 끄지 않았다. 극장 내에 환하게 불이 켜져 있었다. 오페라글라스로 청중이 다른 청중을 관찰하는 장면을 영화에서 볼 수 있는 이유다. 또한 공연 중 청중이 좌석 사이를 자유롭게 오고 가고 심지어 간식을 팔러 다니는 판매원도 있었다. 물론 크게 떠들 수는 없지만, 옆의 사람과 대화를 나누어도 문제가 안 됐다. 아리아 하나가 끝나면 청중은 손뼉을 치고 앙코르를 외쳤다. 그러면 가수가 동일한 아리아를 반복하는 일도 흔했다. 하긴 이탈리아에서는 아직도 극 진행 중에 아리아에 반한 청중이 흥분해서 박수를 마구 치고 앙코르를 외친다. 이탈리아에서 오페라는 거의 대중가요 콘서트 같다. 사실 그렇게 해야지 오페라가 대중과 동떨어져 박제처럼 무대에서만 존재하지 않을 텐데 말이다.

바그너 시절의 오페라 극장은 현대의 극장식 식당과 비슷한 분위기였다. 아리아가 마음에 안 들면 야유하는 청중이 드물지 않았다. 지금처럼 캄캄한 실내에서 무릎 위에 두 손을 올려놓고 말 한마디 못하고 의자를 움직이면 소리가 날까, 기침해서 방해를 할까 걱정하는 청중이 없었다. 어찌 보면 아주 자유롭고 가벼운, 지금과는 전혀 다른 분위기였다. 흡사 대중가요나 록 그룹 공연장 같았다.

바그너의 오페라가 완전히 이런 전통을 바꾸어놓았다. 현재 같은 엄숙한 오페라 분위기를 민든 장본인이 바그너다. 따지고 보면 오페라가 뭐 별거인가? 음악이 대중음악과 고전음악으로 갈린 시점은 100년도 사실 안 된다. 그 전에는 엄숙하게 목에 힘을 주는 지금의 고전음악이 대중음악이었다. 오페라는 그냥 대중 공연이었을 뿐이다. 그래서 이탈리아인이 오페라를 극장식 식당 공연으로 대하듯 하는 것이 정상이었다. 그런데 대중이 가볍게 즐기던 오페라를 바그너가 엄숙한 의식처럼 심각하게 만들어버렸다. 단지 오페라뿐만 아니라 다른 기악 공연까지 이를 따르게 되었다. 해서 일부 논평가는 엄숙한 공연장 분위기가 클래식을 말라 죽게 만들었다고 혹평한다. 클래식이 뭐라고 굳이 이렇게까지 엄숙하게 들어야 할 특별한 이유가 있냐는 주장이다. 클래식 음악이 얼마나 숭고해서 청중이 숨죽이고 기침 소리조차 못 내고 두 시간 이상을 캄캄한 공연장에 잡혀 있느냐는 말이다. 보통 유튜브 작품도 10분 이상을 안 넘긴다는 단호흡短呼吸 시대의 젊은이들은 그래서 클래식 공연장으로부터 밀려났다.

요즘 유럽에서는 젊은 클래식 애호가가 거의 천연기념물 취급받는다. 클래식 음악 공연장을 가보면 머리가 하얀 노인들만 앉아 있다. 외국의 유명 클래식 대가들이 한국 공연을 좋아하는 이유가 바로 한국의 젊은 청중 때문이다. 유럽의 클래식이 젊은이들로부터 외면받고 머지않아 완전히 사라져버릴 거라는 불길한 예언의 근거는 바로 불필요하게 엄숙하고 숙연한 공연장 분위기다. 감히 제안을 한다면, 한국 클래식계만이라도 공연 중 객석에 불을 켜고 청중으로 하여금 환호도 지르고 신나는 연주가 나오면 몸도 흔들면서 록 콘서트처럼 만들어보는 건 어떨까. 세상이 바뀌고 청중 취향이 바뀌는데 언제까지 200년 전 전통을 붙잡고 말라 죽어갈 건가. 이제 시대착오적인 엄숙하고 경건한 클래식 관람 예절을 바꾸어볼 때도 되지 않았는가. 클래식이 뭐 그렇게 대단한 음악이라고 예절 따지고 어디에서는 악장 중간에 박수 치면 안 되고 어디서는 해야 하는 식으로 할 이유가 있을까. 괜히 폼 잡지 말자. 클래식도 이제 낮은 곳으로 내려와야 한다. 경건이 생명인 종교마저 달라지고 있지 않는가? 그런데 한국의 클래식은 점점 더 교조적이고 더 엄격해지고 예의를 찾는다. 참 우습다.

그러나 당시는 연극과 클래식 음악 공연 말고 다른 특별한 대중 공연물이 없던 시절이었다. 라디오는 물론 레코드도 없었으니 대중은 다른 선택의 여지가 없었다. 결국 바그너가 독점적인 지위를 이용해 꼼짝 말고 자신의 공연을 보라고 강요해도 청중은 다른 방법이 없었다. 오히려 거의 열광해서 강요를 기꺼이 따랐다. 지금까지 한 번도 보지도 듣지도 못한 방식의 완벽한 집중을 강요하는 극장 분위기와 새로운 형태의 오페라에 청중은 기꺼이 자신을 바그너의 처분에 맡겼다. 바그너는 자신이 깊이 공부한 철학과 심리학 이론을 이용해 청중을 최면 효과에 빠지게 하는 장치를 음악뿐만 아니라 극장 설계에도 차용했다.

광팬을 탄생시킨 비밀

바그너는 우선 오페라 음악을 기존 오페라에서 볼 수 없을 정도의 규모로 목관, 금관악기를 대거 동원해서 아주 화려하고 풍성하게 꾸몄다. 현악기도 수량을 더 배치해 음량의 대형화를 노렸다. 이런 식으로 국가 축제에서 황제의 등장 시 울리는 팡파르 연주 같은 분위기를 각 장에서 연출했다. 바이로이스의 바그너 축제 때 중간 휴식 시간이 끝나면 극장 2층 발코니에 멋진 제복을 입은 관악기 주자들이 도열해 팡파르를 울린다. 청중에게 극장 안으로 다시 들어오라는 신호를 보내는 것이다. 바그너 음악이 어찌 보면 소란스러운 이유는 다분히 극적인 효과를 노려 다양한 악기를 아끼지 않고 사용한 데 기인한다. 원래 축제는 소란스러워야 흥청거리는 분위기를 자아낼 수 있음을 바그너는 잘 간파한 셈이다. 그리고 한 음악이 끝나고 다른 곡이 연주되는 식이 아니라 끝도 없이 음악이 이어지는 느낌을 청중이 받게 했다. 중간에 청중이 지겨워하지 않도록 정신 차릴 여유를 절대로 주지 않고 몰아붙였다. 그러면 청중은 헤어나지 못하고 자발적으로 바그너 음악의 노예 상태가 되었고, 바그너리안이라는 광팬 군단이 만들어졌다.

바로 독일 나치가 대형 경기장에서 히틀러의 연설을 내보낼 때 이렇게 했다. 대형 경기장에 바그너 식의 조명 장치를 해서 청중을 환각에 빠지게 한 것이다. 전 경기장을 암흑으로 만들고 경기장 곳곳에 설치한 초대형의 강한 서치라이트를 무대에 비추었다. 그것만으로도 대형 경기장에 운집한 청중은 집중했다. 그러고는 성인 크기만 한 크기의 대형 스피커를 설치해 쇳소리 같은 목소리를 내는 히틀러의 연설을 들려주었다. 문제의 이 스피커를 경기도 파주 헤이리에서 황인용 전 아나운서가 운영하는 음악 카페 '카메라타'에 가면 볼 수 있다. 역시의 함께 모양까지 섬찟한 스피커는 울려 나오는 소리만큼은 환상적이다.

칠흑같이 캄캄한 청중석과 달리 대낮보다 더 밝은 경기장 무대 위에 선 히틀러는 아련하게 보였다. 바그너의 오페라 무대 상치와 동일하게 말이다. 여기서 히틀러의 연설은 시작되었다. 처음에는 아주 낮은 목소리로 시작해서 궁극에 가서는 아주 높은 쉰 목소리로 쉬지 않고 같은 내용을 계속 반복하여 청중을 세뇌시켰다. 동시에 극적인 경기장 분위기가 청중을 거의 환각 상태에 빠뜨렸다. 이때 핵심 나치 주동자들이 '하일 히틀러(히틀러 만세)' 구호를 선창해 청중에게 따라하게 했다. 청중은 구호를 따라 소리 높이 외치면서 오른팔을 들어 나치 특유의 경례를 히틀러에게 바쳤다. 경기장을 꽉 메운 군중이 귀 고막이 떨어져 나갈 정도로 크게 외치는 구호 속에 있다 보면 누구나 자신도 모르게 동화되고 충성심이 우러나기 마련이었다. 이것은 바그너의 오페라가 공연되는 극장의 분위기와 완벽하게 같았다. 바그너 제전 극장에는 '하일 히틀러'라는 구호와 오른팔 경례는 없었으나 조명, 음악, 무대 장치 등이 청중을 집중시켜 환각 상태에 빠지게 했다.

종전 후 독일 국민 중에는 왜 자신이 그때 나치에 맹목적으로 동조하고 열광했는지를 모르겠다고 고백한 사람이 많았다. 그들은 흡사 꿈에 빠졌거나 약을 먹고 환청과 환시를 경험한 듯했다는 이야기했다. 히틀러는 바그너의 광팬이었다. 히틀러는 바그너가 극장에서 의도한 시청각적인 감각을 교묘하게 자극하려고 만든 장치를 차용해 순간적으로 청중을 세뇌했다. 사람은 이런 식의 경험을 하면 저항하기도 전에 먼저 몸이 설득당해 노예 상태가 되어 버린다. 흡사 잠재의식 광고subliminal advertising의 영향으로 자각을 못 한 상태에서 무의식중에 물건을 사는 것과 같다. 유명 텔레비전 드라마 시리즈 〈형사 콜롬보〉에도 이런 내용이 등장한다. 범인이 영화 프레임 24장 속에 사막 장면을 두세 장 집어넣어 영화 관람을 하러 간 피해자에게 갑자기 목마름을 느끼게 한다. 그리고 영화 관람 중간에 물을 먹으러 나온 피해자를 살해한다. 현재는 이 방법의 광고는 세계적으로 금지되어 있다. 그전에는 영화에 이런 장면을 집어넣어 극장이 영화 상영 중에 음료수를 팔아먹게 했다.

물론 오페라를 현장에서 보지 않고도 광팬이 되는 경우는 뭐냐는 의문을 가질 법하다. 내 말은 바그너의 오페라는 그만큼 대단해서 현장에 안 가고 오페라를 영상으로만 봐도 큰 영향을 받지만, 특히 현장에서 오페라를 보면 더욱 그렇다는 뜻이다. 내가 2010년 8월 바이로이트 극장에서 오페라 〈뉘른베르크의 명가수〉 공연에서 직접 경험을 했다. 나는 바그너의 오페라를 좋아하지만 그렇다고 바그러리안이라고 자처할 만큼의 광팬은 결코 아니다. 그냥 팬 정도랄까? 그런데 현장에서 내가 접한 오페라는 평소에 듣던 수준이 아니었다. 숫자로 표시한다면 400~500퍼센트는 더 큰 감동을 받았다. 수천만 원짜리 오디오 명기로 세계 최고의 연주 음반을 청음하는 것보다 시골 동네 오케스트라가 현장 연주를 듣는 것이 낫다는 게 내 평소의 주장이다. 아무리 잘 만들어진 명품 통조림이라도 현장에서 요리된 음식과는 비교가 안 된다. 현장에서만 들을 수 있는 바이올린 활이 현을 미끄러져 가다 약간 삐끗하는 묘한 소음 같은 걸 어찌 시디와 오디오 기계가 재생해낼 수 있겠는가.

이렇게 바그너의 오페라는 한 악구가 끝나기도 전에 다른 악구가 시작되는 느낌을 청중이 받도록 숨 쉴 틈도 주지 않고 막 몰아친다. 이를 일러 무한선율無限旋律, Unendliche Melodie이라고 일컫는다. 음악적인 용어로 소위 말하는 '휴지休止와 종지終止가 구분되지 않고 감정의 고조를 끊지 않고 계속해서 이어가게' 만드는 방식이다. 즉 청중이 흥분을 가라앉히고 제정신을 차리지 못하게 만들려는 의도가 있다. 현대 록 음악에서 단조로운 선율을 최대 한도의 볼륨으로 무한하게 지속하게 하여 청중이 환각 상태에 빠지게 하는 방식과 같다. 그래서 바그너의 오페라는 청중이 공연 중간에 손뼉을 칠 기회는커녕 감히 칠 엄두조차 못 낼 정도로 분위기가 처음부터 끝까지 고조되어 있다. 이 정도로 몰아가지 않고는 청중을 그 긴 시간의 공연에 몰두하게 만들 수 없어서다.

바그너의 음악은 연주자와 가수에게 모두 부담스럽다

바그너는 오페라에서 악단의 역할을 단순히 아리아 음악의 반주가 아니라 하나의 중요한 구성 요인으로 등장시켰다. 그래서 기존의 악단과 완전히 다른 악기 배치와 악기 숫자를 오페라 성격에 맞추어 늘리고 줄이고 해서 새로운 형태의 오페라 음악을 만들어냈다. 예를 들면 보통 악단의 경우 바이올린 연주자는 청중이 봤을 때 왼쪽에 자리 잡아 소리가 바로 객석으로 가게 배치하지만, 바그너 악단은 오른쪽에 배치해 바이올린 주자가 청중을 등지게 했다. 바이올린의 소리가 무대를 일단 먼저 돈 다음에 객석으로 가게 하려는 배려다. 첼로나 더블베이스 같은 대형 현악기는 딱 반으로 갈라 양쪽에 있게 했다. 일종의 스테레오 효과를 내게 하기 위함이다. 단순하게 한쪽에 배치한 악단의 음향과 양쪽에 배치한 바그너 악단의 연주를 들어보면 확연하게 바그너 악단의 현악음이 깊고 웅장하게 들린다. 그래서 현재 세계에는 바이로이트 바그너 축제 교향악단의 바그너 방식을 따라서 악기 배치를 하는 악단이 있는가 하면, 통념의 악기 배치를 해서 바그너 곡을 연주하는 악단도 있다.

대체로 바그너의 오페라가 세계적으로 공연이 드문 데는 공연이 길다는 물리적인 이유와 함께 연주상의 어려움이란 이유도 있다. 악단의 연주도 어렵지만, 가수도 공연하기가 쉽지 않다. 발음이 어려운 격음의 독일어 가사도 큰 이유 중 하나다. 바그너 음악 특유의 풍부한 음악의 악단 연주에 맞추어 소리를 내야 하는 가수는 다른 오페라보다 부담을 느끼게 마련이다. 일반 극장과 달리 바이로이트 극장은 악단의 연주 음악을 피해 가수의 성량이 그대로 청중에게 전달되게 설계되어 있다. 가수 입장에서는 아무래도 바이로이트 극장이 부담스러울 수밖에 없다. 그래서 목에 무리를 줄 수 있는 바이로이트 극장에서의 공연은 아무나 할 수 없다. 특히 바그너의 오페라 중 최고의 작품이라는 〈니벨룽겐의 반지〉는 '발퀴레, 지그프리트, 신들의 황혼, 라인의 황금들' 4부작이 중간 휴식 시간을 제외하고 순수한 공연만 무려 16시간이나 되는 대작이라 엔간한 성량의 가수는 함부로 공연할 수 없다. 그런 대작을 공연할 가수도 드물고 악단도 부담을 느껴 바그너 공연은 점점 줄어들고 있다. 16시간의 공연을 보러 오려는 청중도 날이 갈수록 줄어들어서 문제다. 물론 바이로이트 축제는 몰려오는 청중들로 표 구하기가 하늘의 별 따기다. 바이로이트 축제 입장권 구매 경쟁률은 매년 늘어간다는 사실이 무척 놀랍다.

바그너의 오페라 특성에 맞는 바그너 극장

바이로이트 축제 극장은 '바이로이트 제전극장祭典劇場'이라는 잘 쓰지 않는 이름으로도 불린다. '제전극장'. 멋있는 단어다. 그냥 축제가 아니라 제전은 더욱 축제처럼 들린다. 바이로이트 제전극장은 바그너가 자신의 오페라의 특성에 맞게 특별히 설계한 1925좌석을 갖춘 극장이다. 모든 좌석이 무대를 정면으로 바라볼 수 있게 일자형으로 배치되어 있다. 자리에 따라 소리가 왜곡되는 현상 없이 설계된 배치 방식이다. 지금 새롭게 지어지는 세계 극장들도 대개 바그너 극장 방식을 따른다. 유럽의 오래된 극장들은 2층 이상의 발코니들이 무대를 감싸는 말발굽형이다. 바그너 극장은 오페라의 효과를 극

바이로이트 오페라 제전극장

대화하려고 특별하게 설계되었다. 극장 외벽은 모두 붉은 벽돌이지만 실내는 완벽하게 목조다. 극장 용도의 목조 건물 중에는 세계에서 가장 큰 건물이다. 실내가 현악기처럼 소리 울림통으로 작용하게 하려는 의도다. 테너 가수 만프레트 융Manfred Jung은 '실내 목재가 음향을 흡음했다가 천천히 돌려준다'고 했다. 바그너 극장의 반향 메아리reverberation의 잔향 시간을 전문가들은 1.55초라고 평가했다. 바그너 극장 천장의 배 돛대 같은 천으로 된 장치는 음향 효과를 극대화시키고 반향과 흡음 역할도 한다.

여기저기서 들려오는 반향과 직접 악기에서 들리는 소리의 시간차는 아주 미세하지만 너무나 민감한 우리 인간의 귀는 이를 단번에 잡아낸다. 사람의 귀는 35밀리세컨드(millisecond: 1000분의 1초)까지는 같은 음향으로 듣고, 그 이상은 소리가 시차를 두고 듣는다. 오케스트라 연주의 음향은 직접 청중의 귀에 0.2초 만에 도달하는 소리 직음direct sound, 50밀리세컨드 만에 벽과 천장 등에 부딪쳤다가 돌아오는 소리 반사음early sound, 실내 공간 상태에 달라지긴 하지만 대개 1~2초 만에 돌아오는 잔향음 등으로 구분된다. 이 모든 소리가 어우러져 인간의 귀에 들린다.

연주 장소의 실내 각 곳에서 반사되어 들려오는 소리가 가장 잘 혼합이 되어 들리는 좌석이 최고의 좌석이다. 그러니 굳이 비싼 앞자리에 앉을 필요가 없다. 복잡하게 각 곳에서 반사되어 오는 곳의 초점이 잡히는 곳이 최고의 자리다. 그런데 문제는 그날의 연주 악기나 음향의 양, 고저에 따라 초점이 잡히는 곳이 달라진다는 것이다. 그래서 선수 청중은 같은 홀에서 연주를 듣더라도 어떤 연주가 그날 이루어지느냐에 따라서 선호 좌석을 정한다. 풀 오케스트라인지, 30~40명의 합주단인지, 현악 4중주인지 피아노 독주인지, 합창단이 많이 오는 연주인지, 독창인지에 따라 좌석을 고른다. 책에도 나와 있지 않고 자료도 없다. 본인이 경험으로 혹은 선호도에 따라 선택한다. 일부 콘서트홀은 아예 홈페이지에 청중을 위해 좌석에 따라 무대를 보는 시야를 얼마나 가리는지 올려놓은 데도 있다. 그러나 음향에 대한 안내는 없다. 그러나 동호인들끼리 자신들이 가서 본 대로 들은 대로 인터넷에 올려놓는 친절을 베푼 자료는 가끔 찾아볼 수 있다. 오케스트라같이 강력한 음이 한꺼번에 연주가 되는 경우는 잔향이 크지 않는 연주장이 좋을 수 있다.

우리가 아는 작곡가들이 교향곡을 작곡할 때는 악단 단원의 숫자가 지금처럼 100여 명이 아니었다. 고작 50~60명 많아야 60~70명이었다. 해서 그들이 작곡한 곡이 연주된다고 생각한 홀은 잔향이 길지 않은 콘서트홀이었음이 분명하다. 그러나 바흐나 헨델이 작곡한 미사곡들은 그들이 교회 음악 감독이었을 때 만들어졌다. 당연히 자신들의 음악이 잔향 효과가 좋은 천장이 높고 길이가 긴 성당에서 연주된다는 전제하에 작곡했다. 그래서 바흐의 〈마태 수난곡〉이나 〈나단조 미사곡〉은 반드시 교회에서 하는 공연에 참석해야 최고의 음향으로 들을 수 있다. 나는 이를 바흐 편에서 언급한 〈나단조 미사곡〉 합창단 연주에서도 직접 경험했다. 합창단원들은 합창하는 동안 음악의 맛을 제대로 느낄 수가 없다. 대개의 성당에서 성가단 자리는 당연히 소리가 가장 잘 울려 퍼지게 설계된 돔 밑에 위치한다. 거기서 나온 합창단과 악단의 소리가 어우러져 성당 내에서 가장 높은 부분인 돔에서 집음되어서 돔 천장을 돌아서 밑의 홀로 다시 내려온다.

이렇게 되면 합창단 소리가 청중의 귀에는 길게 들리면서 성스러운 분위기를 더욱 살려준다. 바흐는 합창 작곡을 각 음역별로 다른 가사와 다른 소리를 내게 하여 한순간도 같은 소리가 나오게 하지 않는 경우가 많다. 그런데도 전체적으로 잡다한 잡음이 아니라 묘하게 어우러진 아름다운 합창 소리가 나오게 만든 천재 작곡가다. 특히 마지막 소절은 같은 가사를 같은 음으로 그러나 다른 음역으로 내게 하고 마지막 부분에서 한꺼번에 합창이 화음을 이루면서 끝맺는다. 합창을 했던 당시 나는 사람들과 마지막으로 부른 합창이 성당 안을 돌아 잔향으로 듣는 신비한 경험을 했다. 합창 중간에는 우리가 내는 소리에 묻혀 잔향을 못 들었다. 앞에 앉아 있는 청중은 물론 계속 잔향과 반사음, 직음이 섞인 음악을 들어왔기에 잔향만의 소리를 못 들었다. 허나 마지막 순간 단 한 번, 수고에 대한 보상처럼, 합창단 전원이 합심해서 낸 마지막 소리를 시차를 두고 우리는 들을 수 있었다. 긴 성당을 돌아서 오는 반향의 소리는 천상에서 울려오는 천사들의 합창 같았다. 더군다나 반복되는 마지막 가사가 다름 아닌 바로 인간이 신에게 기도하는 '평화를 주소서! 평화를 주소서! 평화를 주소서!Dona nobis pacem!'였으니 더욱 그럴듯했다.

직접음이 들리고 35밀리세컨드 내로 들리는 반사음은 인간의 귀에 계속음으로 들려 앞의 직접음을 보강하는 효과를 내기에 더 좋은 음으로 들리게 된다. 쉽게 이야기하면 모노 스피커에서 나오는 음이 아닌 스테레오 음으로 들린다. 통계에 따르면 직접음과 첫 번째 반사음 사이의 지연 시간이 20밀리세컨드면 가장 좋은 소리로 들린다고 한다. 또 측면에서 들려오는 반사음이 천장에서 들려오는 반사음보다 더 크게 들리면 감동이 더 크다는 조사 결과도 있다.

그러나 잔향이 너무 강하거나 너무 늦게 돌아오거나 하면 잡음처럼 들려서 음악을 죽이는 결과가 나온다. 교회나 콘서트홀을 설계할 때 사실 가장 신경 쓰는 부분이 바로 잔향 설계다. 교향악의 경우는 앞에 앉으면 앉을수록 음악의 명료도가 확실하게 들려 좋은 음악을 들을 수 있다는 통계가 있다. 20미터가 가장 좋다. 악기가 많이 나오는 연주는 앞에 기면 좋고 큰 홀이라도 현악 사중주니 독창같이 적은 숫자의 악기는 굳이 돈을 많이 주고 앞에 갈 이유가 없다. 통상 생각하면 오케스트라는 소리가 크니 뒤에서 들어도 무방하고 현악 사중주 같은 실내악은 소리가 적을 터이니 가능하면 앞으로 가면 좋지 않을까 하는데 반드시 그렇지도 않다. 해서 교향악은 가능하면 좀 앞으로 자리를 고르고 실내악이나 성악은 뒤에서 들어도 된다. 합창이나 독창은 성당 같은 천장이 높고 잔향 효과가 좋은 성당에서 듣는 걸 권한다. 큰 홀의 경우는 가능하면 중심에 가까운 장소가 가장 소리가 좋다. 뿐만 아니라 연주장의 크기도 중요하다. 아무리 음향 효과를 좋게 설계했다고 하더라도 음악에 맞는 크기의 연주장이어야 한다. 내부 입체 면적은 피아노나 바이올린 독주는 800세제곱미터, 성악은 2000세제곱미터, 실내악은 8000세제곱미터, 대규모 교향악은 최소한 1만 16000세제곱미터는 되어야 한다.

지중해 근처 국가에 가면 그리스나 로마의 원형 야외극장Amphitheatre 유적이 많이 있다. 이런 극장은 음향 효과가 워낙 좋아 무대에서 동전을 살짝 떨어뜨리면 40~50개 계단식 관중석 제일 위에 있어도 그 소리가 들린다. 2000~3000년 전에도 이미 공연의 음향 효과에 관심을 가졌으며 음향 기술이 지금 못지않았다는 뜻이다. 유럽 여행 중 오래된 성당에 들어가볼 기회가 있으면 직접 확인할 수도 있다. 가이드가 성당 안에서 안내할 때는 전혀 메아리가 들리지 않는다. 반대로 좀 큰 빈 사무실에 가서 말을 하면 울린다. 책상이 들어오고 사무용품들이 들어오면 울림이 좀 줄어들지만 뭔가 소란스러운 경우가 있다. 사무실 공간의 크기를 고려한 방음 처리를 안 해서 그렇다. 예를 들면 영국 런던 대영박물관 제일 중심 홀인 그레이트 코트는 원래 조그만 내부 정원 중간에 영국 도서관 열람실이 있었다. 2000년 개조하면서 정원 위에 천장을 덮어 실내로 만들었다. 천장을 유리로 만들어 채광이 되어 밝아서 좋긴 하지만, 인파가 붐빌 때는 웅성거리는 소음이 심각하다.

콘서트홀은 벽이나 천정은 물론 고려 사항 1, 2위지만 때로 의자나 바닥 물질도 신경을 쓴다. 의자나 카펫이 너무 흡음을 하면 소리가 죽는다든지 하는 문제까지 신경 쓴다. 성당이 음향 효과가 좋은 이유 중 또 하나는 긴 벤치 의자가 쿠션이 없는 나무여서 그렇다. 성당 의자는 안락을 추구하지 말자는 종교적인 이유로 나무 의자를 쓰지만 흡음 문제에 대한 고려도 사실 있다. 성당에서는 음악도 신앙심을 불러일으키는 도구로 활용된다. 그래서 전문 연주자들 사이에서는 어느 홀이 가장 음향 효과가 좋은지가 연주할 때의 고려 사항 중 하나다. 예를 들면 런던 시내에 있는 545석의 위그모아홀은 워낙 음향 효과가 좋아 연주자들이 선호하는 콘서트홀이다. 해서 1년에 연주가 무려 550회나 열린다. 연주자들 말을 들어보면 무대에서 연주하는 자신의 귀에 들려오는 자신의 연주 소리가 다른 어떤 홀보다 뛰어나다고 한다. 그래서 이 홀에서 연주하면 한껏 행복하고 기분이 좋다고 한다. 쇼팽 콩쿠르를 비롯해 세계

3대 피아노 콩쿠르에서 모두 수상한 한국이 낳은 천재 피아니스트 임동혁 군의 말이다.

완전한 복종과 순종을 강요해도 바그너를 찾는다

유럽의 거의 모든 오페라 극장이 인구가 많은 대도시의 중심부에 있다. 그러나 바그너 오페라 제전극장은 지금도 벽지인 독일의 작은 도시 바이로이트 그것도 마을 바깥 언덕 위에 있다. 바이로이트는 자동차로 프랑크푸르크에서 세 시간, 뉘른베르크에서 두 시간 거리에 있다. 바그너를 만나러 가는 길이 쉽지 않다는 소리다. 즉, 바그너 축제에 오는 모든 청중은 그 도시에 사는 사람이거나 혹은 우연히 들렀다가 극장에 오는 것이 아니다. 반드시 바그너 음악을 듣기 위해 바이로이트라는 시골 마을로 굳이 찾아가야 한다. 바이로이트 마을을 찾아가서도 언덕길을 한참 올라야 한다. 극장이 그다지 높게 지어져 있지 않아 마을에서는 쉽게 보이지 않는다. 마을에서 일직선으로 뚫린 숲길을 한참 걸어 오르다 보면 서서히 붉은 벽돌의 바그너 신전이 어느새 모습을 드러내기 시작한다. 이렇게 바그너는 자신의 음악을 들으러 오는 모든 청중에게 완벽한 복종과 순종과 수고를 요구하고 강요한다. 그 대신에 자신은 청중에게 완벽한 장치에서 나오는 완성되고 거대한 절대 음악을 하사하기 위해 최선을 다한다. 바그너에게는 자신의 음악이 '총체예술gesamtkunstwerk'이어야 했다. 그러기 위해서는 음악 이외에 어느 것도 청중의 주의를 흐트러뜨리는 길 용서하지 않았다.

바그너 제전극장의 무대는 이중으로 되어 있어 실제보다 더 멀어 보인다. 청중 눈에 쉽게 안 보이게, 멀어 보이게 배치하는 것이 청중과 무대 사이를 신비스럽게 만든다고 바그너는 말했다. 그는 청중에게 음악과 성악은 분명하게 전달하면서, 무대 위 성악가의 얼굴이 아련하게 멀리 있는 듯한 느낌을 주어 신비스럽게 하려고 했다. 한편으로는 성악가는 목소리가 중요할 뿐이지 굳이 얼굴이 확연하게 드러날 필요가 없다는 배려였다. 얼굴이 너무 또렷하게 보이면 오히려 음악 감상을 할 때 집중을 흩뜨리는 수도 있으니 말이다. 그리고 배역 성악가의 목소리는 눈에 보이는 곳에서 바로 옆에서 노래하듯 들려오지만 오케스트라 음악은 어디선가 보이지 않는 곳에서 은은하게, 그러나 분명하고도 명확하게 들리도록 했다. 악단은 피트라고 불리는 무대 앞 아래 깊숙한 곳에 있다. 무대의 가수와 오케스트라는 서로를 보지 못한 채 양쪽 모두 지휘자에게 의존한다. 서로가 내는 소리가 엇갈려 들리기 때문에 지휘자는 '바이로이트 지휘법'으로 지휘해야 한다. 오케스트라 소리를 멀리서 들리게 해서 무대 위의 배우들 목소리가 죽지 않고 같은 크기로 들리게 하는 효과를 만들어내는 지휘법이다. 악단 음악이 가수의 아리아를 절대 방해하지 않게 했다. 오케스트라를 무대 앞에 배치하되 낮게 설치해 청중의 눈에 뜨이지 않게 하고 음악이 공중으로 떠올라가 천장에 달린 천에 부딪힌 다음 청중에게 간접적으로 전달되도록 했다. 그리고 무대 위 성악가의 목소리는 바로 직접 청중에게 전달되어 오케스트라 음악에 섞이지 않고 명확하게 가사가 들리도록 설계했다.

오케스트라는 피트 안에 있어 청중에게 전혀 보이지 않는다. 일반 극장의 경우, 피트의 지휘자 머리와 어깨까지는 대개 노출되어 손이 흔드는 지휘봉이 움직이는 걸 청중이 볼 수 있다. 그러나 바그너 극장은 오케스트라와 지휘자의 움직임이 전혀 보이지 않아 청중은 시선이 흐트러지지 않고 무대에 온전하게 집중할 수 있다. 이런 구조는 청중은 최대의 오페라를 즐기게 하지만 오케스트라 단원과 지휘자는 죽을 맛이다. 오케스트라는 어둡고 밀폐된 공간에 들어 있어 배우들의 움직임을 전혀 볼 수 없다. 노래도 반향음으로 왜곡되게 들려서 좀처럼 맞추기도 힘들다. 지금까지와는 전혀 다른 기술의 지휘를 지휘자에게 요구한다. 또 오케스트라 단원들은 배우들의 목소리를 듣고 곡을 연주하면 안 된다. 연주 단원들 귀에 들려오는 소리와 청중에게 들리는 소리는 시차가 생겨 잘못하면 흡사 더빙이 잘못된 입맞춤이 틀린 영화를 보는 듯하기 때문이다. 그래서 오케스트라 단원들은 완전히 새로운 기법의 연주를 해야 한다. 만일 청중에게 바로 전달되는 배우의 노랫소리에 맞추어 연주를 하면 천정을 거쳐 청중 귀에 들어갔을 때 음악이 다르게 들릴 수밖에 없다. 해서 오케스트라 단원들은 귀에 들리는 노랫소리는 무시하고 지휘자의 지휘봉에만 집중해야 한다. 악단 연주자들은 가수들의 노랫소리도 제시간에 들을 수 없고 움직임도 볼 수 없어 오로지 지휘자의 지휘에 따라 연주해야 한다. 그래서 악단의 자리 위치가 피트 안에 들어가게 만들어져 있다. 실제 피트 안에 있는 연주자는 거의 가수의 소리가 들리지 않는다고 한다.

내 음악은 신의 음악 대하듯 하라

이렇게 밀폐된 공간에서 한꺼번에 울려 나오는 악단의 소리는 개방된 공간에서 각각 울려 나오는 악기 소리보다 더 완성되고 웅장할 수밖에 없다. 특히 관악기 소리는 피트에서 한번 돈 다음 현악기의 소리와 같이 천장 위로 올라갔다가 내려오면서 청중석으로 전달된다. 소위 말하는 '바이로이트 사운드'라는 특이한 음향을 만들게 설계됐다. 바이로이트 오페라 악단의 음악은 '천천히, 은은하게, 부드럽게 꽉 채우는 느낌을 준다'고 평가받는다. 그래서 바이로이트 극장에서 〈니벨룽의 반지〉 전곡을 지휘한 지휘자 게오르그 솔티Georg Solti는 '나한테 누가 사전에 악단 전체를 바라볼 수 없고, 들을 수 없는 상태에서 지휘해야 한다는 말을 해주었다면 나는 지휘를 포기하고 차라리 의사가 됐을 것이다'라고 했다. 그러나 솔티는 그래도 '바이로이트 제전극장에서 지휘 경험은 난해했으나 동시에 신비스러웠다'고 덧붙였다.

오직 청중이 최대의 음악을 듣기 위한 바그너의 배려를 직접 경험 해보니 정말 신비로웠다. 보통의 콘서트홀에서 접하던 오페라와는 완전히 차원이 다른 음악이 들렸다. 무대 위에서 가수들이 아리아를 할 때 동시에 들리는 악단 연주가 배경 음악처럼 들렸다. 일반 오페라 홀에서의 공연은 흡사 가수와 악단이 경쟁하듯 서로에 대한 배려 없이 각자의 임무만 달성하려했다면, 바이로이트 극장의 오페라는 궁궐에서 왕족들이 노래로 대화를 하는데 그 옆 어딘가에서 실내악단이 은은하게 배경 음악을 연주하는 것 같았다. 악단 단원 전원이 최대 음향의 총주를 할 때도 가수의 아리아 가사가 분명히게 전달되있다. 뿐만 아니라 눈앞에서는 가수들의 아리아가 명확하게 들리고 동시에 악단의 음악은 내 옆에 스피커를 가져다놓은 듯 가까이 그리고 은은하게 들렸다. 바이로이트 축제가 괜한 명성을 얻은 게 아니라는 생각에 명불허전이란 사자성어가 새록새록 떠올랐다. 이래서 바그너리안들은 어디서도 들을 수 없는 이런 음악을 들으려 어렵게 표를 구하고 며칠씩 묵으면서 바그너 축제를 즐기는구나 하고 실감했다.

그러나 음악을 위해서는 온갖 최고의 배려를 하는 반면에 나머지는 완전히 '엄률嚴律 시토 수도회Cistercian Order' 수도원 생활 수준의 희생을 요구했다. 바이로이트 극장의 30줄의 좌석들은 쿠션도 없고 천으로 씌워져 있지도 않은 딱딱한 나무 의자다. 팔걸이조차 없다. 극장 바닥도 나무다. 좌석의 천과 쿠션과 바닥의 카펫도 소리를 흡수해서 소리를 죽일지 모른다는 이유 때문이다. 의자 등받이도 바로 서 있다. 유럽의 식당 의자는 바이로이트 극장 의자처럼 좌석은 딱딱하고 등받이는 바로 서 있다. 원래 음식을 먹을 때 자리가 부드럽고 등받이가 바르지 않으면 위장에 무리가 가서 소화가 되지 않는다. 푹신푹신한 소파에 앉아 식사를 하고 나면 속이 더부룩하고 불편한 원인이 여기에 있다. 다음은 종교적인 이유다. 기독교 정신에 따르면 음식은 하느님이 내려준 선물이다. 그래서 음식을 먹을 때는 경건한 마음가짐으로 정자세를 하고 음식을 주신 하느님께 감사를 드리면서 먹어야 하기에 의자 바닥도 바르고 등받이가 바로 서게 한다. 옷도 식사를 할 때 더 갖추어 입는 것도 같은 이유다. 우리는 식사할 때 편한 옷으로 갈아입는데 유럽은 정반대다. 서구 상류층 대가大家를 배경으로 하는 제인 오스틴의 영화 같은 데서 대저택에서 가족끼리도 정장을 잘 차려 입고 밥을 먹는 걸 보았으리라. 신이 주는 음식을 먹을 때 그들은 주일날 성당 가듯이 정장을 하고 예의를 갖추었다.

바이로이트 극장은 게다가 바닥까지 마루로 되어 있어서 잘못하면 소리가 나니 발 옮기는 데도 보통 조심스럽지 않았다. 교장 선생님 앞에 야단맞으러 간 학생처럼 자세 반듯하게 앉아서 몸도 못 움직이지 말아야 했다. 물론 기침도 못 하고 가만히 어둠 속에 있으니 완벽하게 가톨릭 봉쇄 수도원에서 다 같이 식사하는 분위기였다. 내 음악을 들을 때는 잔말 없이 닥치고 신의 음악을 대하듯 완벽한 구도求道 자세로 들어야 한다는 바그너의 의도가 느껴졌다. 바이로이트 극장은 마치 내가 40년 전에 사서 몇 번 수리는 했지만 아직도 잘 쓰고 있는 영국산 린Linn 턴테이블 같은 요구를 한다. 린 턴테이블은 완전히 수동이다. 엘피판 한 장을 올려놓은 뒤 톤암을 판 위에 일일이 올려놓아야 음악을 들을 수 있다. 그럴 때마다 흡사 구도하는 듯한 마음가짐이 되는데 절대 싫지 않다. 낡은 종이 껍질record slvees에서 엘피판을 꺼내 먼저 솔로 된 먼지 제거 도구를 이용해 닦는다. 그런 뒤 판에 직접 손가락이 눌러지지 않게 반드시 두 손으로 원형 바깥 면을 공손하게 잡는다. 두 손으로 엘피판을 턴테이블에 바치는 기분으로 올려놓는다. 턴테이블 스위치를 틀어 판을 돌린다. 그러고는 바늘을 판 위에 잡음이 안 나고 스크래치가 안 나게 조심스럽게 올려놓으면 모든 준비 절차가 끝나고 이제 소리만 기다리면 된다. 잠깐 직직거리는 소리를 들으며 음악의 첫 음을 기다리는 1~2초 사이의 마음 자세는 구도하는 자세가 아니고 무엇이겠는가? 플라스틱 케이스에서 시디를 꺼내서 곧장 시디플레이어에 넣고 그냥 스위치 누르는 일과는 차원이 다르다. 바로 이런 기분을 나는 바이로이트 축제에서 느꼈다. 물론 나는 엄격하게 말해 바그너리안이라고 할 수는 없지만 그때는 바그너리안이 된 듯한 기분이었다. 심지어 바그너 교도가 진정으로 한번 되어볼까 하는 유혹까지 느낄 만큼 분위기가 개신교 부흥회 같았다. 그러나 일단 들으면 서너 시간을 매달려야 하는 바그너 광신도가 되기에는 아직 할 일이 너무 많아서 그냥 후일을 기약하고 말았다.

소원을 푼 가슴 벅찬 바이로이트 극장 오페라

바그너 축제의 표 사기가 하늘의 별따기라는 소문 때문에 바그너 축제에 감히 가볼 생각을 못 했다. 그런 내게 도저히 만날 수 없을 것 같던 신을 직접 배알하는 행운이 우연한 기회에 왔다. 2010년 8월 바이로이트 극장에서 〈뉘른베르크의 명가수〉 오페라를 듣고 볼 수 있는 일생의 기회가 하늘에서 뚝 떨어졌다. 회사 고문 변호사의 사무실에 가면 항상 바그너 음악이 은은하게 틀어져 있었다. 알고 보니 그 사람은 독실한 바그너리안이었다. 대학교 때부터 바그너 축제를 다니기 시작해서 못 간 해가 몇 번 안 된다는 정통 바그너리안이었나. 클래식 음악 이야기를 하던 중 우연히 바이로이트 음악제 이야기가 나왔다. 다음 주에 간다고 했다. 그래서 입장권 사기가 어렵다는데 어떤 방식으로 구하는지 물었다. 그러자 마침 표가 한 장 남는다고 해서 체면을 불고하고 따라붙었다. 바이로이드에서 그의 오랜 친구들과 식사하는 자리에 자연스럽게 어울려서 이야기를 들으니 이들이 얼마나 바그너를 사랑하는지를 알게 되어 내가 그 자리에 끼었다는 사실이 감격스러웠다. 그렇게 해서 대학 시절 대구 법대학생 클래식 음악 동아리 '유테피' 때부터 말로만 들어오던 바이로이트 축제를 직접 보러 가는 거의 평생소원을 풀었다. 단 한 사람의 음악을 듣

중간 휴식이 끝나자 관객에게 극장 안으로 다시 입장하라고 알리는 팡파르가 2층 베란다에서 연주되고 있다.

기 위해 지어진 극장에서 바그너의 오페라를 접한 것은 물론, 극장을 보는 것
만으로도 가슴이 벅찼다. 영국에 처음 가서 말로만 듣던, 단 한 사람의 작품을
공연하기 위해 지어진 영국 셰익스피어 왕립극장에서 배우들이 가죽점퍼에
청바지 입고 공연한 〈맥베스〉를 처음 보았을 때 느낀 감격과 맞먹었다.

바이로이트 극장은 문자 그대로 다른 방식으로 운영되고 있었다. 우선 공
연 시작 바로 전과 휴식이 끝나 공연 재개를 알릴 때는 나팔수가 등장해 팡파
르를 연주한다. 흡사 왕의 귀환을 알리듯 바이로이트 시내를 향하는 정문 위
발코니에 10여 명의 멋진 제복을 입은 나팔수들이 등장한다. 다음 악장의 음
악을 서곡처럼 연주하는 일도 참 이색적이었다. 마당을 서성이는 청중의 귀
와 눈을 즐겁게 해주고 입장을 권유하는 이 장면은 장관이었다. 그리고 8월인
데도 에어컨이 없었다. 여하한 잡소리를 배제 하는 배려였다. 흡사 다른 세상
에 와 있는 듯했다.

아리아를 하는 가수들이 아닌 배우들이 거의 나체 복장에 가면을 쓰고 나
타난 파격에도 처음에는 상당한 충격을 받았지만, 곧 익숙한 음악에 젖고 보
니 신선한 감동이 몰려왔다. 그러다 홀 실내를 둘러보고는 섬찟했다. 장내를

가득 메운 나비넥타이 차림의 백발의 백인 남자들에게서 거의 히틀러 치하의 나치 전당 대회 분위기를 느껴서였다. 만일 누군가가 먼저 일어서서 '하일 히틀러!' 하면 전원이 일 제히 일어나 오른팔을 들어 '하일 히틀러'를 바로 따라 외칠 듯했다면 너무 과민 반응

극장 내부

인지 모르겠다. 그날 바이로이트 극장에는 이들 백인 말고는 일본인 두 명과 나밖에는 어떤 유색 인종도 없었다.

바그너 축제에서는 지휘자 등장 시 청중이 손뼉을 치지 않는다. 아니 그럴 기회가 없다. 공연이 시작되면 극장 안 조명은 꺼지고 내부가 완벽하게 어두워질 때 벌써 악단이 서곡을 연주하기 시작한다. 음악이 주인공이지 지휘자도 조연이란 뜻이다. 청중은 다른 유럽 극장들과는 달리 거의 나비넥타이를 맨 정장 차림이었다. 여인들은 귀부인처럼 어깨를 드러낸 길고 몸매 드러나는 이브닝드레스를 갖추어 입었다. 유럽 도시들의 클래식 음악회에는 더 이상 정장이 표준이 되는 시대는 지났다. 지금으로부터 거의 40년 전 런던 로열 오페라 하우스에 처음 갔을 때 충격을 받았었다. 난 '그래도…' 하는 생각에 검은 양복에 넥타이까지 매고 갔다. 그런데 양복에 넥타이 매고 온 청중은 나밖에 없었다. 내 옆의 청년은 청바지에 가죽점퍼를 입고 있었다. 물론 비엔나 신년 음악회에서는 청중이 정장 차림을 하는 것으로 유명하지만, 그곳 외에 아직도 정장이 기본인 음악회는 아마 바이로이트 음악회밖에 없지 않나 하는 생각이다.

바이로이트에 기존에 있던 오페라 하우스는 바로크 음악을 위한 극장이라 큰 무대가 필요한 바그너의 오페라에는 적합하지 않아서 다시 지을 수밖에 없었다. 바그너가 독일 전국을 다니면서 모금했는데, 그 과정에서 철혈재상 비스마르크에게 읍소를 했지만 오페라에 대한 이해가 부족한 재상은 두 번이나 거절했다. 바그너는 독일에서 목표한 모금이 안 되어 오랫동안 고생했다. 그래서 런던을 비롯한 유럽 각국으로 공연하러 다녀야만 했다. 심지어 터키

의 압둘라지즈 술탄이 돈을 보내준 기록도 나온다. 나중에 바그너는 사이가 나빠져 의절하다시피 하고 떠났던 루드비히 2세에게 가서 자존심을 버리고 부탁할 수밖에 없었다. 왕은 마지못해 후원을 해주어 극장을 완성한다. 결국 이런 일정을 소화하느라 무리한 바그너는 건강을 해쳐 1883년 죽음에 이르게 된다.

음악가이자 혁명가를 자처한 바그너의 일생

바그너는 자신의 음악은 단순히 흥미와 재미와 그리고 여흥이 아니라 바로 인간의 중심을 차지해야 한다고 생각했다. 결코 부수가 아닌 주가 되어야 한다고 주장했다. 음악을 통해 사회를 바꿀 수 있다고 믿었다. 그래서 결코 음악가만이 아니라 사회 개혁가, 혁명가로 자처하고 부단히 정치적인 활동과 운동을 했다. 그리고 정치 칼럼도 열심히 썼다. 그러다 드레스덴에서 일어난 사회주의 봉기에 개입해 체포될 지경이 되어 스위스로 망명한다. 이후 12년간 독일로 돌아오지 못하고 취리히에서 살아간다. 그 과정에서도 부단하게 여인을 쫓고 음악을 위해 빚을 지고 도망 다니는 이중의 인격자였다. 동시에 자기 이익만을 생각하느라 완벽하게 부도덕하고 파렴치하고 몰지각했다. 더욱이 자신을 보살펴준 사람들을 직간접으로 배반하고 뒤통수를 쳤다. 멘델스존은 바그너를 보살펴주고 음악도 무대에 올려주었는데, 바그너는 멘델스존 사후에 그를 유태인이라고 깎아내리고 매장시키려 했다. 망명을 가기 전 완성해놓은 〈로엔그린〉의 바이마르 초연 지휘를 자신이 못 하게 되자 일을 대신 부탁할 정도로 리스트와는 절친이었다. 그런데 리스트의 반대에도 무릅쓰고 24세 연하의 리스트 딸과 결혼해 리스트를 상심하게 하고 오랜 기간 절연한다. 바그너는 여러 부분에서 결여된 인간이었다. 동시에 불행한 생을 살았다. 부단하게 경제적으로 쫓기고 망명 생활을 했다. 이제 막 시작된 사회주의 사상에 물들어 자신이 가까이해야 하고 경제적 후원을 받아야 하는 지배 계층을 적으로 만드는 우를 범하기도 해서 어려운 삶을 자초했다.

바그너가 비난받는 가장 큰 이유는 방금 지적한 인간적인 문제가 아니다. 바로 반유태주의 때문이다. 물론 반유태주의의 가장 악질적인 인물 히틀러가 바그너 음악을 좋아해서 선전에 사용한 일은 바그너와 직접적으로 상관이 없다. 그러나 반유태주의에 관해서는 비난을 받아 마땅하다. 우선 자신이 신세를 단단히 진 멘델스존이 죽고 나서 얼마 지나지 않은 1850년 〈음악 속의 유태주의〉라는 논문을 발표해 독일 음악 내에서 유태주의 음악이 오염시킨다고 포문을 열었다. 그 대표적인 유태인 음악가가 다름 아닌 바로 멘델스존이었다. 결국 히틀러의 명령으로 멘델스존 유품이 훼손되기도 했다.

바그너는 모든 인간사에 대해 의견을 가지고 있었다. 바그너는 그 의견을 반드시 말해야 한다고 생각해 끝도 없이 글을 썼다. 이 같은 논평을 모아 12권의 책을 출간했다. 이 책들에서 자신의 오페라에 대해서도 이야기했고 그것을 어떻게 연주해야 하는지도 자세하게 설명해놓았다. 《내 생애My Life》라는 자필 자서전도 썼다. 3부에 걸쳐 자신의 출생부터 48세 중년까지의 삶을 800쪽에 걸쳐 썼다. 한국어로는 아직 번역이 안 되어 있는데 전 생애를 너무 자세하고 솔직하게 적어놓아 이 사람이 좀 노출증이 있지 않나 할 정도다. 글을 써야 한다는 집착증이 있었던 게 아닌가 싶다. 읽는 독자 생각은 전혀 하지 않고 자서전을 일기 쓰듯이 적었다. 날짜 구분도 없고 단락 구분도 신경 쓰지 않았다. 어쩌면 한국어로 번역이 안 된 이유가 너무 장황하고 시시콜콜한 이야기를 끝도 없이 적어놓아서일 수 있다. 바그너를 심각하게 연구하는 학자라면 몰라도 이토록 자세하게 바그너의 심리와 일상을 알아야 할 한국 독자가 있을까. 하긴 바그너리안이라면 궁금해하겠지만 과연 한국에 진정한 바그너리안이 몇 명이나 될지. 800쪽 영어책을 한글로 번역하면 최소한 1200쪽은 될 터이니 말이다.

자서전은 '나는 1812년 5월 22일 라이프치히의 '붉은 사자와 흰 사자' 3층 방에서 태어났다. 그리고는 이틀 뒤 성 토마스 성당에서 빌헬름 리하르트라는 영세명으로 유아 영세를 받았다'라고 시작한다. 성 토마스 성당은 바흐가 거의 100년 전 음악 감독으로 28년간 봉직한 곳이다. 그 이후에는 나이 48세까지의 일생을 상세히 기술해놓았다. 작곡하랴 지휘하랴 여기저기에 사회논평을 쓰는 바쁜 와중에 어떻게 이토록 자세하게 자서전을 쓸 수 있었는지는 미스터리다. 조금 읽는 중에도 숨이 가쁠 만큼 바그너가 바쁘게 살았음이 눈에 보였다. 만일 충분한 시간이 언젠가 주어진다면 내가 한번 번역도 해볼까 하는 생각이 들었다. 바그너를 제대로 알려면 이보다 더 의미 있는 작업은 없을 듯하다. 그런데 한국에 수만 명 된다는 바그너리안은 뭘 하는지 모르겠다. 당신들의 신의 일생을 알려고 왜 안 하느냐고 한마디 하고 싶다. 누가 작업을 해놓으면 난 그저 읽으면 되니까.

망명을 떠나 있으면서도 바그너는 독일에서 민중 혁명이 일어날 거라고 굳게 믿었다. 그는 진정한 혁명가였고 사회 개혁가였다. 자신의 작품처럼 부단하게 독일 사회 개혁을 추구했고, 인류 구원을 꿈꿨다. 바그너는 어찌 보면 시대를 아주 앞선 선구자이기에 많은 것을 이루었고 동시에 자신은 고단한 삶을 살다 갔다. 그래서 우리 일반인의 잣대로 바그너를 평가하는 것은 부당하다. 모두가 알다시피 바그너는 일반인이 아니지 않는가? 그는 천재보다도 더 높은 존재, 바그너리안이 말하는 '우리와는 다른 그 어떤 존재'임이 분명하다.

바그너 작품은 오페라만이 전부가 아니다. 대중에게 거의 안 알려져 있어서 그렇지 기악곡도 좀 있다. 많은 시디가 나와 있지는 않으나 주옥같은 피아노 작품도 있다. 그중에서 〈피아노 소나타B 플랫 장조 WWV21〉이나 〈그랜드 소나타 A 장조 WWV26〉는 특히 추천할 만하다.

또 하나 바그너와 관련한 재미있는 사실은 바그너가 사실 악기 연주에는 재능이 없었다는 점이다. 바흐, 헨델, 모차르트, 리스트, 베토벤, 쇼팽 등 대부분의 작곡가는 피아노 대가였다. 차라리 유명 작곡가 중에서 악기에 재능이 없는 작곡가를 고르는 일이 더 쉬울 수 있다. 바그너의 피아노 연주 실력은 작품 수준에 비하면 훌륭하기는커녕 형편없었다. 연주에 무지하니 연주자들의 고충을 이해하지 않고 순전히 음악적인 견지에서만 작곡해서 특별히 훌륭한 작품을 만들었다는 분석이다. 장군이 전장에서 죽어가는 병사들의 고충을 너무 가슴에 두면 작전을 펼칠 수 없는 점과 비슷하다고 할 수 있다.

바그너 음악을 표현하는 단어로는 '유혹seduction'과 '저항 불가irresistibility'가 있다. 격정적이고 극단의 심리적인 안개를 만들어낸다고도 한다. 톨스토이는 바그너 작품을 만취했거나 아편을 했을 때의 효과 같다고 극찬했다. 바그너의 오페라는 어둡고 비탄으로 가득 차 있다. 다른 오페라들이 그냥 단순히 인간 삶에 대한 이야기들이라면, 바그너의 오페라는 더욱더 깊은 인간의 심연을 건드리는 오페라다. 일반 오페라들이 톨스토이 작품이라면 바그너의 오페라는 도스토옙스키다. 찰스 디킨스 작품이 비제나 베르디의 오페라라면 바그너의 오페라는 셰익스피어의 비극이다. 바그너의 오페라는 인간의 추악한 속성을 노래해 어둡고 비탄으로 가득 차 있다.

바그너는 바그너 음악 축제를 자신의 손으로 두 번이나 지휘하고 1882년 베니스로 요양 가서 1883년 2월 13일 심장마비로 향년 70세로 세상을 뜬다. 유해는 바이로이트로 돌아와 바그너 제전극장이 멀리 언덕 위로 보이는 시내에 있는 자신의 집 반프리트 정원에 안장되었다.

● 바그너 어록

나는 신을 믿는다. 동시에 모차르트와 베토벤이 그의 진정한 아들들임도 믿는다.
 I believe in God; and Mozart, and Beethoven as his only sons.

가장 오래되고 신뢰가 가고 가장 아름다운 음악 기관이며, 우리들의 음악이 존재의 빚을 지고 있는 원천이 바로 인간 목소리다.
The oldest, truest, most beautiful organ of music, the origin to which alone our music owes its being, is the human voice.

모차르트만의 어떤 특성은 누구도 뛰어넘지 못하고 넘을 수도 없다.
Certain things in Mozart will and can never be excelled.

모차르트의 엄청난 천재성은 모든 세월과 예술의 전 대가들을 넘어선다.
The most tremendous genius raised Mozart above all masters, in all centuries and in all the arts.

음악과 모든 다른 예술의 관계는 진정으로 교회와 종교의 관계와 같다.
Music truly has to all other arts the same relation as religion to the church.

음악의 단 하나의 형식은 멜로디다. 멜로디 없이 음악은 구성될 수 없다. 음악과 멜로디는 그래서 도저히 분리될 수 없다.
The only form of music is melody, without melody music is not feasible, and music and melody are quite inseparable.

음악은 감히 언어로 함축될 수 없는 마음의 모호한 언어다. 왜냐하면 음악은 무한해서다.
Music is the inarticulate speech of the heart, which cannot be compressed into words, because it is infinite.

슈만과는 소통이 되지 않는다. 그는 절망적이다. 그는 전혀 말을 하지 않는다.
It is impossible to communicate with Schumann. The man is hopeless; he doesn't talk at all.

나는 음악에 대해 전혀 아는 것이 없다.
I know nothing at all about music.

나는 유태인을 순수한 인간성과 그 안에 있는 모든 고상함의 태생의 적으로 여긴다.
I regard the Jewish race as the born enemy of pure humanity and everything that is noble in it.

종교가 인위적이 될 때 예술이 구원의 의무를 가진다.
When religion becomes artificial, art has a duty to rescue it.

정치적인 인간은 역겹다. 그러나 정치적인 아내는 끔찍하다.
A political man is disgusting, but a political wife, horrible.

상상이 현실을 창조한다.
 Imagination create reality.

베토벤에 근접할 만한 내가 아는 유일한 작곡가는 바로 브루크너다.
I know of only one composer who measures up to Beethoven, and that is Bruckner.

나는 신과 모차르트와 베토벤을 신봉한다.
I believe in God, Mozart, and Beethoven.

12. 짜증과 분노에 대한 변명, 도스토옙스키
_ 러시아

자신에게 거짓을 말하고, 스스로에게 한 거짓말을 들으며 사는 사람은 결국 자신 안에 있는 진실마저 더 이상 분별할 수 없게 된다.
The man who lies to himself and listens to his own lie comes to a point that he cannot distinguish the truth within him.
— 표도르 미하일로비치 도스토옙스키

표도르 미하일로비치 도스토옙스키Fyodor Mikhailovich Dostoevsky(1821~1881) 문학 기념 박물관은 러시아 제2의 도시 상트페테르부르크 시내 중심가인 쿠즈네츠니 골목길과 도스토옙스키 대로가 만나는 모퉁이 아파트에 있다. 대개의 러시아 예술가들 집은 나름대로 낭만을 갖춘 시골 마을의 집이다. 만일 대도시의 집이라면 최소한 정원은 가진 주택이다. 하지만 도스토옙스키가 25세 때 잠깐 머물며 문명文名을 떨친 최초의 역작 《가난한 사람들》을 썼고 57세부터 죽을 때까지 3년을 산 이 아파트 집은 너무나 초라하다. 도스토옙스키는 단 한 번도 여유로운 삶을 산 적이 없기에 주거지가 초라한 건 필연이다. 필생의 걸작 《카라마조프가의 형제들》도 죽기 한 해 전 여기서 완성했다. 대문호의 일생에서 가장 중요한 삶을 보낸 보금자리가 시내 한복판의 궁색한 아파트 2층이라니 그의 고단했던 삶이 아프게 느껴진다. 그러나 박물관에는 소련 시절 박물관들이 모두 그렇듯 감동을 받을 정도로 수집품이 꼼꼼하고 정성스

럽게 모아져 있다. 집에서 애잔해졌던
마음이 그나마 조금은 위안을 받는다.

　이곳에는 도스토옙스키와 관련된
2만 4000여 점의 수집품이 전시되어
있다. 전시품의 설명을 일일이 읽다
보면 두세 시간이 금세 지나간다. 가
장 눈길을 끄는 전시품은 신약 성경이
다. 낡아서 귀퉁이가 헤지고 종이는
들떠 우글쭈글하다. 당시 의식이 있는
젊은이들 사이에서 유행하던 황제를
거슬리는 사회주의 활동을 한 탓에 어
려운 시절을 보낼 때 도스토옙스키와
같이한 성경이다. 시베리아로 가는 길

도스토옙스키

에서 수형자들을 불쌍히 여긴 여인들이 넘겨 준 성경이다. 상트페테르부르크
네바강 섬 안에 있는 피터 앤 폴 형무소 수형 생활과 시베리아 강제 노동 그리
고 몽골 국경 지역에서의 사병 생활 10년, 그 후 죽을 때까지 항상 소지하고
다니면서 안식과 위안을 받았던 성경이다. 말하자면 작가의 영혼이 가장 깊
게 배어 있다고나 할까. 마지막 숨을 거두기 전 도스토옙스키는 가족에게 요
청해서 이 성경에서 요한복음 12장 24절을 읽어달라고 했다. '내가 진실로 진
실로 너희에게 이르노니 한 알의 밀알이 땅에 떨어져 죽지 아니하면 한 알 그
대로 있고 죽으면 많은 열매를 맺는다!'라는 구절은 이제 넵스키 수도원의 티
흐빈 예술가 무덤에 있는 도스토옙스키 비석에 새겨져 있다.

　아주 오랫동안 도스보옙스키의 고된 영혼을 어루만졌을 책이어서 자꾸 눈
길이 갔다. 안쪽 표지에 1823년이라고 출판 연도가 써 있으니 도스토옙스키
가 두 살 때 인쇄된 셈이다. 신약 성서라는 표제 밑에 인쇄된 2루블 25코페이
카라는 가격이 이색적이다. 성경에 가격이 적혀 있는 건 처음 본다. 도스토옙
스키의 어머니는 지적이고, 문화적인 소양이 풍부했나. 어머니는 친절하고
관대해서 엄격하고 폭군 같은 성향의 아버지와는 달리 도스토옙스키에게 좋
은 영향을 미쳤다. 도스토옙스키가 밤에 잠들기 전에 항상 책을 읽어주어 문
학적인 자질을 키우는 데 큰 도움을 주었다. 평생을 간직했던 독실한 신앙심

상트페테르부르크 경치

도 어머니로부터 기인되었다. 괴테, 토마스 하디, 찰스 디킨스 같은 대문호들
도 모두 어머니의 영향으로 작가로서의 재능이 시작되었다는 공통점이 있다.

표도르 미하일로비치 도스토옙스키라는 이름은 다름이 아니라 미하일로비
치 도스토옙스키의 아들 표도르라는 뜻이다. 러시아에서는 아버지의 이름을
따서 중간 이름으로 사용한다. 해서 도스토옙스키의 딸 류보피 이름은 바로 류
보바 표도르브나 도스토옙스키다. 류보바의 중간 이름이 표도르비치가 아니
고 표도르브나인 이유는 표도르비치의 여성형이 표도르브나이기 때문이다.
러시아 여인들 이름은 안나, 타냐, 등으로 거의 '아' 발음으로 거의 끝난다. 일
본 여인들 이름이 '오'나 '아'로 많이 끝나는 것과 연관하면 된다. 역시 모음母音
은 글자 그대로 어머니를 뜻하는 여성과 관련 있는 모양이다.

사형 선고로 시베리아 유배까지 기이했던 삶

도스토옙스키는 '현대 문학의 아버지'부터 '인류 문학사상 심리 소설의 최
고의 대가'까지 여러 평가를 받는다. 논쟁의 여지가 있긴 하지만 세상의 단 세

러시아

명의 대문호를 들라면 윌리엄 셰익스피어, 괴테 그리고 도스토옙스키를 드는 평론가도 있다. 톨스토이가 먼저 아니냐는 항의도 있겠지만 어찌 되었건 도스토옙스키는 그만큼 문학에서 중요하다. 도스토옙스키의 작품에는 모더니즘, 실존주의, 심리주의, 신학, 심지어 병리학까지 보인다고 한다. 수많은 세계의 작가들이 직간접으로 영향을 받았다. 영향받은 작가를 들먹이기보다는 차라리 영향을 안 받은 작가를 들먹이는 것이 훨씬 쉬울 듯하다. 게다가 도스토옙스키는 어느 작가보다 평전이 많은 작가로 유명하다. 작품 평론집보다는 작가 평전이 더 많을 거라는 말도 있다. 작품이 깊이 있어 그만큼 분석거리가 다양하며, 분석이 또 단순하지 않고 논쟁 여지가 많아서다.

도스토옙스키는 작품으로뿐만 아니라 개인으로도 흥미로운 존재다. 도스토옙스키의 일생은 자신의 소설보다 더 기이하다. 물론 잘 알려진 사실이지만 다시 한번 나열해보자. 농노를 학대하다가 농노에게 살해당한 아버지의 학대를 받고 컸다. 그래서 인생을 결코 아름답게 볼 수 없어서 인생을 깊게 침잠하는 철학의 작가가 되었다는 분석이 있다. 그런데 최근 연구 조사에 따르면 농노에게 아버지가 살해당했다는 것은 확인되지 않은 소문이라고 한다. 젊은 혈기로 시작한 당시 유행한 반체제의 사회주의 활동으로 사형 선고를 받고 집행되기 바로 직전에 감형받았다. 황제가 처음부터 의도해서 사형으로 겁을 주고 마지막 순간 풀어주었다는 것이 정설이다. 장래가 유망한 젊은이를 전향시키려는 쇼였다는 소리다. 감형받은 도스토옙스키는 10년간 시베리아 유형 생활을 했는데 이는 일생에 큰 족적을 남겼다. 시베리아 유형 생활은 그나마 조금 있던 도스토옙스키 문학에서의 낭만주의와 몽환주의 자취를 완전히 사라져버리게 했다. 생과 사를 오고 가는 극한의 생활에서 낭만과 꿈과 애정 같은 비현실적인 몽상이 유치하게 느껴졌을 수 있다. 이후 도스토옙스키는 지식인들 특히 좌파 지식인들의 비현실적이고 낭만적인 사상에서 시작된 행태들을 비판한다. 자신들만이 세상을 구할 수 있다고 잘난 척하는 그들의 태도를 비웃는다. 세상 물정 모르는 책상물림 지식인들이 당시 세상을 풍미하던 설익은 사회주의에 경도되어 치졸한 반항을 한다고 보았다. 그러고선 인간의 본성에 기인한 일반 인류의 근원적인 선善을 높이 사는 작품을 본격적으로 썼다.

도스토옙스키의 삶은 지난했다. 정신병보다 더한 노름 탓이었다. 일생의

모스크바 러시아 국립도서관 앞
도스토옙스키 동상

거의 모든 고통이 치명적인 도박 습성으로부터 시작되었다. 도박은 도스토옙스키 인생의 질곡이었고 저주였다. 도저히 어쩔 수 없는 충동으로 인한 중독과 정신병 수준의 도박으로 가난이 끝없이 지속되었다. 그리고 시도 때도 없이 일어나는 간질 발작에 조현병과 수면병까지 도스토옙스키를 일생 동안 따라다니면서 괴롭혔다. 이런 시련은 한 인간이 감당할 수 있는 수준을 넘어섰다. 그래서 도스토옙스키의 일생은 한 편의 소설이다. 이 말 이상으로 그의 일생을 더 잘 묘사할 말은 없다. 다행히 46세에 결혼한 자신의 속기사이던 두 번째 부인 안나 덕분에 안정을 찾는다. 47세에 둘째 딸을 낳고 나서부터는 도박을 완전히 끊어 그나마 사람처럼 살게 된다. 안나는 원래 선고료先稿料를 받은 뒤 마감일에 원고를 못 내면 차후 모든 판권을 출판사에 넘긴다는 조항을 걱정한 친구들이 붙여준 속기사였다. 처음에는 못내 못 미더워하다가 결국 안나 덕분에 시간에 맞추어 소설을 마감해 살아난다.

　도스토옙스키의 작품에서는 다른 작가 소설에서 볼 수 없을 인간의 부정적인 면만 들추는 눈살이 절로 찌푸려지는 소재가 줄기차게 등장한다. 자살, 폭력, 강간, 살인, 가난, 음모, 술수로부터 살부殺父와 자식을 거리로 내보내 창녀를 만드는 천륜을 어기고 인간임을 포기하는 아버지 같은 정말 인간 말종까지 만들어낸다. 도스토옙스키의 작품은 불쾌하고, 폭력적이고, 상호모순적이다. 인간의 본성과 깊은 내면의 원초적인 욕망의 심리 상태를 도스토옙스키 이상으로 표현할 방법이 없어서 절망을 느꼈다는 유명 현직 작가들의 소감은 뭔가? 도스토옙스키 개인에게는 칭찬이 아니라 상처를 들쑤시는 저주같이 들릴 듯하다. 어찌 되었건 수많은 세계의 작가들과 철학자들이 도스토옙스키로부터 배우고 깊은 영향을 받았다고 고백한다. 도스토옙스키가 들었으면 좋아할지 쓴웃음을 지을지 궁금하다. 한국의 작가들 중에도 누구로부터 자신이 영향을 가장 많이 받았느냐고 물으면 언제나 도스토옙스키가 단연 가장 많다. 도스토옙스키가 아니고 다른 작가면 체면이 상하는 듯한 분위기다.

다른 작품에 비해 많이 안 알려져 있는 《지하로부터의 수기》는 현대 소설의 기원이라는 평을 받는다. 이 작품은 원래 러시아 원제를 직역하면 《마룻바닥 밑으로부터의 수기》라고 해야 맞다. 도스토옙스키의 작품 세계는 깊고 다양하고 넓다. 그래서 도저히 파고들어도 끝이 안 보인다는 불만 섞인 칭찬을 도스토옙스키는 어떻게 받아들일지 모르겠다. 그러나 도스토옙스키의 작품은 다행히 제임스 조이스James Joyce나 괴테같이 일반 수준의 독자가 진절머리를 내는 수준의 요령부득 해득불가는 아니다. 하긴 이 시대 유럽 작가 소설들은 아주 상업적인 방식으로 독자에게 전해졌기 때문에 결코 일반 독자 수준을 넘어서면 안 되었다. 거의 모든 소설이 잡지 같은 정기 간행물을 통해 소개되었다. 해서 너무 어렵고 난해하면 우선 출판사로부터 게재 거절을 당했다. 나아가서는 독자로부터 외면당해 더 이상 발표할 기회를 갖지 못했다. 동시대 바다 건너 영국의 찰스 디킨스도 거의 모든 작품을 정기간행 대중 잡지에 연재해서 인기를 끌었다. 그래서 디킨스 소설도 결코 난해하지 않다.

당시 작가들은 예술성 추구보다는 단순한 생계 수단으로 작품을 썼다. 원고료는 작품의 길이로 계산되었기에 모든 소설의 길이가 엄청나게 길었고, 소설은 길어야 한다는 통념이 있었다. 경제적으로 풍족했던 귀족 톨스토이마저 《전쟁과 평화》를 정말 길게 썼지만 도스토옙스키도 결코 만만치 않다. 한글 번역판 《죄와 벌》은 약 1200쪽이다. 비교적 짧다는 《미성년》도 무려 700쪽이 넘는 대작이다. 도스토옙스키는 자신의 작품에 대해 확신이 없어서였는지 비평에 아주 민감했다. 작품을 쓰고는 항상 불안해하고 자신감이 없었다. 사람들은 그 이유를 초기에 겪은 사건에서 찾는다. 소위 말하는 '15일의 유명세' 사건이다. 도스토옙스키를 일거에 '새로운 고골'로 만든 《가난한 사람》이 1846년 1월 15일 발표되었다. 온 러시아가 도스토옙스키를 열광적으로 칭찬했다. 작가로서의 앞날이 환하게 열린 듯 도스토옙스키는 갑자기 각광을 받았다. 그러고 나서 15일 뒤인 1월 30일 《분신》이 발표되었다. 《분신》은 나오자마자 엄청난 혹평을 빚었다. 15일 만에 완전히 천국에서 지옥으로 떨어졌다. 이에 도스토옙스키는 상당 기간 충격에서 헤어나지 못하고 허덕였다. 제대로 된 작품으로 인정받는 《죽음의 집의 기록》(1862)으로 재기하기까지 무려 16년이 걸렸다. 그 이후 아무리 작품이 성공해도 도스토옙스키는 자신의 작품과 능력에 대해 항상 회의하고 고뇌했다. 나중의 말이지만 25세 문학 초년

병을 하루아침에 러시아의 새로운 희망이자 별로 떠오르게 한 《가난한 사람》
도 사실은 그 뒤에 도스토옙스키가 다른 걸작을 쓰지 않았다면 완전히 잊혔
을 싱겁기 짝이 없는 작품이다.

도스토옙스키의 작품에 대한 극심한 악평

인류 최고의 대문호라고 칭송받는 도스토옙스키지만 작품에 대한 극심한
악평이 수없이 많다. 예를 들면 너무 과하게 심리학적이고 철학적이라는 평
은 그나마 온건한 편이다. 이야기가 난해하고 줄거리가 복잡하게 얽혀 작가
자신도 다 주워 담을 수 없었다는 평도 있다. 문장은 물론 장황하고 지루하고
정제되지 않아 과연 도스토옙스키 작품을 걸작이라고 하는 이유가 뭔지 모르
겠다는 혹평까지 있다. 작품이 균형도 잡히지 않고 설명이 무제한으로 이어
져 짜증나서 읽는 것을 그만두었다는 독후감이 바로 그런 평을 반영하는 것
이다. 그중에도 연전에 한국 사회와 전 국민의 린치에 의해 자살로 생을 마감
한 마광수 교수의 말을 들어보면 고개가 끄덕여진다. 자신의 시대를 너무 일
찍 왔거나, 나라를 잘못 찾아 한국에서 태어나 불운하게 생을 마친, 이제는 불
운의 천재라고 불러도 될 마 교수는 도스토옙스키 작품을 재미있게 읽어본
적이 없고 차근차근 정독해본 적도 없다고 고백했다. 이유는 잔소리와 기독
교적 설교로 가득 차 있어서라고 했다. 그래도 읽으려고 노력한 것은 너무나
칭찬받는 작가고 자신이 문학을 업으로 하는 사람이라 읽으려는 노력이라도
안 할 수가 없었다고 했다. 그렇지만 처음부터 끝까지 정독을 하진 않았다고
했다. 다른 사람들 특히 작가들이 칭찬을 하도 해대니 읽기는 읽어야 하는데
진도가 안 나가 머리를 쥐어뜯으며 읽었다고 했다.

그는 또 도스토옙스키는 작가 정신이 없다고 했다. 마 교수는 작가 정신이
란 '기성도덕에 대한 창조적 반항'이고 '기성의 지배 이데올로기에 대한 반골
적反骨的 도전'이라고 주장했다. 도스토옙스키의 소설들은 대부분 국가의 통
치 수단으로 전락해 사회 제도 안으로 들어간 기독교에 대한 '온순한 복종'을
강요하고, 러시아 황제의 정치 체제를 '은근한 찬양'했다고 비판했다. 그리고
도스토옙스키의 작품은 이런 체제에 반항하여 변혁을 이루려는 급진 사회주

의 세력에 대한 '과격한 조소'로 점철되어 있다고 했다. 마 교수는 그래서 도스토옙스키는 금기 사항을 건드리는 작가 정신이 현격하게 결여되어 있다고 주장했다. 마 교수야 원래 세상과 불화하는 말과 시류에 거슬리는 말을 골라서 했던 사람이지만 비난이 상당히 설득력이 있다. 하지만 마 교수의 주장은 아직도 소수 의견일 뿐, 기독교 철학을 작품에 녹여 넣어 인류 구원의 방향을 보여주었다는 점에서 도스토옙스키와 톨스토이의 작품이 걸작이라는 주장이 역시 대세다. 도스토옙스키의 반체제에서 체제로의 '변절'을 보면 '20대 때 사회주의에 흥분하지 않으면 가슴이 없고 30대까지 사회주의를 가지고 있으면 머리가 없다'는 말이 생각난다. 도스토옙스키도 같은 논리였던 듯하다.

'세상이 다 인정하는 대문호 도스토옙스키 작품에 감히 네가 입을 대?'라는 반문을 잠깐 참으시고 마 교수의 의견에 잠시 귀 기울인 김에 도스토옙스키를 악평을 조금 더 들어보시면 어떨까? 도스토옙스키 작품을 그러려니 하고 읽으면 몰라도 선입견을 가지고 보면 짜증날 정도로 한결같이 음울하고 부정적이고 염세적이다. 예를 들면 대표작인 《죄와 벌》의 3장 도입부가 그렇다. 주인공 라스콜니코프의 방을 묘사하는 모든 서술 하나하나가 전부 부정적이다. '느지막이', '꿈자리가 뒤숭숭', '몸이 영 개운치 않았다'라는 표현으로부터 '짜증스럽고', '성마르고', '골이 난 상태로', '잠에서 깨서는 증오의 눈초리로 자신의 골방을 쳐다본다', '벽지는 싯누렇고', '먼지투성이', '군데군데 벗겨져', '애처로운 몰골', '낮고', '찝찝하고', '전전긍긍', '상태가 썩 좋지 않은', '자욱이 쌓인 먼지', '꼴사납고', '누더기', '깔지 않고', '벗지도 않고', '낡아빠진', '해진 것', '궁색하고', '추레하게' 등 소설 도입부 단 한 쪽이 이런 표현으로 꽉 차 있다. 시작부터 어떻게 이토록 철저하게 부정적인 단어들만 골라 써서 읽는 사람으로 하여금 우울하게 만들 수 있는지. 물론 아무런 생각 없이 작가가 썼을 리는 없다. 당연히 작가는 독자의 반응을 노리고 그렇게 집필함으로써 주인공의 다음 행위를 정당화시키고자 하는 의도가 있다. 의도는 충분히 알겠지만 그래도 처음부터 짜증이 확 나는 건 할 수 없다. 이 시대 작가들은 절대 단어 하나 생각 없이 툭 던져놓지 않았다. 모든 단어를 토씨 하나까지 다 계산해서 다음 글을 위한 미끼로 던졌다.

그러고는 작가는 주인공의 살인을 정당화시킬 문구로 다음을 채운다. 잘못 맥을 놓고 읽다 보면 작가 의도대로 독자는 세뇌당해 라스콜니코프가 말

도스토옙스키 장갑 등 소지품

하는 '악인 살인' 정당성에 박수를 칠 판이다. '모든 일들이 먹고사는 문제로 귀결된다', '운명을 있는 그대로 순순히, 단번에 영원히 받아들여야 한다. 행동하고 살고 사랑할 수 있는 온갖 권리를 거부함으로써 자기 내부의 모든 것을 목 졸라 죽여야 한다', '이상한 생각이 달걀 속의 병아리처럼 그의 머릿속을 쪼아대며 밖으로 나와 그를 온통, 온통 사로잡았다', '노파를 죽이고 그 돈을 뺏어라. 그리고 그 돈의 도움으로 나중에 전 인류와 공공사업을 위해 헌신하라. 하나의 하찮은 범죄가 수천 개의 선한 일로 상쇄될 수는 없을까?', '가난이 죄가 아니라지만 극빈은 죄다. 극빈의 상태에서는 그 스스로 자신을 모욕할 태세를 갖추니까요', '자기가 계획한 일은 범죄가 아니다'라고 라스콜니코프는 자기합리화를 하면서 살인을 준비한다.

앞에서 든 모든 작품 속의 인용에 빠지다 보면 독자도 라스콜니코프의 살인이 정당하고 자신은 악마가 아니라는 변명에 저절로 끌리게 된다. 이런 주장은 현대에서는 어디선가 많이 들어봤을 수 있지만 이 작품이 집필된 시기(1866)는 빅토르 위고의 《레 미제라블》이 나온 시기(1862)와 비슷하다. 작품 《레 미제라블》에서 주인공 장발장은 배고픈 조카들에게 주기 위해 진열장 유리를 깨고 빵 하나 훔친 죄로 5년형을 받는다. 그 뒤 탈옥을 시도하는 등 늘어난 19년의 모든 형기를 마치고 나왔음에도 죽을 때까지 전과자라는 질곡을 못 벗어났다. 그만큼 범죄에 엄격했던 기독교 사상이 세상을 혹독하게 지배하던 시절이었다. 그런데 작가는 뻔뻔스러운 궤변으로 자신의 범죄를 정당화하는 주인공 라스콜니코프를 만들어냈다. 그래서 《죄와 벌》에서 다른 모든 것은 욕해도 범죄에 대해 서슬이 시퍼렇던 당시에 이런 인간형을 만들어낸 도스토옙스키의 천재성에는 두 손을 들어야 한다. 물론 주인공이 살인을 해서라도 자신이 처한 처지를 벗어나기 위해 하는 온갖 변명은 현대 독자 시각으로 보면 한심하고 지루할 정도로 전형적이다. 그러나 잊지 말아야 할 점은 이 소설이 집필된 지 150년도 넘은 작품이란 점이다.

소설을 읽다 보면 놀랍게도 어느새 독자는 주인공 편이 된다. 도스토옙스키는 그렇게 될 줄 이미 알고 독자를 설득하는 교묘한 덫을 슬며시 던져놓았다. 주인공은 천성적으로 정말 악인이 아니고 상황 때문에 어쩔 수 없이 악인이 될 수밖에 없다는 숨은 힌트를 여기저기에 흩어놓았다. 술 취해 길거리를 헤매는 10대 소녀를 치한으로부터 구한 뒤 집에 데려다주기 위해 주머니의 돈도 내주면서 발휘하는 인간애가 그 덫이다. 좀 치졸하지만 그래도 벌써 스토리에 취한 독자는 알면서도 속아 넘어가준다. '아! 라스콜니코프는 천성은 진짜 선한 인간이구나'라고 확신한다. 독자가 일단 마음먹으면 주인공이 뭘 하든 편을 들게 마련이다. 영화에서 분명 악인이 도둑질을 하는데도 관객은 그 일을 성공하기 바라면서 조마조마한 심정으로 보게 되는 것이다.

게다가 도스토옙스키는 거기에 그치지 않고 또 덫을 놓는다. 미약한 노파를 칼로도 충분한데 굳이 도끼로 살해하는 흉악한 계획 살인을 하러 가는 길에 라스콜니코프가 평범한 인간이라는 묘사를 한다. 라스콜니코프 전당포로 가다가 길거리를 보면서 '여기에 분수를 설치하면 광장 전체의 공기가 얼마나 신선해질까' 하는 생각도 하게 만든다. 이쯤에 이르면 살인자는 아주 평범한 인간이지 정말 악마가 아니라는 작가의 주장을 독자는 자신도 모르게 믿게 된다. 그러고는 라스콜니코프는 자신도 어쩔 수 없는 상황에 내몰려 살인을 할 수밖에 없게 된다며 살인범을 어느 순간부터 동정한다. '사형장에 끌려가는 사람도 도중에 마주치는 온갖 대상을 두고 생각에 골몰하겠지'라고 여기면서 말이다.

주인공 힘없는 노파를 끔찍하게 살해하는 살인자가 되는 라스콜니코프를 '잘생기고 평균 키에 잘 다듬어진 몸과 사랑스러운 검은 눈과 갈색 머리칼을 가진 청년'이라고 작품은 미화까지 한다. 작가는 원래 그는 악한이 아니고 멋지고 평범한 청년이었다면서 가난 때문에 어쩌다 잘못된 생각을 하면 엄청난 죄를 저지를 수도 있다고 말한다. 동시에 독자가 주인공을 동정하게 만드는 이중 효과를 노린다. 살해 동기까지 교묘하게 정당화한다. '살해 동기란 하나가 아니고 분위기 같은 사항과 정신적인 상황의 아주 조그만 요인이 여러 개 겹쳐져서 만들어진다'라고 라스콜니코프가 자기변명을 늘어놓게 만든다. '결국 악과 선은 편견과 선입견이 만든 것이고 그 차이는 종교의 이론이고 종교의 유물일 뿐이다. 엄격한 도덕에 의거해 말하면 범죄 같은 건 없다'라고 라스콜니코프의 입을 통해 작가는 독자를 설득하고 세뇌한다. 엄청난 궤변인데도 그럴듯해 보인다. 전당포 노파를 살해하는 이유는 '그녀는 약한 자를 이용하여 돈을 벌고 그들을 착취하는 존재이므로 세상에서 사라지게 하는 것이 선이고 죄가 아니다'로 발전한다. 합리와 효율만 강조하는 현대에서 이 라스콜니코프의 주장을 정면으로 누가 반박할 수 있을지 모르겠다.

톨스토이의 비난, 그리고 사과

동시대의 작가 톨스토이는 도스토옙스키 작품을 두고 '신경과민성 정신 이상자가 쓴 것 같다'라고 혹평한 적이 있다. 또 톨스토이는 도스토옙스키가 '자신이 병들어 있기에 모든 사람들이 병들어 있다고 믿었던 사람이라 작품도 그런 식으로만 쓴다'며 너무 과격한 도스토옙스키의 작품을 좋아하지 않았다. 물론 나중에 도스토옙스키가 자신의 시베리아 수형 생활 경험을 소설로 옮긴 《죽음의 집의 기록》을 읽고는 최고의 작품이라고 칭찬해 마지않았다. 그러면서 둘의 공통된 지인에게 '나는 도스토옙스키 당신을 사랑한다'는 말을 도스토옙스키에게 직접 전해달라고 부탁했다. 도스토옙스키는 항상 톨스토이에게 열등감에서 오는 질투를 느꼈다. 백작인 톨스토이는 자신과 출신 신분부터 다르고 또 가진 부와 작품 성공의 수준도 다르다는 자격지심의 이유에서다. 그러면서 한편으로는 톨스토이의 작품을 '지주 문학landlord literature'이라고 매도하면서 '귀족의 전원적인 평화로운 문학이 세상에 무슨 가치가 있냐'고 불평했다. 그러나 톨스토이의 《안나 카레니나》를 처음 읽고는 무척 감

러시아

동한 나머지 '너무나 완벽한 작품'이라고 고함지르며 거리를 뛰어다녔다는 일화가 있다. 톨스토이가 도스토옙스키보다 15세가 더 어렸다. 둘은 서로의 존재를 알고 있었지만 한 번도 만난 적이 없다. 그만큼 도스토옙스키는 어찌 보면 통속 작가로서 밑바닥에 존재했고 생활고에 허덕였다. 반면에 톨스토이는 거의 성인 같은 위치에서 세상의 존경을 한 몸에 받고 있었으니 우연히 부딪치기도 힘들었을 만하다. 그러나 어쩔 수 없이 러시아 최고의 대문호 톨스토이와 도스토옙스키 두 사람은 비교될 수밖에 없다. 둘의 여인상이 거의 같은 인물형인 것도 흥미롭다. 세상의 가장 밑바닥에서 날아오르는 천사 같은, 톨스토이 《부활》의 하녀 카츄샤 마슬로바와 도스토옙스키 《죄와 벌》의 매춘부 소냐 마르멜라도바 말이다. 결국 세상을 구하는 인물은 여성이고 악한은 남자다. 사랑만이 세상을 구한다는 이론이 여기서도 적용된다.

톨스토이와 달리 도스토옙스키의 작품은 공산 정권 시절 핍박을 받았다. 도스토옙스키가 황제에게 충성하고 사회주의를 공격해서다. 젊을 시절 한때 황제에게 반항하는 이념 서클에 가입한 이유로 사형당할 뻔했고 그 때문에 시베리아 유형 생활까지 했다. 도스토옙스키는 《죄와 벌》에서는 노동자에게 동정적인 시각을 보였으나 나중에 결국 변절해서 보수주주의자이자 반동주의자가 되었다며 소련 시절에 매도당했다. 도스토옙스키가 50세에 저술한 《악령》에서 사회주의 혁명가들의 사상과 행동이 인민 구원의 동기보다는 부와 권력에 대한 질투와 시기로 시작된 것이라 혐오하고 빈정댔기 때문이기도 하다. 그래서 '10월 혁명 지도자'인 블라디미르 레닌Vladimir Lenin은 《악령》에서 묘사되는 혁명가의 모습을 아주 싫어해서 도스토옙스키 작품을 도서관에 비치하지 못하게 하고 출판마저 금지했다. 도스토옙스키 유족은 판권에 대한 혜택도 못 받고 연금도 없었다. 도스토옙스키는 러시아 국가주의가 강조될 때도 톨스토이, 체호프, 푸시킨, 고골 등에 비해 전혀 각광을 못 받았다. 다만 이오시프 스탈린Joseph Stalin은 《카라마조프가의 형제들》을 너무나 좋아해 항상 지참하고 밑줄까지 쳐가면서 읽었다. 그럼에도 당시 끝까지 인정을 못 받았다. 도스토옙스키의 작품은 세월에 따라 평가가 달라지다가 1970년대 들어와서 완전히 회복된다. 작품집이 다시 출판된다는 뉴스에 소련 국민이 책을 예약하려고 서점 앞에 며칠을 밤새워 줄을 섰다는 일화가 유명하다. 크렘린 궁 앞에 자리한 모스크바의 러시아 국립도서관은 도스토옙스키의 이름을 붙였는데 그 앞에는 도스토옙스키가 고뇌하며 앉아 있는 모습의 석상이 있다.

이반 투르게네프와의 악연

　도스토옙스키와 동시대 작가로서 언급하지 않을 수 없는 작가가 바로 이반 투르게네프Ivan Turgenev다. 투르게네프는 대단한 귀족 집안 출신은 아니나 엄청난 영지를 가진 어머니 덕분에 항상 윤택한 생활을 하고 서유럽주의자라고 불릴 정도로 서유럽 문화에 심취해 있었다. 러시아 슬라브 문화를 귀중하게 생각하던 도스토옙스키는 그런 투르게네프를 비웃었다. 그러면서도 돈이 궁하면 투르게네프에게 비굴하게 굴면서 돈을 빌리고 뒤돌아서서는 그를 욕했다. 심지어 자신의 작품 중 등장인물 한 명을 반드시 투르게네프와 비슷한 유형을 등장시켜서 놀렸다. 이를 잘 아는 투르게네프의 주위 인물들이 왜 도스토옙스키에게 돈을 빌려주냐고 하자, 투르게네프는 돈을 빌려주어야 도스토옙스키가 자기한테 와서 비굴하게 구는 걸 볼 수 있을 것 아니냐고 했다. 그걸 보는 재미는 그 돈값으로 충분하다고 했다.

　도스토옙스키를 말하면서 이 작가를 언급하지 않을 수 없다. 바로 영국 작가 찰스 디킨스Charles Dickens다. 도스토옙스키는 디킨스와 스코틀랜드 작가 월터 스콧Walter Scott을 굉장히 좋아했다. 도스토옙스키가 유형 생활을 할 때 신약 성경과 함께 항상 가지고 다니던 책이 디킨스의 《픽윅 페이퍼》와 《데이비드 코퍼필드》였다. 도스토옙스키가 디킨스를 '위대한 기독교인The Great Christian'이라고 부르면서 존경하고 가장 좋아하는 작가라고 항상 말했다는 기록은 여기저기에 나온다.

　도스토옙스키의 딸 류보바는 회상록에 '아버지는 자신은 작품에 바빠 어머니에게 디킨스의 작품을 크게 읽으라고 시키고는 들으면서 내게 어떠냐고 묻곤 했다'고 기록했다. 그리고 '아버지는 어머니의 중간 이름 그리고리예브나는 잊어버리고 내 얼굴도 기억을 못 하면서도 디킨스와 스콧 소설에 나오는 모든 등장인물의 이름은 기억했다'고 꼬집었다. 부인 안나는 자신들이 드레스덴에서 한창 가난할 때 디킨스 소설에 나오는 가난한 주인공들 이름으로 서로를 부르며 어려운 중에서도 웃으며 살았다고 했다. 도스토옙스키는 직접

'나는 우리 러시아인은 거의 영국인만큼 디킨스를 이해한다고 믿는다. 그것이 아무리 미묘한 것일지라도 말이다. 우리도 영국 사람이 그를 사랑하는 것에 못하지 않게 사랑한다. 디킨스가 아주 특별나고, 특이하고, 영국적이더라도 말이다'라고 했다. 원래 러시아인은 영국을 이상하게 좋아한다. 애처로울 정도의 무조건의 짝사랑이어서 문제이긴 하지만. 러시아 대중은 어느 나라 작품보다도 더 영국 작가들을 좋아한다.

　도스토옙스키는 디킨스가 영국인의 목소리라면 자신은 러시아인의 목소리가 되고 싶다고 했다. 디킨스의 도덕성을 넘어서 시적 영감까지 느꼈다고 했다. 사실 도스토옙스키와 디킨스는 비슷한 점이 너무나 많다. 우선 어머니가 교육시켜 작가의 자질을 키워준 점, 어릴 때부터 돈 문제로 어려움을 많이 겪어 돈에 상당히 민감한 점, 돈을 위해 글을 쓰기 시작한 점, 작품을 추고할 시간도 없이 그냥 끝도 없이 써 내려가야 했던 점, 둘 다 정기 간행물 잡지나 저널에 연재를 했기에 항상 마감에 쫓긴 점, 저술할 때는 옆에서 사람이 죽어 나가도 모를 정도로 아주 완벽하게 몰두한 점 등이 그렇다. 그래서인지 두 문호의 작품에는 편집광적인 분위기가 감돈다. 두 사람은 항상 마감에 쫓겨서 글을 쓰느라 능력을 제대로 발휘 못 한다고 불평했지만, 이 때문에 작품에

도스토옙스키가 시베리아 유형 생활 때도 죽을 때도 가지고 있던 신약서

서 정제되지 않은 날 것의 냄새가 난다. 그것이 최고의 매력이다. 게다가 깊은 사색과 철학을 드러내는 작품에서도 평이한 문체로 글을 썼다. 사람의 골을 패는 그런 유가 아니고 철저하게 통속적이고 상업적인 글을 쓴 점도 같다. 두 문호의 공통점을 너무 많아 놀랍기만 하다. 하긴 동시대였으니 아무리 멀리 떨어져 있어도 시대 사조나 정신은 같은 부류였을 수 있다. 그러나 작품에 등장하는 주인공은 디킨스는 악한이라도 정상인이고 도스토옙스키는 비정상적인 인물이었다는 점이 다르다.

《뉴욕타임스》의 거짓 폭로

사람들은 도스토옙스키의 디킨스 사랑을 위해 소설 같은 사건을 만들어냈다. 2011년 10월 25일 《뉴욕타임스》가 폭탄 같은 뉴스를 실었다. 서평란에 클레어 토말린이라는 전기 작가가 쓴 새로운 찰스 디킨스 평전을 소개하면서 그 책에 있는 도스토옙스키와 디킨스의 런던에서의 만남을 소개했다. 실제 도스토옙스키는 1862년 런던에 1주일 정도 머물렀다. 그러나 지금까지 도스토옙스키와 디킨스가 만났다는 사실은 한 번도 거론된 적이 없었다. 그런데 전기 작가는 책에서 도스토옙스키가 상봉 16년 후인 1878년 친구에게 쓴 편지 존재를 밝히고 그 안에 적힌 둘의 대화 내용까지 상세하게 실었다. 디킨스는 '내 안에는 두 개의 인간이 존재를 한다. 하나는 내가 닮고 싶은 인간형이고 하나는 그 반대다. 그런데 나는 반대편의 인간형을 소설의 주인공으로 삼았다. 그러나 나 자신은 내가 닮고 싶은 사람처럼 살려고 노력한다'라고 고백한 말을 도스토옙스키가 편지에 썼다고 작가는 전기에 기술했다. 그 말에 도스토옙스키가 '겨우 두 명뿐?Only two?'이라고 했다는 일화를 자서전에 인용한 기사가 《뉴욕타임스》에 나와서 세상을 뒤집은 적이 있다.

문학에 조금이라도 관심 있는 사람들에 마치 누군가가 셰익스피어를 직접 만나 대화한 기록이 발견된 것만큼이나 엄청난 일이었다. 디킨스를 좋아했던 도스토옙스키가 런던을 들린 김에 그를 만나볼 수도 있었으니 전혀 개연성이 없는 사건은 아니었다. 하지만 영국이나 러시아 어디에도 그런 기록이 전혀 없었다. 평전에서는 도스토옙스키가 디킨스의 잡지사로 찾아간 걸로 나온다.

세계의 도스토옙스키 연구가들 사이에서는 난리가 났다. 자신들이 전혀 모르는 편지가 존재한다는 사실도 못 믿겠고, 설사 있다고 해도 말하기 좋아하고 글거리가 없어서 헤매던 도스토옙스키가 그 만남을 글로 남기지 않은 것이 말이 안 된다고 했다. 도스토옙스키가 그 대단한 뉴스를 주

도스토옙스키 집필 책상

위에 입도 벙끗 안 하고 16년이나 지난 뒤에 겨우 편지에 언급하다니 절대 불가능하다는 말이었다. 물론 자신들이 명색이 도스토예프스키 전문가들인데 엄청난 사실을 고작 전기 작가가 찾아내도록 내버려두었다는 사실에 자존심도 상하고 궁금하기도 해서인지 엄청난 소동을 일으켰다.

연구가들은 《뉴욕타임스》에 항의 편지를 보내고 다른 신문에 비난의 글도 썼다. 결국 문제의 평전 작가는 엄청난 소동에 놀란 나머지 자신도 편지를 직접 본 적이 없고 연전에 여기저기서 자료 조사하다가 들은 이야기라고 했다. 또 확인되지 않은 자료들 중에 그런 사실이 있기에 책을 재미있게 만들려는 욕심에 좀 더 확인하지 않고 가벼운 마음으로 인용했다고 사과하면서 후퇴했다. 《뉴욕타임스》도 정정 보도를 내고 사과했다. 그러나 그 이후에도 인터넷에는 둘의 상봉이 실제 있었던 일처럼 포장되어 돌아다닌다. 흡사 페니실린을 만든 알렉산더 플레밍과 윈스턴 처칠 영국 총리가 운명적인 얽히고설킨 은혜를 입고 갚았다는 이야기가 사실이 아님이 확실하게 증명이 되었음에도 인터넷에 아직도 사실처럼 돌아다니듯이. 사람들은 자신이 믿고 싶은 일은 누가 옆에서 뭐라고 해도 어떻게든 끝까지 믿는다. 그리고 엉터리 뉴스는 더 빨리 전달되고 생명도 끈질기다.

2005년 러시아 상트페테르부르크에 사는 연금 생활자 한 명이 러시아 복권 회사를 상대로 소송을 냈다. 로또에 자신의 증조할아버지인 도스토옙스키 초상화가 나오는 데 격분해 명예훼손과 손해배상 소송을 걸었다. 드미트리 안드리비치 도스토옙스키는 사람들이 도스토옙스키를 대문호로 보기보다 도박사로 볼 거라는 이유를 댔다. 또 자신의 허락 없이 조상의 초상화를 쓴 것에

대해서도 소송을 걸었다. 복권은 액면가 50루블(당시 환율로는 1루블에 50센트)
인데 당첨이 되면 자동차 한 대를 살 수 있다는 내용이었다. 소송의 내용은 전
혀 흥미롭지 않지만 도스토옙스키 후손이 실제 있다는 사실만큼은 무척 새로
웠다.

아이들과 있으면 영혼이 치유된다.
The soul is healed by being with children.

옳은 일이건 틀린 일이건 어찌 되었건 뭔가를 때때로 깨뜨린다는 건 정말 즐겁다.
Right or wrong, it's very pleasant to break something from time to time.

누군가를 사랑한다는 것은 신이 만들어놓은 그대로 그를 보는 일이다.
To love someone means to see them as God intended them.

진지하면서도 동시에 바보 같을 수도 있다.
You can be sincere and still be stupid.

사람에게는 자신에게도 차마 말하기조차 겁나는 일이 있다. 모든 고상한 인간에게 마음속 어딘가에도 그런 걸 몇 개씩은 숨겨두고 있다.
There are things which a man is afraid to tell even to himself, and every decent man has a number of such things stored away in his mind.

내 방식대로 해서 틀리는 것이 남의 방식을 따라하다 맞는 것보다도 낫다.
To go wrong in one's own way is better than to go right in someone else's.

만일 누군가 내게 그리스도가 진리 밖에 있고, 실제로 진리가 그리스도 밖에 있다고 증명해도, 나는 진리가 아닌 그리스도의 편에 서기를 선택하겠다.
If someone proved to me that Christ is outside the truth and that in reality the truth were outside of Christ, then I should prefer to remain with Christ rather than with the truth.

사랑이 있다면 행복이 없어도 살 수 있다.
When there is love, you can live even without happiness.

무한한 가능성이 네 주위에 흩어져 있을 때 그걸 무시하고 지나치기는 너무 힘들다. (도박으로 돈을 딸 수 있음을 알기에 지나칠 수 없다는 뜻이다. 귀엽지 않은가?) When you're surrounded by endless possibilities, one of the hardest things you can do is pass them up.

2장

역사와 종교로 읽는
유럽의 빛과 그림자

1. 종교의 역사를 뒤집다, 마틴 루터
_ 독일

당신은 단지 당신이 말하는 것에만 책임이 있는 것이 아니라 당신이 침묵을 지키는 일에도 책임을 져야 한다.

You are not only responsible for what you say, but also for what you do not say.

― 마틴 루터

마틴 루터

내가 유럽을 흔든 세 명의 인물로 마틴 루터(1483~1546), 보나파르트 나폴레옹(1808~1873), 칼 마르크스(1818~1883)를 꼽는다면 사람들이 얼마나 내 말에 동의할지 모르겠다. 하지만 다른 사람은 몰라도 마틴 루터만큼은 이의를 달 사람이 별로 없다고 분명 자신한다. 거의 1500년간 유럽을 지배한 무소부재 전지선능 무소불위의 로마 교황청에 정면 도전해서 교회를 영원히 분열시키고 결국 유럽 하늘을 양분한 개신교를 탄생시킨 루터는 분명 목록의 제일 앞에 놓아도 될 듯하다.

마틴 루터의 마지막 정착지, 아이슬레벤

루터가 태어나고 영세를 받고 죽은 마을 아이슬레벤Eisleben으로 가보자. 아이슬레벤의 생가geburthaus는 비록 루터가 한 해밖에 살지 않았지만 루터 순례의 시작이 되어야 하는 곳이다. 생가는 표를 산다고 쉽게 들어갈 수 없다. 시간당 입장객을 조절하기에 사전에 시간 약속을 하고 오거나 아니면 일단 들러서 표를 산 다음에 다른 곳에 있다가 정해진 시간이 되면 와야 한다. 생가는 반半나무집이고 오래되어 약해서다. 루터의 몰가歿家, toteshaus는 줄을 서거나 시간을 정해놓고 입장하는 곳이 아니어서 나는 생가의 표를 사놓고 몰가부터 먼저 들렀다. 그런데 우리말에 태어난 집을 이르는 '생가'는 있는데 왜 '몰가'라는 단어는 없는지 모르겠다. 죽고 산다는 생몰生歿이란 단어는 쓰면서 말이다. 생가는 현대식 루터 생가 박물관을 거쳐 들어간다. 현대식 박물관에는 루터에 관계된 역사적인 물품들과 루터 가족이 등장하는 그림들이 있다. 안내판을 잘 읽고 찬찬히 살펴보면 위인의 모습이 훨씬 더 가깝게 느껴진다. 위인이나 작가, 예술가들과 관련 있는 유적에 가면 언제나 그전에는 알지 못

루터의 생가

했던 혹은 느끼지 못했던 뭔가를 건지게 된다. 결국 내 견문이 얇고 좁아서겠지만 한편으로는 아무리 책상에서 찾아보고 알고자 노력해도 현장에 가야만 보이는 그 무엇인가가 분명 있다. 그래서 우리는 돈 들이고 시간 들여 순례를 한다.

생가에는 루터와 직접 관련 있는 물건들은 없고 당시 물건들과 아이슬레벤에서 활동했던 옛 영주들의 그림들이 전시되어 있다. 특이하게 루터와 직접 연관이 있는 유물들은 모두 몰가에 모여 있다. 500년도 넘은 목조 건물이 온전히 남아 있기는 힘든 법이니 어디까지가 원래 모습인지는 따지지 말기로 하자. 루터가 태어났다는 방에는 그 시대의 요람을 수집해 전시해놓았다. 루터가 사용한 요람은 아니지만 루터가 태어난 비슷한 시기에 아이슬레벤 어느 민가에서 사용한 요람이라니 조금 더 와 닿는다.

유아방에 대한 설명글에는 루터의 말이 적혀 있다. '나의 사랑하는 엄마(geliebte mutter라고 써 있으니 어머니가 아니고 엄마가 맞다)는 견과 하나 가지고도 피가 날 때까지 때리곤 했다'라고 한 걸 보니 자애로운 엄마이기보다는 아주 엄격한 엄마였던 모양이다. 그래도 루터는 언제나 들어도 마음이 뭉클해지고 따뜻해지는 '엄마'라는 단어를 썼다. 루터의 아버지는 기도문에 있는 '하늘에 계신 아버지'라는 말도 그 의미가 너무 감격스럽게 다가와서 쉽게 내뱉지 못할 정도로 신앙심이 깊은 사람이었다. 그런데도 아들이 자기가 원하던 변호사가 아니라 성직자가 되겠다고 했을 때는 걷잡을 수 없이 화를 냈다. 당시에는 성직자, 특히 신부는 평민이 유일하게 고귀한 신분으로 바꿀 수 있는 길이었는데도 그랬다. 루터의 아버지는 사랑하는 아들이 독신의 수도자로 어렵게 살기보다 결혼해서 자식 낳고 평범하게 살기를 바라는 보통의 아버지였던 듯하다. 생가는 당시로서는 짓는 데 상당히 돈이 많이 드는 '목재로 바깥벽을 장식한 반半목재 2층집'이었다. 바로 팀버 하우스timber house라고 불리는, 흰 벽에 검은색 기둥이 현란하게 많이 세워진 중세 때 집이다. 그때는 모든 숲이 왕, 귀족, 교회 소속이어서 목재가 비쌌다. 그래서 돈이 많다는 걸 자랑하려고 건축 구조 역학과는 상관없이 목재를 전면에 많이 붙였다. 돈 자랑인데 단순한 돈 자랑이 아니다. 바로 자위自衛 수단이다. 나는 돈이 많으니 건드리지 말라는 뜻이다. 옛날에는 돈이 바로 권력을 의미했고 권력은 동시에 무력을 뜻했다. 돈이 많으므로 나를 보호할 무력도 같이 가지고 있다는 시위이기도 했다. 영국 집의 지붕에 있는 작은 굴뚝도 같은 이유로 유행했다. 비싼 나무를 연료로 때는 벽난로가 있는 집에 산다는 자랑이다. 사치를 사치로만 볼 수 없는 역사적이고 사회적인 현상이 참 재미있다. 그렇게라도 해서 살아남아야 하는 세상에 살던 사람들이 측은하다. 어찌 보면 그런 걱정 안 하고 사는 우리 시대가 좋다.

루터 아버지는 아이슬레벤의 주요 산업이었던 구리 광산을 하던 성공한 소상공인이었다. 맏아들 루터가 왕보다도 더 권력이 센 교황청에 정면 도전하는 '대사건'을 저지른 당시에 루터의 부모는 그때 기준으로 상당히 연로한 58세였다. 양친이 세상을 뒤집는 아들을 어떻게 보았는지가 궁금해서 상당한 노력을 기울여 관련 자료를 찾아보았으나 기록은 전혀 없다. 아마 공포에 질리고 아들의 안위에 대한 걱정으로 안절부절못했을 것이다. 결국 루터의 신상은 생각보다 잘 풀려서 유명 인사가 되고 추종자도 엄청나게 많아지면서 부모도 안심했으리라 짐작은 간다. 게다가 비록 늦장가였지만 원래 희망대로 아들이 결혼도 하고 자식도 낳았으니 좋아하지 않았겠나 하고 평범한 아버지의 심정으로 루터의 생가에 있는 요람을 보았다.

아내 카타리나가 바꾼 기독교의 역사

루터의 부인이 된 카타리나 폰 보라는 원래 가톨릭 수녀였다. 수도원에서 루터의 이론과 사상을 전해 듣고 감동을 받아 11명의 다른 수녀들과 같이 탈출을 계획하고 루터에게 도움을 청했다. 이후 수도원에서 탈출한 뒤 그중 세 명은 고향의 부모에게 돌아갔고 나머지 아홉 명은 루터에게 왔다. 루터는 중매로 신랑을 구해 여덟 명을 결혼시켰다. 마지막까지 남은 수녀가 바로 나중에 부인이 된 카타리나다. 카타리나는 루터가 소개한 남자와 거의 결혼까지 갔으나 카타리나의 집이 가난해서 결혼 지참금을 가지고 올 수 없는 형편이라 남자 측 부모가 결혼을 반대했다. 가난한 고향집으로 돌아갈 수도 없었던 카타리나는 어쩔 수 없이 루터 수도원에 머물면서 살림을 도맡는다. 그리고 루터를 돌볼 사람은 자신밖에 없다면서 당시 관습으로는 말이 안 되게도 여자가 먼저 청혼한다. 이렇게 카타리나는 대단한 여자였다.

만일 카타리나가 없었다면 현재 기독교 역사는 상당히 다른 방향으로 전개되었을 수 있다. 루터의 결혼은 당시로는 감히 생각도 못 할 일이었다. 비록 파문을 당하긴 했으나 루터는 죽을 때까지 자신은 하느님 일을 하는 성직자라고 생각했다. 누가 뭐래도 머리에서 발끝까지 성직자였던 루터에게 성직자의 제일 큰 의무 중 하나인 독신을 깨는 것은 쉬운 결정이 아니었다. 그러나 그가 결혼을 한 데는 개인적인 이유보다 더 큰 숭고한 이유가 있었다. 루터의 주장에 영감을 얻어서 기존 체제인 봉건 체제 파괴를 주장하고 살육전을 벌이던 농민 전쟁을 루터는 사탄의 공격으로 보았다. 그래서 도리어 농민의 강경 진압을 귀족에게 권한다. 사탄으로부터 인류를 구하려면 인간이 자식을 낳아야 한다는 생각도 결혼을 결정한 이유 중에 하나였다. 루터는 슬하에 아들 셋, 딸 셋, 총 여섯 명의 자녀를 두었다.

둘의 결혼은 일단 엄청난 반대에 부딪친다. 가톨릭에서 파문을 당했지만 루터 자신은 물론 주위에서도 모두 루터를 여전히 신부로 여겼는데 결혼하겠다니 놀랄 수밖에 없었다. 그러나 둘의 결혼이 사랑이나 육욕 때문이 아니라 문자 그대로 '편의 결혼marriage of convenient'이라는 점에 다들 의심을 하지 않았다. 왜 우리말에는 '편의 결혼'에 해당하는 단어가 없는지 모르겠다. 정략 결혼, 계약 결혼과는 다른 의미여서 영단어 그대로 내가 '편의 결혼'이란 신조어를 만들어보았다. 26세의 카타리나가 '유럽인이 아니라 아프리카인이다'라는 소리를 들을 정도로 워낙 못생겼던 탓에 루터는 육욕이나 사랑 때문에 결혼한 것이 아니라는 오해는 당시 없었을 정도로 카타리나는 추녀였다. 루터도 42세라 별로 새신랑 같지 않았다. 당시는 평균 수명이 짧아 40세를 넘기기 힘든 시절이었다.

루터의 결혼 생활은 아주 평범했다. 경제관념이 전혀 없는 남편 루터를 받들어 생계를 유지해나가야 하는 카타리나는 억척스러운 살림꾼이 되었다. 그래서 루터는 '가사에 관한 한 케티를 따른다. 그러나 그 이외에는 성령의 인도함을 따른다'라고 했다. 루터는 아내를 '내 갈비뼈'라는 낯간지러운 애칭으로도 불렀고 때로는 '내 주인님my lords(주인뿐 아니라 수님이라는 뜻도 있다)'이라고 놀렸다. 어려운 사람을 보면 그냥 지나치지 못하는 천상 성직자인 루터의 헤픈 씀씀이 탓에 두 사람이 언제나 다투었다는 기록을 보면 우리네 일반 가정을 보는 듯해서 웃음이 나온다. 루터의 결혼은 세상에 영향을 주어 개신교 성

루터 가족 조각상

직자가 결혼도 하고 가정도 이루게 되었다. 만일 루터가 개신교의 이론을 만들면서 가톨릭을 따라 계속 성직자의 독신을 고집했다면 지금의 개신교의 모습은 어땠을까 궁금하다.

카타리나는 농장을 운영해 곡식도 거두고 가축은 물론 심지어 물고기까지 키우고 맥주도 만들고 해서 보통 50여 명을 먹였다. 바로 이 식탁에서 식탁 담화Tischreden라고도 불리는 '천명天命의 담화Göttliche Diskurse'라는 말이 유래되었다. 지금으로 치면 하숙집을 운영해 번 돈으로 루터의 활동을 지원한 셈이다. 정말 억척같이 벌어서 루터의 활동을 뒷받침했다. 카타리나가 경제적으로 루터의 활동을 뒷받침을 안 했다면 지금의 개신교가 있었을까 싶다. 한국이나 영국의 개척 교회 목사 사모가 하는 고생을 카타리나는 500년 전에 역사상 처음으로 했다. 루터는 여행 중에 카타리나에게 쓴 편지에 '나는 지금 우리 집에 얼마나 좋은 포도주와 맥주가 있는지 계속 생각한다오. 물론 아름다운 부인이 있음도 생각하고. 아니 나의 상관이라고 해야 하나?'라고 유머 가득한 편지를 썼다. 그리고 자신이 한 일 중에서 가장 잘한 일이 카타리나가 자기에게 청혼했을 때 받아들인 것, 주위에서 말린다고 난리가 났을 때 뒤도 안 돌아보고 약혼한 것, 그리고 일단 약혼하고 결혼을 좀 미루라는 권유에 귀를 안

독일

루터 부인 카타리나 폰 보라

기울이고 바로 결혼을 단행한 것이었다고 했다. 그러나 결혼에 쉽게 익숙해 지지는 않은 듯하다. 루터는 '아침 눈을 떠보면 자기 옆 베개에 그전에는 없던 돼지꼬리 두 개 같은 묶은 머리 갈래가 놓여 있는 것을 보고 깜짝깜짝 놀란다' 라고 농담하기도 했다.

카타리나는 살림을 꾸려가는 데 애를 먹었다. 돈을 모르는 천상 성직자인 루터는 담화를 하거나 배움을 청하러 오는 수도 없는 추종자를 다 받아주었 다. 그 모든 밥을 카타리나가 해 먹여야 했다. 루터는 워낙 말을 잘하기도 했 지만 말하기도 좋아해서 사람들과의 대화를 무척이나 즐겼다. 결국 카타리나 는 루터의 저술로 인쇄업자들이 돈을 버니 원고료를 받자고 했다. 식탁 담화 에 참여하려면 돈을 내게 하자고도 했다. 지금 보면 아주 현대식 사고방식의 제안을 내놓은 것이다. 하지만 워낙 돈에 전혀 관심이 없던 루터에게는 소 귀 에 경 읽기였다.

그리고 보면 루터의 부인 카타리나는 수녀원에서 동료 수녀들을 꼬드겨 탈출하고 남자에게 먼저 청혼할 정도로 여장부였다. 혼자 힘으로 루터의 기 숙사를 운영하고 남편인 루터의 도움 없이 여섯 명의 아이들을 키워낸 능력 있는 주부였다. 뿐만 아니라 수도원에 없던 샘물을 파고, 수도원 텃밭에서 농작물을 키워 자급자족하며, 동네 아낙들을 동원해 수공예품을 만들어 파는 등 대단한 수완을 보인 경영자였다. 카타리나의 물질적인 뒷받침이 없었다면 과연 루터가 어떻게 믿음을 세상에 전파할 수 있었을까. 개신교에는 성인이 없지만, 만일 있다면 카타리나는 성녀의 칭호를 받아도 마땅하다. 특히 목사사모의 수호성인으로 말이다. 루터는 자식까지 두고 가정생활을 하면서 대중에 대해 깊게 이해하게 되었다. 그런 측면에서 카타리나의 청혼은 두고두고 칭찬받아 마땅하다.

숨 가빴던 루터의 마지막 시간

루터는 죽기 전 상당히 건강이 안 좋았다. 노년의 초상화에 보이듯이 아주 과체중이었고 통풍, 현기증, 변비, 신장결석으로 고통을 받았을 뿐 아니라 눈 하나가 안 보이고 한쪽 귀도 안 들렸다. 다리를 쓸 수가 없어서 수레에 실려 다녔다. 마지막 날이 오기 나흘 전부터 심장마비가 네 차례나 왔으나 아버지가 물려준 탄광 상속 문제를 해결하려고 아픈 몸을 이끌고 50리 길을 다녀왔다. 게다가 그사이에 네 번의 강론과 강의를 해서 몸을 혹사했다. 루터의 몰가는 루터가 죽기 나흘 전 마지막 미사를 한 아이슬레벤 언덕 위에 높이 선 성 앤드류 성당 바로 앞에 있다. 루터는 1546년 2월 14일 일요일 이 성당에서 마지막 성찬식을 했다. 그때 사용되었던 성배가 루터 몰가에 전시되어 있다.

몰가에 전시된 부인 카타리나의 묘지석이 그중 아주 인상적이다. 루터가 마신 마지막 물잔, 루터의 딸 엘리자베스 묘지석, 카타리나의 전신 초상화 등이 잘 전시되어 있어 생각보다 훨씬 시간을 소비해야 한다. 더군다나 임종 전 얼마간 고통으로 보냈을 침대가 놓여 있어 루터의 마지막 숨결이 느낄 수 있다. 그 앞에는 루터가 저술하던 책상도 있다. 루터의 조그만 침실은 세속적인 장식품이나 화려한 물건들이 전혀 없다. 그야말로 욕심 없는 성직자가 마지막을 맞아 하늘나라로 가기 전 머물기에 적합한 방 같다. 비록 교황청으로부터는 파문을 당해 가톨릭에서 보면 성직자가 아니지만 루터는 누가 뭐래도 성직자로 끝까지 살았다. 일설에는 루터가 실제 죽은 방은 이곳이 아니라고 한다. 하지만 아직까지 통속적으로 루터가 죽은 집이라고 알려져 있으니 그냥 그렇게 믿기로 하자. 유해는 루터가 30년을 넘게 살았고 활동의 주 무대였던 비텐베르크로 옮겨졌다. 그가 교수로 봉직하던 비텐베르크 대학교의 성당 독서대 밑에 묻혔다. 죽던 날 아침에 가슴에 또 통증을 느낀 루터는 침대에 누우면서 시편 31장 5절의 '주님 손에 내 영혼을 맡깁니다. 당신이 나를 구하셨습니다. 주여! 나의 진실한 하느님이여!'를 읊으며 기도했다. 마지막 기도였다. 나중에 루터가 쓴 마지막 글이 발견되었다. 라틴어로 쓴 신앙 고백과 함께 끝에 유일하게 독일어로 쓴 글귀가 의미심장하다. '우리는 거지들이다. 이건 진리다Wir sein pettler. Hoc estverum.' 무슨 말일까? 뜻을 알 듯 모를 듯하다.

혁명보다 더한 루터의 혁명

　일정을 마치고 운전하며 여정을 돌아보는 중에 문득 루터는 '뜻하지 않은 영웅accidental hero'이 아닌가 하는 생각이 들었다. 아직도 굳게 믿는 사람들이 있는 루터가 비텐베르크 성당 문에 대자보를 붙였다는 이야기는 사실이 아닌 쪽으로 역사가들 사이에서 진작 결론이 났다. 가톨릭의 위계질서는 엄격하다. 그런데 지금과는 비교도 안 될 정도로 교회의 위계질서와 권위의 서슬이 시퍼렇게 살아 있던 무려 500년 전, 독일 시골 하위 성직자였던 신앙심 깊은 루터가 과연 직속상관인 주교와 상의도 하지 않고 그런 엄청난 반항적인 내용의 대자보를 성당 문에 부착했겠는가? 가톨릭을 조금이라도 이해하는 사람의 상식으로는 도저히 있을 수 없는 일이다. 청빈, 청결, 순종을 목숨보다 더 중하게 생각하던 500년 전의 신부로서는 상상도 못 할 일이다. 요즘도 가톨릭의 위계질서는 정말 엄격하고, 명령을 따르는 순명順命 의무는 성직자라면 감히 어기지 못한다. 역사에는 드라마틱하게 만들어져 전해 내려오는 사실 같지 않은 사실이 많다. 어쩌면 기독교 측에서 드라마틱하게 가공한 것이 아닌가도 싶다.

　최근에 찾은 당시 기록에는 1517년 10월 31일 루터가 주교에게 95개 조항을 포함해서 면죄부 판매의 중단과 대금의 반환을 언급하고 세간의 오해를 없애기 위해 쓴 편지가 나왔다. 루터가 반박문을 써서 문에 붙였다는 것은 교회를 향해 절대로 협상이 안 되는 최후통첩문을 날린 것으로 알려져 있고, 그

루터가 95개조 논제를 발표하고 몸을 피해 있는 동안 성경 번역을 했던 바크트부르그성

때 세상이 뒤집어진 양 여겨지지만 사실은 그렇지 않다. 시골 마을의 신학자이자 성직자 한 명이 상관인 교구 주교에게 보낸 조용한 신학 이론 의견서였을 뿐이다. 세상을 움직이고 생사를 결정하는 대로마 가톨릭교회를 상대로한 대단한 선전 포고 대자보가 아니었다. 만일 편지를 성당 문에 붙였다면 좀 과격한 방법을 쓴 치기였다고 볼 수 있다. 교회 출입문에 논쟁 의제를 적은 종이를 붙인 행위는 그 시대에 일반적으로 있는 일이었다. 교회나 대학교에서도 신자에게 알리는 문서를 노상 출입문에 붙였다. 즉 루터는 면죄부 판매에 수단과 방법을 안 가리는 일부 성직자에게 경고하고, 교황의 권위를 더 세우고 교회를 타락으로부터 막자는 의도에서 그렇게 했다고 할 수 있다.

가톨릭은 '찻잔 안의 폭풍'에 그칠 루터의 주장을 잘 수용했어야 했다. 루터의 의견을 성급한 결론으로 파문해서 쫓아내지 말았어야 했다. 교회 내의 소수 의견으로 남기고 다독거리지 못하고 파문시키는 바람에 의도치 않게 영웅을 만들어 두고두고 더 큰 골칫거리를 만든 게 아닌가 싶다. 이때 로마 교황청 내에서는 격렬한 논쟁이 있었다. 망둥이처럼 뛰는 루터를 내쫓아 통제가 불가능하게 하면 앞으로 더 심각한 일이 벌어질 수 있다는 의견도 있었다. 보다 더 큰 들불을 일으킬 수 있는 루터를 잘 구슬려서 교회 내에 두고 진보적인 신학자 중의 하나로 존재하게 만들면 어떻겠느냐는 주장이었다. 따지고 보면 가톨릭이 인내를 가지고 루터를 교회 내에 소수 의견으로 가두었다면 현재의 신교는 없었을지 모른다. 그러나 동시에 가톨릭교회도 존속하지 못했을 수 있다. 1500년에 걸친 권력의 단맛 속에서 헤어 나오지 못하고 시대에 따라 부패하다 가톨릭은 어떤 방식으로든 최후를 맞았을 수 있다. 개신교의 태동으로 여태껏 겪어보지 못한 너무나 강력한 존재의 출현에 위기를 느낀 가톨릭은 부단한 자기성찰과 개혁으로 시대에 맞게 변화해 살아남았다. 차라리 전화위복이 된 셈이다. 기독교에서 이야기하는 '주님은 기이한 방법으로 역사한다The Lord Works in Mysterious Ways'이다.

그래서 가톨릭이 지금도 인간 역사상 유일하게 2000년간 하나의 조직을 유시하고 있는지 모른다. 어항에 붕어를 잡아먹는 메기를 넣어 수송하면 붕어가 더 오래 생존한다는 논리와 같다. 메기도 붕어를 잡아먹는 양이 제한이 있다. 그 정도는 잃어버릴 각오를 하고 충분한 수량을 수송하면 메기에 잡아먹히지 않기 위해 붕어는 열심히 생존의 노력을 한다. 따라서 그냥 수송할 때

보다 훨씬 더 붕어의 생존율이 높다. 종교 개혁이라는 외부 자극이 있었기에 가톨릭은 자정의 노력을 했고 현재의 위치에 왔다고 해도 과언이 아니다. 결과는 루터가 일으킨 신교운동이란 외부 자극이었으나 결국 가톨릭에도 좋은 영향을 끼친 셈이다. 이렇게 세상은 인간이 마음먹은 대로 되는 게 아니기에 재미있고 고달프다. 동시에 인생에서 가장 밑바닥에 가 있는 순간이 바로 직전과는 비교도 안 되는 다른 큰 성취의 시작이라는 걸 루터의 경우를 봐도 알 수 있다. 루터가 원래 의도하지 않은 상황으로 전개된 하나의 움직임이 종교 개혁이라고는 하지만 따지고 보면 그것은 종교 혁명이라고 불러야 마땅한 '혁명보다 더한 혁명'이었다.

루터 자신도 놀란 혁명의 길

아이즐레벤 마을의 루터 동상 복각

루터도 성당 문에 반박문을 붙일 때는 이런 일이 일어날 줄은 생각 못 했을 수 있다. 루터의 다음 말들이 이를 증명한다.

신은 무슨 일이 일어나는지도 모르는 사이에 나를 복음의 전쟁에 던져 넣어버리셨다. 신은 나를 소경으로 만들어, 길 위를 가기만을 원하는 소경인 나를 말에 태워 보내버렸다. 나는 종이 한 장으로 이런 폭풍이 로마로부터 불어올 줄은 전혀 생각하지 못했다. 반박문은 마치 천사의 날개에 달아놓은 듯 세상으로 펴졌고, 교회는 천국이 무너진 듯 경악했다.

God threw me into the war of the gospel without knowing what was happening. God made me blind and sent me on horse like a blind man who only wanted to go on the road. I never thought a piece of paper would blow this storm out of Rome. The rebuttal spread out into the world as if it had been hung on the wings of an angel, and the church was astonished as the kingdom had fallen.

'도대체 내가 뭘 사고를 친 거야!'라며 엄청난 사태에 어쩔 줄 몰라 하는 루터의 모습이 눈에 선하다. 이렇게 보면 교황청의 성급한 결정이 '뜻하지 않은 영웅'을 만든 셈이다.

보통 온건하게 종교 개혁이라고 부르지만 사실 종교 혁명이다. 루터가 하고자 한 일은 교회 내의 개혁이지 혁명이 아니었다. 급진적인 개혁도 원하지 않았다. 교회를 진정 사랑한 나머지 체제 내에서 지도층의 승인하에 단지 잘못된 일을 고치길 원했을 뿐이다. 단순히 교회가 타락하는 사태를 막고자 하는 안타까움으로 시작한 일이다. 자신의 주장에 영감을 받아 벌어진 살육전의 농민 전쟁과 30년 전쟁을 비롯해 수많은 개신교 운동에 대해 루터는 거의 동의하지 않았다. 루터의 고민과 고통은 의도하지 않은 세상의 부작용이었다. 그래서 그는 죽는 날까지 어떻게든 이를 막아보려고 노력했다. 루터가 바르트부르크성으로 피신해 성서를 번역하는 1521년 5월부터 1522년 3월 사이 10개월 동안 세상에서는 과격한 가톨릭 파괴 운동이 벌어졌다. 미사 폐지, 영성체 폐지, 성상 파괴 등 루터가 전혀 뜻하지 않은 쪽으로 운동이 전개되었다. 결국 루터가 돌아온 뒤 진정되었으나 가톨릭으로부터 벗어난 새로운 형식의 교회라는 마차는 이미 출발을 했다. 루터가 없던 사이에 루터 이름으로 루터가 의도한 바와는 다른 방향으로 일이 진행되고 말았으며 이는 돌이킬 수 없었다. 결국 루터는 교회를 파괴하려는 새로운 운동을 막아야 하는 동시에 가톨릭과의 전쟁도 치러야 하는 곤혹한 입장에 빠지게 되었다.

당시 루터의 주장이 세상에 먹힌 이유는 로마 교황청의 지나친 간섭과 교회와의 세력 균형에 불만을 품은 각 나라 왕과 공후들이 대거 동조했고, 그리고 지나친 교회의 간섭에 지친 대중의 마음에 불을 지폈기 때문이다. 마침 울고 싶었는데 루터가 뺨을 때린 격이었다. 로마의 전횡에 지방 공국 제후들은 화가 나 있었고 대중은 타락한 교회에 실망해 있던 차였다. 세상은 루터의 이론 같은 목을 축여줄 물을 진작부터 애타게 기다리고 있었다. 다르게 이야기하면 루터가 아니었더라도 혁명이 일어날 기운이 무르익고 있었다는 뜻이다. 유럽의 지평선 너머에 노도 같은 들불이 벌써 타오르고 있었다. 감이 익어 떨어질 쯤에 루터가 막대기를 가지고

루터 몰가에 있는 루터가 마지막으로 물을 마셨다는 유리잔

감나무 밑에 나타난 셈이다. 하긴 루터가 미처 흔들기도 전에 벌써 감은 떨어지기 시작했는지 모른다.

만일 루터가 지금 무덤에서 나와서 현재를 본다면 과연 행복해할런지는 모르겠다. 유럽 어느 나라나 교회는 비어 있고 신자 수는 줄어들었다. 기독교의 종말이 멀지 않은 듯한데도 '종교 혁명 500주년'을 맞아 2017년 본토 독일에서는 이상한 일이 벌어졌다. 루터 모양을 한 인형이 발매 사흘 만에 3만 4000개가 날개 돋힌 듯 팔렸다. 인형을 만든 회사마저 이해가 안 간다면서 좋아서 입을 다물지 못하고 추가 제작에 들어갔다. 뿐만 아니라 독일 중세 화가 알프레드 뒤레가 그린 루터 초상화 프린트가 지난 3년간 8만 장이 팔렸다. 이 현상들이 도무지 무슨 뜻인지 아직은 아는 사람이 없다.

항상 신은 기이하게 일하신다.
God works in mysterious way!

용서가 하느님의 명령이다.
Forgiveness is God's command.

내가 입으로만 기도하게 하지 마시고 깊은 마음에서 우러나는 기도를 할 수 있게 도와주소서.
Grant that I may not pray alone with the mouth; help me that I may pray from the depths of my heart.

평화는 모든 정의보다 더 중요하다. 그리고 정의는 평화를 위해 만들어진 것이지 평화가 정의를 위해 만들어진 것이 아니다.
Peace is more important than all justice; and peace was not made for the sake of justice, but justice for the sake of peace.

남편이 기꺼이 집에 들어오게 만들어야 한다. 그리고 남편은 아내가 남편이 떠나는 걸 보고 슬퍼하게 만들어야 한다.
Let the wife make the husband glad to come home, and let him make her sorry to see him leave.

주님이 복음을 성경에만 쓴 것이 아니다. 나무에도 썼을 뿐 아니라 꽃에도 구름에도 별에도 썼다.
God writes the Gospel not in the Bible alone, but also on trees, and in the flowers and clouds and stars.

(합리적인) 의문은 신앙의 적이다. (성경 말씀을 좁은 인간의 능력으로 합리적이냐 아니냐를 따지는 일이 반신앙적이라는 말이다.)
Reason is the enemy of faith.

음악은 선지자의 예술이고 신의 선물이다.
Music is the art of the prophets and the gift of God.

만일 천국에서 웃지 못한다면 나는 거기에 가고 싶지 않다.
If I am not allowed to laugh in heaven, I don't want to go there.

나는 분노할 때 더 기도가 잘되고 설교도 더 잘한다.
When I am angry I can pray well and preach well.

2. 기막힌 역사와 문명의 소용돌이, 로도스섬
_ 그리스

그리스는 이탈리아와 함께 유럽의 다리 중 하나라고 불리는 반도 국가다. 유럽 지도를 놓고 가만히 들여다보면 이 두 개의 반도 국가가 다리가 되어 유럽의 체중을 지탱하고 앞으로 숙이고 있는 모양이다. 삼면이 바다인 이 반도 국가 두 나라에서 유럽 문화가 시작되었다고들 한다. 당시로는 선진 문명이었던 동상 문화가 흘러들던 지중해가 풍부한 물산과 함께 유럽 문화를 태동시킨 자궁이 되었다는 뜻이다. 그래서 이집트를 비롯한 중근동 문명과 함께 그리스 문화가 활짝 꽃피고 그 문명이 다시 이탈리아로 넘어가 로마 문화라는 최고의 문화가 되었다. 로마 문명이 유럽 전역에 걸친 거대한 로마 제국 전체에 퍼져 유럽이 비로소 문명화되었고 지금까지 번영하고 있다는 역사적 추론이다.

로도스섬 원경

외침과 점령으로 점철된 역사

그리스 문명의 발달에 그리스 삼면의 바다에 산재한 6000여 개의 섬들이 끼친 영향은 아무리 강조해도 과함이 없다. 이탈리아의 발달이 밀라노, 베니스, 제노아, 플로렌스 같은 도시 국가 때문이었다면, 그리스의 발달은 그리스 반도의 동쪽 바다 에게해와 서쪽 바다 이오니아해의 크고 작은 섬들이 중계 무역 기지의 역할을 한 바에 힘입었다. 특히 그리스 섬 중 네 번째로 큰 로도스섬Island of Rhodes은 크레타 문명이라는 독자 문명까지 있던 제일 큰 크레타 섬과 함께 유럽 역사를 논할 때 항상 등장한다.

고대 그리스 시대 로도스섬은 동서 교역의 요충지에 존재해 섬의 크기에 비해 대단한 부를 누렸다. 그래서 한때 페르시아의 지배도 받고, 기원전 322년에는 알렉산더대왕이 침공하기도 했다. 이후 이탈리아의 도시 국가 제노바가 지배하면서 로도스섬은 쇠퇴하고 주인이 여러 번 바뀌는 비운의 역사의 소용돌이 속으로 빠져든다. 비잔틴 제국 소속이 되었던 로도스섬은 1309년 예루살렘의 이슬람화로 철수한 십자군 '예루살렘 성 요한 기사단Knight of

St. John of Jerusalem'에게 점령당한다. 1522년 터키의 술레이만 대제에게 항복해 떠날 때까지 성 요한 기사단이 213년간 로도스섬을 통치하는 동안 다시 한 번 경제적인 중흥을 이룬다. 그러고는 이탈리아, 독일의 지배를 거쳐 로도스섬은 원래의 조국인 그리스 손으로 돌아간다.

로도스섬은 역사의 소용돌이 속에서 파란만장의 역사를 거듭하면서 지난 한 세월을 보낸다. 한반도가 외침을 엄청나게 당한 걸로 우리 역사가들은 말하지만 로도스섬에 비하면 새 발의 피다. 세상에서 이만큼 좁은 섬 안에 각종 문화가 혼재해 있는 곳도 드물다. 그리스 문화, 로마 문화, 터키 문화, 독일 침공, 이탈리아 점령 그리고 십자군 기사단의 200년 지배까지 겹쳐져 섬은 더욱 흥미를 자아낸다. 게다가 동방에서 건너온 문화까지 합쳐져 동서양의 문화가 평화로운 무지개처럼 빛나고 있다. 모든 문화가 한꺼번에 섞여서 새로운 문화를 만들어내는 것도 나름대로 아름답겠지만, 그보다는 제각각이 옆에서 아름다움을 발휘하는 게 더 나을 듯하다. 그래서인지 내가 지금까지 다녀본 곳 중에서 로도스섬은 세 손가락 안에 들 정도로 신비롭고 흥미로웠다.

신·구도시의 다양한 볼거리

로도스섬에는 각종 문명의 흔적이 존재한다. 그리스 헬레니즘은 물론 곳곳에서 눈에 띄는 아크로폴리스, 원형 경기장의 그리스 문명과 검투사들의 경기가 열리던 원형 극장의 로마 문명 게다가 비잔틴 문화까지 평화롭게 혼재한다. 십자군으로부터 1522년 섬을 빼앗은 터키는 1912년 전쟁에서 패배해서 이탈리아에게 넘겨주기까지 로도스섬을 390년간 통치한다. 그래서 로도스섬에는 터키의 흔적이 많이 남아 있다. 터키식 목욕탕, 모스크, 첨탑 minaret 등이 이를 증언한다. 또 이탈리아가 1912년부터 1943년까지 지배하다가 독일군에게 넘겨주고 떠날 때까지 건설한 고딕 양식의 건물도 다수 있다. 로도스의 주도인 로도스시는 인구 5만의 도시고 신도시와 구도시로 나뉜다. 이탈리아 시절에 개발된 곳이 신시가지고, 중세부터 있던 구시가지는 지금도 6천 명의 주민이 사는 유럽에서 가장 큰 중세 마을로서 유네스코가 지정한 유적이다. 주로 크루즈 선이 들어오는 곳이 이 올드 타운 항구다. 여기 좁은 골목길에는 기념품들로 가득 찬 가게들이 줄지어 있다. 로도스섬의 특산물을 비롯해 그리스 기념품은 물론 가까운 터키에서 건너온 물건들도 많다. 그리고 잘 보존된 '기사들의 거리'라는 중세 거리가 있다. 원래는 기사들의 병영이었는데 지금은 관광객이 묵는 숙소가 자리한다. 역사의 냄새를 맡으려면 이런 숙소에서 하루 묵는 것도 의미 있을 듯하다.

로도스섬은 독일이 2차 세계대전에 패전한 뒤 1947년 에게해의 도데카네스 제도에 속하는 다른 11개의 섬들과 같이 그리스로 다시 넘어온다. 수없이 다른 문명과 국가들의 지배를 번갈아가면서 받은 로도스섬은 역설적이게도 다양한 볼거리를 연간 30만 명에 달하는 관광객에게 제공할 수 있게 되었다. 로도스섬은 에게해에 위치한 섬 휴양지 중 숙박 시설을 비롯한 각종 휴양 시설이 가장 잘되어 있고 여름이 제일 길어 연중 관광객이 끊이지 않는다.

로도스섬 소개는 섬을 213년간 지배한 성 요한 기사단을 설명하지 않고는 불가능하다. 십자군 시대부터 활동을 시작한 성 요한 기사단은 유럽 역사와 오랫동안 깊은 관련이 있고 지금도 활동 중인 가장 오래된 기사단이다. 그래서 성 요한 기사단과 중세 이후 만들어진 비밀 결사 정치 단체 프리메이슨을 연관 짓는 흥미 위주의 음모론이 인터넷에 돌아다닌다. 유럽 역사와 기독교인으로서의 유럽인 정체성이 십자군 원정에서 시작되었다는 이론은 상당한 근거가 있다. 해서 이번 기회에 기사단을 좀 알아보고 넘어가자.

성 요한 기사단은 다양한 이름과 별칭으로 불린다. 현재는 짧게 'Sovereign Military Order of Malta'라고 불리지만 정식 명칭은 'The Sovereign Military Hospitaller Order of Saint John of Jerusalem, of Rhodes and of Malta'이다. 로도스시 언덕 위에 위치한 기사단장궁The Grand Master Palace을 가보면 곳곳에서 특이한 십자가 모양의 기사단 문장을 볼 수 있다. 기사단의 다른 별칭은 성 요한 기사단Order of Saint John, 구호 기사단Order of Hospitallers, 병원 기사단Knights Hospitaller, 몰타 병원 기사단Hospitallers Knight of Malta, 예루살렘 병원 기사단The Hospitallers of Jerusalem, 로도스 기사단Knight of Rhodes 등 다양하다.

원래 성 요한 기사단은 당시 가톨릭 성지인 예루살렘이 무슬림의 지배하에 있던 9세기경 아말피 공국으로부터 시작되었다. 이탈리아 중부 나폴리 근처 아름다운 해변의 아말피 공국은 동방 무역의 중심인 도시 국가여서 상당한 부국이었다. 기사단은 무역업을 하는 부유한 독실한 신자들의 후원으로

기사단장궁의 뜰

순례자를 위한 병원과 숙박 시설을 운영하던 봉사 신심 단체에서 유래되었다. 1099년 제1차 십자군 원정단이 예루살렘을 회복했고, 1113년 교황 파스켈로부터 공인받아 공식 기사단이 되었다. 그 봉사 단체는 무슬림의 약탈에 취약한 순례객을 보호하기 위한 무장 기사단으로 성격이 바뀌면서 힘이 커졌다. 예루살렘이 다시 무슬림에게 함락되자 유랑을 시작한 기사단은 아크레, 키프로스를 거쳐 1309년 로도스섬에 흘러 들어간다. 기사단은 로도스섬을 다시 중계 무역의 중심지로 만들어 섬을 부강하게 만든다. 인근의 무슬림 터키로서는 부강해진 로도스섬이 눈엣가시였고 탐이 날 수밖에 없었다.

지도에서도 확인 가능하듯 로도스섬은 그리스보다 터키에 훨씬 가깝다. 그리스와의 거리는 363킬로미터인 데 비해 터키와는 거리는 18킬로미터밖에 안 된다. 로도스섬 높은 곳에 가면 터키 땅이 육안으로도 보인다. 오스만 터키가 전쟁에 지면서 터키는 바로 코앞의 섬들을 모두 뺏기고 말았다. 키프러스섬을 터키와 그리스가 양분해서 점령하고 있다. 터키와 그리스는 역사적으로 좋은 사이가 아니다. 그런데 터키로서는 자신의 앞마당에 위치한 도데카네스 제도의 12개 섬이 그리스 소유이니 두고두고 속상할 듯도 하다. 더군다나 로도스섬은 터키를 향한 비수 모양이기도 하다.

성 요한 기사단과 로도스

섬의 이름인 로도스는 그리스어로 장미꽃을 뜻한다. 그리스 신화에 따르면 태양신 헬리오스와 요정 로도 사이에 세 명의 아들이 있었다. 그중 하나가 이집트로 건너가서 헬리오 폴리스를 건설하고 이집트인들에게 점성학을 가르쳐주었다. 그래서인지 로도스는 이집트와 연관이 깊고 교역도 특히 활발했다. 호머는 로도스가 트로이 전쟁에 개입했다고 기록하고 있다. 현재 로도스 올드 타운 언덕 위에 있는 성은 7세기경에 비잔틴성으로 만들어졌고, 기사단이 다시 보완했다. 성은 '잡석을 두텁게 쌓은 만들어진 형식rubble masonery'으로 대포에도 강하다. 성벽 바깥쪽 벽면은 돌을 부드럽게 연마해 연결 부분을 틈 없이 만들어 적이 타고 오르기 힘들게 했다.

가톨릭 비잔틴 제국의 수도였던 콘스탄티노플(현재는 이스탄불)의 높은 성이 1453년 오스만 터키 메흐멧 2세의 공격 시 대포에 취약했던 데서 교훈을 얻어 성을 보강했다. 당시 터키는 강력한 대포를 이용해 성을 공격했다. 그때까지 한 번도 보지 못한 강력한 대포는 성에 치명적인 피해를 주었다. 그래서 그 이후에는 성들은 높게 올리지 않고 낮고 두껍게 그것도 자갈이나 잡석을 이용해 만들어 포탄이 터져도 큰 피해가 없게 했다. 또 외벽과 내벽을 만들고 두 벽 사이에는 깊은 해자垓子를 만들어 물을 채워놓았다. 현재의 로도스성은 이런 보완 작업을 거친 상태다. 다만 해자는 흙으로 메워져 정원이 되었다. 성 안에 들어가면 기사단장궁이 있다.

로도스섬 아크로폴리스의 아폴론 유적

그리스 내에서 몇 개 안 되는 고딕 스타일로 중간 광장을 둘러싼 직사각형 건물이다. 방이 158개 있는데 그중 24개만 관광객에게 공개된다. 2차 세계대전 중 이탈리아 독재자 베니토 무솔리니Benito Mussolini 총리도 이 성에서 묵었다. 방 안 가구들은 16~17세기 골동품들로 화려하게 장식되어 있다. 특히 바닥의 로마와 비잔틴 스타일의 타일 모자이크가 감탄을 자아낸다. 제일 큰 그랜드 홀에는 기사단장의 의자가 있고 기사단의 휘장이 걸려 있다. 행사를 할 때는 그 의자에 기사단장이 앉는다. 1099년 창설 이후 지금까지 79명의 기사단장이 재임해왔다. 주로 프랑스인들이었으나 현재는 이탈리아인이 단장을 하고 있다.

기사단이 로도스섬으로 자리를 옮긴 후 하는 일이 바뀌었다. 동방과 서양의 교역의 중심지에서 위치하면서 해적으로부터 기독교 국가의 선박을 보호하는 일을 임무로 삼았다. 물론 유료의 경호였는데도 기사단 유지에는 충분하지 않았다. 실제 수입은 로도스항에 들르는 무역선들로부터 받는 입항료와 인근을 항해하는 무슬림 선박들을 검문해 선적품을 탈취하는 해적질에서 얻었다. 심지어 유럽 기독교 국가의 선박이라도 선적품이 터키로 가는 물품이면 압수하는 식의 횡포도 부렸다. 순수한 종교적인 신심과 선심으로 시작한 기사단이 하나의 이익 집단으로 바뀐 셈이다. 북아이랜드의 독립을 위해 투쟁을 시작한 가톨릭교 무장 투쟁단 IRA가 나중에는 상점 보호비를 받고 마약을 밀수하는 마피아로 변질된 것과 비슷하다. 그전에는 유럽 국가들이 기사단을 지원해주었다. 하지만 예루살렘 수호라는 임무가 사라지면서 지원에 소홀해지자 변질되고 말았다. 이전에도 십자군 원정을 빙자한 유럽 기사단의 노략질은 악명이 높다. 이익 집단이 된 기사단은 원래의 목적을 못 이루고 만다. 낭만적으로 묘사되던 십자군과 기사단에 대한 신화는 그동안 많은 저서가 깨뜨렸으나 아직도 일부 역사학자들은 십자군 전쟁에 대한 역사적 연구가 이제 시작에 불과하다고 말한다. 그들은 현재의 무슬림과 기독교의 긴장 관계가 2차 세계대전 전후의 처리 과정에서 영국을 중심으로 한 유럽 국가들이 숭농 국가들을 계속 지배하기 위해 밀실 그레이트 워를 벌여서 문제가 생겼다고 주장한다.

어찌 되었건 기사단의 노략질을 결국 참다못한 '터키의 정복왕'이라 불리는 메흐멧이 쳐들어오지만 앞에서 말한 콘스탄티노플의 교훈으로 이미 잘 대비하고 있던 기사단에게 치욕적인 패배를 당한다. 1522년 술레이만 1세 대제의 압도적인 군대 10만 명과 선박 300여 척이 다시 침공한다. 600여 명의 기사와 7000여 명의 군사는 물론 노예들까지 죽을 각오로 거들어 영웅적으로 6개월을 버틴다. 하지만 기다리던 기독교 국가들의 지원병은 결국 오지 않는다. 기사를 비롯한 병력 반 이상을 잃고 탄약마저 바닥이 난 시점에서 술레이만은 놀라운 항복 조건을 내건다. 조건은 세 가지였다. 기사를 비롯한 주민들 누구든 모든 재산을 가지고 12일 내에 섬을 떠날 수 있고, 배가 모자라면 배까지 제공하며 이후에도 3년 내에 원하면 누구나 떠날 수 있으며, 남은 주민들에게는 종교의 자유를 보장하겠다고 했다. 항복 조건이라기보다는 거의 빌다시피 한 조건이었다.

나이가 28세에 불과했던 술탄이었지만 현명한 판단을 내린 셈이다. 언제까지 수렁 같은 전투에 빠져 있을 수는 없었다. 10만 명의 군사 중 5만 명을 잃고 5만 명의 군사도 6개월을 헤맸으니 말이다. 더 이상 전쟁을 계속할 명분도 없고 대외적으로 망신만 당해서 어떻게든 돌파구를 찾아야 했다. 군사를 얼마를 더 잃어야 섬을 점령할지 모르는 상태에서 겨울까지 닥쳐 승리를 장담할 수 없는 지경이었다. 관대한 항복 조건으로 술탄은 주위 국가들로부터 위대한 명군이라는 칭송을 받았으니 모두가 이긴 협상이었다.

하지만 기사단은 여기서 떠나면 다시 정처 없는 유랑 생활을 해야 했다. 기독교 국가의 지원에 아직도 기대를 걸고 있던 기사단은 결사적인 항전을 주장했다. 그러나 너무나 너그러운 술탄의 조건에 주민들과 군사들은 동요할 수밖에 없었다. 결국 기사단은 성문을 열었고 술레이만은 약속을 지켰다. 그런 이유 때문인지 유럽인은 적인 술탄 술레이만을 존경의 뜻을 담아 '술레이만 대제The Magnificiant'라고 부른다. 유럽인이 타국의 왕이나 황제를 대제로 부르는 경우는 그리스의 '알렉산더대왕Alexander the Great', 러시아의 '피터 대왕Peter the Great' 말고 없다. 물론 민족별로는 있겠지만 세계적으로 대략 합의가 이루어진 건 이 세 명의 대왕들뿐이다.

로도스의 어제와 오늘

1522년 로도스에서 철수한 기사단은 이후 8년을 떠돌다가, 1530년 신성 로마 제국의 황제인 카를 5세가 제공한 지중해 몰타섬에 자리 잡았고 1798년 나폴레옹이 권한을 빼앗을 때까지 머물렀다. 이제는 로마에 본부를 두고 몰타 무장 기사단Sovereign Military Order of Malta, SMOM이라는 이름만 있는 국가 형태로 존재한다. 1만 3500명의 기사가 있고 귀부인Dame과 협조단원이 있다. 동전, 우표도 발행하고 여권도, 자동차 번호판도 따로 있다. 로마를 다니다 보면 붉은색으로 SMOM이라고 써 있고 그다음에 일련번호가 기재된 번호판을 단 자동차가 보인다. 바로 몰타 무장 기사단의 국가 번호판인데, 전 세계 107개국에 자신들은 대사관이라고 주장하는 기사단 지부가 파견되어 있다. 지금은 자선 단체로서 주로 활동한다. 120개국에서 의료를 포함한 아동, 노숙자, 장애자, 중증환자, 난민을 돕는 활동을 하며, 4만 2000명의 의사와 간호사를 고용하고 있다. 영국에서 앰뷸런스 차량 기관 중 가장 큰 센인트 존스 앰뷸런스도 이 기사단에서 운영한다. 연간 예산은 15억 유로로 유럽 각국, 유럽 연합, 유엔과 개인 후원자가 후원한다. 유럽 각국이 기사단을 돕는 이유가 있다. 예루살렘이 아랍군에게 함락되자 기사단은 철수해서 지중해를 떠돌다가 사이프러스를 거쳐 로도스로 갔다. 이후 유럽 각국에서 로도스로 지원자가 몰려들어 오스만 터키의 코앞에서 기독교 국가들을 지키는 수호자 역할을 수행했다. 만일 로도스 기사단이 로도스뿐만 아니라 몰타에서 지키지 않았다면 유럽은 새로운 역사를 맞았을 확률이 상당히 크다. 로도스에서 기사단이 술레이만 대제와 마지막 결전을 벌일 때 유럽 제국들은 지원군을 보내지 않았고, 결국 기사단은 로도스에서 철수해서 몰타에 자리 잡았다. 그리고 향후 268년 동안 몰타에서 다시 터키의 침공을 막아냈다.

당시 젊고 야심만만했던 술레이만 1세는 1522년 로도스에서 기사단을 성공적으로 쫓아낸다. 그리고 세상을 뜨기 1년 전인 71세 때 생애 마지막 사업으로 1565년 몰타에서마저 기사단을 내쫓으려고 터키 해군을 보낸다. 3개월에 걸쳐 터키 해군은 공격했으나 영웅적인 몰타 기사단의 주도로 몰타인들은 성공적으로 방어하고 터키군의 유럽 진출을 막는다. 몰타 기사단을 쫓아내지 못하고 술레이만 대제는 1566년 죽는다. 뒤를 이은 아들 셀림 2세 아버지가 못 이룬 몰타 점령을 이루고자 1571년 터키 대형 해군단을 보낸다. 압도적인 숫자 열세에도 불구하고 몰타 기사단을 중심으로 스페인과 이탈리아 해군이 합세한 유럽 기독교 연합 해군은 레판토 해전에서 승리를 거두었고 이는 오토만 터키의 몰락을 재촉한다. 이때 몰타의 터키군의 진공을 막지 않았다면 유럽 역사는 상당히 달라졌을 것임이 틀림없다. 당시 기독교 연합군의 숫자는 6100명이었고 터키군은 4만 8000명이었다. 몰타 기사단에 대한 유럽인의 존경심은 높아만 갔다. 이런 이유로 유럽은 역사적으로 몰타 기사단에게 신세를 졌다고 여겨 많은 지원을 해왔다. 그 전통은 계속 이어지고 있다.

술레이만 대제만큼 유럽에서 많이 알려지고 명군이라는 평을 받는 터키 술탄은 없다. 술레이만의 영도하에 오토만 터키는 당시 최강국으로 군림한다. 남으로는 이란과 이라크, 서로는 헝가리, 크로아티아, 루마니아까지 점령했다. 북부 아프리카로도 세력을 넓혀놓았다. 특히 그 시절 오토만 제국은 유럽과 달리 평민과 농민이 모두 아주 윤택하게 잘살았다. 유럽 여행자들이 터키를 여행하고 나서 쓴 여행기를 보면 오토만 제국은 평민에게 기독교에서 말하는 낙원인 듯했다고 되어 있다. 더군다나 군령이 잘 서는 강군과 지방까지 미치는 중앙 정부의 통제 등 강국의 조건을 두루 갖추고 있다고 했다. 심지어 이런 오토만 터키의 모습은 윌리엄 셰익스피어 작품《베니스의 상인》에도 언급된다.

뿐만 아니라 문화, 예술, 철학, 과학, 건축 등 여러 분야가 술레이만 시절에 꽃을 피우고 그 전통이 현재 터키에도 미치고 있다. 이때를 배경으로 한 〈위대한 세기Muhtesem Yuzyil, Magnificient Century〉라는 터키 드라마가 중동을 비롯해 유럽까지 인기 몰이를 한 적이 있다. 술탄 술레이만 왕궁을 중심으로 한 대하드라마였다. 유럽인은 터키 드라마도 신기해했지만 터키의 문화가 그렇게까지 화려한 줄 몰랐다고 놀라워했다. 오토만 터키가 1300년부터 시작하여 마지막으로 힘을 잃은 1920년까지 600년간 유럽이 터키의 힘에 전전긍긍한 건 사실이다. 그럼에도 불구하고 유럽인이 터키에 대해 관심을 별로 두지 않았음을, 이 드라마를 보고 놀라는 유럽인의 반응이 증명해준다. 그만큼 터키의 위대하고 화려한 문명은 유럽에서 엄청나게 과소평가되어왔다.

유럽에 대한 무슬림의 위협은 터키의 쇠퇴로 1920년에서야 끝난다. 북아프리카 무슬림 무어족은 스페인을 비롯한 이베리아반도를 711년부터 거의

로마인 투구 기념품(위), 터키풍의 등(아래)

800년간 점령했다. 무어족이 바르셀로나에서 1492년 1월 2일 최종 철수한 이후 유럽 본토에 직접 무슬림이 들어온 적은 없었다. 무슬림 국가들이 바르셀로나 올림픽을 공동 보이콧을 논의한 적이 있다. 서방 기독교 국가들이 무슬림이 유럽 대륙에서 완전 철수한 500주년을 기념하려고 일부러 1992년 올림픽을 바르셀로나에서 치르려고 한다는 이유 때문이었다. 올림픽 보이콧은 여러 번 있었다. 소련의 아프가니스탄 침공을 이유로 1980년 모스크바 올림픽을 서방이 보이콧했고, 1984년 로스앤젤레스 올림픽 때는 소련의 위성국들이 보이콧했다. 완전체 올림픽은 1988년 서울 올림픽 때 12년 만에 개최되었다.

로도스섬에 대한 역사적인 기록은 많이 있다. 로도스섬은 그리스 시대에 철학, 문학, 과학 학교가 유명했다. 그중 한 곳에서 시저를 살해한 마르쿠스 브루투스도 공부했다. 로도스섬은 성경에도 나온다. 신약 사도행전(21장 1절)에는 '우리는 그들과 작별하고 나서 배를 타고 곧장 코스로 갔다가 이튿날 로도스를 거쳐서 바다로 갔다'라는 문구를 비롯해 로도스섬 이름이 수도 없이 나온다.

최근 로도스섬 기사가 심심찮게 세계 언론에 등장했었다. 하나는 수많은 시리아 난민이 지중해를 목숨을 걸고 조각배에 타고 건너 터키와 그리스로 오다가 로도스섬 앞바다에서 익사한 슬픈 소식이었다. 그리고 재정 적자로 국가가 파산 지경인 그리스가 부채를 갚으려 팔려고 하는 공항 중 하나로 로도스 공항이 거론되었다. 또한 몇 년 전 세계 고대 7대 불가사의 중 하나로, 기원전 300년경 세워졌다가 지진으로 사라진 로도스섬 항구 입구의 거상을 3000억 원을 들여 복원한다는 기사가 세계 뉴스에 나온 적이 있다.

3. 매혹과 매력의 아이콘, 몽펠리에
_ 프랑스

프랑스 남부 지중해안의 도시 몽펠리에Montpellier는 우리에게 전혀 알려지지 않은 도시다. 그러나 사실 몽펠리에는 숨겨진 보석이다. 하긴 프랑스, 스페인, 이탈리아 이 세 나라 도시 혹은 마을치고 나름대로 매력 없는 곳이 있겠냐마는 몽펠리에는 그중에도 한 급수 위다. 몽펠리에는 모든 조건이 잘 갖추어진 매력적인 도시나. 자 한 대가 겨우 지나가기도 어려운 좁은 골목이 있는 올드 타운이 있는가 하면 동시에 고급 상점이 즐비한 로게 대로, 네오 클래식 건축물로 가득 찬 개선문 근처 언덕 시가지, 그리고 포스트 모던한 현대 디자인의 건물로 즐비한 안티곤 구역까지, 한 도시에서 이만큼 다양한 모습을 보기는 쉽지 않다. 몽펠리에를 돌아보고 나자 '왜 이렇게 멋진 도시를 그동안 들어본 적이 없었지?'라는 의문이 들었다.

젊고 로맨틱한 도시의 면모

몽펠리에 올드 타운 골목

이 도시에 대한 특별한 정보가 없어 호텔 예약 사이트에서 '시내 한복판 올드 타운'과 '쇼핑 상가가 바로 옆'이라는 문구에 끌려 예약한 '위풍당당'이란 뜻의 마제스틱Majestic 호텔은 정말 좁은 골목 안에 있는 작은 호텔이었다. 차를 호텔 문 앞에 댈 수가 없어 돌고 돌다가 근처 골목에 겨우 주차하고 짐을 끌고 체크인을 했다. 다행히 호텔 리셉션의 안내원이 다른 프랑스 지방도시의 호텔과는 달리 유창한 영어를 해 온갖 도움을 받을 수 있어 그나마 기분이 풀리긴 했다. 호텔 문밖의 몽펠리에 시내의 올드 타운은 매력이 넘쳤다. 좁은 골목에는 각종 식당과 카페, 특유의 물건을 파는 상점들로 가득해서 골목길 순례를 하다 보니 보물찾기하는 기분이 들어 예약하기를 잘했다고 생각했다.

리옹에서 마르세유로 가는 약 400킬로미터의 A7 도로를 프랑스인은 '태양의 고속도로Autoroute du Soleil'라고 부른다. 파리지엥들이 여름이면 만사를 제쳐놓고 햇빛을 찾아 지중해로 달려가는 길이다. 그 길로 가다가 문자 그대로 영어식으로 발음하면 오렌지가 되는 오랑주Orange를 지나자마자 좌측으로 빠져 A9 도로를 한참을 더 내려가면 몽펠리에가 나온다. 몽펠리에는 프랑스 8위의 도시지만 별로 안 알려져 있다. 하지만 이름은 어디선가 들어본 듯한 느낌을 받을 수 있다. 사실은 독특한 디자인으로 유명한 냉장고 상표다. 도시 이름이 낭만적이라 카페나 식당 이름으로 많이 쓰이고 신발 상표이기도 하다. 도시 이름만 낭만적이 아니라 실제 도시도 상당히 로맨틱하다. 내가 몽펠리에의 홍보 대사가 아님을 믿는다면 내 말을 믿어도 된다. 도시 자체의 구성원도 역사에 비해 상당히 젊다. 몽펠리에의 인구 25만 명 중 4분의 1이 대학생이고 43퍼센트의 인구가 30세 미만이니 프랑스 어느 도시보다 젊다. 그래서 몽펠리에는 프랑스 내 교육 도시를 꼽을 때 파리 다음으로 친다. 몽펠리에 대학교는 제1 대학, 제2 대학, 제3 대학으로 갈라지는데 1289년 교황의 승인으로 대학이 설립된 아주 오랜 역사를 가지고 있다. 제1 대학은 사회과학·의학 계통이고, 제2 대학은 자연과학 계통, 제3 대학은 예술·언어·문학·사회과학 계통이다. 이곳은 단국대학교와 자매결연을 맺고 있다.

지중해의 베르사유, 안티곤

어느 여행 전문가는 몽펠리에를 프랑스 남부에서 가장 유혹적인 도시며, 고상하고 문화적이고 관대한 도시라 했다. 특별한 산업이 없어 지식과 예술로 이루어진 도시라고도 했다. 그래서인지 몽펠리에에는 '세상에서 가장 섹시한 트램'이 시내를 가로지르고 있다. 대개 트램은 기능에만 치중한 외형, 덜컹거리는 소음, 그리고 도시 상공에 늘어진 전선 등으로 도시 미관을 망친다. 그러나 몽펠리에의 트램은 다르다. 흡사 TGV 같은 아주 세련된 모습의 열차에다 프랑스 최고의 패션 디자이너 크리스티앙 라크로아Christian Lacroix의 손이 간 화려하고 다양한 그래픽이 더해져 정말 아름답다. 크리스티앙 라크로아는 착한 가격이면서도 디자인이 세련된 명품 패션 핸드백 브랜드다. 그런 브랜드 디자이너가 디자인했으니 더할 나위가 없다. 시내를 다니는 트램은 모두 색깔과 그래픽이 다르다. 다양한 디자인 열차를 노천카페에 앉아 보고 있노라면 시간이 가는 줄 모를 만큼 재미있다.

항공 촬영을 한 도시 사진을 보니 거대한 반원형 건물의 앞뒤로 초현대적인 디자인의 건물이 많아서 '아! 여기가 지중해의 피가 끓는 열정의 도시구나!' 하고 감탄했다. 그중에도 1979년과 2000년 사이에 지어진 신도시 안티곤Antigone 구역이 가장 유명하다. 기의 전 건물을 독특하게 디자인하는 스페인 카딜루나 출신 건축가인 리카르도 보필Ricardo Bofill이 설계했다. 거대한 건축물 중간을 비운 중심 건물은 개선문을 연상시킨다. 도시 양쪽에 시대를 달리한 개선문이 존재하는 셈이다. 정말 자신 있는 도시만이 만들어낼 수 있는 대담한 디자인의 도시 형태를 고도古都인 몽펠리에가 갖추고 있다. 안티곤 구역은 '지중해의 베르사유'라고 불리는데 그만큼 인상적인 모습의 건축물로 들어차 있다. 안티곤은 고대 그리스 문학가 소포클레스Sophocles의 비극《오이디푸스 왕》에 등장하는 왕의 딸 이름이다. 즉 오이디푸스 왕이 운명의 저주로 자신의 어머니와 결혼해서 낳은 딸이다. 결국 이를 안 오이디푸스 왕은 자신의 눈을 찔러 맹인이 되어 유랑을 떠난다. 이 거대한 건축물로 가득 찬 멋진 구역의 이름을 왜 그런 저주받은 운명의 딸 이름으로 지었는지가 자못 궁금하다.

몽펠리에는 지중해 도시 중 아주 드물게 로마나 그리스 유적이 없는 도시다. 옛 유적은 인근의 도시 니메, 오랑주에도 있고 심지어 고흐가 고갱과 같이 지낸 아를 같은 작은 마을에도 로마 원형 극장이 거의 완벽하게 남아 있다. 몽펠리에는 지중해에서 마르세유와 니스 다음으로 큰 도시다. 지중해의 다른 도시들과 거리가 멀지 않아 한번 마음먹고 여행을 떠나면 그리 길지 않은 시간 내에 근처의 니메, 아를, 마르세유, 악상프로방스, 아비뇽 같은 유명 도시들을 한꺼번에 섭렵할 수 있다. 작은 도시 카르카손Carcassonne, 세트Sete, 나르본Narbonne도 둘러볼 만한 고도시들이다.

여름이면 몽펠리에서는 라디오 프랑스가 주최하는 클래식과 재즈 음악 축제가 열린다. 오페라, 콘서트, 영화, 연극, 강연 등의 100여 개의 행사가 도시 각 곳에서 끊임없이 열린다. 지중해 여름밤의 축제는 프랑스 전국은 물론 세계에서 관객을 몽펠리에로 끌어들인다. 거의 모든 행사가 무료고, 시내 중심

시내 트램

프랑스

가의 구도시 지역 광장과 건물 내정courtyard, 르 코룸 홀에서도 행사가 열린다. 이외에 댄스 페스티벌을 비롯해 첨단 기술 관련한 학술회의도 많이 열린다. 그래서 몽펠리에는 프랑스인이 제일 살고 싶어 하는 도시로 선정되기도 했다.

프랑스를 대표하는 저항의 도시

프랑스인에게 몽펠리에는 '저항의 도시'로 유명하다. 1622년 프랑스 왕 루이 13세가 몽펠리에의 신교도 위그노Huguenot들을 길들이기 위해 몽펠리에를 포위해서 시작된 '몽펠리에의 포위Siege of Montpellier' 전투 당시 시민들의 영웅적인 투쟁 때문이다. 그 후 3개월간 몽펠리에 시민들은 왕의 전력을 다한 공격을 견뎌내면서 왕의 친위군에게 치명적인 피해를 준다. 결국 길어지는 전투에 견디다 못한 왕은 협상을 시작한다. 시민들도 전쟁을 계속할 수 없다면서 협상에 응한다. 결국 루이 왕은 선왕 앙리 4세가 선포했던 신교도의 종교적 자유 권리를 승인한 낭트 칙령을 다시 인정하지 않을 수 없었다. 그러자 비로소 시민들은 성문을 열어 왕군이 진입하게 해주었다.

루이 왕은 권위의 상징인 투구와 칼조차 없이 맨몸으로 말을 타고 성으로 들어갔으니 왕의 승리가 아닌 시민의 승리였다. 이로써 몽펠리에는 프랑스 신교도의 중심 도시가 되고 가톨릭 국가인 프랑스에서 몽펠리에는 체제에 도전하는 빈항의 도시 상징이 된다. 이런 전통은 1789년 프랑스 대혁명 때 또 한 번 발휘된다. 몽펠리에가 혁명의 중심에 서게 된 것이다. 인근 도시 마르세유에서부터 시작되어 파리까지 행군한 시민들이 불렀다기 프랑스 국가國歌가 된 〈라 마르세유〉도 사실 마르세유가 아니라 이곳 몽펠리에 대학교에서 처음으로 불려졌다. 해서 몽펠리에 대학교의 자존심은 상당히 높다.

몽펠리에의 포위 이후 몽펠리에는 번성을 거듭한다. 1960년대에 들어 인구가 크게 늘어났는데 이는 알제리아의 독립으로 식민지에 나가 있던 프랑스인이 대거 몽펠리에로 돌아와서였다. 그 이유는 몽펠리에는 관대한 도시라는 평 덕분이다. 몽펠리에는 원래 교역 도시였다. 그래서 별다른 도시 자체의 산업이 없다. 주로 중동에서 들어오는 향신료를 취급하는 국제 항구 도시

몽펠리에 개선문

였다. 기독교적인 종교 색채가 진한 도시임에도 불구하고 항구 도시라서 그런지 원래 타 종교에 관대했다. 다양한 문화를 수용해왔으며 학문이 발달했다. 특히 의학의 전통으로 유명하다.

위그노와 유입 인구 그리고 다양한 문화 수용의 말이 나왔으니 위그노 이야기를 좀 하고 넘어가자. 동양 역사를 이야기하면서 유교 불교를 논하지 않고는 넘어갈 수 없듯이 서양 역사는 결국 기독교 역사다. 그중 마틴 루터로부터 시작된 종교 개혁이 뿌린 좋고 나쁜 파편은 유럽 역사 어느 한 군데라도 영향을 끼치지 않은 부분이 없다. 현실적이던 중산층 출신의 신교도 위그노들은 상류층 가톨릭의 눈 밖으로 나게 된다. 결국 탄압을 견디지 못해 남부여대 男負女戴로 유럽 신교에 너그러운 나라로 이민을 간다. 16세기 초부터 시작된 일이다. 그때 약 10퍼센트의 프랑스 인구가 신교도였다. 그런데 1685년 루이 14세의 퐁텐블루 칙령으로 심하게 압박을 받기 시작하자 대탈출이 시작되었다. 무려 20여 만 명이 탈출했다. 영국으로 5만 명, 독일로 7만 명, 네덜란드로 10만 명이 탈출한 것을 비롯해 스칸디나비아, 미국 등지와 아프리카 대륙의 최남단 남아공까지 신교도가 넘어갔다. 프랑스는 중세의 선진국이었다. 이후 영국을 비롯한 독일, 네덜란드 등 주변 국가들이 선진국 프랑스를 제치고 산업이 발달하게 된 데는 이 같은 이유가 있다. 신교도 중산층 상공인들이 가져온 기술과 자본에 힘입은 것이다. 유럽 역사에서 유입 인구가 경제 발전에 도움된 사례 중에 위그노 이민이 가장 그 영향이 크다. 유럽 역사는 유태인의 이민과 함께 위그노의 이민을 빼고는 생각할 수가 없다. 가장 선진국이고 부강하던 프랑스가 종교 문제로 자기 복을 걷어찬 셈이다. 그 바람에 산업 혁명에도 뒤지고 영국이나 독일을 결국 따라잡지 못하는 결과를 낳는다.

반드시 흥정을 다짐하고 가라

몽펠리에 시내는 다른 도시들과 달리 자전거 도로가 잘되어 있다. 거의 대부분의 구간이 차도와 인도 사이에 분리 설치되어 안전이 보장된다. 한 시간 걸리는 해변가까지도 12킬로미터의 자전거 전용도로가 나 있다. 시간적인 여유가 있다면 자전거를 빌려 시내 관광을 나서볼 만하다. 개인적으로 최고의 여행은 걸어서 해야 한다고 생각한다. 그것이 어렵다면 자전거, 아니면 최소한 버스를 타고 다녀야 한다. 물론 버스보다는 못하지만 기차 여행도 주위를 둘러볼 여유가 있으니 자동차를 직접 몰고 다니는 여행보다는 훨씬 낫다. 자동차를 몰고 다니면 솔직히 주위 경치를 볼 여유가 도저히 없다. 그냥 지나치고 다음 목적지를 갈 뿐이다. 그래서 나는 여행이란 다니는 속도와 반비례한 만큼 볼 수 있다고 주장한다.

매주 일요일마다 몽펠리에의 모송Mosson 지역에서 벼룩시장이 열린다. 각종 고물을 비롯해 고가의 골동품 등 각종 물건들이 다 나온다. 물건을 사게 되는 유혹을 이길 자신이 있는 여행자라면 한번 가볼 만하다. 이 도시는 리옹과 교대로 두 달에 한 번 대규모의 골동품 시장이 열리는 것으로 유명하다. 유럽 각국을 비롯해 50여 개국의 600여 골동품 도매업자들이 출품을 하고 전 세계 골동품상들이 그 물건들을 사러 온다. 몽펠리에 여행은 골동품을 구매하러 온 한국의 지인과 동행했는데, 그 덕에 색다른 경험을 했다. 골동품 시장을 가보면 어디서 이 많은 골동품이 쏟아져 나오는지 정말 대단하다. 이곳의 물건은 보통의 벼룩시장 물건과 차원이 다르다. 영국에서도 이런 곳을 가끔 가보았지만 확실히 대륙의 것들은 작고 아담한 영국 골동품하고는 달랐다. 크기도 크고 장식도 화려하고 영국에서의 가격보다 상당히 비쌌다. 물론 영국에서는 가격 흥정이 관습이 아니어서 대개 부른 값에 사야 하지만 여기서는 절대적으로 흥정을 해야 한다. 처음에는 관습을 모르고 가격에 입이 딱 벌어져 그냥 지나쳤다가 곧 흥정이 통한다는 사실을 알고 자연스럽게 가격을 후려쳤다. 그러고 보면 피도 눈물도 없이 딱딱한 독일이나 영국보다는 프랑스나 이탈리아는 좀 어설프지만 인간의 냄새가 난다.

유럽의 어느 도시든 도시 내의 각종 시설물이나 박물관, 고궁을 들어갈 수 있는 시티 카드를 판다. 특히 스위스에는 일정 기간 동안 스위스 내의 모든 기차나 시설, 심지어 스키 리프트까지 탈 수 있는 '스위스 카드'가 있다. 어디에서나 시티 카드를 사서 사용하면 저렴하게 여행할 수 있다. 가격뿐만 아니라 입장권을 사기 위해 줄을 서야 하는 수고도 덜 수 있다. 예를 들면 바르셀로나 피카소 미술관의 경우는 비수기인 겨울에 가도 한낮에는 줄을 20~30분씩 서야 한다. 이때도 시티 카드만 있으면 바로 입장이 가능하다. 몽펠리에에도 이 같은 시티카드가 있다.

보통 사람들은 프랑스를 패션의 나라라 한다. 분명히 맞는 이야기다. 나는 프랑스나 이탈리아를 여행하는 사람들에게 슈퍼에 가서 옷을 사보라고 권한다. 분명 이탈리아와 프랑스 슈퍼의 옷은 다른 나라 슈퍼의 옷들과는 다르다. 사실 고가의 명품 브랜드 옷은 세계 어디를 가나 다 똑같다. 그러나 각 나라마다 자국 나름대로 중저가의 대중 브랜드가 있다. 그런데 그 중저가의 대중 브랜드 옷이 이탈리아나 프랑스 경우에는 상당한 수준이다. 그래서 세계적으로 잘 안 알려진 대중 브랜드 패션을 찾아 슈퍼에서 옷을 쇼핑해보는 것도 프랑스나 이탈리아를 여행하는 맛이다.

프랑스인? 파리지엥?

프랑스인은 대개 좀 깍쟁이 같다는 느낌을 평소에 가지고 있었는데 이번 여행으로 많이 없어졌다. 내가 그런 생각을 했던 이유는 파리지엥이 주는 도회적인 세련미가 깍쟁이라는 이미지와 겹쳐졌던 것 같다. 물론 프랑스인 사이에서도 파리지엥은 프랑스인이 아니고 그냥 파리지엥일 뿐이라고 한다. 프랑스 시골 사람이 깍쟁이같이 얌체 짓을 잘하는 파리지엥이 얄미워서 그렇게 이야기하지만 그 평을 정작 파리 사람은 별로 싫어하는 것 같지 않다. 세련되지 않은 촌스러운 시골 프랑스인과 자신들을 구분 지을 수 있어서다. 어쨌든 여행 중에 만난 프랑스인은 대부분 친절하고 부드러웠다. 딱 한 번 골동품 전시장에서 전시된 조각상의 사진을 촬영하려고 하니 못하게 한 경우를 빼고 말이다. 공개된 장소에 있는 상품이라 무슨 저작권이 있는 것도 아니었다. 아주 고가의 미술품도 아닌 겨우 공예품 수준의 것이어서 허락을 받고 찍을 필요가 없을 듯했다. 하도 강력하게 막길래 그냥 물러서고 말았지만 그 여자는 분명 파리지엥이라는 확신이 들었다. 하긴 영국도 런더너는 시골 영국 사람과 달리 불친절한 깍쟁이다. 영국 시골 사람도 런더너보다는 친절하지만 그래도 프랑스 시골 사람보다는 못하다. 영국에서는 모르는 사람에게 촬영해도 되냐고 물으면 둘 중의 하나는 못 하게 한다. 프랑스에서는 그런 경우를 못 봤다. 웃으면서 혹은 부끄러워하면서도 기꺼이 포즈를 취해주었다.

옆 동네 마르세유에 비해 몽펠리에는 훨씬 안전하다는 느낌을 받았다. 그래서인지 주말도 아닌데 시내는 늦게까지 카페들이 문을 열었고 사람들이 꽉 들어차 있었다. 지중해 날씨가 워낙 좋으니 프랑스 남부에는 노천카페가 흔하디 흔하다. 특히 길이 워낙 좁은 올드 타운은 차가 못 들어오게 막고 있을 정도로 노천카페의 천국이다. 영국처럼 차가 쌩쌩 다니는 배기가스로 가득 찬 길을 나무 화분으로 조금 차단하는 시늉만 한 짝퉁 노천카페가 아니다. 차 소리도 들리지 않는 고색창연한 건물들에 둘러싸인 성당 앞 큰 광장이나 골목들이 만나는 작은 광장에 있는 노천카페다. 밤하늘을 바라보면서 한잔하는 맛에 프랑스에서는 노천카페를 애용할 수밖에 없다.

프랑스를 여행하는 이유는 경치나 유적을 보기 위함만이 아니다. 각 지방마다의 요리와 와인도 여행하는 기쁨 중의 하나다. 그런 의미에서 프랑스는 천국이다. 지방마다 다른 와인과 치즈, 빵 그리고 요리가 길손의 발길을 잡고 놓아주지 않는다. 아무리 시골 마을의 식당이라도 반드시 특유의 요리가 있고 그 요리는 어디에서도 맛보지 못한 독특한 것들이다. 만일 사치를 여유롭게 부릴 수 있는 시간이나 경제적 사성이 없다면 아쉬우나마 커피와 빵으로 때울 수도 있다. 프랑스에는 스타벅스 같은 커피 체인점을 찾아볼 수 없다. 대신 조그만 카페마다 자신들의 커피를 만들어 판다. 빵은 또 어떤가? 고속도로 휴게소에서 파는 빵마저 영국 빵과 달랐다. 동네마다 빵집이 있고 프랑스인은 거기서 매일 신선하게 만들어진 빵을 사 먹는 것을 당연하게 여긴다. 아직도 가부장적인 프랑스 남편들은 매일 아침 동네 빵집에 가서 빵과 신문을 사서 오는 일을 중요하게 생각한다. 그래서 프랑스인은 슈퍼에서 비닐봉지에 든 토스트 빵을 사다 놓고 며칠씩 먹는 영국인을 동정과 멸시의 눈으로 본다. 프랑스인은 영국인을 '비닐봉지 안의 빵을 먹고 사는 민족'이라고 불쌍하게 말한다. 영국인은 프랑스인을 '개구리와 마늘을 먹는 민족'이라고 놀리긴 하지만…. 영국인과 프랑스인은 애증의 관계가 엇갈리는 관계가 맞긴 맞나 보다.

4. 진짜 베를린 이야기
_ 독일

독일의 수도 베를린만큼 다양한 역사의 파편으로 깊은 상처를 받은 도시도 드물다. 2차 세계대전의 종전 처리 과정에서 나치 만행의 죄과로 독일은 주요 승전국인 영국, 프랑스, 미국, 소련에게 분할 통치되었다. 이후 서방 3국이 관할하던 4분의 3의 독일을 일러 서독이라고 했고, 나머지 소련이 관리하던 4분의 1을 동독이라 했다. 수도였던 베를린은 동독 중간에 있었으니 독일 전체와 마찬가지로 다시 네 개 지역으로 갈라섰다.

처음에는 동·서베를린 사이에 아무런 경계가 없어 사람들이 자유롭게 왕래를 했다. 그러나 서독이 급격한 속도로 선진화되면서 동독 시민이 동경을 하게 되자 동독 정부는 체제의 위협을 심각하게 느꼈다. 결국 동독은 1961년 8월 13일 베를린 중심가 50킬로미터에 걸친 동·서베를린 경계에 단 이틀 만에 철조망을 쳤다. 그리고는 8월 15일부터 이를 아예 콘크리트 벽으로 바꾸기 시작했다. 전기가 흐르는 5미터의 선선을 위에 인 콘크리트 벽이 동·서베를린을

베를린 장벽

갈라놓았다. 베를린 장벽은 전국으로 번져 전국의 1400킬로미터에 걸친 철통의 국경이 동서독 사이에 세워졌다. 독일은 명실공히 분단국가가 되었다. 결국 1989년 11월 9일 이 벽이 무너질 때까지 28년간 이 벽을 넘어오려다가 200여 명의 동독 시민이 희생되었다. 지금은 장벽마저 거의 다 철거되고 기념을 위해 남겨놓은 100여 미터만 제대로 모습을 간직하고 있을 뿐이다. 아직도 시내 곳곳 길바닥에는 벽돌 모양의 자취가 길게 남아 있다. 눈여겨보면 과거에 얼마나 베를린이 심하게 분리되었는지가 실감난다. 동서 냉전의 역사에 관심이 없을 젊은 배낭족들에게야 그냥 알 듯 모를 듯한 역사 속의 한 장면이겠다. 하지만 독일과 헝가리 국경이 무너지면서 막혔던 봇물이 터지는 것처럼 동독인들이 헝가리로 쏟아져 들어가던 장면을 사회주의 종주국이었던 소련에서 CNN으로 경악에 찬 눈으로 바라보던 내게는 감흥이 남다르다. 통일을 시켜주면 또 사고를 크게 일으킬 사고뭉치 전과자 독일의 통일에 누가 동의하겠느냐는 의문 때문에 당연히 불가능하리라 여겼던 독일 통일은 이제 이루어진 지 사반세기도 훨씬 더 넘었다.

웅장하다 못해 권위주의적인 베를린?

이제는 굳이 누가 밝히지 않으면 여기가 과거 동독 지역이었는지 구분이 안 될 정도로 변했다. 베를린 장벽의 잔해를 보고 난 후 동독 지역으로 발길을 돌려 거리를 걷다가 우연히 마주친 인공기가 달려 있고 정문이 굳게 닫힌 북한 대사관을 만났다. 그런데 그 문 앞에서 런던 주재 북한 대사관의 태영호 공사가 망명했다는 뉴스 속보를 스마트폰을 통해 보게 되는 우연을 겪었다. 속보를 보기 바로 전에 나는 북한 대사관 정문을 지나는 길에서 요즘 보기 어려운 1970년대 여중고생처럼 단발머리를 하고 촌스런 꽃무늬 원피스를 입은 소녀를 보고서는 분명 대사관을 방금 나온 북한 소녀라고 짐작하던 참이었다. 베를린 북한 대사관은 모스크바 북한 대사관만큼 큰 건물들이 경내에 있었다. 대사관 직원 전원이 집단 거주를 할 수 있을 만한 규모의 집 한 채만 달랑 있는 런던 대사관과는 비교가 되었다. 그런데 런던의 북한 대사관 안에는 대사를 비롯해 전 대사관 직원과 가족이 산다. 건축 허가를 받지 않고 불법으로 증축해서 살고 있어 해당 구청이 골치가 아프다. 영국 건축법에 따르면 주택지에 대사관을 설치할 수 없다. 그래서 북한은 영문 간판에 대사관이라고 하지 않고 대사의 관저라고 표기하는 꼼수를 쓰고 있다. 아마도 런던에서 유일하게 대사관 건물이 없는 국가가 북한일 것이다.

베를린의 건물은 유럽 어느 도시의 건물들과도 비교가 안 되게 거대하고 웅장해서 압도적이기도 하고 한편으로는 권위적으로 보인다. 파리의 건물도 웅장하고 크기는 하지만 베를린 건물만큼 압도적이지도 권위적이지도 않다. 런던의 건물은 이 두 도시에 비하면 아담하고 인간적이다. 나름대로 제국주의적인 냄새를 풍기는 빅토리아 시내 건물도 독일 건물에 비하면 잉증맞나. 어쩌면 독일인이 느끼는 프랑스의 예술 감각에 대한 열등감이니 영국에게 갖는 역사 속의 여유에 대한 결여감의 보상 심리가 작용한 결과일 수 있다는 자의적인 해석을 해본다. 어찌 되었건 웅장하고 제국적인 베를린의 건물에서는 파리 건물에서 오는 퇴폐적이지만 인간적인 냄새나 런던 건물에서 맡을 수 있는 잘 늙은 노인의 따뜻한 미소가 보이지 않는다. 브란덴부르크 문이 그런 대표적인 건물이고, 그 옆의 독일 의회 건물도 마찬가지다. 박물관섬 Museumsinsel 지역에 있는 옛 국립 미술관Alte Nationalgalerie을 비롯해 베를린 시내 건물이 대부분이 그렇다. 나치에 대항한 지성의 상징 같은 독일 훔볼트 대학교, 독일 최고의 낭만 시인 프리드리히 실러Friedrich Schiller의 동상을 앞에 안고 있는 베를린 콘서트홀, 옆에 하늘을 찌를 듯이 높이 솟아 있는 프랑스 성당 같은 젠다르맨 광장 안의 건물들도 마찬가지다.

베를린 건물이 권위주의적이고 압도적인 느낌을 주는 이유는 유난히 높은 건물의 높이와 불필요하게 높은 계단 때문인 것 같다. 지금까지 거론한 건물들의 정문을 올라가려면 다리 힘이 상당해야 할 정도로 접근이 용이하지 않은 높은 곳에 건물들이 서 있다. 게다가 웬 건물의 첨탑이 그리 높은지 웬만한 광각 렌즈로는 잘 잡히지 않는다. 건물 전체를 광각 렌즈 안으로 집어넣으려 뒤로 물러서면서 문화적인 열등감에 사로잡힌 심리에서 나온 듯한 모습이라고 빈정대본다. 그래서인지 베를린은 파리나 런던보다 훨씬 더 정리정돈이 잘된 도시 같다.

책을 태운 사람은 사람을 태울 것이다

박물관섬을 벗어나서 가장 인상적이었던 건물은 '보리수 아래 거리Unter

갠다르맨 광장의 콘서트홀과 성당 건물

Den Linden'라는 낭만적인 이름의 거리에 있는 노이에 바허Neue Wache라 불리는 일종의 현충원이었다. 원래 왕세자 경비병들이 쓰던 건물이었는데, 동독 시절에 '파시즘과 군국주의에 의한 희생자를 기리는 성지'라고 해서 무명의 전사자와 나치에 학살된 유태인을 기리는 곳으로 만들어 영원의 불과 함께 24시간 경비병 두 명이 보초를 섰다. 독일 통일이 된 이후에는 '전쟁과 독재의 희생자를 기억하는 독일 연방 공화국 기념관'이라는 거창한 이름으로 다시 한번 바뀌었다. 로마의 판테온 신전을 연상시키듯 하늘로 향해 뻥 뚫린 중간 천장의 모습과 함께 텅 빈 공간이 주는 엄숙한 모습이 인상적이다. 그런데 여기를 반드시 봐야 하는 이유는 그 중간에 안치된 조각가 케테 콜비츠Kathe Kollwitz의 〈성모자상〉 때문이다. 런던 세인트 폴 성당에 있는 헨리 무어Henry Moore의 〈성모자상〉을 연상하게 하는 이 조각은 오석이라 불리는 완벽한 흑색의 화강암 조각이다. 실내가 워낙 어둡고 작품이 검은색인 데다가 모자가 모두 웅크리고 있어서 죽은 아들을 안은 비통한 어머니의 모습이 잘 보이지 않는다. 국가의 명령이면 명령이고 부름이면 부름인 징집령을 받아 무슨 이유로 싸우는지도 모르고 죽은 젊은이들은 어느 나라나 있다. 그래서 가까이 가서 보려고 하면 경비원이 엄청나게 성스러운 곳을 침범한 것처럼 야단친다. 반드시 가보아야 할 곳으로 정말 강력하게 추천한다.

베를린에는 일반적인 관광지 말고 강하게 추천하고 싶은 곳이 몇 군데 더 있다. 첫 번째가 현충원 길 건너에 있는 홈볼트 대학교 경제학부 건물 마당인 바빌로니아 광장Bebelplatz이다. 여기가 1933년 5월 10일에 2만 권의 책이 불살라졌던 분서갱유焚書坑儒 현상이다. 나치 선동 정치에 이용된 학생들이 나치 사상과 어긋난다고 여긴 하인리히 하이네, 칼 마르크스, 앨버트 아인슈타인, 하인리히 만의 책들을 모아 태웠다. 지금은 광장 바닥에 새겨진 명판과 2만 권의 책을 담을 수 있는 빈 서가가 보이게 만든 지하로 향한 유리창이 그 자리를 기억하게 한다. 당시 정권을 잡은 아돌프 히틀러는 '이 책의 불

케테 콜비츠의 성모자상

타는 불빛이 나치의 미래를 밝힐 것이다'라고 연설했다.

이 일이 있기 무려 100년하고도 12년 전인 1821년에 자신의 책이 미래에 탈 것을 예언하듯이 하인리히 하이네는 '책을 태우는 곳의 사람들은 결국 사람들을 태울 것이다'라고 했다. 사실 하이네는 스페인 기독교인이 무슬림 책들을 태운 사건을 두고 말했었다. 나치가 유태인을 아우슈비츠에서 불에 태웠으니 하이네의 형안은 놀랍다. 하이네는 같은 민족인 독일인이 책을 태우고 인체를 태우는 만행을 저질렀다는 사실을 알면 뭐라고 할까? 진시황의 분서갱유에서 보듯이 동서고금을 막론하고 인류의 불행한 역사는 유감스럽게도 반복되고 있다. 이렇게 불이 붙은 나치의 광기는 5년 반 뒤 1938년 밤 유태인 상점을 습격하는 소위 말하는 '수정의 밤Kristallnacht'으로 절정에 이른다. 한 장의 낙엽으로 천하에 가을이 도래했음을 알 수 있다지만 이 작은 분서의 광기로부터 시작된 히틀러의 '악마의 전쟁'인 2차 세계대전으로 유럽인 7300만 명이 희생되었다.

히틀러가 자살한 지하벙커의 자리

두 번째로 들러야 할 곳은 히틀러가 최후를 맞이한 지하 벙커 자리다. 소련군의 베를린 진주를 코앞에 두고 마지막을 준비한 히틀러는 정부 에바 브라운과 함께 자살하면서 자신들의 시체를 불 태우라고 했다. '총통 지하 요새 füherbunker'라는 뜻의 벙커는 완전히 철거되어 흔적조차 없이 사라졌다. 동독 시절 그 위에 아파트를 지어 지금은 잔디밭이 되었다. 히틀러가 마지막을 맞이한 이곳이 혹시 신新나치들의 성지가 될까 염려해 완벽하게 흔적을 없앴다. 불에 태워진 히틀러의 유골 잔해도 비밀 장소에 묻어두었다가 이마저 1970년 4월 소련이 완벽하게 태워 엘베강의 지류인 비데리츠 개울에 뿌렸다. 그나마 2006년 독일 월드컵 축구 대회 때 관광객의 편의를 위해 베를린시가 마지못해 안내판이 하나를 세워 역사의 편린을 살펴볼 수 있다.

세 번째는 히틀러 지하 벙커 옆에서 100미터도 안 되는 곳에 위치한 나치에 희생된 '유럽 유태인을 위한 홀로코스트 메모리얼'이다. 히틀러의 지하 벙커로부터 아주 가까운 것이 우연인지 고의인지는 몰라도 의미심장하다. 작품 자체는 더 큰 충격이다. 2만 제곱미터에 펼쳐진 흡사 회색의 관 같은 2717개의 직사각형 콘크리트 덩어리들은 말을 잊게 한다. 뿐만 아니라 그 처절함이 몸에 소름이 끼치도록 섬뜩하다. 높이는 20센티미터부터 4.7미터까지 제각각이고 길이도 2.38미터에서 95센티미터까지 다양하다. 시멘트 덩어리가 놓인 땅은 걷기가 불편할 정도로 울퉁불퉁하고 미로같이 복잡하다. 안쪽으로 들어갈수록 낮아져 한 중간에 들어가면 거의 바깥이 보이지 않을 정도로 푹 둘러싸인 느낌이 든다. 흡사 세상과 절연한 곳에 와 있는 듯 아득하다. 지하에는 300만 명의 유태인 희생자들 이름이 새겨진 '정보의 공간Ort der Information'이 있다. 2005년 2차 세계대전 60주년을 기념해 완공해서 개방했고 2500만 유로의 공사비가 들었다.

슬픈 역사보다 가십에 더 눈을 돌리는

베를린을 가면 동서 냉전, 나치 독일에 대한 역사의 교훈과 함께 유태인 대학살 사건을 떠올릴 수밖에 없다. 그래서 베를린에서 놓칠 수 없는 곳이 유태인 박물관이다. '유태인 학살 박물관도 아니고 유럽의 소수 민족 중의 하나인 유태인 박물관을 내가 왜 가?'라고 하면 안 된다. 유럽인은 싫든 좋든 유태인과 연결되지 않을 수 없다. 매주 가는 성당에서 봉독하는 성경 구절에 매번 빠짐없이 유태인과 이스라엘 이야기가 나오는데 어찌 유럽인이 유태인 문화에 무심할 수 있을까? 유럽 문화를 이해하려면 기독교를 반드시 이해해야 하고, 기독교를 이해하기 위해서는 유태인과 유태인 문화를 이해해야 한다. 우리를 이해하기 위해서는 중국에서 시작된 유교와 인도에서 시작된 불교를 이해하지 않으면 안 되듯이 말이다.

아돌프 히틀러가 숨진 지하벙커 인근의 '유럽 유태인을 위한 홀로코스트 메모리얼'

2차 세계대전 중 600만 명에서 1200만 명에 달하는 유태인이 죽었다. 그러니 유태인 박물관은 세계대전을 일으켜 종족 말살을 목적으로 하는 대학살을 의도적으로 자행한 독일에 반드시 있어야 할 박물관이다. 자신의 악행을 외면하고 돌아보지 않으면 언젠가 인간은 악행을 되풀이할 수밖에 없다. 자신을 도마 위에 올려놓고 해부하고 냉철하게 돌이켜봐야 악행으로부터 자유로워질 수 있다. 그러고 보면 독일은 무섭다. 자신들의 만행을 천하에 다 밝히고 차세대에게도 계속 역사를 가르친다. 같은 비극이 일어나지 않게 하도록 노력을 기울이는 것을 보면 독일인은 참 냉철하고 철저하다. 냉철하고 철저한 민족이기에 그토록 참혹한 일을 저질렀다는 생각이 들자 독일인이 다시 한번 무서워졌다. 수도 베를린에 유태인 박물관을 지은 이유는 아무리 되새겨도 과함이 없다. 독일에 비하면 자신들의 만행을 여전히 감추려 하고 포장하려 하는 일본은 순진하고 어리석어 보여 차라리 안심된다. 영원히 우리의 적수가 될 수 없다는 생각이 든다.

유태인 박물관은 건물의 기기묘묘한 설계도 일품이지만 그 안의 내용물이 대단하다. 특히 방 하나에는 사람 얼굴을 한 1만 개의 철가면鐵假面이 바닥에 가득한 설치 작품이 있었다. 이를 처음 본 순간 나는 어쩔 줄 모를 정도로 충격을 받았다. 그 방은 조명도 창문도 없고 천장이 높았다. 사방의 벽은 아무런 장식도 없고 채색조차 되지 않은 단순한 회색 시멘트 벽이었다. 방에 들어선 나는 머뭇거렸다. 철가면으로 꽉 찬 바닥을 밟고 지나가도 될까 싶었다. 주위를 보니 다른 관람객들이 그 위에 올라서 있었다. 나도 따라 올라섰는데 그 느낌에 경악했다. 작품을 발로 밟는 것이 흡사 사람 머리를 밟는 듯해서 묘하면서도 충격적이었다. 은색의 철가면은 밟으면 소리를 내고 움직였다. 마치 사람의 얼굴과 머리를 밟고 지나가는 것 같은 상황을 만들어 관람객에서 죄책감을 느끼게 하는 게 이 걸작의 목적이 아닌가 싶었다.

가면의 얼굴 표정이 모두 다르다는 걸 알아채고 하나하나 유심히 봤는데 가면이 말해주는 사연이 다 달랐다. 비명을 지르듯 입을 크게 벌인 얼굴도 있고, 울음을 삼키고 밖으로 내뱉지 못하는 얼굴도 있었다. 속삭이는 듯한 얼굴도 있고, 우는 표정도 있었다. 입과 눈 부분에 구멍이 파여 있는 얼굴이 대부분이지만 금만 가 있고 뚫려 있지 않은 얼굴도 있었다. 가면이 사람 발에 밟혀서 내는 소리가 천장이 높고 창문이 없어 거의 밀폐된 방에 기이하게

사람 얼굴을 한 1만개의 철가면으로 만들어진, 메나세 카디쉬만의 '낙엽'

울리면서 메아리쳤다. 다른 형태의 사람 비명 같았다. 약간 어두컴컴한 창고 같은 방 분위기와 바닥에 깔린 1만 개의 철가면이 전해주던 그 기괴함과 죄책감, 공포는 잊을 수 없다. 이 작품의 이름은 〈낙엽Shalekhet, Fallen Leaves〉이다. 생명을 다한 잎사귀를 묘사했다고 작가 메나세 카디쉬만Menashe Kadishman은 겸손하게 애기하지만 관람객으로서는 폭력에 의해 희생된 생명을 애도한 표현으로 받아들여졌다. 얼마나 많은 나치 희생자가 있었겠는가? 그들의 사연을 하나하나 살피되 깊은 의미를 애써 내세우려 하지 않도록 노력한 듯했다. 두고두고 기억될 작품이었다. 박물관을 나서려다 이 작품을 본 것으만로도 유태인 박물관을 찾은 목적을 다했다는 뿌듯한 성취감이 들었다. 인간이 얼마나 잔인해질 수 있는지를 우리 인류에게 두고두고 알려줄 기념비였다.

바흐의 〈브란덴부르크 협주곡〉으로 유명한 베를린 관광의 명소 브란덴부르크 문에서 관광 가이드는 보통 그 앞에 있는 호텔과 마이클 잭슨을 들먹인다. 바로 캠펜스키 호텔 말이다. 이 호텔 창문으로 잭슨이 자신의 아이를 위험하게 쳐들고 아래의 관중에게 보여주어서 경악을 불러일으켰었다. 이제 세상은 동서 냉전의 상징이자 독일 역사의 중심인 브란덴부르크 문보다 2009년 죽은 인기인과 얽힌 이야기에 더 관심이 있다. 그다음에는 독일 연방 의회 의사당Reichstag으로 가보았다. 의사당 건물 자체는 추천할 만하지 않다. 의사당 건물은 베를린의 과대만능과 과대망상의 다른 건물과 별다를 바 없다. 높은 계단 위에 위치한 옆으로 길고 위로 높은 좌우대칭의 전형적인 신新고딕 양식의 의사당은 집에 가서 사진을 보면 무슨 건물이었지 하고 헷갈릴 정도로 평범하다. 특이한 건물은 이 의사당 지붕 위에 설치된 온실 같은 유리 건물이다. 그 안은 나선형으로 되어 있는데 각 층을 모두 올라가봤으면 하는 생각이 들었다. 그런데 여기는 충동적으로 올라갈 수 있는 곳이 아니라는 문제가 있다. 몇 시간을 기다릴 각오를 하거나 사전에 인터넷 예약을 해야 접근이 가능하다.

1894년에 지은 역사적인 건물, 그것도 국사를 논하는 엄숙한 건물 꼭대기에 무엄하게 온갖 '시정잡배'들이 구경할 수 있는 공간을 만들 생각을 한 의회 사람들이나 이를 허락한 선량들의 열린 사고가 놀랍다. 하긴 이 건물은 설치 미술가들의 작품이 되어 세상을 놀라게 한 적도 있다. 1995년 설치 미술가 크리스토와 잔느 클로드 부부가 이 건물을 2주간 완벽하게 포장했다. 90명의 전문 암벽 등반가와 120명의 설치 전문가가 1만 제곱미터의 은색 천과 15.6킬로미터의 청색 끈을 이용해 의사당을 우편 소포처럼 포장함으로써, 이런 무색무취의 냉혈 건물도 살아 있는 예술 작품이 될 수 있음을 세상에 보여주었다. 권위가 뚝뚝 떨어지는 엄숙하기 그지없는 건물을 천으로 싸겠다고 나선 불가리아인 남편과 모로코인 부인 예술가도 대단하지만 장난 같은 설치 미술적인 시도를 예술적으로 받아준 독일 의회의 의원들이 더 놀랍다. 돔 위의 유리 건물은 의회 주 회의실 위에 위치하며, 1995년 영국 최고의 건축가 노먼 포스터의 아이디어로 설계되었다. 방문객이 아래에서 이루어지는 국사 진행을 내려다볼 수 있는 유리 건물은 독일 연방 의회의 개방성과 투명성의 상징이다. 내가 언젠가 반드시 한번 올라가보고 싶은 곳 중의 하나다.

곰이 베를린의 상징이 된 이유

베를린 시내를 다니다 보면 양팔을 들고 있는 곰 조각이 눈에 띈다. 기념품 상점에는 수없이 많은 각종 곰을 볼 수 있다. 곰이 베를린의 상징이 된 지는 아주 오래되었다. 1280년 베를린시 문장에도 독수리와 함께 곰 두 마리가 등장한다. 곰이 등장한 유래에 대한 설은 분분하나 결정적인 역사 문서나 증거는 어디서든 찾아볼 수 없다. 현재 베를린 시내 여기저기에 설치된 다양한 모양의 곰 조각품 〈버디 베어Buddy Bear〉는 2001년부터 선보였다. 당시 취리히, 뉴욕에도 길거리에 예술을 가져오자는 바람이 불었다. 각종 조각품이나 설치 미술품으로 도시 각처를 장식해 세인의 눈길을 끌고 도시를 보다 풍성하게 하자는 취지였다. 이 유행은 곧바로 세계로 번져갔다. 베를린에도 그때 다양한 모양의 곰이 등장했고, 이후에 기회가 있을 때마다 여러 색깔과 디자인의 곰 조각품이 추가되어 현재 수없이 많은 곰 조각품이 사랑받고 있다.

5. 처칠, 그 평범하고 위대한 이야기
_ 영국

당신에게 짖는 모든 개에게 돌을 던지려 멈춘다면 당신은 목적지에 끝내 다다를 수 없다.
You will never get to the end of the journey if you stop to shy a stone at every dog that barks.
— 윈스턴 레너드 스펜서 처칠

영국인은 참 감동시키기 힘든 민족이라고 영국 정치인은 하소연한다. 영국인은 정치인의 감언이설에 잘 넘어가지도 않고 애국심이 철철 넘치는 연설에도 감동을 하기는커녕 웃고 가버린다. 그러고는 다시는 그의 발언을 들으려 모임조차 오지 않는다. 결국 그 정치인은 그날부로 자신의 연설을 들었던 거의 모든 유권자를 잃어버린 셈이 된다. 아무리 정치인의 애국 연설이 구구절절 맞아도 말이다. 미국 정치인이 연설하면서 열을 내서 고함을 지르고 손을 흔들며 애국심이 어떻고 하는 모습을 영국인은 한심하게 쳐다본다. 같은 민족이 200년 만에 완벽히 다른 종족처럼 바뀌었다.

영국인은 있는지 없는지도 모를 만큼 조용하게 그러나 착실하게 자신의 일에 매진하는 의원을 좋아한다. 영국인은 정치인의 장광설을 가르치려 든다고 생각하고 싫어한다. 그래서 정치인을 반드시 말보다는 실적을 보고 평가한다. 영국 총선에는 벽보도, 현수막도, 대중 연설도 없다. 오로지 지역구 집

집마다 그동안 자기 당과 자신이 무엇을 했는지를 알리는 유인물만 계속해서 자원봉사자의 손으로 배달될 뿐이다. 그러다가 선거 막바지가 되면 한두 번 후보자가 진지하고 조심스러운 표정과 몸짓을 하고 문을 두드리며 몇 마디 대화를 나누려 한다. 이처럼 영국 정치인의 득표 활동은 우리랑은 다르게 매우 어렵다. 그런데 격정적인 연설의 불문율을 지금까지 유일하게 깬 영국 정치인이 있다.

우리가 몰랐던 처칠의 뒷모습

바로 두 번의 영국 총리를 역임하고 '가장 위대한 영국인 100명' 중에서 1위를 기록한, 윈스턴 레너드 스펜서 처칠Winston Leonard Spencer Churchill (1874~1965)이다. 처칠은 2002년 밀레니엄을 맞아 BBC가 영국의 전국 시청자 3만 명을 대상으로 한 조사에서 28.1퍼센트를 받아 1등을 했다. 얼마나 대단한 인물이면 선정 당시 죽은 지 40년이 거의 다 된 일개 정치인이 영국의 가장 위대한 인물로 선정되었을까. 조사 결과에 영국인도 놀란 듯하다. 처칠은 2차 세계대전을 승리로 이끌어 유럽을 히틀러라는 희대의 악마 손아귀에서 구해 유럽인뿐만 아니라 미국인까지 빚을 졌다고 느끼는 인물이다. 그는 26세에 하원 의원으로 선출되어 1964년 90세로 은퇴할 때까지 중간에 잠깐 낙선한 딱 2년만 빼고 58년간 하원을 지킨 영국 현대사의 증인이다. 그렇다고 그런 영광의 자리까지 차지할 줄은 실제 투표를 한 BBC 시청자도 짐작을 못 했다는 후문이다. 더군다나 거의 3분의 1에 가까운 득표를 통해서 말이다.

사실 처칠은 영국 정치에서 주류 인물이 되기에는 여러 가지 면에서 부족했다. 영국 총리가 되려면 우선 학벌이 중요한데 특히 옥스브리지Oxbridge 출신이어야 한다. 1721년 1대 총리 로버트 월폴Robert Walpole 총리의 캠브리지로부터 시작해서 역대 영국 총리 54명 중 옥스퍼드 27명, 캠브리지 14명 도합 41명이 옥스브리지 출신이라면 더 할 말이 없어진다. 무려 76퍼센트 즉 네 명

처칠 가문의 종가집, 블레넘궁

중 세 명이 옥스브리지 출신이다. 영국은 대단한 엘리트주의 사회여서 학벌 지상주의가 어느 나라보다 더하다. 현직 보리스 존슨Boris Johnson 총리를 비롯해 이전의 총리인 테레사 메이Theresa May, 데이비드 캐머런David Cameron 그리고 마가렛 대처Margaret Thatcher 모두 옥스퍼드 출신이다. 캐머런 직전 총리 때와 메이 총리 때도 내각 멤버의 3분의 2가 옥스브리지 출신이었다. 그래서 엘리트 코스를 밟지 않고 총리나 장관이 되는 경우는 엄청난 실력이 있지 않으면 불가능하다. 처칠은 역대 총리 중 대학 교육을 받지 않은 여덟 명 중 한 명이다. 대학 졸업생이 아닌 여덟 명 중에서 군인 출신이 두 명이다. 샌드허스트 육군 사관 학교를 나온 처칠이 그중 하나다. 워털루 전투에서 프랑스 황제 보나파르트 나폴레옹의 운명을 결정 지은 영국 최고의 명장인 아서 웰슬리 웰링턴 공작 겸 총리가 프랑스 왕립 승마 군사 학교를 나왔다. 영국은 원래 무인이 지배하는 국가다. 현 엘리자베스 여왕의 남편인 필립 공작도 해군 사관 학교를 나왔고 현 왕자들도 모두 사관 학교나 군 학교를 나온 군인이다. 유럽 귀족은 원래 장군들이다. 기사들은 예비역 장교로 보면 된다. 그렇게 보면 영국을 비롯한 유럽 국가들은 동양과 달리 군인이 국가를 이끌어갔던 무인武人 국가였다. 이에 비해 고위 정치인 중에는 군인이 거의 없다. 정치는 전문가

영국

정치인이 해야 한다는 뜻 같다. 군인 출신인 처칠은 그래서 다른 주류 정치인들과는 다른 길로 정치를 시작한 셈이다.

그렇다고 처칠이 영국 상류층의 상징인 귀족인가 하면 그것도 아니다. 물론 처칠은 영국에서 24명밖에 없는 세습 공작 집안 출신이다. 처칠의 친할아버지는 7대 말보러 공작이지만, 처칠의 아버지가 삼남이라 작위가 없다. 즉 처칠도 귀족 집안 자손이나 대를 잇는 세습 귀족은 아니다. 역대 총리 명단을 보면 귀족 작위가 있는 인물이 대다수여도 모두 본인의 힘으로 총리 사임 후 받은 귀족 작위지 세습한 작위는 아니다. 귀족은 상원으로 가고 국민 투표로 당선된 하원 출신만 총리가 된다. 해서 영국 귀족 중에는 직업 정치인도 대학 출신도 그다지 많지 않다. 원래 유럽 귀족은 장군이지 동양같이 선비가 아니라서 고등 교육을 받지 않아도 귀족 지위를 유지하는 데 아무런 문제가 없다. 차라리 귀족들 사이에서는 '가방끈이 너무 길면' 좀 이상한 사람으로 취급받는다. 다음 영국 왕이 될 찰스 왕세자가 캠브리지 대학교에서 역사고고학, 문화인류학을 전공해 영국 역사상 처음으로 학사 학위를 가진 왕세자다. 현 엘리자베스 여왕까지 40명의 영국 왕 중에서 첫 대학 출신의 학사 왕이 나오는 것이다. 유럽에서는 대학 교수직이 일반화되기 전까지 지식인은 성직자가 대종을 이루었다. 그나마 현대에 들어와 영국 귀족들 중 아주 극소수가 고등 교육의 필요성을 느껴 대학에 진학한다. 그러나 대개 자신의 영지를 직접 돌보는 데 필요한 지식 습득을 위해 왕립 농업 학교를 비롯한 농업 관련 학교를 많이 간다. 영국 귀족은 원래 직업이 군인인 동시에 왕으로 물려 봉토를 물려받는 재촌再村 지주임을 감안하면 놀랄 일이 아니다.

뿐만 아니라 처칠은 당시 총리들이나 동료 고위 정치인들에 비해 가진 돈도 별로 없었다. 7대 말보로 공작의 손자, 재무장관의 아들로 자라서인지 사치가 심해 물려받은 많지 않은 재산마서 모두 낭비해버렸다. 그 탓에 나중에 경제적인 어려움을 상당히 겪었다. 그러면서도 젊은 시절 다녀온 쿠바에서 배운 고가의 시가는 아무리 형편이 어려워도 계속 피웠다. 자신의 말마따나 슬퍼도 한잔, 기뻐도 한잔해야 하는 샴페인과 코냑은 빠뜨릴 수 없는 필수 일상용품이었다. 게다가 양복은 세계 최고가의 맞춤 양복으로 영화 〈킹스맨〉의 본부가 있는 세빌로 거리의 양복점에서 해 입었다. 그리고 몬테카를로를 들락거리며 노름도 했다. 하룻밤에 8만 파운드(1억 3000만 원)를 잃은 적도 있다.

더욱이 할 줄도 모르면서 투자한 주식의 실패 등으로 평생 돈 때문에 고생했다. 특히 미국 대공황의 여파로 거의 전 재산(현재 가치 890만 파운드, 한화 140억 원)을 날려서 수차례 파산의 위기에 몰렸다. 결국 노벨 문학상을 받게 한 《2차 세계대전사》가 공전의 베스트셀러가 되어 정말 거액을 만지기 전까지는 몇 차례에 걸쳐 유태인 부자 친구들의 도움을 받아 파산을 면했다.

지금 같으면 정치인으로 도저히 살아남을 수 없는 비도덕적인 금전적인 도움을 기업가들로부터 받았다. 하지만 처칠은 그들에게 반대급부로 특혜를 준 적도 없고 그들도 처칠로부터 받을 사업적인 이권이 없다는 점을 분명하게 했다. 처칠은 금융적인 혜택을 받아도 흔들림 없이 정치를 해나갈 수 있다며 자신했다. 지금의 일반적인 관념에서는 말도 안 되는 일이었지만 당시는 큰 문제가 아니었다. 대개의 후원자들은 유태인이었고, 반反독일 정책과 반反 공산주의 정책을 표방하는 정치인 처칠을 지원했다. 특히 히틀러에 대한 처칠의 줄기찬 경고를 좋아해 조건 없는 후원을 했다. 유태인은 히틀러로부터 유럽을 구할 사람은 처칠밖에 없다고 보았다. 그리고 처칠 덕분에 유태인이 바라던 대로 유럽은 히틀러 손아귀로 안 떨어졌다. 자신들이 지지하는 정치인을 후원해서 기브 앤드 테이크 거래를 했지만 도덕적으로나 정치적으로 아무런 문제가 없었다는 점이 재미있다.

영국 국민을 움직인 처칠의 명연설

처칠의 아버지 랜돌프 처칠은 아버지가 7대 말보로 공작이어서 세습 공작 직계이지만 셋째 아들이어서 작위는 없었다. 자신의 능력으로 하원 의원이 되고 영국 정부의 실질적인 2인자이자 대개 다음 총리 1순위인 재무장관이 되었다. 그는 일과 사교 때문에 아들 처칠을 돌볼 시간이 없었다. 더군다나 미국인인 처칠 어머니는 영국 사교계의 유명한 거물로 런던의 밤거리를 누비고 다녔다. 해서 처칠은 유모가 세상에서 자신을 가장 사랑해주는 가까운 사람이라고 여겼다. 당시 상류층 집안에서는 이런 일이 당연한 관행이었다. 보통의 영국 귀족이 자식을 일찍부터 명문 기숙사 학교(이튼, 해로우, 럭비 스쿨)에 보내는 이유는 내외가 공사다망한 나머지 자식을 직접 돌볼 시간이 없어서다. 자식을 끼고 키우면 망친다는 그럴듯한 명분을 대지만 사실은 바빠서다. 그래서 귀족의 부모와 자식 사이는 대개 관계가 냉랭하고 사무적이다. 대다수 귀족 집안의 어머니는 처칠 어머니처럼 직접 자신의 젖으로 키우지 않아 애틋한 자정慈情이 없다. 그래서 처칠의 부모는 처칠의 능력을 잘 파악하지 못했다.

처음에는 처칠에게 정치인이나 변호사가 될 자질이 없다고 판단하고 군인으로 만들려고 육군 사관 학교를 보냈다. 그러나 처칠은 사관 학교를 들어가기 전 다니던 고등학교인 해로우 스쿨에서 역사와 영어 작문에 뛰어난 성적을 보여주었다. 실은 군인보다 정치인이나 변호사가 되기에 적절한 재목이었다. 사관 학교를 나와 장교로 근무하는 동안 처칠은 남는 시간에 독서를 하며 대학 진학을 못 한 한을 풀었다. 이때의 독서가 처칠로 하여금 평생에 걸쳐 저술로 생계를 유지할 수 있게 만들었다. 영국의 하원 의원은 1911년이 되어서야 소액의 세비를 받기 시작했다. 그전에는 문자 그대로 명예 봉사직이었다. 그래서 처칠이 저술로 생계를 유지하지 않았으면 정치를 할 수 없었다. 독서는 나중에 영국인의 심금을 울려 2차 세계대전 승리의 제일 중요한 요인이 된 처칠의 명연설과 영광의 노벨 문학상을 받는 글쓰기의 기초가 되었다. 무엇보다 처칠은 어휘력 연마에 노력을 대단히 기울였다. 원래 타고난 글솜씨와 함께 훈련된 언변으로 처칠은 2차 세계대전 중 영국인을 잘 인도했다.

원래 영국인은 정치인의 교언영색巧言令色에 현혹되지 않는다. 그럼에도 불구하고 영국인을 매혹시킨 처칠의 유명한 연설은 거의 윌리엄 셰익스피어 수준의 진지한 말장난 작품이다. 동음이의어, 반대말, 유사한 단어들을 사용해서 현란한 수사를 구사한 처칠의 연설은 라디오를 통해 전국에 방송되었다. 당시 영국인은 지푸라기라도 잡는 심정이었고, 처칠의 격정적이고 수사가 가득한 확신의 희망 메시지를 무엇보다도 필요로 했다. 처칠을 주인공으로 한 영화 〈다키스트 아워Darkest Hour〉(2017)에서 완벽하게 처칠을 연기해 아카데미 남우주연상을 받은 게리 올드만Gary Oldman은 인터뷰에서 '영국인은 그 어느 때보다도 더 자신들을 안심시켜주는 확신에 찬 처칠의 말이 절실하게 필요했다'면서 자신이 연기한 처칠을 평가했다. 사람들은 누구나 어려운 상황에 닥치면 평소와는 달리 헛말인 줄 알면서도 달콤한 위안의 말로 위안을 얻는다. 처칠은 이 같은 영국인의 아픈 심정을 잘 파악해서 '언어의 달인 wordsmith'으로서 실력을 발휘해 영국인을 한껏 휘어잡고 전쟁을 효과적으로 수행해 결국 승리를 이끌었다.

처칠이 언어의 달인급 실력을 갖추게 된 이유는 정치에 관심을 두고 일찍 부터 준비했기 때문이다. 당시 영국 사관 학교는 1년 반의 교육과 훈련뿐이 었다. 처칠은 항상 대학 출신에게 열등감을 느꼈다. 해서 계속 공부와 독서를 하고 연설 연습도 게을리하지 않았다. 자신의 혀짤배기 발음도 고치려 노력 한 끝에 거의 정상인에 가까운 수준이 되었다. 특히 문장 연구에 치중한 처칠 의 연설에서는 동음이의어, 중의어重意語, 대구對句 연결 같은 셰익스피어식 의 문장 기법이 곳곳에서 발견된다. 전문 작가들도 처칠의 언어 구사 능력에 놀란다. 처칠은 이런 기법으로 청중을 웃기고 울리고 흥분시키고 분노하게 만들어 자신이 원하는 대로 청중을 끌고 갔다. 특히 순발력이 뛰어나 의회에 서 곤혹스런 질문이 들어오면 일단 유머를 던져 웃기고 시간을 번 다음, 그사 이에 생각해낸 적절한 대답을 했다. 아니면 이미 청중이 박장대소를 하며 무 슨 질문이 있었는지 잊어버린 틈을 타서 슬쩍 다른 주제로 옮겨갔다. 특히 대 중 연설 기법이 뛰어나 수많은 대중의 마음을 움직였다. 그중에서도 라디오 연설을 통해 순식간에 영국 국민에게 자신의 정책과 생각을 적절하고 유효하 게 주입하는 기술이 있었다. 대학을 못 간 보상 심리로 독서에 열중했던 처칠 은 특히 의회의 기록들을 열심히 읽었다. 토론집이나 정책 서류 그리고 역사 등을 열심히 읽어 장래에 대비한 덕분에 26세 때 초선 의원이 된 다음 재빨리 출세가도를 달리기 시작했다.

덩케르크 철수 작전을 성공시킨 말

2차 세계대전 개전 초기부터 처칠은 영국인에게 승전에 대한 확신을 심어 주려고 노력했다. 당시를 기억하는 영국인은 누구나 처칠의 성공적인 연설이 전쟁의 어려움을 견디도록 해주었음을 인정한다. 특히 1940년 6월 4일 덩케 르크Dunkirk 철수 작전이 성공적으로 끝나는 과정에서 나온 연설은 유명하다. "어떤 대가를 치를지언정 우리는 해변에서도 싸우고 상륙지에서도 싸울 것이다. 들판과 시가지에서도 싸우고 언덕 위에서도 싸울 것이다. 우리는 결코 항복하지 않을 것이다." 계속 지기만 하다가 승전도 아니고 겨우 철수지만 영국에게는 의미가 컸다. 철수가 성공적으로 완수되어 12만 명의 프랑스 군인들을 포함한 33만 8000여 명의 군인들이 영국 땅으로 무사히 돌아오자 영국은 흡사 승리한 듯한 축제 분위기였다. 처칠의 연설에는 가장 밑바닥에서 이제 치고 오르는 일만 남았다는 뜻이 담겨 있었다.

역사학자들은 온 국민이 합심해서 만들어낸 성공적인 철수를 계기로 영국인은 승리할 수 있다는 자신감을 비로소 얻기 시작했다고 평가한다. 처칠의 명연설이 영국 국민에게 가장 치욕적인 순간에 역설적으로 승리를 자신하게 만드는 마력을 발휘했다. 당시에는 전시 정보를 통제해 영국인에게는 덩케르크의 전황이 제대로 전달되지 않았다. 영국인은 뭔가 좋지 않은 일이 일어나고 있다는 불안감에 성당에서 절절한 기도를 올렸다. 그러다가 수많은 군인이 구출되는 불행 중 다행을 보니 분위기가 바뀔 수밖에 없었다. 이들은 대륙원정군British Expedition Force이라 불리는 당시 유럽에 출병한 영국의 전투병 전체였다. 만일 이들이 독일군 포로가 되는 사태가 벌어졌다면 연합군의 승리는 거의 불가능한 형편이었다. 세계전사에서 한국전쟁 중 벌어진 흥남 철수 작전과도 비교되는 성공적인 작전이다.

그때 구출에는 870척의 선박이 참가했는데, 220척은 군함이고 650척은 민간 선박이었다. 민간 선박은 화물선, 상선, 어선, 놀잇배, 요트, 구명정, 유람선, 병원선을 비롯해 심지어는 고등학교 실습선까지 자발적으로 참여했다. 전체 구출 인원의 20퍼센트인 6만 7000명을 민간 선박이 맡았다는 소식을 들은 영국 국민은 그야말로 감동의 도가니로 빠졌다. 안타깝게도 그중 243척의 선박이 침몰되었는데 대다수가 작은 민간 선박들이었다. 거국적이고 자발적인 구조가 이루어지면서 영국 국민은 옷깃을 여미고 하나가 되는 경험을 했다. 영국인도 뭉치면 뭔가를 이룰 수 있다는 자신감을 갖게 되었다. 그리고 이런 개전 초기의 자신감은 2차 세계대전이라는 긴 고통을 견뎌내는 데 큰 힘이 되었다.

덩케르크 철수 작전을 두고 2017년에 영화 두 편이 나왔다. 앞에서 언급한 〈다키스트 아워〉는 처칠을 중심으로 최정상에서 전쟁에 대한 결정을 내려야 하는 지도자의 고충과 고민을 보여주다. 이에 비해 〈베트맨〉, 〈다크 나이트〉,

<인터스텔라>의 명장 크리스토퍼 놀란 감독의 <덩케르크>는 이름 없는 군인들과 시민들의 헌신과 참여와 희생을 그렸다. 덩케르크 철수 작전을 안팎에서 본 두 편의 영화가 우연히 연이어 선보이면서 전쟁을 잘 모르던 영국의 젊은 세대가 비극을 이해하는 데 큰 도움을 주었다. 덩케르크 철수 작전으로부터 정확하게 4년 뒤인 1944년 6월 9일에 노르망디 상륙 작전이 성공적으로 이루어져 전쟁의 승패를 갈랐다. 도버 해협에서 일어난 철수와 침공이란 완전히 반대의 두 작전이 만든 분수령이 2차 세계대전에서 차지하는 비중은 아무리 강조해도 지나침이 없다.

영국의 중요한 역사적 사건은 대부분 도버 해협에서 시작해서 도버 해협에서 끝난다. 영국에서 역사 같은 역사가 시작되는 시점은 이상하게도 모두가 도버 해협이다. 유럽과 영국은 어쩔 수 없이 이웃으로 살아가야 하다 보니 도버 해협은 언제나 역사의 시발점이었다. 영국을 중세 부족 국가에서 제대로 된 중세의 유럽 열강으로 만드는 기초를 닦은 왕이 윌리엄 왕이다. 프랑스 서부의 해변 지방인 노르망디에서 공작을 하고 있던 윌리엄이 선대 잉글랜드 왕 에드워드가 자신에게 왕위를 물려주기로 했다는 근거 없는 이유를 들어 정복을 시작한 지점도 도버 해협이었다. 그 이후 각종 유럽으로부터의 침공을 도버 해협이 막아주었다. 스페인의 무적함대, 나폴레옹의 침공, 히틀러의 침공을 막아주었다. 이렇듯 영국은 도버 해협이 있어서 유럽 대륙과 분리되어 국가 안전을 지킬 수 있었고, 안정된 문화를 유지할 수 있었다. 동시에 유럽으로부터 문명이 전달되거나 통상할 때 어렵기도 했다.

영국이 브렉시트를 한 이유는 도버 해협으로 인해 영국인 의식 구조 속에 살아 있는 고립주의 때문이다. 유럽 연합이 주장하는 '3대 이동의 자유 원칙' 중 '물자 이동'과 '자본 이동'의 자유에 대해서는 영국인도 아무런 이의가 없다. 단지 '인적 이동'의 자유는 영국인이 신경질적으로 싫어한다. 영국인 모두가 브렉시트를 하면 분명 영국이 경제적으로는 불리하다는 것을 안다. 그럼에도 브렉시트에 찬성한 정서상 이유는 도버 해협 안에서 영국인끼리만 살고 싶어서다. 조금 가난해질 수는 있어도 우리 일은 우리가 결정하고 편안하게 안전하게 살고 싶다는 뜻이다. '이성적으로는 브렉시트를 반대하지만 심정적으로 찬성한다'는 어느 영국인의 말이 브렉시트에 대한 가장 정확한 영국인의 심사라 할 수 있다.

팔삭둥이로 태어나 위대한 수상이 되다

처칠은 결코 어느 면으로 보아도 뛰어난 천재가 아니었다. 우선 팔삭둥이로 태어나 어릴 때부터 몸이 약했다. 명문 기숙 학교 해로우 스쿨에서도 결코 두각을 나타내지 못했다. 심지어는 여러 개별 과목에서 수차례 낙제했다. 특히 라틴어를 비롯한 외국어에 부진했다. 당시 담임이 아버지에게 쓴 편지를 보면 '내 생각에 처칠은 일부러 그런 것 같진 않은데 하여튼 모든 면에서 너무 심각할 정도로 잊어버리고 항상 늦고 불규칙적이다. 능력으로 봐서는 모든 면에서 최상급이어야 하는데 현재는 맨 밑바닥이다'라고 했다. 사관 학교도 삼수를 해서 들어갔다. 입학 성적이 안 좋아 결국 가장 인기 없는 기마 부대 전공을 택할 수밖에 없었다. 다행히 늦머리가 터져 우수한 성적으로 졸업했다. 그래서 영국 학교에서는 학창 생활에서 뛰어나지 못한 학생의 사기 고무를 위해 처칠 예를 든다. 팔삭으로 태어나 낙제도 하고 삼수도 했어도 영국 최고의 총리가 되고 노벨상도 받았다며 학생을 위로할 때 거론한다.

또 하나, 처칠은 시가를 하루에 10개비 이상을 피웠다. 하루 종일 손에서 시가를 거의 떨어뜨리지 않을 정도였지만 무려 91살까지 건강하게 살았기에 애연가들의 희망으로 항상 인용된다. 특히 처칠의 시가는 일종의 상징으로 통했고 현재는 '처칠'이라는 상표의 최고급 시가가 있다. 처칠이 피우던 시가는 17센티미터 길이에 19밀리미터 두께의 아주 큰 시가였다. 지금 값으로는 한 대에 약 1만 원의 가격이라 하루에 담뱃값만 10만 원을 쓴 셈이다.

아무래도 맵시가 전혀 나지 않는 몸매였지만 처칠은 나름대로 상당히 멋에 신경을 썼다. 당시 처칠의 맞춤옷을 만들던 양복점 주인의 회고에 따르면 처칠은 악몽과 같은 손님이었다. 축 처진 어깨, 굽은 등, 툭 튀어 나온 똥배 때문에 세대로 된 상의를 만드는 게 거의 불가능했다. 그런데 처칠의 난골 맞춤 양복집은 마술을 부려 처칠을 멋의 상징으로 만들었다. 나비넥타이에 조끼까지 갖추고 모직 코트에 중절모를 쓴 처칠의 모습은 어찌 되었건 단정한 영국 신사의 전형이었다. 처칠이 쓰던 중절모를 판 상점이자 여왕에게 모자를 납품하는 록앤드코Lock&Co는 찰스 왕세자가 사는 세인트 제임스궁의 뒤편 세인트 제임스 거리에 아직도 있다. 이곳에는 사교 클럽과 영국 신사의 소지품을 파는 상점이 모여 있다.

처칠은 수입에 비해 항상 최고만 원해 과도하게 소비했고 낭비벽도 심했다. 평생 와인, 시가, 양복, 시계 상점으로부터 외상 독촉에 시달렸다. 은행 잔고는 언제나 부족했다. 얼마 되지 않는 소득세조차 매번 납부가 늦어져 연체료 벌금이 나오는가 하면 은행 이자가 밀리는 일도 허다했다. 이 부서를 관장하는 재무장관을 할 때마저 세금 독촉을 받았다. 전문가와 개인 절세를 상의하느라 의회에 출석을 안 해 '이 중차대한 시기에 처칠은 어디에 있는가'라는 제목의 신문 기사가 나오기도 했다. 또한 선인세를 지급한 출판업자로부터 평생 원고 독촉에 시달렸다. 그러면서 바하마에서 휴가를 즐기고, 노르망디에서 사냥하고, 몬테카를로와 비아리츠에서 도박을 했다. 지금도 영국 하원 의원의 세비는 한국 국회의원보다 낮은 1억 원 조금 넘는 수준이다. 처칠이 11년 차 하원 의원이 될 때까지 영국 의회 의원은 세비가 없었다. 순수 명예 봉사직이었다. 그런데도 처칠은 제대로 된 수입원조차 없이 낭비를 계속했다. 현재의 가치로 환산할 때 처칠은 거의 40억 원의 빚을 지고 있었다.

낭비벽으로 고통받다가 전쟁 와중에 겨우 입각한 덕분에 빚쟁이들로부터 시간을 좀 벌었다. 총리가 된 이후에는 총리실 경비로 술과 시가 값이 나갔다. 2015년 《노 모어 샴페인No More Champagne》이라는 처칠의 돈 이야기를 다룬 책이 나와서 화제가 된 적이 있다. 그 책에 따르면 처칠은 13세의 어린 나이에 벌써 일반 성인 생활비의 6~7배를 용돈으로 썼다. 또래가 아니고 일반 성인이라는 점에 유의해야 한다. 그 나이에 어디에 돈을 썼는지 궁금하다. 게다가 하원 의원에 낙선해서 실직했을 때는 석유 재벌의 로비스트를 해서 생활비를 벌었다. 절세를 위해 불법은 아니지만 법의 구멍을 찾으려고 별별 수단을 다 이용했다. 재무장관으로 재직하면서는 정부의 기밀문서를 이용해 저술한 비망록으로 큰돈을 벌어 살아났다. 공습이 런던을 뒤덮을 때도 처칠의 마음에는 비망록 준비가 떠나지 않고 있었다. 해서 자신의 손을 거쳐가는 모든 문서를 보관하도록 비서에게 지시한 뒤 매달 개인 기록personal minutes이라는 이름을 붙여서 보관하게 했다.

군인 연금이나 정치인 월급으로는 도저히 경비 충당이 안 되어 정치인 생활 중에도 계속해서 글을 썼다. 미국에서 교통사고가 나자 즉시 에이전트에게 전보를 쳐서 사고에 관해 2400자 칼럼을 쓰겠다고 할 정도였다. 언제나 자신의 모든 경험과 생각을 글로 써서 돈을 만들었다. 전후에 실각해서 낙향

할 때는 서류 상자를 68개나 집으로 가지고 갔다. 후임인 클레멘트 애틀리 Clement Attlee 수상에게는 "아마도 나 혼자만이 할 수 있는 회고록 집필을 위해서는 서류들이 반드시 필요하고 2차 세계대전에 관한 내 회고록은 영국을 위해서도 좋은 일이라고 확신한다"라고 변명했다. 결국 이렇게 쓴 《2차 세계대전사》(1948)로 처칠은 1954년 노벨 문학상을 받았다. 뿐만 아니라 엄청난 인기를 끌어 큰 인세 수입을 얻었다. 게다가 처칠 자신의 전기 영화의 판권 수입까지 들어오면서 인생에서 처음으로 금전적인 곤궁에서 벗어났다. 처칠은 말년에 글솜씨 덕분에 쪼들리지 않고 살았다.

로맨틱한 청혼의 장소, 다이아나 템플

처칠의 결혼은 영국인 사이에서는 로맨스의 상징이다. 작위가 없어 영지도 없는 무늬만 귀족인 집안의 자제라면 당연히 주위에서 권하는 대로 돈 많은 귀족 가문의 여자에게 장가가야 마땅했다. 그때 귀족은 애정으로 결혼하는 게 아니고 이해관계에 따라 정략결혼을 하는 게 당연했다. 그러나 처칠은 그 시절로서는 상당히 늦은 33세 때 거의 무일푼의 노총각으로 11세 연하의 클레멘타인을 사랑으로 선택해 결혼했다. 클레멘타인은 비록 백작 집안의 처녀였으나 경제적으로는 매우 어려웠다. 빚쟁이를 피해 이사를 계속 다녔고 프랑스어 교사를 하면서 재봉일도 겸해서 겨우 생계를 유지하는 신세라 처칠에게 도움이 될 수가 없었다. 둘은 파티에서 만났다. 처칠은 그동안 보아왔던 상류층 집안 여자들과 다른 순수하고 진지한 클레멘타인에게 반했다. 처칠이 클레멘타인과 결혼한다고 했을 때 처칠 주위의 상류층 여사들은 입을 삐쭉거리면서 수근댔다. 클레멘타인이 남의 옷은 물론 자기 옷도 만들어 입던 저시라는 이유에서였다. 당시는 그게 큰 흉이었다. 미기렛 대처 총리 시절, 보수당 정치인 중에 마이클 헤즐타인이란 사람이 있었다. 차기 총리감으로 장래가 촉망되던 실력 있는 정치인이었다. 그런데 동료 정치인들이 "그 친구는 자신이 가구를 산 친구야"라고 빈정댔다. 부모에게 물려받은 재산이 없는 자수성가한 벼락부자라고 흉을 본 것이다. 영국 남자는 새 시계를 차고 다니면 오히려 무시당한다. 집안에서 물려받는 기계식 골동품 시계를 차야 한다. 또한 가구는 당연히 몇 대를 내려오는 골동품이어야 한다.

처칠은 요즘 젊은이들처럼 청혼 이벤트를 준비해서 클레멘타인을 감동시켰다. 자신이 태어난 옥스퍼드 근처 우드스톡에 위치한 처칠 가문 종가인 블레넘궁의 정원에 있는 '다이아나 템플Diana Temple'에서 청혼했다. 정원의 정자 같은 곳이다. 클레멘타인은 그 자리에서 처칠의 청혼을 받아들였다. 이 때문에 다이아나 템플은 지금도 영국 젊은 커플이 청혼하는 인기 장소 중 하나로 유명하다. 블레넘궁에 사전 예약을 하면 이곳을 빌릴 수 있다. 뿐만 아니라 궁 자체도 결혼식 장소로 빌려준다. 영국 프리미어 리그 축구팀 첼시의 존 테리 선수가 이곳에서 결혼식을 했을 때 궁 전체를 폐쇄하기도 했다. 나도 언젠가 지인의 아들이 한국의 유복한 집안 딸과 결혼할 때 블레넘궁 전체를 빌려서 하는 결혼식에 초대받아 가보았다. 경비는 서민이 도저히 상상할 수 없는 금액이라고 하는데, 결혼식에 참석해보니 금액을 떠나 한번 해볼 만한 일이라는 몰상식한 생각이 들었다. 궁에서 치러지는 결혼식은 정말 상상을 초월하는 규모였다. 그 집안은 평소에 자선도 잘하고 평도 좋아서 가진 재산에 비하면 정말 소액인 그 정도 지출에 결코 사회지탄을 받을 일은 아니기에 조금 변명이 될 듯하다. 블레넘궁은 트라팔가르 해전에서 스페인과 프랑스 해군을

처칠이 부인 클레멘타인에게 청혼한 블레넘궁의 다이아나 템플

깬 호레이쇼 넬슨Horatio Nelson 제독과 워털루 전투에서 나폴레옹 군을 섬멸한 아서 웰슬리 웰링턴 공작과 함께 영국의 3대 전쟁 영웅이자 윈스턴 처칠의 9대 할아버지인 존 처칠의 궁이다.

존 처칠이 벨지움 블레넘 전투에서 프랑스군을 대파하자, 당시 앤 여왕은 영웅적인 승전의 보상으로 국비를 들여 궁을 지어주었다. 전투가 벌어진 전장 이름을 따서 '블레넘'이라고 이름을 명한 다음, 소유는 왕실이 하지만 처칠 가문이 영원히 사용할 수 있게 임대해주었다. 그래서 처칠 가문의 종가집이지만 궁이라고 불린다. 처칠 가문은 집세로 1년에 깃발rent banner 하나만 왕에게 바치면 된다. 엘리자베스 여왕의 주말 거처인 윈저성 퀸스 가드 챔버에 가면 처칠 가문이 바친 흰색 바탕에 금빛 백합 세 송이와 당해 연도가 수놓인 깃발을 볼 수 있다. 바로 처칠 가문의 집세다. 이 깃발 반대편에는 웰링턴 가문의 집세인 금빛 수술이 바깥쪽에 달린 삼색 깃발Quit Flag이 걸려 있다. 모두가 프랑스 상징이다. 웰링턴 집세의 삼색기야 말할 것도 없이 자유, 평등, 박애를 뜻하는 프랑스 국기다. 처칠 가문에서 바친 깃발에 새겨진 황금빛 백합도 프랑스 왕가의 상징이다. 결국 프랑스 국가의 두 상징을 프랑스를 대파한 영국 장군 집안이 왕에게 집세로 바치는 깃발에 넣어 장난을 치는 것이다. 프랑스인이 런던에 와서 트라팔가르 광장과 워털루역을 보면 속이 뒤집히는 이유다. 다행히 이제는 더 이상 유로스타가 파리에서 워털루로 안 오지만 그전에는 프랑스에서 워털루역 이름을 바꾸어달라고 요청을 했었다. 영국과 프랑스는 서로 은원의 관계라 한다. 그런데 역사적으로 프랑스가 거의 일방적으로 당하기만 했지 별로 이긴 적이 없다. 물론 이들의 사이는 말만 앙숙이지 그렇게 나쁜 사이는 아니다.

● 처칠 어록

우리는 벌어서 살아간다. 그러나 우리는 베풂으로 인생을 만들어간다.
We make a living by what we get, but we make a life by what we give.

만일 당신이 지옥을 건너가고 있다면 계속 가라.
If you're going through hell, keep going.

당신에게 적이 있는가? 좋은 일이다. 그 말은 당신이 때로는 당신의 인생에서 뭔가에 가끔 맞서고 있다는 뜻이다.
You have enemies? Good. That means you've stood up for something, sometime in your life.

개선한다는 말은 변화한다는 말이다. 이왕 제대로 하려면 자주 바꾸어라.
To improve is to change, so to be perfect is to have changed often.

나는 행동을 걱정하지 않는다. 단지 행동 없음을 걱정한다.
I never 'worry' about action, but only about inaction.

성공이란 실패에서 실패로 열망을 잃지 않고 계속 가는 일로 이루어져 있다.
Success consists of going from failure to failure without loss of enthusiasm.

절대 포기하지 마라, 절대 포기하지 마라, 우대하든 혹은 적든, 크든 혹은 사소하든 무엇에도 절대, 절대, 절대, 절대 포기하지 마라. 명예롭고 의로운 의미에 대해서 말고는 절대 포기하지 마라.
Never give in, never give in, never, never, never, never—in nothing, great or small, large or petty—never give in except to convictions of honor and good sense.

친구를 판단하는 기준은 그들이 상황이 나쁠 때 어떤 식으로 행동하는지다.
One always measures friendships by how they show up in bad weather.

성공은 끝이 아니다. 실패는 돌이킬 수 없는 일이 아니다. 계속하는 용기가 관건이다.
Success is not final, failure is not fatal: it is the courage to continue that counts.

용기란 일어서서 말하는 걸 뜻한다. 용기란 동시에 앉아서 듣는 걸 뜻하기도 한다.
Courage is what it takes to stand up and speak. Courage is also what it takes to sit down and listen.

행복하고 진정으로 안전하기 위해서는 누구나 적어도 두세 가지의 모두 제대로 된 취미를 가져야 한다.
To be really happy and really safe, one ought to have at least two or three hobbies, and they must all be real.

희망을 품어라. 그러나 현실을 무시하지는 마라.
Nourish your hopes, but do not overlook realities.

사실을 잘 보아라. 왜냐하면 사실이 너를 보고 있다.
You must look at facts, because they look at you.

뉴스를 듣는 일보다 만드는 일이 낫다. 비평가가 되지 말고 배우가 되어라.
It is better to be making the news than taking it; to be an actor rather than a critic.

비관주의자는 모든 기회에 어려움만 본다. 낙관주의자는 모든 난관에서 기회를 본다.
A pessimist sees the difficulty in every opportunity; an optimist sees the opportunity in every difficulty.

나는 일생을 통해 자기부정보다 자기표현에 주력했다.
I have in my life concentrated more on self-expression than self-denial.

인생의 제대로 된 지침은 옳은 일을 하라다.
The true guide of life is to do what is right.

세상일이란 어렵다고 분명 옳은 일은 아니다. 그러나 그것이 옳은 일이라면 그게 어렵더라도 상관하지 말고 해야 한다.
Things are not always right because they are hard, but if they are right one must not mind if they are also hard.

나는 일이 일어나는 걸 당연히 좋아한다. 그러나 만일 일이 일어나지 않는다면 일어나게 하는 걸 나는 좋아한다.
I like things to happen, and if they don't happen I like to make them happen.

당신의 작업이 성공하게 만들려면 머리를 들어 사자의 아가리에 밀어 넣어야 한다.
You must put your head into the lion's mouth if the performance is to be a success.

6. 잔 다르크를 버린 굴레를 벗지 못한 루앙
_프랑스

모든 전투는 마음에서 먼저 이기고 진다.
All battles are first won or lost, in the mind.
— 잔 다르크

사람들은 내 예술을 그냥 사랑하면 되는데 이해할 필요가 있다고 생각하고 논평하면서 이해하는 척한다.
People discuss my art and pretend to understand as if it were necessary to understand, when it's simply necessary to love.
— 클로드 모네

한 도시를 단 세 가지로 정의하는 일은 너무 무자비하거나 잔인하거나 혹은 무식하다고 할 수 있다! 그래도 어쩔 수 없다. 루앙Rouen에 대해 말하려면 단 세 가지를 간단하게 써도 지면이 부족하니 고를 수밖에 없다. 그래서 프랑스 노르망디 지방의 루앙 소개는 잔 다르크Jeanne d'Arc(1412~1431)와 클로드 모네(1840~1926)와 라 쿠론 레스토랑 등 세 가지만 이야기하겠다.

샤를 7세의 구세주가 된 시골 소녀

우선 잔 다르크부터 시작해보자. 잔 다르크는 위기에 처한 프랑스를 구한 인물로 프랑스인의 영원한 영웅이다. 그녀는 너무나 유명해서 생애도 잘 알려져 있지만 그래도 간단하게나마 적어보자. 시골 소농이자 하급 관리의 딸이었던 잔 다르크가 신의 수호 대장인 성 미카엘의 목소리를 듣고 프랑스를 구하기 위해 나섰던 1429년, 프랑스는 백년 전쟁(1337~1453)에서 궁지에 몰리고 있었다. 당시 프랑스는 30년간 자신들의 땅을 반도 더 차지하고 있던 잉글랜드와의 전쟁에서 한 번도 제대로 이겨보지 못한 상황이었다. 왕세자로서 대관식도 못 치르고 오를레앙에서 잉글랜드 군에 포위되어 있던 샤를 7세에게 정말 홀연히 천사처럼 나타난 잔 다르크는 그야말로 구세주나 다름없었다. 잔 다르크는 연전연승 잉글랜드 군을 격파해 샤를 7세는 겨우 숨을 돌릴 수 있었다. 하지만 워낙 의심이 많았던 샤를 7세는 잔 다르크가 자신을 알현하러 올 때 신하에게 왕의 옷을 입혀 왕좌에 앉히고 자신은 신하의 옷을 입고 구석에 서 있었다. 그런데 잔 다르크는 왕좌에 앉아 있던 변장한 가짜 왕은 거들떠보지도 않고 신하의 옷을 입은 왕에게 바로 다가갔다. 그리고 여기서 탈출해 프랑스의 정식 왕으로 즉위하게 도우라는 대천사장 성 마이클의 계시를 받았다고 전한다. 물론 샤를 7세를 비롯해 어전에 있던 귀족들도 잔 다르크의 초능력에 놀란다. 이 사건으로 그전까지는 샤를 7세의 능력을 의심해 충성을 바치지 않던 각 지방 영주들도 진정으로 신탁神託을 받은 왕이라고 여겨서 최선을 다해 샤를 7세가 오를레앙을 탈출하게 도왔다. 덕분에 전통의 대관식 장소인 파리 교외의 랭스 성당에서 샤를 7세는 대관식을 치르고 정통 프랑스 왕이 된다. 결국 잔 다르크가 전한 계시가 샤를 7세에게는 신의 신임장과 같은 역할을 한 셈이다.

샤를 7세는 잔 다르크에게 잉글랜드와 전쟁을 계속하게 한다. 잔 다르크는 왕위와 영토 분쟁의 전쟁을 잉글랜드와 프랑스 간의 종교 전쟁으로 만들었다. 프랑스인에게 자신들이 성전을 치르고 있고 신이 우리들 편이라고 굳게 믿게 했다. 그 선봉에 예수의 깃발을 든 잔 다르크가 서 있었다. 잔 다르크는 계속해서 승리했는데 프랑스 땅에서 잉글랜드 군을 완전히 몰아낼 때까지 전투를 계속하겠다고 주장하면서 왕과 의견이 갈린다. 급기야 평화 협상을 원하는 왕의 명령도 듣지 않고 잔 다르크는 전투를 이어간다. 어느새 잔 다르크의 인기가 너무 높아져 왕이 불편해하던 차에 마침 잔 다르크는 패전을 하고 궁지에 몰린다. 그러고는 1430년 잔 다르크는 동족이지만 정치적인 입장이 달랐던 부르고뉴 시민들에게 사로잡혀 잉글랜드 측에 넘겨졌다. 시민들은 현상금을 받고 영웅을 팔았다. 잔 다르크를 사 온 잉글랜드는 샤를 7세에게 몸값을 더 내고 데려가라고 했다.

잔 다르크의 몸값 요구를 받은 왕은 농부의 딸에게 매겨진 몸값으로는 터무니없이 비싸다는 핑계를 대고 거절한다. 샤를 7세는 잔 다르크를 구할 생각이 전혀 없었다. 평화 협상으로 휴전을 하는 데 방해가 되는 잔 다르크를 찾아올 이유가 없었다. 승전을 하든 휴전을 하든 어차피 잔 다르크는 샤를 7세에게는 부채였다. 신세를 졌으니 뭔가로 갚아야 하는데 상이 마땅치 않았다. 그러던 차에 때마침 잉글랜드 군이 잡아갔으니 자신의 손에 피 안 묻게 알아서 처리해주길 바랄 뿐이었다. 잉글랜드 군은 몸값으로 한몫을 챙기려 했다가 실망이 이만저만이 아니었다. 게다가 잉글랜드 군도 군사 작전술을 공부하기는커녕 활과 칼조차 제대로 못 쓰는 시골 농부의 딸이 자신들을 연속 격파하며 승리를 거둔 신비함 때문에 잔 다르크에게 두려움을 느꼈다. 해서 자신들의 손으로 처형하기를 꺼렸다. 결국 잔 다르크의 처분에 곤혹스러워하던 잉글랜드 군을 구해준 것은 잔 다르크의 동족인 프랑스인들이었다. 왕이 잔 다르크를 불편해하는 의중을 안 귀족들과 종교계 그리고 신학자들이 잔 다르크의 종교 재판을 주장한 것이다. 잉글랜드 군이 적군을 재판하는 군사 재판이 아니라 순전히 종교 이론에 의한 종교 재판이었다. 그렇지 않아도 그냥 두기에는 불안하고 사형을 시키자니 뭔가 찜찜해하던 잉글랜드는 옳다구나 하고 프랑스인에게 재판을 맡긴다. 물론 자신들의 군영에서였다.

동족의 배반, 누가 마녀인가?

잔 다르크는 또다시 배반을 당했다. 잉글랜드인에게 점령당한 조국의 땅에서 동족에게 재판을 받아 화형이 된 것이다. 그냥 처형하지 않고, 절차도 복잡하고 시간과 경비도 많이 드는 종교 재판을 한 이유는 잔 다르크를 겁냈기 때문이다. 잔 다르크가 종교 재판의 절차에 따라 신탁을 받은 성녀가 아니라 마녀가 되면 딜레마가 간단하게 풀린다. 또 재판은 한두 명의 결단이 아닌 종교계 책임자 모두가 모여서 하는 결정이니 혼자서 책임질 일도 없다. 모두가 의견을 모아 완벽하게 그녀가 이단이고 마녀임을 증명한 뒤 처형하면 죄책감이나 불안감이 없으리라는 속셈이었다. 이로써 잔 다르크는 잡힌 지 4개월 만인 1431년 19세의 나이로 화형에 처해진다.

　이때의 복잡한 종교 재판 절차가 나중에 잔 다르크의 결백을 증명해주는 증거로 작용한다. 이 종교 재판은 잔 다르크를 변호할 변호사조차 없었기에 공정하지 못했다. 특히 잔 다르크의 마행魔行을 목격한 증인이나 증거가 없었다. 재판관들은 단순한 신학 논쟁으로 잔 다르크를 이단으로 몰았다. 그런데도 사형을 언도하고 마녀에게나 내려지는 화형에 처한다. 그리고 단 20년 뒤 잔 다르크는 재심을 받는다. 백년 전쟁을 거의 정리한 뒤 양심의 가책을 못 이긴 샤를 7세에 의해서였다. 다행히 예전의 재판 기록이 워낙 완벽하게 보존되어 있어 잔 다르크는 결백이 밝혀지고 순교자로 선언된다. 진작 죽어 없어졌으니 사면을 해준다 해도 샤를 7세 입장에서는 전혀 위협도 되지 않았고 죄책감은 덜 수 있는 일거양득이었다.

　그로부터 453년이 지난 1909년 프랑스 가톨릭 주도로 잔 다르크는 성인의 바로 전단계인 복자로 시복되고, 이듬해인 1910년 성녀로 시성된다. 그러다가 역사 속의 잔 다르크가 다시 현세로 불려온 일이 생겼다. 시성된 지 4년 후에 일어난 1차 세계대전(1914~1918)이 계기였다. 당시 유럽 대륙은 일촉즉발의 긴장이 감돌고 있었다. 프랑스인은 독일에 맞설 국민 영웅이 필요했다. 그래서 프랑스는 애국의 상징으로 잔 다르크를 이용했다. 참전하기 전에 군인들에게 잔 다르크의 고향인 동레미 라 퓌셀을 순례하게 했다. 그렇게 해서 한때 마녀였던 잔 다르크는 성녀가 되고 다시 프랑스 애국의 상징이 되었다. 서쪽의 적 영국과 싸워 영웅이 되었다가 마녀로 처형당했던 잔 다르크는 동쪽의 적과 싸워 조국을 구하기 위해 다시 불려 나왔다. 그러고 보면 달면 삼키고 쓰면 뱉는 감탄고토는 동양만의 일은 아닌가 보다.

　원래 잔 다르크가 등장할 무렵 프랑스 영토는 잉글랜드 왕이 반 이상을 소유하고 있었다. 노르망디를 통치하던 노르만 공 윌리엄이 잉글랜드를 침공해서 잉글랜드의 정복왕이 된 이후 잉글랜드 왕가는 프랑스 지방 영주들과 주로 사돈을 맺었다. 100년 넘게 며느리를 프랑스 귀족 집안에서 데리고 왔다. 시집오는 프랑스 며느리는 결혼 지참금으로 프랑스 내 영지를 가지고 왔다. 그 영지들은 알짜배기였다. 그 시대 최고의 상품인 프랑스 와인을 생산하는 보르도와 버건디를 비롯한 와인 산지가 잉글랜드 왕의 영토가 되었다. 이러다 보니 잉글랜드 왕의 프랑스 땅은 프랑스 왕의 영지보다 더 커졌다. 심지

프랑스

어는 잉글랜드보다 더 컸다. 결국 잉글랜드 왕은 프랑스 왕을 자처하게 된다. 그래서 1337년 프랑스 왕위 계승 권한을 둘러싸고 전쟁이 벌어진다. 이것이 백년 전쟁으로 이어지고 잉글랜드가 연승하자 프랑스 내의 잉글랜드 왕의 영지는 계속 늘어났다.

프랑스 왕은 말만 프랑스 왕이었지 실제는 잉글랜드 왕이 프랑스 왕이었다. 그래서 백년 전쟁 와중이었던 1340년 즉위한 에드워드 3세 때부터 잉글랜드 왕의 깃발에는 잉글랜드 왕가의 상징인 황금 사자 세 마리와 함께 프랑스 왕가의 상징인 푸른색 바탕에 황금 백합 꽃 세 송이가 같이 들어간다. 잉글랜드 왕이 프랑스 왕을 겸한다는 뜻이다. 왕위 계승권을 주장해 백년 전쟁이 벌어질 정도로 혈연으로 가깝게 연결되어 있고 땅도 프랑스 왕보다 더 컸으니 무리도 아니다. 그 이후 1800년 조지 3세 왕이 공화국으로 바뀐 프랑스의 왕위를 포기하는 선언하면서 프랑스 왕의 상징 백합 꽃 무늬가 사라지기 전까지 영국 왕의 상징 문장은 360년간 프랑스인의 심기를 건드렸다. 지금도 왕궁이나 귀족들 성을 가보면 곳곳에 두 왕가 상징이 같이 들어간 역대 왕의 깃발이나 문장이 걸려 있거나 황금색 백합 상징이 새겨진 수많은 장식이 있어 프랑스인의 눈살을 찌푸리게 한다.

뷰 마르세 광장의 성 잔 다르크 싱당의 천장은 노아의 방주를 상징한다.

잔 다르크가 화형을 당한 뷰 마르세 광장에는 잔 다르크를 기리는 성 잔 다르크 성당이 세워져 있다. 1979년 완공한 성당은 초현대식 건물이지만 성당 내에 있는 16세기 스테인드글라스는 오래된 루앙 대성당 것들을 옮겨놓았다. 천장에는 유서 깊은 가톨릭 성당들이 대개 그렇듯이 노아의 방주를 뜻하는 나무로 만든 배 늑골 모형이 있다. 성당 안으로 들어가는 현관문 옆 벽에는 조그만 잔 다르크 동상이 서 있다. 그 자리가 화형이 치러진 곳이다. 잔 다르크 동상은 언제 봐도 가냘프고 가엾다. 아마 작가가 일부러 그런 모습으로 만들어놓은 듯하다. 연약한 시골 소녀가 나라를 구하고 정치인들의 손에 배반당하고 마녀로 화형된 사실을 보여주어 프랑스인에게 죄책감을 불러일으키려는 목적으로 말이다.

모네가 사랑한 루앙 대성당

이제 다음 목적지인 루앙 대성당으로 가보자. 루앙 대성당은 순수한 미적 감각으로만 보면 전형적인 프랑스 고딕형 건물이라 크게 호평을 받기 어려울 건물임에도 불구하고 아름다운 성당이라는 평이 항상 따른다. 루앙 대성당 안에는 십자군 전쟁을 치르느라 10년의 재위 기간 동안 잉글랜드에는 1년도 채 못 있었던 사자왕 리처드의 심장이 제대 옆에 안치되어 있다. 사자왕은 영국의 유명한 설화 '로빈 후드'에 등장하는 우둔한 존 왕의 형이다. 존이 나쁜 일을 하면 언제나 짠! 하고 말을 타고 나타나 존을 혼내주는 바로 그 왕이다. 존은 나중에 영국 역사에서 가장 무능하다고 하는 존 왕이 된다. 존 왕은 신하들의 반발에 밀려 마그나 카르타를 서명해주었다. 그래서 그 이후에는 어떤 왕도 '존'이라는 명칭을 쓰지 않는다. 존 2세, 존 3세가 없다는 말이다. 프랑스에서 죽은 리처드 왕의 몸은 나누어져 프랑스 여기저기에 묻혔고, 부패 방지가 처리된

루앙 대성당 전면

심장은 루앙 대성당에 안장되었다. 2013년 과학자들이 이 심장을 처음으로 분석했는데, 리처드 왕의 사망이 1199년 4월 6일이라고 기록되어 있는 것을 증명하듯이 심장에서 봄에 볼 수 있는 꽃가루가 발견되었다.

루앙 대성당과 관련 있는 또 한 명의 인물은 인상파 화가 클로드 모네(1840~1926)다. 에두아르 마네(1832~1883)를 인상파의 아버지라고 하면, 폴 세잔(1839~1906)은 인상파의 대표 작가고, 모네는 인상파의 작명가라고 불러야 마땅하다. 그 이유는 모네의 1873년작 〈인상: 해돋이〉라는 작품을 본 미술 비평가 루이 르로이가 1874년 풍자 잡지 《르 셔리바리》에 놀리는 글을 쓰면서 '인상파'라고 칭했고 이를 계기로 이 화가들을 인상파라고 부르기 시작했기 때문이다. 그래서 최근 영국 신문의 한 기자는 모네의 이 작품이 인상파라는 당시의 새로운 회화 운동에 '영세를 주었다'고 기사를 썼다.

모네는 외광화법外光畵法, plein air painting technique으로 그림을 그렸다. 특히 같은 소재를 놓고 외부 상황과 빛의 변화에 따른 인상을 시리즈로 그렸다. 예를 들어, 계절, 시간대, 기후 조건, 온도 등의 변화에 주목했다. 원래 모네는 몇 시간이고 야외에서 그림을 그렸다. 보통 화가들이 대충 스케치를 한 뒤 스튜디오에 들어가 기억에 의존해서 마무리를 하는 데 비해 모네는 우직하게 현장에서 끝맺어야 자리를 떴다. 현장에서 보이는 빛의 변화에 충실하자는 원칙 때문이었다. 모네는 주로 자연을 많이 그리다가 빛이 변함에 따라 소재가 변하는 모습에 집중해 시리즈를 그렸다. 특히 런던의 템스강에서 본 의회 의사당과 워털루 다리 등 건축물 그림들을 많이 남겼다. 모네의 시리즈 중에 가장 유명한 것은 '루앙 대성당 시리즈'다. 1892년부터 이듬해까지 루앙 대성당 전면을 빛의 변화에 따라 기록한 30여 점의 시리즈다. 모네의 작품들 중에서 이 시리즈를 가장 걸작으로 치는 화가나 비평가들이 많다. 그만큼 모네가 정성 들여 그렸고 완성도도 높다. 루앙 대성당 앞의 루앙 관광 안내소 2층이 당시 모네가 기거하면서 루앙 대성당을 그린 곳이다.

모네만이 보았던 신비로운 빛의 파장

전통적으로 화가가 그림자를 그릴 때는 원래 물체의 색깔에 브라운과 흑색을 섞어 그림자 색을 만들어냈다. 이에 비해 인상파 화가, 특히 모네는 브라운이나 흑색을 피하고 무지개 색깔만을 칠해 그림자 색을 만들어냈다. 그리고 모네는 물감을 먼저 섞어놓지 않았다. 예를 들면 초록색 물체를 그릴 때 노란색 위에 푸른색을 칠해 색을 냈다. 또 루앙 대성당의 그림자 부분에는 노란색과 붉은색을 같이 칠해 오렌지색을 낸 다음 푸른색을 덧칠해 진하게 만들었다. 이런 방식은 옆으로 색이 새어 나오기도 하고 때로는 번져서 검은 그림자 안에 다른 색이 보이기도 했지만 모네는 별로 상관하지 않았다. 같은 자리에 칠해진 모든 색들은 완벽하게 같은 곳에 칠해지지도 않고 그렇다고 완전하게 섞이지도 않는다. 그러나 거리를 두고 보면 자리에 약간씩 차이를 두고 칠해진 색깔들이 빛을 받아 결국 옆으로 번진 듯하다. 멀리서는 분명 검은색 그림자인데, 가까이 가서 보면 다른 색의 다양한 물감들이 비슷한 위치에 칠해져 있다. 무지개 색깔 물감을 하나씩 칠하면 결국 검은색이 되지만, 무지개 색깔이 모두 모인 실제 태양 빛은 맑게 보이는 자연의 신비한 이치를 모네는 자신의 작품에 대입하려 했다.

그래서 사람들은 모네가 다른 사람이 못 보는 자외선과 적외선, 나아가 빛의 파장까지 본다고 했다. 실제 모네가 말년에 백내장으로 고생할 때 과거와 달리 그림에 브라운 톤이 많았으며 수술을 받은 후에는 다른 사람들이 전혀 못 내는 색깔까지 냈다. 인상파는 전통적인 화가처럼 아주 섬세하고 정밀한 묘사의 그림을 그리는 게 불가능했다. 기후와 시간에 따라 시시각각 색깔이 변하는 것을 재빠르게 그려야 했고, 두꺼운 붓을 사용해서 쓱쓱 칠해야 했으니 그럴 수가 없었다. 그래서 아주 두껍게 물감을 칠하고 색깔들을 직조물처럼 서로 섞어서 칠했다.

루앙 대성당을 그릴 때 모네는 강한 태양의 영향으로 아지랑이가 피어올라 물체가 흔들리고 직선이 틀어지는 현상을 표현하려고 모든 색에 흰색을 섞어서 그렸다. 또 안개 속의 루앙 대성당도 그렸다. 분명 물체가 변한 것이 아닌데 변한 것처럼 보이는 상황을 그리려고 했다. 모네에게는 세상 만물 중에 변하지 않는 것은 하나도 없었다. 사실 노란색이 실제 노란색인지는 알 수 없다. 우리 눈에 노랗게 보일 뿐이다. 빨간색이 회색으로 보이는 사람에게 빨간색은 회색이다. 만일 그런 색맹의 사람이 모네의 그림을 보면 뭐라고 느낄지 모른다. 우리 주위에는 생각보다 많은 색맹이 있다. 어떤 통계를 보니 놀랍게도 인류의 4분의 1 정도가 색깔을 보는 데 장애가 있다고 한다. 요즘은 색맹이라는 말 대신 색각 장애라는 말을 사용한다. 색각色覺, 색맹, 색약, 적록 색맹deuternomalia, 일색계一色系, monochromacy, 이색계二色系, protanopia, 삼색계 三色系, tritanopia 등 다양한 색각 장애가 존재한다. 어쩌면 모네는 사람마다 색 깔을 달리 인식하는 것을 감안해서 나름대로 실험을 한 것이 아닌가 싶다. 그 래서인지 색맹 검사로 널리 활용되는 이시하라 색맹 테스트Ishihara Colour Test 의 색깔 조합을 보면 흡사 모네 그림 같다.

전통적인 프랑스 예술원 화가들은 인상파 화가들의 그림을 중학생 수준밖

루앙 시내에 흔히 볼 수 있는 아름다운 건물들

에 안 되다고 매도했다. 정확하게 그림을 그리는 기초 훈련소차 인 되어 있는 시정잡배들이 이름을 날리기 위해 그린 그림이라고 비판을 해댔다. 자신들이 숭배해왔던 그림의 절대 명제인 '물체를 정확하게 묘사해야 한다'를 인상파 가 깨뜨린 탓이었다. 그들은 어디서 듣도 보도 못한 못 배운 인상파 화가들이 횡포를 부린다고 느꼈다. 수백 년 내려온 전통을 부정하고 자신들이 금과옥 조처럼 신봉하는 원칙을 흔드는 인상파 화가들 때문에 화가 났다. 그러나 인 상파 화가들은 사물을 그대로 정확하게 묘사하는 것은 발명된 지 이미 50년

도 훨씬 넘은 사진에게 맡겨야 한다고 주장했다. 그래서 그들은 새로운 방식으로 세상을 그리기 시작하면서 수천년을 이어온 인류 회화 예술은 신천지를 열었다.

모네는 루앙 대성당을 그린 30여 점의 작품들 중에서 아침부터 황혼까지를 그린 작품 20점을 골라서 파리에서 전시했다. 이때 카미유 피사로Camille Pissarro와 세잔이 방문해 극찬을 했다. 카미유는 화가인 아들 펠릭스 피사로 Félix Pissarro에게 편지를 보냈는데 '여기에 걸린 시리즈는 전시회가 끝나고 나면 여기저기로 흩어질 터인데 그전에 네가 와서 보지 못해 참 안타깝다'라고 썼다. 전시회에 선보인 그림들 중 여덟 점이 판매되었다. 프랑스에 가톨릭 신앙이 다시 부흥하던 시점이어서 유명한 성당을 그린 모네의 작품들은 인기가 있었다. 물론 모네는 그런 계산을 하고 그린 것은 아니지만 우연히 시기가 기막히게 잘 맞아 다른 인상파 화가와는 달리 그림이 팔렸다.

꼭 들러야 할 '라 쿠론 레스토랑'

라 쿠론 레스토랑

미국 텍사스주 댈러스가 존 F. 케네디 암살로 두고두고 오명을 면치 못하고 있듯 루앙도 잔 다르크 화형지라는 악명의 굴레를 못 벗어나고 있다. 잔 다르크가 화형당한 뷰마르세 광장은 루앙 관광의 중심지로 고색창연한 건물들과 유명한 식당들이 많다. 그중에 라 쿠론 레스토랑Restaurant la Couronne이라는 프랑스에서 가장 오래된 여인숙이자 레스토랑이 있다. 지금까지 발견된 이곳의 가장 오래된 임대료 지불 기록에는 1345년이라고 적혀 있다. 굳이 이 식당 건물이 오래되었다는 이야기를 듣지 않아도 식당의 외부 장식과 내부 목재 구조를 보면 유서 깊은 곳임을 알 수 있다. 2층으로 올라가는 계단 양쪽 벽을 살피면 더 확실하다. 이 식당에서 식사했던 유명인들의 서명이 들어 있는 사진들을 보다 보면 어지러울 정도다. 소피아 로렌, 지나 롤로브리지다, 실바노 망가노 등 전설적인 여배우들부터 드골을 비롯한 거의 모든 프랑스 대통령들이 다녀갔다. 식사도 허명부전이라고 아주 훌륭하다. 점심 메뉴는 전식, 본식, 후식의 세 코스에 37유로이니 가격도 착하다. 특히 후식은 입이 딱 벌어질 정도로 맛과 멋 측면에서 예술적이다. 프랑스의 점잖은 사람들은 점심때 이런 곳에 와서 식사를 하지 않아서인지 점심 식사 예약은 생각보다 어렵지 않다. 물론 걸어 들어와서 바로 식사하는 것은 불가능하지만 2~3주 전에 예약하면 역사적인 건물에서 영화에서나 보았던 사람들이 앉았던 자리에서 정통 프랑스 정식을 먹어볼 수 있다. 그것도 멋진 프랑스 발음의 웨이터의 서빙을 받으면서 말이다. 프랑스 식당이지만 유감스럽게도 주인은 네덜란드인이다. 고흐가 숨을 거둔 오베르 쉬르 우와즈의 라부 여인숙의 주인이 네덜란드인인 것처럼 말이다.

전진해라. 무엇에도 두려워하지 마라. 신을 믿어라. 그러면 모든 것이 잘될 거다.
Go forward bravely. Fear nothing. Trust in God; all will be well.

홀로 신과 같이 있으면 더 좋다. 신의 우정은 나를 실망시키지 않는다. 그의 충고도, 사랑도 실망시키지 않는다. 그의 힘에 의해 내가 죽을 때까지 나는 맞서고 또 맞서고 또 맞서서 싸운다.
It is better to be alone with God. His friendship will not fail me, nor His counsel, nor His love. In His strength, I will dare and dare and dare until I die.

나는 두렵지 않다. 나는 이 일을 하기 위해 태어났다.
I am not afraid; I was born to do this.

내 상상 속이 아니라면 어떻게 신이 내게 말할 수 있었겠는가?
How else would God speak to me, if not through my imagination?

(자신의 신앙 때문에 화형 당하기 전) 불꽃 사이를 통해 내가 볼 수 있게 십자가를 높이 들어주세요.
[Before being burned at the stake for her faith:] Hold the cross high so I may see it through the flames.

나는 신이 자신의 말을 전하기 위해 두드리는 그 북이다.
I am the drum on which God is beating out his message.

모든 인간은 자신이 믿는 바를 위해 목숨을 바친다. 단 한 개의 삶만이 우리가 살아야 할 삶이다. 그래서 우리는 우리가 믿는 바에 따라 살아야 한다.
Every man gives his life for what he believes, one life is all we have to live and we live it according to what we believe.

프랑스

나는 신이 나와 함께 있어 두렵지 않다.
I fear nothing for God is with me!

나는 말도 탈 줄 모르고 전쟁도 모르던 아주 하찮은 소녀일 때 하느님의 목소리에 응답했다.
I answered the voice that I was a poor girl who knew nothing of riding and warfare.

사람들은 자신이 들은 진실을 말하다가 심지어는 어린아이도 때로는 교수형을 당한다.
Even little children repeat that oftentimes people are hanged for having told the truth.

● 모네 어록

색상은 끝없이 나를 걱정하게 한다. 심지어는 내 잠 속에서까지 걱정하게 만든다.
Colors pursue me like a constant worry. They even worry me in my sleep.

나는 언론과 소위 평론가의 의견을 경멸한다.
I despise the opinion of the press and the so-called critics.

나는 우울해져 있고 그림을 경멸한다. 이건 정말 끝없는 고문이다.
I am very depressed and deeply disgusted with painting. It is really a continual torture.

나는 결코 내 그림을 끝낼 수 없다. 내가 불가능을 더 추구하면 할수록 더욱 무력함을 느낀다.
I'm never finished with my paintings; the further I get, the more I seek the impossible and the more powerless I feel.

아니다. 나는 위대한 화가도 아니고 위대한 시인도 아니다.
No, I'm not a great painter. Neither am I a great poet.

내 작품은 내 혼자의 감상에 따라 혼자서 그릴 때 더 좋아진다.
My work is always better when I am alone and follow my own impressions.

인간은 알고 이해하게 되면 뭔가를 할 수 있다.
One can do something if one can see and understand it.

나는 단지 두 가지를 잘한다. 그건 정원 일과 그림 그리는 일이다.
I am only good at two things, and those are: gardening and painting.

나는 어린아이 때도 굴한 적이 없다.
Never, even as a child, would I bend to a rule

색은 내게 있어 오래된 집착이다. 즐거움과 고통의.
Color is my day-long obsession, joy and torment.

대개의 사람들은 내가 빨리 그림을 그린다고 생각한다. 나는 아주 천천히 그린다.
Most people think I paint fast. I paint very slowly.

나는 자연을 잡을 수도 없으면서 따라다닌다. 아마도 나는 화가가 되기 위해 꽃에 신세를 진 듯하다.
I am following Nature without being able to grasp her…. I perhaps owe having become a painter to flowers.

내 정원이 나의 가장 아름다운 걸작이다.
My garden is my most beautiful masterpiece.

길을 찾아내는 방법은 관찰과 반응의 힘에 달려 있다. 그래서 쉬지 않고 파고 뒤집고 해야 한다.
It's on the strength of observation and reflection that one finds a way. So we must dig and delve unceasingly.

프랑스

나는 내가 보는 대로 그릴 뿐이다.
I can only draw what I see.

모든 내 수입은 이 정원으로 들어갔다.
Everything I have earned has gone into these gardens.

수련을 이해하는 데 시간이 많이 걸렸다. 나는 즐거움을 위해 수련을 심었
다. 나는 수련을 내가 그릴 거라고 생각지도 못하고 키웠다.
It took me time to understand my waterlilies. I had planted them
for the pleasure of it; I grew them without ever thinking of painting
them.

가장 고귀한 즐거움은 이해의 기쁨이다.
The noblest pleasure is the joy of understanding.

그림을 그리기 전 머릿속에 그림을 가지고 있지 않으면 화가라 할 수 없다.
방법과 구도까지 분명하게 말이다.
No one is an artist unless he carries his picture in his head before
painting it, and is sure of his method and composition.

어느 누구도 내가 마음에 들어 하지 않을 뿐만 아니라 다른 사람들마저도 드
물게 좋아하는 그림을 끝내기 위해 들인 불안과 수고를 나 말고는 모른다.
No one but myself knows the anxiety I go through and the trouble I
give myself to finish paintings which do not satisfy me and seem to
please so very few others.

7. 바르셀로나 제대로 알고 계시죠?
_ 스페인

훌륭한 예술가는 모방하고 위대한 예술가는 훔친다.
Good artists copy, great artists steal.
— 피카소

직선은 인간의 소유고 곡선은 신의 소유다.
The straight line belongs to Man. The the curved one to God.
— 가우디

어떻게 한 도시가 이토록 많은 것을 한꺼번에 가지고 있을 수 있을까? 사람들에게 바르셀로나 하면 무슨 생각부터 드는지 물어보면 뭐라고 할까? 너무 축구를 잘해서 사람 같지도 않은 메시의 바르셀로나 축구 클럽이 있는 도시? 파블로 피카소와 호안 미로Joan Miro를 키운 곳? 1992년 바르셀로나 올림픽? 안토니 가우디의 사그라다 파밀리아 성당이 있는 도시? 이것들만 이야기해도 숨이 차지만 아직도 많이 남았다.

바르셀로나는 스페인이 아니다?

바다를 낀 아름다운 항구 도시, 아프리카와 면한 지중해 도시이면서 평균 온도가 여름에는 23도, 겨울에는 10도 아래로 내려가지 않는 도시, 스페인 제

2의 도시, 주민 평균 소득이 3만 5000달러고 스페인 GNP의 20퍼센트를 생산하는 도시, 파리, 런던, 로마 다음으로 관광객이 많이 오는 도시…. 더 이상 무엇이 더 필요한가? 이 정도면 반드시 가봐야 할 도시가 아닌가? 바르셀로나는 부산과 자매 도시이기도 하다. 그래도 바르셀로나는 1992년 하계 올림픽을 치르기 전까지는 우리에게 잘 안 알려진 도시였다. 사실 바르셀로나가 속해 있는 카탈루냐 지방은 말만 스페인이지 스페인이 아니다. 인종은 물론 역사뿐만이 아니라 언어마저 마드리드의 스페인어와 다르다.

하긴 이런 경우는 유럽의 큰 나라 스페인에서만 있는 것이 아니다. 아주 작은 나라 스위스도 독일어, 프랑스어, 이탈리아어를 쓴다. 그보다 더 작은 벨지움도 프랑스어, 네덜란드어, 독일어를 쓴다. 영국도 영어 말고 스코틀랜드, 웨일즈, 아일랜드 모두 자기네 말이 따로 있다. 해서 그리로 가면 도로 표지판에 발음도 못 할 이상한 알파벳이 적혀 있다. 또 같은 잉글랜드에도 남서쪽 끝 지방 콘월을 가면 코니쉬 언어가 있다.

카탈루냐는 지금도 스페인으로부터 독립하고자 하는 열망이 커서 정기적으로 독립운동이 일어나 투표를 하곤 한다. 카탈루냐는 역사적으로 마드리드로부터 피해를 많이 받아 반감이 보통이 아니다. 카탈루냐 사람들에게 '너 스페인 사람이냐'고 물었다가는 봉변을 당할 가능성마저 있다. 그들은 스스로를 스패니시가 아니고 카탈루냐 사람이라고 여긴다.

각 나라마다 큰 도시들에는 라이벌 성향이 다 있다. 예를 들면 북경과 상해, 도쿄와 교토, 모스크바와 상트페테르부르크가 그런 예다. 축구만 따져도 바르셀로나 축구 클럽과 레알 마드리드의 경쟁은 피만 튀기지 않지 거의 전쟁이라고 봐야 한다. 이 두 클럽이 워낙 세다 보니 다른 스페인 축구 클럽은 존재감을 못 드러내고 격차가 너무 많이 벌어진 것이 스페인 축구의 제일 큰 약점이다. 다행히 최근에는 아슬레틱 마드리드 클럽이 올라와 삼파전이 벌어져서 한결 나아지긴 했지만 아직도 스페인 축구하면 이 두 클럽이 대표 주자다. 세계에서 가장 부자 클럽이 레알 마드리드고 두 번째가 바르셀로나 축구 클럽이다. 22위의 아슬레틱 마드리드가 겨우 그다음 스페인 축구 클럽일 정도로 격차가 심하다.

유럽을 여행하는 방법은 여름에는 북유럽을, 겨울에는 남유럽을 택하는 것이 좋다. 날씨로 봐도 여름의 남부 유럽은 너무 덥다. 그리고 북부와 중부의 유럽인이 몰려와 복잡하고 물가도 비싸다. 호텔도 예약하기 힘들고 비싸다. 군이 해변에서 살을 태울 일이 아니라면 여름에는 주인들이 남유럽으로 휴가 가서 대접받을 수 있는 북유럽을 가야 한다. 겨울에는 유럽인이 아무도 오지 않아서 조용하고 그래서 물가도 싼 남유럽을 다니면 좋다. 포르투갈, 이탈리아 남부로 가면 겨울임에도 불구하고 반팔에 반바지 입고 다녀도 되는 날씨를 만날 수 있다. 그런 도시 중의 하나가 바르셀로나다. 겨울이 아닌 시즌에 바르셀로나를 가면 피카소 뮤지엄, 가우디의 카사 밀라와 사그라다 파밀리아 성당에 들어갈 때 한 시간 심지어는 두 시간도 기다려야 한다. 하지만 겨울에 가면 금방 들어갈 수 있다.

진짜 스페인 여성 같은 바르셀로나

이왕 유럽 문화를 비교한 김에 내쳐서 유럽의 아름다운 도시들을 여인에 비유해 이야기해보겠다. 파리가 세계에서 가장 아름다운 도시라는 데 감히 의의를 달 사람은 없을 듯하다. 그러나 파리는 건축, 문화, 예술 등 완벽한 도시이나 너무 많이 알려져 미인으로 비교하면 감히 가까이 할 수 없는 미인 대회 출신의 미녀 같다. 파리 다음으로 완벽한 아름다움을 갖춘 도시는 러시아의 상트페테르부르크다. 건축, 예술, 문화 어느 것 하나 빠지지 않으면서 크지도 않고 고졸古拙의 미까지 갖춘 러시아 미인 같은 도시다. 결점을 말한다면 너무 완벽하고 조금 인공적인 조각 같은 아름다움인데 이 때문에 오래 보다 보면 싫증이 날 수 있다. 처음부터 계획도시로 시작되었기에 도시 건축물 중 허술한 곳이 없다. 그다음의 도시는 어디에도 뒤지지 않는 아름다움에 지나치게 내세우지 않는 겸양의 수줍음까지 갖춘 체코의 프라하다. 우리 한국의 여인 같은 도시다. 크기도 하루에 걸어 다니기 딱 맞는 도시이고 화려하지도 않은 데다가 위압적인 건물도 없다. 이것저것 모든 것을 다 갖추고 있으면서도 자신의 아름다움을 보라는 듯 지나치게 내세우지 않는다.

그다음이 헝가리의 부다페스트다. 프라하가 수줍음의 미를 가진 동양의 미인이라면, 부다페스트는 자신의 아름다움을 드러내는 서양 미인 같다. 도나우강 양안에 펼쳐진 부다페스트도 너무 크지 않으면서 나무랄 데 없는 미를 갖추고 있으나 왠지 뻐기는 듯한 인상을 준다. 부다페스트의 아름다움은 거의 도나우강 양안에 있다. 그래서 유람선을 타고 오가면 다 본 셈이다. 페스트에서 올려다보는 언덕 위의 옛 도시 부다는 어디서도 볼 수 없는 완벽한 아름다움을 자랑한다. 동시에 부다 언덕 위에서 내려다보는 강을 끼고 돌아가면서 지어진 헝가리 국회의사당 건물과 세체니 다리가 어우러진 모습도 결코 유럽 어느 나라의 수도 못지않다. 그러고 보면 부다페스트는 성형미인 같기도 하다.

런던은 아름답다기보다 부잣집 맏며느리같이 모든 것을 다 갖춘 언제 봐도 푸근한 여인이다. 파리처럼 모든 건물이 일정하게 기하적으로 잘 정돈되어 있기는커녕 좀 무질서하고 어지러운 가운데 조화된 도시미가 돋보인다. 리젠트 스트리트와 옥스퍼드 스트리트를 둘러싼 건물들이 있는가 하면 그 뒷골목에 펼쳐진 작은 상점들은 런던의 보석들이다. 수백 년 된 건물의 작은 가게들이 옹기종기 모여 있는 런던 시내는 아직도 세월이 흐름을 모르는 듯한 모습이다. 그와 비슷한 도시가 베니스다. 베니스는 너무 예쁘고 귀여워 꼭 깨물어주고 싶은 10대 소녀를 닮은 도시다. 차도 못 다니는 좁은 골목길 양옆으로 늘어선 머리를 숙여서 들어가야 하는 가게들은 동화 속에 나오는 장난감 상점 같다. 그 안에는 어디서 골라 왔는지 잘도 모아놓았다는 감탄이 절로 나오는 신기한 상품들로 가득하다.

서론이 길었다. 그럼 바르셀로나는 어떤 미인인가? 바르셀로나는 정말 스페인 여인 같다. 아주 진하게 화장을 하고 머리에 꽃을 꽂은 플라멩코를 열정적으로 추는 스페인 여인 같은 도시가 바르셀로나다. 바르셀로나 어디에서도 독일 도시 뮌헨, 뒤셀도르프처럼 심각하고 긴장된 기운이 없다. 그러면서 휴양 도시 같지만은 않은 묘한 경계선상에 있는 느낌이다. 보기보다 심각한 비즈니스가 오고 가는 도시가 바로 바르셀로나다. 아주 정열적이면서도 유럽 여인들의 거만함과는 또 다른 모습의 여인. 그것이 바르셀로나다.

바르셀로나 올림픽의 음모론?

바르셀로나는 역사적으로 저항의 도시였다. 지정학적으로 중요한 위치에 있어 항상 침략으로부터 피할 수 없었다. 무슬림 점령 기간, 마드리드로부터의 지배, 스페인 시민전쟁 때 프랑코 총통에 반대하는 공화군 본부가 있던 곳…. 이런 사실들만으로도 카탈로니아의 고난은 충분히 짐작할 수 있다. 1939년 시민전쟁이 끝난 후 프랑코 총통은 자신을 반대한 데 대한 보복으로 바르셀로나를 비롯한 카탈루냐 지방에서 카탈루냐 언어 사용을 금지시켰다. 그 이후 각종 탄압과 차별이 이어졌는데 이는 역으로 카탈루냐 지방 사람들에게 더욱 열심히 살게 만들었고, 결국 카탈루냐는 스페인 어느 지역보다 더 잘사는 지역이 되었다. 그러나 언어 탄압의 여파로 이제 카탈루냐 사람들 중 95퍼센트가 카탈루냐어를 이해하지만, 75퍼센트만 말하고 읽을 줄 안다. 실제 글을 쓸 수 있는 사람은 반도 안 되는 47퍼센트에 불과하다.

스페인 중앙 정부가 실시한 카탈루냐인의 정체성 말살 정책이 어느 정도 성공한 셈이다. 우리 한반도와 같은 슬픈 역사가 카탈루냐에도 있다. 바르셀로나는 역사적으로 로마의 도시로 시작되었다. 전설로는 그리스 신화의 영웅 헤라클레스가 세웠다고도 하고, 《플루타크 영웅전》에 나오는 알프스를 최초로 군사를 끌고 넘은 카르타고Carhage의 영웅 한니발의 아버지가 세운 도시라고도 한다. 바르셀로나가 세계에 알려진 계기는 1992년 바르셀로나 올림픽이었다. 이전까지 바르셀로나는 스페인 내에서의 비중이나 도시 크기 등으로 볼 때 억울하게 홍보가 안 된 도시였다. 솔직히 1992년 바르셀로나 올림픽 이전에 바르셀로나에 대해 알고 있던 사람은 축구팬이거나 스페인에 관심이 많은 사람 정도였다. 그랬던 바르셀로나는 올림픽을 개최하면서 실질적인 도움을 많이 받았다. 바르셀로나 올림픽의 숨은 일화가 있다. 바르셀로나가 차기 올림픽 개최지로 결정되자 한때 무슬림 국가 사이에 올림픽 보이콧 운동이 일었다. 무슬림이 무려 770년간의 스페인 지배를 끝내고 유럽 대륙에서 완전 철수한 해가 1492년이고 철수지가 바르셀로나였다. 그러다 보니 유럽 기독교 국가들이 연합해서 무슬림이 유럽에서 마지막으로 철수한 500주년을 기념하기 위해 최후의 철수지에서 올림픽을 개최하기로 결정했다는 음모론이 일었다. 우연치고는 공교롭다. 유럽 대륙이 백인이 아닌 인종이 지배한 건 칭기즈칸의 러시아 250년과 무슬림의 스페인의 지배가 거의 유이有二하다. 그래서 코가 높은 백인들로서는 기분이 안 좋을 일이긴 하다. 무슬림의 반발은 얼마 가지 않아 잠잠해지긴 했지만 이 음모론은 한때 해외 토픽으로 등장했었다.

카탈루냐의 독립 열망은 현재 난파 상태다. 카탈루냐는 지난 수년간 스페인으로부터 독립하려고 국민투표도 하고 시위도 활발하게 했지만 스페인 중앙 정부의 강력한 조치에 주춤한 상태다. 독립 주동자들은 체포되어 형을 살고 있거나 해외에 망명 중이다. 카탈루냐 주민들의 투표로 유럽 의회 의원으로 당선된 사람들은 스페인 법에 따라 의원 선서를 못 하는 바람에 의원으로 취임을 못 하고 있는 실정이다. 유럽 사법 재판소는 스페인 법이 잘못되었다면서 비록 선서를 못 했다 해도 유럽 의회 의원이 맞다고 판결했다. 여행을 가 보면 알지만 카탈루냐는 스페인과는 완벽하게 다른 나라다. 말도 다르고 인종도 다르다. 물론 문화도 다르고 지형도 다르다. 그러면 다른 나라가 되는 게 당연한 일 아닌가? 그걸 굳이 아니라고 자신들의 지배 아래 두겠다고 고집부리는 스페인 중앙 정부의 폭력적인 억압이 과연 얼마나 갈지 궁금하다. 왜 유럽 연합과 유럽 연합 국가들은 침묵하는지? 강제 동거는 비극을 만들어낼 뿐이란 건 국가가 아니더라도 자신들의 가정에서 먼저 알 수 있지 않을까.

어떻게 요즘 같은 세상에 그것도 가장 민주 국가들이 많이 모인 유럽 연합에서 이 사태를 가만히 보고 있는지…. 이들도 말만 번지르르하게 하지 자신들 일이 아니면 나서지 않는 게 아닌가 싶다. 스스로가 선택한 대로 운명을 끌고 가지 못하는 카탈루냐 국민의 마음은 어떨지를 생각하다가 우리 민족을 떠올렸다. 자신들의 이해관계와 큰 관련도 없는 사소한 이익을 위해 한 민족의 운명을 쉽게 결정해 한반도를 분단시킨 열강들을 생각하면 앞뒤가 안 맞는 행태를 보이는 현재 유럽 연합 국가들이 떠올라 씁쓸하다.

호안 미로의 진가를 느끼다

바르셀로나 시내는 운동화 끈을 꽉 졸리메고 걸어서 다녀도 될 만한 크기다. 워낙 도시 계획이 잘되어 지도만 있으면 길을 잃을 염려가 전혀 없다. 구시가지인 고딕 지구만 골목이 좁고 좀 복잡하지 그 나머지 시가는 직선 대로들로 사각형을 이루며 연결된다. 높은 곳에서 보면 길이 바둑판 모양이라 어쩌다가 방향을 잃어도 곧 찾을 수 있다. 결국 관광객이 가는 곳은 바르셀로나가 자랑하는 안토니 가우디, 파블로 피카소, 호안 미로와 관련된 건물이나 미술관들이다. 그런 관광지 사이사이로 카탈루냐 광장, 람블라스 거리, 스페인 광장, 몬주익 언덕 등이 있다. 예를 들면 스페인 광장을 중심으로 언덕 한쪽에는 카탈루냐 미술관을 비롯해 호안 미로 미술관이 있다. 그 건너편에 가우디의 구엘 공원이 있는 식이다. 특히 몬주익 언덕에 위치한 카탈루냐 미술관 앞 분수에서는 6월부터 9월 사이 매주 목요일부터 일요일까지 나흘 밤에 걸쳐 분수 쇼를 한다. 이는 여행 중 아무리 피곤해도 봐야 할 구경거리다. 그 뒤의 카탈루냐 미술관은 원래 스페인 왕의 왕궁이었고 지금은 대단한 미술품 컬렉션을 가지고 있다.

내가 일행과 스페인 광장에 갔을 때는 마라토너들이 인산인해를 이루고 있었다. 그리고 스페인 광장의 스피커에서 싸이의 〈강남스타일〉이 흘러나왔다. 〈강남스타일〉의 세계적인 선풍을 실감할 수 있었다. 한국인의 노래가 수만 명이 참가한 마라톤 시합장에서 울려 퍼지는 장면은 정말 인상적이었고 가슴이 뭉클했다. 지금도 가끔 〈강남스타일〉이 전혀 의외의 장소에서 나와 깜짝 놀란다. 영국인의 파티나 회합 중간에도 참가자들이 같이 막춤을 출 시간이 되면 어김없이 〈강남스타일〉이 등장한다. 이제 〈강남스타일〉은 세계인의 삶에서 거의 일상화된 듯하다.

카탈루냐 미술관 옆에 위치한 바르셀로나가 낳은 또 하나의 자랑 호안 미로의 미술관이 있다. 보통 호안 미로의 작품은 조형 디자인 판화만 많이 소개된다. 하지만 이 미술관은 그가 얼마나 다양한 종류의 작품 활동을 했는지를 보여준다. 미로는 어찌 보면 우리에게는 잘 안 알려진 작가다. 하지만 유럽 미술을 섭렵하려면 미로를 절대 무시해서는 안 된다. 미로는 현대인이 쉽게 받아들일 수 있는 적당한 수준의 초현실파의 대가 중 하나다. '쉽게 받아들일 수 있는 수준'은 초현실파라면 거의 대부분이 인상을 찌푸릴 만큼 오버하는 그림들이 많아서 하는 말이다. 그중에 그래도 파울 클레Paul Klee는 대중의 상식선을 크게 넘어서지 않는다. 이에 비해 살바도르 달리Salvador Dali는 '멋진' 그림도 많지만 '구역질'이 나올 수준의 그림도 있다. 달리의 대표작 녹아내리는 시계가 중심이 된 유명한 그림 〈지속되는 시간The Persistence of Memory〉은 다행히 구역질 수준은 아니다. 그러나 이를 두고 어느 전문가는 '시간의 편재성'이라는 알 듯 모를 듯한 설익은 먹물 냄새를 풍기는 단어를 써서 해설했다. 소위 말해 전문가라는 사람들은 꼭 이렇게 모호한 의미의 단어를 써야만 하

호안 미로 미술관

는지? 그래야 자신이 유식해 보인다고 생각하는지? 뜻이 잘 씹히지 않아 그냥 '에라 모르겠다' 하고 꿀꺽 삼키고 나면 절대 소화가 안 되는 그런 단어를 굳이 쓰는 이유를 좀 알려주었으면 한다. 솔직히 자신은 '시간의 편재성'이 무슨 말인지 정확히 아는지나 모르겠다.

나는 초현실파 화가 중 파울 클레를 좋아한다. 그의 그림에서는 동화 냄새가 난다. 동화 냄새 나는 그림이라고 하면 단연 마르크 샤갈Marc Chagall을 꼽을 수 있지만 샤갈의 그림에서는 아주 조금 자아도취의 냄새가 나서 아쉬움이 든다. 허나 클레의 그림에서는 전혀 그런 기색이 안 보인다. 세련되고 도회적이다. 물론 세련된 도회적인 미라면 호안 미로를 넘어설 수 없다. 이제 호안 미로 이야기를 본격적으로 해보자.

미로는 시대의 반항아다. 그는 자신이 미술을 하는 이유를 '자본가 사회를 지지하는 전통 회화의 방식을 경멸하고 회화를 암살함으로써 제도권 회화의 시각 요소를 뒤집기 위함contempt for painting methods as a way of supporting bourgeois society, and declared an 'assassination of painting in favour of upsetting the visual elements of established painting'이라고 밝혔다. 미로는 금세공사와 고급 시계 제작공의 아들이었다. 바르셀로나에서 성장한 미로는 파리로 이주해서 화가로서 활동했지만 여름을 포함해 쉴 때면 언제나 철새처럼 바르셀로나로 돌아왔다. 미로는 미술 고등학교에서 미술과 함께 비즈니스를 공부했다. 학교 졸업 후에 취직을 했다가 신경쇠약으로 고생한 다음에는 예술에 매진했다. 미로의 초기 작품에는 고흐와 폴 세잔의 영향이 보인다. 그가 바르셀로나 인근 지중해 바닷가에서 그림에 매진하면서 그린 작품 중 하나가 〈농장The Farm〉인데, 이를 《바다와 노인》의 노벨상 작가 어니스트 헤밍웨이Ernest Hemingway가 구입했다. 헤밍웨이는 이 작품을 제임스 조이스James Joyce의 《율리시스》만큼 성취를 거둔 작품이라고 극찬했다. 또 '당신이 스페인에 있을 때 느끼는 스페인에 대한 감상과 스페인을 떠나 있고 갈 수 없을 때 느끼는 감상을 동시에 표현했다. 아무도 그렇게 극히 반대되는 걸 그릴 수는 없는 걸 미로는 그렸다It has in it all that you feel about Spain when you are there and all that you feel when you are away and cannot go there. No one else has been able to paint these two very opposing things'라고 평했다.

바르셀로나의 호안 미로 미술관은 작품 하나에 수천만 달러나 하는 대가 미로의 작품을 많이 소장하고 있다. 이 박물관을 운영하는 재단을 다름 아닌 미로 자신이 설립했기 때문이다. 미로는 자신이 소장하던 작품을 기본으로 해서 1975년 미술관을 시작했다. 미로는 이 미술관을 통해 미술학도에게 장학금을 지급하고 현대 미술 연구소도 개설했다. 호안 미로 미술관에는 작품도 엄청나게 많고 수준도 훌륭한데, 특히 외부에 있는 조각들은 입을 다물 수 없을 정도다. 미로의 수준에 새삼스럽게 경탄을 하게 된다. 더군다나 미술관 건물 자체도 예술이고 그 안의 식당도 물론 세련의 극치다. 여기서 식사와 후식을 겸해 진한 스페인 커피에 밀크 거품을 많이 얹어 마시면서 나는 행복한 오후를 즐겼다. 미로는 지중해의 마요르카섬 팔마에서 결혼하고 살았었는데 그곳에도 박물관이 있다.

스페인 광장 한편에 원래 투우장이다가 원형 경기장 아래의 대형 쇼핑센터 뒤에도 미로의 거대한 작품이 서 있다. 카탈루냐에서는 투우가 금지되었다. 표면적인 이유는 투우가 동물 학대라는 명분이지만 사실은 투우가 스페인 전통 민속이지 카탈루냐 민속은 아니라는 이유다. 스페인의 문화는 무엇이든지 싫다는 말이다. 과연 옳은 결정인지는 카탈루냐인의 몫이다. 그러나 오랫동안 내려오던 풍습이 민족적이고 감정적인 이유로 중단되는 것은 바람직하지는 않은 듯하다. 카탈루냐 민족주의자에게는 압제자들이 열광하는 투우에 국민이 멋모르고 동조하는 모습이 싫을 수 있다. 더군다나 독립 문제로 심정이 심하게 상해 있으니 스페인 투우를 보고 싶지 않을 듯하다. 그런 심정은 충분히 이해하지만 이건 좀 아니라는 생각이 든다. 세상일은 반드시 한 면만을 주장하면 결국 어디선가는 무리가 생기는 법이다.

바르셀로나의 혼, 가우디

바르셀로나의 건축물 중에는 로마 시대로부터 내려온 것도 간혹 있지만 거의가 19세기 후반에서 20세기 중반까지의 고딕과 아르 누보의 영향을 받았다. 그중 가우디의 건물들은 시내 곳곳에 위치하고 있다. 그라시아 거리 코너에 있는 카사 밀라는 1910년 가우디가 주거용 아파트로 지었다. 가장 가우디의 철학이 많이 반영된 대표 건물로 소개가 된다. 우선 가우디 특유의 곡선으로만 이루어진 외관부터 사람들의 시선을 사로잡는다. 자연에서 작품의 모티브를 찾은 가우디는 자연에는 완벽한 직선이 없다는 주장을 펼쳤고, 따라서 그

카사 밀라 집의 지붕 장식

가 설계한 모든 건물에는 직선이 없다. 그리고 보면 직선 같은 수평선도 사실 직선이 아니다. 파도가 쉴 새 없이 출렁이니 말이다. 가우디와는 반대로 자연을 엄청나게 싫어해 곡선과 초록색을 전혀 안 쓴 피에트 몬드리안Piet Mondrian 생각이 난다. 몬드리안의 이름 피에트는 네덜란드 말로는 피터다. 해서 피터 몬드리안이라 불러야 마땅하다. 몬드리안은 런던 최고급 주택지 함스테드에 살 때 자신의 집 정원에 있는 지방 문화재로 지정된 나무를 자르려고 구청에 신청했던 적이 있다. 하지만 신청이 거부되었고 그는 그 집에 사는 내내 불평을 늘어놓았다. 뿐만 아니라 뉴욕 갔을 때 길가에 늘어선 가로수를 보고 '뉴욕이 이렇게 시골인 줄 몰랐다'라고 했으며, 자신의 고국 네덜란드에 대해서는

카사 밀라의 옥상에서 내려다본 모습

'소와 들판이 너무 많다'며 말도 안 되는 불평을 늘어놓으며 자연을 증오했다. 반면 가우디는 자연에 완벽한 직선이 없으므로 곡선만 쓰겠다고 고집부렸다. 집착 같은 양극단의 주장을 펼치면서 현대미를 완성한 두 분수령의 고집불통 예술가가 만나서 대화를 나누었다면 어떻게 되었을까. 참 궁금하다.

스페인 말로 카사casa는 집이고, 밀라는 집주인이다. 그래서 집 이름인 카사 밀라는 '카사 부인의 집'이라는 뜻이다. 지금은 카탈루냐 카서 은행이 소유하고 있다. 그 은행 로고도 호안 미로가 디자인했다. 그 로고는 카탈루냐 지방 어디서나 볼 수 있는데 저금통에 사람이 돈을 집어넣는 모습이다. 일단 카사 밀라에 들어가면 하늘로 뻥 뚫린 건물 중앙에 압도된다. 건물의 모든 방에 자연광이 들어갈 수 있게 한 것이다. 또 건물 주민들 사이의 소통을 유도하기 위해 엘리베이터를 한 층 건너서 설치해놓았다. 지금은 네 가구가 살고 있는데 제일 위의 두 층만 공개한다. 카사 밀라의 가장 큰 구경거리는 옥상이다.

스페인

중간에 뚫린 구멍을 통해 아래를 내려다보면서 그 옆의 로봇 같은 모습의 굴뚝을 봐야 한다. 이 기둥은 '성 가족 성당'이라고도 불리는 사그라다 파밀리아 성당 외벽에서도 보이는 우주인 혹은 일본 무사 같은 모습이다. 사그라다 파밀리아 성당의 인물 석물 모양이 일본 무사나 일본 만화의 로봇 같아서 찾아보니 아니나 다를까 석조물을 담당한 석수장이 일본인이었다.

144년 동안 만들어질 사그라다 파밀리아 성당

바르셀로나는 정말 가우디의 도시다. 인도의 보도블록도 가우디 작품, 그 옆의 벤치도 가우디 작품, 그것들을 밝히는 가로등도 가우디 작품, 심지어 쓰레기통까지 가우디다. 과연 바르셀로나에서 가우디를 빼고 나면 무엇이 남는지 궁금하다. 가우디는 석재, 나무, 철 등 자연 건축의 재료를 많이 썼다. 사그라다 파밀리아 성당은 건설이 1882년 시작되어 아직까지 계속되고 있다. 지금의 속도라면 가우디 사망 100주년 되는 2026년에나 완공될 거라고 예상된

성가족 성당

다. 안내서에는 2028년 완공 계획이라고 나오지만 현대 과학의 발전으로 컴퓨터 설계, 전동 절삭 기구, 자동차 운송, 타워 크레인 등 가우디 생전에는 없던 기구가 많이 만들어져 덕분에 완공이 당겨진다고 한다. 잘 알려져 있다시피 이 성당은 정부 보조나 가톨릭 교단의 지원 없이 연간 300만 명의 관람객 입장 수입과 개인들의 성금으로 지어지고 있다. 매년 예산이 2500만 유로(322억 원)에 달한다.

1883년 31세였던 가우디가 전임 설계자로부터 성당 건축 일을 이어받아 디자인을 자기 특유의 고딕과 아르 누보 스타일로 완전히 바꾸고 1926년 74세로 죽을 때까지 정열을 쏟았다. 특히 죽기 10년 전부터는 이 성당 건설에만 전념했으나 그래도 겨우 4분의 1만 완공시키고 죽었다. 설계상 바깥 첨탑이 18개다. 그중 바깥쪽의 12개는 예수 12제자를 의미한다. 나머지는 세례자 요한을 비롯한 선지자 네 명의 탑이고, 이외에는 성모 마리아 탑, 정중간의 가장 높은 예수 그리스도 탑이다. 완성이 되면 170미터로 세계에서 가장 높은 성당 건물이 될 전망이다. 이 높이는 바르셀로나에서 가장 높은 몬주익산 정상보다 1미터가 낮은데, 가우디가 신의 작품인 산보다 인간의 작품인 건물이 더 높아서는 안 된다며 탑 높이를 그렇게 정했다.

평생 독신으로 산 가우디는 상당히 내성적이고 과묵하며 괴팍하다고 소문이 났으나 실제 가까운 친구들은 가우디가 대단히 친절하고 자상했다고 평한다. 독실한 가톨릭 신자에다 극단의 채식주의자였고 정기적으로 과한 단식을 해서 건강을 많이 해쳤다. 가우디 본인은 단식을 수도자가 하는 일종의 금욕의 피정으로 여겼다. 가우디의 삶을 보면 수도자라고밖에는 설명이 되지 않는다. 살아생전에 가우디는 한 여인 조세파 모로Josefa Moreau에게 관심을 표했으나 거절을 당했고 그 이후에는 세상에 여인이 없는 것처럼 행동했다. 독신으로 지낸 점, 엄격한 채식주의자, 정기적인 독한 단식, 독실한 신심 등 가우디는 하느님으로부터 오로지 성전을 만들라는 소명召命을 받은 수도사처럼 살다 갔다.

그래서인지 사람들은 가우디를 '신의 건축가'라고 부르며 한편에서는 성인 추대 운동을 벌이고 있다. 머지않아 성당이 완성되고 나면 성인 추대 운동에 불이 붙을 듯하다. 가우디는 설계도를 거의 그리지 않고 모델을 직접 만들어보고 그대로 건축을 진행했다. 그러고 보면 사전 준비나 스케치를 전혀 하지 않고 바로 유화를 완성한 천재 화가 미켈란젤로 카라바조가 연상된다. 카라바조는 구상하고 영감이 떠오르면 붓을 잡아 일필휘지 그림을 그렸다. 다른 화가들처럼 스케치니 부분 연습이니 등을 전혀 하지 않았다. 천재는 연습이 필요 없나 보다. 가우디는 젊었을 때 멋쟁이답게 치장하고 다녔다. 늙어서는 외관에 전혀 신경을 안 썼으며 오래된 옷을 입고 남루하게 다녀 거지로 오해받았다. 그는 전차에 받혀 중상의 사고를 당했는데, 옷차림도 시원찮고 신분증까지 없어서 노숙인 취급을 받고 죽었다. 곧 오해가 풀려서 망정이지 자칫 무덤도 없이 묻힐 뻔했다.

가우디는 카탈루냐 문화 전도사였다. 동시에 카탈루냐 독립운동의 정신적 지주 같은 인물이었다. 가우디는 작품에서 카탈루냐의 전통 색채와 정신을 담으려고 많은 노력을 기울였다. 가우디는 수많은 팬을 가지고 있다. 그중에도 같은 스페인인 초현실주의 화가 살바도르 달리는 거의 광팬이었다. 워낙 모든 일을 냉소적인 시선으로 대하기로 유명했던 달리가 칭찬을 해서 더 돋보였다. 달리는 '그의 형편없는 취향의 엄청난 창조성을 맛보지 않은 자는 배반자다Those who have not tasted his superbly creative bad taste are traitors'라며 비틀면서도 극찬했다. 그러고는 성당의 미를 '무서울 정도이나 이해가 가능한 아름다움terrifying and edible beauty'이라고 평했다. 흡사 빈정거림이나 혹평 같으나 좀체 긍정적인 평을 하지 않는 달리의 모든 사물에 대해 냉소적인 평소 성격으로 보면 대단한 칭찬이었다.

사그라다 파밀리아 성당은 실내는 거의 완공이 되어서 마무리 공사에 돌입했다. 2010년 11월 베네딕트 16세가 축성 미사를 거행했다. 성당 안에서는 6500명, 밖에서는 5만 명이 참석했다. 전 세계에서 100명의 주교, 300명 신부가 참석하는 대행사였다. 그동안 성당 건설 문제로 바르셀로나 시민 사이에서 말이 많았다. 가우디의 디자인을 무시하고 새로운 디자인으로 새로 설계하자는 의견부터 성당 지하로 고속 철도가 지나가는 문제도 논란이 크게 되었었다. 이 성당은 완공되면 세계에서 유례없는 완벽하게 새로운 형태의 가장 독특한 고딕 건물이 될 것이 분명하다. 가우디는 분명 건축뿐 아니라 인류 예술에 큰 족적을 남긴 인물로 기록되고 남아야 한다.

피카소 미술관에 가야 할 이유

그다음에 발길을 돌려야 할 곳은 파블로 피카소 미술관이다. 미술관은 구 시가지 고딕 지구에 있는 옛 수도원 건물을 수리해 사용한다. 바르셀로나의 매력은 이 고딕 지구에 다 있다. 조금 멀리서 보면 골목길이 너무 좁아 사람 하나가 겨우 지나다닐 듯하나 막상 가보면 꽤 넓어 차가 다닌다. 그 옆으로는 영화에나 나올 듯한 카페, 발길을 잡고 놓아주지 않는 아름다운 수공예품 가게, 300~400년 된 성당, 마치 콜럼버스가 나무문을 열고 나올 듯한 아주 오래된 건물…. 길을 걷다 보면 타임머신을 타고 수백 년 전으로 온 것 같은 이곳에 피카소 미술관이 있다.

피카소 미술관에는 우리 눈에 익숙한 피카소의 후기 그림은 별로 없다. 눈과 입과 코의 위치가 뒤바뀐 듯한 그림이 아니라 '아니, 피카소가 이런 그림도 그렸어?'라고 놀랄 가장 기본적인 사실화가 많다. 여기에서 우리는 그동안 몰랐던 피카소를 발견하게 된다. 왜 세상은 이 위대한 화가의 한 면만을 우리에게 보여주고 오해하게 만들었는지 화가 난다. 아니면 우리가 너무 무심했거나, 너무 무식했거나!. 이곳에서 반드시 봐야 할 그림은 피카소가 15세에 그렸다는 〈첫 영성체〉다. 이 그림의 존재를 처음 본 사람들은 경악을 금치 못한다. 15세 소년의 손으로 그린 그림이라고 믿을 수 없을 만큼 완벽해서다. 피카소를 진정 좋아한다면 미술관에 일행과 같이 가지 말고 반드시 혼자서 조용하게 가라. 결코 그냥 보고 지나칠 작품이 하나도 없다. 그런데 너무 작품이 많다. 이를 모두 음미하려면 도대체 얼마의 시간이 필요할지 모른다.

나는 2018년 9월부터 2019년 1월 초까지 파리 오르세 미술관에서 열린 피카소의 '청색기와 장밋빛기Blue and Rose Period' 특별전을 보고 절망한 적이 있다. 피카소 작품 300여 점을 전 세계에서 대여해서 모아놓은 특별전은 문자 그대로 정말 입이 안 다물어 지게 특별했다. 모르긴 해도 이렇게 많은 피카소 걸작이 다시 한곳에 모일 수 있을까 싶었다. 정말 대단하다는 감탄만 나왔다. 바르셀로나 피카소 미술관도 이 정도는 아니어서 전시관을 하나씩 지나갈수록 절망감과 함께 질투심마저 났다. 시간 관계상 눈도장만 찍고 지나갔는데도 두 시간이 후딱 지나갔다. 그래도 볼 수 있는 기회가 주어진 것이 어디냐 하고 생각했다. 한 점만 해도 가격이 수백억 수천억 하는 작품, 세계 각지 미술관과 개인이 소장하고 있는 작품, 대중이 가장 사랑하는 작품 등 같은 시기에 제작된 작품 300여 점을 한자리에서 본 것은 큰 행운이었다. 피카소의 일생에서 가장 지난하고 힘들던 그래서 우울한 색깔이 화면에 가득한 청색기와 피카소의 일생에서 가장 빛난 창작의 시기로 꼽히는 장밋빛기 작품을 동시에 보았으니 말이다. 18세에 그린 흑백 스케치 자화상과 21세에 그린 청색 자화상을 같이 보니 감회가 새로웠다. 나는 나중에 이 전시회에서는 소개되지 않은 피카소 최대의 걸작 〈이비뇽의 여인들〉을 뉴욕 현대 미술관에 가서 보려고 한다. 피카소가 청색기를 지나 장밋빛기로 들어서게 해준 여인 페르낭드 올리비에와 만난 뒤 그린 작품이다.

피카소는 '가능하면 많은 적포도주와 여인과의 섹스를 즐기라'는 의사의 처방을 아주 기쁘게 열심히 따른 걸로 유명하다. 실제로 피카소는 100여 명이 넘는 여인과 원 나이트 스탠드를 즐겼다고 하지만, 공식적으로는 일생 동안 일곱 명의 여인 만나고 헤어졌다. 그 여인들 중 두 명하고는 결혼도 했다. 나머지 여인들 중 피카소로부터 버림받은 두 명은 자살했고, 두 명은 정신 이상자가 되었고, 한 명은 자기 발로 걸어 나갔다. 풍운의 영국 왕 헨리 8세와 그의 여섯 명의 부인들 이야기와 우연하게 많이 닮았다. 여섯 명 중에서 두 명은 헨리 8세가 처형했고, 두 명은 이혼했고, 한 명은 사망했다. 나머지 한 명보다는 헨리 8세가 먼저 죽었다. 피카소의 신비롭고 강력한 에너지에 여인들은 어쩔 줄 몰랐다. 그러다가 여인들은 피카소의 눈길을 벗어나면 지구의 자장에서 벗어난 나비들처럼 하늘을 날다가 땅으로 떨어졌다.

피카소로부터 버림받은 여인들은 그 후의 삶이 결코 행복하지 못했다. 단한 여인만 피카소에게 버림받기 전에 먼저 이별을 선언하고 떠나갔다. 그러고는 지금까지 잘 살고 있다. 피카소가 언제 때 사람인데 피카소의 여인이 아직 살아 있다고? 믿을 수 없겠지만, 그녀는 피카소의 여섯 번째 여인 프랑스아즈 질로(1921년생)다. 1943년 61살이던 피카소는 파리 레스토랑에서 21세 젊은 화가 질로를 만나 첫눈에 반한다. 당시 피카소는 피카소의 명작 〈우는 여인Weeping Woman〉(1937년작)의 모델 도라 마르와 동거하고 있었다. 하지만 피카소는 질로를 만난 뒤 자신의 자장 안으로 끌어들이고 만다. 동거하던 마르와 헤어시기도 전이었다. 피카소와 질로는 1946년 동거를 시작한다. 이후 11년간 같이 산다. 질로는 나중에 말하길 피카소와의 삶이 자신의 화가 생활을 중단하게 만들었다고 했다. 질로는 프랑스 소르본 대학교와 영국 캠브리지 대학교에서 공부한 법학도로 화가이자 지식인이었다. 질로는 피카소가 만난 여인 중에서 가장 지적이고 자기주장이 강한 여인이었다. 이 시기에 피카소는 엄청난 작품을 제작한다. 특히 여인의 초상 26점을 그리는데 그중 15점 제목이 '프랑스아즈'였다. 40년 연하의 지적인 여인에 천하의 바람둥이 피카소가 흠뻑 빠졌다. 천재는 사랑에 빠졌을 때 다작하고 명작을 만든다.

그러나 처음 만난 지 14년 뒤인 어느 날 피카소는 다른 여인에게 눈을 돌린다. 하필 질로의 친구였다. 그 사실을 안 질로는 뒤도 안 돌아보고 두 아이를 데리고 집을 나간다. 피카소가 협박하고 심지어 자살하겠다고 했지만 결코 돌아오지 않았다. 피카소는 그건 그냥 한두 번의 바람이었지 너 없이는 못 산다고 했으나 질로의 마음을 돌릴 수 없었다. 이전의 여인들 중에서 이 정도로 단호한 여인은 없었다. 피카소가 다른 여인에게 한눈을 팔더라도 다시 돌아오면 받아주었다. 그러나 질로는 여느 여인과 달랐다. 피카소가 그동안 만난 여인은 모두 피카소를 운명의 영웅으로 여겼다. 그래서 피카소로는 더욱 미칠 수밖에 없었다.

피카소와 이별한 지 11년 뒤인 1964년 질로는 《피카소와 함께한 나의 삶 My Life with Picasso》이란 자서전을 썼다. 이 책은 100만 권이 팔리고 12개 언어로 번역되어 세계적인 베스트셀러가 되었다. 피카소는 격노했다. '감히 네가 나와의 내밀한 이야기를 글로 써서 세상에 까발려!'라고 하면서 분노에 식음을 전폐했다. 여인을 하나의 소모품이자 소유물로 여겼던 피카소로는 경천동지할 일이었다. 피카소는 이 책에 출판 금지 소송을 걸었지만 패소했다. 그러자 두 아이와의 인연도 끊고 유서에도 두 자식의 상속을 부정했다.

출판 중지 소송에서 패소하던 날, 피카소가 질로에게 전화를 걸어 "축하한다. 네가 이겼다. 그런데 너 아니? 나는 항상 승자를 좋아한다I congratulate you, you are the winner, and you know I always like a winner"라고 했다. 질로는 되받아쳤다. "응! 나도 알아! 그래서 내가 지금 승자야! 내가 그렇게 돼야 해서Yes, I know, that's why I'm a winner, I should be one." 이 책으로 번 수익은 피카소의 유산 상속 재판에 사용되었다. 질로는 이 재판에서도 이겼다. 결국 피카소는 질로에게 세 번 진 셈이다. 놓친 고기가 제일 커 보인다는 속담처럼 피카소는 죽을 때까지 질로를 못 잊어 했다.

2015년 질로는 자전적 전기인 《여성에 대하여, 작가와 화가의 대화About Women: Conversations Between a Writer and a Painter》를 펴냈다. 이때 공동 저자가 "피카소와 엮인 걸 후회하나"라고 묻자 "나는 처음부터 분명 재앙일거라고 생각했다. 그러나 그런 재앙 때문에 인생은 살 만한 것 같다I knew it was going to be a catastrophe, but a catastrophe that would be worth living"라고 쿨하게 대답했다. 유일하게 피카소를 이긴 여인은 1973년 피카소가 영면한 지 수십 년이 흐른 지금도 건강하고 왕성하게 작품과 저술 활동을 하고 있다. 그녀는 피카소를 만날 때 이미 알려진 화가였으나 피카소를 만나고 피카소의 완벽한 독점욕 때문에 작품 활동을 중단했다가 피카소와 헤어진 후 다시 자신의 세계를 찾았다.

1973년 피카소는 92세로 죽는다. 20년을 같이 살며 초상화를 400여 점을 그렸던 46세 연하의 제클린 로케 옆에서. 피카소는 말년에 거의 유폐 생활을 하다시피 했다. 로케가 사람들로부터 피카소를 격리시켰기 때문이다. 자녀들뿐만 아니라 손주들까지 막았다. 그래서 피카소는 외롭게 숨을 거두었다고 한다. 장례식마저 로케가 거의 가족 이외에는 참석을 허락하지 않았고 자신의 영지 안에서 치렀다. 무덤 앞에는 피카소의 가장 깊은 연인이었던 마리 테레즈 왈터의 흉상이 놓여졌다. 질로 이외에 피카소의 다른 여인들은 모두 불행했다. 두 여인이 자살한다. 일곱 번째 여인 제클린 로케는 피카소가 임종한 뒤 알코올 중독자가 되어서 13년 뒤 권총으로 자살한다. 그리고 네 번째 여인 마리 테레즈 왈터도 피카소가 사망한 지 4년 뒤에 목을 매어 자살한다. 러시안 발레리나 올가 코흘로바와 피카소의 걸작 〈우는 여인〉의 주인공 도라 마르는 정신 이상자가 되었다.

기암절벽 위의 몬세라트 수도원

이제 바르셀로나에서 여기를 다녀가지 않으면 감히 바르셀로나를 다녀왔다고 이야기하지 말라고 내가 주장하는 곳을 소개한다. 내가 처음 이곳을 가봤을 때는 감동의 연속이었다. 바로 성 마리아 몬세라트 성당Santa Maria de Montserrat Abbey이다. 바르셀로나의 사그라다 파밀리아 성당에서 북서쪽 내

성분도 수도회 소속의 몬세라트 수도원

류으로 60킬로미터를 간 산중턱 절벽에 세워진 성분도 수도회Order of Saint Benedict 소속의 성당과 수도원이다. 워낙 기암절벽에 위치해 멀리서 보면 절벽 중간에 그냥 딱지처럼 붙어 있는 듯하다. 그러나 가까이 가서 보면 하늘과 기암절벽 봉우리 사이에 위치한 수도원 건물이 흡사 옛날 동양화에서 보았던 풍경같이 압도적이다. '톱니바퀴 산'이란 뜻의 몬세라트Monstserrat라는 말처럼 산은 정말 멋진 모습이다. 보통은 케이블카나 산악 열차를 타고 올라가나 자동차로도 뒤로 오래 돌아가면 올라갈 수 있다.

몬세라트 수도원은 서기 529년에 설립되어 현재 80여 명의 성분도 수도사가 매일 미사를 봉헌하며 유지하고 있다. 수도원 건물은 11세기에 지어졌다. 18세기와 20세기 들어와 일부 수리가 되어 지금에 이르렀다. 특히 수도원이 소장 중인 〈몬세라트의 성모Virgin of Montserrat〉 작품의 흑색 성모 마리아가 유명하다. 성모상에는 '나는 검은색이다. 그러나 아름답다Nigra Sum Sed Formosa: I am Black, but Beautiful'라는 문구가 적혀 있었다. 성모상을 만지며 기도드리면 소원이 이루어진다고 해서 모두들 줄을 선다. 미사에 참석하면 하늘 위의 수도원에서 소년 합창단이 내는 천상의 화음을 들을 수 있다. 영혼이 맑아지는

스페인

경험이 될 것이다.

박물관에 들어가보면 놀라운 컬렉션을 발견할 수 있다. 카탈루냐인 대표 화가 살바도르 달리와 호안 미로를 비롯해 피카소, 르누아르, 모네, 시슬리, 드가의 작품들이 있다. 더 놀라운 일은 불후의 명작으로 꼽히는 엘 그레코El Greco의 〈성 막달레나의 회개Repentant Saint Magdalene〉와 카라바조의 〈성 제롬의 참회Saint Jerome in Penitence〉가 있다는 점이다. 이 둘은 내가 좋아하는 화가의 첫 번째, 두 번째를 차지한다. 항상 어디를 가나 나는 그 지역에 두 화가의 작품이 있는지를 먼저 조사하고 만일 있다면 박물관이든 미술관이든 반드시 들른다. 런던의 국립 미술관에도 엘 그레코의 〈성당에서 장사꾼을 몰아내는 예수님Christ driving the Traders from the Temple〉과 〈쓰여진 예수님 이름을 숭앙하는 모습The Adoration of the Name of Jesus〉, 또한 카라바조의 〈도마뱀에 물린 소년Boy bitten by a Lizard〉과 〈세례자 요한 머리를 받는 살로메Salome receives the Head of John the Baptist〉, 〈엠마우스의 만찬The Supper at Emmaus Michelangelo Merisi da Caravaggio〉이 있어 미술관을 들를 때마다 항상 작품을 감상한다.

언젠가 단 한 점의 카라바조 그림 〈성 요한의 참수The Beheading of Saint John the Baptist〉를 보려고 몰타섬에 간 적도 있다. 물론 몰타는 다른 많은 걸 볼 수 있는 아름다운 섬이지만 그래도 카라바조가 아니었으면 가지 않았을 터다. 카라바조가 유일하게 서명한 그 작품을 나는 넋 놓고 보았다. 〈성 요한의 참수〉를 눈앞에서 보고 있다는 사실이 현실 같지 않아서였다. 몰타섬은 쉽게 갈 수도 있고 쉽게 가지 못할 수도 있는 곳이다. 영국령이었기에 많은 영국인이 살고 있는 데다가 워낙 날씨가 좋고 안전한 지중해 국가라서 마음만 먹으면 쉽게 갈 수 있다. 그러나 항공료가 워낙 비싸서 그 섬 하나만 여행하러 가기가 쉽지 않다.

서양화 화가 중 아동으로 유명한 불세출의 천재 카라바조를 알현하기 위해 몰타섬까지 간 여정은 카라바조 신도로서는 무척 행복했다. 카라바조는 평생 성질을 못 죽여서 가는 곳마다 말썽을 피웠고, 항상 쫓겨나고 도망가고 피해 다니는 신세였다. 그럼에도 유럽 왕족이나 귀족이라면 그의 그림 한 점을 갖기 갈망했다. 나중에 렘브란트가 흠모하다 못해 숭배까지 해서 결국 카라바조의 배경을 검게 하는 키아로스쿠로Chiaroscuro 기법을 완성한다. 그림의 중심인물이 뚜렷하게 드러나도록 조명이 비치듯 칠하고 주변은 검게 칠하는 방식이다. 명암 대비 기법tenebrism이라고도 불린다. 당시로는 완전히 새로운 기법이었다. 이 기법은 레오나르도 다빈치가 처음 사용했다고 하지만 사실은 카라바조에게 원조의 공을 돌려야 한다. 완벽하게 조명 효과를 주어서 주변 디테일을 과감하게 말살하고 주인공만 드러나게 강조한 화가는 카라바조가 처음이라고 감히 말해도 된다. 그 전후의 화가들은 이야깃거리를 만들려는 욕심에 그림이 항상 복잡했다. 당시에 그림이란 보는 것이 아니고 읽는 것이었다. 그래서 그림 안에는 수많은 상징과 은유와 표시의 알레고리allegory가 들어 있어야만 했다.

그래서 얀 반 에이크의 〈아르놀피니 부부의 초상〉처럼 그림이 말이 많아진다. 그러나 카라바조는 주인공만 강조했다. 물론 제자를 두지 않고 혼자 그림을 그리려니 주변 디테일을 일일이 만들기가 귀찮았을 수도 있다. 혹자는 카라바조가 당시 화가라면 누구나 하는 밑그림을 그리지 않은 점을 들어 빨리 그림을 그려서 돈을 챙기려고 했다고 주장한다. 그럴듯하긴 하다. 하지만 카라바조 그림을 받겠다고 줄을 선 유럽의 왕과 귀족이 얼마나 많았는지 모르는 이의 무식한 폄하다. 그는 39세의 나이에 오로지 89점의 그림만 그렸다. 몰타의 성 요한 기사단장은 심지어 카라바조에게 그림을 받으려고 교황에게 요청해 카라바조의 살인 사면을 받아내기도 했다. 나중에는 카라바조의 환심을 사려고 '몰타 공작'이라는 기사 칭호까지 주었다.

밑그림과 인물의 주변 배경을 안 그리면 빨리 그린다. 인물 주변은 검게 칠하고 주인공만 조명을 받은 듯 강조하는 기법은 조수가 없고 자세한 묘사를 귀찮아하던 카라바조에게 안성맞춤이었다. 카라바조에게 그림을 부탁하는 왕, 귀족, 종교계는 모두 성화를 원했다. 그러나 카라바조는 성화마저 기존의 성화처럼 그리지 않았다. 뭔가 튀게, 뭔가 다르게 그렸다. 성당에 걸 그림의 성모를 그릴 때 제일 유명한 창녀 얼굴을 이용해서 성직자들을 기절하게 만든다든지, 자신이 저지른 살인의 사면을 받으려 그린 〈다비드와 골리앗〉에서 목이 잘린 골리앗 얼굴을 자기 얼굴로 그린다든지 등등 특이

엘 그레코의 성 막달레나의 회개

한 짓만 골라 했다. 〈성 요한의 참수〉에서도 목이 단칼에 잘리지 않아 고통받는 성 요한의 얼굴이 카라바조 자신의 얼굴이다.

카라바조 그림 중 가장 많은 화재畵材가 된 인물은 세례자 요한이다. 보통 화가들은 세례자 요한을 수염 나고 나이가 든 모습이 아닌 아름다운 미소년으로 그렸다. 따지고 보면 예수가 육촌인 세례자 요한으로부터 세례를 받을 때 또래였으니 카라바조 그림이 맞기는 하다. 카라바조는 참수된 요한 머리를 얹은 쟁반을 받는 살로메 그림 두 점, 성 가족 한 점 그리고 참수된 요한 한 점 해서 세례자 요한과 관련된 그림만 모두 세 점을 그렸다. 끊임없이 옮겨 다니던 카라바조는 평생 89점의 그림을 남긴다. 이는 위키피디아에 게시된 숫자다. 그러나 정확하게 몇 점의 그림을 그렸는지는 아무도 모른다. 기록도 없고 일기도 없다. 끝도 없이 떠돌아다니던 화가의 작품 수를 누가 기록을 남기겠는가. 그래서 카라바조의 그림은 계속 발견된다. 우연히 카라바조풍 그림이 어디선가 나오면 세계 유수의 전문가들이 나름대로 한마디씩 거든다. 그렇게 오래 유명 미술관에 걸려 있던 그림이 졸지에 위작이 되기도 하고 위작으로 창고에 처박혀 있다가 사명감 있는 어떤 전문가의 조사로 수십 년 만에 기사회생하기도 한다. 그래서 더욱 카라바조는 신비롭다.

카라바조의 유골이 알려준 것들

카라바조의 죽음에 대해서는 상세한 내용이 알려져 있지 않다. 일설로는 몰타 기사단의 자객이 살해했다고도 하고, 혹은 말라리아에 걸려서 죽었다고도 한다. 성병설도 있다. 그런데 카라바조의 죽음의 이유를 당시 물감에 함유된 납 성분 중독 탓으로 보는 신빙성이 다분한 이론이 최근 등장했다. 2010년 토스카니니에서 학자들이 발굴해 카라바조의 유골이라고 주장하는 뼈에서 엄청난 납 성분이 발견되었다. 학자들은 탄소연대 측정과 DNA 조사를 통해 85퍼센트의 정확도로 카라바조 유골이라고 확신한다. 학자들은 드디어 카라바조 죽음의 의문과 함께 살아생전 문제적 성격의 원인까지 찾아냈다고 흥분했다. 유화 물감에 포함된 납 성분으로 바로 카라바조의 지나친 난폭함과 분노 조절 장애로 보이는 광적인 행동을 설명할 수 있게 되었기 때문이다. 카

라바조는 그림을 빨리 그리기로 유명했다. 아무리 큰 작품도 거의 2주면 완성
했다. 당시 물감 특성상 도저히 믿기지 않는 초고속 작업 속도였다. 스케치도
안 하고 준비 그림도 안 그리고 화폭 위에 붓을 들어 쓱쓱 그려도 물감이 마르
는 데 시간이 걸리는 것이 문제였다. 비록 1400년대 초반 얀 반 에이크가 제
대로 된 유화 물감을 개발했다고는 하나 당시의 유화 물감은 여전히 그림을
그리기에는 불편한 재료였다.

그래서 화가들은 그림 완성에 상당히 많은 시간을 썼다. 그런데 카라바조
는 2주 만에 그림을 완성하다 보니 온몸이 온통 물감으로 범벅되었다. 아마
물감이 눈에도 튀고 입으로도 들어가기도 하면서 물감에 함유된 납에 중독이
될 수밖에 없었을 것이다. 납에 중독되면 성격이 변하고 우울증, 통증을 앓으
며 분노가 조절되지 않는다. 그렇게 보면 카라바조가 살인, 폭력, 싸움을 왜
일으켰는지가 설명된다. 학자들은 이 결론을 또한 프란시스코 고야Francisco
Goya와 반 고흐에게도 적용한다. 특히 고흐도 말년에는 정신병적인 증상을 보
였다. 과도한 집착으로 거의 매일 그림을 한 점을 그렸고, 자살할 특별한 이유
가 없었음에도 자살했다. 전기 작가에 따르면 카라바조는 작품을 끝낸 후 한
두 달은 장검을 차고 하인을 한 명 거느린 채 거들먹거리고 다녔다. '어디 한
번 한 놈 걸려라'는 식으로 행동하면서 매일 싸움을 일으켰다. 작품 제작 중
에 납 중독이 되어 일으킨 광증의 증세일 가능성이 높다. 결국 카라바조나 고
흐는 천재로 와서 광인으로 죽었다고나 할까? 카라바조는 거기서 한 걸음 더
나아가 지킬 박사와 하이드와 비슷하다. 그래서인지 카라바조의 화재는 항상
선정적이고 자학적이었다. 게다가 폭력까지 겸하면 카라바조와 작품이 설명
된다.

워낙 풍운아 같은 주인을 그림도 닮아서인지 요즘도 가끔 전혀 예상할 수
없는 곳에서 발견된다. 2012년 7월 카바라조의 스승인 시몬느 페테르자노
Simone Peterzano 제자들의 서류와 작품 속에서 카라바조의 그림과 스케치 100
여 점이 발견되어 떠들썩했던 적이 있다. 진품이라면 약 8억 유로의 값어치
라고 한다. 물론 일부 전문가들이 의심을 했지만 카라바조 스승의 제자들 서
류 중에서 발견되었다니 개연성이 전혀 없지는 않다. 그리고 2019년 6월 프
랑스 툴루즈의 한 경매장에서 팔릴 예정이던 카라바조의 그림인 〈홀로페르네
스의 참수〉가 경매 3일 전 1억 5천만 달러에 먼저 팔려서 대단한 화제가 되었

다. 카라바조 그림 중 개인 소장으로 남아 있던 네 점의 작품 중 하나였다. 또한 2014년 프랑스 툴루즈 농가 다락방에서 카라바조의 그림이 발견되어 세상을 놀라게 했다. 프랑스 법에 따르면 루브르 박물관이 최우선 구매권을 가지지만 루브르는 카라바조 그림을 세 점 소장하고 있기도 하고, 무엇보다 1억 5천만 달러에 달하는 고액의 그림 값에 두 손을 들었다. 그림을 발견한 집주인이 일전에 도둑이 들어 다락방의 골동품들을 훔쳐갔지만 정작 이 그림은 안 가져갔다고 말해서 실소를 자아냈다.

이 희대의 화가 카라바조의 작품이 절벽 위 수도원 박물관에 있다. 반드시 보아야 할 작품이다. 검은 성모상은 가톨릭 수도회 중 가장 중요한 수도회의 하나인 예수회the Society of Jesus 창시자 이나시오 성인과 깊은 관련이 있다. 예수회는 한국에서는 서강대학교를 비롯해 각종 교육 관련 종교 사업을 많이 하는 세계적인 수도회다. 현 가톨릭 프란체스코 교황이 예수회 출신이다. 스페인 북부 바스크 지방 출신인 이나시오 성인은 원래 기사였다. 1562년 프랑스와의 전쟁 부상으로 귀향해 요양하던 중에 구도를 위해 몬세라트 수도원으로 간다. 수도원에서 기도를 하다가 깨달음을 얻자 검은 성모상에 단검과 장검을 모두 바치고 15킬로미터 거리의 만레사 동굴로 들어가 1년간 기도와 수양의 피정을 한다. 예루살렘의 순례를 비롯해 11년간의 신학 공부를 거쳐 1537년 사제품을 받는다. 그러고는 동료 신부들과 예수회를 창설해 마틴 루터의 도전으로부터 가톨릭을 지키고 가톨릭 쇄신에 중대한 역할을 했다. 이나시오 성인의 제일 큰 공헌은 평생 사제들에게 보낸 6000여 통의 편지다. 그 편지를 기본으로 《영성 수련》이란 책이 만들어졌으며 지금까지 수도하는 예수회 사제들은 물론 일반 신자들의 신심에 큰 영향을 끼치고 있다. 이나시오 영성은 가톨릭에서 가장 중요한 신학 이론으로 일컬어진다. 동시에 예수회의 힘은 가톨릭 교계 내에서 타의 추종을 불허한다. 프란체스코 교황은 최초의 예수회 사제 출신 교황이지만 그와 관련한 식위 문제가 아니고 전반적인 영향력을 보고 하는 말이다.

예수회는 가톨릭 내에서도 열린 사상으로 유명하다. 가톨릭에서 회자되는 농담인 '하느님도 모르는 가톨릭의 4대 비밀' 중 두 개가 예수회와 관련이 있다. 그 비밀은 이렇다. 가톨릭 수녀회가 전 세계에 몇 개 있는지 모른다, 프란체스코 수도회 재산이 얼마인지 모른다, 예수회 사제 중 박사가 몇 명인지 모른다, 예수회 총장 머리에 뭐가 들어 있는지 모른다. 결국 예수회는 어디로 튈지 모를 정도로 시대 변화에 맞추어 자유분방하게 교리를 해석해 현실에 적용한다는 뜻이다. 예수회는 까탈스럽게 교조적인 신앙을 요구하지 않고 소속 사제들은 물론 신자들에게 열린 신앙을 가르친다. 만일 조선 시대에 예수회가 제일 먼저 들어와 가톨릭을 전도했으면 극심한 가톨릭 탄압이 없었으리라는 안타까움이 있다. 현지 관습과 사정에 맞게 선교를 하는 예수회라면 조선의 오랜 관습이고 근본 사상인 조상 제사 봉양을 미신이라고 금지하지 않았지 않았을까? 만일 그랬다면 엄청난 탄압으로 인한 참혹한 순교 없이 한국에 가톨릭이 정착되었으리라. 하지만 백인 위주의 교조적인 신학이 토속 문화와 관습을 미개한 걸로 보고 금지하면서 조선 순교의 비극이 시작되었다.

자연으로부터 오지 않은 어느 것도 예술이 될 수 없다.
Nothing is art if it does not come from nature.

자연에는 직선이나 각진 모서리가 없다. 그래서 건물은 직선이나 각진 모서리가 없어야 한다.
There are no straight lines or sharp corners in nature. Therefore, buildings must have no straight lines or sharp corners.

우리는 미래에 아름다운 일들을 할 것이다.
Tomorrow we will do beautiful things.

내가 성당을 완공하지 못한다고 유감으로 여길 이유는 없다. 내가 늙어가면 내 뒤에 오는 사람들이 있다. 반드시 존중되어야 할 것은 일의 정신이다. 그러나 일의 생명은 이어질 세대들에게 달려 있다. 그들에 의해 정신은 살아낼 것이고 부활할 것이다.
There is no reason to regret that I cannot finish the church. I will grow old but others will come after me. What must always be conserved is the spirit of the work, but its life has to depend on the generations it is handed down to and with whom it lives and is incarnated.

예술가를 위한 기념비를 세울 필요는 없다. 왜냐하면 예술가에게는 작품이 바로 기념비다.
Artists do not need monuments erected for them because their works are their monuments.

인간이 창조하지 않고 그냥 발견할 뿐이다.
But man does not create he discovers.

우리가 반드시 열어서 읽으려고 노력해야 할 위대한 책은 다름이 아니라 바로 자연이다.
The great book, always open and which we should make an effort to read, is that of Nature.

창조되는 것은 없다. 자연에 이미 써 있다.
Nothing is invented, for it's written in nature first.

사그라다 파밀리아 성당 안의 모든 것은 신의 섭리다.
In the Sagrada Familia, everything is providential.

형태가 반드시 기능을 따라야 할 필요는 없다.
Form does not necessarily follow function.

● 피카소 어록

내게는 두 종류의 여인만 있다. 여신과 문 앞의 신발닦이.
For me, there are only two kinds of women — goddesses and doormats.

역사에는 조우는 있어도 우연은 없다.
There are only encounters in history. There are no accidents.

오로지 행동만이 모든 성공의 기본적인 열쇠다.
Only Action is the foundational key to all success.

다른 사람의 작품은 모방이 필요하다. 그러나 자신을 모방하는 일은 비참한 일이다.
To copy others is necessary, but to copy oneself is pathetic.

스페인

'만일 네가 군인이라면 너는 장군이 될 터다. 네가 수도사라면 교황이 된다'
라고 내 어머님이 말씀하셨다. 대신에 나는 화가였기에 피카소가 되었다.
My mother said to me, 'If you are a soldier, you will become a
general. If you are a monk, you will become the Pope.' Instead, I
was a painter, and became Picasso.

나는 찾지 않는다. 나는 발견할 뿐이다.
I do not seek. I find.

컴퓨터는 쓸모가 없다. 그건 단순히 답만 준다.
Computers are useless. They can only give you answers.

젊어지려면 오랜 시간이 걸린다.
It takes a long time to become young.

그림 그리는 일은 일기를 쓰는 다른 방법이다.
Painting is just another way of keeping a diary.

나는 보는 대로가 아니고 생각하는 대로 사물을 그린다.
I paint objects as I think them, not as I see them.

창작의 제일 큰 적은 바른 감각이다.
The chief enemy of creativity is 'good' sense.

끝내지 않고 죽어도 좋은 일만 내일로 미루어라.
Only put off until tomorrow what you are willing to die having left
undone.

예술을 자신의 사업으로 하는 사람은 대게 사기꾼이다.
The people who make art their business are mostly imposters.

당신을 끝까지 유혹하는 일이 있다면 그게 바로 당신 평생의 일이다.
It is your work in life that is the ultimate seduction.

나는 하나의 아이디어로 시작하지만 결국 그건 무언가가 된다.
I begin with an idea and then it becomes something else.

모든 긍정적인 가치는 부정적인 대가를 요구한다. 천재 아인슈타인의 천재
성이 히로시마를 만들었다.
Every positive value has its price in negative terms… the genius of
Einstein leads to Hiroshima.

인간은 일해야 한다. 그래서 인간은 아침 기상 종을 만들었다.
Work is a necessity for man. Man invented the alarm clock.

상상할 수 있는 모든 것이 현실이다.
Everything you can imagine is real.

● 피카소에 대한 여인의 평

한 명의 예술가로서 당신은 최고일 수 있지만 도덕적으로는 쓸모가 전혀 없
는 인간이다.
As an artist you may be extraordinary, but morally speaking you are
worthless.
— 마리 테레즈 왈터

만일 내 남편이 길을 가다가 자신 작품에 나오는 여인과 닮은 여인을 발견하
면 당장 그 자리에서 기절할 것이다. (이 말은 피카소는 인물화 특히 여인을
그릴 때는 반드시 인물을 창조하지 그대로 그리지 않는다는 뜻이다. 피카소
가 주장한 말이기도 하다.)
If my husband ever met a woman on the street who looked like one
of his paintings he would faint.
— 제클린 로케

8. 아시시 성지 순례기
_ 이탈리아

만일 신이 나를 통해 역사하신다면, 누구를 통해서도 역사하실 수 있다.
If God can work through me, he can work through anyone.
— 성 프란체스코

　가톨릭 성인들의 이야기를 들으면 정말 어떻게 저런 삶이 가능할까 하는 생각에 가슴이 먹먹해진다. 그건 감동과는 좀 다른 선망과 절망의 일종이다. 선망은, 저 성인에게는 어떤 계기나 은혜가 있어 자신의 목숨도 내놓을 수 있는 의심 없는 믿음을 가질 수 있었는가 하는 부러움이다. 저 정도로 믿을 수 있는 깨달음을 어떻게 하면 얻을 수 있을까 싶을 때가 있다. 절망은, 성인들은 어떻게 자신이 믿는 바를 위해 모든 세속적인 욕망을 저렇게 서슴없이 내던질 수 있는가이다. 나 같은 인간은 죽어도 못 한다는 속일 수 없는 자각에서 비롯된다. 결국 나는 성인과 다른 종류의 인간이라고 자위하며 넘어가기에는 심한 시샘이 난다. 프란체스코 성인Saint Francis(1181~1226)의 생가와 무덤이 있는 성지 아시시Assisi를 다녀오면서도 난 또 그런 감정을 느꼈다. 선망과 부러움과 절망과 시샘이었다.

성스러운 축복받은 땅, 아시시

　지금으로부터 800년도 더 넘은 때의 일이니 세월만으로 보면 전혀 마음에 와 닿지 않는다. 우리와는 다른 별세계에서 다른 생각을 하고 사신 분 같다. 그러나 성지에 가서 그분들이 남기고 간 유물을 보면 금방 돌아가신 듯해 짠하다. 비로소 성인의 생애와 글과 말이 마음에 살갑게 와 닿는다. 결국 우리 같은 2차원의 인간은 끝내 시청각의 도움을 받아야 그나마 좀 더 느낄 수 있는 수준의 지각을 가지게 된다는 말이다. 런던 대영박물관의 간다라Gandhara 문명 코너에 가보면 2차원적인 지각의 예를 볼 수 있다. 원래 불교는 불상이 없었다. 그냥 머리와 마음만 가지고도 높은 철학과 사상을 믿을 수 있던 사유思惟의 종교였다. 그런데 알렉산더대왕이 지금의 파키스탄 지역을 점령하고 보니 불교라는 토착 종교가 있었다. 신자들이 부처를 믿는다는데 뭘 보고 믿는지 전혀 눈에 보이는 구체적인 대상이 없어 답답했던 모양이다.

　내용을 알아보니 대단히 높은 수준의 종교라 도와주고 싶었다. 그리스는 다신교를 믿어서 점령지 종교를 탄압하지 않았다. 대영박물관의 800만여 유물 가운데 가장 중요한 세 개 중 하나는 '로제타석'이다. 이집트를 당시 점령하고 있던 그리스인이 이집트인이 믿는 종교를 존중해주어서 고맙다는 내용이 적힌 일종의 송덕비다. 그래서 알렉산더대왕이 자신이 데리고 다니던 그리스 석공들을 시켜 석가모니의 석상을 만들어낸 것이 간다라 불상이란다. 그리스인의 높은 코 깊은 눈의 얼굴과 곱슬머리 헤어스타일을 한 석가가 그리스인의 치톤Chiton형 옷을 입고 있는 모습이다. 두 문명이 만났을 때 생겨나는 이종 교배 결과물로 많이 인용된다. 한마디로 마음만으로도 무엇이든 믿을 수 있던 사유의 동양 문화와 보고 만져야 믿을 수 있는 서양 문화가 만나서 만들어낸 혼혈의 문화다. 대영박물관에 가서 볼 때마다 참 신기하다.

　2차원의 지각을 가진 우매한 중생은 그래서 아시시 마을 가장 중심 광장 앞의 분홍빛 대리석으로 지어진 성 클라라 바실리카 성당 지하실 유물함에 모셔진 프란체스코 성인의 성경과 그분 허리에 매어졌던 띠를 보고서야 감격했다. 이야기로만 들었던 성인이 한때는 우리와 같은 피와 살을 가진 인간이었다는 사실이 비로소 와 닿는 실감 때문이었다. 프란체스코 성인의 실체가 드디어 손에 잡혔다. 방금 외출에서 돌아와 풀어놓은 듯한 800년 전의 성인의 허리띠는 정말 감동적이었다. 그런데 우리는 왜 예수님의 수많은 제자가 증언해놓은 실존의 성경 말씀을 믿으려 하지 않는가. 하긴 예수님을 따라다니며 수없이 기적을 직접 목격한 수제자들마저 예수님을 믿지 못하고 급기야 부정했지 않은가? 특히 베드로는 하루 저녁에 세 번을 부정했는데 하물며 나 같은 미물의 인간이야 당연하지 않은가.

다른 신자들처럼 무조건 믿고 따르면서 불안해하지 않고 안식을 얻으면 얼마나 좋을까 하는 생각을 자주 한다. 나는 예수님께 감히 세례를 준 세례자 요한으로 본명을 지을 게 아니라 의심 많은 토머스로 지었어야 한다고 후회를 한다. 세례자 요한으로 정한 단 하나의 이유는 '나는 그분의 신발 끈을 풀어드릴 자격조차도 없다I am not worthy to loosen the thongs of his sandals'(루가 3장 16절)는 겸손의 자세 때문이었다. 그 말에 무척 끌렸었다. 보통은 수녀님이나 신부님들이 정해주거나 도와주는데 나는 혼자서 그 말에 이끌려 영세명을 정했다. 그런데 우연의 일치인지 요한의 축일이 6월 24일이라 내 생일과 너무 가까웠다. 이런 인연은 고려하지 않고 정했기에 소름이 끼쳤다. 가톨릭 신자들은 본명의 성인의 삶처럼 산다는 말을 한다. 해서 나는 요한처럼 살고 있는가 하고 자책한다.

성인의 유품을 마주 보는 곳에 안치된 클라라Clara 성녀의 유해도 마찬가지였다. 수녀복을 입고 두 손을 모아 기도하는 자세로 누워 있는 클라라 성녀 유해는 바깥을 밀랍으로 만들어놓았는데 흡사 금방 일어날 듯했다. 클라라 성녀는 평생 프란체스코 성인을 흠모하고 가르침을 받았다. 그 믿음으로 '성 클라라 수녀회'를 성인과 같이 창시해서 지금까지 활동이 이어지고 있다. 성인들의 모습을 한꺼번에 볼 수 있는 아시시는 축복받은 땅이다.

작은 시골 마을이 유명해진 이유

아시시는 로마에서 북동쪽으로 자동차로 두 시간 거리의 움브리아 지방의 페루자에 위치한 조그만 도시다. 인구 3만도 채 안 되는 시골 동네에 연간 650만 명(2019년 통계)의 순례객이 다녀간다. 어떻게 이 작은 마을에 하루 평균 1만 8000명이 다녀간다는 말인가? 내가 다녀온 11월 초는 그나마 한산한 시기라 아시시 마을 수녀원에 묵을 수 있었고 성당 등을 입장할 때도 큰 문제가 없었다. 성탄, 부활절 혹은 두 분의 축일이 드는 날은 인산인해가 되어 이 마을에 묵기란 하늘의 별 따기라고 한다. 1997년 아주 심한 지진이 일어나 성인의 일대기가 담긴 프레스코화를 비롯해 중요한 유적이 파괴되어 전 세계 가톨릭 신자들의 마음을 아프게 했다. 많은 사람이 복구 성금을 낸 덕분에 지진이 발생한 지 2년도 채 안 되어 거의 완벽하게 복구를 끝냈다. 나도 소액이나마 보탰다. 모든 일을 늦게 하기로 유명한 이탈리아답지 않게 말이다. 일치된 신앙심은 아주 가끔 기적을 일으킨다.

움브리아 평원이 내려다보이는 산기슭에 위치한 아시시 마을은 아름답다. 산기슭에 차분하게 늘어선 붉은 기와와 분홍색 벽의 페루자 지방의 시골 주택들은 가만히 보고만 있어도 편안하고 아늑하다. 우리 일행이 묵은 산속 마을 골목길 깊이 위치한 수녀원은 먼지 하나 없었다. 음식을 날라주는 아시시 시골 아주머니 얼굴 표정에서는 한 번도 웃음을 볼 수 없었음에도 불구하고 음식은 수도원 음식에 대한 내 선입관을 깰 정도로 훌륭했다. '역시 이탈리아 음식!' 하는 감탄이 절로 나왔다. 옥스퍼드 대학교 소속 예수회 칼리지 캄피온홀에서 먹었던 수도원 음식과는 완전히 다른 수준이었다. 캄피온 홀 음식도 나쁜 음식은 아니었다. 가장 정확한 표현은 무미무취가 맞을 듯하다. 짜지도 싱겁지도 맛이 나쁘지도 좋지도 않은, 분명 뭔가 맛이 나지만 뭔지 모르는 그런 맛이었다. 두고두고 기억에 남아서 예수회 신부님들만 만나면 농담으로 언급하곤 한다. 하긴 수도원 음식이 세속의 음식처럼 짜고 맵고 달고 시어야 되겠는가? 그냥 물에 물 탄 듯 맛을 탐하지 않고 살아남기 위한 음식이어야 수도원 음식이지 않을까?

프란체스코 성인의 탄생

프란체스코 성인이 창설한 프란체스코 수도회는 도미니코 수도회와 함께 가톨릭 수도회의 양대 산맥을 이룬다. 두 수도회 모두 청빈을 강조한다. 특히 도미니코 수도회는 설교와 기도를 주요 지침으로 한다. 프란체스코 수도회는 실제 행동으로 행하고 대중과 같이 생활하며 그 속에서 그리스도의 참모습을

성 프란체스코 바실리카 성당

따른다는 점이 다르다. 간단하게 성인의 일생을 요약해보는 것도 뜻이 있을 듯하다. 프란체스코 성인은 의류를 거래하는 부잣집에서 태어났다. 원래 이름은 세례자 요한이었으나 아버지가 프랑스를 유난히 좋아해서 프란체스코라 불렀고 이 별명은 정식 이름이 되었다. 아버지는 가업을 이었으면 했으나 프란체스코는 공부도 장사도 관심이 없었으며 부잣집 아들답게 노는 것만 좋아하는 젊은이였다. 그러다가 노는 데도 지쳤는지 마음을 다잡고 출전했으나 포로로 잡혀 1년간 감옥 생활을 한다.

프란체스코는 아버지가 보석금을 지불해 고향으로 돌아오지만 심약해져서 모든 것이 귀찮아진다. 그러다 병중에 자신의 삶을 돌아보고 느낀 바가 있어 로마로 성지 순례를 떠난 길에서 문둥병 환자를 만난다. 처음에는 피했으나 갑자기 같은 하느님의 자식인데 이러면 안 된다는 생각이 들어 돌아가서 가진 돈을 다 주고 다가가 문둥병 환자를 껴안았다. 이상하게도 무섭거나 불쾌하지 않았으며 오히려 마음의 평화를 처음으로 얻고 기쁨이 솟아남을 느꼈다. 이후 프란체스코는 고향으로 돌아와 이전과 다른 삶을 살기 시작한다. 오로지 신앙적인 일에만 관심이 있어 사람들에게 자신의 옷도 벗어주고 심지어는 자신의 집 창고에서 물건을 가져다가 나누어준다. 아버지가 참다못해 쇠사슬로 묶어두었으나 끝까지 마음을 돌리지 않았다. 그러자 어머니는 아버지 모르게 쇠사슬을 잘라 프란체스코를 풀어준다. 동서고금을 막론하고 어머니는 언제나 자식에게 약하다.

만일 어머니가 아들의 뜻을 몰라주었거나 아들을 풀어주지 않았다면 기독교 역사상 예수 이후 가장 위대한 성인을 우리는 만나지 못했을지 모른다. 이때 아버지가 아들이 남에게 준 재산을 돌려받으려 주교에게 가서 항의하자, 프란체스코는 '앞으로 내게는 하느님 아버지 그분밖에 아버지가 없다'라고 선언한다. 부자간의 절연 선언이었다. 원래 출가出家란 제일 먼저 혈족과의 인연을 끊는 걸로 시작한다. 인간의 자식이 아닌 하느님의 자식으로 다시 태어나야 자신에게 주어진 하늘의 일을 할 수 있게 된다. 그때부터 프란체스코 성인은 본격적으로 자신에게 주어진 하늘의 일을 시작한다.

그러자 성인의 행동과 가르침을 따르는 많은 무리가 생긴다. 성인은 로마 교황청으로 가서 이노센트 3세 교황에게 수도회의 창설을 허락해달라고 요청한다. 교황은 프란체스코 성인의 삶이 너무 극단적으로 청빈하여 교회의 위신을 떨어뜨린다는 세간의 평 때문에 승인하기를 주저한다. 그러다 '돼지들부터 먼저 포교를 하시라'고 농담처럼 한 말을 성인이 정말 따르는 것을 보고 수도회의 승인을 결심한다. 죽은 다음에 일어난 기적을 조사하고 확인한 뒤 성인으로 인정하는 시성 절차가 사후 2년도 채 안 되어 이루어질 정도로 프란체스코 성인은 생전에 많은 기적을 행한다. 특이하게도 성인은 결코 신부나 수사로서 신학교나 수도회에 소속되어 교육을 받은 적이 없다. 해서 성직자로 서품을 받은 적이 없어 엄격하게 이야기하면 성직자가 아니다. 지금 기준으로 따지면 도저히 있을 수 없는 일이 신앙심은 물론 격식이 엄격하던 그 옛날에 일어났으니 정말 대단하다. 어떻게 보면 면허도 없는 돌팔이 의사가 엄청난 숫자의 환자를 돌보고 치유를 한 셈이다. 그런 성직 활동을 용인한 당시 교계도 놀랍고 더더욱 수도회를 허가한 교황청도 보기보다는 열려 있었던 듯하다.

프란체스코회의 상징은 갈색 긴 수도복에 허리에 단순한 가는 밧줄로 꼬인 허리띠다. 성인은 속옷도 안 입고 다녔고, 부드러운 옷이 생기면 안에 밧줄을 꿰매 넣어 피부에 거친 감각이 느껴지도록 했다. 그리고 침대 없이 맨땅에

성 프란체스코 바실리카 내부

항상 돌베개를 베고 잤다. 언제나 한 벌의 옷마저 가난한 사람에게 벗어주고 그것을 당연하게 여겼다. '내가 가진 걸 나보다 더 필요한 사람에게 주지 않으면 내게 그걸 잠깐 맡겨놓으신 그분의 뜻을 거역하는 일이다'라는 성인의 말이 모든 것을 말해준다. 음식은 인근 마을을 다니면서 탁발托鉢해서 먹었다. 주교관에 식사 초대를 받았을 때조차 신자들 집에서 얻은 빵을 가지고 갔다. 43세의 젊은 나이로 소천할 때도 제자들에게 자신의 옷을 벗기라고 말하고 자신을 잠시 땅에 눕혀달라고 했다. 눈치 빠른 제자가 지나가는 거지에게 그 옷을 주자 아주 기뻐했다. 성인의 생전에 이룬 기적은 또 한 명의 위대한 성인 보나벤투라Bonaventura가 쓴 《아시시 프란치스코의 전기》에 수도 없이 나온다. 프란체스코 성인 사후 37년 뒤에 집필되었으니 믿을 만한 이야기들이고, 성인을 워낙 따라다니는 사람도 많고 눈도 많아 사실이 아닌 일이 전기에 수록될 수 없었다.

그래서 사람들은 프란체스코 성인을 심지어 작은 예수라고 부른다. 그럴 만한 이유도 많다. 예를 들면 성인의 어머니가 성인을 출산할 때 진통이 너무 심하고 아이가 쉽게 나오지 않자 산파에게 물었다. 산파는 예수님도 마구간에서 태어났으니 마구간에 가서 낳으라고 농담을 했다. 그런데 정말 마구간에 갔더니 아이를 쉽게 낳을 수 있었다. 믿거나 말거나 한 이야기지만 사실이다. 성인의 몸에 나타난 오상五傷 혹은 성흔聖痕, stigma이라 칭하는 흔적은 공식 기록에 남아 있다. 성인의 양손과 양발 그리고 오른쪽 옆구리에 난 성흔은 예수가 십자가에 매달렸을 때 못과 로마 군인에 의해 옆구리에 난 창자국과 똑같았다. 이 같은 성흔이 나타나는 사람을 가리켜 성흔 발현자stigmatist라 하는데, 프란체스코 성인이 기록에 나오는 첫 성흔 발현자다. 실제로 프란체스코 성인은 감히 예수와 같은 모습이라면서 이 성흔을 잘 보여주지 않았다. 심지어 어떤 성흔 발현자는 이마에 면류관 표시까지 나타나기도 한다. 이를 두고 의학자들은 심리적인 요인으로 생기는 것이라고 하지만 과학만으로는 풀리지 않는 일이 너무 많다. 세상에는 우리가 모르는 일이 아는 일보다 훨씬 더 많다는 점을 현대인은 인정하지 않아 문제다. 신앙심이란 이유나 근거나 논리가 존재하지 않는 곳에서 시작한다. 그걸 인간의 적은 뇌에서 드는 의문으로 시비를 걸면 답이 없다.

프란체스코 성인의 성경과 허리띠

성지 아시시 시내에서 성인의 흔적은 임종 직전 성인이 네 명이 메는 들것에 실려 내려와 소천한 장소인 성 마리아 천사 성당밖에 없다. 우리가 성인의 모습을 찾기 위해 가보아야 할 곳은 아시시 한 귀퉁이 산기슭에 자리 잡은 조그만 마을이다. 가게도 몇 개 안 되고 길도 두 줄밖에 안 되어 바삐 걸으면 반나절 안에 다 돌아볼 수 있다. 아시시 시내에서 버스를 타서 내린 정거장에서 야외 에스컬레이터로 언덕을 올라가면 마을 입구 성문이 나오고 조금만 더 걸으면 조그만 마을 광장이 보인다. 그 광장 앞에 성 클라라 바실리카 성당이 있다. 그 지하에 앞에서 이야기한 성인의 성경과 허리띠 그리고 클라라 성녀의 유해와 소지품들이 있다. 언덕길을 내려가면 그 끝에 성 프란체스코 바실리카 성당과 거기에 딸린 수도원이 나온다. 그곳 지하에 성인의 무덤이 있다. 성인은 아시시 시내 성 마리아 성당에서 소천한 뒤 다시 여기로 실려 와서 묻혔다. 성당은 미사가 있으면 입장이 불가능하나 미사에 참석하는 신자에게는 당연히 개방이 된다.

신자가 아니더라도 시간을 내서 성인의 유해 위에 세워진 성당에서 미사에 참석해보는 일은 뜻깊을 듯하다. 특히 오래전에 지어진 성당의 음향 효과는 아주 뛰어나다. 그 안에서 성가를 듣고 있으면 마치 천국에서 들려오는 음악 소리를 듣는 듯하다. 만일 성 프란체스코 바실리카 성당의 미사 시간이 아니라면 성당 감상과 동시에 묵상할 수 있는 좋은 기회다. 의자에 가만히 앉아 높고 화려한 천장을 돌아보고, 특히 시간을 내서 성인의 일대기 프레스코화가 그려진 벽을 반드시 찬찬히 보면 감동을 느낄 수 있다. 아니면 성당에서는 그냥 천장과 벽화만 보고 내려와 성인의 유해가 안치된 지하 경당 의자에 앉아 앞서 본 성인의 일대기를 떠올리며 묵상에 오랜만에 잠겨보면 성지에 온 뜻을 한껏 살릴 수 있을 것이다. 지하 경당은 미사에 관계없이 항상 개방이 되어 있다. 참고로 성당을 말하는 단어 중 '경당'은 애배소 혹은 기도실을 가리킨다.

평화가 느껴지는 성 마리아 천사 성당

이제 발길을 돌려 떠나야 할 시간이다. 그러나 아시시 시내의 성 마리아 천사 성당Santa Maria degli Angeli을 안 들를 수 없다. 거기에는 특이하게 큰 성당 안에 지붕까지 완벽하게 있는 별도의 아름나운 자그마한 경당이 따로 있다. 보통 경당은 성당 안에 있는 방 하나인데,

이시시 마을

지붕까지 제대로 된 경우는 여기가 유일하다. 원래는 경당만 있었는데, 그 위에 제대로 된 큰 성당을 지어서 특이한 모습이 되었다. 경당이 바로 성인이 소천한 장소다. 이곳에서 기도하면 모든 죄를 용서받는 전대사全大赦가 이루어진다고 한다. 전대사란 이전까지 지은 모든 죄를 용서받는다는 뜻이다. 밑져봐야 본전이 아닌가. 경당 의자에 앉아 살면서 지은 죄를 전부 마음속으로 고

백해보는 일도 반드시 용서를 받지 않아도 한번 해볼 만하지 않은가?

경당 건물도 아름다워서 오래 기억에 남지만 그 안의 벽화는 더더욱 아름답다. 전대사의 장소라서가 아니라 일단 들어가면 떠나고 싶지 않아질 것이다. 나는 그 안에서 평화를 느꼈다. 다른 사람들도 가만히 자리에 앉아 묵상을 하거나 기도를 하고 있었다. 다행히 순례객이 많지 않은 계절이라 의자에서 조용한 시간을 보냈다. 유럽의 온갖 성당을 다녀보았지만 이처럼 앙증맞은 크기의 아름답고 평화로운 경당은 본 적이 없다. 굳이 비슷한 느낌을 받은 곳을 들라면 터키 에페소 근처의 산꼭대기에 위치한 경당을 꼽겠다. 그 경당은 예수 승천 후 성모 마리아가 사도 요한의 보살핌으로 승천할 때까지 살았다는 곳에 있다. 나는 그 안에서 남에게 말할 수 없는 신비한 경험을 난생처음 했다.

나오는 길에 반드시 들려야 할 장소가 두 군데 있다. 한 곳은 각종 기념품과 성물을 파는 상점이다. 워낙 순례객이 많아서인지 판매하는 성물의 종류와 질이 아주 훌륭하다. 가격도 성당에서 팔아서 그런지 착하다. 다른 하나는 나가는 복도 옆의 정원이다. 성인의 일대기 중에 중요한 부분을 차지하는 '가시 없는 장미 밭'이다. 피가 끓는 젊은 성인이 수도 중 육욕을 이기려 장미 밭을 뒹굴었으나 성령이 불쌍히 여겨 장미의 가시를 없애주었다고 한다. 정말 가시 있는 장미와 가시가 없는 장미가 있었다. 유감스럽게도 유리가 막혀 있어서 만져보거나 자세히 볼 수는 없었으나 분명히 가시가 없는 장미 나무가 있었다. 신기하게도 그 장미를 밖에다 옮겨 심으면 가시가 난다고 한다. 상점 앞에 바구니를 들고 있는 프란체스코 성인상이 있었는데 그 안에 살아 있는 비둘기 두 마리가 있었다. 모두들 플래시를 터뜨려 사진을 찍는데도 비둘기들은 날아가지 않고 가만히 있었다. 성인은 동물과 대화를 했고 특히 새들은 날아와서 성인의 어깨에 앉아 놀기를 좋아했다고 하는데 그 실체를 보는 듯했다. 성인 모형이나 성화를 보면 새들이 어깨에 내려와 있는 장면이 많다. 그래서 성인의 축일이 되면 가톨릭교회에서는 동물에게 축복을 내리는 의식을 한다. 성인은 동물과 나르는 새에게도 축복을 준 분이다. 인간만이 하늘의 축복을 받을 일이 아니고 세상에 존재하는 모두 존재는 축복해야 하고 축복받을 자격이 있다는 뜻이다.

이스라엘의 모든 예수의 성지는 신약 성경에만 기록된 사실들을 '눈이 아닌 마음으로 찾아다니는 성지 순례'다. 이에 비해 아시시는 830년이라는 아주 오래전의 이야기지만 분명 기록에 남아 있는 사실과 물건들을 직접 눈으로도 보고 마음으로도 느낄 수 있다. 확인을 해야만 믿는 나 같은 '의심 많은 토머스' 같은 신자에게는 딱 좋은 곳이다. 성경에 나오는 모든 내용은 역사서나 어디서고 학문에서 애기하는 기록과 대조 조사를 할 방법이 없다. 그래서 우리들보고 따지지 말고 그냥 믿으라고 한다. 사실이 분명하면 믿으라고 할 필요가 없다. 안 믿으면 어리석은 인간이니 말이다. 그런데 어디서고 기록의 근거가 없는데 믿으라니 안 믿는 사람도 나온다. 때로는 그런 사람들의 의심이 훨씬 더 합리적이고 지적으로 보인다. 그러나 기록이 있어도 믿지 않고 의심하고 딴소리를 하는 세상이다. 어차피 있어도 안 믿을 바에는 없이 믿는 일이 더 가치 있지 않은가? 천당과 지옥이 없다고 믿다가 막상 죽어보니 모두 있으면 낭패가 아닌가? 그냥 믿져도 본전이라면 그냥 믿으면 된다.

필요한 일부터 시작하자. 그리고 할 수 있는 일을 하자. 그러다 보면 갑자기
불가능할 일을 하고 있다.
Start by doing what's necessary; then do what's possible; and suddenly you
are doing the impossible.

한 줄기의 햇빛은 수많은 어둠을 몰아내기에 충분하다.
A single sunbeam is enough to drive away many shadows.

누구도 적이라고 불릴 수 없다. 모든 사람은 당신의 은인이다. 그리고 누구
도 당신을 해칠 수 없다. 당신 자신 말고는 당신의 적은 없다.
No one is to be called an enemy, all are your benefactors, and no one does
you harm. You have no enemy except yourselves.

상처가 있는 곳에 내가 용서를 심을 수 있게 해주소서.
Where there is injury let me sow pardon.

당신이 세상을 떠날 때를 기억하라. 당신이 받은 어느 물건도 가지고 갈 수
없음을. 당신이 한 정직한 봉사, 사랑, 희생, 그리고 용기로 강화된 진심만 가
지고 갈 수 있다.
Remember that when you leave this earth, you can take with you nothing
that you have received - only what you have given: a full heart, enriched by
honest service, love, sacrifice and courage.

신은 동물들이 우리의 도움을 필요로 할 때 도우라고 요구하고 계십니다. 모
든 인간이든 창조물이든 같은 보호의 권리를 갖고 있습니다.
God requires that we assist the animals, when they need our help. Each
being (human or creature) has the same right of protection.

짐승들에게 물어보아라. 그러면 그들이 이 세상의 아름다움을 가르쳐줄 것
이다.
Ask the beasts and they will teach you the beauty of this earth.

온 세상의 모든 어둠도 한 개의 촛불조차 끌 수 없다.
All the darkness in the world cannot extinguish the light of a single candle.

말보다 더 높은 존재는 무엇인가? 행동이다. 그러면 행동보다 더 귀중한 건
무엇인가? 침묵이다.
What is it that stands higher than words? Action. What is it that stands higher
than action? Silence.

삶에서 아무런 노력 없이 이룰 수 있는 건 실패뿐이다.
The only thing ever achieved in life without effort is failure.

적은 일을 하십시오, 그러나 잘하십시오. 단순한 즐거움은 성스럽답니다.
Do few things but do them well, simple joys are holy.

손과 머리와 가슴으로 일하는 사람은 예술가들이다.
He who works with his hands and his head and his heart is an artist.

9. 비극의 역사의 현장, 이프르

_ 벨기에

낙타가 바늘구멍을 통과하는 일이 선거를 통해 진정으로 위대한 인물을 '발견하는 일'보다
더 쉽다.
There is a better chance of seeing a camel pass through the eye of a needle than of
seeing a really great man 'discovered' through an election.
— 아돌프 히틀러

군인들은 전쟁을 절대 안 일으킨다. 정치인이 전쟁을 시작한다.
The military don't start wars. Politicians start wars.
— 윌리엄 웨스트모어랜드William Westmoreland 미군 장군

진정한 군인은 자신 앞에 있는 적을 증오해서 싸우지 않고 자신의 뒤에 있는 사랑하는 사람
을 위해 싸운다.
The true soldier fights not because he hates what is in front of him, but because he
loves what is behind him.
— G. K. 체스터톤G. K. Chesterton 영국 작가

짐을 싸서 집을 나설 때는 모두들 나름대로의 여행 목적이 있다. 그 여정은
즐겁고 여유로운 것을 찾아가고자 했던 원래 목적과 달리 힘들어질 때도 있
다. 예상치 않은 괴로운 일, 더 심하게는 불행한 일에 부딪힐 때도 있다. 우리
인생의 여정처럼 말이다. 처음부터 고생길임을 알고 시작해도 인생은 고달프
다. 사람이 자신이 선택하지 않은 일로 피해를 당하거나 더 나아가 목숨을 잃
는다면 그것보다 더 애달픈 건 없다. 그 일이 남은 사람들은 위한 일이라면 더
욱 말이다. 우린 이를 고귀한 희생이라고 부른다. 희생은 자신의 이익이 아니
고 타인의 안위를 위해서 자신의 소중한 그 무엇인가를 바치는 것이다. 지금
부터는 안쓰럽고 애잔하며 그리고 걷잡을 수 없게 슬픔이 이는 장소를 소개
하려 한다. 남은 이들을 위해 자신의 생명을 바친 젊은 전사들을 기리는 곳이
다. 거기에는 적도 아군도 없다. 오로지 누군가를 위해 혹은 누군지도 모르는

이를 위해 자신이 가진 가장 중요한 것, 바로 목숨을 바친 이들을 기리는 곳이다. 1차 세계대전 최대의 격전지 벨지움 이프르Ieper, 영어명으로는 이프레스Ypres다.

반전 무드를 이끈 〈서부 전선 이상 없다〉의 무대

나는 역사적인 장소, 특히 비극적인 장소를 찾아다니는 악취미(?)가 있다. 이런 곳에서 여러 가지를 보고 배우고 느낀다. 여행은 반드시 즐겁고 여유롭고 즐겨야만 하는 것은 아니지 않는가? 이프르는 역사를 알고 나면 절대 가벼운 마음으로 볼 수 없는 도시다. 《플랜더스의 개》라는 소설로 잘 알려진 벨지움 서부 플랜더스Flanders 지방의 이프르는 도시 전체가 1차 세계대전의 상흔으로 가득하다. 얼핏 보면 이프르는 유럽의 여느 도시처럼 잘 정돈된 건물들로 아름답다. 그러나 역사가 1000년이 넘던 이 도시의 건물들은 1차 세계대전이 벌어지던 1914년과 1918년 사이 4년 동안 독일군의 포격으로 완벽하게

이프르 마을

파괴되었다가 종전 후 다시 지어져 이제 100년도 채 안 되었다. 워낙 건물 원형 복원이 잘되어 언뜻 오래된 도시처럼 보일 뿐이다. 슬픔을 감추고 얼굴에 웃음 가득하게 손님을 맞는 상가의 상주 같다고나 할까. 그만큼 아주 진한 슬픔이 아름다움 뒤에 깊이 숨어 있다. 이프르는 독일군이 프랑스를 쳐들어가려면 반드시 거쳐 가야 했기에 운명처럼 전쟁에 휘말렸다. 대국들 중간에 끼인 소국의 전형적인 비극적인 사례라고 할 수 있다. 벨지움은 주변 강대국의 참으로 많은 침략을 받았다. 네덜란드, 독일, 프랑스, 영국의 지배를 돌아가면서 받았다. 심지어 국경을 직접 마주하지도 않은 오스트리아나 바다 건너 스페인의 지배까지 받았었다.

1차 세계대전 때 영국이 벨지움의 중립을 보장했지만 독일은 벨지움을 침공했다. 벨지움을 관통해 프랑스를 치려는 목적이었다. 단지 중간에 있다는 이유 하나로 벨지움은 전쟁에 휘말려 참상을 겪은 셈인데, 영국과 프랑스가 개입을 해서 크고 길며 참혹한 전투가 벌어졌다. 그 유명한 서부 전선이 이프르 근처다. 에리히 마리아 레마르크의 동명 소설을 영화로 제작한 〈서부 전선 이상 없다All quiet on the western front〉(1979)가 이곳을 배경으로 한다. 전쟁에 희생되는 독일군 젊은이들을 통해 전쟁의 참상을 잘 묘사해냈다. 영화는 공전의 히트를 치면서 1980년대 초 세계를 반전 무드로 몰아넣었다.

〈서부 전선 이상 없다〉는 1930년 흑백 영화로 만들어졌다가, 1979년 컬러 작품으로 다시 만들어졌다. 주인공이 〈월튼네 사람들The Waltons〉(1971~1981)에서 아들 존-보이 역을 한 리처드 토머스여서 더욱 애잔한 느낌을 주었던 영화였다. 토머스가 청순하고 순진한 모습이라 한층 비극적이었다. 특히 마지막 장면이 너무나 충격적이다. 모처럼 날씨도 좋고 전투도 없어서 한가하게 편지를 읽던 주인공이 마침 가을바람을 타고 날아온 나비를 잡으려 몸을 일으켰다가 저격병이 쏜 단 한 발의 총알에 맞아 진흙탕에 쓰러진다. 지구 무게보다 더 무겁다는 한 인간의 목숨이 방금 끊어졌는데도 본부의 발표 전문은 '서부 전선 이상 없다'이다. 아무런 상황 설명도 상황 전개도 없이 화면에는 'The End'가 내려온다. 전혀 예상치 못했던 순간적인 일발과 함께 갑자기 영화가 끝난다. 결말을 모르고 극장에 들어온 관객은 말을 잃고 한동안 자리에서 일어설 수가 없었다. 그만큼 예상하지 못했던 엄청난 비극이 갑작스럽게 주인공에게 일어나고 관객은 주인공을 서부 전선 진흙창에 던져두고 불이 환하게 커진 극장을 떠나야 했다. 아마 이보다 더 말을 완벽하게 잊게 되는 영화 속 끝 장면은 없는 듯하다. 한국에서는 영화 제목이 '서부 전선 이상 없다'였으나 원제는 사실 '서부 전선 모두 조용하다All Quiet on the Western Front'였다. 영화가 우리에게 전하고자 하는 메시지를 더 정확하게 전하는 제목이 아닐까 한다. 한 아름다운 젊은이의 죽음은 인생의 종말을 뜻하는 큰일인데도 세상은 '조용하다'라고 말이다.

치열한 공방, 엄청난 희생의 역사

이프르를 뺏기 위한 독일군의 공격으로 벌어진 다섯 차례의 전투에서 무려 170만 명의 사상자가 나왔다. 현재 한국군 전체의 세 배에 달하는 인원이 4년간의 전투에서 사라졌다. 1915년 4월 22일 이프르 전투에서 독일군이 독가스를 처음 사용하기 시작했다. 치명적인 클로라인, 머스타드 가스가 사용되기 시작한 것은 1917년 가을부터다. 특히 1917년 7월 31일부터 11월 6일 사이에 벌어진 3차 이프르 전투에서는 양측에서 총 50만여 명이 전사 혹은 부상했다. 겨우 10킬로미터 거리를 더 전진하기 위해 엄청난 인원이 희생되었다.

1914년 전쟁 초기에는 독일군이 이프르를 쉽게 무혈점령했다가 주민들에게 거의 유명무실한 쿠폰을 주고 식량만 거의 뺏다시피 한 다음 이튿날 철수했다. 독일로서는 프랑스 파리로 쳐들어가고 해안과 항구를 점령하려면 이프르가 가장 중요한 요충지였는데도 그랬다. 독일군으로서는 두고두고 땅을 칠 통한의 실수를 한 셈이다. 독일군이 왜 그런 어리석은 실수를 했는지에 대해서는 알려진 바가 없다. 그로부터 4년간 독일군은 이프르를 다시 뺏으려 애쓰지만 영국군은 25만 명의 전사자를 내면서도 1914년 10월부터 1918년 11월까지 이프르를 내주지 않았고, 결국 여기서 1차 세계대전의 운명이 결정지어졌다. 역사적으로도 영국군의 수비 공성전의 명성은 대단하다. 한국전도 초기 영국군은 괴멸의 상황에서도 임진강에서 영웅적으로 북한군의 공격을 잘 막아 한국전의 승패에 지대한 영향을 미쳤다. 그래서 영국군은 참전 규모에 비해 큰 3000여 명의 사상자를 냈으며, 이는 한국전 참전 유엔군 중 미국 다음으로 많은 사상자 수였다.

독일군은 이프르 시내로 끊임없이 곡사포를 쏘아댔다. 그 결과, 이프르 시내에는 제대로 서 있는 건물이 하나도 없게 되었다. 전쟁 중 촬영한 항공 사진을 보면 마치 지진으로 완벽하게 파괴된 폐허의 모습이다. 독일군이 당시 사용했던 곡사포를 영국군은 빅 버사Big Bertha라고 불렀다. 아이러니하게도 지금은 여유로운 운동 도구인 골프채의 유명 브랜드 이름이다. 그랬던 도시가 1920~1930년 사이에 완벽하게 복구되었다. 전쟁의 상징으로 그대로 남겨놓자는 영국의 주장을 거절하고, 벨지움은 전쟁을 딛고 일어나는 부활의 상징으로 이프로를 가장 먼저 그리고 완벽하게 복구했다. 이때 독일로부터의 받은 전쟁 배상금으로 도시 재건을 했다. 가능하면 파괴 전과 똑같이 지으려고 애썼고 그 수고 덕분에 도시 전체가 거의 전전 모습으로 복구되었다. 특히 13세기에 지어진 이프르 중앙 광장에 독보적인 존재처럼 서 있는 클로스홀Cloth Hall(벨지움어로 Lackenhalle)과 1561년에 지어진 세인트 마틴 성당은 파괴 전 모습과 똑같게 지어졌다.

'플랜더스 들판에서의' 박물관

클로스홀은 중세 유럽에서 가장 큰 건물 중 하나였다. 종 49개를 보유한 첨탑의 모습이 흡사 성당을 연상하게 하는 클로스 홀은 세로 120미터, 폭 45미터로 중세 때는 의류 제품 창고로 사용되었다. 벨지움에는 신보다 돈을 더 중하게 여기는 중상주의가 스며 있다. 유럽 도시의 중심은 대개 시내 중앙 광장에 보란 듯이 높게 지어진 성당과 시청 건물이다. 하지만 벨지움의 도시는 그렇지 않다. 벨지움 도시의 한복판에 위치한 중앙 광장은 항상 '큰 시장Grote Markt'이라고 불린다. 수도인 브뤼셀을 비롯해 이프르, 벨지움 최고의 관광 도시 브루게, 모두가 중앙 광장의 이름이 큰 시장이다. 옛날에는 그곳에 시장이 있었다. 그리고 시장에는 높은 첨탑의 의류 제품 창고인 클로스홀이 자리했다. 도시의 존재 목적은 생계가 달린 상업이지 정치와 종교가 아니라는 벨지움인 특유의 철저한 배금拜金 철학이 담긴 도시 설계였다. 그래서 이프르의 중앙에는 성당이 없고 시청 건물도 귀퉁이에 조그마하게 있다. 성당은 클로스홀 뒤쪽에 있어서 광장에서는 잘 보이지 않는다. 이런 건물 배치는 이프르의 도시 성격을 말해주고 또한 이프르에서 의류업의 위상을 말해준다.

　벨지움에서 도시 중앙을 찾아갈 때는 지도에서 'Grote Markt'를 찍으면 거의 틀림없다. 이프르의 클로스홀 1층에는 관광 안내소와 기념품 상회가 들어서 있다. 널찍하고 천정이 높은 카페도 있는데 무척 쾌적하다. 지친 발걸음을 쉬기에는 더 이상이 없다. 2층에는 박물관이 있다. 그런데 박물관 이름이 아주 시적이다. '플랜더스 들판에서의In Flanders Field' 박물관이다. 캐나다 출신의 군의관인 존 맥크레John McCrae 중령이 쓴 동명의 유명한 시에서 따온 이름이다. 중령은 1915년 5월 2일 친한 친구와 제자가 전사하자, 이프르 근처의 플랜더스 들판에서 스러진 젊은 군인들을 기리며 시를 썼다. 이 시는 1차 세계대전과 관련한 시 중에서 가장 유명하다.

플랜더스 들판에 개양귀비꽃들이 바람에 흔들린다.
끝도 없이 늘어선 십자가들 사이에 우리가 있음을 가리키는 듯하다.
하늘의 종달새는 용감하게 날며 노래하건만
아래의 포성에 묻혀 들리지도 않는다.

우리는 죽은 자들
며칠 전만 해도
우리는 살아서 사랑했고 그리고 사랑받으며
그 안에서 여명을 느꼈고 불타는 석양을 보았었네.
이제 우리는 플랜더스 들판에 누워 있다.

적과의 우리의 싸움을 이어가다오.
죽어가는 우리의 손에서 당신에 게 던져져
이제 당신들의 것이 된 그 횃불을 높이 들어다오.
만일 당신이 죽어가는 우리의 믿음을 이어받지 않는다면
우리는 잠들지 않으리라.
비록 플랑드르 들판에 개양귀비꽃들이 핀다고 한들.

In Flanders fields the poppies blow

Between the crosses, row on row,

That mark our place; and in the sky

The larks, still bravely singing, fly

Scarce heard amid the guns below.

We are the Dead. Short days ago

We lived, felt dawn, saw sunset glow,

Loved and were loved, and now we lie

In Flanders fields.

Take up our quarrel with the foe:

To you from failing hands we throw

The torch; be yours to hold it high.

If ye break faith with us who die

We shall not sleep, though poppies grow

In Flanders fields.

벨지움은 영국에서 수입된 양모로 옷감을 만들어 수출하거나 의류를 제작해서 국가를 유지했기에 역사적으로 영국과 가까울 수밖에 없었다. 특히 이프르는 의류 제조로 유명했다. 얼마나 유명했는지, 그 옛날 영국 문학의 아버지라는 제프리 초서Geoffrey Chaucer(1343~1400)의 《캔터베리 이야기》에서도 이프르의 명성이 이미 거론될 정도다.

바스인지 혹은 그 근처에서 온 한 부인이 있었다. 슬프게도 두 귀가 멀어 전혀 듣지 못했다. 그녀는 옷을 정말 뛰어나게 잘 만들었다. 이프르나 심지어는 겡의 여인들보다 더 잘 만들었다. 교구 전체에서 그녀보다 옷을 더 잘 만드는 부인은 내 생전에 본 적이 없다.

There was a housewife come from Bath, or near, Who- sad to say- was deaf in either ear. At making cloth she had so great a bent. She bettered those of Ypres and even of Ghent. In all the parish there was no goodwife. Should offering make before her, on my life.

이 글에서 보듯 이프르의 명성은 바다 건너 영국에까지 자자했다. 그래서 였는지 1200년대에 이프르의 인구는 오히려 지금의 3만 5000명보다 더 많은 4만 명에 달했다. 브루게도 1400년대에는 20만 명이 사는 도시였는데 지금은 그 절반에 가까운 11만 명이 살고 있다. 유럽 인구는 1200년대에 6800만 명, 1400년대에 7800만 명이었다. 현재 유럽 인구는 당시보다 거의 10배가 늘어서 7억 4000만 명에 달하니, 상대적으로 그 시절 이프르가 얼마나 큰 도시였는지 짐작할 수 있다.

적군, 아군의 셀 수 없는 무덤

이제 이프르의 1차 세계대전의 깊은 상처를 한 번 더 파헤쳐보자. 영불 해협에 면한 유럽의 서부 바닷가를 여행하다 보면 피하려야 피할 수 없이 1·2차 세계대전 전몰 군인들의 공동묘지를 만나게 된다. 영국에서 도버 해협을 건너가 제일 먼저 만나는 칼레 항구에서 왼쪽으로 차의 방향을 틀어 북으로 올라가다 보면 1차 세계대전의 흔적과 마주치고, 오른쪽으로 돌려 남쪽으로 내려가다 보면 노르망디 상륙 작전이 남긴 2차 세계대전의 상흔과 만나게 된다. 어느 쪽이든 수없이 많은 1, 2차 세계대전 묘지들을 만나게 된다. 군인 묘지 하나를 지나면 곧 또 다른 군인 묘지가 나타난다. 그 묘지마다 적게는 수천 개 많게는 수만 개의 무덤이 있다. 나는 처음 그 어마어마한 무덤을 접했을 때 너무 충격을 받아 말을 잇지 못했다. 한 인간의 삶이 끝나고 한 가족의 비극이 시작되었을 거라 생각하자 단어 그대로 망연자실하고 말았다. 생각해보라. 수만 개의 하얀 나무 십자가가 줄지어 있는 광경을. 어느 무덤 하나 든 가슴 찢어지는 사연이 없을 수 없는 꽃 같은 청년이 묻힌 묘지들 앞에서 숙연해지지 않을 수 없다. 묻힌 지 100년도 넘는 한 1차 세계대전 군인 묘지 십자가 앞에 놓인 생화 다발은 도대체 누가 가져다놓은 것인가?

영국군 묘지 옆에 독일군 묘지, 프랑스군 묘지, 그 옆에 다시 적군인 독일군 묘지. 서로 총을 겨누었던 적군과 아군이 이제는 말없이 사이좋게 이웃을 하고 있다. 죽고 나면 피아彼我의 구분이 없다지만 그래도 적군의 무덤을 옆에 둔 아군의 유족은 어떤 생각을 했을까? 하얀 십자가와 비석이 끝없이 서 있는 풍경은 보지 않고는 실감할 수 없으리라. 상상을 해보라! 하얀 나무 십자가 5만여 개가 좌우 앞뒤로 일정한 간격으로 나란히 줄을 맞추어 서 있는 광경을! 적국인 벨지움 땅 랑게마르크 묘지에는 침략군 독일군 4만 4000명이 묻혀 있다. 전쟁이 끝나고도 고국으로 돌아가지 못하고 적국에 묻힌 독일 청년들. 그래도 적군 묘지를 곱고 깨끗하게 보살피고 있는 벨지움인들. 모두들 대단하지 않은가? 1차 세계대전 중 서부 전선에서 가장 최악의 전투였던 솜므 전투에서는 첫날 영국군 5만 7470명이 사상을 입었다. 독일군도 비슷한 숫자의 희생이 있었으니 단 하루에 피아 합쳐서 10만여 명의 사상자가 나왔다. 유럽 대륙의 서해안을 다니다 보면 군인 묘지뿐만 아니라 각종 전쟁 기념물도 계속 마주친다. 하나의 전쟁 추모탑으로부터 또 다른 전쟁 추모탑, 하나의 전쟁 박물관으로부터 또 다른 전쟁 박물관. 비극의 흔적이 많아도 너무 많다. 보통 전투가 끝나면 양측은 휴식을 취하면서 동시에 전사자들의 주검을 거두어 인근에 묘지를 만들고 비문을 세운다. 이들이 결코 전쟁을 자랑스러워해서 만드는 건 아니다. 참혹한 전쟁에 희생된 전몰장병들을 기억하자는 뜻이 첫 번째다. 그다음은 참상을 기억하고 뉘우쳐서 다시는 이 같은 비극을 만들어내지 말자는 통렬한 반성과 경각을 위해 만들어놓은 것이다.

행방불명자를 기리는 메닌 게이트

1차 세계대전이 끝났을 때 행방불명의 군인이 너무 많았다. 포탄과 흙더미에 묻힌 그들은 수습이 불가능했다. 그리고 전쟁이 끝난 지 9년 후인 1927년 영국군 행방불명자를 위해 메닌 게이트Menin Gate가 세워졌다. 정식 명칭은 '행방불명자를 기리는 메닌 게이트The Menin Gate Memorial to the Missing'다. 이프르 전투에서 영국군 25만 명이 죽었는데 그중 10만여 명은 시신을 못 찾아 무덤도 없다. 얼마나 전투가 치열했으면 주검조차 찾을 수가 없었을까? 그들 중 1917년 8월 15일 전에 죽은 5만 4896명은 메닌 게이트에 이름을 새겼고, 3만 4984명은 인근 타인코트 묘지 벽에 새겼다. 나중에라도 주검을 찾거나 무덤이 밝혀지면 새겨진 이름은 뺀다. 문이 세워진 위치가 의미심장하다. 이프르 시내에서 휴식을 취하다가 동원되면 군인들이 반드시 지나가야 했던 자리다. 그렇게 전투를 하러 간 군인들 중 상당수가 영원히 돌아오지 않았다. 그래서 어떤 시인은 메닌 게이트를 개선문이자 거대한 무덤이라고 했다.

이제는 이 문에서 '영원의 불Eternal Flame' 행사가 매일 저녁 열리고 있다. 영국 청년들이 자신들의 조국도 아니고 외국 도시를 지

세계대전 전사자 묘지

키기 위해 목숨을 바친 무덤도 없는 군인들을 기리기 위해 이프르 시민들은 뭔가를 하자고 뜻을 모았다. 저녁 8시마다 이 문에서 이프르 시민 악대가 〈마지막 임무Last Post〉라는 트럼펫 연주를 한다. 1차 세계대전 종전 후인 1928년에 시작된 행사는 2차 세계대전 중 독일군에게 다시 점령되었던 시기(1940년 5월 20일~1944년 9월 6일)를 제외하고는 현재까지 계속되고 있다. 이때는 이 문을 통과해 시로 들어오고 나가던 모든 자동차가 정지하고 의례가 거행된다. 2015년 7월 9일에는 3만 번의 연주를 기념해서 큰 행사가 열렸었다. 한 연주자는 언론 인터뷰에서 "우리의 하루 연주가 전사자 한 명 한 명을 위한 것이라면 우리는 2610년까지 매일 밤 연주를 해야 한다"라고 말했다. 이프로 시민들은 이렇게 자신들을 위해 희생된 영국 군인들을 잊지 않고 있다. 결코 한 명의 죽음도 헛되지 않으며 모두 소중하다는 마음이 전해진다. 그래서 중요한 해외 행사에는 영국 엘리자베스 여왕을 비롯해 찰스 왕세자가 반드시 참석한다. 최근에는 윌리엄 왕세손이 영국을 대표해서 참석했다. 또한 어느 영국 총리든 임기 중 한 번은 영원의 불 행사에 다녀간다.

이 행사를 주관하는 '마지막 임무 협회Last Post Association'는 독립 자원봉사 비영리 단체다. 전 세계 800명의 회원들이 내는 연회비 40파운드와 이프르 기업인들의 기부 그리고 모금 행사를 바탕으로 행사가 계속되고 있다. 이프르 자원 소방대원들이 네 명씩 돌아가면서 나팔bugle로 부는 〈마지막 임무〉는 원래 영국군이 하루 일과를 끝내는 저녁 시간에 연주되는 곡이다. 평소에도 군대 장례식, 추모식, 그리고 현충일 등에 많이 사용되어 세계적으로 잘 알려져 있다. 행사에서는 전사한 군인들에게 임무를 다 마쳤으니 이제 편히 쉬

라는 진혼곡의 의미로 연주되고 있다. 보통 이 곡을 연주하고 1분간 묵념한 뒤 영국군의 아침 기상 트럼펫 연주 〈첫 부름First Call: Reveille〉을 연주하고 행사를 마무리한다. 이프르 시민들은 자신들을 위해 희생된 이들을 영원하게 기억하기 위해 행사를 계속하겠다고 한다. 세상에는 수많은 기념행사가 있고 추모 의식이 있지만 메닌게이트 행사만큼 감동의 보은 행사는 별로 없을 듯하다. 어쩌면 정말 행사가 '영원히' 계속되리라 보인다. 보은을 자신들의 자존심이라고 여기는 이프르인들의 시민의식이 살아 있는 한 말이다.

그러면서 이프르 시민들은 '그들은 행방불명되지 않았다. 그들은 여기 있다They are not missing, they are here'라고 한다. 또한 영국 시인 로렌스 바이런은 〈전사자에게 바치는 헌시〉에서 이렇게 말했다.

우리는 늙어갈 수밖에 없어도,
그들은 늙어가지 않을 것이고
나이가 그들을 지치게 할 수 없고
세월도 그들을 죽게 하지도 않을 것이다.
저녁에 지는 해와 아침에 뜨는 해와 함께
우리는 그들을 기억할 것이다.

They shall grow not old, as we that are left grow old:
Age shall not weary them, nor the years condemn.
At the going down of the sun and in the morning,
We will remember them.

메닌 교차로에서 만난 히틀러와의 악연

이제 메닌 게이트와 히틀러에 얽힌 또 하나의 재미있으나 잘 안 알려진 일화를 소개해보자. 1918년 1차 세계대전 중 프랑스 조그만 마을 야전 참호에서 앞을 향해 총을 겨누고 있던 영국군 사병 헨리 탠디 앞에 젊은 독일군 한 명이 나타났다. 탠디는 독일군이 부상당한 것을 알아채고 총을 내려놓았다.

벨기에

독일군은 머리를 숙여 감사를 표시한 뒤에 사라졌다. 그 독일군이 바로 아돌프 히틀러였다. 이 일화가 어떻게 세상에 알려졌는지도 하나의 이야깃거리다. 탠디는 이 전투에서의 용맹을 떨쳐 영국 최고의 무공 훈장인 빅토리아 크로스Victoria Cross를 받았다. 이 훈장을 받으면 해당 군인의 이름 뒤에는 항상 VC라는 약자가 붙는다. 신문 기사에 이름이 나오든 명함이든 이력서든 이름이 정식으로 나오는 곳에는 반드시 VC라는 약자가 병기된다. 영국인은 이름 뒤에 VC가 붙은 사람을 대할 때는 정말 옷깃을 여미고 존경으로 맞는다. 그냥 의례적인 모습이 아니고 진심으로 대한다. 그만큼 받기 어려운 훈장이다. 비슷한 예로 영국 화가나 미술가 이름 뒤에 붙는 RA가 있다. 영국 예술원을 뜻하는 Royal Academy의 회원을 뜻한다. 이 약자도 이름 뒤에 빼놓지 않고 붙어 다닌다. 영국 언론은 이런 호칭을 절대 빼먹지 않고 표기한다. 이처럼 계속 인정해주고 존중해주니 서훈이 가치가 있다. 그래서 영국인은 서훈을 명예롭게 생각하고 존중하며 또한 받으려고 노력한다.

탠디는 최고의 공훈을 세운 병사였기에 신문에 기사와 사진이 났다. 히틀러는 자신을 살려준 영국군의 기사가 난 신문을 어떻게 구해 간직했다. 이 용맹스러운 병사들의 영웅담을 이탈리아 화가 포르투니노 마타니아Fortunino Matania가 그림으로 그렸다. 〈메닌 교차로에서〉라는 그림의 제일 중간에 부상당한 전우를 어깨에 메고 있는 주인공이 탠디다. 히틀러 측근인 오토 슈웬드 박사가 자신이 1차 세계대전 중에 치료해준 영국인 친구로부터 받은 카드를 받았는데 거기에 이 그림이 인쇄되어 있었다. 카드를 보여주자 히틀러는 그 그림의 주인공이 자신을 구해준 탠디였음을 즉각 알아차리고는 그림의 큰 프린트를 구해서 자신의 바바리아 버그호프 별장에 걸어놓았다. 히틀러가 그림 인쇄물을 구해서 가지고 있었음은 히틀러 부관이 오토 슈웬드 박사에게 쓴 감사의 편지가 공식 기록으로 남아 있으며, 이 편지는 탠디의 소속 연대 박물관이 가지고 있다. 또 1923년 포르투니노

메닌 교차로에서

마타니아에게 이 전투를 주제로 그림을 주문했고 박물관 큐레이터가 그림의 사본이 히틀러의 별장에 걸려 있었음도 확인했다.

이 사실은 영국 총리 네빌 체임벌린Neville Chamberlain이 2차 세계대전 전 1938년에 히틀러와 뮌헨 평화협상을 끝낸 뒤 별장에 초대받았을 때, 히틀러가 그림을 보여주면서 체임벌린에게 탠디에게 감사를 전해달라고 부탁해서 세상에 알려졌다. "저 사람이 나를 거의 죽일 뻔했다. 나는 독일을 다시 볼 수 없을 것으로 생각했다. 신의 뜻이 나를 우리를 향한 잔혹하고 정확한 영국인들의 사격의 와중에서도 나를 살렸다"라고 하면서 말이다. 체임벌린은 런던으로 돌아오자마자 탠디에게 전화해서 히틀러의 감사를 전했다. 1940년 탠디는 기자에게 "나중에 그가 그런 인간이 되어 여자와 아이들을 포함한 수많은 사람을 죽였다는 사실을 알게 되고 나서는 내가 그를 죽이지 않고 살려준 것을 신에게 미안해했다"고 했다. 이에 "만일 다시 그런 일이 있으면 그를 쏠 것이냐"고 기자가 묻자 탠디는 주저하지 않고 "그래도 나는 부상병을 쏘지 않을 것이다"라고 했다.

인간에게 희로애락과 칠욕을 빼고 나면 뭐가 남을까? 인간의 역사에서 전쟁을 빼고 나면 뭐가 남을까? 인류는 역사에서 배워야 하건만 참혹한 1차 세계대전이 끝나고 사반세기도 채 안 지난 21년 만에 다시 유럽은 2차 세계대전에 휘말린다. 과연 인류의 기억력은 그만큼밖에 되지 않는 건가?

● 히틀러 어록

네가 이기면 설명할 필요가 없다. 그러나 네가 지면 설명하기 위해 거기 있으면 안 된다.

If you win, you need not have to explain…. If you lose, you should not be there to explain!

만일 네가 아주 큰 거짓말을 아주 자주 하면 그건 믿어지게 된다.

If you tell a big enough lie and tell it frequently enough, it will be believed.

너 자신을 다른 사람과 비교하지 마라. 만일 그렇게 하는 건 너 자신을 모욕하는 일이다.

Do not compare yourself to others. If you do so, you are insulting yourself.

누구든지 승리는 감당할 수 있다. 단지 강자만이 패배를 견뎌낼 수 있다.

Anyone can deal with victory. Only the mighty can bear defeat.

네가 태양처럼 빛나고 싶다면 먼저 그만큼 태우지 않으면 안 된다.

If you want to shine like sun first you have to burn like it.

나는 내가 사랑히는 바를 위해서만 싸울 수 있다. 나는 존경하는 것만 사랑한다. 그리고 나는 적어도 알아야 존경한다.

And I can fight only for something that I love, love only what I respect, and respect only what I at least know.

결정을 내리기 전 1000번도 더 생각해라. 그러나 결정을 내리고 나면 1000가지 어려움이 있더라도 돌아보지 말아야 한다.

Think Thousand times before taking a decision But - After taking decison never turn back even if you get Thousand difficulties!!

살려고 한다면 싸워야 한다. 이 영원한 투쟁의 세상에서 싸우고 싶지 않은 자는 살 자격이 없다.
Those who want to live, let them fight, and those who do not want to fight in this world of eternal struggle do not deserve to live.

외교가 실패하면 전쟁이 시작된다.
When diplomacy ends, War begins.

역사 인식이 없는 자는 눈과 귀가 없는 자다.
The man who has no sense of history, is like a man who has no ears or eyes.

젊음을 소유한 자만이 미래를 얻을 수 있다.
He alone, who owns the youth, gains the future.

승자에게는 누구도 그가 진리를 말하는지 묻지 않는다.
The victor will never be asked if he told the truth.

말은 개척되지 않은 곳으로 다리를 놓는다.
Words build bridges into unexplored regions.

독서의 예술은 중요한 내용은 기억하고 중요하지 않은 건 잊어버리는 일이다.
The art of reading consists in remembering the essentials and forgetting non essentials.

독서 그 자체는 목적이 아니다. 목적을 위한 수단이다.
Reading is not an end to itself, but a means to an end.

한 국가를 정복하기 위해서는 먼저 시민들을 무장해제해야 한다.
To conquer a nation, first disarm its citizens.

살해하고 파괴하고 약탈하고 거짓말하고 이기고 난 뒤는 네가 뭘 얼마나 원하든 누구도 왜라고 묻지 않는다.
Kill, Destroy, Sack, Tell lie; how much you want after victory nobody asks why?

단 하나의 예방법은 불규칙하게 사는 일이다.
The only preventative measure one can take is to live irregularly.

성공의 가장 큰 첫 중점은 지속되는 일정하고 정기적인 폭력 사용이다.
The very first essential for success is a perpetually constant and regular employment of violence.

인간애는 우둔함과 비겁함의 표현이다.
Humanitarianism is the expression of stupidity and cowardice.

천재적인 지도자는 다른 적을 같은 종류로 보이게 만드는 능력을 갖추어야 한다.
The leader of genius must have the ability to make different opponents appear as if they belonged to one category.

나는 지금 나의 행동이 신의 뜻에 따르는 일이라고 믿는다.
I believe today that my conduct is in accordance with the will of the Almighty.

교묘히 지속되는 선동을 통해 사람들이 천국을 지옥이라고 보게 되게 만들 수 있다. 그 반대로 끔찍한 삶을 천국으로 믿게 만들 수 있다.
Through clever and constant application of propaganda, people can be made to see paradise as hell, and also the other way round, to consider the most wretched sort of life as paradise.

하늘을 녹색으로, 들판을 푸른색으로 보고 그리면서 근거도 없고 의심스러운 말을 하는 자는 누구든 불임 수술을 받게 해야 한다.
Anyone who sees and paints a sky green and fields blue ought to be sterilized.

장애는 항복하기보다는 부수라는 목적으로 존재한다.
Obstacles do not exist to be surrendered to, but only to be broken.

인생은 나약함을 용서하지 않는다.
Life doesn't forgive weakness.

나는 아버지를 존경했고, 그러나 어머니는 사랑했다.
I respected my father, but I loved my mother.

12인치 파편이 내는 비명이 1000개의 독사 같은 유태인 신문이 내는 쉭쉭하는 소리보다 더 강력하게 파고들어간다. 그러니 그들이 쉭쉭 소리를 내게 내버려두자.
The scream of the twelve-inch shrapnel is more penetrating than the hiss from a thousand Jewish newspaper vipers. Therefore let them go on with their hissing.

내 영감은 무덤에서 일어난다. 그리고 세상은 내가 맞았다는 걸 알 거다.
My spirit will rise from the grave and the world will see i was right.

독일인의 전체적인 특성은 호전적이지 않다. 그러나 차라리 용감하다. 그걸 생각해서 그들이 전쟁을 원하지 않는 동안만이라도 그들을 전쟁을 생각하게 함으로써 두려워하게 하지 말아야 한다.
The German people in its whole character is not warlike, but rather soldierly, that is, while they do not want war, they are not frightened by the thoughts of it.

나는 더 많은 사람들이 글보다는 말에 더 설득된다는 걸 안다. 그래서 이 지상의 모든 위대한 운동의 발전은 위대한 작가가 아니라 위대한 연사에 힘입은 바가 많다.
I know that fewer people are won over by the written word than by the spoken word and that every great movement on this earth owes its growth to great speakers and not to great writers.

어려움 없이 얻은 승리는 그냥 승리일 뿐이다. 그러나 수많은 어려움을 이겨내고 얻은 승리는 역사를 만들었다.
Winning without problem is just victory, but winning with lots of trouble create History.

양심은 유태인의 발명품이다.
Conscience is a Jewish invention.

어릴 때부터 나는 독서를 제대로 하려고 노력했다. 다행히도 나는 기억력과 지각이 좋아서 도움을 많이 받았다.
From early youth I endeavored to read books in the right way and I was fortunate in having a good memory and intelligence to assist me.

기본적으로 나치즘과 마르크시즘은 같은 것이다.
Basically National Socialism and Marxism are the same thing.

군대가 6개월 이상 평가하기만 하고 적을 공격하지 않으면 자국 국민들에게 위협이 된다.
When army review its forces more than 6 months and not attacking the enemy, know it is a danger to his people.

신과 괴물로 우리의 세상이 만들어졌다.
God's and beasts, that is what our world is made of.

● 전쟁 어록

전쟁은 평화다. 평화는 노예다. 무지가 힘이다.
War is peace. Freedom is slavery. Ignorance is strength.
— 조지 오웰George Orwell

전쟁은 가혹한 의사다. 그러나 때로는 불만을 해결해주기도 한다.
War is a severe doctor; but it sometimes heals grievances.
— 에드워드 카운슬Edward Counsel

죽은 자만이 전쟁의 끝을 보았다.
Only the dead have seen the end of war.
— 플라톤Platon

전쟁은 말이 실패했을 때 시작한다.
War is what happens when language fails.
— 마가릿 애트우드Margaret Atwood

강할 때는 약해 보이게 하고 약할 때는 강하게 보이게 하고.
Appear weak when you are strong, and strong when you are weak.
— 손자Sun Tzu

전쟁의 확실한 효과는 표현의 자유의 상실이다. 애국은 일상의 질서가 되고 전쟁에 의문을 표하는 자는 배반자가 되어 침묵을 강요받고 수감된다.
One certain effect of war is to diminish freedom of expression. Patriotism becomes the order of the day, and those who question the war are seen as traitors, to be silenced and imprisoned.
— 하워드 진Howard Zinn

들어라, 모든 전쟁을 끝내는 전쟁이란 없다.
Listen up - there's no war that will end all wars.
— 하루키 무라카미Haruki Murakami

전쟁이 얼마나 필요했든지 얼마나 정당했든지에 상관없이 전쟁이 범죄가 아니라고 잘대 생각하지 마라.
Never think that war, no matter how necessary, nor how justified, is not a crime.
— 어니스트 헤밍웨이Ernest Hemingway

때로는 총을 내리게 하기 위해 총을 들어야 한다.
Sometimes you have to pick the gun up to put the gun down.
— 말콤 엑스Malcolm X

전쟁이 때로는 필요악일 수는 있다. 그러나 얼마나 필요로 했건 전쟁은 언제나 악이고 절대 선일 수가 없다. 우리는 서로의 아이들을 죽여가면서 어떻게 같이 평화롭게 살아가는 방법을 배울 수 없다.
War may sometimes be a necessary evil. But no matter how necessary, it is always an evil, never a good. We will not learn how to live together in peace by killing each other's children.
— 지미 카터Jimmy Carter

부자들이 전쟁을 벌일 때 가난한 자가 죽는다.
When the rich wage war, it is the poor who die.
— 장 폴 샤르트르Jean-Paul Sartre

나쁜 평화나 좋은 전쟁은 절대 없었다.
There never was a good war, or a bad peace.
— 벤자민 프랭클린Benjamin Franklin

전쟁은 사람들의 희생을 강요한다. 보상으로 고통만 줄 뿐이다.
War demands sacrifice of the people. It gives only suffering in return.
— 프레데릭 클램슨 하우Frederic Clemson Howe

더 이상의 전쟁을 끝내기 위한 전쟁은 엄청나게 큰 대화재가 화재 위험을 없애는 일과 같다.
Wars do not end wars any more than an extraordinarily large conflagration does away with the fire hazard.
— 헨리 포드Henry Ford

전쟁은 주로 어리석은 목록표다.
War is mainly a catalogue of blunders.
— 윈스턴 처칠Winston Churchill

전쟁은 오로지 전쟁을 통해서만이 끝낼 수 있다. 총을 없애기 위해 총을 들어야 할 필요가 있다.
War can only be abolished through war in order to get rid of the gun it is necessary to take up the gun.
— 마오쩌둥Mao Zedong

평화는 국가가 과거와 미래 전쟁 비용을 지불하는 짧은 중간 휴식일 뿐이다.
Peace is the short interval when nations toil to pay the costs of past and future wars.
— 허버트 프로크노Herbert V. Prochnow

10. 흥미진진한 사건들이 많은 햄턴 코트궁
_ 영국

희망은 사악하고 해로운 잡초다.

Hops are a wicked and pernicious weed.

— 헨리 8세

햄턴 코트궁Hampton Court Palace은 런던 한인 타운이 있는 뉴 몰던에서 불과 차로 10분 거리의 공항 가는 길에 있다. 그런데도 이 궁은 이상하게 그다지 한국 관광객들에게 잘 알려져 있지 않다. 런던 한인 타운에 사는 교민들은 손님이 많이 오는 철이면 히드로 공항을 오가며 하루에도 궁을 여러 차례 보곤 한다. 더군다나 교민들이 회원으로 많이 있는 골프장이 햄턴 코트궁의 정원과 바로 붙어 있어 가까이에서 궁을 볼 기회가 많다. 영국 역사에 제일 많이 등장하는 관광지를 들자면 아마 햄턴 코트궁은 런던 탑 다음일 텐데도 말이다. 윈저성은 오래전에 세워졌고 지금도 여왕이 사용하긴 하지만 역사에 직접 얽힌 사연은 별로 없다. 이에 비해 햄턴 코트궁은 흥미진진한 사건들에 자주 등장한다. 특히 헨리 8세와 연관이 많다.

햄턴 코트궁

가장 드라마틱했던 15~18세기 초

영국에서 드라마로 가장 많이 다루어지는 시기가 15세기 중반부터 18세기 초까지다. 헨리 7세로 시작해 윌리엄 3세로 끝나는 이 시대에 우리가 가장 많이 들어본 영국의 역사적 사건들이 주로 일어났다. 예를 들면 장미전쟁, 종교개혁, 엘리자베스 1세 집권, 시민혁명, 크롬웰, 찰스 1세 처형, 명예혁명 같은 일련의 사건들이 이 기간 동안 다 일어났다. 신기하게도 우리 역사 또한 이 시기에 영국 못지않게 드라마틱한 일들이 많이 발생했다. 비운의 단종으로부터 시작되어 세종, 선조, 임진왜란, 연산군, 중종반정, 광해군, 인조반정으로 이어진다. 그때 세계는 동서를 막론하고 정변의 시기였나 보다. 세계적으로 위기가 있었던 〈튜더스The Tudors〉라는 텔레비전 시리즈의 배경이 되는 시기라고 알면 쉽다. 햄턴 코트궁은 그 질풍노도 시기의 중심이었다. 지금 영국 왕실의 주요 궁전인 버킹검궁은 아직 등장하지 않을 때였다.

햄턴 코트궁은 같은 예를 찾아보기 힘들 정도로 특이하게 붉은 벽돌로 지어진 궁이다. 몇 세대에 걸쳐 중건해서 원래의 튜더식에서 바로코식까지 뒤

섞여 있다. 원래는 헨리 8세의 중신인 토머스 울시 추기경이 1514년 자신의 관저로 사용하고자 거액을 들여 지었던 건물이다. 토머스 울시 경도 상당히 흥미로운 인물이다. 천민인 백정의 아들로 태어나 죽을 때까지 거의 신분을 바꿀 방법이 도저히 없던 시기에 사제가 되어 어렵게 신분 상승의 기회를 잡은 대단한 야심의 사나이였다. 당시에는 신분을 바꿀 방법은 돈과 힘밖에 없었다. 소위 말하는 '벤처venture', 즉 미개지 탐험이나 해적질을 가서 일확천금해서 왕에게 바치고 작위를 받거나 전쟁에서 어마어마한 공을 세우거나 하는 방법이 그것들이다. 이외에는 성직자가 되는 수밖에 없었다. 울시 경은 신부로서 최고의 지위인 추기경까지 올라갔고 심지어 로마 교황이 되기 위해 선거 운동까지 했다. 지금도 영국에서는 각 지역을 담당하는 주교 관사를 궁palace이라고 부른다. 왕이 살지 않는 곳을 궁이라 부르는 유일한 경우다. 신권으로 보면 주교는 그 지역을 담당하는 왕이다. 신권과 왕권으로 나누어진 유럽 사회의 권력 판도를 보는 듯하다. 울시 경은 햄턴 코트궁을 유럽, 특히 이탈리아의 주교들이 사는 궁처럼 지으려고 했다. 런던 시내 중심에서 차로 한 시간도 안 걸리는 위치인 데다가 템스강을 통해 당시 권력자 헨리 8세가 살던 왕궁이었던 런던 탑으로 바로 갈 수 있었다. 왕과 귀족들의 사냥터였던 리치먼드 공원도 멀지 않아 권력자가 탐할 만한 위치였다. 그런데 울시 경은 이 궁을 짓다가 헨리 8세에게 바쳤다. 자신이 눈 밖에 나고 있는 낌새를 채고 총애를 되찾으려 마지막으로 애썼으나 결국 실패해서 궁만 뺏기고 재판을 받으러 이동하던 중에 사망했다. 그 이후 햄턴 코트궁은 영국 왕실의 궁전으로 사용되어왔다.

명예혁명과 시작된 햄턴 코트궁의 비화

건물 면적으로 봐서는 결코 햄턴 코트궁은 유럽 왕궁 중에 손꼽힐 정도는 아니다. 귀족의 개인 저택 중에도 이보다 더 크고 화려한 예가 많다. 그러나 유럽 왕궁으로서 이만큼 거의 완벽하게 보존된 경우는 드물다. 더군다나 실내 장식품이나 가구들까지 말이다. 영국 본토는 유럽을 휩쓴 두 차례의 큰 전쟁으로부터 비껴나 있었고 혁명도 없었기에 이처럼 온전히 남아 있을 수 있었다. 유럽 나라들의 왕궁은 세계대전을 겪는 동안 파괴되거나 약탈당했고, 혁명 기간 동안 매각되는 등 갖은 화를 입었다. 독일이 전자의 경우고, 후자의 경우가 프랑스다. 특히 프랑스는 대혁명 때 혁명군이 혁명 자금을 마련하기 위해 베르사유 궁전의 물건들을 공매 처분했다. 1793년 8월 23일에 있었던 베르사유 궁전 가재도구들의 경매는 실로 유명해서 '세기의 경매Sale of Century'라고 불린다. 그때 영국에서 마리 앙투아네트Marie Antoinette 여왕의 호화 침대를 사들여 지금도 엘리자베스 여왕이 소유하고 있으며, 잉글랜드 중부의 장미전쟁 무대 중 하나인 워릭성에는 앙투아네트 여왕의 아름다운 벽시계가 걸려 있다. 다른 물품들도 유럽의 다른 왕실이나 부유한 귀족 가문으로 흩어져갔다. 또한 유럽에는 왕조 자체가 무너지고 공화정이 되어버려 왕실은

물론 귀족이 없어져버린 나라가 대부분이다. 햄턴 코트궁의 가재도구들도 일부는 시민전쟁 때 크롬웰이 판 적이 있다. 그 이후 조지 왕 시절 다시 갖추어져 여태까지 잘 보존되고 있으며, 이를 통해 우리는 400여 년 전 영국 왕의 삶이 어떠했는지를 알 수 있다.

조지안 시대 응접실

　햄턴 코트궁 정문에서 왼쪽은 헨리 8세 시절의 모습을 볼 수 있는 튜더 지역이다. 오른쪽은 1688년 네덜란드의 윌리엄 공과 메리 여왕이 들어온 뒤에 다시 중건된 스튜어드와 조지안 시대 것이다. 특히 18세기 가구가 그대로 남아 있어 영화에서나 볼 수 있던 유럽 왕궁의 생활을 들여다볼 수 있다. 신교국가였던 네덜란드로 시집갔던 메리는 성공회 중신들의 반역에 동조해 다시 영국으로 건너와 가톨릭 신자인 아버지 제임스 2세를 폐위시켰다. 그리고 남편 윌리엄과 함께 영국을 지배했다. 딸이 아버지를 쫓아낸 사건을 영국 역사책은 '명예혁명Glorious Revolution'이라고 하고, 우리도 아무런 생각 없이 그냥 따라 부른다. 아무리 영국 역사가 승자인 성공회 측의 기록이라고는 하지만 효도를 중요하게 여기는 우리 통념으로 보아서는 기막힌 일이 아닐 수 없다. 어쨌든 메리와 윌리엄은 햄턴 코트궁을 화려하게 수리하기 시작했다. 자신들의 신혼 살림처였던 네덜란드의 헤트루궁처럼 만들고 싶었던 모양이다. 우

선 햄턴 코트궁을 들어가기 전 정문 옆에는 로마 황제들의 테라코타terracotta 진흙 두상이 장식되어 있다. 오랫동안 유럽에는 로마 황제들이 현인이었다는 믿음이 존재해서 건물에 로마 황제들의 두상을 새기거나 실내에 비치했다. 그런데 놀랍게도 햄턴 코트궁의 로마 황제 테라코트 두상을 제작한 작가 이름이 기록되어 있다. 지오바니 디 마이아노라는 별로 알려져 있지 않은 작가인데 이를 기록한 영국인의 꼼꼼함이 대단하다. 헨리 8세의 두 번째 부인인 앤 볼린Anne Boleyn 문을 지나 뒤돌아 위를 올려다보면 유명한 천문 시계astronomical clock가 보인다. 1540년에 헨리 8세를 위해 만든 대형 시계다. 시간은 물론이고 달 모양, 날짜, 월, 분기, 해와 별의 상징, 게다가 당시 템스강 유일한 다리였던 런던브리지 인근의 밀물과 썰물 표시까지 되어 있다. 기막힌 과학 기술이 아닐 수 없다. 헨리 8세가 햄턴 코트궁에서 자신의 집무실인 런던탑으로 가는 가장 좋은 교통수단은 배였다. 왕이 햄턴 코트궁에서 탑으로 가는 길에 조수潮水를 아는 것이 중요했던 것이다.

스튜어드와 조지안 시대의 생활상이 생생

이제 건물 오른쪽으로 들어가 계단을 지나면 그레이트홀이 나타난다. 헨리 8세가 파티를 하고 신하들 전체를 만나던 어마어마하게 큰 홀이다. 지금의 기준으로 봐서도 작은 홀은 아닌데 당시로는 입이 딱 벌어질 정도였다.

왕이 파티를 벌일 때는 손님이 이 홀에 가득했다. 왕은 조금 높은 연단 위에서 식사를 하면서 파티를 즐겼다. 홀 벽에는 헨리 8세가 소유하던 큰 카펫이 걸려 있다. 모두 벨지움에서 수공으로 짠 물건이다. 네덜란드와 벨지움이 영국과 가까운 관계를 맺은 가장 큰 이유는 영국이 수출하는 양모를 받아 네덜란드가 양복지를 생산하고 벨지움은 카펫을 생산해서다. 안으로 더 들어가면 왕의 내밀한 방들이 있다. 그중에는 왕이 신하나 손님을 만나는 홀이 있다. 그 뒤로 왕의 사무실 겸 옷 방 등이 있다. 왕과 가까운 측근일수록 안으로 깊이 들어갈 수 있었다. 더 지나가면 '왕의 예배실chapel royal'이 있다. 바로 그 앞이 유명한 '귀신이 나오는 복도haunted gallery'다. 헨리 8세의 다섯 번째 부인인 캐서린 하워드의 귀신이 나온다고 전해진다. 캐서린은 16세에 49세였

던 헨리 8세의 왕비가 되었다가 부
정을 저질렀다는 이유로 사형당했
다. 캐서린은 결혼 전부터 애인이
있었다. 사형이 되기 전 자기 방에
서 연금되어 있었는데, 잠시 탈출
해 예배를 드리고 나오는 헨리 8세
앞에 무릎 꿇고 용서를 빌었다. 하
지만 용서를 못 받고 끌려 나가면

귀신 나오는 복도

서 비명을 질렀고, 그 이후 복도에서 귀신이 나온다는 설이 있다. 최근까지 목
격담이 이어지고 있었다. 이곳에서 일하는 직원들의 목격담도 있고 궁 경비
카메라에 잡혔다고 보도된 적도 있다. 그때 귀신이 촬영된 장면이 유튜브에
공개되어 이 복도는 관광객의 인기를 끈다.

궁의 오른쪽으로 들어가면 스튜어드 시대와 조지안 시대의 생활상을 볼 수
있다. 계단을 따라 올라가면 바티칸 시스티나 성당에 있는 미켈란젤로의 〈천
지창조〉를 방불케 하는 천장화가 눈길을 끈다. 그리고 왕을 만나러 온 손님이
대기하는 큰 홀을 맞닥뜨리게 된다. 홀의 벽에는 각종 무기가 원형으로 장식
되어 있어 눈길을 끈다. 그 홀을 지나면 차례로 홀이 나온다. 연속으로 이어
진 홀로 들어갈수록 손님의 경중이 가려진다. 깊이 들어가서 왕을 만날수록
귀중한 손님이 된다. 가장 끝이자 코너에는 왕의 집무실이 위치한다. 집무실
에는 양쪽에서 들어오는 손님을 볼 수 있는 거울 장치가 되어 있다. 화장실도
딸려 있는데, 수세식이 아니라 조그만 방에 그냥 요강만 설치되어 있다. 따라
서 요강만 치우면 은밀한 회의실이 된다. 왕이 중신들의 모임을 매우 비밀스
러운 이야기를 나눌 때는 이 방을 이용했다. 그리고 그 중신들의 모임은 '추밀
원Privy Council'이라고 불렸고 지금도 여왕의 사문기구로 영국 정부 조직에 존
재한다. 이 방을 들어올 수 있는 신분의 신하들이라는 뜻이다.

코너를 돌면 정원을 완전하게 내려다볼 수 있는 남향의 방들이 나온다. 왕
과 여왕이 생활하는 공간이다. 왕의 옷 방King's dressing chamber, 여왕이 개인적
인 손님을 만나는 여왕 접견실Queen's presence chamber 그리고 식당dinning room
등이 있다. 자세히 살펴보면 영국의 저택 식당에는 천장에 조명이 없다. 촛불
을 켜고 밥을 먹었나 보다 생각할 수 있지만 실상은 그렇지 않다. 유럽의 오랜

풍습상 평민은 저녁 식사를 해가 있는 늦은 오후나 초저녁에 빨리 먹고 해가 지면 바로 잔다. 그래야 아침에 일찍 일어나서 일을 할 수 있었다. 부유한 귀족은 늦게까지 불을 밝히고 연회를 즐기기도 했지만 평소에는 해가 지면 잤다. 한국도 1960년대에 석유등을 썼는데 기름 값이 비싸서 해만 지면 잤다. 그리고 원래 유럽인은 1일 2식을 했다. 돈 많은 사람이나 자기 전에 밤참을 먹었지 일반 서민은 당연히 1일 2식을 했다. 그래서 지금도 개는 하루에 밥을 두 번밖에 안 준다. 오히려 시대가 바뀌어 1일 3식을 하고 나서부터 인간에게 성인병이 생기기 시작했다고 한다.

남향의 복도 안쪽으로 들어가면 손님방이나 하인 그리고 왕자가 거처하던 방들이 나온다. 드디어 아주 내밀한 공간으로 들어온 셈이다. 금방 사람이 밥을 먹고 일어난 듯 식기와 수저가 놓인 식탁, 여인이 막 화장을 마친 듯한 화장대, 어느 아름다운 여인이 하녀의 시중을 받아가면서 목욕을 했을 방 한가운데 놓인 욕조, 붉은 커튼이 사방에 내려진 침대, 그리고 벽에 걸린 각종 명화 등이 발길을 잡는다. 특히 그중에는 이탈리아 르네상스 3인방 중 한 명인 라파엘로 산치오Raffaello Sanzio의 〈예수 제자들의 사역〉 사본이 걸려 있다. 원래 있던 원화는 빅토리아 앨버트 박물관으로 옮겨졌다. 사실 유럽에는 수많은 저택과 왕궁이 있지만 햄턴 코트궁만큼 알찬 곳이 드물다. 만일 영국 왕들의 제대로 된 삶을 보고 싶으면 반드시 햄턴 코트궁을 찾아야 한다.

매끼 1000명이 식사하던 튜더 키친

이곳에서는 매년 7월에 플라워 쇼Flower Show가 열린다. 또한 6월에는 햄프턴 코트 펠리스 페스티벌이 열린다. 겨울에는 궁 안의 작은 광장에 얼음판을 얼려 스케이트장이 만들어지기도 한다. 건물 밖으로 나오면 수려한 나무들과 화려한 정원이 눈길을 끈다. 특히 햄턴 코트궁은 세 가지의 '세계 명물' 명물을 가지고 있다. 이 세 가지가 모두 이 정원에 있다. '세계에서 가장 오래된 실내 테니스장', '세계에서 가장 오래 산 포도나무', '세계에서 가장 큰 플라워 쇼'가 그것이다. '세계에서 가장 오래된 테니스장'은 1528년 헨리 8세 때 만들어졌으며 실제 헨리 8세가 사용했다. 당시 '레알real 테니스' 혹은 '로열royal 테니

햄턴 코트궁의 내정

스'를 했는데, 이는 지금도 일부에서 하는 라켓 스포츠의 일종으로 테니스의 원형이다. 바닥과 벽을 이용해 두 명이 실내에서 경기하는 스쿼시와 비슷하다. '세계에서 가장 오래된 포도나무'는 1769년에 심어졌다. 지금도 살아 있고 매년 포도를 생산한다. 그리고 정원에서 매년 7월이면 플라워 쇼가 열린다. 자칭 세계에서 제일 큰 플라워 쇼라고 하니 믿지 않을 도리가 없다.

나가는 길에는 '튜더 키친Tudor Kitchen'을 반드시 봐야 한다. 헨리 8세 시절에는 이 궁에서 거의 1000명이 실제로 식사를 했다. 그 인원에게 밥을 먹이던 부엌을 재현해서 보여준다. 매 끼를 해결하는 일이 큰일이었던 그 시대에는 궁에서 밥을 얻어먹을 수 있는 권한은 아주 중요했으며 지식에게까지 유산으로 물려줄 수 있었다. 왕이 일종의 식객 형태로 측근과 충신을 관리하는 방법이기도 했다. 옛날 중국 춘추전국 시대 때도 식객을 많이 거느리다가 필요하면 그중에서 각종 재주 있는 재사才士를 선별해 이용했었다. 만일 영국을 방문해 런던에서 하루 이상 머물면서 런던 교외를 다녀오고 싶다면 햄턴 코트궁은 반드시 방문하라고 추천하고 싶다.

3장

아름다운 경관에
마음을 뺏앗기다

1. 수많은 에피소드의 모험, 모허 절벽

_ 아일랜드

세상에는 수많은 아름다움이 존재해 삶이 고달프지만은 않다. 보고만 있어도 천국에 온 것 같은 전설적인 거장의 아름다운 회화 작품부터, 들으면 눈물을 흐르게 하는 음악의 아름다움, 그리고 봄, 여름, 가을의 들판을 수놓는 무수한 들풀과 들꽃의 아름다움, 그 위에서 지저귀는 새들의 노랫소리…. 이런 수많은 아름다움을 진정으로 고마워할 때 우리는 행복해진다. 그러나 그 아름다움이 너무 도를 지나치면 숨이 막힐 듯이 감동하다가도 두려워지고 숭고함마저 느끼게 된다. 아일랜드의 모허 절벽Cliffs of Moher이 바로 그랬다. 나는 10년 만에 모허 절벽을 다시 보는 순간, 자연이 만들어낸 거대함과 아름나움에 처음에는 못 느꼈던 두려움과 숭고함을 느꼈다.

상상해보라! 230미터 높이의 바다로 직접 떨어지는 절벽이 8킬로미터나 계속되는 모습을! 실제로 보지 않고는 압도적인 그 거대함을 상상하기란 쉽지 않다. 노르웨이 뤼펠케 지역에 있는 피요르드 프레케스톨렌Preikestolen 절

벽은 604미터라는 높이로, 미국의 그랜드 캐넌은 스케일로 모허 절벽을 압도
하고도 남겠지만 그렇다고 모허 절벽이 전하는 감동은 결코 그곳들보다 적지
않다. 왕복 16킬로미터의 해변가 절벽을 한번 걸어보라! 잠시도 쉬지 않고 절
벽을 두드리는 대서양의 파도 소리가 길 위까지는 도달하지 않는다. 그래서
눈앞에 끝없이 펼쳐진 일렁이는 바다를 바라보며 조용하게 사색하면서 걸을
수 있다. 결코 힘들게 발걸음을 재촉하지 않아도 되고 숨 가쁘게 언덕길을 오
르내리지 않아도 된다. 그냥 평지처럼 편안히 걸으면 된다. 아무런 생각 없이
걸어도 되고, 생각이 닿는 대로 발길이 나가는 대로 걸어도 된다.

　바다를 보다가 지겨우면 반대쪽으로 머리를 돌리자. 넓은 목초지에서 한
가하게 풀을 뜯는 양들과 그 너머의 육지 안으로 곱게 들어와 앉은 작은 만灣
포구 양쪽에 점점이 박혀 있는 마을의 집들이 보인다. 멀리에 있는 포구 마을
의 평화로운 작은 집들에서는 지금 어떤 희비애락의 드라마가 펼쳐지고 있는
지를 생각하면서 걷는다. 한쪽에는 내려다보기만 해도 아찔한 높은 절벽과
맹렬하게 부딪치는 파도, 깊이를 알 수 없는 바다가 있다. 다른 한쪽에는 노란
패랭이꽃과 날아가기 직전의 하얀 민들레 씨 뭉치가 깔린 푸른 들판, 그 뒤에
는 누운 듯한 포구 마을의 평화로움이 있다. 두 곳이 극명하게 대비된다. 흡
사 지옥과 천국이 내가 걸어가는 양쪽에 펼쳐지는 듯하다. 한쪽에서는 죽음

모허 절벽 왼쪽 날개

의 공포가 느껴진다면 다른 한쪽에서는 평화가 느껴진다. 산티아고 순례길에서만 삶의 깨달음을 얻을 수 있는 건 아니다. 나는 여기에서도 삶의 교훈을 얻었다. 삶의 감사함을 말이다. 이토록 아름다운 날씨에 이 아름다운 길을 걸을 수 있는 것이 바로 축복이라는 생각에 걷는 내내 감사했다.

모허 절벽의 진가를 확인하는 방법

모허 절벽은 아일랜드 서쪽 대서양 해변 골웨이만에 있다. 1년에 100만 명이 방문할 정도로 아일랜드에서 가장 관광객이 많이 찾는 절경이다. 역사적인 배경이 있거나 유명 인사의 족적이 있는 곳은 아니다. 그냥 230미터 높이의 바닷가 절벽이 8킬로미터에 펼쳐져 있을 뿐이다. 더블린에서 283킬로미터를 달려야 하니 네 시간은 족히 걸린다. 왕복 8시간 길, 아무리 서둘러도 더블린에서는 꼬박 하루를 투자해야 다녀올 수 있다. 이 구석진 해변가 절벽을 왜 사람들이 찾는지는 직접 가보아야 안다. 그만큼 보고 나면 결코 잊을 수 없는 광경이다. 그리고 모허 절벽은 절벽만 보고 사진 몇 장 찍고 돌아갈 곳이 아니다. 반드시 16킬로미터의 왕복 길을 네 시간 정도의 여유를 갖고 걸어보아야만

절벽 위의 사람으로 절벽의 높이를 가늠할 수 있다.

1. 수많은 에피소드의 모험, 모허 절벽

진가를 알 수 있다. 나도 10년 전에 처음 갔을 때는 겨우 한 시간 머무르면서 구경했다. 그러나 그렇게 다녀오자 그저 사진만 남았다.

그래서 두 번째 갔을 때는 시간을 넉넉하게 잡고 처음부터 끝까지 걸어서 모허 절벽을 제대로 즐겼다. 누구든 서두르지 말고 천천히 걸으면서 살아온 삶을 돌아보거나 앞으로 살아갈 앞날을 계획하면 좋겠다. 사랑하는 사람을 생각해도 괜찮고, 더 늦기 전에 잘못한 일을 뉘우치는 기회로 삼아도 괜찮다. 인생은 길지 않다. 그리고 흘러가면 결코 다시 돌아오지 않는다. 인생의 교훈은 멀리 있지 않다. 그러니 사랑하는 사람과 마음을 나누고 살아야 한다.

사람들은 누구든 절벽에 서면 두 가지 감정이 든다고 한다. 첫 번째는 두려움이다. 제대로 볼 수도 없고 보이지도 않는 절벽 아래로 떨어진다는 생각만 해도 아찔하다. 현기증이 나거나 다리가 떨리거나 머리가 쭈뼛하거나 피부에 소름이 돋는다. 두 번째는 자살의 충동이다. 한두 발만 더 내딛으면 모든 것이 간단하게 끝난다는 호기심을 동반한 충동이다. 삶이 너무 힘들어서 도저히 더 이상 버티지 못해서 죽음을 생각하는 게 아니다. 이해하기 힘든 심리이지만 세상에 이런 일이 한두 가지일까? 영어에는 '호기심이 고양이를 죽인다 Curiosity killed the cat'라는 말도 있다.

실제로 많은 이가 자살 충동을 느끼는 것 같다. 모허 절벽에는 영국의 자살 방지 단체 '사마리탄'의 전화번호가 적힌 간판이 있다. 사마리탄의 전화는 24시간 열려 있어 누군가가 전화하면 몇 시간이고 하소연을 들어주고 상담도 해준다. 절벽에 뛰어내리기 전 마지막으로 자기네에게 전화 한 통만 하라는 호소다. 섬 국가인 영국에는 바닷가 절벽이 많아 이 같은 팻말을 많이 볼 수 있다. 아예 상담 직통 전화가 설치된 공중전화 박스도 있다. 모허 절벽에도 2010년 한 해에만 해안 경비대가 45회 출동했다는 통계를 보니 그런 일이 자주 벌어지는 모양이다. 누구든 삶이 쉽지 않고 고달프긴 한가 보다.

유명 미디어 속의 단골 로케지

워낙 모허 절벽이 드라마틱하다 보니 각종 미디어 촬영 장소로 이용된다. 영국 그룹 웨스트 라이프의 〈마이 러브〉, 리치 물린스의 〈더 칼라 그린〉, 마룬

아일랜드

5의 〈런어웨이〉 뮤직 비디오의 배경으로 등장했다. 영국인에게는 영국 가수 더스티 스피링필드의 재를 뿌린 장소로도 유명하고, 아일랜드 젊은이들에게는 유명 작가인 에오인 콜퍼Eoin Colfer의 소설 《더 위시리스트》 주인공처럼 이 절벽에서 바다를 향해 오줌을 누고 싶어 하는 유혹의 장소이기도 하다. 각종 영화에도 등장했는데 그중 해리포터 시리즈인 《해리 포터와 혼혈 왕자》가 가장 유명하다.

올드 무비 팬들의 가슴을 뭉클하게 한 〈라이언의 딸〉(1970)에도 모허 절벽이 등장한다. 〈라이언의 딸〉은 전설의 영화 〈닥터 지바고〉, 〈아라비아의 로렌스〉, 〈콰이강의 다리〉를 만든 거장 데이비드 린 감독의 분위기 있는 작품이었다. 아일랜드를 영국이 점령하던 시절, 남편이 있는 시골 마을 여인이 점령군인 영국군 장교와 이룰 수 없는 짧은 사랑을 하는 내용을 그렸다. 아일랜드 독립군과 얽히는 어찌 보면 단순한 스토리 라인의 영화지만 지금 다시 봐도 가슴이 떨리는 명작이다. 파리하고 신경질적인 절름발이 영국군 소령 역의 크리스토퍼 존스의 치명적인 매력은 대단했다. 그 매력에 이끌려 불나방처럼 달려들던 사라 마일즈의 육감적인 모습도 화면을 태울 듯이 관객을 압도했다. 말도 안 해본 첫 만남부터 둘은 벌써 강력한 매력에 끌린다. 그러고는 비극을 향해 영화는 달려 나간다. 영화 첫 장면에서 사라 마일즈가 비극적인 결말을 암시하듯 모허 절벽에서 양산을 바다로 떨어뜨린다. 모허 절벽을 두 번째 방문하려고 조사하다가 모허 절벽이 그 영화의 로케이션 장소라는 걸 알게 되었다. 영화는 아일랜드 각 곳에서 찍어 아일랜드를 소개하는 영화 같기도 하다. 만일 아일랜드를 방문할 예정이라면 북아일랜드 해변가의 자이언트 코즈웨이와 함께 반드시 모허 절벽을 가보기를 추천한다.

라이언에어가 모허 절벽을 샀다고?

2014년 4월 유럽에서 제일 큰 아일랜드 저가 항공사인 라이언에어가 클레어주에 1000억 원을 주고 모허 절벽의 공식 이름을 '라이언에어-모허 절벽'으로 바꾸기로 했다며 발표해서 아일랜드가 난리가 났다. 세상에 아무리 돈이 좋아도 자연의 이름을 상표로 팔다니…. 워낙 기발한 아이디어를 잘 내놓고

모허 절벽

장사를 위해서는 무엇이든지 하는 라이언에어라 그럴 수도 있겠다고 많은 사람이 생각했다. 라이언에어는 비행기 화장실도 유료로 하고 심지어 입석 좌석 도입을 고려한다는 이야기가 있는 항공사니 뭔들 못 하겠는가 했다. 라이언에어는 더블린으로 들어오는 항공편을 모허 절벽 상공을 통과하도록 해서 '라이언에어-모허 절벽'을 소개하겠다고 했다. 기사를 보는 나도 그럴듯하다고 여겼다. 그 웅장한 절벽의 전경을 하늘에서 본다고 생각하니 은근히 기대도 되었다. 이미 아일랜드 항공 관제 당국과 협의를 끝냈다고도 했다. 물론 자연 보호가들의 반발도 신문에 실렸다. 아예 나라도 라이안 에어 아일랜드 공화국으로 하라는 소리까지 있었다. 이렇게 사람들은 혀를 차면서 라이언에어의 발표를 믿었다. 그런데 나를 포함한 모든 사람이 간과한 사실이 하나 있다. 그날이 4월 1일이었다는! 만우절을 이용해 클레어 지방 신문이 사람들을 홀렸다. 만우절 기사치고는 아주 재미있었던 그럴듯한 기사였다.

언젠가 아일랜드 사진사 한 명이 모허 절벽의 사진을 찍다가 절벽 한가운데에서 거대한 낙서를 발견해 아일랜드가 또 뒤집어진 적이 있었다. 소위 말하는 낙서 예술가의 그라피티 작품이었다. 클레어주 당국은 만일 범인이 잡히면 반드시 처벌하겠다고 했지만 결국 잡지 못하고 말았다. 사진사의 설명에 따르면 아주 위험한 작업이었을 것이다. 사진사는 높이가 워낙 높고 바닷바람이 센 지역이라 거의 목숨을 걸고 했을 거라고 했다. 정말 대단한 열정이 아닐 수 없었다. 남들이 알아주지도 않고 칭찬받을 일도 아니다. 그런데도 목숨을 걸고 본인의 즐거움을 위해 거대한 낙서를 하다니. 그 열정이 참 부럽기도 하고 놀랍기도 하다. 자연을 훼손했기에 공공의 입장에서 보면 나쁜 짓이지만 예술 사랑으로만 따진다면 이것이 진정한 예술혼이 아닌가 싶었다. 영국에는 그라피티로 주목받기 시작해 이제 당당한 예술가가 된 '얼굴 없는 거리의 낙서 예술가' 뱅크시도 있다. 그는 억만장자가 되었지만 아직도 얼굴이 알려지지 않았다. 유명해졌으나 본인은 그저 거리의 예술가로 남고 싶다는 이유에서다. 여태껏 뱅크시가 한 명인지 공동 작업을 하는 여러 명인지조차 아무도 모른다. 어찌 되었건 얼굴이 드러나면 더 이상 거리의 작가가 아니니 물론 절대 자신에 대해 밝히지 않을 테지만 궁금하다. 역시 호기심이 고양이를 죽인다.

2. 걸어야 비로소 보이는 자이언트 코즈웨이

_ 아일랜드

첫사랑이란 원래 운명적이어서 우연히 만나야 하고 한눈에 반해야 하고 이루어지지 않아야 한다. 이 세 가지 전제 조건을 갖추어야 삼박자가 맞는 첫사랑이다. 만일 굳이 트로트처럼 네 박자를 만들려면 무조건적이어야 한다가 아닐까? 사랑에 무슨 조건이 있나? 상대가 누군지도 잘 모르고 첫눈에 반하는 일이 운명이 아니고 뭔가? 큐피드 그놈이 쏜 화살에 분명하게 맞았는데 뭔 조건이 필요할까? 그런 의미로 보면 내게 있어 자이언트 코즈웨이는 첫사랑은 분명 아니다. 재미 삼아 이유를 따져보자. 언젠가 우연히 본 사진이 계속 그리고 아주 오랫동안 마음속에 남아 있었다. '우연'은 분명 맞다. 언제 어디서 처음 보았는지를 전혀 기억할 수 없으니 말이다. 그러고는 '한눈에 반해' 계속 오랫동안 마음에 남아 있었으니 '운명'이라고 해도 되지 않을까?

그렇다면 이제 무엇이 남았는가? '이루어지지 않아야 한다'만 남았는데 불행인지 다행인지 인연이 이루어졌다. 평생 마음속에 간직하고 그리워하면서

자이언트 코즈웨이

만나지 말았어야 첫사랑이라고 두고두고 그리워할 터인데 결국 만나고 말았다. 그러나 정말 다행스럽게도 오랫동안 마음속에 두고 그렸는데 막상 만나보니 실망스럽지 않았다. 실망스럽긴커녕 눈앞에 펼쳐진 경치를 보고 정말 오랫동안 보고 싶었을 만하다는 감탄이 절로 나왔다. 결국 첫사랑과 맺어져서 알콩달콩 살아가는 해피엔드이긴 하다.

아일랜드 북쪽 영국령 북아일랜드 북쪽 해변가에 펼쳐진 자이언트 코즈웨이를 두고 하는 말이다. '거인의 뚝길Giant Causeway'이라는 4만여 개의 정육각형 돌기둥은 분명 장관이다. 한 번 보면 결코 잊히지 않는 풍경이다. 우리말로는 주상절리柱狀節理라고 한다. '기둥 모양柱狀'으로 '갈라진 틈節理'을 이른다. 비록 제주도 해변가에도 있고 무등산 정상은 물론 세계 여기저기에도 있으나 어느 것도 북아일랜드의 자이언트 코즈웨이와는 비교가 안 된다. 설명도 안 되고 반드시 직접 눈으로 봐야 한다. 그래서인지 북해 바닷가 구석까지 연간 200만 명이 찾아온다. 물론 나도 그중 하나였지만….

6000만 년 전 만들어진 신의 걸작

코즈웨이를 처음 갈 때는 더블린에서 262킬로미터의 길을 단숨에 세 시간 달려서 갔다. 그곳보다 훨씬 남쪽 아일랜드 공화국 수도 더블린을 출장 온 김에 큰 용기를 냈다. 왕복 여섯 시간 운전해야 하니 그럴 수밖에 없었다. 그런데 두 번째는 차로 1시간 걸리는 96킬로미터 거리의 북아일랜드 수도 벨파스트에서 갔다. 그래서 훨씬 여유가 있었다. 도착 시간이 이미 해가 지기 시작하는 늦은 오후였던 첫 번째보다 두 번째 방문 때는 시간상 한결 여유가 있었다. 그래서 바닷가 언덕길을 걸어 내려가기로 했다. 1파운드만 주면 데려다주는 버스가 있었지만 30분은 족히 걸리는 길을 천천히 걸어갔다. 최소한 6000만 년 전에 신이 만든 자연 최고의 걸작품을 보러 가는데 편하게 버스를 타고 앉아 간다는 건 좀 불경스러운 일이 아닌가?

선택은 결코 헛되지 않았다. 절묘하게 굽은 절벽 아래 바다에 비치는 석양도 아름다웠지만 길옆에 핀 고운 들꽃도 그에 못지않았다. 천천히 가는 여행일수록 더 많이 본다는 평소의 내 지론은 분명 맞는 말이다. 자동차를 운전하고 가면 옆으로 스치는 힐끗 본 경치와 눈앞으로 맹렬하게 달려들던 아스팔트 바닥만 기억에 남을 뿐이다. 그보다는 기차 여행이 낫고 기차 여행보다는 버스 여행이 더 낫다. 버스보다는 자전거, 그리고 최종적으로 걸어서 가는 여행이 가장 많이 볼 수 있다. 코로나 바이러스로 록다운이 되었을 때도 운동할 겸 동네 산보를 하면서 많은 걸 보았다. 30년도 넘게 살았는데도 모르던 곳이 있었다. 셰익스피어 햄릿의 비극의 여주인공 오필리아가 꽃을 들고 죽어 물 위에 떠 있는 모습을 존 에버렛 밀레이 경이 그린 그림의 현장이 우리 집 근처였다는 사실도 뒤늦게 알았다. 산보를 하면서 그 장소에 만들어놓은 타일 기념화를 보면서 하나를 잃으면 하나를 얻는다는 말이 세상 이치라는 걸 깨달았다. 코로나 바이러스로 인해 우리는 많은 걸 잃었지만 돌아보면 평소 같으면 모르고 지나칠 일도 코로나 덕분에 새롭게 알게 되었으니 고맙다고 해야 하겠지만 그럴 수는 차마 없다.

천천히 가까이서 보아야 깊게 넓게 높게 볼 수 있고 그래야 참된 사실을 느끼게 된다. 자동차를 타고 가면서 '넓게 많이 보기'와 걸어가면서 '좁게 적게 보기' 사이에는 분명 엄청나게 큰 차이가 있다. 둘 사이를 가르는 중요한 하나는 '깊게 보기'이다. '좁게 적게 보기'가 소중해지기 위해서는 반드시 깊게 보아야 한다. 깊게 보지 않고 좁게 적게만 보면 무슨 뜻이 있나? 그러나 깊게 보기 위해서는 천천히 보아야 한다. 천천히 보지 않으면 절대로 깊이가 보이지 않는다. 그래서 인생은 천천히 좁게 적게 그리고 깊게 보고 살아야 한다. 우리는 지금까지 진정이 담기지 않은 '넓게 많이 보기'에 너무 집착하고 살지 않았나 하는 생각을 코로나 사태로 강제 피정을 하면서 느꼈다.

얼굴에 스치는 바람과 하늘에서 지저귀는 새소리 그리고 머리가 맑아지는 듯 상쾌한 바다 냄새를 만일 걸어가지 않았다면 맛볼 수 있을까? 어찌 걸어가지 않고 이 호사를 누릴 수 있었겠는가? 다음 행선지였던 인근의 '로프 브리지 Rope Bridge'라고 흔히 불리는 '케릭 어 레데 브리지Carrick-A-Rede bridge'를 가기 위해 주차장에서 30분 정도 걸을 때도 마찬가지였다.

로맨틱한 전설이 서린 정육각형 돌

주차장에서 내려오다 언덕을 넘으면 순간 멀리서 자이언트 코즈웨이가 펼쳐지는데 비명이 나오는 장관은 아니다. 벌집 모양의 정육각형 기둥이 바닷가에 펼쳐지고 차곡차곡 쌓여 있는 모습은 가까이서 봐야지 비로소 감탄이 절로 나온다. 이루 다 셀 수도 없는 수많은 기둥들이 땅에 가지런히 꽂혀 있다. 모자이크로 포장된 듯 높낮이가 다른 돌들이 돌바닥으로부터 차곡차곡 쌓인 곳은 아무렇게나 쌓아놓은 책장 같기도 하다. 어떻게 이토록 정교한지 궁금해하다 보면 자연의 신비에 대한 경이를 넘어 조물주에 대한 경외감까지 든다. 어떤 것 하나도 다 이유가 있어서 행하고 만든다는 신이 왜 이러한 정육각형 모양의 돌기둥들을 여기에다 뿌려놓았을까? 전설처럼 바다 양쪽에 살던 거인들이 자신들의 힘을 사랑하기 위해 만늘었을까? 아니면 이주 오래전 바다 건너편 여인을 먼발치에서 보고 사랑에 빠진 거인이 그녀에게 가까이 가고 또 그녀를 이리로 데려오기 위한 일념으로 만들었다는 로맨틱한 아일랜드 전설대로일까? 어찌 우리가 조물주의 신비를 이해하겠는가마는 결코 자연이 그냥 이루어지는 게 아니라 분명 필요가 있어서 만들어졌다면 조물주의 의도가 궁금하다.

자이언트 코즈웨이가 용암이 폭발해서 냉각되는 과정에서 만들어졌다는 과학적인 설명은 차라리 구차하고 구질구질하다. 그렇다면 왜 다른 곳의 용암들은 이렇게 식지 않았는가? 구조물이 가장 강하게 존재하려면 육각형이어야만 해서 자연적으로 만들어졌다는 말은 너무 무책임하다. 그러한 논리가 근거가 없다는 것이 아니다. 역학적인 논리는 벌집을 보면 알 수 있다. 벌집은 아주 정확하게 정육각형으로 이루어져 있다. 외부의 압력을 최대한 견디면서 부서지지 않기 위해서는 육각형이 최고라는 뜻이다. 이를 본떠서 만든 건축에 쓰이는 패널과 자동차 외곽 철판 대신에 쓰이는 판 등의 벌집형 구조의 자재를 '허니콤honeycomb'이라고 부른다. 그런데 왜 육각형보다는 칠각형 혹은 팔각형이 더 튼튼하지 않는지 과학에 문외한인 나로서는 알 수 없다. 사실 신비한 물건인데 우리가 이유를 곰곰이 생각하지 않고 쉽게 쓰는 것이 많다. 그중 하나가 카메라 삼각대다. 다리가 네 개 혹은 다섯 개면 더 견고해질 것 같은데 그렇지 않다. 오히려 사각대는 한쪽에서 힘을 주고 밀면 옆으로 쉽게 넘어진다. 그러나 삼각대는 한쪽에서 밀어도 다른 두 다리가 버텨서 잘 넘어지지 않는다. 옛날부터 가마솥 다리는 네 개가 아니고 세 개다. 삼정三鼎이란 말이 잘 쓰이는데 '가마솥의 다리 세 개'를 의미한다. 예로부터 다리 세 개가 가장 튼튼하다고 했다. 내 말은 거인이 사랑하는 애인을 만나러 가기 위해 자신이 밟고 건너가야 할 뚝길 기둥을 가장 튼튼한 육각형으로 만들었다고 간단하게 결론짓지 말자는 것이다!

바닷가에서 코즈웨이만 보고 갈 수도 있으나 제대로 코즈웨이를 살피려면 뒤의 언덕길을 걸어야 한다. 위에서 내려다보는 모습뿐만 아니라 제대로 노출된 기둥의 모습을 볼 수 있다. 제일 먼저 나오는 길 이름은 작은 뚝길little causeway이고, 그다음이 중간 뚝길middle causeway, 그리고 제일 나중에 나오는 것이 큰 뚝길grand causeway이다. 기둥의 길이와 육각형의 면적으로 이렇게 구분된다. 현무암으로 만들어져 화강암보다는 약하지만 그래도 상당히 단단하다. 그 때문인지 6000만 년 동안 단 하루도 쉬지 않고 들이치는 파도에 깎여 비록 반질반질하게 닳았을지언정 오늘도 코즈웨이는 없어지지 않고 굳건히 버티고 있다.

위스키와 부쉬밀 마을

자이언트 코즈웨이 옆에는 부쉬밀Bushmill이란 동네가 있다. 부쉬밀이란 이름을 듣고 '아!'라는 반응을 보이면 대단한 위스키 팬이거나 해외여행깨나 다니면서 면세점에서 위스키 코너를 많이 기웃거려본 사람이다. 부쉬밀에는 세계적으로 유명한 부쉬밀 위스키 공장이 있다. 무려 400년 전에 세워진 공장이다. 2008년 400주년을 기념해 만든 '부쉬밀 1608' 상표는 특히 유명하다. 위스키라고 하면 스코틀랜드 위스키인 스카치로 보통 알고 있어 영국 스코틀랜드가 원조인 줄 착각하지만 사실은 아일랜드가 위스키의 원조다. 아이리시 위스키는 위스키라는 단어를 whiskey라고 쓰고 스코틀랜드는 whisky라고 쓴다. k와 y 사이에 e가 들어가느냐 아니냐의 차이다. 아일랜드는 세상이 뭐라고 해도 자신들이 원조라면서 e가 들어간 whiskey를 쓴다. 미국은 정통 아이리시 위스키를 따라 e를 넣어 whiskey라고 한다. 그러나 스코틀랜드, 캐나다, 일본은 e가 안 들어간 whisky라고 쓴다.

역사를 보면 아일랜드가 위스키 원조임이 분명하다. 스코틀랜드도 그걸 부정하지 않는다. 단지 스코틀랜드가 가장 위스키를 많이 팔고, 전 세계적으로도 바에 가서 스카치를 달라고 하면 위스키를 내준다. 스카치는 위스키의 대명사가 되었다. 우리나라에서는 한때 스카치 상표의 셀로판테이프를 그냥 스카치테이프라고 했다. 같은 예로 사륜구동 SUV 차를 지금도 우리는 지프 차라고 한다. 미국 자동차 브랜드가 지프Jeep여서 그렇다.

이외에도 우리 주위에는 실제와 틀린 사실이 참 많다. 예를 들면 유명한 영화 〈카사블랑카〉에서 험프리 보거트가 잉그리트 버그만과 헤어질 때 입었던 트렌치코트는 우리가 잘 아는 버버리Burberry가 아니고 아쿠아스큐텀 Aquascutum 제품이다. 같은 영국 상표지만 둘은 운명적인 라이벌이다. 국제적으로는 버버리가 더 알려져서 트렌치코트의 대명사로 불리지만 사실 개버딘 트렌치코트는 아쿠아스큐텀이 제일 먼저 만들었다. 뒤에 들어온 놀이 잎의 돌을 빼낸 경우다. 1853년 크리미아 전쟁 당시 워낙 비가 많이 오고 습기 찬 나쁜 날씨에 야전 군인들의 고생을 막기 위해서 아쿠아스큐텀이 트렌치코트를 개발했다. 그런데도 전설의 주인공은 버버리로 바뀌었다.

그림 같은 케릭 어 레데 로프 브리지

케릭 어 레데 로프 브리지

자이언트 코즈웨이를 가면 반드시 들러야 할 곳이 가까이 있다. 13킬로미터 거리에 있는 케릭 어 레데 로프 브리지다. 밧줄로 만들어진 다리야 별것이 아니라고 할 수도 있지만 다리가 놓인 섬들의 풍경이 그림엽서 같다. 크고 작은 섬들 네 개가 초승달 모양으로 가지런히 바다로 들어가는 모습에 카메라를 들지 않을 수 없다. 그리고 섬들을 밧줄 다리로 연결해 사람들이 건너다니게 해놓았다. 한국의 단양 근처 도담 삼봉과 비슷한 모양이다. 여기도 주차장에서 2킬로미터의 길을 30분 정도 걸어야 장관을 볼 수 있는 특권이 주어지는데 그 길이 만만치 않다. 특히 시간이 넉넉지 않다면 권할 길은 아니다. 하지만 천천히 걸으면 쾌적하고 기억에 남을 산책이 될 것이다. 언제 또 우리가 아름다운 바닷가를 그렇게 여유롭게 걸어볼 기회가 있겠는가.

시간 여유를 두라는 것은 길이 험해서 하는 말이 아니다. 주변 경치가 너무 훌륭해서 발길을 자꾸 멈추게 되니 거리에 비해 산책하는 데 시간이 훨씬 더 걸린다는 소리다. 가는 길의 왼쪽은 바다이다. 멀리 보이는 건너편 경치도 좋은 데다가 절벽 아래와 바로 앞에 펼쳐지는 경치가 절경이다. 우아하게 생긴 섬도 섬이지만 영국 바닷가에서 보기 힘든 하얀 모랫바닥이 유난히 맑은 바닷물에 다 비친다. 게다가 절벽 위에 피어 있는 갈대와 해당화가 카메라를 들게 만든다. 갈대와 해당화를 앞에 두고 뒤의 섬을 넣은 구도의 사진은 정말 멋있다. 그렇다고 오른쪽 경치가 밀리는 것도 아니다. 산등성이에 핀 노란색 들꽃들은 길을 걷는 이의 발길을 잡고 놓아주지 않는다. 완전히 잘 짜인 카펫을 보는 듯하다. 내가 이곳을 방문했던 늦은 오후 시간에는 일찍 나들이를 나온 하얀 초승달이 마침 언덕 위 하늘에 걸려 있어 더욱 운치 있었다.

　가끔은 아름답고 경이로운 자연을 여유 있게 즐겨야 한다. 그런데 우리는 뭐가 바빠 그렇게 하지 못하는지 모르겠다. 기가 막힌 경치를 두고도 사진 찍고 휙 둘러보고 차를 타고 가버리는 건 나라고 예외는 아니다. 하지만 그렇게 하다 보니 '남는 것은 사진뿐'이다. 눈으로만 둘러보고, 마음과 머리, 가슴에 안 담았으니 그럴 수밖에 없다. 이제 하나를 보더라도 천천히 생각하면서 즐기는 습관을 늦게나마 갖고자 한다.

3. 미로 같은, 마법 같은 소렌토의 매력
_ 이탈리아

언젠가 텔레비전에서 코미디언 한 명이 "가수들이 참 부러워요. 김정구 선배님은 〈눈물 젖은 두만강〉 하나로 평생을 우려먹고 사시는데 우리는 머리를 쥐어 짜내서 만든 코미디를 두 번을 못 써먹으니 말입니다"라는 말을 듣고 코미디언의 고충에 무릎을 치면서 동감한 적이 있다. 그런데 노래 하나로 도시 하나가 먹고산다면 어떻게 되는가? 바로 이탈리아 남부 해안 소렌토Sorrento 이야기다.

소렌토는 인구 1만 6000명의 도시로 전 세계에서 관광객이 몰려든다. 물론 인근의 나폴리, 폼페이, 카프리섬으로 가는 길에 들르기도 하겠지만 소렌토가 아예 목적지인 경우도 많다. 그리고 수많은 사람이 소렌토의 매력에 빠져 살았거나 지내다 갔다. 예를 들면 데이비드 허버트 로렌스David Herbert Lawrence는 당시 세상을 뒤집었던 《채털리 부인의 연인》을 소렌토에서 썼다. 뿐만 아니라 18~19세기 유럽 지식인의 '그랜드 투어' 도시 중에 소렌토는 반

소렌토 인근 해변

드시 들어갔다. 그렇게 해서 찰스 디킨스, 조지 고든 바이런, 존 키츠, 월터 스콧, 요한 볼프강 괴테, 빌헬름 리하르트 바그너, 헨릭 입센, 프리드리히 니체, 막심 고르키 등이 소렌토로 와서 오래 머물다 갔다. 그리고 그들의 글 어딘가에는 소렌토의 흔적이 남아 있다.

노래 한 곡이 소렌토를 먹여 살리다?

소렌토를 먹여 살린다는 문제의 노래 〈돌아오라 소렌토로Torna A Surriento〉는 1902년 작곡가 에르네스토 데 커티스가 시인의 형 지안 밥티스타 데 커티스의 시에 곡을 붙여 만들었다. 거의 모든 이탈리아의 가곡 가수들이 이 곡을 불러, 이탈리아 가수 중 부른 사람보다 안 부른 사람을 꼽는 게 더 쉬울 정도다. 엔리코 카루소가 부르면서 세계적으로 널리 알려졌으며, 특히 루치아노 파바로티, 호세 카레라스, 플라시도 도밍고 등 3인 테너의 삼중창으로 다시 유명해졌다.

일설에 따르면 작곡가의 친구인 소렌토 시장이 이탈리아 수상이 소렌토를 방문하게 된 것을 계기로 작곡을 부탁했다고 한다. 한편으로는 이탈리아에서 살기 힘들어 미국으로 이민 간 소렌토 사람들을 위해 지어진 노래라고도 전해진다. 어찌 되었건 노래 하나가 한 도시를 먹여 살리는 셈이니 참 대단하다. 심지어 나도 같은 이유로 소렌토에 들렀으니 말이다. 게다가 저녁도 먹고 기념품까지 샀다.

소렌토는 도시라기보다 조그만 마을에 가깝다. 도시 전체가 깔끔한 마을이고 바다로는 절벽을 면하고 있어 해안으로 내려가는 길이 좁고 험하다. 해안 쪽으로 세워진 호텔에서 보면 멀리 소렌토반도의 낭떠러지 절벽이 그림처럼 펼쳐져 있다. 소렌토는 역사적으로 수차례 외침을 당한 비운의 마을이다. 기원전 6세기에 그리스인이 이 도시를 세웠는데, 1558년 터키인이 이곳을 약탈하고 2000여 명을 잡아 가거나 해적이 쳐들어오는 사건이 수시로 있었으며, 나중에는 스페인의 지배를 받았다. 1861년에야 비로소 정식으로 이탈리아 왕국의 일원이 된 기구한 운명의 도시다. 그리고 이탈리아의 네 개의 해상 공화국 중 제일 먼저 생겼고, 동방 무역의 중심으로 전매특허를 가지고 있었다.

세계 최고의 해안으로 꼽히는 아말피

이제 소렌토를 벗어나 아말피 해안Costiera Amalfitana으로 나설 순서다. 많은 이가 세계적인 도서 해안 경치 중 최고를 에게해에 펼쳐진 그리스 해안과 섬 경치라고 한다. 하지만 나는 섬과 육지 해안과 연결된 바다 경치로 우리 남해안의 다도해를 낀 한려수도를 최고로 친다. 아주 오래전 목포에서 부산까지 작은 통통배를 타고 가본 적이 있다. 그때 본 광경이 머릿속에 깊게 남아 지금도 가끔 눈앞에 펼쳐진다. 목포를 출발해 진도 완도를 지나 다도해 해상 국립공원과 한려수도 해상 국립공원을 차례로 거치는 바다는 가히 환상적이었다. 오후에 들어서자 해가 옆으로 비끼면서 배 양쪽으로 펼쳐지는 다도해의 크고 작은 섬들은 한 폭의 그림 같았다. 내가 탄 배가 하도 작아서 섬들을 아주 가까이 지나는데 손을 뻗으면 곧 닿을 듯했다. 그 섬들이 무인도인지 유인도인지는 모르겠으나 무척이나 적막하고 평화로우며 아늑했다. 저런 곳에 집을 짓고 세상 시름을 잊고 살면 좋겠다는 생각을 가장 혈기가 넘칠 그때도 했다. 그러다가 저녁이 되어 해가 넘어가는 때가 되자 붉은 황혼에 물든 바다와 산과 섬들의 광경은 대단했다. 만일 내게 지금이라도 한국에서 단 한 곳만 여행하라고 한다면 남해안의 바다를 다시 한번 요트를 타고 가고 싶다.

우리 남해안 말고 내가 가본 해안 경치 중 최고는 아말피 해안이다. 그래서 누군가 만일 폼페이나 나폴리나 소렌토를 갈 일이 있다면 '제발' 시간을 내서 아말피를 반드시 다녀오라고 권한다. 물론 잠깐 다녀와서는 아말피 해안을 결코 제대로 보지 못한다. 그러나 발을 들여놓고 나면 제대로 보기 위해 반드시 다시 가게 될 테니 아말피 해안의 경치는 일단 주마간산으로라도 꼭 보아야 한다.

이탈리아의 남부 해안은 드라마틱하다는 표현만큼 잘 어울리는 다른 표현이 없다. 우리 남해안이나 서해안처럼 평화롭거나 다정하지 않다. 극적이고 화려하고 동시에 위험하다. 그래서인지 영국 언론의 이탈리아 남부 해안선 기사를 찾아보면 어지간한 일에 좀처럼 흥분하지 않는 영국인도 흥분한 모습이 역력하다. 훌륭한 경치에 비해 싸고 아늑한 호텔, 그리고 값싸고 맛있는 와인과 요리가 있는 아말피 해변 마을들은 영국인에게 환상의 여행지다. 영국호텔이 워낙 비싸니 이탈리아의 엔간한 호텔은 싸다고 느껴지고, 맛없고 비싸기만 한 영국 요리를 먹다가 둘이 먹다 하나가 죽어도 모를 이탈리아의 맛있는 요리와 저렴한 가격을 접한 영국인은 행복해한다.

이렇게 영국인이 원하는 모든 걸 제공해주는 마을들은 아말피 해안 절벽에 붙어 있다. 붙어 있다는 표현은 정말 적절하다. 멀리서 보면 깎아지른 듯한 절벽에 흰색을 기본으로 형형색색으로 칠해진 집들이 다닥다닥 게딱지처럼 붙어 있다. 마치 집들이 레고 블록이나 모자이크 같다. 내가 보았을 때는 한국에 잘 알려진 산토리니와 비교해서 절대 아말피 해변 마을들이 빠지지 않는다. 주위에 폼페이, 소렌토, 카프리섬, 나폴리까지 하면 완벽한 투어 코스가 되는데 마을 하나 달랑 있는 산토리니가 어찌 대적할 수 있을까.

아말피를 다채롭게 즐기는 세 가지 방법

아말피 해안은 소렌토에서 출발해 얼마 안 가 주택가만 벗어나면 나타나

아말피 해안

기 시작한다. 40킬로미터에 걸쳐 1000여 개의 코너를 도는 해안도로는 환상적이다. 왼쪽은 산에서 내려오는 직각의 바위 절벽이고 오른쪽은 바다로 향한 또 다른 깎아지른 절벽이다. 좁은 2차선 도로를 혹시라도 벗어나면 수백 미터 아래의 바다로 흔적조차 없이 사라질 판이다. 운전을 하면서 오금이 저릴 일은 많지 않은데 바로 이곳이 그렇다. 스위스 인터라켄에서 융프라우를 옆으로 바라보고 이탈리아 코모로 넘어가는 푸르카패스Furkapass도 오금 저리는 길이다. 아! 하나 더 있다. 마르세유에서 남프랑스 지중해 해안을 타고 유럽 최고의 휴양지 상 트로페즈, 영화제의 칸, 최고급 호텔과 식당이 모인 니스, 그레이스 켈리 여신의 모나코, 음악제의 산레모를 지나 제노아까지의 400킬로미터 해변 경치도 만만치 않다. 절벽을 지나면 산을 뚫은 굴이 나오고 굴이 끝나면 절벽을 가로지르는 바다 위 다리가 나오는데 정말 오금이 저린다.

그 길은 그래도 도로가 넓어 다행이지만 아말피 해안은 2차선 도로다. 게다가 40킬로미터의 길이에 1000여 개의 구비가 있다면, 40미터당 구비가 하나씩 있는 셈이다. 자동차 핸들을 바로할 겨를이 거의 없다는 말이다. 운전자는 오금이 저리고 입이 바싹바싹 탈 수밖에 없다. 바다 쪽의 도로 가드레일도 그리 튼튼해 보이진 않는다. 그런데도 이탈리아 번호를 단 스포츠카들은 속도가 거의 160킬로미터 이상인 듯하다. 조금 멀리 상대편 차선에 차가 오는데도 그냥 그 사이를 추월해서 S자로 도로 위를 미끄러지듯 질주하며 위험과 속도를 동시에 즐기는 이탈리아인의 모습이 아찔했다. 절벽에서 도로로 떨어진 돌 조각이 흩어져 있는 경우도 드물지 않았다. 위험하게 해변 절벽 길을 달리다 보니 몇몇 영화들이 생각났다.

존 스타인벡이 '세계 최고의 해안 경치'라고 한 말을 빌리지 않더라도 아말피 해안은 백문이 불여일견이다. 수많은 영화가 여기서 만들어졌다. 아말피 해안을 가장 잘 이용한 영화는 맷 데이먼, 주드 로와 기네스 팰트로가 주연한 〈리플리The Talented Mr. Ripley〉다. 세기의 최고 미남 배우 알랭 들롱이 벗은 상체를 드러내고 요트를 모는 모습의 포스터로 유명한 올드 무비 〈태양은 가득히〉의 새로운 버전이다. 상류층 삶을 동경한 나머지 친구를 살해하고 그의 신분으로 인생을 즐기다가 파국으로 치닫는 흙수저 이야기를 다룬 가슴 아픈 영화다. 이외에도 수없이 많은 영화가 아말피 해안에서 촬영되었다.

아말피 해안을 즐기는 방법은 세 가지다. 앞에서 이야기한 차로 달리는 방법이 제일 쉽다. 그다음이 걸어서 다니는 것이다. 40킬로미터 위의 산에는 마을들이 군데군데 있고 길이 나 있다. 일명 '신들의 길The Path of the Gods'인데, 여기서 바다와 바로 아래 절벽에 붙어 있는 마을을 보며 걸을 수 있다. 워낙 오지라 변하지 않은 오래전 모습의 이탈리아를 볼 수 있어서 유럽 전문 워커들에게 매우 유명하다. 특히 가을에 걸으면 환상이라고 하는데 내 버킷리스트에 산티아고 순례길과 함께 들어 있다.

또 다른 방법은 바다에서 아말피 해안을 보는 것이다. 소렌토나 나폴리에서 페리를 타고 아말피 해안을 바라볼 수 있다. 배 삯이 저렴한 데다가 새로운 모습의 아말피 해안을 볼 수 있어서 많은 여행객이 추천한다.

아말피 해안은 전통적으로 고급 휴양지로 알려져 있지만 보기와 달리 저렴하게 여행을 즐기는 게 가능하다. 아말피 해안의 마을들은 어업을 하며, 절벽 위의 집들을 리모델링되어 호텔과 식당으로 사용되고 있다. 해서 잘 찾으면 아주 가성비 좋은 숙소가 많다. 특히 살인적인 비용의 런던 호텔들에 비하면 눈물 날 만큼 싼 호텔이 즐비하다. 커튼을 열면 눈앞 절벽 아래로 바다가 펼쳐진 호텔 방이 100달러 이하다. 게다가 파리의 맥심 레스토랑 못지않은 맛에 혀가 목구멍으로 꼬여 들어갈 요리를 1인당 20달러 이하면 먹을 수 있다.

만일 조용하고 저렴하게 아말피 해안을 즐기려면 겨울에 방문하는 것도 괜찮다. 남이탈리아의 겨울은 춥지 않다. 오히려 색다르게 겨울에 만나는 아말피 해안은 매력 있다. 그러나 역시 관광지는 조금 북적거려야 축제 분위기가 나서 좋다는 사람들은 여름을 선호하지만 말이다. 아말피 해안 마을에서 호텔을 잡을 때 조심할 점은 계단과 좁은 골목이다. 호텔을 잘못 고르면 무거운 큰 트렁크를 매거나 들고 길을 한참 올라가야 하는 사태가 벌어진다. 물론 대개의 호텔들이 포터 서비스가 있으니 크게 걱정할 일은 아니다.

아말피 패션이란 말이 있을 정도로 아말피는 린넨 옷과 수공으로 만든 가죽 가방, 핸드백, 신발 샌들로 유명하다. 그리고 좁은 골목길에 기념품 가게, 옷집, 도자기 상점 등이 어찌나 많은지 들어가면 도저히 못 벗어날 미로 같다.

아말피 해안은 리타리산맥을 포함해 해안까지 1만 1231헥타르가 1997년 유네스코 세계문화 유산으로 지정되었다. 이로써 이탈리아 내의 50개 유네스코 세계문화 유산 중 하나가 되었다.

　나는 유럽 3국과 극동 3국을 비교하기를 좋아한다. 영국은 중국, 일본은 독일, 한국은 프랑스라고. 그러나 유럽 3국에 한정했을 때는 프랑스가 우리와 가장 비슷하지만, 유럽 전체를 두고 볼 때는 이탈리아가 우리와 더 비슷하다. 국토의 모양도 비슷하고, 사람들이 놀기 좋아하고 술을 잘 마시는 점과 음식 맛있는 점도 비슷하다. 감정적이고 예술적인 국민성, 하드웨어보다는 소프트웨어에 강한 민족성 등도 공통점이다. 게다가 가족적이고 부정부패도 심한 점도. 요리도 유럽 요리 중에서 이탈리아 요리가 가장 우리 입맛에 맞는다. 그래서인지 이탈리아에 가면 고향 느낌이 난다.

　이탈리아반도의 모습마저 한반도와 참 비슷하다. 물론 좀 더 길고 좁아 보이긴 하지만. 언젠가 나는 이탈리아 구석구석을 카라반을 몰고 돌아보고 싶다. 산골 마을부터 해안 마을까지 최소한 1년이면 거의 볼 수 있지 않을까. 돌아다니다 힘들면 호텔에 들어가 뜨거운 물을 받아놓고 욕조에서 몸을 담그는 사치만 가끔 하면서. 그러다가 가족끼리 하는 작은 레스토랑에서 감동적인 스파게티를 먹는 호사를 누리면서. 이탈리아를 구석구석 다니다가 아말피 해안에 가서는 바다를 보며 며칠쯤 쉬어 가고 싶다.

4. 알쏭달쏭 미지의 나라
_ 안도라

안도라는 왠지 가보고 싶었던 나라 중의 하나였다. '안도라? 그게 어딘데?' 라고 할 사람이 많으리라. 안도라의 정확한 국가명은 안도라 공국公國으로 영어로는 Principality of Andorra이다. 지금은 의회 국가가 되었지만 옛날에는 왕으로부터 통치 위임권을 받은 공작公爵이 통치하던 나라로, 스페인과 프랑스 국경 사이 피레네산맥에 숨어 있는 듯 위치한다.

유럽에는 공국들이 몇 곳 있다. 독일어를 쓰면서도 독일과 국경을 마주하지 않는 스위스와 오스트리아 사이의 리히텐슈타인 공국, 이탈리아 동북부 해안인 플로렌스와 볼로냐 사이에 자리한 산마리노 공화국, 도박과 왕년의 명배우 그레이스 켈리 왕비로 알려져 있는 프랑스 남부 지중해 해변의 모나코 공국, 그리고 전 세계 12억 명 가톨릭교도들의 수장인 교황이 사는 이탈리아 로마의 바티칸 시국市國 등이 있다. 이들은 국가라고 하기에 크기가 너무 작기는 하지만 그래도 엄연히 국가의 형태를 갖추고 있다. 그중 바티칸과 모

안도라로 가는 길의 경치(위), 안도라라베야 원경(아래)

나코를 제외한 세 나라는 유엔에도 독립 회원으로 가입되어 있고, 심지어 월드컵 경기에도 출전한다. 중세 때에는 제노아와 베니스 같은 지중해 연안의 이탈리아 소국가들이 유럽 역사에 큰 영향력을 끼치기도 했다. 유럽의 복잡한 역사의 파편처럼 소국들 중 일부가 지금까지 이렇게 남아 있다.

안도라는 유럽인에게마저 잘 알려져 있지 않다. 그나마 좀 안다고 해도 면세 국가라서 쇼핑 천국이고 스키와 온천을 즐기러 가는 곳으로 여긴다. 결론부터 이야기하면 스키와 온천은 맞는데 면세 쇼핑은 아니다. 보통 관광 안내서에 안도라를 명품 면세점 가게들이 즐비해 있다고 소개하지만 실제 가보고 쓴 글인지 심히 의심스럽다. 분명 안도라는 면세 지역이 맞다. 그러나 공항의 대형 면세점처럼 세계 최고의 명품 가게가 많은 것은 아니다. 안도라에서 쇼핑할 만한 물품은 딱 세 가지다. 고가의 명품 시계, 술, 담배. 안도라의 수도인 안도라라베야의 중심가 가게들도 이 세 종류의 물품을 집중적으로 취급한다. 프랑스나 이탈리아 디자이너 명품 가게는 눈을 씻고 찾아보아도 없다. 명품 옷이나 신발, 핸드백 등은 세금이 비싸지 않아 면세의 매력이 없어서인 듯하다. 또 콧대 높은 명품 브랜드들이 공항조차 없는 산골 도시에 가게를 허용할 리 없다. 프랑스에서 들어가는 안도라 입구 지역의 스키 리조트에 운집한 상가에는 2류 명품, 그것도 철 지난 물건들로 가득 찬 구질구질한 상점뿐이었다. 주인도 안도라인이 아니고 모로코나 알제리에서 온 중동인이었다. 왜 안도라 사람들은 쇼핑 천국이라는 명성을 제대로 이용하지 못하는지 상당히 안타깝고 궁금했다. 하긴 안도라는 보기보다 약아빠지지 않았다. 이 같은 나라들이 가장 돈이 될 만한 산업으로 치는 카지노가 전혀 보이지 않았다. 모나코와 달리 안도라에는 카지노나 클럽이 전혀 없다. 철저한 가톨릭 국가여서 그런가 싶기도 하지만 정확한 이유는 아닌 듯하다. 그곳 젊은이는 클럽이 없어서 무슨 재미로 살까 싶었다.

유럽인도 잘 모르는 안도라 찾아가기

안도라를 가보고 싶어진 것은 아주 오래전이었다. 산속 나라여서 왠지 신비로웠다. 피레네산맥에 있는 나라이니 스위스만큼은 아니더라도 낭만적이거나 목가적일 것 같았다. 그래서 프랑스 남부로 가는 김에 일정을 좀 무리하게 잡아서 안도라를 방문했다. 이번 기회가 아니면 앞으로도 갈 기회가 없을 듯했다. 결론은 성공 반 실패 반이다. 궁금한 나라를 다녀왔다는 성취감과 가는 길에 만난 피레네산맥의 아름다움은 성공인 데 비해 정작 안도라에서는 본 게 별로 없어서 실패였다. 프랑스 남부의 멋진 도시 몽펠리에에서 안도라까지의 350킬로미터의 운전은 보기보다 만만치 않은 거리였다. 그냥 한 시간에 80킬로미터 정도는 충분히 갈 수 있을 거라 계산해서 네 시간 정도면 도착하리라 예상했다. 허나 2407미터의 엔발리라 고갯길이 워낙 길고 꼬불꼬불해서 여섯 시간도 더 걸려서 도착했다. 안도라라베야에 선불로 숙박 예약을 해둔 덕분에 도착 시간은 상관없어서 다행이었다.

하지만 마음이 급했다. 프랑스에서 넘어가는 산길이 워낙 아름답기로 유명해서 날이 어둡지 않을 때 넘고 싶었다. 역시 피레네산맥의 아름다움은 알프스에 못지않았다. 굽이굽이 돌아가는 길은 고속도로는 아니지만 잘 닦여 있어서 어려움이 없었지만, 운전 초보자는 오금이 저릴 만한 경사가 수없이 나타났다. 거의 소백산 죽령 재에 가까운 큰 고개 하나를 넘었을 때쯤 보름달이 마침 떴고 달빛에 산골 마을이 비치는데 한 폭의 그림 같았다. 눈 덮인 하얀 산정 아래 붉은 불빛이 새어 나오는 산골 마을은 아직 어둠이 덜 들어 검푸르게 빛나는 하늘과 한데 어우러졌고, 이를 본 나는 차를 세우고 사진을 찍었다. 6월인데도 불구하고 산정의 기온은 뺨이 시릴 정도로 낮았고 칼바람도 불었다. 차 세울 곳이 마땅치 않아 비상등을 켠 채 길가에 주차하고 길을 건너는 위험까지 감수했지만 풍경을 찍는 것은 그럴 만한 가치가 있었다. 엘발리라 고갯길을 지나고 나니 멀리 목적지인 안도라라베야의 불빛이 보이는 뎅바이야 고갯마루에 올랐다.

완전히 어둠이 내린 뒤 안도라라베야에 들어섰는데 예약한 호텔 찾기가 어려웠다. 내비게이션이 없던 시절에도 딸랑 지도만 들고 잘 찾아다녔는데 이 문명의 이기로부터 도움을 받고도 헤맸다. 이러한 경험은 아주 오래전 가족 여행으로 브뤼셀을 갔을 때 이후 처음이었다. 당시는 내비게이션이 없고 지도만 가지고 찾았으니 힘들 수밖에 없었다. 밤은 깊어가고 딸아이가 너무 배고파서 결국 택시를 앞세우고 호텔을 찾아갔었다. 내 유럽 여행에서 지도로 목적지를 못 찾은 유일한 불명예스러운 기억이다. 사실 내 유일한 재능이라면 방향 감각이다. 어떤 도시든 가서 한두 바퀴만 돌면 동서남북이 쉽게 읽혀서 길을 참 잘도 찾아다닌다. 소련 시절 내 사업 파트너인 그루지야 Georgia 친구는 원래 KGB 고위관리 출신이었다. 그 친구 말이 스파이의 첫 번째 조건이 방향감각이라며 "넌 분명 KCIA"라면서 놀렸다. 그런데 그 농담같이 하는 말 속에는 일말의 진심의 의심이 섞여 있었다. 소련은 해외에 제일 먼저 내보내는 언론 특파원이나 주재 상사원은 100퍼센트 KGB였다. 내가 소련 주재 최초의 한국 상사원이니 당연히 그들은 그렇게 생각했다. 모스크바에 주재한 지 얼마 지나지 않아 내가 모스크바 지리를 자기보다 더 잘 알고 골목 길을 쑤시고 다니며 운전을 하자, 놀란 얼굴을 하면서 "넌 분명 KCIA"라고 한 것이다.

안도라는 브뤼셀 정도는 아니어서 다행이긴 했다. 워낙 동네가 작기도 했다. 내비게이션에 나오는 주소로 가도 호텔이 전혀 보이지 않았다. 더군다나 시내는 거의 일방통행이라 한 번 놓치면 다시 좁은 골목을 한참을 돌아와야 했다. 나중에 호텔에 도착해보니 그 길이 앞서갔던 길보다 조금만 더 가면 됐는데 헤맬 때는 미처 몰랐다. 중간에 사람들에게 열 번도 더 물었다. 다들 시골 사람이 길 가르쳐주듯 대수롭지 않게 이렇게 저렇게 가면 있다고 이야기했다. 하지만 가로등이 별로 밝지 않고 행인마저 없는 어두운 길에서 호텔을 찾기란 어려웠다. 게다가 급하게 달려오는 바람에 식사도 못 했다. 호텔부터 찾고 그다음에 식당에 가려고 했는데…. 결국 찾은 호텔은 그 옆길을 몇 번 지나친 곳에 있었다. 정말 콕 쥐어박고 싶었다. 호텔에 도착했을 때는 벌써 동네 식당들은 모두 문을 닫고 말았다. 결국 호텔 방에서 지참하고 있던 바게트와 치즈로 요기를 할 수밖에.

1년 중 7개월이 겨울인 안도라는 스키 천국이다. 수도인 안도라라베야는 해발 1000미터가 넘어 유럽 국가 중에서 가장 높은 곳에 위치한 수도다. 거의 3000미터에 달하는 일곱 개의 고산이 즐비하다. 인구가 7만 7000명인 안도라에는 1년에 1000만 명의 관광객이 오고, 겨울에는 300만 명의 스키어들이 방문한다. 크기도 468제곱킬로미터밖에 안 된다. 서울이 600제곱킬로미터이니 서울의 약 3분의 2 정도다. 그런데도 겨울이 되면 거의 인구의 40배가 넘는 인원이 스키를 즐기기 위해 안도라에 온다. 결국 안도라의 최고의 산업이 무엇이냐 물으면 압도적으로 관광 산업이고 그중에도 스키 산업이라고 대답할 수밖에 없다. 국민 소득은 5만 3000달러에 달해 소득 순위로는 세계에서 아홉 번째고 평균 수명도 세계에서 두 번째로 길다. 이러한 조건으로 보면 가히 천국이다. 결국 자연을 이용한 소득과 자연이 주는 혜택 덕분에 두 가지 특혜를 안도라의 국민이 누린다.

풍경부터 역사까지 이모저모

안도라라베야는 의외로 초라하다. 다른 유럽 나라의 고도들처럼 유서 깊은 건물이나 박물관, 미술관이 보이지 않는다. 오랜 역사와는 달리 시내 한복

안도라 수도, 안도라라베야(위), 어둠이 깃든 피레네산맥(아래)

판은 거의가 다 현대식 건물뿐이다. 고층 아파트와 현대식으로 지어진 사무실 빌딩들만이 있다. 그나마 그 건물들마저 관리가 잘 안 되어서 그런지 오래되어 낡은 모습이다. 잔뜩 기대하고 일행을 설득해 먼 길을 왔는데 실망은 고사하고 얼굴을 들 수 없을 정도였다. 결국 못 가본 유럽의 소국 하나를 드디어 가보았으나 이제 이탈리아의 산마리노 공화국만 보면 된다는 이상한 위안을 하면서 내색은 못 하고 속으로 투덜거렸다.

시내를 관통해 흐르는 발리나강은 강보다는 개울에 가까운데 수량도 수량이지만 속도가 대단했다. 도시 자체가 계곡 위에서 아래로 경사진 곳에 위치하기는 해도 너무 빨랐다. 일직선으로 지어진 좁은 개울 시멘트 바닥을 흘러내리는 물을 보고 있노라니 현기증이 나고 딛고 서 있는 다리가 막 떠내려가는 착각이 들 정도였다. 만일 어쩌다 떨어지기라도 하면 수영은커녕 그냥 휩쓸려 내려가다 어딘가 부딪쳐 산산조각이 날 것 같은 공포감마저 들었다. 시내에 흐르는 물이 이토록 빠른 것은 난생처음 봤다. 역시 산악 도시다웠다. 이후에도 안도라 하면 그 특이한 개울이 떠올랐다.

시내에 위치한 칼데아 온천은 들어가면 쉽게 나오기 힘들 정도로 여러 가지 시설이 잘되어 있었다. 나트륨, 유황, 미네랄을 풍부하게 보유해 건강에 좋은 온천수였다. 온천 건물 자체가 아주 큰 실내 수영장이고 위락 시설도 많이 갖추어져 있어 시간 보내기는 그만이었다. 노천탕을 비롯해 각종 다른 종류의 탕들을 여기저기 다녔다. 정해진 시간마다 펼쳐진 각종 쇼는 사람들로 하여금 온천장보다는 놀이공원에 온 느낌이 들게 만들었다. 그중에도 스타워즈 쇼를 방불하게 하는 밤하늘의 스타쇼는 안 보면 후회할 정도였다.

건축물은 이미 이야기했듯이 별것 없었다. 안도라라베야 끝에 조그만 언덕이 있는데, 그곳에 안도라의 랜드마크라 불리는 성 요한 성당이 폐허처럼 있다. 유럽의 어디서나 볼 수 있는 동네 성당 같지만 안도라에서는 가장 유명한 건물로 12세기에 로마네스크 스타일로 지어졌다. 그래도 역사적인 도시라서 시내 골목에는 골동품 가게들이 있고 상당히 쓸 만한 물건을 팔고 있었다. 스페인과 프랑스 물건들을 골고루 갖추어놓고 관광객을 유혹한다. 관광지답게 가격이 비싸긴 해도 워낙 소품들만 취급해 여행 중이라 해도 욕심을 내보아도 좋겠다. 안도라에서 역사를 찾는 사람이라면 이 골동품 골목으로 만족해야 한다.

안도라는 프랑스와 스페인 두 나라 사이에서 두 상전 사이를 줄다리기를 하면서 살아온 비운의 역사가 있다. 지금도 국가의 최종 통치자가 프랑스 대통령과 스페인 가톨릭의 우르헬 대주교다. 인구 분포는 스페인 계열의 카탈루냐인 43퍼센트, 안도라인 33퍼센트, 포르투갈인 11퍼센트, 프랑스인 7퍼센트로, 프랑스인이 가장 소수인데도 불구하고 이 나라에서는 프랑스가 영향력이 가장 크다. 카탈루냐어가 공식 언어고 동시에 스페인어와 프랑스어가 통용된다. 화폐는 유로를 쓴다. 1992년 국민투표에서 71퍼센트의 국민이 신헌법에 찬성해서 의회제 국가로 다시 태어났다. 이듬해 프랑스와 스페인이 국가 승인을 하고 나서 바로 유엔 회원국이 되어 국제 사회에 제대로 등장했다. 국경을 면한 스페인과 프랑스와는 국경 자체가 정확히 정해지지 않았다. 워낙 산악 지형이 험난해 굳이 정할 필요 없이 자연적으로 국경이 만들어졌다. 프랑스와 스페인 사이에 안도라를 포함한 국경 협정이 이루어질 때도 당사자인 안도라의 양해를 구하지 않았을 만큼 발언권이 없다. 그래도 스위스처럼 국민 모두가 총기를 휴대할 수 있다. 산악 민족인 안도라 국민은 상당히 강한 성품이라 인근 국가들이 함부로 하지 못한다고 정평이 나 있다. 오죽하면 국기에 '뭉치면 강해진다Virtus Unita Fortior'가 적혀 있을까? 대국 사이에서 소국이 살아남는 길은 역시 국민의 단결밖에 없음을 역사에서 배운 듯하다. 그래서인지 전통적으로 가부장적이며 가족 중심의 결속력을 통해 사회가 유지되어 왔다.

안도라를 이해하는 몇 가지 단서

안도라의 첫째 음식은 뭐니 뭐니 해도 '에스큐델라Esqudella'라고 부르는 수프다. 원래 카탈루냐 요리의 일종이다. 소시지, 흰콩, 돼지뼈, 닭날개, 감자, 쌀, 국수, 마늘을 마구잡이로 넣어 푹푹 끓여서 내놓는다. 한 숟가락 떠서 입에 넣으면 속이 확 풀리는 시원한 맛이다. 고춧가루만 넣으면 딱 육개장이다. 어떻게 이러한 맛의 수프가 유럽에 있는지 신기하다. 안도라인은 거의 매일이 수프로 식사를 한다. 그다음으로 유명한 음식은 '트린자트Trinxat'라는 피자 같은 음식이다. 모양을 보면 피자보다는 흡사 우리의 파전 같은 모습이다. 양

배추, 감자, 베이컨, 마늘을 집어넣어 두껍게 만들어낸다. 한 판만 먹어도 배가 부르다. 안도라인은 이것 말고도 에스큐델라와 빵을 곁들여 먹어야 한 끼를 제대로 먹었다고 한다.

안도라는 월드컵에도 출전한다. 물론 예선전만이다. 그래도 안도라 국민은 유럽 어느 나라 국민과 마찬가지로 축구에 열광한다. 안도라는 법인세와 개인 소득세가 없어서 조세 피난처로 유명하다. 그러나 이제는 유럽 연합의 압력 때문에 더 이상 버틸 수가 없어서 소득세 법안을 제정하려고 한다. 세금 수준을 국제적 기준 수준으로 점차적으로 하겠다고 프랑스에 약속한 상태다. 조세 피난처로 유명하던 리히텐슈타인 공국을 비롯해 모나코, 산마리노 등도 이제 서서히 세금을 부과하는 길로 들어서고 있다. 특히 모나코는 유럽의 부호나 유명인의 거주지로 유명하다. 그들은 소득세가 없는 모나코를 거주지로 하고 유럽에서 활동한다. 유럽 대국은 유럽 전체에서 빠져 나가던 1조 유로에 달하는 탈루 소득세를 더 이상 허용하지 않겠다고 한다.

하나 더 예를 들어보면 영국 근해에는 영국령이면서도 이상한 조세 피난처가 있다. 건지섬과 버진섬, 만섬 같은 섬이다. 영국 회사들이 이곳에 본사를 두고 본토에서 영업을 한다. 부가세, 지방세 같은 제세는 내지만 모든 영업 소득에서 경비를 빼고 남은 이익 소득에 대한 세금인 법인세는 내지 않는다. 세금 탈루가 분명히 이루어지는데도 영국 정부가 허용하고 있는 것은 역사적인 이유 때문이다. 이 섬들은 계좌 유지 수수료와 법인 설립 및 유지 연간 수수료만 받는다. 워낙 서류상 회사가 많아 그 금액으로 섬을 유지하고도 남는다. 그런데 이제 이 제도가 슬슬 사라지고 있어 부자들이 갈 곳이 점점 더 없어지고 있다.

안도라는 솔직하게 말한다면 오랜 시간 운전을 해서 갈 만한 곳은 절대 아니다. 만일 스키를 타러 간다든지 아주 고가의 시계를 사러 간다면 몰라도 안도라는 일반적인 쇼핑을 위해서는 갈 곳이 아니다. 사실 시계도 과연 다른 데보다 얼마나 더 싼지를 확실히 알지 못해서 자신 있게 말하기 어렵다. 그래도 안도라의 인근 국가인 스페인, 프랑스 사람들 중 주당이나 골초는 겨울에 안도라로 스키를 타러 와서 즐기고 차 한 대 가득 술과 담배를 사서 가면 경비가 빠진다고 한다. 호텔이나 음식 값을 비롯한 일반 물가도 자국보다 싸니 그들에게는 면세 천국이라 할 만하다. 그러나 우리 같은 보통의 여행자에게 안도라는 면세 천국이 아니다.

　나는 안도라 여행에서 오랫동안 꼭 한 번 가보고 싶었던 곳을 다녀왔다는 성취감 말고 별로 건진 것이 없었다. 관광 안내서는 결코 믿어서는 안 된다는 진리를 다시 한번 깨달았다. 안도라를 다녀오고 나서 자료를 찾다가 땅을 친 일이 있긴 하다. 안도라에서 지난 40여 년간 태권도를 가르친 한국인이 있다는 사실을 우연히 알았다. 안도라에서 '한국 대사'로 불리는 문동근 사범은 2000여 명의 제자를 배출한 대단한 사람이다. 25세부터 살기 시작해 지금까지 온 생애를 안도라에서 보낸 문 사범을 만나고 왔으면 얼마나 좋았을까. 역시 여행은 사전 조사를 철저히 하고 가야 한다. 아는 것만큼 보이는 법이니.

5. 푹 젖어 드는 휴식처, 콘월
_ 영국

영국 남서부 콘월Cornwall 지방은 비즈니스로 가든 휴식을 취하러 가든 그 아름다움을 다시 본다는 기대에 항상 가슴이 두근거린다. 바닥이 보일 정도로 맑고 푸른 바다, 병풍처럼 늘어선 절벽과 바위들, 새하얀 모래사장의 해변, 그리스 해변처럼 하얀 집이 늘어선 작고 정다운 어촌, 돌담을 사이에 두고 펼쳐진 밭들. 모든 것이 그림엽서에 나오는 듯한 풍경들이다. 지역민들에게는 이러한 경치마저 치열한 삶의 현장이겠지만, 그냥 다녀가는 사람들에게는 여기도 각박한 삶이 있기는 한가라는 의문이 들 정도로 여유로워 보이기만 한다. 콘월 지방을 찾는 영국인은 그냥 아름다운 경치만 즐기러 가지 않는다. 세상의 온갖 시름과 걱정을 내려놓고 영육의 상처를 치료받으러 온전하게 쉬러 간다.

삼면이 바다로 둘러싸여 반도처럼 튀어나온 지역이다 보니 조금만 나가면 아름다운 해변이다. 영국의 다른 곳에 비해 햇빛이 많이 들고 따뜻해서 빅토리아 시절부터 부자가 몰려들었다. 그래서 이곳을 지중해 연안과 비교해 '잉글랜드 리비에라'라고 부르기도 한다. 콘월 지방 하면 영국답지 않게 친절하고 인심 좋기로 유명한데, 내가 경험해본 바로도 그랬다. 그 유명한 콘월 지방의 인심을 제대로 접한 적이 있다. 숙소가 있던 아주 작은 바닷가 언덕 마을 트린Treen에서였다. 트린을 중심으로 인근을 일일 코스로 다녀올 계획을 세우고 집 한 채를 통째로 빌렸다. 일행과 묵을 '토어 브라캔Tor Bracken'이라는 이상한 이름의 숙소를 찾아가려는데, 주인이 집과 마을 이름만 알려주더니 마을에 와서 물으면 된다고 했다. 영국에서는 집을 찾으려면 길 이름이 반드시 있어야 한다. 좀 이해가 가지 않았지만 일단 출발했다. 막상 도착해서 보니 조그만 마을은 유령 마을처럼 인기척이 없었다. 나와 일행들 눈에는 홀리데이 코티지holiday cottage로 불릴 만한 그럴듯한 집이 보이지 않았다.

왔다 갔다 하다가 마침내 지붕에 밀짚을 얹은 초가집을 하나 발견했다. 그 이후부터 일어난 일들은 콘월 인심을 말해주는 전형적인 이야기다. 그 백설공주 집 같은 초가집은 찾던 집이 아니었다. 수염이 텁수룩한 초가집 주인은 하던 정원 일을 중단하고 훌쩍 담을 넘어 우리를 끌고 문제의 집을 같이 찾아다니기 시작했다. 그도 이 작은 마을에서 오랫동안 살았지만 토어 브라캔이라는 숙소 이름은 처음 들어본다며 이 집 저 집 묻고 다녔다. 우리가 해도 될

콘월 들판의 야생화

일을 대신해주는 그의 뒤를 따라다니는데 고맙기도 했지만 한편으로는 미안해서 죽을 지경이었다. 그러다 결국 그 동네의 유일한 펍에 가서 묻기로 했다. 아직도 해가 중천에 떠 있는 시간인데도 펍에는 마을 전체 사람들이 모여 있는 듯 북적거렸다. 아니나 다를까 토어 브라캔 집주인은 거기에 있었다. 그런데 그는 집의 방향만 가르쳐줄 뿐 따라나설 생각조차 하지 않았다. 우리는 숙소에 가면 당연히 예약 전화를 받던 안주인이 있으리라 생각했는데 문을 아무리 두드려도 대답이 없었다. 황당해하며 다시 펍으로 돌아왔더니 주인은 왜 다시 왔느냐는 투로 문은 열려 있고 열쇠는 집 안의 벽에 걸려 있다고 하는 게 아닌가! 문을 잠그지 않고 산다는 황당한 상황에 깍쟁이 런더너인 우리는 문화 충격을 받았다.

며칠간은 온통 이러한 식이었다. 안주인의 얼굴은 결국 보지 못했고, 떠나던 날에도 숙소 주인은 숙박비를 받으러 오지 않았다. 전화를 해도 받지 않아 그냥 나올 수밖에 없었다. 숙박비를 집 안의 식탁에 놓고 오려고 했으나 못 미더웠다. 혹시 누가 들어와서 가지고 간다거나 주인이 숙박비를 받고도 안 받았다고 하면 어쩌나 하는 속물 같은 걱정 때문이었다. 숙박비를 안 치르고 도망가는 듯해서 석연치 않았지만 다른 방법이 없었다. 런던으로 돌아온 뒤에 숙박비를 주려고 전화를 몇 번이나 하고 거의 비는 수준으로 음성 메시지를 두 번 남긴 끝에 결국 며칠 뒤에야 통화가 겨우 되었다. 그렇게 수표를 보내주고 나서 대도시 깍쟁이는 안심할 수 있었다.

콘월의 동네 인심은 거의 원시 시대 같았다. 문을 잠그지 않고 사는 건 기본에 불과했다. 마을 곳곳에는 집 앞에 플라스틱 통을 내놓고 달걀이나 토마토, 감자를 넣어두었는데 모두 무인 판매대였다. 누구든 옆에 놓인 통에 돈을 넣고 물건을 가지고 가면 그만이었다. 집이 10채에 불과한 작은 마을이긴 해도 관광객이 빈번하게 왕래하는데 아직도 그토록 순박한 인심이 존재한다는 사실이 경이로웠다. 그러다 마을 교회를 둘러보고 언제까지 이러한 모습이 유지될지 모르겠으나 결코 오래가지 않을 거라는 생각을 했다. 인심이 각박해져서 아름다운 풍습이 없어질 거라는 소리가 아니다. 인구가 줄어 마을이 사라질 것 같아서다. 마을 교회는 한때 마을 주민 모두가 매주 일요일 모였던 듯했는데, 유지가 되지 않아 근처 교회 10개 정도가 돌아가면서 한 군데서 모여 예배를 드린다는 공지가 붙어 있었다. 안타깝기도 하고 애처롭기도 했다.

이색적인 볼거리, 즐길거리

숙소에서 10분도 걸리지 않는 미낙 극장Minack Theatre은 콘월 지방, 아니 영국 최고의 명물이다. 세계 어디서도 볼 수 없기에 반드시 가보아야 한다. 극장은 '바위 더미'라는 뜻의 콘월 말 '미낙'처럼 정말 바위 절벽 중간에 좌석과 통로, 무대를 설치해 만들었다. 미낙 극장은 로웨나 케이드Rowena Cade라는 한 여인이 50년에 걸쳐 두 명의 정원사와 같이 손으로 일일이 만든 노천극장이다. 1932년 개막하면서 셰익스피어의 〈템페스트〉를 올렸고, 그 뒤로 2차 세계대전 동안 중단한 것을 제외하고는 매년 여름 기간 동안에 각종 공연을 선보이고 있다. 영국 전역의 극단을 비롯해 해외 극단의 공연도 심심찮게 열린다. 공연이 열리던 어느 여름 저녁, 공연이 시작될 무렵 때맞추어 건너편 바다 너머의 언덕에서 달이 떴다. 절벽 아래 바위에 부딪치는 파도 소리와 함께하는 〈한여름 밤의 꿈〉, 절벽 하늘 위의 바닷바람 소리와 어우러지는 〈템페스트〉 공연은 환상적이었다. 극이 끝날 때쯤 달이 휘영청 하늘에 솟아 숙소로 돌아가는 관객의 발길을 밝혀주었다. 달이 비치고 파도 소리와 바람 소리가

바닷가 바위 절벽에 위치한 미낙 극장

들리는 이 바닷가 노천극장에서 신비롭고 주술적인 콘월 지방 분위기와도 잘 어울리는 우리의 '살풀이'나 '하회탈춤' 공연을 하면 괜찮겠다는 생각을 했다.

미낙 극장 못지않게 내가 좋아한 곳은 멜린제이 밀Melinsey Mill 물레방앗간이었다. 숙소가 있는 트린을 나와 오른쪽으로 길을 꺾으면 아주 좁은 A3078 도로로 들어선다. 그 숲길 중간에 있는 물레방앗간은 한마디로 운치의 극치다. 아직도 돌아가는 물레방아는 물론이고 방앗간 구석에 모아놓은 옛 농기구들, 2층의 동네 예술가들의 그림, 공예, 조각, 사진 작품 전시 갤러리, 아래층과 뜰의 찻집. 전시 작품을 감상하며 정원 탁자에 앉아 유명한 콘월 크림 티 한잔을 마시자 굳이 어디 멀리 가지 않아도 휴가를 제대로 보내는 기분이 들었다. 이곳 화랑에서 그림을 사서 내 사무실과 집 입구에 걸어두었다. 흡사 마르크 샤갈의 그림처럼 동화 분위기의 그림들이다. 그 그림들을 볼 때마다 콘월과 물레방앗간의 낭만이 생각난다.

그 길을 계속해서 가다 보면 동화에 나올 법한 작은 마을과 길들을 만날 수 있다. 예를 들면, 마을 입구 양쪽에 지붕에 십자가가 달려 있고 일곱 난쟁이들이 살았을 것 같은 작은 집이 있는 베리얀Veryan 마을도 나오고, '좋은 곳에 오셨습니다'라고 해석되는 이상한 이름의 컴투굿Come To Good 마을도 나온다. 그리고는 갑자기 제법 큰 만灣이 나타나는데 이곳을 건너려면 차를 배에 올리는 킹 해리 페리KingHarry Ferry를 타면 된다.

숲속 길이 끝나고 바닷가에 다다를 때쯤 나타난 해변 마을이 포트루Portloe였다. 콘월 지방 해변가 마을이라면 어딘들 작고 아름답지 않겠는가마는, 포트루는 특히 작은 길로 일부러 찾아 나서지 않으면 결코 만날 수 없는 정말 작고 아름다운 마을이었다. 이 바닷가 구석 마을에도 아주 근사한 식당이 딸린 작은 호텔이 있어서 조용히 휴식을 즐기려는 사람들에게 안식처가 되어주었다. 그 양쪽 언덕에는 이름 모를 야생화가 흐드러지게 피어 있는데 그곳에 서니 망망무제茫茫無制의 바다가 보였다. 특히 조망이 좋은 곳에는 나무 벤치가 마련되어 있어서 아무 생각 없이 바다를 바라보다 보면 시간을 잊을 것 같았다. 언덕에 늘어선 장난감 같은 집들을 보며 저들은 이토록 후미지고 호젓한 곳에서 무엇으로 먹고살까 하는 궁금증도 생겼다. 오붓하고 한가해서 좋을지는 몰라도 외롭지 않을까 하는 걱정도 들었다.

바닷가 언덕을 돌다 보니 '쥐구멍'이라는 뜻의 이름을 가진 어촌 마을 마우스홀Mousehole에 도착했다. 그나마 지금까지 지나쳐 온 마을들에 비하면 제법 크다고는 해도 마을 전체가 한눈에 보이는 어촌이었다. 골목길은 차로 겨우 지나다닐 정도로 좁았다. 가다 다른 차를 만나면 뒤로 물러서 비켜야 차가 지나갈 수 있었다. 전형적인 조잡한 휴양지 기념품을 파는 조그만 구멍가게, 갤러리라 부르기 어려운 작은 규모의 동네 화가들 그림을 전시한 화방, 바깥벽에 해난 사고로 죽은 주인을 직원들이 기리는 동판이 붙은 아담한 식당. 마우스홀 마을은 이러했다. 그 앞 바닷가에는 웃통을 벗어젖힌 구레나룻 아버지와 돌배기 아들이 행복한 하루를 보내고 있었다.

숙소를 떠나 숨 따라온 길은 특별하지 않았다. 나는 정처 없이 좁은 길로 들어서서 돌고 돌면서 무작정 헤맸다. 콘월 여행은 좁은 길과 작은 마을을 찾아다녀야 한다. 목적지를 정하지 않고 좁은 길이 보이면 무조건 찾아 들어가야 한다. 그렇게 가다 보면 가이드북 어디에도 나오지 않는 바닷가 절경도 만나고 전혀 예상치 않은 곳에서 페리보트도 타게 된다. 차를 타고 가면 양쪽으로 늘어선 나무 담장을 스치게 되고, 길 맞은편에서 차가 오면 뒤로 물러서야

하는 좁은 길도 가게 된다. 내 나름대로는 천천히 그것도 목적지조차 정하지
않고 되는 대로 작은 길, 작은 마을을 여유롭게 다녔지만 곳곳에서 자전거 여
행자나 도보 여행자를 만나니 부끄러워졌다. 콘월 지방의 아름다움은 자전거
를 타거나 아니면 걸어서 다녀야 제대로 느낄 수 있기 때문이다. 나도 언젠가
는 저렇게 다녀보아야지 하는 생각을 해보았다.

잉글랜드 처음과 마지막 땅

좁은 길과 작은 마을들을 찾아다니면서 아무리 고상한 척해도 결국 한두
곳은 들려야 하는 유명 관광지가 있다. 그중 하나가 '땅끝마을'이라 해야 할
렌즈앤드Lands End다. 정말 아무것도 없는 바닷가 언덕에 세워진 싸구려 관광
지를 보기 위해 사람들은 여기저기서 멀리까지 온다. 사람들은 별게 아닌 이
런 하찮은 곳을 보기 위해 온갖 수고를 마다하지 않는다. 굳이 여기가 가장 땅
끝인가? 일단 그렇게 이름을 짓고 나면 사람들은 성지 순례하듯 굳이 찾아온
다. 다들 땅끝 마을이 어떻게 생겼는지 궁금한가 보다. 나도 그중 하나였다.

영국에 온 지 얼마 되지 않았을 시절에도 여기를 왔으니 말이다. 그때 '잉글랜드 처음과 마지막 카페England First&Last Cafe'라는 간판을 처음 본 순간, 한방 얻어맞은 기분이었다. 땅끝 집이라고만 생각했지 동시에 이곳이 첫 집이 될 수 있다는 생각은 해본 적이 없어서였다. 왜 사람은 자신이 서 있는 곳에서 바라보는 방향으로만 생각할까? 왜 내 입장에서만 생각하고 모든 사물을 판단할까? 그 이후 이와 같은 생각을 자주 한다. 살다 보면 엉뚱한 곳에서도 삶의 큰 교훈을 얻게 된다.

결국 나는 영국 남쪽 끝뿐만 아니라 영국 제일 북쪽 마을인 스코틀랜드 북해 해변의 존 오 그로츠John o Groats라는 마을까지 가보고야 말았다. 그런데 그 마을은 남쪽의 랜즈 앤드와 달리 아무것도 없었다. 그냥 해변 언덕이었다. 존 오 그로츠라는 이상한 이름은 얀 데 그루트라는 네덜란드인이 스코틀랜드에서 북해의 오크니섬까지 페리 운항권을 따내면서 생긴 이름이다. 1496년 스코틀랜드 왕 제임스 4세로부터 얻었다. 나는 75세 노모와 두 살짜리 아들, 아홉 살 딸을 데리고 인버네스라는 도시에서 200킬로미터를 네 시간 운전해서 존 오 그로츠를 갔었다. 내 호기심은 정말 못 말린다. 그래도 두고두고 영국 친구들에게 이 일을 자랑한다. 북쪽 끝을 다녀왔다고 말이다. 그러면 친구들은 진짜 놀라면서 한심한 표정으로 나를 쳐다본다. 물론 나를 잘 아는 친구들은 충분히 이해는 하지만. 지금 생각해도 한심한 짓이긴 했지만 후회는 하지 않는다. 만일 그때 못 가보았더라면 항상 궁금해했을 테니. 영어에는 'To leave no unturned stone'이란 말이 있다. '뒤집지 않은 돌을 남기지 않는다'는 뜻이다. 예를 들면, 물고기를 잡을 때 돌 밑에 숨은 고기를 잡으려면 모든 돌을 다 뒤집어서 철저하게 살펴야 한다는 것이다. 영국이란 나라를 샅샅이 위에서 아래로 동에서 서로 다 뒤져야 내 속이 시원했을 테니 존 오 그로츠를 다녀오길 잘했다는 소리다.

짜장면을 한 그릇 시켜 먹기 위해 마라노까지 가는 수고를 마다 않는 심정도 이해가 간다. 한국인 특유의 호기심이다. 이는 영국인의 도전 정신과도 비슷한데 조금 다른 면이 있다. 영국인은 자신이 이루는 데 목적을 두는가 하면 한국인은 누군가에게 자랑하거나 보여주는 데 목적을 더 많이 두지 않나 싶다. 그래서 영국인은 명승지에 가서 경치 사진을 찍고, 한국인은 반드시 본인이 들어간 사진을 찍는다.

또 하나 반드시 들러야 할 콘월의 유명한 관광지는 밀물이 되면 육지와 길이 끊기는 섬 언덕 위에 지어진 세인트 마이클 마운트다. 프랑스 노르망디 해변에 있는 분도화 수도원 몽생미셸과 거의 비슷하다. 이름도 Saint Michael Mount이니 발음만 다를 뿐 같은 단어이다. 여기도 역시 같은 분도회 수도원이다. 바닷물이 다 밀려오기 전 발목까지 차는 바닷길을 걷는 모습은 흡사 물 위를 걷는 듯 보여서 한번은 시도해볼 만하다.

마지막으로 반드시 들러야 할 관광지는 세인트 아이브스St. Ives다. 여기서 지난 7월 문 대통령이 참석한 G7 콘월 정상회의가 열렸었다. 넓은 백사장과 수많은 가게와 식당들이 이 도시를 콘월 지방에서 가장 유명한 해변 관광지로 만들었다. 이 지역에 테이트Tate 미술관 분점이 있다. 런던의 테이트 모던보다 컬렉션은 적지만 알찬 전시를 하고 있다. 세기 말 빅토리아 시대에 예술가들이 비가 많이 내리고 우중충한 런던을 벗어나 아름다운 자연과 날씨를 만끽하면서 작품 활동을 하고자 이 해변으로 몰려들었다. 특히 잘 알려진 버지니아 울프가 한때 이곳에서 작품 활동을 하면서 쉬었다. 울프는 런던 남쪽 로드멜 마을의 몽크 하우스에서 살다 죽었는데, 그 집의 침대 머리맡에는 울프의 언니 바네사가 그린 세인트 아이브스 해변 타일이 붙어 있다. 아마 울프는 그 타일을 보면서 매일 밤 세인트 아이브스의 해변을 그리면서 잠을 청한 듯하다.

이제 산천 구경으로 지친 다리도 쉬게 하고 주린 배도 채울 시간이다. 관광객에게 가장 유명한 이곳 음식은 페이스티 파이Pasty Pie다. 이 음식은 원래 콘월 지방의 주석 탄광에서 일하는 광부들의 점심으로 만들어졌다. 조리하지 않은 다진 고기 또는 대충 자른 쇠고기 덩어리와 스웨덴 순무, 감자와 양파에다 가볍게 후추를 뿌려 만든 속을 채운 파이다. 우리 입맛에는 잘 맞지 않지만 경험 삼아 먹어볼 만하다. 만일 제대로 된 요리를 맛보고 싶다면 콘월이 낳은 최고의 요리사 릭 스타인Rick Stein의 생선 요리를 시식해보아야 한다. 릭스타인의 시푸드 레스토랑The Seafood Restaurant은 패드스토우Padstow라는 작은 어촌 마을을 콘월 최고의 요리 관광지로 만들었다. 그의 생선 요리를 맛보기 위해 전국에서 오는 식도락가들로 마을은 항상 붐빈다. 특히 주말 예약은 몇 달 전에 해야 겨우 가능할 정도고 동시에 그가 운영하는 호텔도 거의 항상 만원 사례다. 메뉴 가격은 명성에 비해서 착한 편인 데다가, 음식 맛 역시 허명부전이다.

6. 중세 유럽으로 떠난 시간 여행

_ 독일

독일 바이에른의 로텐부르크Rothenburg가 속한 로맨틱 가도Romantische Strasse는 프랑크푸르트 근처 마인강 뷔르츠부르크에서 시작하여 백조의 성이라 불리는 노이슈반슈타인성이 있는 알프스산 자락의 도시 퓨센까지 이어진다. 동화에 나올 듯한 아기자기한 마을과 그 주위의 농경지, 강, 산 등을 포함한, 어디로 카메라를 돌려서 찍어도 바로 그림엽서가 되는 아름다운 길이다. 이 길은 우리에게 꽤 알려져서 이곳에서 우리말을 듣는 일이 더 이상 드물지 않지만 아식은 여행 책지에 로맨틱 가도의 중심 도시고, 중세 유럽의 모습을 가장 잘 보존했다고만 간단하게 설명되어 있다. 이 같은 불친절한 설명에도 수백만 명의 관광객이 찾아오는 이유는 골목마다 마녀의 저주로부터 막 풀려난 듯한 중세 유럽의 모습 그대로 간직하고 있기 때문이다.

로텐부르크는 로맨틱 가도의 중심 도시다. 문자 그대로 그림책 속의 집 같은 작은 집들과 가게, 호텔들 정도만 있는 겨우 인구 1만 2000명의 작은 도시다. 그러나 이 아름다움에 반해 연간 도시 인구의 100배에 가까운 100만 명의 관광객이 찾아온다. 역사가 1300년이 훨씬 넘는 이 도시는 흡사 마녀의 저주로 온 도시가 잠들어버렸다가 이제 막 깨어난 듯이 모든 건물이 잘 보존되어 있다. 좁은 골목에 간혹 세워진 자동차를 제외한다면 마을 풍경은 지난 수백 년간 전혀 변하지 않았다. 도시는 타우베르강이 흐르는 깊은 계곡 위 언덕에 세워진 천혜의 요새를 중심으로 발전했다. 이탈리아 베네치아로 들어온 동양의 귀중품을 사고자 했던 독일, 헝가리, 폴란드, 러시아의 상인을 상대로 장사를 한 남부 독일에는 13세기 이후 길가에 자유무역 도시가 많이 번성했다. 이들이 바로 로맨틱 가도의 도시들로 로텐부르크는 그중 하나였다. 그러다 17세기 덴마크, 스웨덴, 폴란드, 프랑스 등 유럽의 여러 나라가 종교, 영토, 무역 등을 이유로 30년 전쟁을 벌이면서 쇠퇴하기 시작했다. 이 전쟁은 주로 독일 도시와 공국에서 벌어져 여러 마을을 황폐하게 만들었다. 전쟁이 끝난 후 로텐부르크는 새롭게 발전할 기회를 맞지 못했다. 하지만 이제는 오히려 그것이 마을을 위해서 좋은 일이 되었다.

지난 100년 동안 관광객의 발길에 닳아 반짝거리는 돌이 깔린 좁은 골목길 양쪽에는 장난감 같은 집들이 있다. 그 집들에는 꽃과 레이스로 장식된 작은 창들이 나 있고, 벽은 다양한 파스텔 색상으로 칠해져 있다. 다채로우면서도 결코 화려하지 않아 고상하게 서로 잘 어울린다. 고개를 숙여야만 들어갈 수 있는 아주 오래된 작고 좁은 출입문은 신비롭다. 그런 집에 사는 가족은 동화처럼 행복하게 살 것 같다. 조금 큰 길가에는 구경하지 않고는 결코 배길 수 없는 매력적인 가게들이 늘어서 있다. 가게들의 진열장에는 고만고만한 기념품이 오목조목 펼쳐져 자태를 뽐내고 있다. 독일 특유의 주석 술잔, 크리스털 공예품, 크리스마스 장식품, 레이스 테이블보, 각종 동화 주인공의 목각 인형 등등 보다 보면 사야겠다는 유혹을 견디기 힘들다.

행복한 동화 마을 같은 로텐부르크

로텐부르크 특유의 기념품 중 하나는 마을 내의 각종 건물들을 실물과 똑같이 구운 도기다. 더구나 다른 도시에서 파는 건축물 모형과는 비교할 수 없을 만큼 섬세하고 품질 또한 최상급이다. 대량으로 생산된 상품이 아니라 장인의 손으로 하나하나 정성 들여 제작한 수공예품이다. 가격이 만만치 않지만 한두 개를 사둔다면 추억을 되새기기에는 더할 나위 없이 좋다. 나는 미니어처 하우스 모델miniature house modeld을 1000여 개 이상 가지고 있다. 주로 내가 다닌 50여 개국에서 산 것과 중고 가게, 골동품 가게, 벼룩시장을 다니며 모은 것들이다. 각국과 각 지방 특유의 집 미니어처를 다양한 용도, 다양한 재질로 모았다. 원래는 한국으로 돌아가서 교외에 별장을 하나 짓고 이 미니어처들로 벽을 장식하고 내가 모은 레코드와 책들로 카페를 만들겠다는 생각을 했었다. 교외에 카페 바람이 불기 전인 30년 전에 말이다. 하지만 이제 그러기에는 늦었고 해서 주인을 찾고 있다.

로텐부르크에는 상점의 직종을 나타내는 문장紋章 형태의 보조 간판이 주 간판 옆에 달려 있다. 약방은 작은 절구와 공이로, 구둣방은 장화와 단화다. 그 모두가 각기 특이하고 개성적이어서 아름다운 디자인의 보조 간판만 쳐다보고 다녀도 재미있다. 거리를 메운 가게들을 찬찬히 구경하면서 쇼핑하다 보면 하루가 간다. 그다음에는 상가 골목을 벗어나 마을을 천천히 돌아보

로텐부르크 시청 광장의 종탑 시계를 올려다보는 관광객들

자. 우선 시청 광장에 서서 시간마다 인물이 튀어나와 종소리를 내는 건물 외벽에 걸린 시계를 보는 즐거움을 누려보자. 60미터짜리 종탑을 올려다봤다면 교회 안을 돌아보도록 한다. 그리고 운이 좋으면 광장에서 열리는 농산품 시장에서 인근 농가에서 금방 만든 소시지나 치즈를 사서 맛보는 호사를 누릴 수 있다. 그러다가 지치면 도시를 싸고 도는 외벽을 따라 걸으면서 성문도 돌아보고 계곡 아래에 펼쳐진 경치를 감상한다. 특히 도시 곳곳의 성문에는 시계 첨탑이 달려 있는데 하나같이 아름답다. 멀리서 이 성문을 배경으로 찍은 사진들에는 실패란 절대 없다.

마을은 제법 높은 언덕 위에 위치하며, 마을을 감싸고 있는 성벽은 그 위로 걸을 수 있게 되어 있어 주위 경치를 감상하는 데 아주 좋다. 마을 광장에는 흰 탑이 인상적인 회당 건물과 어린이뿐만 아니라 어른마저 들어가면 나오려 하지 않는 '인형과 장난감 박물관', 테디베어 박물관인 '테디랜드'가 있다. 그리고 전시품을 들여다보고 있으면 대낮에도 으스스하여 주위를 괜히 둘러보게 만드는 '중세 범죄학 박물관'은 반드시 가보아야 할 이 마을의 자랑이다. 로맨틱 가도에는 갈색의 안내 표지판들이 있다. 독일어와 함께 영어도 아닌

로텐부르크 마을

일본어가 병기되어 있는 것이 이채롭다. 그만큼 일본인이 이 길을 좋아한다는 반증이다. 로텐부르크에는 일본 주인이 운영하는 기념품 가게가 작은 마을에 두 개나 있었다.

로텐부르크의 명물 중에는 슈네에발렌Schneeballen이란 과자가 있다. 비스킷처럼 담백하고 바삭바삭한 사각형의 작은 밀가루 조각을 울퉁불퉁하게 야구공만 한 덩어리로 뭉치고 그 위에 흰색, 갈색 등 각종 색깔의 초콜릿과 캐러멜, 설탕 등을 발라서 만든다. 아주 먹음직스러운 모양과는 달리 별맛은 없지만 천천히 씹으면 겉에 입혀진 단맛과 안의 담백한 맛이 어우러져 상당한 풍미가 느껴진다. 꼭 시식을 해보라고 권하고 싶다.

로텐부르크는 눈으로만 봐도 시간이 느껴지는 도시다. 다만 이 도시는 오랜 역사에도 불구하고 다른 문화나 문명의 자취가 거의 없다. 그래서 특별한 유적지를 굳이 찾아 헤매지 말고, 돌아보아야 거기가 거기인 골목길을 그냥 정처 없이 돌아다니면 된다. 그러다가 도저히 그냥 지나칠 수 없는 가게를 만나면 들어가보라. 간혹 그중에 사고 싶은 유혹을 못 이기게 한, 별로 쓸모없게 될지라도 한두 개 정도 사면서 시간을 느긋하게 보내자. 어떤 선택을 하든 유럽에서 중세의 모습을 가장 잘 보존하고 있는 로텐부르크의 매력은 두고두고 잊지 못할 것이다.

로맨틱 가도의 작은 마을들

로텐부르크 다음으로 돌아보아야 할 곳은 포이흐트완겐Feuchtwangen이다. 원래 8세기 때부터 베네딕트 수도원 주변에 인가가 들어서기 시작해서 생긴 마을이다. 마을에 들어서면 중앙 광장에 꽃으로 화려하게 장식된 바로크 분수가 눈에 뜨이고 그 뒤로 고딕 스타일의 수도원 교회가 들어서 있다. 이 마을에서는 6월과 8월 초 사이 수도원 회랑에서 '클로이스터 플레이Cloister Play'라는 유명한 연극 축제가 열린다.

다음 딩켈빌 마을은 독일인에게는 어린이 축제 킨더제흐Kinderzeche로 유명하다. 매년 7월 중순에 열리는 축제는 17세기 초 스웨덴 군인이 이 마을에 쳐들어왔을 때 어린이들이 찾아가 공격을 멈추게 했다고 해서 시작된 축제라고

포이흐트완겐 마을

한다. 다양한 복장을 한 어린이들의 행진과 공연 사진은 언제 한번 꼭 와보아야겠다는 기약 없는 약속을 하게 만든다. 다른 마을들과는 달리 큰길이 상당히 넓어 아주 시원하다. 광장에 위치한 성 조지 성당에는 마침 젊은 남녀가 새로운 인생을 약속하는 결혼식이 열리고 있었고 교회 앞에는 그들을 태우고 갈 자동차가 리본을 예쁘게 달고 대기 중이었다.

뇌르드린겐 마을은 높은 교회 첨탑 위에서 보면 그 바깥을 성벽이 둘러싼 거의 완전한 원형 도시다. 마을의 형태를 보면 혹독한 중세 봉건 영주의 지배 아래 주거 이전의 자유도 없이 평생을 갇혀 살아야 했을 농민들의 애달픈 삶이 생각나 아름다움을 느낄 수 없다던 어느 여행자의 말이 갑자기 떠올랐다.

그 말을 다르게 보면 먹는 것도 항상 모자라고 법보다 힘이 우선이던 그 시대에는 그나마 굶주리지 않고 안전을 보호받을 수 있는 이 성 안의 사람들이 성 밖의 사람들보다 더 행복할 수도 있지 않았을까. 사람은 한 가지를 봐도 참 다르게 생각하는구나 하고 이 마을의 성벽 위를 걸으면서 다시 한번 느꼈다. 모든 건물의 지붕이 붉은 기와로 덮여 있고 벽은 노란색으로 채색된 900년경에 시작된 이 마을은 성벽을 따라 도는 것만으로도 마을 전체를 볼 수 있고 특히 훌륭한 식당들이 많아 좋다. 독일에는 동네마다 생산되는 맥주가 있다. 방부제가 첨가되지 않아 장기 보관이나 장거리 수송이 어렵기 때문에 생산지에서만 마실 수밖에 없다. 그래서 작은 마을에도 양조장이 있어 여독으로 지친 몸을 동네 맥주로 풀 수 있다. 특히 이번 여행에서

딩켈빌 마을

뇌르드린겐에서 마신 맥주가 가장 기억에 남는다.

로맨틱 가도를 여행할 때는 눈에 확 뜨일 문화유산이나 어마어마한 건축물을 기대해도 안 되고 입이 딱 벌어지는 기막힌 자연 경치를 보러 가는 것도 아님을 사전에 알고 와야 한다. 더군다나 유명한 사람들의 발자취를 따라가는 곳도 아니다. 시계를 풀어놓고 세월도 잊고 마음도 편안히 하고 온갖 세상의 시름을 놓는 길이다. 그래서 만일 당신이 로맨틱 가도의 종착지인 퓨센에서 디즈니랜드의 본성 노이슈반스타인성을 보고 내려오며 꿈에서 깨어나 속세 돌아가기 싫어졌다면 당신의 로맨틱 가도 여행은 성공한 셈이다.

어느 여행이나 서둘러서 제대로 즐길 방법은 없지만 특히 이 로맨틱 가도는 절대 일정을 짧게 계획하지 말 것을 권한다. 여유 있게 일정을 짜서 중간중간 마을의 몇백 년은 족히 됨직한 운치 있는 호텔에서 묵으며 식당에서 촛불도 켜고 제대로 된 정찬을 동네 맥주와 같이 즐기면 가장 좋을 여행이다.

7. 다채롭고 풍요로운 리옹
_프랑스

남프랑스가 시작된다는 프랑스 리옹Lyon은 인구 48만 명으로, 파리(인구 224만 명), 마르세유(인구 85만 명)에 이어 프랑스에서 세 번째로 큰 도시다. 그러나 리옹을 일일 생활권으로 하는 교외 지역 인구가 150만 명이고, 근교 도시 지역까지 합치면 212만 명이라 마르세유를 제치고 프랑스 2위의 도시가 된다. 스위스 알프스에서 발현해서 지중해까지 내려온 론강이 프랑스 중부 지방에서 달려온 손강과 만나는 지점에 리옹이 존재해 두 강을 가로지르는 아름다운 다리가 많다. 리옹의 소득 수준은 파리 다음이다. 그래서인지 리요네즈Lyonnaise들은 자존심이 강하다.

파리에서는 어느 곳에서나 에펠탑이 보인다. '파리 시내에서 에펠탑이 유일하게 안 보이는 곳?'이라는 질문의 답은 에펠탑이다. 헛헛한 유머 같지만 그만큼 에펠탑은 파리의 상징이다. 그리고 리옹을 상징하는 건축물로 흰색의 압도적인 모습의 푸르비에르 성당이다. 리옹 어디서나 이 성당이 보인다. 성당이 리옹 시민이 '기도하는 언덕'이라 부르는 푸르비에르 언덕 위에서 도시를 내려다보고 있어서다. 성당 옆의 발코니에 서서 보면 리옹 시내 전체는 물론 도시 뒤에 병풍처럼 둘러 있는 알프스 연봉의 웅자까지 잘 보인다. 날이 맑은 날에는 몽블랑의 자태가 선명하게 보인다. 내가 갔던 날에도 몽블랑은 눈을 하얀 왕관처럼 머리에 얹고 있었다. 언덕 위에서 내려다보는 리옹은 바둑판무늬의 도시였다. 붉은색 지붕과 벽돌색의 건물이 일직선 도로 양쪽에 질서정연하게 늘어서 있다. 잘 계획된 도시의 견본 같기도 했다. 그래서인지 리옹시는 어쩐지 정이 안 갔다. 너무 세련되고 깔끔해서 말이다. 사람으로 치면 빈틈이 없는 아주 깍쟁이 같은 모습이라고 할까. 그나마 옛 역사가 살아 있고 사람 사는 냄새가 나는 리옹의 오랜 구시가지 '비외 리옹Viuex Lyon'이 있어서 다행이다. 만일 그곳마저 없었다면 리옹은 진짜 개성 없는 도시가 될 뻔했다.

푸니쿨라를 타고 푸르비에르 언덕으로

푸르비에르 성당의 정식 명칭은 '푸르비에르 노트르담 바실리카Basilica of Notre-Dame de Fourviere'다. 번역을 하면 '푸르비에르 성모 성당'이다. 보통 파리

구시가지 중심의 생 장 성당

의 노트르담 성당 이름의 '노트르담Notre-Dame'을 고유 명사로 아는데 실은 '우리의 숙녀Our Lady'즉 성모聖母라는 뜻의 일반 명사다. 그래서 파리의 노트르담 성당과 리옹의 노트르담 성당이 모두 '성모에게 바쳐진 성당'이다. 이와 비슷한 천주교 용어로는 Notre Seigneur이 있다. 약자로 N.S.라고 쓰는데 바로 영어로 'Our Lord' 즉 '우리의 하느님'이다. 재미있는 점은 영어에서 농토나 집의 주인을 landlord라 부른다는 점이다. 과거에는 귀족이 농토나 건물을 빌려주었는데 귀족을 '경lord'라고 하다 보니 농토나 집의 주인까지 그렇게 부르게 되었다. 하느님도, 지주인 귀족도 모두 lord로 부른 셈이다. 조물주 위에 건물주 있다는 한국의 농담을 생각나게 한다. 푸르비에르 성당 이름에 붙은 바실리카basilica의 뜻은 건축 형태를 이르는 말로도 쓰이지만, 원래는 성당이 교구 내의 일로 회의를 하기 위해 일종의 국회처럼 사용되는 성당 건물에 붙여진 이름이다. 푸르비에르 언덕을 오를 때는 걸어서 천천히 구경을 하면서 가도 되지만 1862년 세계 최초로 설치된 소형 산악 기차 푸니쿨라를 타도 좋다.

해마다 거의 200만 명이 방문한다는 푸르비에르 성당은 1872년에 세워졌다. 1643년 유럽 전체를 초토화시켰던 콜레라가 창궐했을 당시, 도시를 지켜준 덕분에 피해를 면했다는 시민들의 믿음 때문에 성모는 리옹의 수호자가 되었다. 뿐만 아니다. 1870년 보불전쟁 때 리옹을 향해 진군하던 프러시아 군대가 리옹을 눈앞에 두고 어쩐 일인지 갑자기 회군했다. 푸르비에르 성당에 모여 촛불을 켜고 열심히 기도하던 시민들은 안도의 숨을 쉬고 이 모두가 푸르비에르 성당의 성모님 덕분이라고 믿게 되었다. 1852년 12월 8일 성모가 원죄 없이 예수를 잉태했다는 무염시태無染始胎 축일을 즈음해서 푸르비에르 성당에 성모상이 안치된 것을 기념하기 위해 온 도시가 촛불을 켜는 예식을 거행했다. 이후 매년 이 행사를 하게 되었다. 이것이 세계적으로 유명한 리옹의 '빛의 페스티벌Fete des Lumieres'의 시작이다. 이제는 촛불이 아니라 형형색색의 강력한 조명을 시내 건물과 창공에 비추어, 한번 보면 입을 못 다물게 하는 축제가 펼쳐진다. 이 축제가 열리는 4일 동안 전 세계에서 관광객이 400만 명 다녀간다. 각 나라들이 이를 본떠 빛의 축제나 불꽃놀이를 하고 있다. 부산 해운대와 서울 한강에서도 매년 하고 있다. 리옹은 각종 축제의 도시이기도 하다. 마침 내가 리옹을 갔던 날에도 다리 건너 신도시에서 구도시 생장 성당까지 전통 복장을한 사람들이 행진하는 축제가 열리고 있었다. 화려한 옛

리옹의 전경

의상을 입고 행진하는 자원봉사의 아주 작은 즐거움에서 인생의 의미를 찾는 모습의 프랑스인들이 오래도록 기억에 남는다.

푸니쿨라가 출발하는 구시가지의 생장 거리의 건물들은 베니스 다음으로 오래된 유럽의 르네상스 시대 건물들이다. 구시가지의 좁은 골목과 역사가 깃들인 건물 사이를 걸으면 마치 타임머신을 타고 과거로 돌아온 듯한 기분이 든다. 대다수의 건물들이 15세기와 17세기 사이에 지어졌는데, 당시 이탈리아, 네덜란드, 독일인 부자 상인들이 정착하면서 건설했다. 그들은 1년에 네 차례 열리는 큰 시장 때문에 이곳에 정착했다. 그 시절에는 생장 거리가 유럽에서 가장 높은 건물들이 모여 있던 지역으로 유명했다. 특히 르네상스 기간 동안 이딜리아의 실크 상인들이 리옹의 실크 산업 때문에 대거 들어와 정착했기에 구시가지 건물에서는 이탈리아 영향도 많이 볼 수 있다.

생 장 성당과 주교의 힘

구시가지 중심에는 생 장 성당이 있다. 리옹 교구의 주교가 집무를 보는 사무실이 있는 주교좌성당이다. 1180년부터 1480년까지 딱 300년 걸려서 완성한 성당이다. 영어에서는 보통 주교좌성당을 cathedral이라고 표기한다. Cathedra라는 라틴어는 주교의자를 뜻한다. 한 나라는 여러 개의 천주교 교구로 갈라진다. 교구는 하나의 소왕국이고 그곳의 종교적인 왕이 바로 주교다. 주교의 힘은 자신의 교구 내에서는 실로 막강하다. 소속 신부에 대한 생사여탈의 권한만 뺀 모든 권한을 갖고 있다. 신부들이 사제 서품을 받을 때 하는 순명順命서원의 대상은 주교다. 교구 내 모든 신앙 행정을 주관한다. 중세 때 교권이 정치 권력보다 강할 때는 왕보다 주교의 힘이 더 강했다.

가톨릭에서 추기경과 교황의 역할은 대중이 생각하는 것과는 다르다. 예를 들면 고 정진석 추기경은 한국 내 16개 교구를 담당하는 총 책임자가 아니었다. 추기경은 다른 교구 주교들과 같은 서울 대교구 주교일 뿐이다. 그 말은 추기경은 한국 내에 존재하는 다른 교구 주교들과 같은 권한을 가진다는 뜻이다. 단지 교황 선출 투표 권한을 추가적으로 갖는 점이 다른 주교들과 다르다. 그래서 추기경이라고 다른 교구 주교들이 자신의 교구에서 내린 처분에 대해 이래라저래라 할 아무런 권한이 없다. 한 예를 들면 안동 교구 주교가 자신의 교구 내 신부에게 내린 정직 처분에 대해 추기경이라고 개입할 수 있는 것이 아니다. 조금 더 심한 예를 들면 교황도 바티칸 교구 주교에 불과하다. 주교 회의에서 결정을 할 때는 모두가 한 표를 행사하며 교황이라고 일개 교구에서 주교가 내린 결정에 함부로 입을 못 댄다. 단지 천주교 전체적으로 어떤 결정이 내려져 교구에 지시가 전달되면 교구 주교도 따라야 할 의무는 있다. 천주교에는 두 가지 신분의 신부들이 존재한다. 일정한 지역을 담당하는 교구 신부와 지역적인 구분 없이 수도와 봉사를 주로 하는 수도회 신부들이다. 현재 프란체스코 교황이 예수 수도회 출신 교황이다. 수도회 신부는 자신의 소속 수도회 관구장한테서만 명령을 받는다. 교구의 주교와는 아무런 상관이 없다.

리옹은 원래 종교적으로도 중요한 도시였다. 여기서 1245년 당시 유럽 전체 천주교 공의회가 교황 인노첸시오Innocentius 주재로 열렸다. 공의회라면 천주교의 교리를 비롯해 중요한 사항을 전 세계 주교들이 모여 논의해 결정하는 회의다. 몇 년이 걸릴 때도 허다했다. 천주교의 중요한 변화는 항상 공의회에서 결정된다. 2차 리옹 공의회도 1245년 교황 그레고리오Gregorio가 소집했다. 가장 최근에 열렸던 공의회는 1962년에서 1965년까지 로마 바티칸에서 열린 제2차 바티칸 공의회다. 2800명이 참석했다. 이때 현재 세계 가톨릭을 끌고 갈 각종 교칙과 교리가 규정되었다. 가톨릭이 이나마 유지되는 건 2차 공의회가 열린 자세의 결정해서라는 분석이 있다. 우리가 가는 유럽 대다수 국가는 아직도 가톨릭 국가이고 모든 종교 유적지가 성당이다. 해서 유럽을 알려면 가톨릭을 알아야 해서 좀 자세하게 설명한다.

프랑스 전통 요리 부숑의 천국

리옹은 요리로 잘 알려져 있다. 리옹 시내에는 2000여 개의 식당이 있고 그중 미슐랭 별을 받은 식당만 20개가 있다. 원래 부잣집에서 고용되어 있던 요리사들이 1800년대 중반에 경제적 불황으로 해고되자 식당을 차리면서 리옹은 요리 도시가 되었다. 특히 노동자를 상대로 부숑bouchon이라 불리는 가정식 음식을 하는 식당들이 많이 생겼다. 노동자 중에서도 실크 직조공에게 파는 음식이라 기름지고 양도 푸짐했다. 구시가지의 차가 못 다니는 좁은 골목길인 생장 거리를 걷노라면 길옆에 여러 부숑 식당들이 눈에 띈다. 리옹에는 '리옹 부숑 요리 보존 협회'가 공식적으로 지정한 부숑 전통 식당이 20여 개 있지만 구시가지 골목에 있는 식당들은 자신들도 모두 부숑 요리를 한다고 자부한다.

프랑스 고급 식당의 고압적이고 너무 근엄한 분위기에 압도되어 식사하기 싫다는 사람들은 이 같은 친근한 분위기의 식당에서 프랑스 전통 요리를 맛볼 기회를 가져보자. 대개 주인이 직접 요리 하는 곳도 많고 종업원도 친절하다. 원래 부숑 식당들은 리옹 특히 구시가지를 드나들던 17~18세기 실크 수공업자들과 도매상들이 이용하던 여관에서 손님에게 제공하던 식사였다. 가볍고 상큼한 요리를 좋아하는 최근의 취향과는 맞지 않아 쇠퇴하는 경향이 있지만 그래도 리옹에 가면 시간을 내서 경험 삼아 맛볼 만하다. 가격도 서민의 요리처럼 착하다. 공식적인 부숑 레스토랑은 리옹 부숑 요리 보존 협회가 발행하는 스티커를 받은 식당을 찾아가면 된다. 만일 욕심을 조금 더 낸다면 리옹이 프랑스 요리의 중심 도시이니 미슐랭 별을 단 레스토랑에서 프랑스 고급 요리haute cuisine를 섭렵하는 것도 일생의 추억이 될 것이다. 현재 프랑스 요리계를 끌고 가는 최고 요리사들은 대개 리옹 출신들이고 그들이 직접 운영하는 유명 식당들이 리옹에 있다.

리옹이 요리 도시가 된 데는 와인 산지와 가깝다는 이유가 있다. 리옹 북부에 보졸레, 남쪽에 코트 뒤 론 와인 산지가 있어서다. 특히 보졸레 누보는 매년 11월 세 번째 목요일 전 세계 출시된다. 그해에 생산된 숙성되지 않은 신선한 맛의 와인이라는 이유로 출시일을 기다리는 보졸레 누보 마니아가 많다. 비록 이제는 인기가 많이 식어버렸지만. 거품 호황 시절 한때는 일본에서 워낙 인기가 높아 산지에서 전세기로 실어 날랐다. 그러면 공항에 대기하고 있던 각 와인 도매상 차들이 와인 애호가들이 목을 빼서 기다리는 소매상과 식당으로 바로 배달했다. 하지만 프랑스인 사이에는 프랑스 와인을 욕보이는 와인이라는 악평이 돌아 외국인이나 좋아하는 와인으로 인식되고 있으니 보졸레 지방으로서는 억울한 일이겠다. 프랑스인들은 보졸레를 와인이 아니라 포도 주스로 친다. 이유는 와인은 숙성이 되어야지 익지도 않은 와인을 마시는 일을 심하게 말하는 사람들의 비유에 따르면 유아성애자라는 혹평까지 한다. 하긴 보졸레 지방에는 누보만 있는 것은 아니다. 고가의 고품질 와인도 생산된다. 리옹은 와인 순례를 시작하기에 상당히 좋은 지역이다. 유명한 버건디, 롱 벨리를 비롯해 잘 알려지지 않은 사보에, 부게이 등 같은 와인 지역을 두 시간 내로 갈 수 있다.

벨쿠르 광장에서 만난 태양왕 루이 14세

리옹 신시가지 중간에는 벨쿠르 광장이 위치한다. 생각보다 별로 볼 것은 없지만 상당히 넓은 크기라 지친 다리를 쉬기에는 안성맞춤이다. 이 광장 어디선가에서는 항상 거리 예술가들의 공연이 열리니 잠깐 쉴 겸 보고 가도 좋다. 벨쿠르 광장은 유럽에서 제일 큰 개방형 광장이다. 가운데에는 루이 14세의 동상이 서 있다. 루이 14세 동상의 '말 꼬리 아래'가 리옹 시민의 가장 인기 있는 만남의 장소다. 태양왕Roi Soleil 혹은 루이 대왕Louis le Grand으로 불리는 루이 14세는 72년간 재위해 유럽 역사상 가장 오래 왕위를 유지한 왕으로 불린다. 다섯 살에 왕위를 물려받으나 23세가 되어서야 섭정에서 벗어나 직접

벨쿠르 광장

통치를 할 수 있었다. 루이 14세는 베르사유 궁전 건축과 '내가 바로 국가다'라는 발언으로 유명하다.

과하게 화려한 베르사유 궁전의 건축은 이후 유럽 왕실 궁전의 건축 모델이 되었다. 루이 14세는 왕권신수설의 발언으로 오만한 왕권신수설의 화신처럼 묘사되었고 이로 인해 프랑스 중앙집권제의 정점을 이루는 왕으로 평가받는다. 루이 14세는 태양왕답게 거대하고 화려한 베르사유 궁전을 파리 근교에 세워 지금도 관광객을 즐겁게 해준다. 베르사유 궁전에는 자신을 상징하는 듯한 태양 모습의 조형물을 설치해놓았다. 자신을 거의 살아 있는 신으로 자처했으니 궁전은 그의 신전인 셈이나. 이웃 국가들과 4대 국제 전쟁(플랑드르 전쟁, 네덜란드 전쟁, 아우크스부르크 전쟁, 스페인 계승전쟁)을 일으켜 재위 기간 54년 중에서 3분의 2인 32년을 전쟁으로 보냈다. 그는 77세에 죽으면서 다섯 살짜리 손자에게 대권을 물려준다. 루이 14세가 왕권을 계승한 나이다. 루이 14세의 손자는 루이 15세며, 그다음이 프랑스 대혁명을 맞아 단두대에서 처형되는 루이 16세다. 3대를 지나는 동안 프랑스는 왕정의 절정부터 공화정이라는 미증유의 사태를 맞는다.

청색 계획으로 시민의 휴식처가 되다

광장에서 길만 건너면 쇼핑가인 레퓌블리크 거리다. 세계 명품부터 중저가 브랜드 상점이 즐비한 거리로 유명하다. 상점들 사이사이에 프랑스 특유의 케이크와 초콜릿을 차나 커피와 같이 파는 카페가 있고, 한 골목만 뒤로 가면 유명 레스토랑도 많다. 쇼핑과 관광으로 지쳤을 때 쉬기 좋다.

리옹은 기뇰guignol 인형극으로 잘 알려져 있다. 예전에는 리옹에서 생산되는 자투리 실크를 이용해 인형을 만들었다. 이곳에서 하는 인형극은 줄에 연결해서 하는 꼭두각시 연극이 아니라 직접 인형 안에 손을 넣어서 하는 연극인데, 실크 직조공인 주인공 기뇰이 법을 어기고 경찰을 놀리는 내용이다. 부인 마데용과 보졸레만 계속 마시는 친구 그나프롱, 항상 당하기만 하는 바보 같은 경찰들이 등장한다. 극 내용을 알아야 재미있을 텐데 아쉽게도 아직은 영어로 인형극을 하는 극장을 못 봤다. 인형극은 관광 지역인 구시가지에 있는 극장에서 하며 관객도 생각보다 프랑스인이 많고 모두 프랑스어로 진행된다. 한 시간 이상 줄거리나 대사를 못 알아듣고 인형극을 보고 있기란 쉬운 일이 아니다. 체코 프라하에 갔을 때 인형극이 워낙 유명하다고 해서 관람하긴 했지만 말을 못 알아들어서인지 깊은 인상을 받지 못한 기억이 있다. 한때는 정치사회 풍자를 해서 많은 성인 관객을 끌어들였지만 이제는 거의 어린이용 극으로 전락한 듯한 느낌이다. 그래도 인형들을 다양하고 능숙하게 다루어 말만 잘 알아들으면 흠뻑 빠져들 만하겠다는 생각을 했다. 관객 중 아이들 이름을 먼저 적어서 내면 극 중간에 아이 이름을 불러주어서 어린이 관객으로부터 대인기다. 관람 가격은 극장에 따라 천차만별이다.

리옹은 오래전부터 도시를 가로지르는 두 개의 강을 시민에게 돌려주는 도시 계획을 계속해서 추진하고 있다. 20세기 들어 산업화 과정에서 강변이 도로로 변하고 그 주변은 주차장이 되어 시민들로부터 멀어졌다. 그러다 리옹의 두 강의 강변을 되찾자는 운동이 1980년대부터 시작되었다. 1991년 '청색 계획le Plan Bleu'이 입안되면서부터 본격적으로 추진되었다. 우선 강변의 주차장을 없애고 도로가 나 있지 않은 지역에는 시민들 접근이 용이하게 자전거 길과 도보 길을 만들었다. 강을 통해 수송하기 위해 기존의 창고와 공장을 이전시키면서 서서히 강변이 살아나기 시작했다. 리옹 시내에서는 시민들이 가능하면 차를 이용 안 하고 자전거를 타고 다니게 유도했다. 이 제도는 파리보다 리옹이 먼저 시작했다. 이제 두 강의 강변은 시민들이 산책하고 휴일이면 전통 시장이 열리는 등 리옹 시민들에게는 생활의 중심이 되었다. 우리 서울의 한강도 옛날에 비하면 많이 시민들에게 돌아왔지만 아직도 강변은 차로로 막혀 있다. 한강 양안의 강변도로를 지하도로로 만들고 강변 접근을 쉽게 해서 시민들에게 돌려주면 어떨까. 삼일 고가도로를 부수고 청계천 복개를 걷어내고 청계천을 살려낸다는 아이디어는 처음에는 미친 생각이었지만 이제는 세계적인 명소가 되었고 그렇다고 서울이 차량으로 더 막히지도 않는다. 뿐만 아니라 서울 시내 도로는 세계에서도 가장 도로가 넓다. 그 도로 양쪽 차선 하나만 막아 자전거로 도로로 해도 교통 소통에 문제가 없고 서울은 자전거 친화 도시가 되지 않을까? 코펜하겐의 자전거 도로를 보고 느낀 점이다.

리옹은 세계 만인들이 좋아하는 성인 동화 《어린 왕자》와 《야간비행》의 소설가 생텍쥐페리의 고향이다. 그래서 리옹의 공항 이름이 리옹 생텍쥐페리 공항이다. 이름만으로도 낭만적인 냄새가 물씬 풍긴다. 날개 형상을 한 공항 건물도 인상적이지만 나름대로 관광객을 끌기 위한 노력인지 공항에 갔을 때 직원이 프랑스 이민국 관리치고는 무척 친절해서 상당히 기억에 남았다. 시내 곳곳에서는 어린 왕자의 모습을 그려놓거나 만들어놓은 조각상을 흔히 볼 수 있다. 기념품 가게에서도 어린 왕자와 관련한 각종 기념품들을 구경할 수 있다. 리옹은 인류 최초의 무성 영화인 〈기차의 도착〉(1895)을 처음으로 만들어 상영해 세상을 놀라게 한 뤼미에르의 고향이기도 하다.

2차 세계대전 중 리옹은 독일군이 점령한 지역과 미군이 점령한 지역의 경계에 위치해서 프랑스 레지스탕스 운동의 중심지 역할을 했다. 1944년 5월 26일 레지스탕스 지노사 장 물랭이 체포된 곳도 리옹의 북쪽 지역이었다. 그래서인지 리옹을 중심으로 한 2차 세계대전 영화가 많다.

이렇게 리옹은 여행자에게 다양한 추억을 안겨주는 도시다. 아직은 파리에 밀려 관광객이 그렇게 많지 않으나 프로방스로 통칭되는 천국의 남프랑스로 여행하기 위해서는 반드시 이용해야 하는 도시 중 하나다.

8. 카파도키아의 귀한 춤

_ 터키

터키는 내게 있어 아무리 파헤쳐도 끝이 보이지 않는 매력의 땅이다. 마침 기회가 자주 오기도 했지만, 그때마다 사정 여하를 불문하고 어떻게 하든지 터키로 향하는 발길을 막을 수가 없었다. 그래서 남들은 일생에 한 번 가볼까 말까 한 터키를 나는 여섯 번이나 다녀오는 행운을 누렸다. 다섯 번의 여행 기회들은 내 의사와 관계없이 이런저런 이유로 주어졌다. 그러나 마지막 여행은 순전히 자진해서 가기로 작정하고 간 첫 여행이었다. 정말 믿기 어려울 정도로 가성비의 투어여서 도저히 거부할 수가 없었다. 2주짜리 터키 남부 지방 여행이 왕복 항공권 포함해서 5성급 호텔에 재워주고, 글쎄 120파운드(20만 원)도 채 안 했으니 과연 누가 거부할 수 있었겠는가? '0이 하나 빠진 게 아니고?'라는 의문을 품을 독자도 있겠지만 아니다. 분명 120파운드였다. 1200파운드라도 비싼 가격이 아니다. 나는 여행을 가기 전까지도 분명 뭔가 함정이 있을 것이라는 걱정을 하면서도 동시에 그래도 주관 여행사가 독일에서 가장 큰 여행사 중 하나라며 안심하려고 애썼다.

내 자신이 여행사를 운영하는 입장에서 도대체 어떻게 여행하는지 경험해 보자는 호기심도 일었고, 한편으로는 영어로 말하면 catch, 우리말로 하면 여행사의 '꼼수'가 무엇인지 알아보고 싶기도 했다. 궁극적으로 이 돈을 받고 도대체 어떻게 15일짜리 여행이 가능한지가 궁금해서였다. 일반적으로 영국과 터키 사이의 왕복 항공권 가격만 해도 400~500파운드는 하는데 그 가격의 3분의 1도 안 되는 가격으로 2주 투어가 가능하다니 말이다. 그것도 투어를 하는 첫 1주일은 세끼를 다 주는 조건으로 말이다. 하지만 이 투어를 소개하는 광고지가 삽입된 주간 잡지는 영국에서 워낙 이름 있는 권위지여서 일단 신뢰가 갔다. 그리고 독일의 대형 여행사가 무슨 사기를 치겠는가 싶었다.

20만 원에 즐기는 2주의 휴가

독자를 위해 보다 자세하게 설명해본다. 결론부터 먼저 이야기하면 호텔을 비롯해 모든 서비스는 단 한 번도 기대에 어긋나지 않았다. 어찌나 감동을 받았는지 나는 그 이후 이 여행사 상품으로 8일간의 몰타 여행과 15일간의 모로코 여행도 다녀왔다. 2022년 3월 사이프러스 투어 2주일도 이미 예약했다. 물론 여행사가 논 팔아놓고 봉사하지 않는 한 120파운드에 2주 투어의 모든 편의를 제공하는 것은 아니다. 그냥 기본만 그 가격이다. 왕복 항공료와 2주일간의 호텔 비용이다. 만일 투어도 필요 없고 그냥 호텔에만 있다가 돌아오겠다는 유럽인은 이 가격에 2주간 해변 휴가를 즐긴다. 그래도 런던에서 3성급 하룻밤 호텔 값이면 5성급 호텔에서 조식 제공의 2주간 휴가를 보낼 수 있다니! 이제 여기에다가 난 120파운드, 즉 20만 원만 더 지불하면 첫 번째 주에 이루어지는 투어 프로그램에 참가할 수 있다. 터키 남부 지방의 안탈리아, 코니아 그리고 중부 지방의 카파도키아를 돌고 오는 알짜 투어다.

1주일 투어에는 모든 관광지 입장료와 두 번의 야간 민속 공연과 함께 중식, 석식이 모두 포함되어 있다. 유일한 옵션 관광은 열기구 투어밖에 없다. 투어 중 호텔과 식사는 물론 훌륭하고 2회의 민속 공연도 1급이다. 추가로 낸 120파운드라는 투어비는 아예 가성비를 논할 수 없을 정도로 투어는 훌륭하다. 투어가 끝나고 안탈리아로 돌아오면 경치가 기막힌 호텔 전용의 해변까지 있는 5성급 호텔에서 1주일을 묵게 된다. 이때부터 여행사에서는 조식만 제공한다. 다시 120파운드를 더 내면 1주일간 중식, 석식이 제공될 뿐만 아니라 호텔 내의 모든 음료는 물론 주류까지 무료다. 결국 정리해서 말하면 우리 돈으로 도합 60만 원만 내면 영국에서 왕복 항공편에 1주일 동안의 훌륭한 투어와 1주일 동안의 럭셔리한 해변가 휴가가, 그것도 삼시 세끼와 술까지 마음껏 먹을 수 있는 휴가가 존재한다. 물론 여행사의 꼼수는 약간 있다. 그런데 별게 아니다. 정상적인 값을 다 받는 투어에서도 가는 기념품 쇼핑 말이다. 터키 특유의 카펫 공장, 보석 가공 공장, 모피 및 피혁 제품 공장 등 세 군데를 간다. 터키를 처음 가는 관광객은 일부러라도 가보고 싶어 할 곳이다. 그런데 일행 중에서 물건을 사는 사람을 별로 못 봤다. 결코 여행사는 쇼핑으로 얻는 소득이 없다는 소리다. 가이드도 강매하고자 하는 뜻이 없는 듯 보였다.

이토록 자세하게 특정 여행사 상품을 입에 침이 마르도록 칭찬하는 이유는 다름 아니라 세상에는 이렇게 저렴하고 훌륭한 여행 상품이 존재한다는 사실을 말하기 위함이다. 이제 이 같은 투어가 가능할 수 있는 이유와 그럴 수밖에 없는 답답하기 그지없는 터키 관광의 현실을 말할 차례다. 과연 이 투어가 어떻게 그 가격에 가능하냐는 의문에 대한 대답은 지극히 간단하다. 터키 정부의 보조가 있기 때문이다. 지금 터키 여행 업계는 관광객 감소로 심각한 위기에 처해 있다. 인근 유럽 경제 불황에다가 터키 내에서 계속되는 테러가 주원인이다. 더군다나 터키가 자신의 영공을 침해한 러시아 전투기를 격추하는 바람에 러시아 관광객이 완전히 끊어져 설상가상의 격이 되어버렸다.

투어 며칠 전 영국 언론에는 터키 관광지에서 테러를 자행하겠다는 테러 그룹의 경고를 뉴스로 다루었다. 바로 전날은 이스탄불 시내 한복판에서 테러리스트 총격전이 벌어진 보도도 있었다. 그래서인지 안탈리아에만 800여 개 있는 5성급 호텔 중 10퍼센트도 영업을 하지 않고 있었다. 안탈리아 지방의 해변에는 멋진 호텔들이 줄지어 있는데 거의 모두 문이 닫혀 있었다. 그런데 더욱 놀란 것은 여기저기에서 대형 호텔의 신축 공사가 계속되고 있다는 점이었다. 있는 호텔도 문을 닫고 있는데 더 지어서 어떻게 하려나 하는 걱정이 내 일이 아닌데도 들었다. 안탈리아 지방은 해변 휴양지로 너무나 유명하다. 겨울이라고 해도 기온이 15도 이상이라 일광욕을 하기는 어려워도 아주 쾌적하며, 거의 1년 내내 관광객이 몰려온다. 그런데 이런저런 이유로 관광객이 딱 끊어졌다. 덕분에 나 같은 사람들은 정말 저렴한 가격에 큰 호사를 누렸다. 남의 불행을 이용해 호사를 한 듯한 찜찜한 기분과 함께 터키인의 고통이 느껴져서 안타까웠다.

하늘에서 본 카파도키아

이번에 간 투어 코스는 예전에 다녀왔던 루트였다. 다시 이 코스를 고른 이유는 열기구를 타고 카파도키아 상공을 날면서 아래에 펼쳐지는 바위들의 장관을 꼭 보고 싶어서였다. 15년 전 방문했을 때는 열기구를 타지 않았었다. 그러나 투어를 다녀온 이후 열기구를 타고 촬영한 사진들을 보자 하늘에서 카파도키아의 모습을 직접 보고 싶어졌다. 세계 여러 곳에서 카파도키아와 비슷한 경치를 찾을 수 있긴 하지만 역시 규모로 보나 형태로 보나 카파도키아만 한 장소가 없다. 그 경치를 제대로 보려면 열기구를 타고 공중에서 보아야 한다. 특히 아침 햇살에 빛나는 카파도키아의 촛대 바위 혹은 버섯 바위(유

기파도키아 풍선 투어 풍경

럽인들은 굴뚝이라고 한다) 풍경은 장관이다. 공중 여기저기에 떠 있는 형형색색의 열기구도 그림처럼 아름답다. 바위기둥 사이에 펼쳐진 인가의 모습과 함께 바위를 뚫고 지어진 집들을 보는 광경은 환상적이다.

바위기둥 중간에 뚫린 창문들로 그 돌기둥이 사람 사는 주택임을 알 수 있다. 우리가 아름답고 기괴하다고 느끼는 경치가 그들에게는 생활의 현장이다. 누군가에게는 구경거리가 누군가에게는 치열한 삶의 현장이다. 각종 상념에 잠겨 구경하다 보면 한 시간 정도의 투어에 지불한 120유로는 그럴 만한 가치가 충분히 있다는 생각이 든다. 어떻게 이토록 기기괴괴한 지형이 만들어졌는지에 대한 논의로 경치 감상을 망치는 우는 범하지 않아야 한다. 자연의 경이는 그냥 감탄하고 감동하고 존경하면 된다. 자연의 아름다움에 조물주에게 존경을 표해야 한다는 뜻이다. 나머지는 과학자들의 몫이다. 이 풍경은 우리로서는 상상이 안 가고 실감도 안 가는 900만 년 전부터 300만 년 전 사이에 만들어졌다고 한다. 길어야 겨우 100년을 살고 가는 우리로서는 도저히 실감이 가지 않는 세월의 길이다. 그리고 보면 우리가 함부로 대하고 마구

방문했던 돌기둥 주택의 외부

터키

남용하는 자연에 비하면 우리는 정말 하찮은 존재이다.

공중에서 보았던 돌기둥 집을 방문해 내부를 볼 기회가 있었다. 마음씨 좋게 생긴 집주인은 자신을 비롯해 자기 이전 3대가 그 집에서 태어나고 살다가 죽었다고 자랑스럽게 말했다. 지금은 자기하고 손자까지 산다니 벌써 6대가 살고 있는 이곳은 최소한 200년은 집이었다는 뜻이다. 하긴 이 지방에 있는 지하 도시와 동굴 사원은 기독교 초창기 박해를 피해 지어졌으니 거의 2000년이 다 되어간다. 내부는 어느 현대식 주택보다 더 깨끗했고 운치도 있었다. 잘 정돈이 되어 있었고 아주 쾌적했다. 층과 층 사이에 올라가고 내려오는 통로가 있었다. 각 층이 방 하나로 되어 있는데 사방으로 창문이 나 있어 공기 순환도 잘되고 조망도 훌륭했다. 그 안에서 이 정도면 나도 얼마든지 살 수 있겠다는 생각이 들었다. 만일 일정이 허락한다면 며칠을 묵어보았으면 싶었는데, 실제로 돌집 중에는 개조해 손님을 받고 있는 호텔도 있었다.

터키 문화의 귀한 경험, 세마 춤

이번 투어에서 본 귀한 경험 하나를 소개해야겠다. '회전하는 탁발승 whirling dervish'이라는 춤이다. 이 춤은 터키 문화와 관련된 자료 어디에서나 등장하는데, 높은 모자를 쓰고 흰 옷을 입은 남자가 양손을 하늘로 쳐들고 도는 모습이 이 춤을 추는 것이다. 이는 '데르비쉬'라는 무슬림 수도사들이 하는 의례의 하나로 유튜브에 찾아보면 많이 나온다. 데르비쉬는 가톨릭 수도사의 청빈한 생활 태도를 본받아 극도의 금욕 생활을 하는 이슬람교 수도 집단의 일원이다. 이들은 불교의 탁발승처럼 인가를 다니면서 동냥한다. 그러나 그 동냥으로 얻어진 물건들은 자신들을 위해 쓰면 안 된다. 기난한 사람들에게 돌려주어야 한다. 대신 자신들은 양털 옷을 입고 항상 가난하게 살아야 한다.

데르비쉬는 13세기 시인이자 신학자 이슬람 법학자인 잘랄라드 딘 무하메드 발키 루미의 추종자들이 만든 수피파 수도회 소속의 수도자다. 무슬림의 종파를 대개 수니파와 시아파로 가르는데 사실 여기에 이 수피파가 하나 더 있다. 워낙 수니파와 시아의 싸움이 격렬해 두 종파만 거론되지만 터키 무슬림은 거의 모두 수피파 소속이다. 수피파는 다른 두 종파와 달리 조용하고 교조적이 아닌 현실적인 종파다. 율법만을 주장하지도 않고 성전聖戰을 일으키려 하지도 않는다. 철저한 자아 절제와 자기 수양을 지향하는 온건한 무슬림으로 알려져 미국을 비롯한 유럽에서 영향력을 급격하게 늘려가고 있는 중이다. 그런데 수피파의 온건한 터키가 에르도안 대통령의 독재와 극단적인 무슬림으로 돌리려는 공작으로 주변 국가들의 걱정이 크다. 에르도안 대통령은 터키를 현대 국가로 만든 케말 파샤의 노력을 허사로 돌리고 있다. 그래서 더욱 터키는 유럽 연합으로부터 멀어지고 가입이 절대 불가능한 상황으로 몰리고 있다.

수피파 수도사가 추는 춤이 앞에서 말한 탁발승의 회전 춤이다. '세마Sema'라고 불리는 이 춤은 간단하다. 오렌지색의 높은 모자를 쓰고 흰 옷을 입은 수도자가 양팔을 어깨 높이로 곧게 펴서 하늘을 향해 든 채 왼쪽으로 계속해서 도는 춤이다. 뒤에서는 네 명의 악사가 음악을 연주하고 때로는 노래 같은 기도를 한다. 이에 맞추어 수도사들은 계속 돈다. 아주 신비로운 영감을 느끼게 하는 이 의식은 기도다. 이 기도는 인간 정신의 완전함을 추구한다. 사랑과 마음을 다해 이기심을 버리고 진리를 찾아 완성에 이르는 것이 목표다. 계속해서

수피파 수도사의 의례인 세마 춤

돌다 보면 법열法悅에 들고 환각에 빠져 신과 소통한다고 한다. 무슬림이 디크르dhikr라고 부르는 기도처럼 경문을 염주를 돌리면서 끝도 없이 기도와 알라를 반복하다가 보면 무아지경에 빠진다는데 세마 춤도 같은 효과를 낸다.

세마 춤을 추는 수도자가 무대에 입고 처음에 나오는 검은 긴 덧옷은 자아의 무덤을 상징한다. 이는 자아를 버린 죽음의 상태로, 신과의 일치를 시작하는 것을 뜻한다. 원통형의 높은 모자는 무슬림 무덤 위에 얹힌 모자의 모습과 일치하며, 자신의 무덤의 비석을 머리에 얹고 있는 셈이다. 검은 옷을 벗으면 안에 흰 옷이 나오는데 바로 수의를 상징한다. 양손을 X자로 얹어 자신의 가슴을 감싸고 서로 머리를 깊이 숙여 인사한다. 그러고는 팔을 옆으로 펼치고 손은 머리 위로 올린 채 천천히 돌기 시작한다. 거의 20~30분을 계속해서 한쪽으로만 돈다. 저렇게 한 쪽으로만 회전을 계속하는데도 어떻게 어지럽지 않고 버틸 수 있는가 하는 의문은 속인의 순진한 의문이다. 수도자는 돌다 보면 경지에 도달해 자아가 소멸하고 알라와 합치되는 몰아의 경지에 이른다. 이렇게 수피파는 인간 내면의 구도를 통해 신에게 가까이 가고자 하는 종파다.

이 춤은 나중에 '메블라나'라고 불린 루미라는 선지자가 고안했다. 어느 날 시장을 지나던 루미가 금박공들이 망치를 두드리면서 즐거운 목소리로 노래하듯 올리는 기도를 들었다. 그 소리가 바로 '라 엘라하 엘랄라하la elaha ella'llah'로 '알라 말고는 신이 없다There is no god but Allah'는 뜻이었다. 기도 소리에 너무나 기쁜 나머지 루미가 그 자리에서 두 손을 하늘을 향해 벌리고 돌기 시작한 데서 의식이 시작되었다. 루미는 나중에 "우리는 죽을 때 무덤을 땅 위에서 찾지 말고, 인간의 마음에서 찾아라When we are dead, seek not our tomb in the earth, but find it in the hearts of men" 하고 말했다. 이 세마 춤은 이스탄불, 카이로 그리고 코니아에서 볼 수 있다.

이 춤을 자세하게 소개하는 이유는 내가 충격에 가까운 감동을 받아서다. 상상해보라! 무대의 불빛 빛에 수십 명의 남자들이 새하얀 긴 옷을 입고 두 손을 하늘을 향해 올리고 끝없이 도는 모습. 대단하지 않겠는가? 터키를 갈 기회가 있다면 반드시 관람해보라고 강력하게 추천한다. 이 춤은 2008년 유네스코 무형문화재로 등재되었다. 언젠가 텔레비전에서 우연히 보고, 기회가 되면 반드시 직접 보고 싶었던 춤인데 이번 여행에서 소원을 풀었다. 대학 입학 시험 재수하던 시절, 서울 근교 수락산을 등산하며 학림사에서 발을 쉬던 중 스님들의 저녁 예불 목탁과 불경 낭송 소리에 반한 이후로 종교를 통해 이만큼 격렬한 감동을 받은 적이 없었다. 가톨릭 신자임에도 불구하고 말이다.

꿈을 이루기 위해 터키로 떠나다

여행은 아편과 같다. 일상을 뒤로하고 짐을 싸서 낯선 먼 곳으로 떠나면 아편을 맞은 것처럼, 히피들이 '하이high'라고 하는 몽환 상태로 들어가는 것처럼 된다고 내가 하는 말이다. 여행에서 일상으로 돌아와도 마찬가지다. 그 몽환의 기억과 일탈의 달콤함을 못 잊어 또 다른 여행을 꿈꾸게 되는 중독성이 여행에는 있다. 가혹한 현실을 치유시켜주기는커녕 그냥 잠깐의 위안만 주는 여행은 분명 마약이다. 여행은 우연한 인연과의 운명적인 잠깐의 사랑이다. 어쩌다 알게 된 곳을 뚜렷한 이유 없이 평생 마음속으로 그리면서 사니 말이다.

평생 가보고 싶은 여행지 한두 곳 없이 사는 사람은 없다. 고백하자면 내게도 몇 곳 있는데 사랑의 냄새가 나는 낭만적인 곳이거나 대단한 명승지가 아니다. 모두가 다 신비스러운 이야기를 간직한 고대 문화와 관련된 장소다. 초등학교 때 본 학생 잡지 《학원》의 단골 기사의 영향으로 단단히 든 병 때문이다. '아라랏산의 노아의 방주', '페루의 잉카 유적', '이스터섬의 거석상', '페루의 나스카 라인', '영국의 스톤헨지'가 내 병의 근원이다. 이 장소들에 관한 책도 많이 봤고 관련 기사만 나오면 유심히 살펴보곤 했다. 영국에 와서 맨 처음 차를 몰고 여행을 간 곳도 런던에서 두 시간 거리의 기원전 거석 문명 유적 '스톤헨지'다. 잡지에서 보고 상상했던 것보다는 규모가 너무 작아 조금 실망하긴 했지만 그래도 상당히 감격적이었다. 그러고는 30여 년 만에 터키 동부 아라랏산 기슭의 '노아의 방주Noah's Ark'에 다녀왔다. 이후로 기회가 있을 때마다 아직 못 가본 잉카 유적과 거석상 나스카 라인을 어떻게 하든 반드시 보겠다는 결심을 되뇌고 있다. 정말 간절히 바라면 이루어진다지 않는가? 이스터섬의 거석까지는 너무 큰 욕심이 아닌가 싶지만 인생은 또 모른다. 우연한 기회가 내게 행운처럼 주어질지.

중학생 때 큰형님이 구독하던 《라이프》 잡지에서 본 노아의 방주는 마음 한구석을 떠나지 않았다. 노아의 방주는 다른 곳들과는 달리 성경 이야기 중

만년설을 이고 있는 아라랏산

8. 카파도키아의 귀한 춤

눈으로 확인할 수 있는 유일한 물증이라는 호기심 때문에도 더했다. 노아의 방주는 구약 성경의 창세기에 나온다. 신이 물로 인류를 멸망시키는 벌을 내릴 때 노아의 가족이 세상의 동물들을 태우고 1년 10일간 대홍수를 피했다는 배다. 구약 성경에 나오는 다른 일화들과는 다르게 노아의 방주와 관련된 대목에는 구체적인 수치와 우리에게 익숙한 지명이 나온다. 구약 성경에 등장하는 지명이 확인 안 되는 곳이 많다. 그러나 대홍수와 관련된 사항에는 구체적인 숫자가 나온다. 날짜와 일수, 그리고 방주의 크기와 관련한 수치와 방주가 도착한 지명 등이 정확하게 적시되어 있다. 특히 방주가 최종적으로 도착한 산이 아라랏산이라고 분명하게 명시되어 있어서 사람들의 호기심과 상상력을 끊임없이 자극한다. 나를 포함해서 말이다.

런던에서 노아의 방주가 있는 터키 동부, 이란과의 국경 지대인 아라랏산 기슭의 델 세케르 마을까지 가는 길은 결코 쉽지 않다. 런던에서 이스탄불로 네 시간 날아가서 다시 터키 동부의 도시 반Van까지 국내선 비행기를 두 시간 타고 가고, 거기서 또 미니버스에 실려 네 시간을 가야 한다. 반 공항에 내리자마자 내가 한국에 갈 때마다 쓰는 한국 휴대전화에는 위험한 지역이니 여행을 피하라는 외교부의 여행 제한 구역 경고 문자가 들어왔다. 반을 출발한, 터키 말로 '돌무쉬'라 불리는 미니버스는 다행히 천장이 높아 시원했고 의자도 편안했다. 게다가 버스에 토크미터라는 운행 기록 장치가 있어 과속을 못하는 덕에 여행은 예상보다 아주 쾌적하고 안전했다. 가는 길은 기대보다는 못해서 실망했지만 그런 대로 나쁘지 않았다. 자연의 모습을 볼 수 있으리라 기대했는데 좀 평범했다. 반은 쿠르드 반군이 횡행하는 쿠르드족 지역이라고 해서 상당히 낙후되었으리라 예상했고, 따라서 내가 좋아하는 원초적인 자연을 볼 수 있으리라고 기대를 했지만 의외로 너무나 현대화되어 있었다. 하긴 이 세상에 어디를 간들 이제 현대 문명에서 어찌 벗어나겠는가마는….

원시까지는 아니더라도 원형을 보존한 촌락 같은 전통 문화 등 사진거리가 분명 많이 남아 있으리라는 기대가 무너졌다. 길가의 마을은 예외 없이 양철지붕 집이었다. 선글라스 없이는 눈이 부실 정도의 햇살이 사정없이 내리쬐는 양철지붕은 보기만 해도 숨이 탁탁 막혔다. 현지인에게는 풀로 만든 지붕이 싫었을 수도 있지만 터키의 햇살에 빛나는 양철지붕을 본다는 사실만으로도 고통스러웠다. 흙벽이 많이 남아 있는 것으로 보아 지붕에만 전반적으로 현대화 바람이 분 듯했다. 가는 내내 노면에 흠 하나 없이 잘 포장된 도로와 길 위를 달리는 차량들을 보면서 오지에 대한 환상을 접었다. 동시에 터키에 대한 선입견도 수정했다. 국가의 경제 규모나 국민소득 수치로만 한 나라를 평가해서는 안 되겠다는 자성을 다시 한번 했다. 터키는 예상보다 잘살고 있었다. 하긴 터키인의 '명목상 국민소득'은 2012년 기준으로 1만 달러를 겨우 넘을 정도밖에 안 되지만 '구매력 평가 기준 국민소득'으로는 1만 8000달러를 넘으니 분명 더 이상 가난한 국가가 아니다. 이야기가 옆으로 새지만 영국인과 한국인의 명목상 국민소득은 각각 4만 1340달러와 3만 1431달러로 크게 차이가 난다. 하지만 구매력 평가 기준으로 보면 3만 6900달러와 3만 800달러로 한국이 더 높다. 영국은 물가가 비싸 살기가 빡빡하다는 뜻이다. 알고 보면 세상은 보기와 다른 점이 많다.

길가의 집들은 문명의 손길이 들어와 있었지만 그나마 길 양쪽의 산천은 기대했던 대로였다. 너무나 황량해서 처연하다고밖에 표현할 방법이 없었다. 거의 나무 한 그루 없는 낮은 산들과 들판은 정말 척박했다. 내가 가장 좋아하는 풍경이다. 나는 인간의 손이 전혀 안 간 원초의 자연 앞에 서면 겸손해지고 경건해진다. 나무 한 그루 없이 풀만 자라는, 끝없이 펼쳐진 낮은 벌판의 북극 근처 러시아 시베리아의 툰드라와 무르만스크 근처의 동토, 땅으로 붙어서만 자라는 듯한 관목들이 깔린 영국 스코틀랜드 하이랜드 고원의 풍경을 좋아하는 이유다. 황량한 벌판을 달려가다 보니 화산이 폭발해 흘러내린 용암이 굳어진 검은 자갈밭이 오래 계속되었다. 그 사이사이에 핀 들풀들의 모습은 잘 가꾸어진 유럽에서는 쉽게 찾아볼 수 없는 야생의 숨결의 흔적이라 감동적이었다. 혹독한 겨울이 지나고 해동의 봄이 오면 이 황량한 들판을 온통 들꽃들이 뒤덮어 장관이라고 한다. 꼭 한 번 보고 싶은 풍경이다.

감동적인 아라랏산과의 조우

검은 용암 지대를 지나 한참 달리다가 언덕 하나를 올라서니 갑자기 저 멀리 하늘 중간에 아라랏산이 나타났다. '홀연히'라는 말 외에는 상황을 표현할 방법이 없다. 주변에 전혀 다른 산을 거느리지 않고 혼자 우뚝 서 있었다. 흰

눈에 덮힌 정상에는 흰 구름마저 걸려 있어 신비로움을 더했다. 안내인의 말로는 정상이 깨끗하게 보이는 날이 1년에 3분의 1도 안 된다고 하니 그날이 그 3분의 1에 해당하는 날이었다. 그러나 공기 중에 섞인 흙먼지 때문인지 아라랏산은 흐릿하게 보일 뿐 자태를 깨끗하게 보여주지 않았다. 그나마라도 보여주니 다행이라고 여겼지만, 일정을 마치고 돌아오는 오후까지 명쾌한 모습의 아라랏산 정상을 한 번도 보지 못하고 말았다. 아라랏산은 결코 쉽게 이방인에게 얼굴 모습을 보여주지 않는 중동 여인임이 분명했다. 아라랏산은 흡사 눈병 걸린 눈으로 보는 듯 희뿌연 모습만 보여주었기에 내 사진에 찍힌 아라랏산은 흐릿할 수밖에 없다. 안내인은 정상이 구름에 완전히 가려져 있지 않은 것만도 보통 행운이 아니라고 했다.

여행의 첫 번째 목적지는 이삭파샤궁Ishak Pasha Palace이 있는 도우베야짓 Do ubeyazıt이었다. '동쪽의 흰 마을'이라는 뜻의 도우베야짓 뒷산 중턱에 숨은 듯 자리한 이삭파샤궁은 반 관광의 보석 중 보석이다. 중동식 돔을 얹은 건물은 아르메니아에서 본 이후 처음이었는데 이삭파샤궁의 모습은 정말 감동적이었다. 어떻게 이 산골에 이처럼 아름답고 앙증맞은 궁이 있을 수 있는지 믿기지 않았다. 우선 궁의 위치가 생뚱맞다. 인근에 대도시가 있지도 않고 주변 경치도 좋은 곳도 아니다. 궁 하나만 산 중턱에 턱 하니 서 있다. 영어로 표현하자면 middle of nowhere, 즉 '아무것도 아닌 곳'이다. 궁의 크기는 너무 커서 숨이 탁 막힐 듯 압도적이지도 않았고 그렇다고 너무 적어 초라하지도 않았다. 한마디로 완벽한 크기였다. 또 궁의 모습은 어떤가? 아름다움을 제대로 갖춘 붉은 궁이었다.

만약 이삭파샤궁을 안 보고 동부 터키를 다녀왔다면 헛 다녀온 거다. 그만큼 이 자그마한 붉은 궁은 매력투성이다. 오스만제국 시절인 1685년부터 1699년까지 14년에 걸쳐 이삭파샤궁은 실크로드의 전략적 요충지인 산 중턱에 지어졌다. 붉은 돌로 지어진 궁은 산 아래 평원의 도우베야짓 마을을 내려다보고 있고 건너편으로는 멀리 명산 아라랏산까지 보이는 기막힌 곳에 위치하고 있다. 게다가 세상에 이보다 더 아름다운 조그만 궁이 있을 수 있을까. 런던 남부에 위치한 영국인이 세상에서 가장 아름답다고 하는 리즈성은 좀 과장해서 말하면 여기에 비해 변소 건물밖에 안 된다. 디즈니의 성으로 알려진 노이슈반슈타인성이 근처에 올까 싶지만 종류가 다른 아름다움이다. 노이

노아의 방주 유적

슈반스타인성은 분명 아름답지만 가식적이고 권위적으로 거만해서 감히 이 삭파샤궁과는 대적이 안 된다.

어디 하나 소홀한 곳이 없다. 1년을 상징하듯 내부에는 366개의 방이 있어서 주인이 매일 방을 바꾸어 사용할 수 있었다. 방마다 내부 장식도 예사롭지 않다. 원래 계획은 후궁 365명을 각 방에다 놓고 매일 다른 방에서 자겠다는 희망이었다나 뭐라나 하는 말을 안내인이 해서 남녀 관광객 모두로부터 한마디를 들었다. 남자들로부터는 선망의 한마디, 여자들로부터는 꾸짖음의 한마디였다. 벽 내외부의 부조는 그것만으로도 예술이었다. 지금으로부터 거의 400년 전에 지어진 이 건물의 난방은 따뜻한 공기가 관을 통해 각 방으로 전달되는 중앙 공급식이다. 북쪽에 위치한 후궁의 거처인 하렘의 베란다에서 바라보는 주위 산들과 벌판의 경치는 오묘하다. 베일을 쓴 후궁이 바라다보았던 경치를 보고 있다고 생각하니 내가 흡사 갇혀 지내던 후궁 같은 묘한 기분이 들었다. 이삭파샤궁은 터키 100리라(1만 7500원) 지폐에 그림이 들어가 있다. 상당한 고액권인 걸로 보아 터키 내에서도 상당히 유명한 궁인 듯하다. 이삭파샤궁 근처 산기슭에는 기원전 우라루트 왕국의 요새 및 사원들이 보인다. 주위의 산들은 모두 황폐하고 험난한 악산들이다. 그러나 이 궁이 지어질 때는 산림이 울창했다니 더욱 궁의 아름다움이 돋보였을 법했다. 노아의 방주 순례길에 만난 이 궁은 큰 보너스였다.

성경 속 노아의 방주를 찾아서

이제 노아의 방주가 있는 아라랏산 맞은편 텐뒤랙산 중턱의 두루피나르 유적지로 출발해야 한다. 돌무쉬는 우리를 이삭파샤궁으로부터 델 세게르 마을에 금방 데려간다. 터키말로 '누훈 게미시'는 노아의 방주를 뜻하는데, '누훈 게미시 5킬로미터'라는 연갈색의 팻말이 너무 작아서 놓치기 십상일 것 같았다. 팻말을 놓치고 조금만 더 가면 터키와 적대국인 아르메니아 국경에 도착하는 낭패를 당한다. 소홀하게 붙은 이 자그만 팻말이 노아의 방주에 대한 터키 정부의 관심 정도를 보여주는 듯해 씁쓸했다. 그래도 노아의 방주가 있는 곳으로 향하는 5킬로미터의 길은 포장이 되어 있어 다행이었다. 들꽃 사이 길

을 따라 올라가면 아라랏산 정상으로부터 불과 20킬로미터 거리의 해발 2000
미터 산 중턱에 노아의 방주가 있다. 여기가 바로 터키 정부가 공인한 유일한
노아의 방주다. 노아의 방주가 내려다보이는 언덕 위에는 낡은 초소 같은 초
라한 작은 시멘트 건물이 자리하고 있는데 관리 사무소이자 박물관이었다.
자료 사진에서 보이던 '국립공원 방문자 안내소'라고 쓰인 거창한 간판은 철
거되고 비어 있는 것으로 미루어 그 지위마저 이제는 없어진 듯했다.

건물 안은 다 낡아 빠진 탁자와 의자 몇 개만 있을 뿐 텅 비어 있었다. 직원
도 한 명 없이, 하산 오제르라는 노아의 방주를 최초 발굴한 팀의 일원이었던
쿠르드족 노인에 의해서 이곳은 겨우 유지되고 있었다. 거의 버려져 있는 셈
이다. 일행과 갔을 때는 우리가 유일한 방문객이었다. 벽에는 노아의 방주를
보도한 외국의 신문 조각과 사진 등이 붙어 있다. 종이가 낡아서 곧 바스러질
듯했다. 만일 거창한 흔적을 기대하고 왔다면 상당히 실망했을 것이다. 그래
도 하산 할아버지는 열심히 설명도 하고 신문 기사에 나오는 사람이 자기라
고 하면서 청하면 기꺼이 사진 포즈도 취해주었다. 그러고는 탁자에 올려진
성금함을 가리키며 손짓을 했다. 입장료가 없으니 성의라도 표시하라는 뜻이

동부 터키의 보석으로 평가받는 이삭파샤궁 멀리 아라랏산이 보인다.

었다. 성금함에 몇 푼을 넣고 할아버지 주위를 맴도는 예쁜 손녀들에게도 선물로 얼마를 쥐어주니 깜짝 놀라는 표정이었다. '할아버지, 이거 뭐야?'라는 듯 하산 할아버지에게 달려가는 손녀들의 귀여운 모습을 보니 관광객에게 돈은 처음 받아보는 것 같았다.

인터넷에 떠도는 노아의 방주에 관한 자료들은 '믿거나 말거나' 하는 수준부터 발굴 조사로 제대로 확인된 것까지 다양하다. 믿기로 작정하면 이 노아의 방주가 진짜라는 확신이 들 정도로 설득력 있는 자료도 수두룩하다. 예를 들면 1978년에 지진이 발생하면서 약 10미터 길이의 유적 벽 표피가 떨어져 나가 유적의 내부가 드러났었다. 드러난 부분은 일정하게 들어가고 나오고 하여 흡사 '부식된 목선의 선측 늑골decaying rib timber' 같았다. 거의 '이물에서 고물까지from stem to stern'가 가로로 된 갑판을 지지하는 목재 형상이어서 배 구조물이라고 미국인 탐험가인 론 와이어트가 조사 보고서에 썼다. 추후 조사에서 지표 아래 노아의 방주 주위를 레이더로 스캔한 결과, 배 형태가 나타났것. 스캔 장비 제조사 GSSI의 조 로제타 부사장은 스캔 결과를 보고 "이것은 절대 자연물일 수가 없다. 형상이 자연물이라고 하기에는 너무 일정하다. 이 모양들은 자연물에서는 도저히 볼 수 없는 형상이다. 이들이 무엇이 되었건 인공 구조물이지 자연물은 아니다"라고 말했다. 와이어트는 아그리 지역 장관 세브케트 에킨시를 만나서 그동안의 조사서를 제출했다. 1986년 12월 터키 내무부, 외무부, 국립 아타투르크 대학교는 공동으로 이 유적이 노아의 방주라고 공식적으로 인정했다. 그리고는 1987년 6월 노아의 방주가 내려다보이는 언덕에서 저명인사 다수가 참석한 가운데 터키 정부 이름으로 노아의 방주 명명식을 거행했다. AP통신은 1986년 12월 터키 정부의 이 공식 결정을 보도한 바 있다.

나는 누가 뭐래도 이 흔적을 믿고 싶은 사람이다. 성경에 나오는 사항 중 하나만이라도 증명이 된다면 좋겠다는 생각을 항상 하고 있다. 노아의 방주가 발견된다면 세상은 완전히 달라질 수 있다. 예수의 부활을 의심하는 토머스를 보고 예수는 '믿지 않고 믿는 자가 복자다'라고 했다. 정말 보지 않고 믿을 수 있으면 얼마나 좋을까?

터키

도시 반의 여러 모습

이번 여행은 베이스캠프인 반에서 시작해서 반에서 끝났다. 터키 81개 행정 구역 중 하나인 반 행정 구역의 중심 도시인 반의 모습은 실망스러웠다. 반은 기원전 5000년 전부터 사람들이 살았고 중동 역사에 빠지지 않고 등장하는 우라르투Urartu 왕국의 수도였다. 한때 인구가 4000만 명에 달했었음에도 불구하고 독립 국가가 못 된 비운의 민족, 쿠르드족의 중심이다. 아르메니아, 비잔틴, 셀주크, 그리고 오스만의 역사를 거쳤지만 도시 반에는 거의 현대식 건물뿐이었다. 역사를 느낄 수 있는 건물이 전혀 없었다. 시내 여기저기에 있는 모스크마저 시멘트로 지어진 새 건물이었다. 안내인은 섬뜩한 이야기를 했다. 터키 서부 이스탄불에서 일어난 지진이 버스로 여섯 시간 걸리는 수도 앙카라까지 가는 데는 단 3초 걸린다고. 그만큼 지진의 힘은 강력해서 지진대에 속하는 반에는 과거의 건물이 안 남아 있다고 했다.

또 반에는 긴 역사와는 달리 별로 볼 만한 무엇이 없었다. 역사책에서만 보던 단어인 중동을 주름잡던 아시리아와 연관된 우라르투 왕국 때인 기원전 800년에서 600년 사이에 세워졌다는 산성이 그나마 볼 만하다. 산이라기보다는 언덕에 가까운 곳의 정상에 지어진 산성은 거의 무너져 잔해만 남아 있지만, 그래도 거의 3000년 전 사람들의 손길이 묻어 있는 역사의 현장을 보는 것은 가만히 생각해보면 가슴이 뛰는 일이다. 그리고 반에서 반 고양이Turkish Van는 고양이를 좋아하든 안 좋아하든 무조건 보아야 한다. 이유는 반 고양이의 눈 때문이다. 양쪽 눈 색깔이 다르다. 내가 본 고양이는 오른쪽 눈이 푸른색이었고 왼쪽 오렌지색이었다. 가만히 들여다보고 있으면 기이하다 못해 신비롭다. 고양이치고는 특이하게 물을 좋아해서 수영까지 하는 특이한 종이다. 워낙 털이 길어서 털을 모아 모직 코트를 짜기도 하는데 캐시미어보다 가볍고 특히 방수가 되어 비싸다. 반 고양이는 몸통은 흰색이며 머리와 꼬리 끝에만 황색 털이 있다.

반 고양이가 물을 좋아하고 수영을 잘하며 머리와 꼬리가 황색인 이유는 노아의 방주와 관련이 있다. 이와 관련한 전설을 소개하면 이렇다. 노아의 방주에 동물들이 들어갈 때 고양이는 뭔가를 하다가 문 닫기 바로 직전에 들어갔고, 그때 꼬리가 문에 끼여서 황색으로 멍이 들었다. 고양이가 아프다고 비명을 지르자 신이 손으로 머리를 만져주며 위로했다. 그 증거로 머리에도 꼬리와 같은 색깔의 반점이 남았다. 그리고 방주가 아라랏산에 드디어 닿아 문이 열렸을 때에는 고양이가 제일 먼저 방주에서 내려서 반 호수를 수영해 평지로 건너갔다. 그래서 이름이 반 고양이가 되었고 물을 좋아하고 수영을 잘하는 특이한 고양이가 되었다.

반이 포함된 이 지역은 터키인을 비롯해 아르메니아인 쿠르드인의 운명이 얽히고설킨 땅이다. 엄격히 따지면 원래 터키인 지역이 아니다. 지금은 나라를 달리하고 있는 아르메니아와 함께 산악으로 밀려난 쿠르드족 주거지였다. 반 지역을 중심으로 중동 지역에서 두 민족의 비극적인 역사가 시작되었다. 아르메니아족과 쿠르드족은 이 지역을 중심으로 살다가 오스만 터키 탓에 아르메니아족이 아라랏 너머로 먼저 쫓겨났다. 쿠르드족도 터키에 점령되어 나라를 잃었다. 아직도 반은 쿠르드족의 주거 중심이다. 터키로부터 독립하기 위한 쿠르드족의 테러가 계속되고 있다. 쿠르드족은 세계에서 독립 국가를 가지지 못한 가장 큰 민족이다. 현재 인구는 3500만 명에 이르며 중동에서 네 번째로 인구가 많다. 그런데도 터키, 아르메니아, 이란, 이라크, 시리아 5개국의 산악 지대에 흩어져 살고 있다. 유럽 전역에도 150만 명이 살고 있다. 쿠르드족은 성경에도 10여 번 언급될 정도로 오랜 역사를 가지고 있다. 특히 기원전 700년경에는 세계 최초로 동전을 주조하고 철을 이용하여 무기를 만들어 대제국을 세운 자랑스러운 역사가 있다. 그러다가 오스만 터키에 정복되면서 비극의 역사가 시작되었다. 이후 영국과 프랑스의 정략에 의해 4개국으로 분할되는 배반을 당하고 다시 최근에는 미국에게도 배반당한다. 알카에다와 IS의 전투에서 미국을 도왔으나 미국이 결국 배반했다. 슈퍼 강국들에게 번번이 당한 대표적인 약소민족이다.

비극적인 역사와 얽히고설킨 아르메니아인

최근 6.25 동란 때 참전한 터키군의 60퍼센트가 쿠르드족 군인이었다는 사실이 밝혀졌다. 당시 터키군은 자신들의 손에 직접 피를 묻히기 싫어서 쿠르드족을 사탕발림으로 구슬려서 참전시켰다. 원래 용맹하기로 유명한 쿠르드

군에게 전투를 하게 하고 터키군은 후방에 있었다는 쿠르드인 참전 용사의 증언도 나왔다. 참전국 가운데 터키는 참전 결정을 거의 가장 빠르게 했었는데, 이는 정의감 때문이 아니라 나토 회원국이 되기 위한 전략적인 결정이었다. 2차 세계대전 이후 영향력을 끼치려고 하던 당시 소련으로부터 자위를 하기 위해서는 터키는 나토 우산 밑으로 들어가야 했다. 그러나 기존의 나토 회원국은 무슬림 종교 문제로 터키의 가입을 상당히 꺼리던 참이었다. 그때 터키는 미국 주도하의 한국전에 참전하면 보상받을 수 있을 거라는 계산을 했다. 덕분에 터키는 1951년 나토 가입이 성사되었다. 2년에 걸친 짝사랑을 이루었다. 하지만 쿠르드족은 터키에 이용만 당하고 독립을 이루지 못해 아직도 3500여 만 명의 민족이 남의 나라를 유랑하고 있다.

이에 비하면 아르메니아는 독립 국가이기라도 하니 쿠르드보다 행운아라고 할 수 있다. 그러나 아르메니아의 역사도 상처와 배반의 연속이다. 아르메니아는 기원전 500년부터 거의 독립을 제대로 해본 적이 없다. 주변 열강의 속국으로 전전하다가 그나마 제대로 자치를 시작한 건 소련에 속해 지방 공화국의 형태를 갖추고부터다. 그러다가 소련의 해체로 1990년 처음으로 제대로 된 독립 국가가 되었다. 아르메니아 역사에서 제일 큰 비극은 오스만 터키에게 인종 청소를 당한 사건이다. 그리고 터키와의 종족 분쟁과 역사의 상처의 기억을 그대로 간직한 슬픈 역사의 도시가 바로 반이다. 나치가 유태인을 대학살한 '홀로코스트Holocaust'에 비유되는 터키가 벌인 아르메니아인 대학살이 반을 중심으로 벌어졌다. 아르메니아인은 이를 대학살의 다른 이름인 제노사이드genocide라 부른다. 오스만제국 말기에 250만 명의 아르메니아인이 터키에 살았다. 터키는 그중 4분의 3을 다른 중동 지방으로 추방했고 나머지 4분의 1을 학살했다. 그렇게 터키 땅에서 아르메니아인의 씨를 말렸다. 물론 터키는 그 수치를 아르메니아기 과장했다면서 전쟁 중에 있었던 일로 가볍게 치부한다. 하지만 피해자인 아르메니아인들은 인종 청소 이야기만 나오면 치를 떤다. 우리 한국인이 일본을 싫어하는 몇십 배 이상으로 악감정을 품고 있다. 충분히 이해할 만한 분노다.

아르메니아인을 터키가 집단 학살한 건 1894~1896년, 1915~1916년 두 번이다. 아르메니아인이 가장 분노하는 학살은 1차 세계대전 중에 일어난 두 번째 학살이다. 터키 측 집계에 따르면 20만 명이 학살당했고, 아르메니아 측에서는 피해자가 최대 200만 명에 이른다고 추정한다. 당시 아르메니아 인구가 150만 명이라는 통계가 있는 걸로 보아 200만 명은 과장된 숫자다. 유럽 학자들은 60~80만 명으로 보는데 인구의 3분의 1에서 2분의 1이 학살당한 셈이다. 아르메니아의 역사 기록을 살펴보면 절벽에 군중을 몰아놓고 말을 탄 터키군이 밀어서 떨어뜨리기까지 했다. 심지어 한 통계에 따르면, 약 175만 명이 시리아와 메소포타미아로 추방되었고 그중에서 60만 명이 여정 중에 사막에서 굶어 죽었다.

2012년 프랑스 상원은 아르메니아인 대학살 부인 금지법을 제정했다. 프랑스 내에서 학살 부인의 언행이나 기사를 쓰면 4만 5000유로(6000만 원)의 벌금과 1년의 징역 1년의 형을 받는다. 프랑스 내에 있는 50만 명의 아르메니아인이 압력을 넣은 결과다. 이후 터키와 프랑스와 터키 관계는 아직도 제대로 회복되지 않고 있다. 터키가 유럽 연합에 가입을 못 하고 있는 이유는 과거 청산을 제대로 안 하고 있는 데도 있다.

소련 시절 아르메니아 경제를 지탱한 힘은 해외 교민이 송금하는 외화였다. 지금은 그때보다 비율이 낮아졌지만 아직도 해외 교민 송금이 많은 도움을 주고 있다. 2019년 아르메니아 국민 1인당 국민소득은 2만 7520달러로 3만 1431달러인 한국에 비해 크게 뒤지지 않는다. 아르메니아는 독립운동 때 터키 요인 암살과 기관 폭발 등의 일들을 대단히 활발하게 벌였다. 이들의 활동이 일제하 우리 독립운동가에게 영감을 주어 윤봉길, 안중근 같은 열사들이 나왔다는 흥미로운 설이 있다. 유럽과 중근동의 근대 역사에서 가장 치열한 폭력적인 독립운동의 시초는 아르메니아다. 한편 2차 세계대전 후 당시 이스라엘을 점령하던 영국 기관에 이스라엘 측에서 폭탄 투척을 한 사건이 우리의 독립운동에서 영감을 받았다는 설도 있다. 그러고 보면 소련에서는 유태인이 똑똑하다고 하지만, 유태인을 잡는 민족이 아르메니아인이라는 말이 있다. 아르메니아인이 가장 먼저 무장 투쟁을 했고 그다음이 우리 한국이고 그다음이 유태인이다. 세계에서 가장 똑똑하다는 세 민족이 모두 나라를 잃은 역사를 공동으로 가지고 있다. 핍박받는 민족이 지적으로 뛰어나다는 말은 역시 맞는가 보다. 영국 옆의 아일랜드는 인구 비율로 보면 노벨 문학상을 가장 많이 배출한 나라다. 인구가 500만 명에 불과한 아일랜드에서 윌리엄 버틀러 예이츠, 조지 버나드 쇼, 사무엘 베케트, 셰이머스 히니 등 네 명이 노벨 문학상을 받았다. 대단하지 않은가? 강대국 영국으로부터 제대로 독립한 지가 아직 채 100년이 안 되었는데 말이다.

아르메니아는 서기 301년 세계 최초로 기독교를 국교로 인정한 나라고, 우리처럼 글자를 창제한 역사를 가지고 있다. 우리는 보통 세계에서 직접 문자를 만든 유일한 민족이라고 교육받는데 그것은 사실이 아니다. 아르메니아가 우리보다 훨씬 더 빠르다. 아르메니아 알파벳은 가톨릭 신부가 서기 404년 만들었으니 한글보다 1000년도 더 전에 만들어졌다. 36개의 알파벳으로 인간이 하는 모든 발음을 완벽하게 표현할 수 있어 24개 자모의 한글보다 나은 문자라는 평가도 받는다. 게다가 아르메니아 알파벳은 창제 당시 그대로 지금까지 쓰고 있다. 아르메니아 알파벳에는 숫자가 포함되어 있는데 아르메니아인은 암산을 거의 주산 속도만큼 빨리 한다고 알려져 있다. 아르메니아인은 주산을 오래전부터 사용했고 아직도 시장에서는 계산기만큼 많이 쓰고 있다.

아르메니아인은 자주 유태인과 비교가 된다. 오랫동안 유랑하던 민족이며, 터키 내에 사는 300만 명의 두 배에 해당하는 600만 명이 해외에 살고, 대량 학살을 당한 역사를 가지고 있는 점 등에서 그렇다. 그래서 아르메니아인은 '코카서스의 유태인'이라고도 불린다. 독립을 못 해서 눈치 보며 여기저기서 살아야 했기에 생존력이 강해졌고 특히 영민하게 대처했다. 거의 같은 운명을 가진 쿠르드족도 같은 평을 듣는다. 다만 아르메니아인은 지적인 일에 강한 데 비해 쿠르드족은 장사를 잘한다. 구소련에서도 유태인이 중요한 자리를 많이 맡았는데 '유태인의 상관은 아르메니아인'이라는 말이 있었다. 내가 소련에 처음 갔을 때 러시아 직원들이 "유태인의 머리 위에 아르메니아인이 있다"면서 소련 과학자 중에 아르메니아인이 차지하는 비율이 유태인보다 세 배는 낳나고 히를 내두르는 걸 보았다.

이렇게 노아의 방수 전설이 서린 아리랏산 기슭에는 쿠르드족, 아르메니아 민족들의 애환이 얽혀 있다. 복잡한 역사가 얽혀 있지만 2차 세계대전 후 결국 러시아의 배반으로 아르메니아는 반 지역을 터키에 빼앗기면서 슬픈 역사의 희생자가 되고 말았다. 그 결과로 반은 물론 아라랏산까지 터키령이 되었다. 아르메니아의 국장國章은 중심에 실지失地인 비원의 아라랏산을 담고 있다.

나는 30여 년 전인 구소련 시절 아르메니아가 구소련의 위성 공화국이던

때 수도 예레반에서 아라랏산을 바라본 적이 있다. 아득하게 멀리 있던 아라
랏산은 아르메니아에서는 그냥 바라만 볼 수밖에 없는 국경 너머의 산이었
다. 한여름인데도 머리에 눈을 이고 있는 모습이 하도 신비로워서 넋을 잃고
한참 바라보았다. 아르메니아인이 신성시하는 아라랏산은 그들의 믿음처럼
영산靈山의 자태가 완연했다. 멀리서 아라랏산을 보면서 그곳에 있다는 노아
의 방주를 언젠가는 반드시 찾아가야지 하는 각오를 더욱 굳힌 적이 있었다.
이제 양쪽에서 아라랏산도 보고 노아의 방주도 보았으니 내 짝사랑의 리스트
에서 아라랏산과 노아의 방주는 지워야겠다.

두터운 유럽

권석하의 와닿는 유럽 문화사

ⓒ 권석하, 2021

초판 1쇄 발행 2021년 10월 14일
초판 1쇄 발행 2021년 10월 20일

지은이 권석하
펴낸이 김영훈
편집 눈씨
표지 디자인 옥영현
본문 디자인 김미숙

펴낸곳 안나푸르나
출판신고 2012년 5월 11일
주소 서울시 마포구 동교동 200-15 한솔빌딩 101호
전화 02-3144-4872　　**팩스** 0504-849-5150
전자우편 idealism@naver.com

ISBN 979-11-86559-65-9 (03920)